2022上海教育年鉴

SHANGHAI EDUCATIONAL YEARBOOK

上海市教育委员会 编

上海人民出版社

《2022上海教育年鉴》编委会

上海教育概览（2021）

基础教育

中小学、幼儿园、特殊教育、专门学校总数	3289 所↑
幼儿园	1699 所↑
小学	680 所↓
中学	867 所↑
特殊教育学校	31 所
专门学校	12 所
中小学、幼儿园、特殊教育学校、专门学校在校学生总数	213.10 万人↑
幼儿园在园幼儿数	56.01 万人↓
小学在校学生数	89.28 万人↑
普通初中在校学生数	49.75 万人↑
普通高中在校学生数	17.45 万人↑
特殊教育学校在校学生数	0.53 万人↑
专门学校在校学生数	0.08 万人↑

9 月 9–10 日，在外滩开展上海市教育系统庆祝第 37 个教师节“为教师亮灯”公益活动

中等职业教育

普通中等职业学校总数	79 所
职业高中	23 所
中等专业学校	50 所
中等技工学校	6 所
普通中等职业学校全日制在校学生总数	9.76 万人↑
职业高中在校学生数	3.00 万人
中等专业学校在校学生数	5.67 万人
中等技工学校在校学生数	0.87 万人

高等教育

普通高等学校总数	64 所↑
普通高校本专科在校学生总数	54.87 万人↑
本科在校学生数	40.68 万人↑
高职高专在校学生数	14.19 万人↑
研究生培养机构（不包括中科院在沪分院和煤炭院上海分院）	49 家
在读研究生总数（含全日制和非全日制）	23.33 万人↑
在读博士生数	4.70 万人↑
在读硕士生数	18.63 万人↑
研究生招生总数（含全日制和非全日制）	7.79 万人↑
博士生招生数	1.20 万人↑
硕士生招生数	6.59 万人↑
研究生毕业总数	5.61 万人↑
普通高等学校本专科招生总数	15.25 万人↓
本科生招生数	10.43 万人↑
专科生招生数	4.82 万人↓
普通高校本专科毕业生数	13.57 万人↑

成人中等高等学历教育

成人中高等学历教育学校总数	20 所
独立设置成人高校	12 所↓
独立设置成人中等专业学校	8 所↓
成人高校教育在校学生数	13.63 万人
网络本专科在校学生数	14.60 万人↑
成人中专在校学生数	1.12 万人↑
成人本专科招生数	4.64 万人↓
成人本科生招生数	3.10 万人↓
成人专科生招生数	1.54 万人↑
成人本专科毕业生数	4.28 万人↑
成人网络本专科招生数	6.05 万人↑
成人网络本专科毕业数	4.63 万人↓

非学历教育

成人职业技术培训机构	548 所 ↓
成人职业技术培训机构结业生数	84.89 万人次

中外合作办学

中外合作办学机构	27 个
中外合作办学项目	149 个
学历教育的机构和项目	157 个
非学历教育的机构和项目	19 个
外籍人员子女学校数	39 所 ↑
外籍人员子女学校在读学生数	29670 人 ↑
在沪各普通高校来华留学生数	3.14 万人 ↓
普通高校来华留学生学位生总数	2.03 万人 ↓
在沪在校港澳台学生数	1.19 万人

教育经费

全市教育部门财政预算内教育事业预算总额	1145.5 亿元 ↑
市级教育事业预算总额	263.49 亿元 ↑
区级教育事业预算总额	882.01 亿元 ↑

教工队伍

基础教育教职工总数	23.88 万人
专任教师总数	17.60 万人
幼儿园专任教师数	4.55 万人
小学专任教师数	6.33 万人 ↑
中学专任教师数	6.54 万人 ↑
特殊教育专任教师数	0.16 万人
专门学校专任教师数	0.02 万人
普通中等职业学校教职工数	1.15 万人
普通中等职业学校专任教师数	0.08 万人
成人中等专业学校教职工数	0.02 万人
成人中等专业学校专任教师数	0.01 万人
普通高校教职工总数	8.39 万人 ↑
普通高校专任教师数	4.87 万人 ↑
本科院校专任教师数	4.34 万人
高职高专院校专任教师数	0.53 万人

注：↑表示统计数据与上年相比有所增加，↓表示统计数据与上年相比有所减少。

图1

图4

图1 3-6 月，“致敬百年 时代‘童’行”——上海少年儿童“红色声浪”情景讲述展评活动举行。图为小学生在中共一大纪念馆前讲述红色故事

图2 5 月 22 日， 红色精神代代传——上海少年儿童庆祝中国共产党成立 100 周年系列活动在上海展览中心举行

图3 6 月 27 日至 10 月 7 日，“印记初心——庆祝中国共产党成立 100 周年大众篆刻作品展”在复旦大学举行

图4 7 月 1 日，上海高校师生集体收看庆祝中国共产党成立 100 周年大会直播，聆听习近平总书记的重要讲话

图5 10 月 14 日，上海老年大学教育联盟举办不忘初心庆华诞 · 长者风范天伦之乐——上海市第六届九九重阳节展示活动

图2

图3

图5

主题活动
学党史 跟党走 做理想信念传人
给“00后”讲讲共产党暨百名“五老”讲党史
主题活动启动仪式
图1

图2

市教卫工作党委系统
党史学习教育动员会
2021年3月10日

图3

图1 2月23日，学党史 跟党走 做理想信念传人——给“00后”讲讲共产党暨百名“五老”讲党史主题活动启动仪式在上海嘉定区外冈游击队纪念馆广场举行

图2 3月10日，学党史、悟思想、办实事、开新局——市教卫工作党委系统举行党史学习教育动员会

图3 3月17日，中央宣讲团成员、中央党校原副校长李君如走进上海大学，参观校史馆、观摩党史课堂，与师生、基层党员群众交流党史学习心得体会，为大家释疑解惑

图4 6月6日，上海学校依托课程思政育人体系 深入推进党史学习教育现场活动在同济大学附属实验小学举行

图5 10月1日，沪上高校红色场馆迎参观热。图为华东政法大学百余名师生上实景式党课

图4

图5

图1 6月25日，第十四届全国学生运动会上海代表团成立大会在上海交通大学医学院举行

图2 7月18日，“2021上海国际友好城市青少年夏令营”开营

图3 4月20日，上海市科创教育指导委员会成立大会在上海市科技艺术教育中心举行

图4 10月7日，联合国教科文组织教师教育中心在上海师范大学揭牌

图5 10月9日，高校中国共产党伟大建党精神研究中心成立仪式在上海举行

图6 12月17日，“时代楷模”吴蓉瑾先进事迹报告会在上海广播电视台举行

图1

图2

图5

图3

UNESCO
United Nations Educational, Scientific and Cultural Organization
TEC
Teacher Education Centre under the auspices of UNESCO
联合国教科文组织教师教育中心
Inauguration Ceremony of UNESCO Teacher Education Centre
揭牌
联合国教育科学文化组织教师教育中心
Teacher Education Centre under the auspices of UNESCO

图4

大建党精神研究中心
高校中国共产党
神学术研讨会
会科学司
市教育卫生工作委员会
育委员会
0月9日

时代楷模
吴蓉瑾同志先进事迹报告会

图6

图1

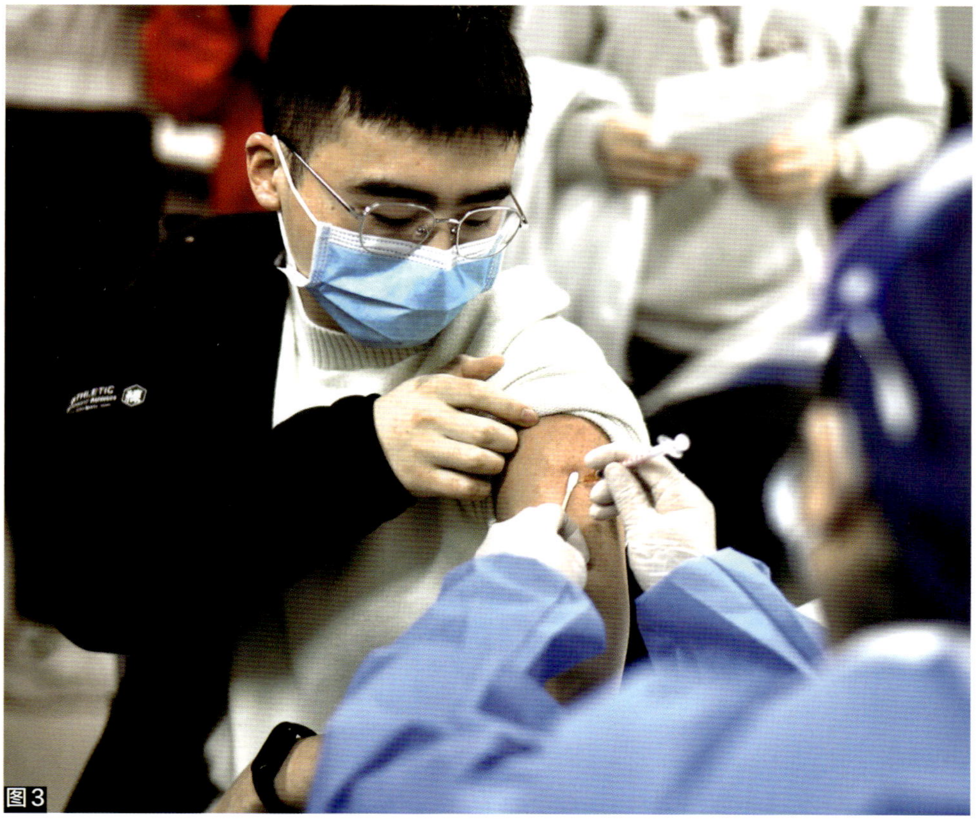
图3

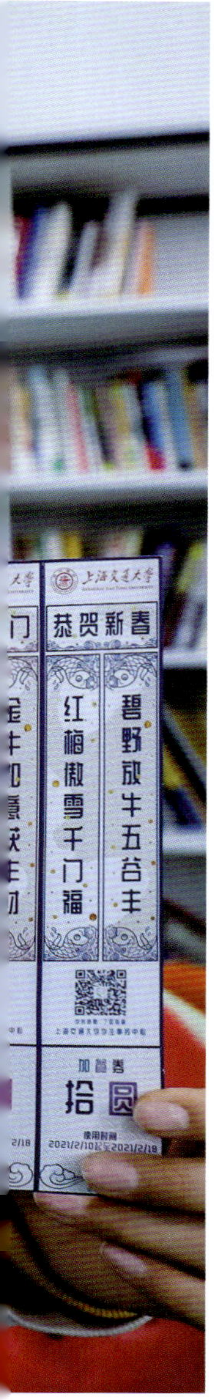

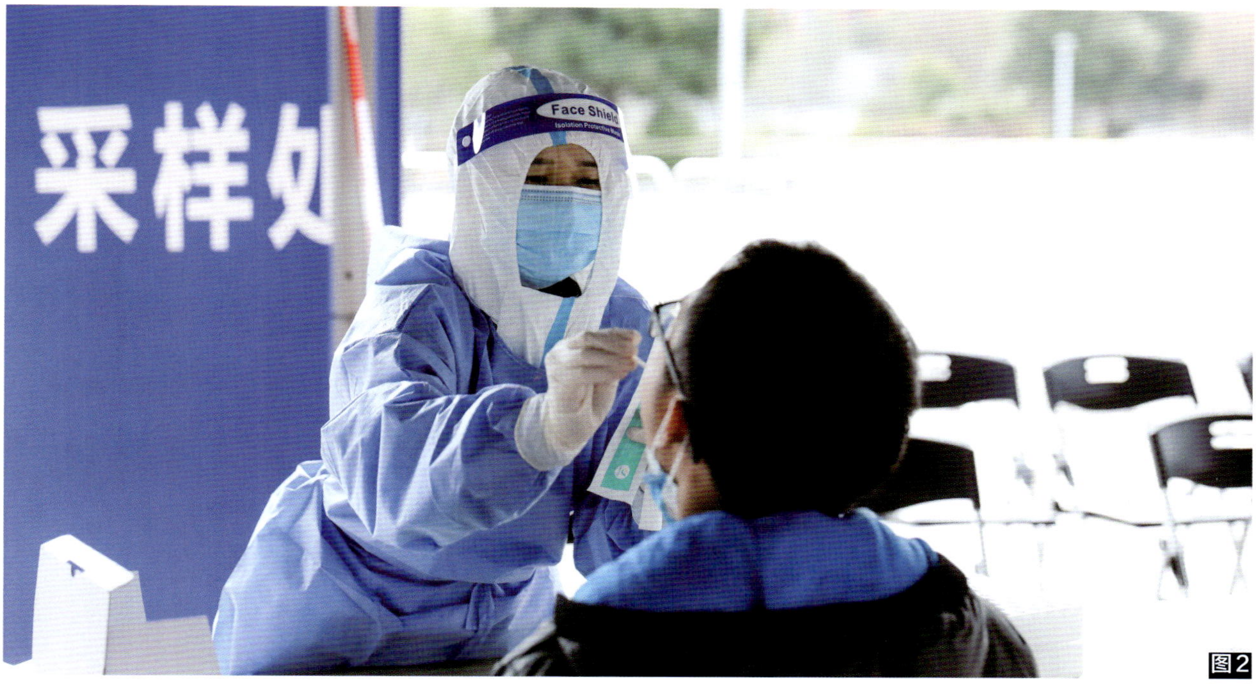

图2

图5

图4

图1 1月，防疫不松懈，上海高校为留校师生打造难忘新年。图为学校工作人员为留校学生发放春节加餐券

图2 2月，上海高校为返乡学子提供校内核酸检测服务

图3 上海稳妥有序推进高校师生的新冠疫苗接种工作

图4 新学期开学第一天，上海小学实行分批分时段进校。学生进校前需进行体温检测和手部消毒

图5 做好校园通风、消毒工作。图为学校工作人员对教学楼进行消毒

海上名师坊
海上名师坊
图1

首届上海市
暨“上海国企

图2

二十四节气

上海市
学生体育素养评价发布会
主办单位：上海市教育委员会
承办单位：上海体育学院
协办单位：上海市科技艺术教育中心 上海市教育委员会教学研究室
上海市中学生体育协会
中国电信上海分公司 万达信息股份有限公司
2021年6月5日
图4

图3

图1 1月3日，覆盖基础教育全学段多学科的在线学习资源库——“海上名师坊”揭牌

图2 4月14日，教育部在华东理工大学召开“美好‘食’光”——全国教育系统制止餐饮浪费工作现场推进会。图为与会代表赴徐汇实验小学现场观摩学生在校园农田学习耕种

图3 5月8日，首届上海市学生劳动教育宣传周启动仪式暨上海国企开放日学生走进国企主题活动在隧道股份国产盾构研发制造基地举行

图4 6月5日，上海市学生体育素养评价发布会在上海体育学院举行。上海市学生体育素养评价体系发布

图5 11月9日，普陀区率先试点开展全天候营养膳食项目的实践与研究。图为上海市实验幼儿园大班的孩子们在宝宝料理室学习制作中华传统美食

图6 2021年开始，“全面开展公办小学学生课后服务”被列入上海市为民办实事项目。图为上海小学开展以“课后晚托班＋社团活动”为形式的校内课后服务

图5

图6

图1 复旦大学高分子科学系教授彭慧胜领衔的研究团队成功将显示器件的制备与织物编织过程相融合，实现了大面积柔性显示织物和智能集成系统。3 月 11 日，相关研究成果在线发表于《自然》主刊

图2 3 月 31 日，上海市 2021 届高校毕业生春季校园招聘会暨少数民族毕业生专场招聘会在上海第二工业大学启动

图3 4 月 22 日，中国首条废塑料再生环保路亮相华东理工大学

图4 7 月 12 日，第 14 届国际数学教育大会（ICME-14）在上海开幕

图5 12 月 3 日，上海交通大学举行李政道研究所实验楼建设启动仪式

图1

图2

中国第一条
废塑料再生环保路
2021年01月12日建成
每日鲜语
DOW
图3

ICME-14
THE 14TH INTERNATIONAL CONGRESS ON
MATHEMATICAL EDUCATION
第十四届国际数学教育大会
图4

业生专场招聘会
R 服务业
P 消费品
U 综合类

图5

图1 3月20日，第一届上海市中等职业教育青教赛暨上海市第四届基础教育青教赛中职组选拔赛在中华职业学校举行

图2 10月25日，上海市职业技术教师教育研究院在上海第二工业大学揭牌成立

图3 4月18日，上海市“星光计划”第九届职业院校技能大赛在上海海盾安全技术培训中心举行

图1

图2

图3

编辑说明

一、《上海教育年鉴》是上海市教育委员会按年度编纂的记载上海教育改革和发展情况的专业性年鉴。它是上海各级教育行政部门、各级各类学校执行党和国家的教育法律法规与方针政策、做好教育工作的经验总结，是上海教育事业发展进程的真实记录。

二、编纂本年鉴是为教育管理决策、教育科学研究提供参考，为宣传交流上海教育改革与发展成就设立窗口，为关注和研究上海教育的相关单位与个人提供信息资料。

三、本年鉴的基本内容有："特载""各级各类教育""区域教育""高等学校""教育科研与考试、评估机构""教育电视与报刊""教育人物""大事记""法律　法规　规章　文件""教育统计"。

四、本年鉴为"类目—分目—条目"三级结构层次，以条目为主要载体。为便于检索，卷首设中英文目录，卷末有索引。索引分主题词索引、人名索引和串文图片索引。

五、本年鉴记述时限为2021年1月1日至12月31日，部分内容、数据涉及2021年前，个别资料延续到2022年3月。

六、本年鉴稿件由上海市教育委员会相关处室、直属单位，各区教育行政部门，各高等院校等有关单位提供。

目　录

特　载

各级各类教育

综合类

区域教育

黄浦区

徐汇区

长宁区

静安区

普陀区

虹口区

杨浦区

上海外国语大学

上海财经大学

上海海关学院

上海民航职业技术学院

教育科研与考试、评估机构

上海市教育科学研究院

上海市教育考试院

上海市教育评估院

教育人物

大事记

法律　法规　规章　文件

教育统计

索 引

Contents

Special Articles

Various Educations at Different Levels

Miscellanies

Basic Education

Vocational Education

Changning District

Jing'an District

Putuo District

Hongkou District

Yangpu District

Minhang District

Pudong New District

Jinshan District

Songjiang District

East China Normal University

Shanghai International Studies University

Shanghai University of Traditional Chinese Medicine

Shanghai Normal University

Shanghai Police College

Shanghai Sanda University

Shanghai Jianqiao University

Shanghai Education Evaluation Institute

Educational TV and Press

Educational Personage

Chronicles of Events

Laws, Regulations and Documents

Educational Statistics

Index

特　载

Special Articles

勇当全国教育改革的探路者

中共上海市教育卫生工作委员会书记 沈 炜
上海市教育委员会主任 王 平

党的十八大以来，上海深入贯彻习近平总书记关于教育的重要论述和考察上海重要讲话精神，平稳完成教育综合改革、高考综合改革、“三全育人”综合改革等试点任务，已基本达成《中国教育现代化2035》确定的教育事业和人力资源开发主要指标。新起点新征程，我们要以习近平新时代中国特色社会主义思想为指导，以实施庆祝建党100周年“百年行动”为主线，以立德树人为根本，深入践行“人民城市”重要理念，勇当全国教改试验田，用5年时间使教育事业发展和人力资源开发主要指标接近全球城市先进水平。

第一，明确五个改革维度。坚持服务全局的站位，立足为全国教改探路，把教育发展融入城市全局，精准服务国家和上海发展。坚持以人民为中心的立场，聚焦提升师生学习工作生活的幸福感，使教育服务有温度、学习体验更灵活。坚持引领示范的目标，依托部市共建机制先行先试，发挥改革溢出效应。坚持系统综合的路径，全面深化教育领域综合改革，同步推进存量和增量改革，使各项教育制度衔接协调、成熟定型。坚持稳慎有序的步骤，尊重教育规律、坚持依法治教、强化底线思维，确保平稳有序。

第二，绘制三张施工图纸。教育“十四五”规划及其专项规划着眼对标上海城市和全国教育五年规划，立足实际确立发展愿景、指标、任务和路径。新一轮面向2025年教育综合改革方案着眼先行先试、攻坚探路，聚焦体制机制瓶颈精准破题。部市共同全面深化教育领域综合改革战略合作协议着眼锁定改革关键环节重点突破，引领教育高质量发展。

第三，发展两个教育主体。促进学生全面发展方面，以党史学习教育为契机，深入推进习近平新时代中国特色社会主义思想“三进”，争创“三全育人”综合改革示范区。同时，发展学生道德素养、学习素养、体育素养、美育素养，破除学生评价“唯分数”。建设“四有”好老师队伍方面，聚焦教师职业生涯发展重点环节深化改革，加强各级各类教师队伍建设。

第四，实施改革双轮驱动。教育治理机制改革之轮向外，着眼优化政策环境，加强党对教育工作的全面领导，深化“放管服”改革，强化教育资源统筹布局，改革教育经费投入使用监管机制，促进改革成果共建共享。教育评价改革之轮向内，着眼深化教育内涵发展，坚决克服“五唯”顽瘴痼疾。

第五，提升两大教育功能。供给高品质教育资源方面，着力完善从3岁以下婴幼儿托育到老年群体服务全生命周期、“普通学校—成人学校—培训机构”全领域覆盖的优质教育资源供给机制。提升创新策源和社会服务方面，深入开展“双一流”建设，加快建设国家产教融合型城市，实施创新策源能力提升行动，做强高校技术转移机构和大学科技园，全面提升基础研究、应用基础研究和成果转化能级水平。

第六，增强改革双翼助力。教育对外开放之翼重点推进优质教育资源引进来、走出去，聚焦重点引进优质教育资源建设一批中外合作办学机构和项目，支持高水平大学建设境外校区，吸引更多国际教育组织落驻，加强学历留学生教育。教育数字化转型之翼重点创建教育数字化转型示范区，做好“空中课堂”在线教育和人工智能教育场景应用，营造智能引领、数据驱动的教育环境。

（原载 2021 年 4 月 22 日《中国教育报》）

把红色之城打造成为世界一流的教育之城

中共上海市教育卫生工作委员会书记 沈 炜

上海是一座红色基因密集的城市，是中国共产党的诞生地，是早期中央领导机构的所在地、新文化运动的承接地、早期工人运动的发祥地、思想文化战线的主阵地。百年上海教育涵濡传统文化、根植红色基因、熔铸城市品格，一代又一代教育工作者扎根中国大地，历尽艰辛，却矢志不渝，紧扣时代脉搏，主动担当作为，自觉把党的教育方针政策与上海教育的实际紧密结合，始终坚持和加强党的领导，坚持不懈陶铸上海教育品格，使上海成为近代以来中国教育思想文化的策源地、教育改革的试验田和赶超世界一流水平的先行者，在中国教育历史图景中具有独特地位，发挥了独特作用。

回顾上海教育发展的百年历史，可以概括地讲：自五四运动特别是中国共产党成立以来，上海教育在党的领导下走过了一条波澜壮阔的"长征路"，并最终实现了从殖民地、半殖民地教育向中国特色、世界一流的社会主义教育的跨越。

一、百年红色基因的根植、培育、传承和播撒

上海在近代马克思主义教育思想的孕育、传播和实践历程中发挥着重要作用。这个过程既成就了上海今天的教育，又在党的坚强领导下复制推广到全国，并对世界教育产生了积极影响，这一历程大致可以分为四个阶段。

（一）马克思主义教育思想的孕育和实践（1921—1949年）

1915年，陈独秀在上海创办的《新青年》成为新文化运动的重要阵地。当时，一大批中国先进的知识分子以上海为阵地，宣传、诠释和实践马克思列宁主义教育思想，为上海教育注入红色基因，促进了新民主主义教育的萌芽，为党对教育领导作用的发挥奠定了基础、扎牢了根基。其间，早期马克思主义者在宣传普及和探索实践新的教育思想上作出了巨大努力。

第一，新思想的推介普及为教育铸魂。早期马克思主义者，如李大钊、陈独秀等共产党人，一开始就跳出"德先生""赛先生"之争，从世界新思想引领新思潮这个根本上思考新教育的灵魂何在。同时，他们利用《新青年》这个传播新思想的平台，一方面，大力抨击封建专制教育和"尊孔复辟"教育逆流，讨伐旧思想、旧文化和旧教育，唤醒了一代人的思想觉悟；另一方面，大力宣传马克思主义教育思想，特别是1917年俄国十月革命一声炮响，给中国送来了马克思列宁主义，李大钊等人敏锐地感觉到一个时代转折点即将到来，大力宣介苏俄教育思想和教育制度，传播介绍十月革命后俄罗斯的教育改革，成为此后党领导中国教育思想解放的历史资源。

第二，新理论的初步架构为教育奠基。1921年，中国共产党在上海成立，随后逐步形成新民主主义教育纲领和方针政策。新型教育需要作相应的理论诠释，以便在实践中推进。同时，随着旧教育制度的崩塌，对"中国教育向何处去"存在诸多歧见。在此背景下，中国最早马克思主义教育理论家杨贤江等人在上海致力于研究马克思主义教育理论，对新民主主义教育理论的形成发挥了先导作用，为新中国教育理论建设作出创造性贡献。

第三，新实践的探索为教育明径。有了新思想的引入和新理论的构架，早期马克思主义者利用当时上海这个远东大都市的人文集散“码头”，迅速开展马克思主义教育理论的探索与实践，使之成为党领导教育的试验田。1922年，中共创办了第一所“红色学府”——上海大学，这是中共早期领导人实际领导的一所新型革命学校，也是中国共产党诞生后最早创办的一所培养革命干部的大学，在传播马克思主义思想、培养革命干部方面作出了突出贡献，特别是邓中夏出任上海大学总务长、实际主持学校行政工作后，制定《上海大学章程》，明确把学校建设成为“党的干部学校”，提出了“传播革命理论、培养建国人才、推动革命运动”的办学宗旨。其间，中国著名教育家陶行知在上海实践的“生活教育”“小先生制”，著名儿童教育家陈鹤琴在上海实践的“活教育”等，也对新中国教育产生较大影响。

在党的领导下，接受新思想教育的上海师生在民族危难之时，积极投入爱国运动中。抗战时期，由中国共产党领导的上海学生界救亡协会，成为团结全市学生的抗日救亡组织。“孤岛”时期，上海学生界救亡协会按照党的指示，由集中走向分散，持续深入开展抗日救亡运动。解放战争时期，在党的领导下，上海师生先后开展了“尊师运动”“抗议美军暴行运动”、护校和反对搬迁活动，有力声援了全国解放事业。

（二）社会主义教育体系的探索和构建（1949—1976年）

1949年5月27日，人民解放军进驻上海。为保持教育事业的连续性，新的人民政府从接管整顿国民党留下的教育开始着手，直到“文革”结束，不断进行社会主义教育体系的探索构建。

第一，统一党对教育工作的领导。人民政府分步对上海旧教育进行全面接管，首先接管公立学校系统，并根据形势发展和实际需求，逐步接管接受外国津贴的教会学校系统和私立学校系统并进行整顿，迅速确立了党对教育的全面领导。中小学方面，1949年6月完成了公立中小学接管工作，共接管公立中学28所、公立小学292所、社教机关28所、民校154所，以及260多所国民学校。高校方面，1949年6月，接管15所大专院校。教会学校方面，1951年起有步骤地对其进行接管，用3年时间完成对接受外资津贴的3所幼儿园、71所小学、34所中学、6所职业学校的接管。私立学校方面，1956年1月，市教育局召开全市私立学校接办大会，一次性接办606所私立小学、115所私立中学、42所私立补习学校等并全部改为公立。党对教育的全面领导和资源掌控，为全面实施社会主义教育、迅速扩大教育发展规模、开展普及教育打下坚实基础。

第二，服务工农大众“开门办教育”的创新探索。新中国成立后，国家对文化、经济等领域进行社会主义改造。在党的领导下，上海开展了脱胎换骨的社会主义改造。为保障工农子女受教育权，一方面利用原有教育资源多开班级，大量开设工农子弟晚班；另一方面扩建和新建了一大批学校，接纳大量工农子女入学。从上海解放初到1959年，市政府新建的34个工人新村都建有配套的中小学和幼儿园。同时，创新挖潜用好原有教育资源，例如，原市东中学校长吕型伟创造了“三班两教室”办学模式（即用30个教室招收45个班级的学生，每位学生每周有2天全天上课，另外4天半天上课半天活动，用足校舍也保证了教学质量），在校舍资源不足的情况下多招收了近三分之一的学生，“两部制”做法成为当时上海和全国许多地区中小学采用的办学模式。同时，各级学校都采取减免学杂费等措施，并在招生时优先录取工农子女。1958年，上海贯彻教育部提倡群众办学精神，掀起全民办学热潮，动员城乡居民和工矿企业、机关、团体、院校、合作社等单位集资兴办学校，提前实现小学教育普及。随着学校教育向工农大众全面开门，普通中小学急剧膨胀。以小学为例，解放初期只有32万人，到1952年剧增至近50万人。同时，对教师进行教育和改造，使其在政治认识、思想观点、工作作风、生活态度上全面融入社会主义教育发展新阶段。

第三，苏联教育经验“本土化”的创新融合。学习苏联经验是20世纪50年代中国教育的重要主题。上海教育系统以高度政治热情学习苏联经验并统一了教学计划和教材内容，初步建立了社会主义教育体系。上海教育工作者对苏联经验存在的问题进行质疑和矫正。例如，针对高校教学问题，时任华东师大校长孟宪承1957年5月提出要增加专业课、减少公共必修课、赢得一切时间加强专业基本训练等政策意见，对当时高教界反思纠正学习苏联经验的偏差起到了指导作用。又如，针对中小学过分强调快速学习知识，教学进度难度大、中小学生负担过重等问题，上海开展了实践创新，涌现出了顾巧英的生物教学法、袁瑢的语文教学法等苏联教育经验本土化教改成果，在全国产生重要影响。

第四，凝练教学内涵路径的创新实践。20 世纪 50 年代后期，随着中苏关系出现裂痕，中国决定探索自己的社会主义建设模式，在没有经验的情况下采取以大规模群众运动方式试图推动包括教育在内各项事业发展，中央敏锐发现存在的问题。1961 年提出“调整、巩固、充实、提高”八字方针，各项事业进入整顿阶段，上海用 3 年时间进行调整充实，提倡“少而精、启发式”教学，要求教师上课突出重点，讲深讲透基本内容，倡导课堂教学“五认真”（认真备课、认真上课、认真辅导、认真批改作业、认真考察），使教育重新走上健康发展轨道，20 世纪 60 年代初焕发出蓬勃生机。特别是其间育才中学探索创造的十六字“育才经验”（紧扣教材、边讲边练、新旧联系、因材施教），产生了全国性影响，对“文革”前全国中小学教育质量大面积提高起到示范作用。

（三）社会主义教育现代化的基本实现（1976—2012 年）

教育现代化，根本上讲就是人的现代化。1976 年 10 月，党中央一举粉碎“四人帮”，结束了十年“文革”。1976 年 10 月至 1978 年 12 月是拨乱反正过渡期。在中央部署下，上海教育领域以推翻“两个估计”为突破开展了真理标准大讨论，以《文汇报》为阵地对“四人帮”开展揭批声讨，使全市大中小学干部和师生从政治上、思想上、路线上划清了是非界限，“四人帮”在上海教育领域的帮派体系被摧毁，人们对教育工作形成了正确认识，培养又红又专、德智体全面发展的“三好”学生被重新确立为培养目标。1978 年党的十一届三中全会召开，在“解放思想、实事求是”路线指引下，上海教育领域重新走上中国特色社会主义教育发展道路。在党的领导下，依托先行先试政策支持，经过 36 年不懈奋斗，上海于 2010 年在全国率先基本实现教育现代化，学前教育、义务教育、高中阶段等各学段教育入学率均接近百分之百。在这个时期，上海教育全面加强党对教育的领导可以从四个方面进行解读。

第一，聚焦培养社会主义建设者和接班人这一根本任务。上海学校德育逐步由政治教育转变为思想政治教育，注重结合中小学生身心发展规律开展教育，提升了德育针对性、实效性。1986 年，《上海市中小学德育大纲》《小学生行为规范》《中学生行为规范》印发，同年 9 月在 300 所中小学试行，成为中小学开展思想政治教育工作的准则。1994 年 3 月，《上海市中小学爱国主义教育实施方案》出台并在中小学校全面实施，对不同年龄段学生分别提出爱国主义教育目标、内容和要求，设计了学科教学、课外活动、社会实践、家庭教育等多方面途径，推动爱国主义教育落到实处。2005 年，上海学校德育“十一五”规划正式出台，这是上海乃至全国第一次为学校德育专门制定“五年规划”；制定实施《上海市学生民族精神教育指导纲要》《上海市中小学生命教育指导纲要》（以下简称“两纲”）。德育“两纲”实施时，正值上海“二期课改”关键期，上海遂根据各学科性质特点，分学段将“两纲”教育内容课程化，覆盖 21 门学科 54 个学段，把教材隐含的、固有的育人价值挖掘出来，与知识传授、能力培养无缝对接，潜移默化影响学生。这一探索为后来上海探索形成的高校课程思政和中小学学科德育奠定了基础。进入 21 世纪，上海引导鼓励学生走出课堂小天地、走向社会大课堂，设立了一大批爱国主义教育基地、科普基地、青少年活动中心和校外活动营地等，加上一大批博物馆、社区文化中心向学生全面开放，绘就了一幅生动的素质教育图景。

第二，确保教育优先发展和适龄儿童受教育权益。1985 年 5 月，《中共中央关于教育体制改革的决定》发布，实行地方负责、分级管理新体制。同年 7 月，上海率先通过全国第一部地方教育法规——《上海市普及义务教育条例》，确定基础教育在中心城区由市、区两级政府分级管理，在郊县由市、县、乡镇三级政府分级管理，把绝大部分基础教育管理职能都放给了区县和乡镇政府。1986 年 8 月，市政府颁布《上海市普及义务教育条例实施细则》，此后又逐步构建了完整的地方教育法规体系，并落实各级政府责任制，使依法治教成为全社会的共识。其间，上海在中央支持下率先开展课程教材改革，中国教育几十年来“一纲一本”的情况取得突破，不久又启动高考自主命题探索，改变了新中国成立后数十年来的“全国一张卷”。

第三，改革各级各类教育体制机制。在“八五”“九五”“十五”“十一五”期间，上海各级各类教育朝着全面赶超国际一流水平的目标持续迈进。其中，基础教育确定的发展目标是建成0—18岁现代基础教育体系，并重点采取六项举措：一是以中小学标准化建设为基础，通过实施薄弱学校改造工程等，全面改善上海基础教育办学条件；二是以信息化为平台，促进基础教育全面改革和教育方法手段现代化；三是以城镇化建设为契机，高起点、跨越式加快郊区基础教育水平，促进城乡教育一体化；四是以师资建设和课程教材改革为重点，推进由应试教育向素质教育转变；五是以体制机制创新为动力，转变陈旧的教育观念，用先进的教育思想指导教育活动，激发中小学办学活力；六是形成市区两级政府宏观管理、学校自主办学的管理体制。其间，随着基础教育的放权松绑，基层一线办学活力持续释放，涌现了闸北八中的“成功教育”，静安一师附小的“愉快教育”，崇明校园、庭园、田园“‘三园’教育”等在全国产生重大影响的教改实践。1992年，在邓小平南方谈话的鼓舞下，上海在民办教育发展上充当了改革先锋，率先创办5所民办中小学，开辟了社会力量参与办学的重要渠道。民办教育的发展，发挥了重要的“鲶鱼效应”。

第四，全面谋划实施面向未来、赶超一流的战略规划。以系统规划引领教育发展，是20世纪80年代以来上海促进教育发展的战略手段，这是中国特色社会主义教育的重要特征，也是上海教育在全国发挥引领示范作用的重要体现。除了部署谋划“五年规划”外，上海还形成具有教育领域特色的规划路径。一是基于前瞻性发展战略研究勾画了面向21世纪的教育愿景。1985年起，开展了跨系统、跨学科、为期3年的教育发展战略研究，描画了2000年上海教育发展前景，这一探索具有两个意义：一方面，反映了上海教育决策管理方式的重大转变，通过对教育发展中具有长期性、根本性、全局性的问题进行系统研究，确定改革发展重大战略；另一方面，确立上海教育发展“先一步、高一层”的目标追求，并使这个理念始终贯穿于后续各项教育战略决策规划中，成为引领上海教育率先发展的历史因素。二是立足21世纪确立了第一个十年教育现代化发展目标。2004年，上海召开全市教育工作会议，提出到2010年要率先基本实现教育现代化，这是21世纪第一个以现代化为主题的教育战略规划，标志着上海教育迈入改革发展新阶段。三是面向2020年的中长期教育发展规划。2010年9月，上海召开全市教育工作会议，发布《上海市中长期教育改革和发展规划纲要(2010—2020年)》，提出“为了每一个学生的终身发展”的核心理念，明确到2020年率先实现教育现代化。会后，部市启动上海教育综合改革国家实验区共建，上海财政教育投入快速增加，为深化教育综合改革提供了支撑。

(四) 社会主义教育现代化的总体实现(2012—2021年)

党的十八大以来，以习近平同志为核心的党中央围绕培养什么人、怎样培养人、为谁培养人这一根本问题，提出一系列富有创见的新理念新思想新观点，形成了习近平总书记关于教育的重要论述，为教育事业发展提供了根本遵循。在新思想指引下，上海积极承担中央交办的试点任务，担当全国教育改革的“试验田”，促进了上海教育率先发展、优先发展、优质发展。这个过程中，上海教育勇当“排头兵”“先行者”，加强党对教育的全面领导，确保总体实现教育现代化。

第一，勇担中央教育改革试点任务。上海按照国家部署于2014年启动实施全国唯一的教育综合改革国家试点区建设，其间又相继承担高考综合改革、“三全育人”综合改革等党中央交办的试点任务。2020年，试点任务全面完成。高考综合改革方面，上海把确保公平性、提升科学性作为根本导向，把提升社会认同度、增强全体考生家长的感受度和获得感作为衡量标准，2017年平稳落实既定政策措施。“三全育人”综合改革方面，探索形成以高校课程思政和中小学学科德育为代表的“三全育人”格局，在全市高校全覆盖开设“习近平新时代中国特色社会主义思想概论”课程，全市高校结合办学特色全覆盖开设一校一特色“中国系列”思政选修课，这些经验做法已在全国辐射推广。

第二，全面构建高质量教育体系。构建形成了从3岁以下婴幼儿到老年群体全生命周期，从普通教育、成人教育到校外教育全领域范围的高质量教育供给体系。学生思想政治教育和身心综合素养培育方面，以大中小学一体化建设理念增强五育融合，探索实践了高校课程思政和中小学学科德育，打造“易班”学生网络育人平台，形成了组织规范化、内容序列化、形式多样化、资源社会化的全方位校外教育体系，建设全国首个国家指南针计划专项青少年基地，践行了“体验交融、课程主导、内外联动、多点孵化”的中华优秀传统文化育人模式，这些实践都已辐射全国；以体教结合机制系统实施了“小学体育兴趣化、初中体育多样化、高中体育专项化、大学体育专业化”体育教学改革，实施校园足球改革，基础教育学校基本实现100%落实学生每天一小时校园体育活动的目标。以文教结合机制实施面向人人的艺术普及教育，提升了学生美育和人文素养，培养高水平艺术后备人才。基础教育高质量发展方面，构建了3岁以下婴幼儿托育服务体系，全面建立托育机构管理的长效制度机制。形成了基础教育城乡一体化政策保障体系，实现了义务教育阶段学校基本建设、设施设备配置、信息化建设、教师配置与收入标准、生均经费等五项标准全市基本统一，学区化、集团化办学已覆盖近80%的中小学，打造了一批“不挑生源、不集聚资源、不以分数排名为教育追求”的新优质学校，这些学校不靠学业成绩排名和升学率成名，而是靠育人质量过硬成名，为义务教育发展确立了新标杆，实现了从过度追求现实功利转向追求教育对人的发展的价值。

第三，努力服务国家重大教育战略部署。把上海教育融入中央教育发展大局，在服务国家教育战略部署中实现自身更高质量发展。一方面，牵头推进长三角一体化教育协同发展。协同苏浙皖高质量推进教育联动发展，为深化区域教育协同联动发展探索了制度成果。另一方面，全面落实教育对口合作与扶贫攻坚。以一城之力对口支援“7省20地州101个县市”，把帮助对口地区打造一支“留得住、带不走、高素质”的教师队伍作为重中之重，把因地制宜分类明确教育对口合作任务作为重要策略，彰显了社会主义制度的优越性。

第四，不断开拓教育国际合作交流。上海地处中国改革开放前沿，具有对外开放传统和独特区位优势。这些年来上海推进教育改革坚持把扩大对外开放作为促进教育现代化的重要助力。一是参加国际教育质量测评。2009年起，上海代表国家连续5次参加国际学生评估项目(PISA)和教师教学国际调查(TALIS)，通过参与教育测评，扩大了教育国际影响，擦亮了中国教育名片。二是加强教材教学国际交流。上海义务教育阶段数学教材和教法在国际上产生了相应影响，彰显了改革开放以来中国数学教育教学的改革成效，在国际上展示了中国特色教育教学的独特魅力。三是促进国际教育组织落驻上海。设立联合国教科文组织上海教师教育中心，积极参与教师教育国际公共服务。

二、建设世界一流城市教育新征程的开启与奋进

回顾百年历程，在党的领导下，上海教育探索了一条经历艰难曲折而最终步入正轨的中国特色社会主义教育发展道路，用100年时间特别是改革开放40多年时间，把一个半封建半殖民地的落后教育发展成为赶超世界一流水平的教育，全市学前三年毛入园率、义务教育和高中阶段教育毛入学率等指标均已接近100%，基本消除了城乡教育二元结构，在全国率先一次性通过国务院义务教育基本均衡督导认定；连续参加国际教育质量测评，展示了领先全球的义务教育优质均衡发展水平，已率先总体达成《中国教育现代化2035》确定的教育事业和人力资源开发主要指标。上海教育发展历程，力证了中国特色社会主义发展道路的正确与宽广，彰显了中国社会主义制度的巨大优越性和强大生命力，值得每位教育人自豪。

我们感到，正是有党的坚强领导，上海教育才战胜前进道路上一切艰难险阻，走上了中国特色社会主义教育的康庄大道、朝着赶超全球城市先进水平的目标大步迈进。回顾上海基础教育百年历程，有七条实践经验需要持续传承和弘扬。

一是要以对标全球顶尖水平的志气和心气，勇于挑起率先赶超世界一流教育的重任。多年来，上海一直以海纳百川、敢为人先、追求卓越的气度，书写着中国教育的“上海篇章”，创造了中国基础教育许多“最早”和“第一”。实践证明，有党的坚强领导，有高瞻远瞩的教育发展战略思维、契合教育发展规律的价值追求和脚踏实地、务实进取的实践智慧，有勇于对标国际最高标准、最好水平的信心决心，我们在中国大地上一定能办出世界一流的教育。

二是要以服务国家发展战略为己任，勇于担当全国教育改革探路者的使命。作为全国教改“试验田”，上海主动担当先行一步的改革责任，以贡献和服务争取支持，谋划推进改革注重对标对表国家发展战略，力求在无缝衔接中精准定位教育综合改革着力点和落脚点。同时，上海教育改革始终以探索可参照、可推广的制度成果为使命，坚决不做供人观赏的“盆景”或风景宜人但遥不可及的“孤岛”，立足种植可“移植”的“苗圃”。

三是要把发展优质均衡的基础教育作为区域公共服务的重要部分。始终把为人民群众提供优质均衡的基础教育作为维护社会公平正义、提供优质公共服务的重要内涵，市级财政优先保障教育，特别是把经费投入和工作重心聚焦到提升薄弱学校办学水平、补好发展短板上，有力托举了基础教育发展“底部”。

四是要把深化基础教育课程改革作为核心内容。用好党中央赋予的基础教育课程教材编制权，聚焦课程目标的与时俱进、课程结构的整体优化、课程内容的同步更新、教学方法的持续完善、教研方式的改革创新和基层学校的创造力激发等方面，持续深化课程教学改革，实现了学校内部、课堂内部“静悄悄的革新”。

五是要把优化考试评价模式作为改革杠杆。以评价改革“倒逼”其他环节改革，促进课程、教材、教学、评价形成联动。这些年来，上海主动承担、平稳完成高考综合改革试点，从教、考、招三个环节同步施策，优化高考“指挥棒”，为实施素质教育创造了更大空间；实施基础教育新型学业质量评价制度，遏制了教学功利追求；借鉴国际先进评价理念、方法和技术，更加科学评价学生、教师和学校，并同步改进优化政府教育政策，取得明显成效。

六是要把建设高素质专业化校长和教师队伍作为关键支撑。优化校长和教师专业发展平台，实施普教系统名校长名师培养工程，重点建设基础教育领军队伍；建立见习教师规范化培训制度和开放、丰富、可选择的教师培训课程资源体系，搭建规范化学分互认管理平台和优质课程资源聚集平台；出台专门政策促进校长和教师资源均衡配置，通过薪酬政策引导优秀教师到薄弱学校从教任职，通过职称评聘引导校长和教师向薄弱学校柔性流动，补齐了短板弱项。

七是要把加强普教系统党建作为根本保障。上海始终把党的政治建设摆在首位，发挥中小学党组织的战斗堡垒作用和党员的先锋模范作用，推动党的组织和党的工作实现了中小学幼儿园全覆盖，以党建引领普教系统落实立德树人，夯实了基础教育发展组织保证。

立足总体实现教育现代化新起点新征程，对照国家和城市发展的新需求，对照人民群众对更加优质多样教育的新期待，上海在办学实践中“重于智、疏于德、弱于体和美、缺于劳”的现象依然存在，教育领域“破五唯”任重道远，基础教育优质均衡发展水平还没有完全满足人民群众不断增长的新期待，优质教育资源供给总体上还不够充足，校际发展差异尚待缩小，教育焦虑没有根本缓解，这些都是推进基础教育更高水平优质均衡发展需要解决的问题。

面向百年历史新征程，上海要以习近平新时代中国特色社会主义思想为指导，继续推进先行先试，用5年时间使教育事业发展和人力资源开发主要指标接近全球城市先进水平。为此，上海基础教育要聚焦五个方面深化改革。

第一，建设一支“四有”好教师队伍。加快建设世界一流教育、办好人民满意的教育，前提基础是建设一支“四有”好教师队伍。要着眼教育促进人的现代化新阶段，改变以往把教师队伍建设作为支撑要素的做法，把教师队伍建设作为教育内涵发展的核心内容。一是把师德师风建设放在首要位置，将师德规范作为教师培训必修内容，贯穿教师职业生涯全过程，作为教师入职、绩效考核、职称（职务）评聘、岗位聘用和奖励表彰等的首要参考依据。同时，营造尊师重教的社会氛围，提供与教师行业相匹配的薪酬待遇，使教师成为令人羡慕的职业。二是聚焦把好新进教师入口关，构建以师范院校为主体、高水平非师范院校参与的师范教育格局，多渠道供给优质师资。三是深化教师培训制度改革，深入实施中小学（幼儿园）见习教师规范化培训制度，健全教师资格证和规范化培训合格证"双证"注册制度，加强规范化培训与教育硕士衔接培养。四是实施基础教育人才攀升计划，依托名师名校长培养工程加快培养优秀教师、优秀校长和教育名家。

第二，建立促进学生五育并举的落实机制。全面推进德智体美劳全面发展的系统化落实机制，分类构建和提升学生道德素养、学习素养、体育素养、美育素养和劳动素养，创新"五育"融合人才培养质量评价改革，创新德智体美劳过程性评价操作实施办法，把评价结果作为衡量学生全面发展、评优评先、毕业升学的重要参考或依据；探索建立"五育"的学生成长数据档案，据此优化初中和高中学生综合素质评价体系。

第三，加大基础教育资源配置和供给服务。健全和完善基础教育资源供给制度机制，有效应对学龄人口动态变化趋势。一是完善基于学龄人口动态发展趋势的各级各类教育资源布局，改变以往根据现行办学规模核定未来办学条件的做法，调整为依据事业规模发展规划核定未来办学条件，超前布局和配置办学资源，从机制上解决学校少教室、少宿舍问题。二是健全教育基建保障机制，严格落实公建配套学校与新建住宅小区"五同步"（同步规划、同步设计、同步建设、同步验收、同步交付使用），促进基本公共教育服务均等化。三是优化教育资源布局，大力促进托幼一体化，基本满足市民对 3 岁以下婴幼儿托育需求；完善基础教育设点布局，重点加大城乡接合部、人口集中导入地区的教育资源配置，保障教育资源供给。

第四，深化基础教育课程教学改革。着力办好每一所学校，上好每一堂课，服务好每一位学生，成就好每一位教师。义务教育方面，要制定新一轮义务教育学校办学标准，提高教育资源配置标准，促进基本公共教育服务均等化，推动义务教育城乡一体、优质均衡，加快创建全国义务教育优质均衡发展区。强化优质资源辐射作用，打造一批示范性学区集团和新优质特色学校，实施新一轮城乡学校携手共进计划，持续实施公办初中强校工程；推进基于课程标准的教学与评价，小学实施分项等第制评价，深化实施义务教育学业质量"绿色指标"评价改革，推动中考改革全面实施。普通高中方面，深化普通高中育人方式改革，提升普通高中学校校舍、教育装备、信息化、教师队伍、课程教学等建设水平，扩大优质普通高中学校和学位资源，加强学生生涯规划指导、完善选课走班教学管理机制，加强拔尖创新人才早期识别和培养。

第五，有效缓解教育焦虑、提升教育获得感。一方面，深化教育考试招生制度改革。在促进基础教育优质均衡发展基础上，落实深化新时代教育评价改革方案，确保落实义务教育公办学校免试就近入学、公民办学校同步招生和民办学校"超额摇号"。深化中高考改革，实施优质高中名额分配，深化高考综合改革特别是高中学业水平考试改革，促进初高中学生综合素质评价在招录环节的使用。另一方面，多措并举营造教育良好生态。抓好义务教育学生作业、读物、体质、睡眠、手机五项管理，构建形成政府依法管理、行业规范自律、社会协同治理的培训市场综合治理格局，促进校外培训机构规范发展，多措并举减轻义务教育学生作业负担和校外培训负担。

回顾上海教育的百年历史，立足赶超世界一流水平新征程，我们要不断增强"四个意识"、坚定"四个自信"、做到"两个维护"，充分发挥学校党组织的领导作用，把抓好学校党建工作作为办学治校的基本功，把党的教育方针全面贯彻到学校工作各方面，牢牢把握立德树人根本任务，牢牢把握社会主义办学方向，全面深化教育领域综合改革，确保到 2025 年使上海教育事业发展和人力资源开发主要指标接近全球城市先进水平，到 2035 年建成同具有世界影响力的社会主义现代化国际大都市相匹配的一流教育，把红色之城打造成为世界一流的教育之城。

三、在育人实践工作中秉持"红船精神"，持续发扬红色文化

教育工作者在育人实践工作中坚定秉持"红船精神"，做"红船精神"的坚定传承人和践行者，持续弘扬红色文化。一要大力弘扬首创精神，创新发扬红色文化的方式。要敢为人先、锐意进取，对照"办好人民满意教育”的要求，对照“干在实处永无止境、走在前列要谋新篇、勇立潮头方显担当”的要求，加快教育数字化转型，建设“未来课堂”“数字校园”，依靠信息技术与教育的深度融合创新，引领和推动教育现代化。二要大力弘扬奋斗精神，拓宽发扬红色文化的途径。要坚定信念、奋勇争先，聚焦深化课程改革、教育质量发展上存在的城乡差距、区域差距、校际差距，着力提高教育发展的特色化、个性化，促进每一个学生健康成长，满足人民群众对教育的新需求。三要大力弘扬奉献精神，明确发扬红色文化的内在旨趣。要牢记党的宗旨，真心服务教育、服务学生、服务家长，找准教育的热点难点问题，精准施策，对症下药，切实推动各项工作落地落实落细，提升育人能力和水平，为党育人、为国育才，以人民为中心，办人民满意教育。

综上所述，通过对“红船精神”的内涵解读和文化基因提取，可以准确理解和把握“红船精神”融入具体的育人实践的价值意蕴和逻辑进路；通过对嘉兴市教育系统探索构建“红船精神”同育人使命相耦合实践做法的梳理与阐释，可以获得一些启发，如探索“红船精神”与育人体系的耦合研究，应该考虑学生身心发展规律的特定因素，既要看到弘扬“红船精神”对“拔节孕穗期”学生的耕耘利好，又要注重分析学生自身对新事物接受程度的个体差异，同时更要因时而新、因事而新、因势而新，着力探赜将“红船精神”在时代新人中世代延续下去的不断完善的“可行性方案”。此外，在研究分析过程中，有关“红船精神”在青少年群体中内化于心所面临的困境将是一个值得的深入研究的新议题。

（原载 2021 年 6 月《中国教育学刊》）

多措并举减轻学生作业和校外培训负担

上海市教育委员会主任　王　平

2021年5月，中央全面深化改革委员会第十九次会议审议通过《关于进一步减轻义务教育阶段学生作业负担和校外培训负担的意见》，要求义务教育落实立德树人根本任务，充分发挥学校教书育人主体功能，强化线上线下校外培训机构规范管理。上海深刻领会"双减"工作的重要意义，把全面提高学校教学质量作为治本之策，把全面规范管理校外培训机构作为重要举措。

一、强化学校教育主阵地作用，持续提升基本公共教育服务质量

自20世纪80年代以来，在教育部的有力支持下，上海连续30多年持续推进基础教育课程改革，基础教育整体发展水平位居全国前列并具有了一定的国际影响力。同时，我们也清醒地认识到，过重且无意义的学习负担已成为影响学生身心健康成长、制约课程改革深化实施的突出问题。

为此，我们着力从三个方面推进学生增效减负工作：一是加强学生作业源头管理。2019年出台《本市落实义务教育阶段学生增效减负工作实施意见》和《上海市加强义务教育学校作业管理措施》，从规范学校办学行为、促进家校协同育人、加强增效减负工作监督管理等方面综合施策。在此基础上，以加强作业管理为抓手，从规范作业来源、科学设计作业、合理布置作业、统筹作业总量、有效评改反馈等方面，减轻学生作业负担。二是做好校内课后看护服务。上海于2014年出台了小学生放学后至下午5点看护政策，2017年试行放学后"快乐30分"拓展活动，2019年免费看护延长至下午6点，2021年将小学生校内课后服务纳入上海市"民心工程"和为民办实事项目，强力推进。目前已实现公民办小学100%开展校内课后服务，约78%的小学在校生接受校内课后免费看护服务。三是丰富学生校外活动。推动全市校外教育单位持续开发内容丰富、形式多样的"五育课堂"，将优质拓展类课程送入学校，指导学校开设课后服务课程、建设特色社团、开展特长学生培养，并由骨干教师带教，同时推动线上课程研发，指导各级青少年活动中心、少年宫、少科站和乡村（城市）学校少年宫，服务学生课外活动。

下一阶段，上海将以落实"三个提高"为重点，全面提升学校基本公共教育服务质量：一是提高课堂教学质量。深入开展数字应用场景探索，提升课堂教学效率；深化小学低年级主题综合学习、项目化学习和跨学科学习等项目实践，促进教学方式变革；完善中小学生学业质量绿色指标评价，推动基于科学评价的教育教学改进；全面推进小学零起点教学和等第制评价，激发学生学习兴趣，降低考试压力。二是提高学校作业效能。依托信息技术平台确保学校作业数量可控制、作业品质有保障；落实教育部和上海市既定作业管理部署要求，健全作业管理机制；遵循教考一致原则，逐步完善科学有效的校本作业体系。三是提高校内课后服务质量。在全覆盖实施小学阶段校内课后服务基础上，推动公办初中开设校内课后服务；探索建立利用双休日举办校内体育赛事、文艺展演、社会实践、科技创新等活动机制；鼓励街道学生社区实践指导站、社区创新屋、综合实践基地等轮流向学生开放，架构学生课后德育实践活动多元化平台；动员博物馆、科技馆、美术馆等全市场馆资源，在双休日免费或优惠向学生开放；指导各区青少年活动中心、少年宫、少科站和乡村（城市）学校少年宫双休日全部开放。

二、加强校外培训机构规范管理，切实减轻校外培训负担

上海作为全国首批校外培训机构治理试点单位，在全国率先出台规范校外培训机构的“一标准两办法”，依法规范、分类施策、稳慎有序开展专项治理。2019 年，上海又连续出台《关于加强本市培训机构管理促进培训市场健康发展的意见》《上海市培训机构监督管理办法》等制度文件，深入推进包括校外培训机构在内的全市各类培训市场综合治理。我们还建立了培训机构黑白名单制度、专家审定机制，制定了统一的培训市场合同示范文本、年检指南、章程模板等，为培训机构规范管理和综合治理提供了操作依据。

下一阶段，上海将从三个方面强化校外培训机构规范管理：一是实施专项行动。深入开展校外培训机构规范管理专项行动，以查促建、以查促发展，多角度、多举措促进校外培训机构规范发展。二是完善配套制度。制定出台《上海市民办培训机构设立与管理实施办法》《上海市培训机构培训资金管理规定》《上海市民办培训市场信用管理办法》、培训机构分类设置标准等规章制度，探索推进地方立法和市政府规章制定。三是构建共治机制。成立校外培训机构行业协会，发挥协会在行业自律、行业互助等方面的作用；依托教育、财务、法律等专业机构力量，构建形成社会共治机制。

义务教育是国民教育的重中之重，推进实施“双减”工作是贯彻党的教育方针、落实立德树人根本任务的必然要求。上海一定会全面落实国家部署要求，多措并举减轻学生过重负担，营造有利于学生德智体美劳全面发展的健康成长环境。

（原载 2021 年 7 月 20 日《中国教育报》）

各级各类教育

Various Educations at Different Levels

综 合 类

【2021年上海教育概况】 2021年，推进以习近平新时代中国特色社会主义思想为核心内容的思政课课程群建设。持续建好"中国系列"课程，建设"开天辟地""脱贫攻坚"等精品课程，遴选出百门优秀党史学习教育活动课程。选树高校思政课教改试点项目5项、思政课"金课"26项、优秀教学案例55项。开展"百年辉煌路·奋斗正当时"大学生讲思政课公开课展示和"我心中的思政课"大学生微电影展示遴选。举办大中小学思政课一体化建设、党史学习教育主题教学展示活动。松江区、杨浦区、宝山区、黄浦区、嘉定区、闵行区等开展一体化思政课创新及党史学习教育、"四史"宣传教育。推进15个上海示范马克思主义学院与各类非示范马克思主义学院结对。筹建民办高校思政课建设校际协作共同体。组织开展部、市两级课程思政示范项目遴选，入选教育部示范中心4个，示范课程、教学名师和团队39个。首批立项研制62个专业门类课程思政教学指南。组织开展中小学思政课教师"时事课堂"展示活动。10所学校入选教育部第二批"一校一案"，落实《中小学德育工作指南》典型案例。

推出24个高校精品课堂、60个中小学精品课堂。开展学校心理健康教育活动月、第六届上海市大型心理咨询活动。启动"中小学生关爱系统建设"项目和中小学生心理健康促进与护航体系"润心工程"项目。开展高校学生心理委员成长营和朋辈互助技能大赛、高校学生心理危机干预QPR培训。遴选建设12个心理健康教育名师工作室。完成中小学生全员导师制试点，研发《师生关系指导手册》《家校沟通指导手册》等配套资源。研制《上海市中小学幼儿园家长学校建设标准》和分学段《家庭教育指导手册》，组建上海市中小学家庭教育指导讲师团。4个区入选"全国中小学劳动教育实验区"。入选全国中小学劳动教育典型案例2个。遴选155所中小学(中职校)劳动教育特色校、68个学生劳动教育基地。举办首届上海市"学生劳动教育宣传周"活动，"百名劳模进百校"分批实施活动。开展长三角地区学生劳动教育实践基地(场所)推荐工作。印发《关于加强和改进新时代上海未成年人校外教育的意见》，开办543个小学生爱心暑托班，推出近2000项公益性、普惠化暑期活动项目，参与学生78余万人次。发布《2020年度上海市学生体育素养评价蓝皮书》。完善《上海市中小学生艺术素质测评指标体系(试行版)》《上海市中小学生艺术素质测评办法(试行版)》。

教育部和上海市政府召开共同全面深化教育领域综合改革工作推进会，签署《教育部 上海市人民政府共同全面深化上海市教育领域综合改革战略合作协议(2021—2025年)》，印发《教育部 上海市人民政府2021年共同全面深化上海市教育领域综合改革重点工作备忘》。编制《上海市全面深化教育领域综合改革国家示范区建设方案(2021—2025年)》。出台《上海市基础教育综合改革国家实验区建设方案(2021—2025年)》。发布《上海市深化新时代教育评价改革实施方案》，实施教师分类评价改革、学生综合素质评价改革和用人评价改革等专项行动。做好普通高中学生综合素质评价信息在春季招生、专科层次自主招生、高校强基计划及综合评价录取改革试点批次中的使用。完成春季考试招生、秋季高考与普通高校集中录取。完成专科层次依法自主招生。完成普通高校面向中等职业学校应届毕业生考试招生。

出台上海市学前教育与托育服务五年规划。完成15所配套幼儿园治理工作，新增普惠性学前教育学位 6390 个。全年新建、改扩建 30 所幼儿园。托育服务机构发展到 1099 个，提供入托名额 4.8 万个。其中开设托班的幼儿园、托儿所、早教中心 779 所，社会力量举办的托育机构 320 个。遴选推荐首批区域义务教育优质均衡先行创建区。上海市自闭症儿童教育指导中心成立，“上海市自闭症儿童教育服务实践点”挂牌成立。印发《上海市教育委员会等十部门关于推进普通高中学校建设的实施意见》，研制上海市普通高中课程实施方案、年度课程计划以及各学科教学指导性文本。

开展上海市优质中职培育学校的跟踪检查和过程监测、业务指导等工作。推进高职“双高计划”和“双一流”建设，立项 31 个一流专业群建设。推进中高、中本、高本贯通培养，新增 31 个中高贯通点、5 个中本贯通点、11 个高本贯通点和 6 个五年一贯制专业。加强新设新型职业院校专业备案指导，5 所新型职业院校新增 17 个专业。落实《关于开展本市职业院校育训结合激励计划的指导意见》，社会人员及应届毕业生参与职业院校开展的职业技能培训达 100 万人次。修订《上海市中等职业学校专业设置管理实施细则》。完善“1+X”证书制度及“双证”融通制度，共有 43 所中职学校、19 所高职院校（含上海中侨职业技术大学）参加第四批“1+X”试点工作。启动 16 个现代学徒制试点专业，并在 4 个中高职贯通专业探索长学制现代学徒制试点，形成 120 个实践案例。

崇明职教集团、闵行职教集团、现代农业职教集团、旅游职教集团、现代护理职教集团被遴选为国家第二批示范性职业教育集团。成立增材制造、智能物联网 2 个行业职教集团。加强电子信息职教集团、建筑职业教育集团等全国示范职教集团的示范辐射作用。

印发《上海市加快推进世界一流大学和一流学科建设实施方案（2021—2025 年）》《上海高等学校学科建设与优化布局规划（2021—2025 年）》《上海高校创新策源能力提升行动方案（2021—2025 年）》。配合上海科创办形成《上海科创中心建设报告（2020）》。完成上海市协同创新中心阶段性总结评价工作，形成《上海市协同创新中心建设（2018—2020 年）总结评价工作相关情况报告》。开展上海高校新增学位授权审核和普通高校双学士学位复合型人才培养项目评审。上海高校共获批“课程思政示范课程、教学名师和团队”39 门（个），“课程思政教学研究示范中心”4 个，首批国家级一流课程 332 门。完成第二批共 151 门市属高校国家级一流本科课程的遴选推荐工作，立项建设市级重点课程 507 门课程。

全市有市级体验基地 12 个，下设体验站点 156 个、体验项目 1280 余个、体验课程 1590 余个，全年举办体验活动近 5000 场次，参与市民 150 余万人次。会同市委宣传部、市文明办、市委党史研究室发起“十百千”工程，围绕“红色文化”学习点打造“十”条红色主题线路，开展“红色修身，文明实践”人文行走主题活动超过“百”场，各区孵化超过“千”名红色导学志愿者，累计超过 180 万人次参与人文行走学习，40 万人次参与网上行走学习。上海获联合国教科文组织 2021 学习型城市奖，参加第五届全球学习型城市大会并分享上海经验和成果。举办第十七届上海市全民终身学习活动周、第十六届上海老年教育艺术节、第七届上海市诗歌节等大型终身学习活动。举办第九届终身教育上海论坛、第二届学习型城市建设与监测国际论坛等交流活动。组织开展 2021 年上海市街镇社区（老年）学校优质校建设评估工作，40 所学校通过评估。开展 2021 年上海市高校老年大学内涵建设情况调研，试点培育居村委特色学习点和优秀社会学习点。

落实小学生校内课后服务“民心工程”和为民办实事项目。出台《关于进一步做好本市义务教育课后服务工作的通知》，1389 所义务教育学校实现开设课后服务全覆盖、学生应留尽留全覆盖、时段安排全覆盖。参与课后服务的学生 133.1 万人，学生参与率 96.59%。参加课后服务的教师 11.2 万人，教师参与率 94.73%。研制《关于进一步减轻义务教育阶段学生作业负担和校外培训负担的实施意见》，形成上海“双减”《任务分工方案》。印发《上海市规范义务教育阶段学科类培训机构专项行动方案》，部署实施针对学科类培训机构的专项治理行动。

在全国率先完成民办学校分类管理改革任务，其中选择登记为非营利性的 1581 所民办学校、选择登记为营利性的民办学校199所全部完成转设。制定《上海市深化民办义务教育规范工作方案》,指导相关单位研制"一区一案"和"一校一策"。优化许可证管理平台,强化有效监管,完成18项民办高校行政许可事项,制作发放约2600张民办学校办学许可证。组织实施2020年度民办高校年检工作。

推动上海交通大学教育学院和上海师范大学学前教育学院建设,上海交通大学教育学院首批招收47名研究生,上海师大学前教育学院首批招收242名本科生。

组织普通高中"双新"10个学科骨干教师培训,制作12个学科全体教师培训资源。推进第四期"双名工程"工作,组织市级论坛5场、基地巡展23场,辐射全国教师10多万人。开展中小学特级校长评定,产生99名特级校长,并选派新评的44名特级校长、47名正高级教师流动到初中强校工程实验学校、乡村学校、新城学校。做好第六批国家高层次人才特殊支持计划教学名师遴选推荐工作。完成第二批全国高校黄大年式教师团队创建活动,6个团队入选第二批国家级职业教育教师教学创新团队,4家单位入选第二批人工智能助推教师队伍建设试点。完成宝钢优秀教师奖、上海市技能大师工作室资助、首席技师资助和高技能人才等遴选推荐工作。研制《上海教师队伍建设"十四五"规划》《上海市"十四五"基础教育教师培训实施方案》《上海市"十四五"职业院校教师培训工作实施意见》《上海市"十四五"中等职业学校教师培训学分管理办法》。开展2021年上海市优秀教学成果推荐工作。推进于漪教育教学思想研究中心建设,做好党和国家功勋馆展示人物于漪老师基础资料收集整理工作。出台《关于进一步加强上海市中小学教师人事管理制度建设的指导意见》。修订印发《关于建设上海高水平地方高校创新团队收入分配机制试行意见的通知》。

首次以线上方式举办"2021上海国际友好城市青少年夏令营"活动,来自17个国家的19个上海国际友好城市的180余名外国学生在线参加。与芬兰埃斯波市教育文化部完成2021—2023年度教育合作备忘录签署。与汉堡教育部、汉堡驻中国联络处以及上海、汉堡两地的6所结对学校在线举行主题活动。在线举办"2021沪港澳学生夏令营",邀请20所沪港澳姊妹校200名师生参加。建立"沪川港澳姊妹校"对口交流机制,促进四地青少年交流互鉴。

指导华东师范大学承办第十四届国际数学教育大会。联合中英两国教育部、上海师范大学、英国卓越数学教学中心等,开展中英数学教师在线教研交流活动。建设"长三角区域国际理解教育基地学校联盟"。支持上海商学院与瑞士洛桑酒店管理学院合作举办"上海商学院上海洛桑酒店管理学院"。联合国教科文组织教师教育中心在上海揭牌成立。完成国际戏剧协会代表机构(总部职能)在沪注册工作。

印发《上海市教育数字化转型实施方案(2021—2023)》,成立上海教育数字化转型标准委员会。召开上海市教育数字化转型工作会议,为长宁区、宝山区、徐汇区教育数字化转型实验区授牌。推进义务教育阶段及幼儿园入学在线报名系统融入"一网通办"。实现八类家庭经济困难学生认定"全程网办"。

印发《上海市大学生创新创业训练计划管理办法》,2021年国创项目1907项(其中市属高校1034项),市创项目4453项(其中市属高校2936项),校创项目10396项(其中市属高校6507项)。举办第七届上海大学生双创训练计划成果展。成立市、区、校三级学生资助工作领导小组、工作小组以及学生资助管理中心(部门)。

制定《上海市人民政府教育督导委员会工作规则》。出台第四轮(2021—2025年)区政府依法履行教育职责评价方案、义务教育学校发展性督导评价指导意见、普通高中发展性督导评价指导意见、本科毕业论文(设计)抽检实施细则等制度。印发《关于开展责任督学"五项管理"督导工作的通知》,制定上海市"五项管理"督导工作方案。完成2021年度幼儿园办园行为督导评估工作。组织浦东新区、黄浦区、杨浦区、闵行区、金山区、松江区6个样本区120所样本校近3600名学生及相关教师参加国家义务教育质量监测。推进中等职校专业质量监测工作,在数控技术应用、学前教育(保育员)2个专业试点基础上,新增物流服务与管理、国际商务、计算机应用、中餐烹饪、机电技术应用5个专业的质量监测。印发《关于进一步加强本市中小学校依法治校工作的指导意见》,开展上海市高等学校、中小学依法治校(2016—2020年)创建成果征集活动。

会同市委政法委、市公安局组织召开2021年全市中小学幼儿园安全工作暨2021年"护校安园"专项工作部署推进会。开展中小学生公共安全知识线上竞答活动。开展初一学生气象夏令营线上活动、青少年安全创意作品线上征集活动。举办全国首届大学生国家安全素养展示活动总决赛。组织2020级大学生安全教育网络教学和标准化考试工作,举办上海市第六届大学安全知识竞赛。推进大学生安全在线学习与标准化考试。

建立健全非义务教育成本分担机制,完善政府采购管理体制。健全国有资产管理制度,加强维修及设备类项目管理。制定《上海高校"双一流"建设资金管理办法(2021—2025年)》。开展审前培训,完善审计项目全过程跟踪监督机制,加大对关键领域、重点环节的审计监督力度。推进队伍建设,选聘市教委特约审计员,并探索内审人员见习基地建设。

组织开展首届全国教材建设奖评选推荐工作,获基础教育类一等奖5项、二等奖22项,职业教育和继续教育类一等奖1项、二等奖9项,高等教育类特等奖1项、一等奖10项、二等奖38项,以及先进个人7人、先进集体13个(含部属高校)。发布《本市关于全面加强新时代语言文字工作的实施意见》。组织普通话水平测试314场,实测137198人次。组织汉字应用水平测试,上海考区共有15个区的中小幼教师和21所高校的师生共计9378人参加。推荐申报并获批第二批4个国家语言文字推广基地。

(许　涛)

【《上海市深化新时代教育评价改革实施方案》发布】 1月,上海市委、市政府印发《上海市深化新时代教育评价改革实施方案》,明确27条改革任务。市委教育工作领导小组办公室印发《上海市深化新时代教育评价改革方案》,形成85项任务清单和10项负面清单。上海市教育评价改革试点工作全面启动。遴选54个教育评价改革优秀案例,推广评价改革方案。

(许　涛)

【上海高校辅导员艺术团举行首场演唱会】 4月23日,上海高校辅导员艺术团在上海音乐学院举行"以美育人　培根铸魂"首场演唱会。经过各高校的选拔和推荐,共有来自复旦大学、上海大学、上海音乐学院等高校的51名辅导员参加演唱。该艺术团于4月19日成立,旨在打造辅导员的美育共同体,定期开展交流活动,在重要节庆活动中进行展示演出。

(杨智勇、王　瑾)

【上海市中小学生庆祝中国共产党成立100周年主题活动】 5月31日,"同心向党　奋斗有我"上海市中小学生庆祝中国共产党成立100周年主题活动在黄浦区卢湾教育文体中心开幕。由市教卫工作党委、市教委主办,上海市学生德育发展中心、黄浦区教育局承办。在全市16个区的红色地标同步开展"同唱国歌,同升国旗"仪式,并分"从小学党史""永远跟党走"两个篇章,通过诗朗诵、多幕剧、思政课、大合唱等形式,展现建党百年的峥嵘岁月,表达中小学生"听党话、跟党走"的信念。市教卫工作党委、市教委领导出席会议并寄语广大青少年学生。

(孙　红、周时奕)

【举办上海高校辅导员党史学习教育主题班会展示活动】 6月21日,"青春领航者　永远跟党走"上海高校辅导员党史学习教育主题班会展示活动在东华大学举行,市教卫工作党委、市教委领导出席会议并讲话。4名辅导员代表,围绕伟大的长征精神、教育的情怀与责任、政党初心使命等话题,分享依托主题班会面向大学生开展党史学习教育的心得体会。上海各高校学(研)工部部长、分管负责人、获奖辅导员等100余人参加现场展示活动,各高校辅导员、学生代表在线观看活动直播。

(杨智勇、王　瑾)

【习近平总书记在庆祝中国共产党成立100周年大会上的重要讲话学习会暨上海学校思政教师集体备课会】 7月1日在上海交通大学医学院召开。市教卫工作党委、市教委领导出席会议并讲话。各高校、师资培训中心设线上分会场，全体高校思政课教师、辅导员代表以及中小学思政课教师骨干参会。全市大中小学思政课一体化建设指导委员会专家指导组成员、7个高校思政课分教指委、大中小学思政课骨干教师代表进行现场集体备课，对习近平总书记重要讲话精神融入思政课教学环节从各自角度进行领读学习。会后，各分会场结合学校情况和特点开展校内集体备课。（车　车、王　瑾）

【首届全国中小学班主任基本功展示交流活动】 7—12月举行。活动由教育部组织开展，来自各省、自治区、直辖市、新疆生产建设兵团的小学、初中、高中共计217位优秀班主任以弘扬师德师风、展现专业素养、彰显人格魅力为重点，分育人故事、带班育人方略、主题班会三项内容进行竞技。上海7名参展班主任的21个作品全部入选“2021年全国中小学班主任基本功展示交流活动典型经验”，其中6名班主任的12个作品在国家中小学网络云平台、国家教育资源公共服务平台向全国进行展示。

（孙　红、周时奕）

【第四届全国中小学生电影周活动】 10月25—30日在上海举行。活动由教育部、中宣部举办，以“光影百年致初心　伟大精神代代传”为主题，通过优秀红色电影来讲好党史故事，教育引导中小学生坚定不移听党话、跟党走。活动内容包括优秀红色影片展映、中小学生微电影征集展示、影视教育进课堂、影视教育主题论坛、影视教育观摩考察、红色场馆研学实践等，从线下到线上，从校内到校外，引导学生回顾党的百年光辉历程，发挥“电影＋”的育人作用。（邹　竑、夏汝卿）

【出版《领航有道：上海高校辅导员特色工作法》】 年内，市教委首次面向上海各高校征集、遴选具有代表性的辅导员工作法，编撰出版《领航有道：上海高校辅导员特色工作法》。该书由华东师范大学出版社出版，内容涉及教育引领、学生服务、党团建设、文化育人、学业指导、就业引导等多个方面，是辅导员有效开展工作实务、解决实际问题的工作指南和操作手册。（杨智勇、王　瑾）

【推进学生心理危机防范化解工作】 年内，市教委推出5门区域心理健康教育特色课程、60节中小学精品课、24节大学生精品课程。举办年度上海学校心理健康教育活动月，通过“上海学校心理”微信公众号等多种渠道，加强心理健康知识普及宣传。指导各区、各校规范、有效开展学生心理咨询服务，提高心理咨询服务渠道的知晓率与服务效能。启动“上海市中小学生关爱系统建设”及“润心工程”课题研究。实施第二轮中小学医教结合项目。强化“学校、院系（年级）、班级、宿舍”分级网络的预警防控作用。在浦东新区、黄浦区、徐汇区、普陀区等12个区186所中小学完成全员导师制试点，研发《师生关系指导手册》《家校沟通指导手册》等配套资源，组织多轮市区培训，落实《2021学年秋季学期全面推行全员导师制工作方案》。编写《高校学生心理危机干预及伦理手册》《护航危机学生案例集》。

（朱仲敏、王　瑾）

【大中小学劳动教育一体化建设】 12月28日，出台《上海市学校劳动教育“十四五”规划》，系统设计“5＋1”劳动教育的总体框架，聚焦课程建设、实践活动、劳动文化涵育、劳动基地建设、师资队伍培养、支撑服务保障六大方面提出行动计划。年内，启动“金山区青少年实践活动中心”劳动教育基地二期扩容改造，筹备升级为“上海市综合性劳动教育实践基地”。已命名挂牌的68家上海市学生劳动教育基地，注重宜工宜农实践。挖掘各类博物馆、科技馆、社区街道、职业院校等开展服务性劳动的基地2100多家，提供学生参加公益劳动、志愿服务岗位86万多个。金山区、黄浦区、杨浦区、宝山区入选“全国中小学劳动教育实验区”。举办首届上海市“学生劳动教育宣传周”活动。黄浦区与浦江第一小学获评教育部全国48个劳动教育典型案例，金山区青少年实践活动中心入选2021年“全国中小学研学实践基地”中央专项彩票公益金资助单位。上海高中志愿服务公益劳动的文件内容，被教育部《普通高中课程方案》采用。宝山区“行知行”社区服务“小先生制”在全市推广。

（邹　竑、夏汝卿）

【加强校外实践教育】 4月27日，出台《关于加强和改进新时代上海未成年人校外教育的意见》。年内，通过加强区、社、校三级联动，加强中小学生课后服务资源建设，构建馆校合作机制，形成50集"馆长说"视频成果，在"学习强国"上集中展示。暑期发布涵盖"初心之地""复兴之路""强国之梦""文化之根""魅力之城""国家安全""金融探索""行知之路""扬帆远航""沿着总书记的足迹"等10个系列的128条上海市学生"四史"教育主题研学实践路线，推出近2000项丰富多彩的公益性、普惠化活动项目，782929人次学生参与；组织开展上海市示范性学生社区实践指导站课程展示和市级学生社会实践基地"3点半—走进场馆"课程资源推送等工作。（邹　竑、夏汝卿）

【上海基础教育基本建设规划】 12月31日，《上海市基础教育"十四五"基本建设规划》发布。"十四五"期间，上海市基础教育基本建设规划项目共572个，总建筑面积约961.60万平方米。截至2021年12月底，开工项目（含竣工）共250个，其中竣工项目49个。（于子淼）

【上海市级教育基本建设规划】 市教委会同市发展改革委等相关部门编制形成《上海市属教育单位"十四五"基本建设规划（送审稿）》（以下简称《建设规划》）。"十四五"期间，市属教育单位规划55个新建项目纳入项目库，其中重点推进补短板项目23个，建筑面积约180万平方米。成立市教委基本建设重大工程领导小组和项目推进办公室，形成"教委所属、中心保障、高校参与、专班推进"工作机制，2021年度7个市重大工程正式项目和2个预备项目按计划完成进度，另有11个项目开工建设。

（张玲燕）

【推进高水平地方高校建设项目】 4月，启动高水平地方高校二期建设，论证会邀请8位教育管理领域权威专家，指导和帮助各高校聚焦优势特色、明确目标任务、凝练举措路径，完成15所建设高校和7所（培育）建设高校五年建设方案论证。6—7月，配合市财政专项资金评审中心，全程指导和支持各高校参加二期建设项目2021年预算评审。11月，召开工作布置会暨培训会，邀请财政评审专家围绕项目财政评审过程中的常见问题和优化建议，为各高校作辅导报告，指导和帮助各高校高质量编制2022年预算方案。12月组织召开专家预审会，重点围绕年度建设任务和绩效目标，充分考虑不同类型高校的特点，对各高校建设学科和重点建设任务予以立项支持。（杨雁俊、杨　帆）

【教育系统不动产确权补证工作】 至12月底，市、区教育单位共办理不动产确权补证建筑面积696.59万平方米，其中市级办妥确权补证建筑面积395.21万平方米、区级办妥确权补证建筑面积300.38万平方米。其间，委托同济大学城市风险管理研究院编制上海市教育系统不动产权证确权补证《工程质量监督和消防安全评估工作导则》《房屋质量安全性检测技术细则》《房屋建筑消防安全评估细则》，工作导则聚焦管理层面，明确房屋安全检测和消防安全评估具体标准依据和具体流程；"两细则"偏重技术层面，包括检测和评估工作的标准规范、测量复核等内容。（于子淼）

【推动学生资助帮扶"全程网办"】 采取电子证照调用、数据共享核验、行政协助等方式，减少学生和家长往返多部门获取盖章证明材料的困扰。至年底，八类家庭经济困难学生（城乡低保家庭、特困供养人员、低收入困难家庭、烈士子女、孤儿、残疾、建档立卡贫困家庭学生、其他家庭经济困难学生）认定实现"全程网办"。同期，建设高校毕业生就业落户平台，实现全市法人数据、学籍学历数据以及高校就业数据互联互通，就业落户"一键生成、一表填写、免于重复填报"。（苏　丁）

【推进教育数字化转型试点区建设】 8月26日，上海获批全国教育数字化转型试点区。11月11日，上海市推进教育数字化转型试点区建设工作会议举行，为长宁区、宝山区、徐汇区教育数字化转型实验区授牌。举办长宁区、宝山区、徐汇区教育数字化转型方案新闻通气会，协调推进各领域分别开展基础教育、职业教育、高等教育、终身教育等领域的

教育数字化转型方案。指导闵行区召开基础教育数字化赋能“双减”工作。（苏　丁）

【启动新一轮上海高水平地方高校创新团队建设】年内，新一轮创新团队建设启动，将更多自主权下放高校，延长资助周期与高水平地方高校建设周期同步，不再预留50%资助经费，高校在核定团队数量内，可自主组建创新团队。至年底，有13所高校的218个创新团队立项建设。2017年起，市教委会同市人力资源社会保障局、市财政局启动上海高水平地方高校创新团队建设工作，分三批累计遴选建设170个创新团队。（钱晓杭）

【实施职业院校教师素质提高计划】 年内，发布《上海市“十四五”职业院校教师培训工作实施方案》《2022年上海市国家级职业院校教师素质提升计划实施方案》等文件。以国家级培训基地为引领，由14个单位分别承担培训培养工作，共开展四类14项职业教育教师培训培养项目，涵盖“三教”改革研修、名师名校长培育、校企双向交流和中高职衔接等内容，共培训培养教师3744人次。参训教师满意度88.72%，学校满意度89.4%。

（李文婷）

【上海高校科研能力】 2021年，上海高校通过各种渠道获科技总经费247.47亿元，其中社会企事业服务所得科技经费70.04亿元，占总经费的28.3%。发表学术论文98870篇；申请专利17160件，获专利授权12042件，专利拥有数47828件。2021年上海高校从各种渠道获人文社科研究经费总额25.23亿元，其中政府投入15.52亿元，企业委托经费6.6亿元。开展各类研究课题27346项，其中基础研究13634项、应用研究13711项。

（姜冠成）

【制定上海新一轮“双一流”建设方案】 6月18日，市教委、市财政局、市发展改革委员会联合印发《上海市加快推进世界一流大学和一流学科建设实施方案(2021—2025年)》。本轮“双一流”建设强调把坚持一流目标、坚持需求导向、坚持特色发展、坚持改革创新作为基本原则，依托部市共建机制，以高峰高原学科建设计划、高水平地方高校建设计划、高校创新策源能力提升计划为主要抓手，更加突出扎根中国大地，更加突出服务国家和区域重大发展战略，更加突出能力水平建设，推动更多高校和学科进入世界一流行列、国内一流前列。（贺伟伟）

【推进上海高校高峰高原学科建设】 7月，发布《上海高等学校学科建设与优化布局规划(2021—2025年)》，组织66个高峰学科围绕新一轮高峰学科建设要求聚焦优势特色领域(方向)形成2021—2025年建设方案。围绕国家“双碳”(即碳达峰与碳中和的简称)目标、航空航天、人工智能与教育相结合等领域的发展需求，按照“成熟一个、启动一个”的原则，对“能源科学与技术”“飞行器力学与控制”“智能教育”等Ⅳ类高峰学科建设方案进行专家论证。（贺伟伟）

【推进上海高校科技成果转移转化】 年内，推进20家高校技术转移中心内涵能力建设，支持完善校内科技成果转化流程，加强与校外机构协同联动，建立科技成果转化动态跟踪机制等，复旦大学、上海交通大学、同济大学、华东理工大学4所高校被认定为首批高校专业化国家技术转移机构建设试点高校。推进高校科技成果转化改革试点工作，支持上海交通大学开展科技成果转化专项改革试点工作，支持复旦大学、上海交通大学、上海大学、上海理工大学、上海海事大学5所高校开展赋予科研人员职务科技成果所有权或长期使用权试点工作。上海第二工业大学科技园被科技部、教育部认定为国家大学科技园。截至2021年底，上海高校共建有14家国家大学科技园、4家市级大学科技园。在国家大学科技园绩效评价中，上海交通大学、同济大学、上海理工大学获评优秀。（葛　昊）

【推进上海高校服务科创中心建设】 制定并发布《上海高校创新策源能力提升行动方案(2021—2025年)》，认定31家上海市前沿科学研究基地(含培育)。完成上海市协同创新中心阶段性总结评价工作，完成新一轮上海市协同创新中心整体布局，认定43家上海市协同创新中心(含培育)。联合市经济信息化委、中航商发公司启动商用航空发动机领域联合创新计划(第二期),与中国重燃公司研究推进重型燃机领域联合创新计划。（葛　昊）

【开展第二批高校4个领域腐败风险专项清理整顿】 年内,市教卫工作党委、市教委对上海大学、上海师范大学等23所公办普通本科高等学校2018年以来非学历教育、基础教育合作办学、校办企业、附属医院等领域存在的腐败风险和管理漏洞开展专项清理整顿,督促指导完善制度、强化监管、严格程序、规范行为。清理整顿工作通过现场核查和资料核查两种方式,重点围绕制度建设、管理机制、内部控制、监督执行等方面的130个风险要点,共发现211个问题,并建立每月整改动态销号机制和责任追究制度,严肃查处违规办学行为。（张　娅）

【开展市级教育单位审计和内控评价】 年内,市教委对上海海事大学等12家单位开展经济责任审计、对上海市实验学校等4家单位开展预算审计、对委属公办高校大型维修项目等5个项目开展专项审计调查、对委属企业开展财务决算审计。审计发现问题122个,提出建议237条。按照"评建分离"的原则,两委机关内控建设由财务处牵头,内控评价由审计处负责,2020年内控总体运行情况继续为"优",并取得以下成效:建立内控日常工作机制,定期召开内控领导小组和工作小组会议,研究内控建设重难点工作;建立分事行权、分岗设权、分级授权、职责明晰、定期轮岗等权力运行制衡机制,修订"三重一大"实施办法,规范重大事项集体决策程序;制定《两委经济类合同管理办法》等制度,完善重大行政决策事项程序审核机制;上线合同管理平台,实现与机关内网行政管理平台的对接。（张　娅）

【预防未成年学生违法犯罪】 2021年,上海有专门学校11所。教职员工305人,其中教师269人。在校学生747人,其中严管生101人、托管生646人(含中职生481人)。校外预控生约4500余人。年内,对30名学生入学评估,为区教育行政部门审批入学提供参考意见。做好《上海市未成年人保护条例》修订工作和《上海市预防未成年人犯罪条例》立法工作。完成"春天的蒲公英——小法官网上行"活动,征集法律故事1000余篇,评出优秀模拟法庭14个。编印发行中小学生法治教育刊物《悦读法律》,全年发行4期12万册。开展"百校百讲献给党——上海法院青少年法治讲师团进校园",全市三级20家法院40名青年法官到全市117所中小学校开展法治讲座,覆盖近万名中小学教师和学生。联合上海市第二中级人民法院组织8区8所高中学校开展"校园法治辩论赛"。小学五年级至高中二年级学校全国青少年毒品预防教育数字化平台接入率达94%,学生注册率达91%。市禁毒科普教育馆"网上禁毒馆"浏览量超67万人次,微信公众号"云展馆"浏览量14.79万人次。浦东新区三灶学校教师桂丽晨获全国禁毒名师TALK"一堂禁毒课"小学组"禁毒明星教师"称号。学校征集书法、绘画、征文、手抄报、短视(音)频等禁毒作品2000余份。（张大飞）

【预防中小学校园欺凌三年行动计划】 年内,实施预防中小学校园欺凌三年(2021—2023)行动计划。委托上海政法学院牵头成立项目组,汇集华东师范大学、华东政法大学、上海社会科学院专业力量,编制《3S计划——上海市预防中小学校园欺凌专项实施方案》。建立月度例会制度,全年共举行11次线下例会和1次线上专家审议会。完成第一轮大规模抽样调查,随机发放学生问卷8000份,覆盖全市16个区18所学校50个班级,包括小学6所、初中5所、高中5所、中等职校2所,每校500名学生。调查显示:在校园欺凌发生率,郊区高于市区,外省市户籍的学生高于上海户籍学生,外省市农村地区来沪学生高于外省市城市地区来沪学生,初中学生高于小学、高中及中职学生,中职学生高于普通高中学生。针对3个学龄段编写三套6本《校园欺凌防治学生读本》和教师教案。1—3年级学龄段主要以游戏、故事、儿歌、图画等为主,引导学生辨别常见的欺凌行为表现;4—5年级学龄段在感性认知的基础上,引导学生适当交友,了解校园欺凌的危害及应对欺凌的一般方法;6—9年级学龄段着重解决"面对校园欺凌怎么办"。对各区教育局相关负责人以及松江区、闵行区、黄浦区中小学德育负责人共323人开展培训，破解一线教师在防治学生欺凌工作中“发现难”“识别难”“处置难”等问题。 （张大飞）

【督查督办】 2021年，梳理明确市教卫工作党委、市教委牵头的8项28条重点工作，进行月度督办，确保年度重点项目保质保量、按时完成。全年跟踪督办13项市政府常务会议议题落实情况和328件市委、市政府领导批示件，梳理形成165期《市领导指示抄告单》，形成11期月度抄告，共有110件被列入市委、市政府督查室督办事项，均督促办结并按时报送落实情况。按季度督办2021年部市共同深化综合改革50项重点工作，助推教育综合改革重点事项有序落实。督办并报送市领导走访企业问题建议转办单4件。督办线下办理基层请示147件，线上办理基层请示件1071件。督办贯彻习近平总书记考察上海重要讲话精神落实情况、“老小旧远”项目、市委巡视整改、长三角一体化推进等重点专项。 （秦晋一、韩崇虎）

【东西部教育扶贫协作和对口支援】 2021年，统筹推进教育东西部协作和对口支援“六省21个地州”相关教育帮扶项目。完成对口地区731名教师和管理人员到沪培训、300名中学书记专题培训、30名“影子校长”培养项目；远程线上培训教师累计10万人次。开展“组团式”教育帮扶工作，选派90名教师赴疆实施“1+4+N大组团”（1个核心校、4个县域集团、辐射全地区）支教，通过“玉兰工程”带教170多名维吾尔族教师；选派41名骨干教师到云南开创“小组团”支教新模式，为10个地州各打造一所示范高中。深化沪喀、沪果、沪滇三大职教联盟建设，送教上门69次，招收内职班新疆、西藏、云南学生千余名，其中“沪滇职教联盟”获全国脱贫攻坚先进集体荣誉称号。 （韩崇虎）

【港澳台地区教育交流】 2021年，在上海市就读的港澳台地区各类学生约13100余人，其中高校2500余人、中小学幼儿园10600余人。在上海市教育系统工作的港澳台籍教师400余人，其中高校180余人、中小学幼儿园220余人。首次召开沪港澳姊妹学校交流现场会，在线举办“2021沪港澳学生夏令营”，探索沪港大学联盟线上交流形式，开展联盟年会和名师讲堂等重点项目、“We爱两岸青年微电影大赛”“2021沪台青年菁英领袖营项目”等品牌交流项目。首次组织高校港澳台地区工作负责人专题培训。指导各高校通过台湾地区学测考试、香港地区文凭考试、港澳台地区侨联招考等渠道做好招生工作。开展国情教育区域化试点，完善国情教育体系建设，组织全市高校台湾地区学生游中国花卉博览会，提升国情意识。落实在沪港澳台地区人士子女入园入学政策和台籍教师同等待遇，为港澳台地区人士更好地在沪工作、生活提供保障。 （李佳璐）

【教育信息报送】 2021年，加强教育信息报送交流，完成市政府办公厅布置的9篇国办信息约稿、教育部办公厅布置的7篇中办决策咨询约稿；编发44期《上海教育工作简报》、20期《每周教育信息》。《宝山区创新推出“社区小先生制”，赋予生活教育时代新内涵》等3篇简报先后被教育部采纳；编报《华东政法大学“四个彰显”全面推进依法治校示范校建设》简报被教育部特别采纳并上报国办。针对教育领域重要、重大、突发事件形成特事专报机制，报送97期《上海教育工作情况专报》、104期《上海教卫安全稳定专报》，其中80余篇专报获市领导批示。 （秦晋一、韩崇虎）

【政务公开】 2021年，在“上海教育”网站新增主动公开政府信息433条，信息公开专栏访问量达306.27万人次；在“上海教育”网站开设“义务教育招生政策和招生范围”专栏、“上海市高中阶段学校招生录取改革实施办法政策解读”专题，规范教育培训机构信息公开。全年受理政府信息公开申请131件，收到市政府依申请分办件15件，均在规定时间内答复完毕。同时，运用文字、问答、图解、视频等多种形式，为学生和家长解读教育相关政策。召开新闻发布会、新闻通气会、媒体座谈会等28场，组织媒体采访活动135场，公开政务信息。借助第三方社会专业机构，对高校信息公开和区教育

局政务公开工作开展独立专业测评，组织年度教育系统政务公开培训，提升教育系统政务公开工作整体水平。（何宏伟）

【全国学生运动会上海代表团获好成绩】 7月，教育部、国家体育总局和共青团中央主办的第十四届全国学生运动会在山东省青岛市举行。本届学生运动会共设足球等12个项目，分为大学甲组、大学乙组、中学组3个组别。上海派出491人组成的代表团（其中运动员355人、领队及教练102人、团部工作人员34人），参加全部12个大项、227个小项比赛，获71枚金牌、42枚银牌、26枚铜牌，总奖牌数139枚，金牌数、奖牌数和总分数均位列全国第一，同时打破了11项赛会纪录和1项世界纪录。此外，5所高校获"校长杯"，上海市获"优秀组织奖"，上海代表团获"体育道德风尚奖"。

（时　多、陈　华）

【学校体育美育重要文件编制发布】 年内，市教委会同相关单位开展《关于加强新时代体教融合和学校体育工作　促进青少年健康发展的实施意见》《关于全面加强和改进新时代本市学校美育工作的实施意见》研究制定工作，并提请市委办公厅、市政府办公厅印发。《关于加强新时代体教融合和学校体育工作　促进青少年健康发展的实施意见》明确以下5项重点任务。1.推进教育教学改革，逐步增加课时，完善教学模式，实施课程改革，提高训练水平，完善学生体育赛事活动体系；2.完善人才培养体系，发展学校高水平运动队，推动"市队校办"，建设"一条龙"人才培养体系；3.全面提升办学条件，配齐配强体育教师，提升场地设施配备水平，加强学校与社会体育场馆双向开放；4.深化评价机制改革，实施学生体育素养评价，推进学校体育评价改革，完善体育教师评价激励；5.切实加强保障措施，建立市级青少年体育工作联席会议制度，强化关键领域经费保障，将青少年体育工作纳入各区发展规划。《关于全面加强和改进新时代本市学校美育工作的实施意见》明确以下6项重点任务。1.完善美育课程和教材体系建设，科学确定课程目标，完善课程设置，加强教材体系建设，提升学校美育内涵；2.深化美育教学改革，开齐开足上好美育课，丰富艺术实践活动，加快艺术学科创新发展，提高学校美育质量；3.加强美育师资队伍建设，深化专业人才培养模式改革，提升学校美育教师专业素养，并规范学校美育兼职教师的管理；4.推进美育评价改革，推进和探索学校美育评价改革，推进区、校美育监督与管理，促进学校美育工作高质量发展。5.夯实文教结合育人平台，建立公共文化和教育服务双向服务、双向促进机制，并加强美育产学研合作，丰富美育实践载体。6.优化学校美育环境，优化校园美育环境建设，强化美育场馆设施配备的标准建设，发挥环境美育实效。（时　多、蒋萍芳、陈　华）

【托幼工作】 2021年，上海共有1678所各级各类幼儿园，在园幼儿57万人。其中，公办幼儿园超过60%，公办幼儿园在园幼儿超过70%，普惠性幼儿园覆盖率超过90%，毛入园率达99%。2021年，上海有托育服务机构1099家，托额4.8万个。其中开设托班的幼儿园、托儿所、早教中心779所，社会力量举办的托育机构320所。普惠性托育机构有627个，占57%。基本形成以幼儿园托班为主、以普惠性资源为主导的托育服务发展格局。推进普惠性托育点建设。上海在全国率先建立托育服务管理的长效机制。为更好满足人民群众对普惠优质托育服务的需求，连续三年开展普惠性托育点建设，中心城区实现"一街镇一普惠"。2021年，16区统筹资源、盘活存量，超额完成65个普惠性托育点建设，新增托位1660个。推进幼儿园开设托班。指导各区制定区托育服务三年行动计划，明确开设托班的园所比例等关键指标。根据市委、市政府文件要求，新建改扩建幼儿园均需规划托班，民办幼儿园要积极开设普惠性托班，现有的公办幼儿园要盘整资源增设托班。2021年开设托班的园所比例已达43%。打造"五进"（进楼宇、进园区、进场馆、进社区、进家庭）新模式。在商务楼宇、社区活动中心、妇幼保健医院、上海图书馆、各级各类幼儿园等开展上百次"五进"活动。活动相关微视频和专栏收听、阅读、收看次数达到10万以上。升级"育之有道"App和"上海科学育儿指导"等平台，将科学育儿指导的内容从0—3岁为主扩展到孕期—8岁儿童家庭。“育之有道”线上用户超过45万个，为超过100万人次的家长提供科学育儿服务，有需求的家庭均可享受每年6次以上各类指导服务。提升学前教育内涵质量。制定学前教育内涵发展的“三大指南”（《上海市幼儿园办园质量评价指南》《上海市幼儿园装备指南》《上海市幼儿园信息化建设与应用指南》），编制《学前教育与托育服务发展“十四五”规划》，引领各级各类幼儿园聚焦关键领域，以幼儿发展优先为核心开展保教活动，遵循幼儿爱游戏爱探索的天性，切实保障在园每天2小时户外活动，培养体魄强壮、身心健康的孩子。2021年新申报27所一级园，32所示范园，优质园总量达到65％。加强学前教育教师队伍建设。成立上海学前教育学院。数字化赋能幼儿健康发展。围绕智能晨检、近视防控、健康运动、膳食营养、科学保教、家园共育、托育机构随心查等版块开展试点研究，梳理场景应用数据，实现伴随式数据采集，深度挖掘与分析，支持保、教、管的科学治理。启动学前教育与托育服务地方立法工作。经市人大审核，《上海学前教育与托育服务条例》列入2022年正式立法项目。已完成论证报告和草案初稿的撰写工作，组建专家团队，启动前期调研。（朱　霞）

【上海学前教育学院成立】 1月，上海师范大学学前教育学院成立，首批招收本科生242人。依托上海师范大学的学科专业优势，培养优质学前教育师资和研究队伍，打通上海学前教育师资职前职后培养路径。以上海师范大学为代表的地方院校进一步扩大学前教育招生规模，年平均培养3000名左右的毕业生。（朱　霞）

【教育督导】 2021年，拓展教育督导委员会成员单位，增加市委组织部、宣传部，出台《上海市人民政府教育督导委员会工作规则》，召开成员单位全体会议。指导各区研制教育督导改革方案，督促推动改革任务落实落地。配合做好2021年省级政府履行教育职责评价工作。对松江区政府开展综合督政工作。研制第四轮（2021—2025年）对区政府依法履行教育职责评价工作实施意见。完成长宁区等5个区义务教育优质均衡监测认定材料的评审、上报工作，报送上海区域义务教育均衡发展总结报告及典型案例。对崇明、金山两区实施推进学前教育普及普惠督导评估工作督导，提交国家审核认定申请。开展义务教育教师工资政策落实督查。出台《上海市义务教育学校发展性督导评价指导意见》《上海市普通高中发展性督导评价指导意见》。完成2021年度幼儿园办园行为督导评估工作。印发《关于开展责任督学“五项管理”督导工作的通知》。出台“双减”专项督导方案。组织责任督学全覆盖开展“构建视力友好型校园环境”主题性督导。浦东新区、黄浦区、杨浦区、闵行区、金山区、松江区6个样本区120所样本校近3600名学生及相关教师参加国家义务教育质量监测。落实上海“绿色指标”监测考点督导进驻制度。围绕学生专业学习水平，对中职校数控技术应用、学前教育（保育员）、物流服务与管理、国际商务、计算机应用、中餐烹饪、机电技术应用7个中职专业开展质量监测。实施上海高校分类评价，建立高校互评机制，举办主题为“迈向高质量发展:高等教育的分类督导与评价”的上海教育督导与评价国际论坛。推进新一轮上海高校本科教育教学审核评估，指导上海科技大学、上海视觉艺术学院开展本科教学工作合格评估迎评促建工作。研制本科毕业论文（设计）抽检实施细则，并开展首轮抽测。对39所本科高校教学质量年报进行评议，并将问题与风险反馈至各校。开展上海高等教育高质量发展教育经费投入与使用专项督导（调研）。运用在线培训方式，完成189名督学资格人员的培训和资格认定。826名督学通过资格复检。对云南省60余位教育督导干部开展为期14天的培训。（顾晴娜）

【构建学校发展性督导评估体系】 2020年12月至2021年4月，先后出台《上海市幼儿园发展性督导评价指导意见》《上海市普通高中发展性督导评价指导意见》，聚焦“克服‘小学化’”“双减”“五项管理”“全员导师制”“劳动教育”“体育活动1小时”等教育热点，要求做到:以面向未来发展为价值取向，提升诊断和改进功能;注重培养学校的自主性、自觉性和加大学校自身进步的幅度;跟踪评价学校规划方案的实施过程，从而起到促进学校各项工作可持续发展的激励作用；各学段指标内容涵盖学校发展全过程、全领域的指导，供各区教育督导部门区本化使用，是服务各区全体学校办学诊断的科学评估工具。（胡文君）

【开展“双减”“五项管理”专项督查】 2021年，上海市教育督导部门在全市16个区抽取100所学校，采用市、区联动方式，组织135位专家开展“双减”“五项管理”工作飞行督查。其间，抽取部分学校进行复查，对在“双减”“五项管理”“回头看”督导工作中发现的问题整改落实不到位的学校，由上海市教育督导部门会同市教委相关处室，联合开展督导约谈。此外，围绕发挥学校主阵地作用，制定关于严格遵守课程计划、作业管理、课后服务工作等7大类28条“双减”“五项管理”工作学校管理负面清单。督查工作结束，形成《上海市开展“双减”“五项管理”工作飞行督查工作专报》。（胡文君）

【首次开展高校本科毕业论文(设计)抽检】 7月8日，发布《上海市本科毕业论文(设计)抽检实施细则(试行)》。《细则》明确，本科生毕业论文(设计)抽检比例原则上不低于2%，抽检重点考察本科生基本学术规范和基本学术素养。首次抽检工作覆盖全市所有本科层次普通高校(军事院校除外)及全部本科专业，采取随机抽取方式确定抽检论文名单，共抽取论文3220篇，抽检比例为3.58%。抽检采取“双盲”形式，初审每篇论文分送3位同行专家评议，复审论文送2位同行专家评议。共有2122名专家参与抽查评审工作，经专家评议，最终认定“存在问题毕业论文”227篇，占比为7.05%。

（唐金良）

【创建首批“上海市绿色学校”】 10月，市教委联合市发展改革委下发《关于在全市开展绿色学校创建工作的通知》，明确上海市创建总体目标为“到2022年70%以上的学校达到绿色学校创建要求”，并启动第一批中小学绿色学校创建。至2022年2月，经学校自评、各区教育行政部门网上评审、市级实地评估、网上公示等程序，第一批共815所学校获“上海市绿色学校”称号，占全市中小学总数51.4%。（施丽君）

【《上海市安全美丽学校建设“十四五”规划》】 12月28日发布。《规划》分4个部分，第一部分“发展回顾和形势环境”对“十三五”时期工作情况进行总结，并对“十四五”发展的问题与挑战进行分析。第二部分“发展思路和主要目标”分析和阐述“十四五”工作的总体思路、各项工作目标和基本原则。第三部分“主要任务和实施路径”从三个领域来阐述工作任务和工作措施，一是立足总体国家安全观新格局新任务，建设更高水平的平安校园；二是因应社会主要矛盾的新特征新要求，构建更高质量的后勤保障体系；三是落实新发展理念，建立更高标准的生态校园。第四部分“保障措施和组织实施”从健全规划实施机制、鼓励体制机制创新、加强新技术保障和发挥载体支撑作用四个方面对规划的组织实施进行明确。（王胤姁）

【开展高校生态文明教育系列活动】 6—12月，市教委联合市发展改革委、团市委、绿化市容局等10部门开展青少年生态文明教育实践系列活动。其中，长三角生态文明教育论坛邀请复旦大学、上海电力大学、上海师范大学、宁波诺丁汉大学生态环保方面的教授和行政主管部门、行业协会专家围绕绿色学校建设，助力“双碳目标”实现作专题讲座及交流发言；“寻找环保代言人”生态文明教育优秀学生讲师选拔赛收到45所大中小学、近200份参赛视频作品，在评选出“十佳环保代言人”的同时，通过培训、广播节目录制、专家讲座等形式，提升参赛选手的生态文明素养。全年度聚焦绿色低碳发展，在大中小学开展形式多样的爱粮节粮、垃圾分类宣传教育活动、学生河长巡河护河专项行动，举办以水环境治理、生物多样性、都市森林生态服务价值等为主题的上海青年绿色营活动。

（陈蓓蓓）

【防范校园电信网络诈骗】 年内，市教委成立工作领导小组，将遏制电信网络诈骗纳入年度安全保卫工作重点，列入上海市安全文明校园创建指标体系，并针对发案较多的学校给予专门工作指导。其间，与市检察院、市公安局签署《防范校园电信网络诈骗合作备忘录》，在共同筑牢防范电信网络诈骗的校园防线的14项内容方面开展深入合作。通过案例宣传、小品演出、反诈“剧本杀”等形式开展高校“全民反诈”巡回宣传活动。通过“公共安全教育开学第一课”“空中安全课堂”、在线教育和考试平台、《新生安全报到手册》等品牌栏目，宣传反诈安全知识。（尹　捷）

【开展高校综合安全督查】 年内，市教委构建由政府监管、第三方勘查和学校自查相结合的安全综合督查体系，定期开展高校安全检查评估，形成书面“校园风险评估及整改建议”告知书，并遵循“立即改善、短期执行、长期规划”的原则分类指导高校落实隐患整改。6月和11月，开展2轮上海高校安全和保障工作综合督查，对上海交通大学、上海理工大学、上海财经大学等44所高校开展实地督查，发现安全隐患373个，提出建议141条，并指导相关学校立即整改。同时，市教委委托第三方勘查机构年内分3轮对全市62所高校进行校园风险勘查，并为学校提供相关的整改建议。（王胤姁）

【开展宪法法治宣传教育】 2021年，市教委发布“八五”普法规划，提出探索大中小法治教育一体化等新举措。中小学法治教育开课率保持100%，并完成法治副校长的更新配齐工作。在上海市宪法教育馆举行“国家宪法日”纪念活动，组织全市大中小学开展“晨读宪法”。举办法治类知识竞赛、辩论赛等全市性法宣活动18次。组队参加全国学生学讲宪法比赛获团体二等奖。“宪法卫士”上海参与学生数突破144万人次，编印“上海市中小学依法治校”专辑。组织120名法治教育教师参训“国培计划”，开设法治校长和执法人员专题培训。依托华东政法大学教授和大学生组建“送法进中小学”宣讲团，赴各基层学校专题解析《民法典》。

（陆海佳）

【加强依法行政】 发布《上海市教育委员会重大行政决策程序实施办法》，明确重大行政决策事项范围，细化重大行政决策实施程序。做好行政规范性文件的审核制定和及时清理工作，至年底，市教委行政规范性文件继续有效70件、新制定14件、自行失效8件、废止2件。针对重大疑难复杂法律问题，及时召开专家论证会，以“一事一报告”的方式快速形成法律分析论证报告7份、决策咨询专报3份。做好行政应诉及行政复议工作，行政机关负责人出庭应诉率达100%，完成诉讼3件、行政复议案件审理22件、行政争议实质性化解4件。完成合同、协议审查共275份，同时加强对信息公开、信访、教师申诉处理等合法性审查。推进行政执法“三项制度”工作，落实主要负责人第一责任人制度，完成市、区两级重大执法决定法制审核目录清单，修订教育培训市场行政执法文书样式。

（陈志新）

【普通高校春季招生统一文化考试】 1月9—11日，2021年普通高校春季招生统一文化考试举行。3月13—14日，院校自主测试举行。2021年参加春季招生有25所市属本科院校、73个招生专业（均为院校的特色专业或应用型本科试点专业），招生计划2526个，比上年分别增加2所招生院校、5个专业、125个招生计划。报名参加春季高考考生约4.66万人。全市共设19个考区（16个区+3个后方基地单位），常规考点104个（含笔试考点和听说测试考点）、考场近2400个（均为国家教育考试标准化考场）。（焦　阳）

【普通高校秋季招生统一文化考试】 6月7—9日，2021年普通高校秋季招生统一文化考试举行。全市共设19个考区、104个考点（含笔试考点和听说测试考点）、1925个笔试考场和228个听说测试考场（均为国家教育考试标准化考场）。近5万名考生参加考试。所有具有发热症状考生均根据预案安排其由专用通道前往专用（发热）考场参加考试。高考期间，各考区、考点总体安全、有序，各考点周边治安、交通、环境状况良好。中央教育工作领导小组教育部专门发来感谢信。（焦　阳）

【普通高校插班生、专升本招生】 2021年共批准复旦大学、上海交通大学、同济大学、华东师大等12

所本科院校进行招收插班生工作的试点，并确定招收插班生总计划数为297人，报名人数5865人，与计划数之比为19.75∶1，实际录取260人。2021年共批准上海理工大学、上海海事大学、华东政法大学、上海电力大学等21所本科院校参加“专升本”招生试点，并确定“专升本”招生总计划数为5833人，报名总数为10172人，与计划数之比为1.74∶1，实际录取5554人。（焦　阳）

【义务教育课后服务经费保障标准执行】 市教委会同市财政局、市人力资源社会保障局制定上海市义务教育课后服务经费补助标准，经市政府批准，从2021年秋季学期起执行。义务教育课后服务补助经费由财政予以保障，不向家长和学生收取服务性费用或代收费。相关经费按学校隶属关系，由市、区财政分别承担。义务教育课后服务补助经费分日常运行经费和人员补助经费：日常运行经费，按照在校生每生每年不低于100元的标准，用于学校开展免费课后服务增加的能耗、设施设备、材料购置等运行经费支出；人员补助经费，根据课后服务“工作日全覆盖，服务时间一般不少于2个小时”的工作要求，按照法定工作日课后服务2小时按3课时折算、每课时补助85元的标准（即每2小时课后服务补助255元）发放教师作为课后服务报酬。上述经费作为增量纳入绩效工资并设立课后服务专项，不作为次年正常核定绩效工资总量的基数，确保参与课后服务教师劳有所得。少年宫、少科站、青少年活动中心等校外教育单位的教师参与课后服务、延长原有工作时间的，也按该标准执行。外聘教师劳务费参照执行。

（俞文达）

【调整高校生均综合定额拨款标准】 11月，市教委会同市财政局制定2022年市属公办高校财政生均定额调整方案。该方案按照学生规模、学生结构、学科折算系数测算，调增财政生均定额基准值1000元，即从原每生每年2.1万元调整为2.2万元；根据《教育部　国家发展改革委　财政部关于加快新时代研究生教育改革发展的意见》工作要求，将博士研究生基础学科生均拨款定额调增为25700元/生。调整后，9—12月追加高校生均综合定额1.6亿元，2022年增加生均综合定额投入约9.2亿元，合计安排生均综合定额114.5亿元，切实保障高校的基本办学条件。（严文卿）

基础教育

【2021年概况】 全市16个区有中小学、特殊教育学校及工读学校1590所，其中小学680所、普通中学867所、特殊教育学校31所、工读学校12所。在校中小学学生157.09万人，其中小学生89.28万人、普通初中生49.75万人、普通高中生17.45万人、特殊教育学生0.53万人、工读学校学生0.08万人。全市中小学专任教师13.05万人，其中小学专任教师6.33万人、普通初中专任教师4.60万人、普通高中专任教师1.94万人、特殊教育专任教师0.16万人、工读学校专任教师0.02万人。

印发上海基础教育“十四五”规划、《上海市基础教育综合改革国家实验区建设方案(2021—2025年)》。制订《“十四五”新城教育资源布局规划建设方案》，指导各区按计划推进年度重点项目和年度示范性项目建设任务。加快研制新一轮义务教育学校办学标准。研制出台基于高中双新的中小学校教育装备配备指南(高中分册)和理化生配套教学仪器目录。

落实2021年义务教育学校招生入学工作，全面实施公民同招、民办学校超额摇号，平稳完成年度义务教育招生工作。出台《上海市高中阶段学校招生录取实施办法》。完成中考改革后首次初中学业水平考试，完成初中外语听说测试、理化实验操作考试。出台2022年度上海市中招若干意见以及市实验性示范性高中综评录取的指导意见。修订出台《上海市普通高中学业水平考试实施办法》。形成思政、历史学科合格考命题方案，平稳实施2021年各批次学业水平考试。优化完善高中学生综合素质评价信息管理系统。

推进义务教育课程教材改革与建设工作。实现高中学段统编三科教材全覆盖。完善上海非统编教材编修机制，形成义务教育非统编教材编制工作方案。完成教育部“基础教育精品课”上海遴选工作推荐，推荐上报475节精品课。开展普通高中新课程新教材实施分年度、分年级、分学科培训。研制上海市普通高中课程实施方案及年度课程计划、普通高中各学科教学指导性文本、相关学科评价指导性文本。扩大小学生主题式综合活动课程试点。继续实施义务教育项目化学习三年行动计划。深化第三轮学校课程领导力行动研究与实践。研制学校综合课程研究与实践项目指南，打造凸显区域特色的创新创造综合课程群。筹建“未来科技学校”，形成未来科技学校初步办学方案。全面梳理拔尖创新人才早期培养现状，深化相关学科基地办学，开展建设研究。支持上海市实验学校启动人才培养攀登计划。举行2019年小学学业质量绿色指标评价结果反馈讲评会，完成2021年初中学业质量绿色指标测评。完成初中学生综合素质评价信息填报。完善普通高中教育教学质量综合评价指标，开展试测。召开上海市区域基础教育环境质量监测指标发布会，启动试测。启动义务教育教学数字化转型工作，建设备课助手、教学助手、作业辅导助手的数字化应用场景，在小学四年级数学试点实施。

遴选推荐首批区域义务教育优质均衡发展区。建设紧密型学区、集团57个，研制创建指南。实施2021年度市级新优质学校认证。举行公办初中强校工程专题培训暨中期推进会，研制绩效评估方案。完成第二轮城乡学校携手共进计划项目学校初态评估和跟踪调研。印发上海市推进普通高中学校建设的实施意见。推进高中教育教学综合评价工作，完善指标并开展试测。继续推进特色普通高中创建工作，组织开展市级展示活动。完善课程管理平台试点。继续开展高中生研究性学习认证工作。完成特殊教育三年行动计划(2018—2020)终期评估，配合开展评优表彰工作。开展残疾学生高中入学报名评估、学业考试报名评估和考试合理便利评估。增设聋人普通高中并正式招生。落实中职特教班首届毕业生实习就业服务。成立市自闭症儿童教育指导中心。与团市委建立“上海市自闭症儿童教育服务实践点”。召开上海市中学民族(班)校党史学习教育经验交流暨研讨会，举办民族(班)校学生征文比赛。开展3年一届评选表彰，评出7个先进集体和26名先进个人。

出台“双减”工作背景下强化学校教育主阵地作用通知，组织各区完成各类数据、信息、典型案例报送。小学实行“零起点”教学，义务教育学校开齐开足国家规定课程，制度化开展校本教研，建立作业公示制度，作业时间控制达标。出台《关于进一步做好本市义务教育课后服务工作的通知》，落实小学生校内课后服务“民心工程”和为民办实事项目。研制上海市高质量校本作业体系设计与实施指南、义务教育课后服务工作指南。参与课后服务学生137.8万人，学生参与率96.64%。参加课后服务教师11.2万人，教师参与率94.76%。

落实落细教育部“五项管理”工作，出台上海市中小学“五项管理”相关文本，包括总体工作方案和手机、作业、睡眠、读物管理5个专项文件。指导学校修订学校规章制度，细化相关规定，规范办学行为。梳理“十四五”期间基础教育东西部协作和对口支援政策，指导各区深化具体协作和支援方式，指导构建教育集团抱团帮扶的新模式，落实《2021年沪豫合作工作要点》。 (雷云鹤)

【推进义务教育优质均衡发展】 2021年，推动郊区高标准新(改扩)建中小学39所，向乡村(薄弱)学校派出流动特级校长44人、正高级教师47人。9所乡村小规模和乡镇寄宿制学校成为全国乡村温馨校园建设典型案例学校。建有学区集团272个，覆盖全市85%以上的义务教育学校。实施第一批10所新优质学校市级项目校认证。承办基础教育国家级优秀教学成果奖推广展示会，与福建南安、贵州云岩、重庆江津签订四地合作协议。对接新中考改革，召开公办初中强校工程推进暨培训会，指导各区加强对123所实验校的支持力度。研究新一轮城乡义务教育学校校舍建设、设备配置、信息化建设、教师配置与收入标准、生均经费等五项标准。（刘中正）

【推进普通高中育人方式改革】 年内，印发《关于本市新时代推进普通高中育人方式改革的实施意见》《关于推进普通高中学校建设的实施意见》。修订出台《上海市普通高中学业水平考试实施办法》，形成思政、历史学科合格考命题方案，推进高考英语题库建设。配合2021年秋高中全面使用新教材，完成527节视频课。开展普通高中新课程新教材实施分年度、分年级、分学科培训，研制普通高中各学科教学指导性文本。开展特色普通高中创建工作，举办3场市级展示活动，新增2所市级项目学校，命名上海市香山中学、上海市闵行第三中学、上海市崇明区城桥中学为上海市特色普通高中。

（金　松）

【特殊教育三年行动计划（2018—2020年）终期评估】 年内，通过区域自评、实地走访、资料查阅等，开展特殊教育（以下简称特教）三年行动计划（2018—2020年）终期评估。评估显示，特教体系进一步完善，学前特教（班）点达190个，基本实现街镇全覆盖；义务教育阶段残疾学生入学率达99.8%；高中阶段巩固中职特教班，残疾学生入学率达70.5%，上海市聋哑青年技术学校增设聋人普通高中。深化医教结合，近三分之二的区为所有在读特殊学生建立更完整电子档案，内容拓展到康复和保健服务。推进课程改革，加强国家课程校本化实施，依需开发特设课程，学前特教点科学编制保教计划，特殊中职学校（班）持续加强校本课程资源建设。优化资源配置，全市专职巡回指导教师达3人及以上，普通学校专任特教教师952人，义务教育阶段54.29%随班就读学校配备专职特教教师，全市随班就读学校资源教室配置率达77.21%，特教学校新增专用室47间，环境改造或功能升级66间。（魏　倩）

【“空中课堂”建设】 市教委持续落实中小学在线教育的常态化实施，打造永不落幕的“空中课堂”。完善“空中课堂”免费在线学习市级统一平台建设，新增及完善1327节视频课资源，“空中课堂”全年总访问量近3000万次，累计观看直播61万次，观看回放点播9576万次。打造面向初二、初三年级学生的“名师面对面”栏目，在语文、数学、英语、物理、化学等学科方面制成“名师面对面·答疑解惑”和“名师面对面·单元聚焦”。据上海教育电视台统计，“名师面对面”初二课程每分钟平均人数0.34万人，分钟人数峰值7.01万人左右；“名师面对面”初三课程每分钟平均人数0.25万人，分钟人数峰值7.8万人左右。（刘小龙）

【初中学业水平考试科目改革落地】 2021年，初中学业水平考试计分科目设语文、数学、外语（含听说测试）、道德与法治、历史、综合测试（含物理、化学、跨学科案例分析）、体育与健身，总分750分。初中学业水平考试报名人数206796人，其中应届初三学生及社会生94121人，初二学生112675人（仅参加历史科目考试）。理化实验考试评卷采取现场评分和录像视频评分相结合的方式，外语听说测试评卷分机评和人评二段。全年高中阶段学校招生公示20个项目的内容，接受社会监督，对所有提前批招生的普通高中开展专项培训，在自主招生过程中试行以综合素质评价为导向的综合考查。

（刘小龙）

【推进新城教育资源布局规划建设】 年内，印发“十四五”新城教育资源布局规划建设方案。临港新片区的教育卫生等事业单位被纳入重点扶持用人单位，在2021年应届毕业生申报落户时加3分。12月1—30日开放试点在5个新城和临港新片区就业的上海市应届研究生毕业生符合基本条件可直接落户的政策。推进示范性基础教育集团创建，包括上海中学东校教育集团、中科·嘉一教育集团、交大附中教育集团、奉贤中学基础教育集团、复旦附中青浦分校教育集团、松江二中和松江一中引领的教育集团。支持新型高等职校建设，包括上海建设管理职业技术学院（暂名）、上海城市科技职业学院（暂名）、浦东职业学院（暂名）、奉贤中专机电一体化技术中高贯通专业等。推动成立学前教育集团。建设复旦大学青浦院区，上海大学微电子学院等，推进高校与企业合作共建产教融合项目，布局建设一批上海市协同创新中心。推动新城加强劳动教育实践和体教融合，促进校外教育、终身教育和开放合作。

（雷云鹤）

职业教育

【2021年概况】 年内拟定《共同全面推进上海市职业教育领域综合改革战略合作重点工作备忘》。组织召开全国职业教育大会精神宣讲大会、上海市职业教育会议。出台《上海市优质中职学校培育项目专项经费管理办法》《上海市中等职业学校学生综合素质评价实施办法》《上海市中等职业学校学生学业水平评价实施办法》《上海市中等职业学校专业设置管理实施细则》《上海市职业院校教材管理实施细则》《上海市"双师型"教师认定办法》等文件，起草《上海职业院校规划布局优化调整工作方案》，拟定《上海职业院校专业结构布局调整的指导意见》。针对金山区、松江区、闵行区、浦东新区以及市住建委、市经信委、上药集团等行业企业筹建新型高职方案召开专题研讨，开展新型高职建设论证工作。上海南湖职业技术学院揭牌。上海建设管理职业技术学院（暂名）等5所学校完成首批专业设置申报及评审。新增31个中高贯通、5个中本贯通，完成第一批23个中高职贯通教育专业教学标准、407门专业课程标准。组织开展13所中职优质培育校建设跟踪检查与过程监测。指导本科层次职业技术大学（上海中侨职业技术大学）根据教育部要求改进提升办学和专业建设。开展7所中职学校教学抽查复核工作。开展中职学校物流服务与管理等7个专业质量监测。布局建设2022年上海中等职业学校在线开放课程、2022年上海市职业教育市级规划教材、第六批现代学徒制试点、市级教师企业实践、名师培育工作室、技能大师工作室等项目。首届全国教材建设奖中职业教育与继续教育类教材获批一等奖1项、二等奖9项。组织开展2021年职业教育上海市优秀教学成果遴选，启动国家教学奖评审推荐工作。鼓励职业院校参与第七届中国国际"互联网+"大学生创新创业大赛（上海赛区）、全国职业院校技能大赛、上海市"星光计划"第九届职业院校技能大赛等各项赛事。首次承办全国职业院校技能大赛2个赛项，上海中职、高职代表队获6个项目一等奖。

支持职业院校与行业、园区、企业等开展产教融合建设试点项目。启动第四批"1+X"证书制度试点工作。成立上海市职业院校"1+X"证书制度试点专家委员会。依托96个上海职业教育开放实训中心，开展先进制造业、现代服务业为主的职业技能培训。依托设立在职业院校中的职业技能鉴定站，开展模具工、钳工等各类职业技能鉴定。

依托职教联盟推进沪喀、沪果、沪滇职业教育对口帮扶工作。开展长三角示范区职教一体化招生工作并完善资助政策。探索建立跨区域产教融合、校企合作联动机制，推动院校跨区域开展专业设置、课程开发、师资队伍、实训基地等方面交流互鉴。搭建国际交流合作平台，指导上海市信息管理学校中法工匠互设大师工作室，并于线上交流中法职业教育成果与传统烹饪文化。指导职业院校服务"一带一路"国家战略，举办"一带一路"新商科青年创新营及挑战赛、国际汉语师资(中级)线下培训等,面向中泰申谷学院工业机器人技术专业泰国学生开展在线教学。做好第四十六届世界技能大赛承办工作,指导职业院校完善世界技能大赛选手培养基地建设。 (黄　蕾、马　骏)

【职业教育人才培养建设】 年内,推选96人入选教育部职业院校教学(教育)指导委员会、行业职业教育教学指导委员会。新建1所新型高职院校(上海南湖职业技术学院),公示4所院校,并完成17个新专业备案。新增31个中高贯通、5个中本贯通、11个高本贯通专业及6个五年一贯制专业。启动现代学徒制试点专业数16个,探索长学制现代学徒制试点,形成实践案例120个。推动7批双证融通专业试点,组织19所学校735名学生开展双证融通试点专业课程实施与考核。43所中职学校、19所高职院校参与第四批“1+X”试点工作。推进13所优质中职培育校建设以及国家“双高计划”和上海高职“双一流”建设工作。完成《一流高等职业教育建设方案(2022—2024年)》,遴选31个一流高职专业群。完成6所中职学校和2所高职学校现场复核工作,启动7个中职专业、3个中本贯通专业和16个中高贯通专业监测检查工作。首批上海市级重点现代产业学院通过建设项目14个、培育项目4个。加强10个全国示范职教集团的示范辐射作用。职业院校累计参与社会培训100万人次,打造了一批覆盖重点专业领域的“工匠之师”。 (黄　蕾、马　骏)

【中等职业学校招生】 年内,全市中职校录取总数4.46万人,普职比为57∶43。探索跨省职业教育“中高职贯通”人才培养模式改革,首次在2所中职学校与3所高职院校中开展中高职贯通专业招生工作,招收浙江嘉善和江苏吴江学生21人,向两地区输送学生3人。推动特殊教育招生录取办法改革,首次对智障考生试点以入学评估方式代替原有统一纸笔测试的评价方式进行招生录取。 (黄　蕾、谢　俊)

【职业院校师生参与技能大赛获好成绩】 全市有66313名学生参与市“星光计划”第九届职业院校技能大赛中职组初赛,1604名选手获奖,其中一等奖281人;16127名学生参与高职组初赛,627名选手获奖,其中一等奖107人;247名中高职教师参加14个项目,147名教师获奖。上海代表队在全国职业院校技能大赛中职组赛项参与率95%,赛项获奖34项,获奖率89.5%,其中金牌11枚;高职组赛项参与率90.3%,赛项获奖30项,其中金奖2项、金牌3枚。 (黄　蕾)

【对口支援与合作交流】 依托上海三大职教联盟(沪喀联盟、沪果联盟、沪滇联盟)、26个职教集团、国培师资基地及职业院校,开展对口支援与合作交流各项工作。沪滇联盟成员单位共录取云南学生1010人,其中脱贫户(含监测对象)学生占65%。上海滇西建档立卡中等职校毕业生1457人,总体毕业去向落实率98.97%,直接就业率98.28%,升学率0.69%。沪果联盟成员单位共录取西藏内职班学生114人,其中浦东外事服务学校、新陆职校2021届民族班学生参加生源地单考单招,全部升学;房地产学校2021届民族班17名学生中有9人升入高职继续学习,另有2名学生自主创业。沪喀联盟成员单位共录取新疆内职班学生393人,总体毕业去向落实率97.67%,其中直接就业85人、升学250人。同时,送教上门69人次,接受来沪培训1050余人次,组织线上培训1178人次。沪喀联盟4所中等职校和喀什地区4所技工学校、沪上7所高职院校和喀什1所高职院校开展结对帮扶。沪滇联盟探索校企协同,上海28所学校与滇西23所学校签订校校合作协议。沪滇联盟获全国脱贫攻坚先进集体称号。首次组织面向云南德宏、普洱及新疆喀什地区中小学生线上职业体验周活动,500余人参与。上海市中等职业学校图书馆协会首次组织面向对口帮扶地区的上海名师“党史”讲座直播活动,累计在线观看达2000余人次。 (黄　蕾)

【职业教育师资队伍建设】 组织开展高职新进教师培训和第七期上海市中等职业学校新进教师规范化培训共175人(含对口支援地区23人)。启动第八期新进教师规范化培训，累计培养新进教师近900人。开展教务处长培训、骨干教师培训、专业负责人培训、教学能力提升培训、信息化素养、“1+X”证书制度、创新创业教育培训、班主任等专项培训。试行上海市教师企业实践基地运行绩效评价方案与指标，支持上汽集团、航天局、上海建工等大中型企业加强建设教师企业实践基地，约300名中职教师、100名高职教师参与企业实践。推进第四批会计、智能机器人、全媒体技术应用三类标准文本修订和第五批大类专业培训标准研发。资助836名生产一线的特聘兼职教师，将企业先进生产技术和理念带入职教课堂。组织54位优秀特聘兼职教师参加首轮中等职业学校特聘兼职教师市级培训。推动42个名师培育工作室对177位学员进行考核。推荐11个教师团队参加全国职业院校技能大赛教学能力比赛。组织市级中职教师教学能力大赛，评出特等奖作品11个。组织市级高职高专院校教师教学能力大赛，评出特等奖4人。17名中职教师和6名高职教师获“星光金牌指导教师”称号，7个教学创新团队被评为国家级教学创新团队。组织苏浙皖三省16所职业院校的18位专业教师到上海8个教师企业实践基地参加实践。（黄　蕾、马　骏）

【举办中职学生创新创业赛事】 5月14日，第七届中国国际“互联网+”大学生创新创业大赛（上海赛区）职教赛道暨第二届上海市中职学生创新创业大赛、第九届上海高职高专大学生创新创业大赛开赛。由上海市教委主办，上海市学生事务中心、上海高教学会高职高专创业教育专业委员会、上海工艺美术职业学院、上海信息技术学校承办。全市28所本科高职院校、49所中等职校，103578人次学生参与，报送项目29076个。大赛评出金奖48个、银奖100个、铜奖320个、优胜奖365个，并评出最佳乡村振兴奖、最佳带动就业奖、最具工匠精神奖各4个，优秀组织奖26个。18个项目报送参加第七届中国国际“互联网+”大学生创新创业大赛全国决赛，其中上海信息技术学校、上海城建职业学院、上海市建筑工程学校、沪东中华造船集团高级技工学校联合组成的团队，凭借《红舫文化——红心向党匠心育人，让红色文创引领青年潮流》参赛项目，以小组第一的成绩获第七届中国国际“互联网+”大学生创新创业大赛职教赛道金奖。

（谢　俊）

高等教育

【2021年概况】 全市高等教育在校生106.44万人（含研究生、普通本专科生、成人本专科生、网络本专科生）。全市共有普通高等学校64所。普通高校教职工8.39万人（其中市属高校4.72万人）、专任教师4.87万人（其中市属高校3.15万人）。研究生在校生23.33万人（含全日制和非全日制）、普通高校本专科在校生54.87万人。招收研究生7.79万人（含全日制和非全日制）、普通本专科学生15.25万人。

开展2021年新增学士学位授权单位和专业审核、普通高校双学士学位复合型人才培养项目评审。启动实施上海高校学位点培优培育专项计划（2021—2025年）。组织做好学科评估调研工作。支持8所高校申请设置13个对接集成电路、生物医药、人工智能等领域相关专业。向教育部推荐国家级一流专业建设点145个、省级一流专业建设点300个。17所高校继续开展第二学士学位招生。获批8个第三批基础学科拔尖学生培养计划2.0基地，至年底，全市共获批基地36个。获批认定首批国家级一流课程332门，遴选推荐第二批共151门市属高校国家级一流本科课程。获批“课程思政示范课程、教学名师和团队”39门(个),“课程思政教学研究示范中心”4个。立项建设42个上海高校大学计算机课程教学改革项目。12所高校申报增设18个继续教育新专业,同意新增14个专业。20所高校申请增设40个继续教育学习站点,同意设置32个站点。

编制高等教育“十四五”规划。启动实施高等教育优秀教学成果奖遴选工作。召开上海市研究生教育会议,印发《关于加快新时代上海市研究生教育高质量发展的实施意见》。开展研究生导师培训工作,构建学校横向覆盖、学科纵向护航的研究生导师培训体系。推进“四新”建设,获批81项新文科研究与改革实践项目、46个第二批新工科项目、20个新农科项目,同时立项建设41个新文科市级项目。上海高校获批38个国家虚拟教研室。指导开展高等学校教育教学智能综合评价项目,探索开展数据驱动的教育综合评价。召开上海市高等教育教学数字化转型工作推进情况新闻通气会,推进高等教育教学师生减负、教学减时、校园减耗。

发布《上海市深化产教融合协同育人行动计划(2021—2025年)》。成立智慧新工科产教融合联盟。联合杨浦区举办“人民城市·海聚英才”产教融合高质量发展高峰论坛。印发《关于推进上海本科高校现代产业学院建设的指导意见》,并公布首批18个市级重点现代产业学院。获批华东理工大学、东华大学、上海大学3个国家级现代产业学院。依托上海师范大学成立退役军人学院,培养优秀退役军人担任中小学教师。成立上海市职业技术师教育学院。上海第二工业大学首个完成分校区建设方案。推进上海立信会计金融学院、上海健康医学院和同济大学分校区建设。启动实施同济大学上海国际知识产权学院二期建设。推动上海交通大学高级金融学院教师培训相关工作。上海立信会计金融学院、上海第二工业大学、上海健康医学院入驻浦东新区博士后创新实践基地。

(卫　备)

【新增博士、硕士、学士学位授予单位和授权点】 年内,新增上海对外经贸大学、上海应用技术大学2所学校博士学位授予单位,上海商学院1所学校硕士学位授予单位。全年合计新增博士学位授权点30个、硕士学位授权点63个;撤销博士学位授权点2个、硕士学位授权点4个。组织开展2021年学士学位授权审核和双学士学位复合型人才培养项目审核工作,上海公安学院增列为学士学位授予单位,复旦大学等25所高校的数据科学与大数据技术等51个专业增列为学士学位授予专业,上海交通大学等3所高校的11个项目批准为双学士学位人才培养项目。组织开展2021年学位授权点动态调整和自主审核单位增列学位点初审工作,上海科技大学等8所高校拟增列博士学位授权点1个、硕士学位授权点12个,中国医药工业研究总院拟撤销硕士学位授权点1个,复旦大学等4所自主审核单位拟自主增列博士学位授权点11个、硕士学位授权点6个。

(杨　雪)

【开展“高校学位点培优培育专项计划”】 市教委落实专项资金,布局实施“高校学位点培优培育专项计划”,涉及19所高校66个学位点(其中博士点13个、硕士点53个)。其中,批准立项5所重点培育高校和9所提早培育高校。首批启动16所高校34个学科的立项建设,推动上海交通大学医学院成立医学技术学院,支持上海音乐学院和上海戏剧学院提前布局艺术专业博士学位点,复旦大学上海医学院和上海交通大学医学院提前布局公共卫生专业学位博士点。

(杨　雪)

【上海高校研究生导师培训】 年内,启动实施上海高校研究生导师指导能力提升计划,重点开展“3+1”工作任务:“3”是指举办三个培训班,即:新聘导师培训班、学科导师工作坊、院士领航研修班,分别聚焦新聘导师任职培训,学科导师专业能力提升以及院士学术引领和道德示范,构建横向覆盖、纵向护航的导师培训格局;“1”是建立跟踪式的导师专业发展平台,组织两期市级新聘导师培训班,180余名新聘研究生导师优秀代表以及部分高校研究生教育管理干部参加。同时,依托复旦大学、上海交通大学、同济大学、华东师大4所高校优势学科资源力量，开展环境科学与工程、土木工程、政治学、哲学、数学、临床医学、工商管理、世界史、机械工程、教育学10个学科工作坊，全市相关学科新聘的研究生导师2138人在分会场参加研修，在岗导师、学校与二级学院研究生工作管理者、相关学科教师等1.93万人次点击学习。（吴庆全）

【一流本科建设】 市教委继续深入实施《上海高校学校创新人才培养机制　推进一流本科建设试点方案》。组织开展2021年市属高校本科专业申报评审，新增备案专业30个、第二学士学位专业2个、国控专业2个和目录外新专业2个。全市高校共获批首批国家级一流本科课程332门、首届全国教材建设奖（高等教育）优秀教材奖49种。全年立项市级重点课程507门、认定市级一流本科课程317门。印发上海高校教材管理实施细则、研制教材建设行动计划（2021—2023年）。认定首批上海高等教育精品教材125本。开展“两类教材”摸底排查。印发《关于推进上海本科高校现代产业学院建设的指导意见》。组织开展高校新文科、基层教学组织建设、卓越工程师培养情况调研。全市高校共立项国家级81项、市级41项新文科研究与改革项目。共获批“基础学科拔尖学生培养计划基地2.0”36个。研制《习近平谈治国理政》多语种版本进高校、进教材、进课堂，翻译人才队伍建设上海工作方案。开展计算机专业课程评估试点，将9所市属高校作为首批试点。（赵丽霞）

【高校合作办学】 上海本科高校参与东北片高校联合办学的共15所，开设辅修专业8个、辅修课程约80门，在读学生约3000人次，招收新生1385人，辅修结业学生824人；参与西南片高校联合办学的共19所，辅修专业在读学生5218人，授予辅修专业学士学位1500人，颁发辅修专业证书415人；参与松江大学园区高校联合办学的共7所，开设跨校辅修专业（方向）24个、辅修课程375门，在读学生3058人，招收新生1766人，授予辅修学位978人，颁发辅修证书312人；参与临港区域高校联盟联合办学的有5所，五校同时与临港集团等9家单位共建临港首批产教融合基地。（赵丽霞）

【创新创业活动】 把创新创业实践与思政教育融合，紧扣“建党百年”主题，在一大会址、陈望道纪念馆拍摄“传承红色基因、践行青春使命”的主题视频，参加第七届“互联网＋”大学生创新创业大赛“青年红色筑梦之旅”全国启动仪式，走进金山区开展党史教育和爱国主义教育。印发《上海市大学生创新创业训练计划管理办法》，31所高校入选国创计划项目1907项、市创计划项目4453项。组织高校参加第十四届全国大学生创新创业年会，3篇论文入选年会优秀学术论文。举办上海市大学生创新创业训练计划成果展，市级层面共支持举办29项学科竞赛活动。全市105所高等院校和职业院校报名参加第七届中国国际“互联网＋”大学生创新创业大赛，参赛项目53491项，参赛学生207750人次，共获18项总决赛金奖，金奖总数创历年新高。开展第六届“汇创青春”——上海大学生文化创意作品展示活动，征集60余所上海及长三角地区高校服装设计、视觉传达设计、环境设计等九大类创意作品近万件。（赵丽霞）

民办教育

【非营利性和营利性民办学校分类管理】 至12月31日，上海市选择登记为非营利性的1581所民办学校、选择登记为营利性的199所民办学校全部完成转设，在全国率先完成民办学校分类管理改革任务。根据非营利性和营利性两类民办学校法人属性和管理要求的差异，健全完善分类管理制度体系，编制《上海民办教育"十四五"发展规划》，制定《非营利性/营利性民办高校章程要点》，修订《非营利性/营利性民办高校年度检查指标体系》。健全两类民办学校政策扶持，推进市级建设财力支持民办高校实验实训中心建设，天华学院、东海学院实验实训中心项目建设通过竣工验收，贤达学院、电影学院实验实训中心项目完成实地认定。

（季秋瑜）

【民办高校督导专员管理】 制定《上海市民办高校政府督导专员工作办法（试行）》，从制定依据、适用对象、岗位职权、任职条件、聘任程序、工作任期、工作方式、支持保障、工作考核、附则等10个方面对民办高校政府督导专员制度予以规定。年内，聘任24位民办高校党组织书记和专家担任新一轮民办高校政府督导专员并颁发聘书。组织开展民办高校政府督导专员专项述职，各政府督导专员对其监督学校贯彻执行有关法律、法规、政策情况，监督学校执行国家课程方案、规范选用使用教材以及依法依规组织招生考试，监督学校重要改革、重大资金资产动向、政府扶持资金使用等方面的履职情况进行总结汇报。（季秋瑜）

【加强民办高校财务管理】 出台《上海市教育委员会关于进一步做好民办高等学校财务管理工作的通知》，要求民办高校要进一步健全决策机制，完善制度建设、规范财务工作。组织民办高校举办者、决策机构负责人、财务管理人员开展专题培训工作，指导民办高校落实《通知》要求。做好2019年民办高校专项资金的结项检查工作和2020年民办高校政府扶持资金的审计工作。做好2021年民办高校专项资金中期检查，启动结项检查，监督指导民办高校规范推进经费执行和项目建设。

（季秋瑜）

【市级教育类社会组织管理】 2021年，市教委、市民政局细化登记管理机关和业务主管单位的职责分工，加强协调配合机制建设。做好市级教育类社会组织的成立、变更、终止的前置审查，以及其他日常业务管理工作，共完成13个教育类社会组织的成立前置审查，92个社会组织变更、许可证延续、章程核准事项的前置审查。配合市民政局对市级教育类社会组织网上年报材料进行初审，对95家社会组织提出年检初审结论，其中建议合格的88家、基本合格的4家、不合格的1家、不予评价的2家，并对年检中发现的社会组织违规问题协同市民政局进行约谈和后续处置。开展上海市市级教育类社会组织管理工作会议暨专题培训。编制、更新《上海市市级教育类社会组织政策法规汇编》《上海市市级教育类社会组织办事指南》，解读教育类社会组织的相关政策法规，明确社会组织业务办理工作及日常运行中的相关规范要求。（霍煜馨）

终身教育

【2021年概况】 4月28日，上海市学习型社会建设推进大会召开，研究部署工作。下发《关于开展上海市学习型城市监测工作的通知》，构建学习型城区监测、学习型组织监测和个人终身学习需求监测三位一体的学习型城市监测体系。举办第十七届上海市全民终身学习活动周、第十六届上海老年教育艺术节、第九届终身教育上海论坛等系列活动。建立长三角开放教育学分银行联动共建格局，完成长三角市民终身学习体验基地拓展计划，参与长三角地区优秀老年教育办学案例评选

工作。

启动职工继续教育“双元制”模式试点工作。联合发布《关于推进新时代职工继续教育创新发展的意见》，开展有关综合素质和学力提升类职工职业培训目录的框架设计，研制有关工作方案。完成高等教育自学考试收费调整，推广自学考试考场集约化改革试点，高等教育自学考试开考专业60个，开考课程518门次，报考考生12.4万人次。拓展市民终身学习体验基地下属站点和体验项目建设，开展体验活动近5000余场次，参与市民达200余万人次。打造“十”条红色人文行走主题线路，开展人文行走主题活动超“百”场，各区孵化超过“千”名红色导学志愿者，累计超过180万人次参与人文行走学习。建成10个上海市民文化传承及科学创新社区学习坊，社区教育实验项目年度立项142个，结项验收165个（含7个示范项目、27个优秀项目、130个达标项目）。借助移动端App“随申办”，向老年学员提供课程查询、报名、考勤、试听等服务。

实施老年大学倍增计划，首批启动6个区、1所高校。推动社会多元主体参与老年教育，制订有关老年大学设置标准，中银网上老年大学等5所学校挂牌招生。新增老年教育社会学习点30个、居村委示范学习点37个、养教结合学习点26个。组织开展2021年上海市街镇社区（老年）学校优质校建设评估，40所学校通过评估。开展2021年上海市高校老年大学内涵建设情况调研。推动老年教育智慧学习场景建设，率先在5区开展试点。推出老年人智能技术在线“学习营”，学习人次超过60万。全国首个中老年专属频道“金色学堂”开通，获全国“特别受百姓欢迎”学习品牌称号。（韩保磊）

【开通全国首个中老年专属频道“金色学堂”】 6月18日，市教委联合上海广播电视台、上海文广集团（SMG）共同打造全国首个50岁以上人群的终身学习平台“金色学堂”。该学堂发挥大小屏全媒体、线上线下多渠道的资源推送优势，覆盖有线电视及IPTV渠道，实现“足不出户”在家学习；设立健康、文化、艺术、生活、时尚、技能六大类别课程，打造乐学大讲堂、人文行走、银龄法宝、智能设备四大特色栏目，重点课程每周上新，日均收看突破100万人次。（韩保磊）

【首轮年度学习型城区监测】 年内，上海市学习型社会建设与终身教育促进委员会办公室启动全市学习型城区建设监测工作，并对徐汇区、普陀区、闵行区和嘉定区开展实地抽样监测。监测采取线上数据采集和线下实地监测相结合的方式。其间，委托上海微校（上海学习网）建立学习型城区建设动态数据库。至12月，该数据库共收录文档材料1.7万份、数据项4000余条，并召开现场会议、市民座谈，开展实地抽样监测，以及对7637位市民问卷调查，形成各区数据分析报告。通过首轮监测工作的推进，建立了跨部门、跨行业、多主体协同的学习型城市监测运行机制，形成了对标国际、具有中国特色、结合工作实际的学习型城区监测指标体系。

（姚　岚）

【高等教育自学考试工作】 2021年，组织开展4月、10月两次高等教育自学考试，组织全国和上海市统一考试课程命题4次。开展上海市52个自考专业的课程及考试计划的梳理工作，启动自考专业新一轮建设工作。利用测评理论和命题技术开发研制了适用多对象、多学科、集优秀试题展示、历年错题学习、试题命制水平测试等多功能一体的测试平台，自主研发全国统考课程的清样查错系统、保密知识测试系统以及试卷进出库管理系统。进一步加强考务工作人员培训，做到全员培训、考核合格上岗。开发集约化产品，推进市级集约化试点，形成可复制可推广的技术规范和操作规程。探索报名平台和考生服务平台一体化设计，继续开展与上海市学分银行合作，实现成绩数据共享，探讨学分互认互通机制。全市自考理论课收费标准由原来的45元/科次调整至65元/科次，有效缓解各主考高校的组考资金压力。

（黄　峰）

教材和语言文字管理

【教材和语言文字工作】 建立健全教材管理体制机制，成立上海市教材委员会，并召开市教材委第一次全体会议。组织开展首届全国教材建设奖评选推荐工作。组织上海市职业院校和高等学校开展全国教材建设规划和教材管理办法落实情况的中期评估。组织开展有关教材内容的排查和专项治理工作。加强教材管理的专业研究，筹建上海市教材政策研究中心。发布上海市教材建设规划和教材管理实施细则。启动上海市义务教育五四学制非统编教材编制工作。推进"习近平总书记在地方重大实践与视察地方和学校重要论述进课程教材""'党的领导'相关内容进大中小学课程教材指南"等工作。进一步做好在线教学"空中课堂"视频课内容审核，完成春季学期528节、秋季学期599节视频课内容审核任务。制订关于上海市全面加强新时代语言文字工作的指导性文件，推动召开全市语言文字会议。加强各级各类学校语言文字规范化建设，全市总体达标率达到98.8%。对上海市3000名托育服务从业人员开展普通话培训。面向300名乡村振兴重点帮扶县教师、100名新疆和田地区少数民族幼儿园教师、150名云南省基层语委干部、42名西藏藏语文工作者等开展语言文字相关培训。完成200余万字语篇类和600余条公示语的语言文字应用情况监测。举办"党的语言文字事业百年光辉历程"上海巡展及"党的语言文字事业在上海"展。建成两门国家通用手语网络视频课程，共计40课时。举办第三届中华经典诵写讲大赛上海赛区比赛。结合第二十四届推普周，举办中国诗词大会海选、市民诵读节、书法名家进校园、"百年征程传薪火，红色经典润乡土"等活动。推进青少年学生阅读工作，颁布书香校园建设指导标准，举办"青衿书苑读书会""七天七堂课""小学生朗读大会"等学生阅读活动。 （何　慧）

【参评首届全国教材建设奖】 2020年11月至2021年1月，市教委会同市委宣传部开展全国教材建设奖的申报推荐，上海获全国优秀教材基础教育类优秀教材一等奖5项、二等奖22项，职业教育和继续教育类优秀教材一等奖1项、二等奖9项，高等教育类优秀教材特等奖1项、一等奖10项、二等奖37项；获评先进个人13人、先进集体7个(含部属高校)。 （何　慧）

【贯彻全国语言文字会议精神的实施意见】 2月1日经市政府常务会议审议并原则同意，3月12日由上海市政府办公厅印发。《实施意见》要求：围绕"水平提升"，落实全面提升语言文字普及水平、语言文字规范水平、语言文字服务水平等重点任务；整合各方资源，推进城市语言服务资源建设、中华经典诵读、城市语言文字基础能力提升等专项行动；建立健全语委全委会制度、委员单位述职制度，开展区域和行业语言文字工作督导评估等。

（马晓华）

【上海市教材委员会成立】 4月，上海市政府办公厅成立上海市教材委员会，下设上海市课程教材建设委员会、上海市教材审查和评价委员会。11月，市教材委员会召开第一次全体会议，审议教材建设行动计划和教材管理实施细则，听取教材管理体制机制建设情况以及教材编制工作情况的汇报。12月，印发《上海市推进大中小学教材建设行动计划(2021—2023年)》。 （何　慧）

【庆祝建党百年语言文字系列活动】 承办"党的

语言文字事业百年光辉历程”上海巡展，举办“党的语言文字事业在上海”展。通过梳理、总结百年来党领导下的语言文字事业走过的光辉历程，全面系统呈现新民主主义革命时期、社会主义革命和建设时期、改革开放和社会主义现代化建设新时期、中国特色社会主义新时代党领导的语言文字政策和实践的变迁、发展进程。其间，还举办以“传承中华经典　庆祝建党百年”为主题的第三届中华经典诵写讲大赛上海赛区系列比赛，设置“诵读中国”经典诵读、“诗教中国”诗词讲解、“笔墨中国”汉字书写、“印记中国”师生篆刻4个赛项；举办“读红色经典　做信仰传人——百年百书阅读行”主题活动，征集视频类、音频类、书法类、文章类荐书作品，并邀请文化学者、高级教师、学生代表等共读《初心之地——上海红色革命纪念地全纪录》等党史学习教育著作；举办“品读红色经典”第二届上海小学生朗读大会，以线上活动为主、线下活动为辅，联动各区语委办、青少年活动中心，通过电视栏目、新媒体等扩大影响，共收到1.6万余件作品，覆盖沪上300余所学校。

（马晓华）

对外合作与交流

【国际交流与合作】　年内，与英国教育部继续合作实施“中英数学教师交流项目”，指导上海师大与英国卓越数学教学中心开展在线中英数学教师交流和教研活动。推进中美“千校携手”项目，遴选嘉定、奉贤、闵行三区6所中小学入选第六批项目校。深化“上海市—新加坡全面合作理事会”机制下的人文交流，组织沪新两地高校学生合作开展标识设计比赛。举办“2021上海国际友好城市青少年夏令营”，邀请17个国家、19个上海国际友好城市的180余名外国学生与上海100余名中学生结伴在线参加夏令营活动。发挥中国—上海合作组织国际司法交流合作培训基地、中阿（阿拉伯）改革发展研究中心、上海全球治理与区域国别研究院等高端平台作用，服务“一带一路”建设。依托高校专业和学科优势，实施“小而美”人才培养项目，上海应用技术大学首批9名老挝本科生成为维护中老铁路和中老友谊之桥的建设者。完成联合国教科文组织二类机构“教师教育中心”揭牌，召开首届理事会会议。完成国际戏剧协会上海代表机构登记注册，助力中国文化国际传播及国际戏剧演艺合作交流。

（芦琍琍）

【外国留学生教育与国际中文教育】　年内，来自184个国家和地区的31353名国际学生在上海市42所高校（科研机构）注册就读，其中80%学生在境外。按学生类别分析，学历生20254人（专科生71人、本科生12704人、硕士生5306人、博士生2173人），占总数的65%；非学历生11099人（包括普通进修生、高级进修生及短期团组）。市教委统筹分类做好国际学生日常教育教学和疫情防控工作。重启线上“上海暑期学校”和“一带一路”教育项目。上海院校承办的孔子学院（孔子课堂）全部完成转隶。上海国际中文教育教育联盟开展每月一讲的“语虹讲堂”，助力国际中文教育工作的新发展。

（葛静怡）

【外籍人员子女学校】　至年底，上海市38所外籍人员子女学校在校总人数31495人（幼儿园幼儿5681人、小学生13431人、初中生7146人、高中生4771人、补习中心学生466人）。年内，开展外籍人员子女学校校长培训和伙伴研修项目，通过展示上海学校教育的内涵特色和零距离地接触外籍学校的教育教学活动，达成国际间教育理解与共鸣。组织开展“中华传统文化＋”活动，展演舞龙灯、捏面人、拉洋片、学太极、习绒绣等中华非遗民俗文化节目，收到21所外籍人员子女学校报送的88个视频作品，讲述对中华非物质文化遗产的认识。（栾雪莲）

【中外合作办学】 至2021年底，全市共有中外合作办学机构29个、项目140个；开展学历教育的机构和项目152个（研究生层次31个，本科层次65个，专科层次41个，中职、高中层次15个），非学历教育17个（含学前教育2个）。年内，推动上海商学院与瑞士洛桑酒店管理学院合作举办非独立法人资格的中外合作办学机构“上海商学院上海洛桑酒店管理学院”，同时推进中外合作艺术类大学和职业大学项目。上海纽约大学充分发挥全球教育资源配置优势，在2020学年秋季学期和春季学期及2021年秋季学期，共接纳6172人次中国籍（含港澳台地区）学生参加线下的“就近就读”学分项目。为疏解新冠疫情期间出国留学生境外就学困难，市教委制定2021年中外合作办学自主招生工作方案和舆情应对方案。上海市2个中外合作办学机构和4个中外合作办学项目有序开展招录工作，共招录学生216人。（栾雪莲）

区域教育

Education in Districts

黄 浦 区

【2021年概况】 有各级各类教育单位133个。其中中学33所(含民办5所),市实验性示范性高中7所,区实验性示范性高中4所。按类别分:高级中学9所,完全中学6所,初级中学14所(含民办3所),九年一贯制学校3所(含民办1所),十二年一贯制学校1所(民办)。小学27所,幼儿园44所(含民办16所),特殊教育学校4所,职业教育学校6所(其中非教育部门办3所),专门学校1所。其他教育机构18所,其中教育学院1所,业余大学1所,公办早教机构2所。全区教职员工8542人,专任教师6535人。离退休人员17827人(其中离休65人)。全区普教系统在校学生65780人。其中高中生9713人,初中生15857人,小学生22591人,职校学生6747人,托幼机构幼儿10581人,特殊教育学校291人。秋季高考考生2645人,中考考生3018人。

发布《黄浦区教育改革和发展"十四五"规划》及学校德育、创新教育、教师队伍建设、基础教育基本建设、教育信息化建设五大子规划。落实《黄浦区创新教育三年行动计划》,做好年度黄浦区创新教育学校研究项目第一阶段中期评估工作,组织12所中学、12所小学(含特殊教育学校)、10所幼儿园(含早教指导中心)参与现场答辩及网络评审。开展以"融合与创新"为主题的黄浦区跨学科实践创新课程推介活动,推介区第一批22门跨学科实践创新共享特色课程,区域形成《培养创造力——跨学科实践创新案例课程设计案例》的案例汇编。组织青少年"学党史"和庆祝建党100周年主题教育活动,制定新一轮《黄浦区学校德育特色课程体系建设五年行动计划》,形成"校本德育特色课程——区级德育特色共享课程——市级'中国系列'课程"的三级德育特色课程建设体系。推进全区中小学全员导师制工作。

推进新优质学校的集群式发展。规范开展公、民办学校网上"校园开放日"活动,做好信息登记、验证及民办学校电脑随机录取工作。完成新中考首次考试工作。建立开展课后服务的日常管理机制,形成课程定期研讨、课程内容深化迭代、安全管理保障等机制。以学校特色课程建设助推学校特色发展,实现总体框架下的一校一品、一校一特色。作为全国首批"指向核心素养的项目学习区域整体改革"先行试验区,与北师大合作,在全区初中学校开展指向核心素养的项目学习区域整体推进,以数学、化学和道德与法治学科为试点,开展相关研究和实践。作为全市第一个整区推进小学主题式综合活动课程的行政区,通过课程内容的转化、整合与优化,将"小主综"课程向中、高年级递进、拓展,助推小学课程整体改革。出版《走向真实的学习——小学主题式综合实践活动课程设计30问》。召开黄浦区学习型社会建设推进大会暨黄浦区学习型社会建设与终身教育促进委员会全体会议,启动区全民终身学习活动周。市商贸旅游学校商务英语(澳大利亚APEG商业四级证书)班第二届22名学生毕业。

开展黄浦区教育系统青年干部储备人才调研推荐工作,推进黄浦教育"80、85、90"后青年干部培养计划。征集依法治校创建小案例、小故事、微视频等成果,开展"八五"普法进校园工作。加强家庭教育指导网络建设,发挥区家庭教育指导中心作用,成立区级家委会和中小学校级家委会主任联席会议。组织开展黄浦区学生艺术节和庆祝建党100周年音乐周活动。组织开展黄浦区第十届青少年科技节等科技教育活动,黄浦区师生在上海市青少年科技创新大赛、OM、DI、VEX等科创类比赛中

获好成绩。（徐燕雯）

【中华职校校史馆获“黄浦区爱国主义教育基地”称号】 1月2日，黄浦区爱国主义教育基地交流展示活动在上海木偶剧团仙乐斯木偶演展中心举行。中华职校校史馆被授予“黄浦区爱国主义教育基地”称号，成为新增的区级爱国主义教育基地。该校史陈列馆位于斜土路716号学校四号楼，由门厅、序厅、3个展厅（百年风华、职教明珠、荣誉殿堂）和1个特展厅（黄炎培与中华职业学校）组成，用大量图片、文字和实物立体展现中国近现代职教史上第一所现代意义的职业学校、中华职业教育社首家实验基地的前世今生、发展脉络及办学成果。

（罗小燕）

【报童小学“红色教育”主题下的文化融合交流活动】 1月6日，主题为“忆红色征程·讲报童故事·融世界文化·做时代新人”的活动在报童小学举行。活动由区教育局、区教育学院主办，报童小学承办，为黄浦区跨文化国际理解教育系列活动之一。活动中，中方教师与外籍教师带领报童英语戏剧社的学生展示戏剧课——“一张市中心敌情图”，展现小报童在中国共产党的领导组织下，不畏艰难侦察敌情，迎接上海解放的故事。（寿钰婷）

【上海师范大学附属卢湾实验小学教育集团“学科联盟”成立大会】 3月31日在上海师范大学附属卢湾实验小学举行。7所成员校的70余名教师参加。会上，上海师范大学卢湾实验小学教育集团龙头校校长解读上海市推进紧密型学区和集团建设的实施意见，介绍黄浦区以集团化办学推进教育优质均衡发展的思路和举措，以及成立教育集团“学科联盟”的背景及发展愿景。（寿钰婷）

【2020—2021年度DI全国赛闭幕式上海分会场活动】 5月9日，2020—2021年度DI（Destination Imagination，创新思维）全国展示闭幕式在央视频App等视频平台展开同步直播。仪式设北京、上海、贵阳、安阳4个分会场，上海分会场设在区青少年科技活动中心，黄浦DI铁军中的9支参赛队伍师生和参赛学校的校长参加，全国近400支参赛队伍在线参与实时互动。闭幕式上，2020—2021年度DI全国赛各项目赛绩相继出炉。上海师范大学附属卢湾实验小学、上海黄浦区第一中心小学、复兴东路三小、上海市黄浦区卢湾二中心小学、蓬莱路二小、尚文中学、向明初级中学8所学校获一等奖。大同初级中学、市南中学、上海师范大学附属卢湾实验小学、复兴东路三小获二等奖。尚文中学、市南中学、上海市黄浦区卢湾二中心小学获即时挑战第一名。（徐燕雯）

【“致敬劳模·对话工匠”学生劳动教育主题活动】 5月14日，在上海工匠馆举行。来自民办明珠中学的学生以上海城市建设发展为主线，根据“上海的第一座摩天大厦”“上海市区第一座跨越黄浦江的大桥”“豆腐里打洞”“中国最高楼”“老建筑重获新生”等5个线索指引，在工匠馆找寻线索背后的上海城市建“匠”故事，挖掘城市建“匠”的“闪光点”，理解“工匠精神”的内涵。（徐燕雯）

【首批特教中职毕业生就业专场招聘会】 5月14日在区特殊教育职业学校操场举行。招聘会由区教育局、区人力资源社会保障局、区残联共同主办，近10家爱心企业参与，设置绿植养护、资料整理复印、会议室保洁、仓库整理、手工操作等15个适合特教中职毕业生的工作岗位。2名学生现场与企业签订初步的《录用意向协议书》，6名学生与企业达成就业意向。

（寿钰婷）

【“师说红课”主题情景党课开讲】 5月20日，以“初心之地燃薪火·红色热土育新人”为主题的区教育系统“师说红课”主题情景党课暨庆祝中国共产党建党100周年系列活动在区卢湾教育文体中心举行，理论教育宣讲片《时代先觉者Ⅱ》首发。区教育局机关全体成员，区教育系统党政正职干部，区教育系统党代表、人大代表和政协委员，区教育系统党员教师代表、入党积极分子代表，区教育系统“师说”理论宣讲团全体成员参加。

（刘　丹）

5月20日，黄浦区教育系统“师说红课”
主题情景党课在黄浦区卢湾教育文体中心举行

【年度全市首场科学育儿指导公益活动】 5月30日，科学育儿指导公益活动在上海音乐厅户外大草坪举行。活动首次采用线上线下相结合的方式，来自市早期教育指导服务中心、区早期教育指导中心、“思优”个别化教育集团、荷花池艺术教育集团、蓬幼游戏化教育集团、瑞一健康运动教育集团的专业教师志愿者们，带领现场数百个婴幼儿家庭进行户外亲子游戏体验和育儿指导。（黄　俊）

【“童心牵手”幼小衔接活动】 6月18日，先后在大同幼儿园和卢湾二中心小学举行。由区教育局、区教育学院主办。活动分“小红驹进小学”和“小红驹说大同”两部分，通过“小红驹学思政，培养爱国好品质”“小红驹会生活，生活有序能自理”“小红驹负责任，整理物品我最行”和“初心始发地，娃娃学党史”“小小讲解员，讲红色故事”“小手牵大手，童心永向党”6个活动，体现了“今日小红驹明日千里马”的“红驹课程”理念。（黄　俊）

【见习教师特殊教育通识培训】 7月2日在上海外国语大学附属大境中学举行。全区62个学校的146位见习教师参加培训。培训以“融合教育　合而不同”为主题，采取集中通识性培训与分学段专题研讨相结合的方式，让见习新教师了解不同学段各类特殊儿童的发展特点及特殊需求。通过培训，见习老师们进一步理解和认识幼儿园、普通学校学生的多样性和差异性。（寿钰婷）

【与上海音乐学院签约开展战略合作】 7月2日，上海音乐学院与黄浦区在区青少年艺术活动中心礼堂举行合作签约仪式，联手打造艺术创新教育新品牌和演艺文化新殿堂。上海音乐学院和黄浦区代表签署《上海市黄浦区人民政府、上海音乐学院合作框架协议》，双方将立足区域文化教育基础深厚和高校专业资源丰富两大优势，推动黄浦区基础教育领域的音乐美育教育的特色发展与整体水平提升，并助力“演艺大世界”建设。（刘　丹）

【向明初级中学附属崇明区江帆中学揭牌】 8月28日，上海市向明初级中学附属崇明区江帆中学揭牌仪式暨2021级新生入学典礼在江帆中学举行。仪式上，启动学校特色项目“绿色创想家”计划，江帆中学校长介绍项目内容，学生代表和校外导师代表分别发言。江帆中学地处城桥镇绿海路701号，首届入学新生均为六年级，共招121名学生，开设4个班，之后逐年递增，预计办学规模为8轨32班。（刘　丹）

【首届中意班毕业典礼举行】 9月17日，主题为“启航·逐梦”中意班毕业典礼在市南中学举行。毕业典礼上，全体中意班师生、家长通过学生们制作的视频短片，回顾首届中意班三年的高中学习生活。参加毕业典礼的意大利驻沪总领馆官员为即将赴意留学的学生赠送留学礼物。（刘　丹）

【首届“AI未来”高中生人工智能创新峰会】 10月30日，由卢湾高级中学发起并主办的首届“AI未来”高中生人工智能创新峰会在商汤科技大厦举行。卢湾高级中学学生戴智杰的“基于模仿学习的自主移动机器人路线保持与决策”，通过对数据图谱的分析，利用AI模型和技术实现机器人自主移动时达到精准路线和高效决策。南模中学学生李露菲和复旦附中学生吴可遇的“基于人体姿态识别和机器学习的武术及评价系统”通过对武术动作和人体姿态的采集，开发智能评价系统和武术娱乐功能。山西省平遥现代工程技术学校学生毋晓钰、胥昊鹏、朱晓宇的“司机行车状态智能报警系统”则通过AI技术对道路交通状况车辆状态进行采集分析，为司机驾驶提供应对策略，从而改善道路拥堵

状况。 （刘　丹）

【区全民终身学习活动周启动】 11月15日，黄浦区学习型社会建设推进会议暨黄浦区全民终身学习活动周启动仪式在中共一大纪念馆举行。活动现场，《共产党宣言》中文首译本守护人、市社科院古籍修复师和武警国旗班中共一大纪念馆讲解员分享各自学习党史的"心路"故事。区"人文行走"导学小程序上线，市民们通过手机就可以进行"人文行走"，实现"处处能学、时时可学"。 （罗小燕）

【"劳模工匠报告团"进校园】 11月22日，市商贸旅游学校迎来新一轮"劳模工匠报告团"，包括陶依嘉、吴尔愉、朱慧娟等全国劳模在内的18名劳模工匠受聘为学生成长导师。"劳模工匠报告团"将以报告、讲座和交流访谈等形式，在学生中进一步弘扬和传承劳模精神、劳动精神、工匠精神。

（罗小燕）

【吴蓉瑾先进事迹报告会】 12月17日，吴蓉瑾先进事迹报告会在上海广播电视台举行。报告会由市委宣传部、市教卫工作党委、市教委、市妇联、黄浦区委等共同组织举办。吴蓉瑾是黄浦区卢湾一中心小学校长、中共党员，曾获全国教育系统先进工作者、全国三八红旗手、国家级教学成果二等奖、上海市教书育人楷模等荣誉。9月16日，中宣部授予吴蓉瑾"时代楷模"称号。吴蓉瑾、姚晓红、杨宇、贺春秋、何羽艳、陆梓华6位报告人从不同角度、不同侧面，讲述吴蓉瑾扎根基础教育事业，牢记"为党育人、为国育才"宗旨，以理想信念教育播撒红色初心、以真挚情感守护学生身心健康、以信息化手段促进因材施教、以实际行动推进优质教育资源均等化的故事。 （徐燕雯）

附：区教育局驻地及负责人

（2021年1—12月）

区委分管领导：余海虹（9月离任）、王玉峰（10月到任）
区政府分管领导：李　原

区教育工作党委书记：陈　亮
副书记：姚晓红

区教育局局长：姚晓红
副局长：杨　燕、吴　刚、余维永、严　奕

地址：延安东路300号
邮编：200001
电话：33134800-21509

徐　汇　区

【2021年概况】 有各级各类教育单位209家，其中中学42所，小学44所，幼儿园100所，特殊教育学校2所，职业教育学校9所，专门学校1所，其他教育机构10所。有教职工1.55万人（其中专任教师10731人）。专任教师中有高级职称的教师1520人，占教师总数14.16%；中级职称4858人，占45.27%。有特级教师37人，特级校长15人，正高级教师47人。全区学生13.23万人，其中普通中学生44089人，小学生49974人，幼儿园（托儿所）幼儿24408人，特殊学校学生329人，职业高中学生1805人，中专学校学生11682人。全区符合条件3—6岁适龄儿童入园率100%，义务教育阶段入学率100%，高中阶段入学率98%。业余大学1所，市级老年大学4所，社会多元主体举办老年大学2所，社区学校13所，居委学习点和养老机构学习点327个，班级数2032（含网课250）个，直播课程数

147 个，学员数 127123 人次。

发布《徐汇区托育服务三年行动计划 2021—2023》，打造 1 个区科学育儿服务指导中心、13 个科学育儿指导站，开展各类线下指导服务 989 场次，组织 3 场线上线下联动的科学育儿活动，指导服务 781 人次。提升市级示范园和一级园优质资源比例。梅陇幼儿园、汇霖幼儿园成为区级示范园，长一幼儿园等 3 所幼儿园申报区一级园。全区普惠性托育点达 26 处，街镇覆盖率 100%。提供普惠性托额数占区内托额数 56%，普惠性幼儿园覆盖率 85%。

开展 7 个学区的紧密型学区创建工作和后期工作计划的研究，继续推进公办初中强校工程。加快新一轮特色普通高中创建，中国中学进入上海市特色普通高中创建展示阶段，西南位育中学申请上海市特色普通高中获批。搭建“汇 e 学”云校资源平台，创建社区（老年）学校优质校，7 所社区（老年）学校被评为“上海市街镇社区（老年）学校优质校”。完成上海市特教行动三年行动计划终期评估，实现特教点街镇覆盖率 100%，完成全区随班就读学生体检及评估工作，“一生一档”覆盖率 100%。

根据“一机构一档案”“一机构一对策”原则开展徐汇区学科类培训机构排摸与检查。“一校一案”制定课后服务方案，课后服务学校覆盖率 100%，义务教育阶段学校参与课后服务学生参与率 90%，教师参与率 98%。出台《关于进一步加强本区学校体育场馆向社会开放工作的实施办法》，开发“徐汇区学校体育场馆向社会开放管理平台”小程序，符合开放条件的 55 个校区体育场地面向社区居民开放，并启动 22 个校区夜间开放服务。

完成区域内民办义务教育学校基本情况排摸表，重点推进调控办学规模、规范办学主体、推进名称变更三大任务，形成调控义务教育阶段民办学校规模初步方案，完善规范民办学校主体参公方案，确定有不同程度主体参公的 5 所学校处理方式。对标《上海市特殊教育三年行动计划（2018—2020 年）》，梳理总结区域 2018—2020 年的特教工作情况，在市教委终期评审中获 A 级成绩。与上海市精神卫生中心等 4 家医院续约，完成特殊学生健康体检、运动障碍评估、精细化评估等合作项目。

推进课程教学改革，组建项目化学习工作小组和专家团队，形成年度推进计划，建立市、区实验校学习共同体。探索“组团联动、共同研修、协同发展”校际项目研修路径，开展学科项目、跨学科项目、活动项目 100 个，各级各类项目化学习专题展示 39 场。75 个项目案例上报至平台，21 篇参加首批市级项目案例评选，5 个案例获一等奖、8 个案例获二等奖、5 个案例获三等奖。启动位育中学、中国中学等实验校的生涯指导师项目建设，实施 STEM+科学、技术、工程、数学及其拓展融合教育（STEM+）项目课程学习，推进项目化学习实验区项目建设，完成 15 个项目化学习校本案例，打造乐高联盟校、素养课堂、青年教师学习共同体项目，推进区内 28 个智慧教室建设落地。

制定《徐汇区基础教育“十四五”基本建设规划》并通过审议，推进世外中学华泾校区、南站 8 号地块配套学校、北扬人工智能地块配套小学等“十四五”基本建设规划项目前期专家评审、方案研究和立项等工作。完成向社区开放体育场地的 53 所学校灯光工程的调研、方案和施工工作。推进教育系统校舍信息数据库平台建设，加强教育基础建设信息化管理。

发布教育数字化转型实验区方案，确立“‘3 全’建设（全方位赋能教育综合改革，全链条推进教育数字化转型，全过程教育教学模式重塑）、‘4 新’落地（构建教育融合新生态，打造智慧教学新课堂，形成服务民生新格局，助力教育治理新常态）、‘5 汇’工程（数字基座“汇”入学校、数字应用“汇”入民生、数字教学“汇”入课堂、数字治理“汇”入政务、数字评价“汇”入决策）”的建设思路。启动“数字基座”规划建设的研究和部署，上线运行数字化管理平台一期，开展面向民生侧教育应用场景的研究建设，启动“汇入学”场景建设方案设计，完成入学、中考查询、转学等服务一体化建设。完成 4 所标杆校建设项目一期验收并开启标杆校项目二期建设；南洋模范中学、徐汇中学入选第三批上海市教育信息化应用标杆培育校。

推进馆校思政课项目，研发龙陵思政课“1+1+1”（1 节校园内思政课教学，1 节龙华烈士陵园现场思政课教学和 1 次场馆内寻访实践活动）课程，组织开展“新时代好少年”评选、“清明祭英烈”“童心向党童谣征集”等未成年人思想道德建设活动。与区卫健委合作落实心理医生导师制和心理危机干预绿色通道两个项目，引入青爱工程项目，市二中学等20所中小学建成首批“青爱小屋”。启动中小学生全员导师制工作，继续打造“超级家长会”品牌，组织家庭教育和心理健康专项培训，共培训300余人。推进学校近视防控工作，做好各类传染病防控。发布“励志地图”3.0版本，开设项目化学习“汇游”功能，研发馆校微课视频20余节和红色研学路线6条。组织8场“对话科学家”活动，制定《徐汇区关于全面加强新时代中小学劳动教育的实施意见》，完成艺术体育一条龙布局。

完成区教育系统15万余名师生员工健康数据每日统计上报，教育系统教职工和12—17岁学生新冠疫苗完成全程接种，完成3—17周岁未成年人新冠疫苗接种。开展校园安全常态化监管检查338次，完成193所中小学、幼儿园安全检查，督促整改安全隐患78处。完成区级重点项目“校园周边人脸识别智能安防系统”在134所小学和幼儿园的建设、25所学校联动式燃气报警装置建设、1所学校电弧感应系统试点建设以及81所幼儿园门人脸识别闸机系统升级工作。下发中小学生寒假消防宣传手册近9万份，组织开学安全教育周、国家安全日教育活动等各类安全教育活动，集中开展安全疏散演练22万多人次。

成立由学校党组织书记、校长担任组长的师德建设工作领导小组，将师德师风建设指标纳入学校绩效评估指标体系。启动新一期名师工作室、优秀教师高研班、优秀班主任高研班、名校长工作室等培养工作，1名教师获上海市“四有”好教师（教书育人楷模）提名、7名校长获上海市特级校长称号、5名校园长获上海市优秀校园长称号。2人获评上海市“十佳”班主任，4人获评上海市优秀班主任，5人获市“崇明杯”班主任基本功大赛三等奖。出台《关于推进义务教育学校教师交流轮岗工作的实施方案（试行）》，有30名骨干教师、中层干部参与天湖、田虹学区先行交流轮岗试点。 （郝秀芳）

【高安路第一小学“三大球”基地签约揭牌仪式】 1月7日在高安路第一小学华展校区举行。高安路第一小学与上海绿地申花足球俱乐部、上海久事篮球俱乐部等共同签订青少年训练合作协议。区教育局、华泾镇、高安路第一小学相关领导以及上海绿地申花足球俱乐部、上海久事篮球俱乐部的代表共同为3个基地揭牌。高安路第一小学成为上海绿地申花足球俱乐部、上海久事篮球俱乐部的合作学校及沈富麟——高一排球训练基地。年内，久事篮球俱乐部的教练们带着上海青年队的几位队员来为高安路第一小学“小姚明”篮球队进行训练并开展公开课；上海绿地申花足球俱乐部的教练为足球社团队员进行了训练与指导，并赠予了足球队队服；沈富麟也多次观摩高安路第一小学排球队的训练并指导。三大球基地的建设旨在让孩子更多的接触体育俱乐部的氛围，激发他们的学习兴趣。至年底，200余名学生参与3个基地的训练活动。

（蔡建军）

【举行项目化学习三年行动计划专题论坛】 1月18日，上海市义务教育项目化学习三年行动计划徐汇专题论坛暨实验区启动仪式在高安路第一小学华展校区举行。上海市科教院普教所、市教委基础教育处相关负责人出席。现场，5所小学教师围绕“项目化学习的设计与实施”分享项目化实施案例，2所中学校长围绕“项目化学习的推进与保障”分享学校秉持办学理念，华东师大和上海浦东教育发展研究院的专家进行点评，浙江省教育厅综合部负责人作题为“项目化学习的浙江实践探索”的专家讲座。

（鲍　洁）

【徐汇区中小学（幼儿园）教师信息技术应用能力提升工程2.0启动仪式】 4月7日在徐汇区教育学院举行。此前，区教育局制定《徐汇区中小学（幼儿园）教师信息技术应用能力提升工程2.0实施方案》，组建6人区级骨干团队，对信息技术提升工程2.0培训项目开展结构化培训模式的探索和实践。区级《结构化推进区域信息技术提升工程2.0培训项目》实践案例获市级优秀案例奖。150所学校制定学校信息技术2.0整校方案，4份方案获市级优秀奖。学校开发并组织实施校级研修课程300余门。（农若安）

【特殊教育三年行动计划终期情况汇报会】 4月9日，在徐汇区特殊教育指导中心举行。《徐汇区特殊教育三年行动计划(2018—2020年)》推行三年中，区教育局着力完善特殊教育体系、提升医教结合品质、深化课程建设内涵、彰显融合教育特色、健全特教保障机制，构建覆盖全区幼儿园、小学和初中的“区—学区—学校”特殊教育三级管理网络，提升全区特殊教育整体发展水平，实现特教点街镇覆盖率100%，完成全区随班就读学生体检及评估工作，“一生一档”覆盖率100%。董李凤美康健学校、上海市信息管理学校(纪勋中等职业技术学校)分别以“‘一生一档’工作”“汇聚合力筑未来”为主题进行交流。会后，评估组成员到康健外国语实验中学、梅陇幼儿园考察随班就读、资源教室建设、无障碍环境设置、师资配置、名家名师进校园活动等工作的开展情况，并听取学校意见建议。 (鲍　洁)

【举行新一届劳模工匠先进事迹报告会】 4月29日，“正芳华”徐汇区教育系统新一届劳模工匠先进事迹报告会在区青少年活动中心举行。会上，4位劳模工匠分别以情景讲述、音舞快板、情景表演、自述的形式传递“爱岗敬业、争创一流，艰苦奋斗、勇于创新，淡泊名利、甘于奉献”的精神力量。市教育工会、区总工会和区教育局领导共同为“劳模创新工作室”揭牌。会议还发布劳模工匠志愿服务清单。 (陶玲玲)

【举行庆祝建党100周年暨首届特殊中职学生毕业典礼】 6月24日，纪勋中职庆祝建党100周年暨首届特殊中职学生毕业典礼在朵云轩艺术中心举办。纪勋中职为多个志愿服务团队和个人颁发荣誉奖牌。纪勋中职学生展示才艺及创作的作品。区教育局和上海音乐学院领导为上音咖啡——纪勋中职学生新一处“社会实践基地”揭牌。

(顾华青)

6月24日，纪勋中职庆祝建党100周年暨首届特殊中职学生毕业典礼在朵云轩艺术中心举办

【上海市社会多元主体举办老年大学工作研讨会】 9月14日在徐汇区小白鸽舞蹈老年大学召开。会上，小白鸽舞蹈老年大学、中银(网上)老年大学、花样老年大学、星光摄影老年大学和上海群艺馆老年大学授牌成立；5家单位负责人就办学经验、办学成果进行交流。徐汇老年教育社会学习点小白鸽舞蹈协会和辖区内上海群艺馆挂牌成为上海首批获准开办的社会主体举办的老年大学。

(马丹宇)

【藏族中小学师生到徐汇区参加“看上海”活动】 9月16—23日，来自西藏日喀则萨迦县的90名中小学师生到徐汇区，参加“汇爱萨迦——手拉手藏族青少年‘看上海’”活动。萨迦县藏族学生与徐汇区龙华中学、盛大花园小学学生一起走进龙华烈士陵园，同上一堂爱国主义教育课。 (朱希如)

【与中国极地研究中心合作签约】 10月15日，区教育局、中国极地研究中心《合作加强建设光启青少年创新教育基地协议》签约仪式在徐汇区青少年活动中心举行。根据协议，双方围绕“建设极地科学考察(南极)体验项目、指导课题研究、开展各类青少年校外(课外)教育活动”等合作内容，引导青少年了解科技知识、感受科技魅力。 (朱希如)

【青爱工程上海市徐汇区基地授牌】 10月19日，“守护健康　你我同行”——青爱工程上海市徐汇区基地授牌仪式在市二中学举行。与会领导为市二中学等20所徐汇区中小学颁发“青爱小屋”铭牌。北京青爱教育基金会向上海市徐汇区捐赠《爱在青春期》《青少年性健康及预防艾滋病教育教案集》《艾滋病防治和性健康教育》等系列读本、图书及相关视频课程。 (袁学佳)

【启动徐汇区中小学学科基地建设】 10月27日，徐汇区中小学学科基地建设启动大会在徐汇区教育学院召开。43所学校120个学科组提交创建项目方案。对此，区教育学院课程教学研修中心邀请市级专家进行两轮评审，遴选出25所学校52个学科基地创建项目，再由复评专家进一步对入选各学科基地的建设基础和项目方案进行面试答辩。

（秦　红）

【举办徐汇区第十六届学习节开幕式】 11月18日，“数字赋能　智学未来”徐汇区第十六届学习节开幕式举行。在2020—2021年上海市街镇社区（老年）学校优质校建设评估中，徐汇区华泾镇、斜土街道、天平街道、湖南街道、凌云街道、漕河泾街道、长桥街道7家社区（老年）学校成为上海市首批优质校。开幕式上，领导为获奖单位颁奖，为徐汇区人文行走“我行我秀”邀请赛获奖代表颁发荣誉证书。（马丹宇）

【南洋模范中学建校120周年】 11月20日，以“青锋精神　模范追求”为主题的南洋模范中学建校120周年纪念活动以全球直播方式举行。活动分为“回望初心”“青锋初现”“心火初燃”和“如若初见”4个篇章。历届校友、退休教师和在校师生通过百廿故事、嘉宾访谈、器乐歌舞等形式开展跨越时空的对话。其间，区领导为南模教育集团的8所集团校授牌。（胡　毅）

【与河南平顶山市教育体育局结对共建】 12月，区教育局与河南平顶山市教育体育局通过网络直播形式，举行结对共建签约仪式。区教育局、位育中学、田林三中、爱菊小学、机关建国幼儿园分别与平顶山市教育体育局、相关学校签订教育合作框架协议及学校结对合作协议书。（朱希如）

【中国教育学会第三届课堂教学研讨会暨高质量初中教育发展论坛】 11月12—13日在徐汇区教育学院举行。论坛由中国教育学会、上海市教育学会、中共上海市徐汇区教育工委和区教育局主办。同时，徐汇区教育学院承办“指向课程育人的单元教学设计与实施”分论坛及数学学科、体育学科的现场课展示与研讨活动，徐汇中学、中国中学、世外中学、汇师小学、徐汇实验小学开展6节课现场教学。会议历时两天，31个省、自治区、直辖市45万余人次观看在线直播。

（胡　毅）

【《徐汇区教育数字化转型实验区方案》】 11月17日在上海市教育数字化转型实验区方案发布会上发布。方案提出推动“3全”建设，即全方位赋能教育综合改革、全链条推进教育数字转型、全过程教育教学模式重塑；实现“4新”落地，即构建教育融合新生态、打造智慧教学新课堂、形成服务民生新格局、助力教育治理新常态；以“5汇”建设为重点，即创建更强数字教育基座、更全数字公共服务、更新数字教育资源、更细数字教育治理、更优数字教育评价。方案指出重点推进学校数字基座、5G+MR（Mixed Reality 混合现实）教学、教育人工智能应用等建设，构筑“徐汇特色、上海特点、全国一流”的区域教育数字化转型模式。

（胡　毅）

【“技术赋能教与学方式转变”课堂教学展示与研讨活动】 11月中旬至12月下旬在徐汇区举行。活动分线上线下共计32场，以教学展示、专题研讨、微型报告、案例分享、专家点评等形式，呈现徐汇区高中、初中、小学、学前4个学段所有学科在单元教学设计与实施、信息技术赋能与教学方式转变等实践。全区3500多名学科教师参加活动，市教委教研室学科专家作线上或线下点评。（秦　红）

附：区教育局驻地及负责人

（2021年1—12月）

区委分管领导：沈　权

区政府分管领导：秦丽萍（11月离任）、方　雷（11月到任）

区教育工作党委书记：姚黎红

副书记：王　彤、杨震青（11月离任）、陈嘉凌（11月到任）

区教育局局长：王　彤
副局长：李文萱、钱佩红、周　刚、林　琛、梁　斌、王　欣（11月离任）、施　敏（11月到任）
地址：漕溪北路336号3号楼7楼
邮编：200030
电话：64872222

长　宁　区

【2021年概况】 有各级各类教育机构106所，其中中学26所，含民办中学3所，包括高级中学4所、完全中学4所、初级中学14所、十二年一贯制学校2所、九年一贯制学校2所；小学23所，含民办小学2所；幼儿园38所，含民办幼儿园6所，托幼管理中心1所，托幼管理中心下属15个办学点；校外教育机构2所，含少年宫1所、少年科技指导站1所；特殊教育学校3所，专门学校1所，中等职业学校1所，业余大学（社区学院）1所；其他单位11所。在校学生57666人，其中中学生18766人、小学生23112人、幼儿园（包括托儿所）幼儿11657人、特殊教育学生289人、中等职业学生1546人、区业余大学学生2296人、在读外籍学生403人。教职员工7359人，其中在编教职工员工6251人；专任教师5390人，其中在编专任教师4775人；离退休教职员工7123人。适龄幼儿入园率100%、高中阶段教育新生入学率97.56%。

以迎接中国共产党成立100周年为契机，深化建设小初高一体化社会主义核心价值观主题教育课程。推进“全员导师制”，每位教师承担知识传授和价值引领的责任，指导学生健康成长。加强思政教育，通过组织市中小学思政一体化建设展示活动强化道德和法治主导学科建设。体育教育实施“1+1”游泳加传统武术的区域特色项目，艺术教育推动“城堡传艺”系列课程进校园及艺术场馆活动，科技教育推出线上线下相融合的科技课程，劳动教育组织开展“学生劳动教育宣传周”活动和假期“快乐劳动”项目，心理健康教育实现初中学段“心理顾问制”工作全覆盖。卫教结合加强儿童青少年近视综合防控，长宁区获评全国及市的儿童青少年近视防控试点区。家校社共育，指导学校做好“周末家长慧”工作，与区卫健委合作开设“青春健康阳光讲堂”，组织开展学生研学实践活动。落实校园疫情防控要求，推进新冠疫苗接种工作，截至12月教育系统各单位教师员工完成全程接种10724人，接种率达到93.3%。启动12—17岁学生接种，已完成103.9%。

深化学段教育改革。学前聚焦“启蒙”，开展“童趣4+X”项目研究；小学聚焦“激趣”，深化家校共育计划；初中聚焦“有效”，推进作业开放性研究；高中聚焦“综合”，加强区域高中生自主学习平台建设。结合新课程、新教材，以“双新”实施推动课程改革。以制度建设、文化建设、课程建设、师资队伍建设等为抓手深化紧密型学区化集团化办学，承办市紧密型集团创建指南解读培训会并做交流发言。深化区校合作，成立复旦中学和复旦大学哲学学院共建的“复旦中学哲学教育基地”，推进延安中学数学基地和市三女中外语基地建设，与上海外国语大学签署合作办学框架协议发展。推动教育多样发展。特殊教育融合发展，通过市教委对《区特殊教育三年行动计划（2018—2020年）》实施情况终期评估验收。完善职业教育学校专业布局调整，深化产教融合和校企合作。深化民办义务教育“公参民”工作，聚焦办学规模和办学主体，实施公民办同步招生。长宁国际教育联盟建设推进全职外教进课堂项目。建设社区教育多级网络，依托“云视课堂”和“学在数字长宁”，服务市民终身学习需要。

推进教育数字化转型实验区建设，获批成为市教育数字化转型实验区。根据《区教育数字化转型实验区发展三年行动实施方案(2021—2023)》,打造“1234N”教育数字化转型实验区,即:“构建一个生态圈、两级数字基座、扩充三类数字资源、实现四大功能转型,打造N个应用场景”。有序推进数字赋能的“标准化+个性化”智慧教育生态圈建设,6所学校成为基础教育信息化应用标杆培育校,区级数字基座招标完成。落实育人评价模式改革工作,贯彻《区深化新时代教育评价改革实施方案》文件精神,推进覆盖各类教育的评价改革。推进“双减”政策和“五项管理”工作落实,制定《区加强中小学生“五项管理”实施意见》。加强教育培训治理,健全常态监管机制,促进校外培训机构规范发展。

深化师德师风建设,将师德作为教师年度考核、职务聘任和选派进修的指标。提升教师素养,年内启动长宁2021—2025年首轮“走向卓越”教师评比表彰活动,聚焦教师教学、科研、育德和信息四大素养。调整教师评价改革,在教师中级职称评审环节中增加本体知识考核。

通过校舍资源整合、托幼一体化等途径缓解“托育”供需不平衡矛盾,区域内普惠性托育点15个,托幼一体占比提升至29%。优化设点布局,满足符合条件且有需求的适龄幼儿入园需求,学前三年毛入园率100%,公办园在园幼儿占比和普惠性幼儿园覆盖率均达88.82%。开设小学“爱心晚托班”,上半年实现全区24所公办小学全覆盖,下半年落实“双减”工作要求,推进义务教育阶段校内课后服务工程,实现全区45所义务教育阶段学校校内课后服务全覆盖,目前义务教育阶段学生参加校内课后服务比例已达到97.1%。制定《学校等体育场地开放工程实施方案》,安排15处点位做好室外体育场地开放工作,在符合疫情防控要求的前提下,做到“应开尽开”。

完善教育督导评估体制,研究制订《关于深化新时代教育督导体制机制改革实施方案》。推进“义务教育优质均衡发展区”和“学前教育普及普惠督导区”创建工作,长宁区作为市创建工作5个申报区之一参加国家教育部教育督导局对上海推进义务教育优质均衡发展工作专题调研,得到肯定。推进依法治校,开展中小学依法治校创建成果征集活动,总结、提炼和宣传先进经验。加强校园安全管理,深化“校安工程”。贯彻落实《关于加强区域教育系统中小学幼儿园安全风险防控体系建设的实施方案》,实施校园安全隐患排查整改。

年内,推进基建新建、扩建项目6个,50万元以上大小修缮项目29个,急修抢修项目107个。以项目例会制度推动新华社区新建学校项目落地,完成部分服务单位的招投标。持续开展确权补证工作,上半年提交20所学校办证资料,并配合进行部分学校的房屋注销、房屋质量检测、土地确权及房屋土地测绘等工作。(戴　泓)

【新春慰问复旦中学内高班师生】 2月9日,市教委和区政府领导慰问复旦中学西藏内高班,内高班的学生用洁白的哈达表示感谢。在座谈中,市教委和区政府领导向学校提出保障学生安全、提高教学质量和组织文体活动丰富寒假生活的要求,并向老师表达慰问。学校从防疫物资储备、疫情防控应急预案、师生返校管理、教职员工疫苗应急接种方面汇报疫情防控工作。2021年,农历春节和藏历新年是同一天,复旦中学内高班的学生喜迎“双新年”。(戴　泓)

【复旦中学哲学教育基地揭牌】 2月24日,长宁区会同复旦大学在复旦中学举行哲学教育基地签约暨揭牌仪式,并为首批6名专家颁发聘书。本次签约,将共建复旦中学哲学特色课程,是落实《长宁区人民政府与复旦大学共建复旦中学战略框架协议》的举措,也是推进中学哲学教育的尝试。(戴　泓)

【初中学生安全实训送训入校开训】 3月15日,初中学生安全实训送训进校开训仪式在仙霞高级中学举行,区教育局和市青少年校外活动营地——东方绿舟领导参加。安全实训体验活动的目的在于帮助中学生树立公共安全意识,通过真学真练,增强识险避险、自救互救的能力。活动遵循学生的身心发展规律,注重实践性、实用性和实效性,学生们在仿真场景里,通过“智慧出行”“止血包扎”“楼道逃生”“闻音而动”和“防踩踏事件”五项体验活动,完成安全实训。(戴　泓)

【教师评比表彰活动(2021—2025年)启动】 3月17日,“走向卓越”教师评比表彰活动启动会议在区少年宫召开。会议上,区教育学院领导对《关于“走向卓越”教师评比表彰活动的指导意见(2021—2025)》进行解读。评比活动设置四大类教师专业素养评比,即教学素养、科研素养、育德素养、信息素养;参评对象覆盖全区中小幼、特教、职教、校外教育单位的在岗教师,根据教龄分成“活力杯”组与“卓越杯”组;2025年将开展区域“走向卓越”教师综合表彰,获奖教师纳入“卓越教师培育计划”。

(戴　泓)

【在市青少年科技创新大赛中获奖】 4月17日至18日,第三十六届市青少年科技创新大赛举行,长宁区获青少年科技创新成果一等奖55项,青少年科技创意一等奖18项,少年儿童科学幻想画一等奖4项,科技辅导员科教创新成果一等奖1项,青少年科技实践活动一等奖1项,区少科站获优秀组织单位示范奖。区教育局、区科委、区少科站和学校共同建设的青少年科技创新能力培养体系为学生在赛事里取得佳绩奠定基础。(戴　泓)

【区政府教育督导委员会工作会议】 4月23日在区政府会议室召开。会上,区教育局围绕落实教育督导改革任务,科学实施督导评估,推进义务教育优质均衡区创建工作等方面作教育督导工作报告,谋划推进督导体制机制改革,开展督政、督学、评估监测工作,部署“全面建成义务教育优质均衡发展区”和“学前教育普及普惠发展区创建”工作。

(戴　泓)

【上海、云南、新疆三地师生同上一堂课】 5月18日,上海市建青实验学校、云南省金平县第一小学、新疆克拉玛依市北京师范大学克拉玛依附属学校的四年级师生通过云视课堂,同上一堂课。课程分三讲,由沪滇克三地教师通过发掘当地的红色资源设计而成,分别是:上海建青实验学校的“中共四大纪念馆,尘封半个多世纪的地标”,云南省金平一小的“红色故事引领成长”,北师大克拉玛依附属学校的“花开天山,情满新疆”。此外,三地启动“童心向党思政云讲堂”。长宁区运用信息化技术手段,借助云视课堂平台,创新教育精准扶贫方式,开通对口云南红河州金平县、红河县学校共享云视课堂,对口新疆克拉玛依社区、学校的云视课堂等,实现教育资源共享,架起三地共同学习的桥梁。

(戴　泓)

【区“两法”巡展进校园活动启动】 5月31日,区委宣传部、区检察院和区教育局在天山第一小学启动区“两法”巡展进校园活动。6月1日,新修订的《未成年人保护法》《预防未成年人犯罪法》(简称“两法”)正式施行,为推动新修订“两法”的普及宣传,提高未成年人的法律意识和文明素养,区文明办联合区检察院、区教育局共同举办“两法”巡展进校园活动,天山第一小学师生、长宁区青保教师代表和校级后备干部共1400人参加启动仪式。仪式上,区检察院向青保教师代表颁发聘书,区教育局向学生代表赠送“两法”读本。天山第一小学是巡展活动的第一站,之后将进入全区各中小学,并在每所学校展示一周。(戴　泓)

【国务院教育督导委员会办公室实地督查“五项管理”工作】 6月28日,国务院教育督导委员会办公室“五项管理(手机、睡眠、读物、作业、体质管理)”实地督查第五工作组赴长宁区开展实地督查。区教育局汇报长宁区推进“五项管理”工作的具体做法。督查组还到天山第一小学、东展小学、开元学校、姚连生中学、上海市第三女子初级中学、华东政法大学附属中学等学校,通过听取汇报、校园巡视、查阅资料、随机访谈和问卷调查等方式,实地了解中小学校“五项管理”工作开展情况。

(戴　泓)

【复旦大学中学生暑期哲学课堂启动】 7月11日,由复旦大学哲学学院主办,复旦中学承办的第三届复旦大学中学生暑期哲学课堂暨中学生哲学论坛启动,来自中国人民大学附属中学、长沙雅礼中学、复旦大学附属中学和复旦中学等全国约70所中学的150余名中学生参加。本次哲学课堂为期5天,以“为学与成人——儒家哲学智慧探秘”为主题,引领中学生对儒家哲学进行系统的探究。课程由主题课程、阅读研讨与通识课程三部分组成，内容包含哲学导论、中国哲学、社会哲学、心理哲学和艺术哲学，并组织学生开展经典阅读研讨和论文写作训练。（戴　泓）

【“教育数字化转型实验区”建设咨询会召开】 8月19日，“教育数字化转型实验区建设专家咨询会”在区教育学院召开。长宁区申报并获批为教育数字化转型实验区。数字化转型的实施将重塑教育教学模式，更加适合教师因材施教和学生个性化学习，通过伴随式数据收集等方式，改革学生评价，关注过程性和增值评价，落实立德树人根本任务。与会领导与专家对长宁的实践给予肯定并提出建议。会上向区教育数字化转型实验区建设指导专家颁发聘书。（戴　泓）

【加强校外培训市场治理工作推进会】 9月15日在区机关大楼召开。区委区政府领导出席，联席会议成员单位领导等30余人参加会议。会议提出：一是强化区教育局牵头统筹，相关部门协同联动的工作机制。二是做好机构排摸，做到分类处置、严格执法。三是形成应急处置预案，动态关注重点区域的潜在风险。会上，区教育局解读《长宁区规范义务教育阶段学科类培训机构专项行动任务分工》并部署重点工作。（戴　泓）

【《区教育改革和发展“十四五”规划》编制完成】 9月5日，区教育局、区“十四五”规划工作领导小组办公室印发《长宁区教育改革和发展“十四五”规划》文件（以下简称《规划》），包括发展基础、发展趋势、指导思想、发展目标和主要指标、主要任务、重要项目和实施保障措施7个部分。《规划》回顾长宁教育在“十三五”期间的成绩：立德树人，提升学生综合素养；内引外培，提高教师专业水平；优质均衡，提升学校办学质量。服务民生，群众满意度增长。《规划》指出，“十四五”期间，区域以八大任务为抓手，通过全面推进“活力教育”，实现长宁教育的优质均衡卓越发展。（戴　泓）

【未成年人新时代文明实践体验营活动启动】 9月27日，由区文明办、区教育局主办的未成年人新时代文明实践体验营活动启动。首场宣讲活动在上海市第三女子中学举行，分众传媒集团首席信息官、全国“三八红旗手”陈岩以“一个职业女性的成长与思考”为题分享个人成长历程。活动发布了《区未成年人新时代文明实践资源地图》，并为课堂讲师团的3名讲师代表颁发聘书。（戴　泓）

【普通高中“双新”推进大会举行】 10月21日，普通高中“双新（新课程、新教材）”推进大会在延安中学举行。大会以延安中学为例，探讨在“双新”实施背景下，普通高中办学活力激发和育人方式变革的思考和实践。延安中学政治、历史和地理等6名学科教师以“立足新课标，构建新课堂——多元化创新课程，提能增效”为主题，进行教学展示。会上，区教育学院作“今天我们需要怎样的课堂教学”的主题报告。区教育局回顾了区域“双新”推进工作的阶段性成果。（戴　泓）

10月21日，长宁区普通高中“双新”推进大会教学展示活动在延安中学举行

【劳动教育工作推进会暨市劳动教育特色校（基地）授牌仪式举行】 11月9日，“活力教育，活力劳动——劳动教育工作交流推进会暨市劳动教育特色校（基地）授牌”仪式在现代职业技术学校举行，市教委德育处、区教育局、区教育学院及各中小学校领导出席。会议首先播放劳动教育视频集锦，介绍区域劳动教育工作概况。会上，为复旦中学、新泾中学、适存小学、现代职业技术学校等获市劳动教育特色校（基地）的11家单位授牌。复旦中学、

现代职业技术学校、愚园路第一小学、劳技中心等单位做交流发言，分享理论研究、教育案例和工作成效。

（戴　泓）

附：区教育局驻地及负责人

（2021年1—12月）

区委分管领导：夏煜静、潘国力

区政府分管副区长：陆　浩、陈　颖

区教育局党工委书记：姚　期（8月离任）、陈新华（8月到任）

副书记：邵春安（12月离任）

区教育局局长：熊秋菊

副局长：宋晓岚、鱼东彪、沈　懿、张李华（12月到任）

地址：长宁路599号

邮编：200050

电话：22050725

静　安　区

【2021年概况】 有各级各类教育单位167个，其中高级中学9所、完全中学8所、初级中学25所、九年一贯制学校7所、小学43所、幼儿园58所、中职校2所、区属高职校1所、业余大学1所、其他教育单位13所。基础教育在校学生99556人，其中高中生11242人、初中生27105人、小学生38078人、幼儿21441人、职校学生1690人。在职教职员工11627人，其中教师10223人，在职上海市特级教师38人。

完成《静安教育事业改革与发展“十四五”规划》。完成上海市课程与教学调研工作。完成“十三五”教育部重点课题“深化教育个性化：发达城区提升学生核心素养的实践性循证研究”成果修订。确定“十四五”区级教育科研课题为“源于生命多样性的教学新行动及评价革新——发达城区高质量教育体系关键要素的循证研究”。参加上海市教科院第七届学校教育科研成果奖评选获3个一等奖。举办以“聚焦真问题，营建新生态”为主题的“静安教育学术季·第六季”。

启动静安区大中小学思政课一体化建设研究中心工作，重点打造区内18所学校“中国系列”课程。启动全员导师制试点。开展“劳动最光荣”——静安区中小学劳动教育活动月展示活动，制定《2021年静安区中小学劳动教育活动月系列活动方案》，市西中学等8所学校申报上海市中小学（中职校）劳动教育特色校。启动第一期静安区中小学班主任工作研究坊。举行“指导、服务、创新”——上海市家庭教育示范校（静安区）品牌建设研讨会。开展“润心慧心　健康成长”静安区中小学心理健康教育活动月，举办“呵护心灵　阳光伴我行”静安区第八届学生心理健康嘉年华活动。

做好学生体质健康测试工作，推进学校体育场地对外开放。参加第十四届全国学生运动会，其中市北中学男子排球队蝉联三连冠，民立中学学生获游泳比赛3金2银。推进冰雪运动进校园。开展区中小学预防近视宣传系列活动。以艺术科普特色活动为载体丰富学生课后生活。

聘任113名教师为新一届区学科带头人。7名校长（书记）获评上海市特级校长（书记）。上海市市北初级中学校长何强获上海市“四有好老师（教书育人楷模）”提名奖。共康中学校长李劲获评全国脱贫攻坚先进个人。

以“读红色经典　颂百年风华”为主题，举办静安区“4·23世界读书日”主题活动，举办静安区老年艺术节，召开学习型城区建设与终身教育工作推进大会，举办静安区“全民终身学习周”活动。

（万翰杰）

【区特殊教育三年行动计划总结表彰会】 1月5日在新中高级中学召开。大会总结区域三年行动计划实施情况，表彰在落实三年特教行动中涌现的特殊教育先进校、融合教育先进团队和特殊教育先进个人，发布《区域融合教育行动纲领》，并配套发布《融合教育工作指南》，成立领航团队、标杆团队、先锋团队，为静安区融合教育的发展提供支持。

（万翰杰）

【区推进普通高中建设工作会议】 1月11日在静安区教育学院举行。会议汇报静安区推进高中“双新”建设的三大举措：颁布《静安区普通高中分类协同发展建设要点》、下发《静安区普通高中“双新”实施方案》、建立“静安区数理学院”。市西中学、风华中学、闸北八中分别做主题发言。（万翰杰）

【2021年区“4·23世界读书日”活动】 4月22日在静安大融城举行。静安区学习型城区建设与终身教育促进委员会办公室、静安区精神文明建设委员会办公室、静安区语言文字工作委员会办公室、彭浦镇政府联合主办，以“读红色经典 颂百年风华”为主题，以不同时代的红色书籍为媒介，以社会发展为主线，跟随年代讲述人一同感受建党100周年的发展脉搏。（万翰杰）

【区中小学劳动教育活动月启动会】 4月29日在静安区闸北第三中心小学举行。会上，闸北第三中心小学等5家单位交流劳动教育成果；举行“静安区校园劳模巡讲团”课程发布仪式，由静安区各行业7名劳模代表以及区教育系统15名劳模代表开设22堂课程。（万翰杰）

【区冰雪运动进校园推进会】 6月22日在上海市风华中学举行。静安区以大宁国际小学为核心，推进陆上单板运动，普及17所小学；以风华中学为基地，推进陆上越野双板滑雪运动，吸引12所学校参加；以华东模范中学为起点，推进陆上冰壶运动，保德中学、一师附小等学校引进开展。至年底，组织中小学参加“北京冬奥会和冬残奥会吉祥物故事征集主题活动”；制作“携手迎冬奥 一起向未来——静安区中小学生喜迎冬奥”宣传片并向全区学校播放；倡导居家练习“冰雪操”。

（万翰杰）

【庆祝第37个教师节】 9月10日，静安区教育系统在区青少年活动中心大礼堂举行以“赓续百年初心，担当育人使命”为主题的优秀教师事迹报告会暨庆祝第37个教师节主题活动。会上，为上海市华东模范中学校长徐怡敏、上海戏剧学院附属高级中学校长肖英等7名校长颁发2021年上海市特级校长证书；上海市新中高级中学陈聆洁、上海市第一师范附属小学张燕等6位老师从育人使命、立德树人、家校互动等方面进行汇报展示。

（万翰杰）

【开展课程与教学调研】 10月11日，2021年静安区课程与教学调研工作会议在上海市风华中学举行。根据会议要求，至15日，课程与教学调研在目的、内容和组织形式上进一步体现“三结合”“四加强”：整体与专项相结合，集中与分散相结合，全面评估与跟踪指导相结合；加强课程主线，加强学校环节，加强教研本身，加强实证研究。课程与教学调研工作取得阶段性成果。（万翰杰）

【“初中作业研究”座谈会召开】 10月29日，区教育局在上海市彭浦初级中学召开“初中作业研究”座谈会。座谈会以“优化作业设计，加强作业管理”为主题，在“双减”政策和“五项管理”背景下，对区域和学校作业管理进行调研与研讨，为后续开展工作提供依据。（万翰杰）

【区“中国系列”课程建设展示研讨活动举行】 11月18日，“让信仰更有力量——静安区‘中国系列’课程建设展示研讨活动”在上海市风华初级中学举行。大会成立首批静安区“中国系列”课程建设联盟校，由10家上海市首批中小幼“中国系列”课程入围单位、7家入选2021年上海市“中国系列”党史学习教育活动课程的单位和1家区级“中国系列”课程建设试点学校组成。（万翰杰）

【区全民终身学习活动周开幕】 11月30日，以“数字赋能　智学未来”为主题的静安区全民终身学习活动周开幕式暨“红色修身　文明实践”人文行走主题活动启动仪式在中共中央军委机关旧址纪念馆举行。现场，举行社区教育课程教研基地授牌仪式，江宁路街道、天目西路街道、共和新路街道、南京西路街道和彭浦镇5所社区（老年）学校成为首批教研基地；分别向“静安杯”社区摄影比赛获奖选手、上海市“百姓学习之星”、上海市“终身学习品牌项目”获奖单位颁奖。静安区社区教育机构教师及各街镇市民通过云端观看开幕式。

（万翰杰）

11月30日，以“数字赋能　智学未来”为主题的静安区全民终身学习活动周开幕式在中共中央军委机关旧址纪念馆举行

【静安乐龄老年大学】 12月9日在闻喜路716号揭牌。学校结合老年教育课程要求和学科特点，专门建设了钢琴、书画、语言等课程教学的专用教室7间，于2022年春季开学。活动现场还举行了校园开放日体验活动，为近200名老年市民开设“诗词朗诵与音乐赏析”“钢琴基础知识”“书法基础”“英语口语知识”讲座、“茶艺基础”“素描基础”体验课程和“聚源摄影沙龙”活动。

（万翰杰）

【静安乐龄讲坛线上播出】 2021年秋季静安乐龄讲坛以线上直播形式开展，自9月14日起，每周二、周四上午9点准时播出。至12月7日结束，共计播出21次。乐龄讲坛以数字化学习系列板块建设为重点，除保留生命教育、老年人身体健康、文学艺术、食品安全、党史教育5个板块，又新增介绍随申办App、随申办就医、随申办生活服务、随申办长者版4个板块。（万翰杰）

【区中小学校法治工作总结大会暨中小学校依法治校创建成果表彰会】 12月15日在静安区教育局举行。会上，就2021年静安区中小学校法治工作总结并结合“八五普法”规划对2022年依法治校工作进行部署，还宣布了静安区中小学依法治校创建成果征集活动一等奖和上海市中学“廉洁文化进校园”征文演讲活动优秀指导教师获奖名单。

（万翰杰）

附：区教育局驻地及负责人

（2021年1—12月）

区委分管领导：王益群
区政府分管领导：龙婉丽

区教育工作党委书记：胥燕红
　　副书记：顾　炜

区教育局局长：陈宇卿
　　副局长：徐剑宏、孙　忠、邱中宁、陈永华（8月到任）

地址：和田路195号
邮编：200070
电话：56630990

普 陀 区

【2021年概况】 有各级各类教育机构169所，其中中学49所（含民办中学5所），包括高中4所、完中7所、初中12所，十二年一贯制2所，九年一贯制学校24所；小学24所（含民办1所）；幼儿园84所（含民办24所）；特殊教育学校2所、专门学校1所、中等职业技术学校1所、业余大学1所、区教育学院1所、其他教育单位6家。全区在校学生104152人，其中高中生8272人、初中生25113人、小学生43828人、幼儿园幼儿25399人、特殊教育学校学生403人、中职校学生1137人。全区教职工12736人（在编9963人），其中专任教师7931人。

年内，1所学校获评上海市中小学知识产权教育示范校，8所学校获评新一轮上海市心理健康教育示范校，2所学校获评第三批上海市教育信息化应用标杆校，9所单位获评上海市劳动教育特色基地和特色校，3所学校获评第三批全国中小学中华优秀传统文化传承学校，1所学校获评上海市青少年科技创新环保实践基地校，1所学校获评2021年上海市老年教育数字化转型工作先进单位。1人获评上海市“四有”好教师（教书育人楷模），4人获评特级校长，13人获评正高级教师，1人获2017—2020年度上海市助力脱贫攻坚（对口支援与合作交流工作）先进个人，17人在“2021年度上海市中小学（幼儿园）中青年教师教学评选活动”中获奖，其中一等奖3人。宜川中学、华东师大附小2个案例入选教育部“一校一案”落实《中小学德育工作指南》典型案例，曹杨二中案例入选市教委推进教育部中小学劳动教育典型案例，7个课程入选上海市中小学“中国系列”党史学习教育活动课程，1个课程获2021年上海市“红色一课”馆校合作优秀课程一等奖。

召开贯彻落实习近平总书记思政教师座谈会讲话精神两周年推进会，发布《普陀区深化新时代中小学思想政治理论课改革创新行动的实施方案》，落实区域思政课改革创新“四大品牌工程”。组织区优秀思政教师和“思政好课”评选。组织实施普陀区青少年迎接建党100周年主题教育，开展“七个百”（百个初心地、百篇初心志、百份初心情、百位少年说、百堂初心课、百所初心校、百首初心歌）“童心向党”系列活动。指导学校“一校一案”落实好《中小学德育工作指南》。优化德育骨干教师队伍建设，成功申报上海市班主任带头人工作室1个。探索“科创一条龙”人才培养机制，构建以“水科学”为特色的、小初高一体化的科创课程体系框架。以科学教育为重心的区青少年教育活动中心长风校区启用。完成首批体育7个项目36条龙布局、艺术5个项目26条龙布局。开展第二批小学“兴趣化”、初中“多样化”试点校体育课程改革第二阶段评估调研。推进57所学校体育场地向社区开放。举办“实践成就梦想劳动淬炼幸福”普陀区中小学生涯实践报告会。推进劳模工匠精神进校园，在兴陇中学建立劳模工作室。推进全员导师制市级试点任务，编制完成《导师制背景下家校沟通指导手册》并落实区内培训。落实学生近视眼综合防控工作，健全学生视力健康及体质健康综合干预体系。

制定实施《普陀区托育服务三年行动计划（2021—2023）》。落实幼有善育民心工程，超额完成市政府实事项目，新增10个普惠性托育点，实现“一街镇两普惠”。推动社会力量举办托育服务机构，新增1所社会办托育机构。组织开展科学育儿指导服务“七进”工作，满足多层次科学育儿需求。推进优质园建设，与中福会托儿所签约共建普陀分部。新增2所市示范性幼儿园,11所幼儿园通过市一级幼儿园复验。持续创建全国义务教育优质均衡发展区。辐射优质教育资源,开办上海外国语大学附属普陀实验学校、梅陇实验中学;撤销陆家宅小学建制,将其原址作为洵阳路小学岚西校区;新建晋元高级中学教育集团。建立7个区职业教育产教融合基地。组织10个创新实践基地开设38门课程,培训企业员工3787人次。实现学生创业社团和学生创新创业教育全覆盖。遴选建立6个区职业教育名师基地。宜川社区学校获评2020—2021年社区(老年)学校优质校,区社区学院、石泉社区学校2个项目获评2021年度上海市社区教育实验优秀项目。举办全民终身学习活动周活动,建设3条人文行走主题线路和3个市民终身学习体验基地。

落实中小学校"五项管理",发布区域义务教育阶段作业指导建议,高质量实施课后服务民心工程,全区6.6万余名学生参加,参与面达96%;在全市范围内率先探索培训机构资金监管试点并开启银行划扣模式,大幅压减义务教育学科类机构数量,累计压减105家,压减率92.9%。5个案例入选市义务教育项目化学习三年行动计划第一批市级案例。完成高中学校三年课程规划案例评选和汇编。牵头制定《普陀区深化新时代教育评价改革行动方案》及任务清单、负面清单,推进教育评价改革要求落地落实。落实2021年中考改革,完成区内19个理化实验室考场建设。推进高中学业水平等级性考试"双选"。验收区"五育融合"综合素质评价平台。《基于5G+AI技术的校园安全解决方案》获上海市"5G+智慧教育"应用试点项目"优秀项目方案"。提升教育国际化水平,与匈牙利驻沪总领馆合作,以台克球试点项目为抓手开展各类交流活动;开展28名澳门特区教师跟岗培训、晋元高中与印度泰戈尔学校线上交流、海内外高层次人才普陀教育行等活动;组织开展2021年教育对外开放工作培训。深化长三角四地教育联盟协同机制建设。全年派出13名教师对口支援教育改革发展,组织区内14所中小学开展教育帮扶及结对。

强化师德师风第一标准,完成中小学有偿补课和教师违规收受礼品礼金问题专项整治,形成师德失范警示通报考核制度。落实"十四五"教师培训,制定实施"十四五"干部教师专业发展团队建设"763"攀升计划。完善校长职级制,优化职级评审标准与职级晋升制度。提升教师学历水平,中小学专任教师研究生学历比例达20%。年内招聘教师493人,优化教师引进、培养、流动机制,为61名教师提供公租房。

发布《上海市普陀区教育发展"十四五"规划》,建立"1+10"规划体系。智富名品城学校新建项目、万里城实验幼儿园万泉路、小红帆幼儿园(锦绣里分园)、长寿地块学校分部按计划推进,华东师大二附中普陀校区、中福会托儿所、武宁中学改扩建等重点项目建设有序推进。推进既有校舍建筑确权补证,产证拥有率超过80%。推进教职员工及3—17岁儿童青少年新冠肺炎疫苗接种。完成教育行政辅助类事业单位优化整合,整合建立普陀区青少年教育活动中心、普陀区教育事业服务中心、普陀区教育督导和安全事务中心、普陀区教育人力资源发展中心,调整普陀区教育考试中心、普陀区早期教育指导中心机构编制事项。推进一网通办,2个公共服务事项进驻"一网通办"平台。推进依法治校,表彰10名优秀法治副校长。深化义务教育阶段民办学校规范专项工作,制定区域实施方案。推进第三轮民办中小学特色学校(项目)、优质民办幼儿园创建,3所学校获评特色学校,1所学校获评特色项目,3所幼儿园被评为优质幼儿园。牵头制定《关于普陀区深化新时代教育督导体制机制改革的实施方案》。落实区教育系统安全生产专项整治三年行动,深入推进市域社会治理现代化试点工作和平安校园建设。 (严 瑱、吴魏青)

【与上海外国语大学签订框架合作协议】 3月17日,普陀区政府与上海外国语大学签署合作办学框架协议。根据协议,双方将在桃浦地区合作举办上海外国语大学附属普陀实验学校,隶属桃浦智创城东拓展区,为九年一贯制公办学校,于2021年9月开办。 (严 瑱、吴魏青)

【上海首家区级巾帼培训基地揭牌】 3月31日,由区教育局与区妇女联合会联手打造的上海首家区级巾帼培训基地在普陀区业余大学揭牌。首批普陀区家庭教育讲师团同时成立，普陀区巾帼培训基地和普陀区巾帼培训基地实训中心揭牌，并为12位知名家庭教育专家获颁聘书，还举行“以授德齐家之道，悟家庭教育之本”为主题的上海家长学校在线课堂第12讲。（严　瑱、吴魏青）

【与中国福利会托儿所举行合作办学签约仪式】 4月30日，区教育局与中国福利会托儿所签署合作办学协议。根据协议，中福会托儿所（普陀分部）将在真如城市副中心建设，招收2—6岁幼儿，预计于2024年建成并投入使用。中国福利会、普陀区委区政府领导出席。（严　瑱、吴魏青）

【签署深化长三角一体化四地教育联盟机制建设协议】 5月12日，“上海普陀、江苏苏州、浙江嘉兴、安徽芜湖—长三角一体化四地教育联盟”工作交流会在浙江省嘉兴市举行。会议回顾联盟成立以来的各项工作，发布2021年度联盟十大重点项目（普陀区2项），签署深化联盟机制建设协议。普陀区和嘉兴市完成轮值交接。嘉兴市副市长以及普陀区教育工作党委、嘉兴市教育局党委、芜湖市教育局党委、苏州市教育局的领导参加会议。

（严　瑱、吴魏青）

【区教育系统“十四五”队伍建设大会】 6月22日在普陀区少年城举行。会上，解读《普陀区教育系统“十四五”干部教师专业发展团队建设实施方案》，表彰“十三五”期间第五轮教师专业发展优秀指导团队、第四届“普陀杯”教师专业能力评优获奖代表，并为第六轮干部教师专业发展团队工作室授牌，为“双特专家”“拔尖教师”“新蕾教师”工作坊领衔人颁发聘书。区教育局与华东师范大学合作成立“智能教育研训基地”，并举行揭牌仪式。

（严　瑱、吴魏青）

【举行科学育儿指导“七进”项目揭幕仪式】 10月23日，以“创意与心智发展”为主题的普陀区科学育儿指导“七进”项目揭幕仪式在华东师范大学举行。普陀区全力推进具有区域特色的科学育儿指导“七进”（进楼宇、进园区、进场馆、进社区、进家庭、进中心、进基地）机制，打造“普陀健康早教直通车”品牌，打通家庭科学育儿的“最后一公里”。

（严　瑱、吴魏青）

【承办第四届全国中小学生电影周】 10月25—30日，以“光影百年致初心伟大精神代代传”为主题的第四届全国中小学生电影周在普陀开幕。普陀区承办电影周系列活动中的影视教育主题论坛、上海市学生中华优秀传统文化主题月活动。

（严　瑱、吴魏青）

【举行“十四五”适合教育研究项目启动仪式】 10月28日，以“科研引领促改革适合教育创新局”为主题的普陀区“十四五”适合教育研究项目启动仪式在普陀区少年城举行。其间，发布普陀区“十三五”教育科研工作总结，表彰普陀区第十三届教育科研优秀成果、先进单位、先进个人，解读普陀区“十四五”适合教育研究项目行动计划。领导和专家为62家“适合教育”研究基地学校代表授牌，并点亮普陀区“十四五”适合教育研究项目启动仪式，发表“把每个孩子当做富矿——适合教育的思考”专家报告。（严　瑱、吴魏青）

【成立晋元高级中学教育集团】 11月24日，普陀区晋元高级中学教育集团成立仪式在晋元高级中学举行。与会领导为晋元高级中学教育集团总校长颁发聘书并授牌，集团校校长围绕“提供适合教育推进高质量发展”主题进行交流。普陀区晋元高级中学教育集团以晋元高级中学为总校，携手万里

11月24日，普陀区晋元高级中学教育集团成立仪式在晋元高级中学举行

街道、桃浦镇9所成员学校，通过“共建共治、共享共赢”等方式，做强集团化办学，办更多家门口的好学校。（严 填、吴魏青）

附：区教育局驻地及负责人

（2021年1—12月）

区委分管领导：顾 军（1月离任）、周 艳（9月到任）

区政府分管领导：王 珏

区教育工作党委书记：吴凌昱（2月离任）、胡 俊（2月到任）

副书记：胡 俊（2月离任）、张 平（2月离任）、唐晓燕（2月到任）、钱 俊（9月到任）

区教育局局长：胡 俊（4月离任）、唐晓燕（4月到任）

副局长：张 平（3月离任）、瞿志军、唐晓燕（4月离任）、钱 俊、周志清（10月到任）、包玉全（7月到任）

地址：大渡河路1668号2号楼15、16楼

邮编：200333

电话：52564588

虹 口 区

【2021年概况】 有各级各类教育机构155个，其中中学35所（民办5所）、小学32所（民办4所）、幼儿园52所（民办10所、部门办3所）、托儿所及托育机构20所，职业学校2所、中等职业技术学校3所，非学历教育学校2所，专门学校1所、特殊教育学校1所、其他单位7所。在校学生61990人（含上海外国语大学附属外国语学校、上海市体育运动学校、上海市高级技工学校），其中公办学校学生49360人。截至2021年9月，有教职工8831人，其中专任教师6826人。有特级教师27人（含外省市引进3人）、特级校长16人、正高级教师32人。

年内，区教育局获第十四届全国学生运动会上海市代表团优秀组织奖一等奖、2021年第十八届上海教育博览会直播人气奖、《区域学校思政课“一体化”机制创新研究》获第四届长三角地区中小学德育创新论坛优秀成果，华东师大一附中政治教研组青年团队、虹教系统援青支教青年突击队获市青年五四奖章集体，华东师大一附中陈明青获中央宣传部和教育部联合发布的2021年全国“最美教师”（全国10名，上海唯一1名入选），虹外一小王莉韵获2020上海教育年度新闻人物，市复兴高级中学团委书记李超获“全国优秀共青团干部”称号。

做好常态化疫情防控及疫苗接种工作。平稳有序推进3—11岁学生疫苗接种工作，努力构筑教育系统安全免疫屏障。

推动落实“双减”工作。全面开展“双减”政策的学习宣传与政策解读，研究制定区“双减”工作实施方案、“双减”工作背景下强化学校教育主阵地作用的实施方案、课后服务工作实施方案。召开区委教育工作领导小组全体会议和教育系统“双减”工作推进会，明确分工、压实责任。着力提升课堂教学质量，优化作业管理，重点聚焦校内课后服务，开展“送课上门”活动，强化政策保障，配足配齐师资力量，完善教师激励制度。虹口区义务教育中小学学生参与课后服务比例达97%，教师参与比例达93.7%。经国家监测平台反映，虹口区学生和家长非常满意度在全市名列前茅。深化机构治理，稳妥做好精锐等培训机构非正常停业风险处置，义务教育阶段学科类培训机构数量压减到6家，压减率为92.2%。

持续深化“彩虹计划”，积极构建“五育融合”育人体系。开展虹教系统庆祝建党100周年主题教育活动。深化爱国主义教育，弘扬伟大抗疫精神，鲁迅中学、鲁迅初中案例入选教育部落实《中小学

德育工作指南》典型案例。制定区深化新时代学校思想政治理论课改革创新实施方案，开展党史学习教育交流展示活动、思政课一体化建设研讨会。打造“行走的虹课程”，与区文旅局签约共建馆校红色文化联盟，开展全域“大思政课”系列活动。开展青少年学生“学宪法　讲宪法”系列活动。制定《虹口区关于加强新时代体教融合和学校体育工作促进青少年健康发展的实施意见》、区综合防控儿童青少年近视工作方案，加强教室灯光改造建设。推进中小学全员导师制，相关工作经验做法被学习强国等多家媒体、平台宣传报道。建立虹口戏剧联盟，创排“开学第一课”原创音乐剧，以《红色戏剧进校园的区域一体化路径实践研究》的科研为引领，推进中小学戏剧教育区域一体化建设。成立区教育局艺术教育委员会，形成15所中小学校的首批舞蹈艺术“一条龙”项目布局，加强学生艺术团建设，完成26支区级艺术团申报工作。加强学生科技创新教育与培训指导，年内获国际奖项1项(7人次)，全国奖项43项(144人次)，市级奖项869项(1136人次)。推进科普育苗工作，积极拓展社会场馆教育资源，开展100余场线上、线下科技活动，研发“魔法秀”“机器人”“无人机”等系列微课，活动人次达3万余人(线上+线下)。出台《虹口区关于全面加强新时代中小学劳动教育的实施方案》，组织开展市有关劳动教育专项调研、“百名劳模进校园”活动。

落实学龄前儿童善育工程。“0—3”方面，研制出台《虹口区托育服务三年行动计划(2021—2023年)》，制定虹口区“三大指南”工作方案。在7家幼儿园中新增托班7个，其中普惠性托育点6个。开展“育儿加油站”活动，丰富“虹口区科学育儿指导”公众号推送。“3—6”方面，推进幼儿园升等创优工作，3家幼儿园被认定为上海市一级幼儿园，委托市、区评估机构开展2家一级园、7家二级园的登记评估验收工作。4家民办幼儿园被认定为普惠性民办幼儿园，普惠率达87.34%。

推进学校体育场地开放工作，加强管理机制和保障制度，实现符合开放条件的49所公办中小学能开尽开，开放率达100%。

推动教育高质量发展。推动紧密型学区集团建设，指导广灵路小学和广中路小学签署紧密型集团建设协议，将海南中学纳入华东师大一附中教育集团。加快改善学校办学条件，大力推进中福会幼儿园(虹口分园)建设、161街坊、117街坊、76街坊新建学校等重大项目建设，加深与同济大学、上海师范大学等高校的合作对话，探索合作共建一批中小学、幼儿园，优化教育资源布局。推动新优质学校集群发展，深化实施公办初中“强校工程”，整体抬高教育“底部”。推进民办义务教育规范工作，实施高中课程改革和中招改革新政，推动改革取得实效。实施“高中教育质量提升”项目，完善“一校一策”，重点推进复兴高中、华东师大一附中等5所学校，以项目化方式推动全区高中教育育人模式改革和综合质量整体提升。持续推进高中与高校的联动共建和特色普通高中创建工作，落实高中学业考试“双选”工作，加强“双新”教师培训，推进高中新课程新教材实施示范区创建。完成上海南湖职业技术学院首届招生和区社区学院挂牌，扎实推进特殊教育和终身教育发展，接受市教委对虹口区特殊教育三年行动计划实施情况的实地评估，评估结果为A档。市级课题研究成果《医教结合教育康复模式实践研究》获上海市第六届学校教育科研成果二等奖、2014—2020年上海市教育科学研究优秀成果二等奖。发布“数字虹教”教育云平台，推进国家级信息化示范区建设。推进区教育系统不动产确权补证工作，办出6处教学点产证，现有产证率59.8%。

打造高素质干部教师队伍。持续推进干部“五梯队”、专业人才“七层级”培养工程，系统谋划并完成新一轮“五梯队”培养对象遴选，动态调整“七层级”人才梯队，完成增选2019—2021学年教师专业人才梯队学科培训基地主持人8人、工作室主持人2人、学科带头人1人、骨干教师7人。进一步完善激励机制，有6人获评特级校长(书记)，9人获评正高级职称，多人获国家和市级以上荣誉。修订完善《虹口区教育系统关于进一步规范校级干部选拔任用工作的实施意见》，进一步配齐配强校级干部队伍，加大年轻干部培养力度，调整干部87人次，新提任41人次。进一步落实落细虹口区关于加强教育卫生事业人才队伍建设若干意见25条，进一步优化教师队伍结构，录用教师136人，全部达到本科及以上学历，其中研究生学历占比52.6%，高中新聘教师全部具备研究生学历。

开展督政督导督学工作。根据2020年《虹口区依法履行教育责任综合督政中存在问题的整改报告》，针对教育公建配套缺配、学校产证办结率等问题督促有关部门落实党的教育方针、完成问题整改，切实发挥督政作用。完成义务教育阶段学校2021年优质均衡数据填报工作，形成2021年度区义务教育优质均衡检测报告。针对“双减”“五项管理”专项工作，对全区所有中小幼学校开展经常性督导工作和专项督导工作。加强校园安全管理，做好“八五”普法规划，推进依法治教工作。（万莹亭）

【开启“学于漪·铸师魂”系列活动】 1月15日，“学于漪·铸师魂”师德论坛暨启动仪式在华东师范大学第一附属中学举行。活动由华东师大一附中发起，联合华东师范大学第一附属初级中学、北虹高级中学、曲阳第二中学、民办新华初级中学、华师大一附中实验小学5所学校共同主办。活动内容包括专题讲座、微论坛、微报告、现场赠书等，六所主办学校的校长、书记共同向全区教师提出弘扬于漪精神的倡议。（万莹亭）

【召开义务教育项目化学习启动会】 3月10日，“项目驱动　智造无限”区义务教育项目化学习启动会在上外东校召开。市教委基教处、市教科院普教所课程与教学研究室、市学习素养课程研究所、区教育局、区教育学院的相关负责人出席会议。区义务教育阶段相关教研员、科研院所中小学校长、书记、分管教导参加会议。会上，聚焦项目化学习基本内涵，围绕驱动型问题特征与来源、项目成果设计与评价开展交流分享，进一步推进虹口区项目化学习工作。（万莹亭）

【召开党建工作会议暨党史学习教育动员会】 3月31日，虹教系统召开2021年党建工作会议暨党史学习教育动员会。局班子成员，科以上干部，全体校（园）长、书记参加会议。会上，传达了中央、市委和区委党史学习教育动员会精神，对虹教系统开展党史学习教育有关工作进行部署。同时，回顾总结了2020年虹教系统党建工作，并部署2021年党建工作要点。区教育工作党委与基层单位党组织签署相关工作责任书。（万莹亭）

【上海南湖职业技术学院揭牌】 4月9日，全面推进上海新型高职院校高质量发展论坛暨上海南湖职业技术学院揭牌仪式在上海南湖职业技术学院5G实训中心举行。上海市职业教育专家、知名企业代表和部分高等职业院校负责人参与论坛，论坛从政府职能、职教理论、院校实践、产教融合角度出发，探讨上海新型高职院校高质量发展主题。（万莹亭）

【举行“同心向党　共绣党旗”庆祝中国共产党成立100周年主题系列活动】 4月9日，虹口区北郊教育集团与恒源祥集团合作，通过国家级非物质文化遗产项目“上海绒绣”，开展“共绣党旗”活动。区教育工作党委书记、北郊教育集团总校长、恒源祥集团党委副书记以及“上海绒绣”传承人共同为党旗绣下第一针。通过这堂生动的党课，以此表达“党旗在手更在心”的信念和“一针一线致敬百年”的情感。（万莹亭）

4月9日，举行“同心向党　共绣党旗”庆祝中国共产党成立100周年主题系列活动

【举行学校依托思政育人体系开展党史学习教育交流展示活动】 4月21日在华东师范大学第一附属中学举办。活动分为“中小学思政课一体化教学设计交流活动”“推进学校党史学习教育论坛展示活动”和视频微报告《讲好党史故事，落实立德树人》。

活动中，公布了区学校思政课暨党史学习教育校外专家首批8人名单，其中包括中共二大、四大纪念馆、“左联”会址纪念馆、龙华烈士纪念馆的领导专家以及伟人的后代。（万莹亭）

【举行党团队全程链接党史学习教育推进会】 5月26日，在继光高级中学举行“育圆梦时代新人 谱薪火传承华章”区教育系统党团队全程链接党史学习教育推进会，公布《虹口区中小学培育和践行社会主义核心价值观五年行动计划（2016—2020）》优秀子项目名单，并为获奖学校进行颁奖，同时举行了《行走的“虹”课程学习手册》赠书仪式。主题展示环节中，部分师生代表通过主旨报告、主题演讲、案例分享、情景剧表演等多种形式，展现党史学习教育成果，表达对学习党史的认识和感悟，进一步推动青少年党史学习教育走深走实。（万莹亭）

【区教育系统举行庆祝中国共产党成立100周年主题活动】 6月27日，“红色铸初心 合力育新人”区教育系统庆祝中国共产党成立100周年主题活动在复兴高级中学举行。活动中，为“光荣在党50年”老党员代表颁发纪念章，宣读市区“两优一先”拟表彰名单，南湖职业技术学院党委书记、南湖职业学校校长带领新党员代表集体入党宣誓。党员、教师和同学们通过戏剧、歌曲、舞蹈等方式展现党史学习教育成果，为党的百年华诞献上最美好的祝福。（万莹亭）

【举行庆祝第37个教师节活动】 9月10日，区庆祝第37个教师节活动暨虹口区中小幼思政课一体化建设教学展示活动在复兴高级中学举行，活动采取线下与线上直播的方式进行。会上，一批区优秀教师获表彰，部分教师代表作了中小幼思政微课展示。（万莹亭）

【召开华东师范大学一附中教育集团扩容会议】 9月17日，华东师范大学一附中紧密型教育集团建设工作会议暨华东师范大学一附中教育集团扩容会议在海南中学召开。会上，宣读了华东师范大学一附中教育集团扩容方案。市民办新华初级中学校长、市海南中学党支部书记兼校长共同签署两校紧密型集团建设协议，双方均表示将加强合作，主动融合，优化教育资源，提升教育质量，实现集团健康发展。（万莹亭）

【创建“广灵紧密型教育集团”】 9月28日，在广中路小学召开广灵紧密型教育集团建设工作会议。会上宣读了《广灵教育集团创建紧密型教育集团建设方案》。广灵路小学校长、广中路小学校长共同签署两校紧密型集团建设协议，双方均表示将以紧密型教育集团建设为契机，捆绑发展，共同提升，实现和而不同、携手共进的共同愿景。（万莹亭）

【区委教育工作领导小组2021年全体会议】 10月22日在区政府召开，区委教育工作领导小组各成员单位、区教育局班子成员参加会议。会上，区教育局通报虹口区义务教育“双减”工作、教育系统疫情防控等工作的推进落实情况。（万莹亭）

【综合治理区内培训市场】 9月9日，区培训市场综合治理工作联席会议在区政府召开。区培联30家成员单位分管领导参加会议。会上，通报了全区培训市场总体情况，解读了“双减”工作要求和重点任务，明确了依托区培联建立专项治理行动工作专班，加强各部门联动协同。同时，区教育局对规范义务教育阶段学科类培训机构专项行动方案和培训机构全面排查工作作了部署，区委政法委就区培训市场维稳工作作了部署。（万莹亭）

【同济大学—上海市复兴高级中学“同济实验班”揭牌】 12月10日，同济大学—上海市复兴高级中学“同济实验班”揭牌仪式在复兴高级中学举行。揭牌仪式后，同济大学校长作了题为“开启未来世界的钥匙——AI‘复’能，兴在少年”的主题演讲，介绍人工智能相关知识与同济大学发展概况。同济大学与复兴高级中学的合作旨在进一步推进区校合作，推动实现教育高质量发展，助力谱写虹口高质量发展高品质生活高效能治理新篇章。（万莹亭）

附：区教育局驻地及负责人

（2021 年 1—12 月）

区委分管领导：杜松全

区政府分管领导：陈筱洁

区教育工作党委书记：黄丽芳

副书记：李国庆、陈　薇

区教育局局长：李国庆

副局长：冯永林、吴余洁、李　琰、马振敏、邬文敏

地址：祥德路 96 弄 11 号

邮编：200081

电话：65758796

杨　浦　区

【2021 年概况】 有各级各类教育机构 202 个，其中高级中学 17 所，包括市属高中 2 所、公办高中 12 所、中等职校 2 所、民办高中 1 所；初级中学 38 所，包括公办 30 所（与复旦大学共建共管学校 1 所和特殊学校 3 所），民办 8 所；小学 43 所，包括公办 41 所、民办 2 所；幼儿园托儿所 91 所，包括公办 54 所、民办 26 所、集办托儿所 11 所；其他教育单位 13 家。至年底，全区在校学生 106955 人，其中高中生 11404 人，初中生 25416 人，小学生 43509 人，职校学生 1234 人，托幼机构幼儿 25159 人，特殊教育学校 233 人。在职教职工 11133 人，其中中小幼专任教师 9192 人。

制定实施《杨浦区普通高中新课程新教材实施示范区建设工作方案（2021 年度）》。接受教育部基础教育课程教材发展中心对“双新”示范区、示范校建设工作情况调研。在教育部普通高中“双新”示范区建设工作年度推进会上总结交流。高中全部学科启用新教材，新高一启动“双选”工作。市东实验学校、上海财大附中创建市特色高中，先后举办特色建设区域内展示活动。上海理工大学附属杨浦少云中学揭牌。实施第一轮区级紧密型集团创建，形成“一集团一方案”。制定区域新一轮新优质集群发展行动方案，建立集群发展年检制度。制定《杨浦区关于进一步减轻义务教育阶段学生作业负担和校外培训负担的实施方案》《杨浦区关于进一步加强中小学生“五项管理”工作方案》《杨浦区义务教育学校作业管理监测办法》。实施“5＋2”课后服务义务教育学校全覆盖。指导学校制定《作业管理监测办法》和“五项管理”实施方案，形成“一校一案”。与复旦大学合作建立区校联动大中小一体化专业化课后服务支持体系。“随申办”杨浦区旗舰店“杨浦课后服务”上线。上海师大附属杨浦滨江实验小学、上海财大附属杨浦区国安路小学揭牌。成立同济大学杨浦基础教育集团理事会。完成 2 所初中强校信息化建设，推进 4 所市信息化应用标杆学校培育校建设。制定实施《杨浦区托育服务三年行动计划（2021—2023 年）》。完成 2 所市优质园争创评估。新增 1 个爱德幼儿园普惠性托育点、3 家托幼一体幼儿园。新成立 1 个学前教育集团，实现集团区域全覆盖。举行上海市“基于观察的识别与支持”系列园本教研研讨杨浦区专场活动。开展第六届“杨浦区学前教育优质活动展示周”活动。

完成制定《杨浦区人民政府与上海市人力资源和社会保障局联合创办五年一贯制新型高职学院（技师学院）》方案。25 名教师分别在上海市中等职校教师教学能力大赛、上海市中等职校第八届教师教学法改革交流评优活动中获奖。成立杨浦区人文老年大学、杨浦区滨江人文市民学校。举办杨浦区第十五届学习节暨人文行走红色路线主题教育活动。8 项课题获评 2021 年度上海市社区教育实验重点项目、一般项目。开展

2020年度民办中小幼学校规范办学行为评估，完成第三轮6所特色学校和1所特色项目学校创建的结项工作。根据“双减”工作要求，开展校外培训机构专项治理工作，完成培训机构“营改非”工作。

成立长三角大中小学思政课一体化建设联盟，建立长三角思政课一体化研究中心。完成杨浦高中思政学科统编教材必修教材知识结构图谱，开展思政课一体化教学区域展示。出版《“双新”背景下大中小学思政课一体化建设》丛书。制定实施《杨浦区中小学生党史学习主题教育活动方案》。175所学校被命名为“杨浦区中小幼家长学校规范化建设合格校”。制定《杨浦区中小学全员导师制实施方案》，全学段实施中小学全员导师制。推进“同心圆”杨浦区家庭教育家校社联动项目，建设12个家庭教育指导站。研制核心素养指向的单元学习设计指南和单元学习设计基本规格，实施“单元教学设计案例征集（评选）”“学科教研展示”“项目建设专题研讨活动”等系列活动。编制学科课程计划指南框架，形成学科课程标准实施纲要和单元学案整体设计方案。

完成学校体育“一条龙”人才培养体系布局，实现区域中小学校全覆盖。市东实验学校获全国群众体育先进单位。77所学校84个校区体育场地向社会开放。5所学校获评上海市儿童青少年近视防控示范校。推进杨浦区心理健康教育情绪体验中心（未成年人心理健康辅导分中心）建设。完成学校艺术“一条龙”人才培养体系的布局，实现区域中小学校全覆盖。承办第十七届长三角民族乐团上海展演周活动。3所学校获评全国中小学中华优秀传统文化传承学校。在第三十六届上海市青少年科技创新大赛、第十九届“明日科技之星”评选活动、第十二届“赛复创智杯”上海市青少年创意大赛以及上海科普教育创新奖评选活动中获佳绩。举办杨浦区高中生“双进入”十周年庆暨杨浦区第二十届青少年科技节、第十一届杨浦区高中生“双进入”探究活动论坛、杨浦区中小学“全国科普日”活动。启动“中华古代科技智慧”特色项目实验室、“未来工程师”项目建设。获评全国中小学劳动教育实验区。10所学校获上海市中小学（中等职校）劳动教育特色校。举办“上海市劳动教育宣传周”专场活动。制定《杨浦区全面加强新时代中小幼劳动教育的实施意见》。开展“劳模精神、劳动教育、工匠课堂”进校园活动。

制定《杨浦区深化新时代教育督导体制机制改革实施方案》，完成区内176所中小幼学校的全覆盖责任督学挂牌督导工作。开展“双减”“五项管理”工作专项督导。对21家集团（单位）进行办学（办园）水平综合督导。制定实施《上海市杨浦区中小学、幼儿园校（园）长有关经济责任审计的规定》。发布《关于加强本区中小学校法治副校长工作的实施意见》。杨浦区教育局获评2016—2020年度上海市法治宣传教育先进集体。13家单位分获第三批上海市依法治校示范校、标准校称号。组织学生参与上海市“宪法小卫士”活动和“禁毒青骄”第二课堂网络学习；开展杨浦区法治宣传周（月）活动。出台《杨浦区加强中小学幼儿园安全风险防控体系建设实施意见》，开展平安校园建设公众开放日活动。

启动第六届各类教育人才培养计划，主办教育部首期名师领航班、上海师大基础教育集团“名师领航　智慧传递”教研活动，举办“名师讲坛”“骨干擂台”“新秀课堂”等新时代教师队伍建设系列展示活动。推进于漪教育教学思想研究中心建设，举办“人民教育家于漪教育教学思想”高级研修班，推进教育部重点课题“人民教育家于漪教育教学思想转化与应用的实践研究”。制定实施《2021年杨浦区教育系统师德师风建设工程实施方案》《杨浦教育系统关于新形势下进一步加强政风行风建设的实施意见》。落实对西藏、云南、贵州三地七县的对口支援工作。复旦附中、杨浦职业技术学校、复旦实验中学教师分获全国五一劳动奖章、上海市青年五四奖章、上海市三八红旗手。控江中学教师获评上海市“四有”好教师（教书育人楷模），45名教师获评上海市园丁奖。多名教师在上海市中小学（幼儿园）见习教师规范化培训基本功大赛、上海市班主任基本功竞赛、第九届长三角地区中小学班主任基本功大赛中获奖。161名教师获杨浦区园丁奖，10名教师获评杨浦区教育系统第七届“师德标兵”。新增 26 名正高级教师、4 名上海市特级校长。

（徐波清）

【区职业教育集团理事会换届】 3 月 24 日在上海市杨浦职业技术学校召开。大会由杨浦区教育局主办。大会回顾总结第一届理事会所做的工作成效，并对新一届理事会工作提出要求。大会还审议通过了《杨浦区职业教育集团第一届理事会工作报告》以及《集团第二届理事会组成人员建议名单》。

（徐波清）

【教育部基础教育课程教材发展中心到杨浦区调研】 4 月 13—16 日，教育部基础教育课程教材发展中心对杨浦区普通高中新课程新教材实施国家级示范区和示范校建设工作情况开展调研，上海市教委、杨浦区政府领导参加。座谈会上，区教育局汇报“双新”示范区建设的有关工作及对后续推进的思考，调研组专家与参会人员互动交流。会后，调研组到同济大学第一附属中学、控江中学和上海理工大学附属中学，重点就课程建设、教学改革、考试评价、教研工作、学校治理、条件保障等方面建设情况开展调研。（徐波清）

【在上海市青少年科技创新大赛中获奖】 4 月 17—18 日，第三十六届上海市青少年科技创新大赛在线上举行终评问辩。杨浦区在大赛中获青少年创新成果一等奖 38 项、二等奖 94 项、三等奖 76 项；青少年科技创意项目一等奖 15 项、二等奖 27 项、三等奖 40 项；青少年科技实践活动一等奖 1 项、二等奖 2 项、三等奖 2 项；科技辅导员科教创新成果一等奖 2 项、二等奖 1 项、三等奖 1 项；少儿科幻画项目一等奖 3 项、二等奖 3 项、三等奖 4 项。

（徐波清）

【杨浦教育国际交流服务中心成立 10 周年】 庆祝活动 5 月 21 日在同济大学第一附属中学举行。活动回顾中心 10 年来的发展历程以及项目校师生的成长，总结区域近 70 所学校参与对外开放工作以来取得的成果成效。与会领导与专家共同启动《上海教育》《杨浦教育》关于中心成立 10 周年工作专稿刊登发表仪式。（徐波清）

【上海师范大学附属杨浦滨江实验小学揭牌仪式】 6 月 18 日在杨浦滨江实验小学举行。杨浦区委、区政府及上海师大的领导出席并共同为学校揭牌。上海师大相关学院与杨浦区教育局共建的 5 个合作项目同时揭牌。于漪老师在线寄语。

（徐波清）

【庆祝中国共产党成立 100 周年主题活动】 6 月 28 日，“百年荣光开局‘十四五’ 筑梦远航开启新征程”杨浦区教育系统庆祝中国共产党成立 100 周年主题活动在区少年宫举行。大会回顾建党百年来的光辉历程和教育系统紧跟区域步伐，投身教育教学改革所取得的成绩，激励区教育系统全体党员积极践行人民城市重要理念，办人民满意的教育，为建设高品质现代化教育强区贡献力量。区教育系统 151 个党组织、3000 多名党员在线同步参与。（徐波清）

【在上海市明日科技之星评选中获奖】 7 月 4 日，第十九届上海市百万青少年争创“明日科技之星”评选活动在上海科技大学举行。杨浦区在大赛中获评 7 个“明日科技之星”、9 个“明日科技之星提名奖”和 34 个“科技希望之星”。（徐波清）

【推动杨浦教育高质量发展专题会召开】 8 月 16 日，“贯彻落实十届区委十二次全会精神，推动杨浦教育高质量发展”工作专题会在区教育局召开。会议解读《关于进一步减轻义务教育阶段学生作业负担和校外培训负担的意见》，对下阶段工作提出要求。各分管领导围绕各自分管领域展开交流。

（徐波清）

【上海财经大学附属杨浦区国安路小学揭牌仪式】 8 月 23 日在杨浦区国安路小学举行。中共杨浦区委、杨浦区政府、上海财经大学领导出席并为学校揭牌。上海财经大学附属杨浦区国安路小学位于杨浦区新江湾城，总建筑面积约2万平方米。

（徐波清）

【上海理工大学附属杨浦少云中学揭牌仪式】 8月27日在杨浦少云中学举行。杨浦区政府、上海理工大学领导出席并为学校揭牌。学校依托上海理工大学专业支持，紧密联系集团内兄弟学校，结合自身特点，在新时代少云精神中注入“新工科”素养的育人功能与内涵，为学生终身发展奠基。

（徐波清）

【“人民教育家于漪教育教学思想”高级研修班】 9月7日在上海开放大学开班。教育部教师工作司、上海市教委、杨浦区委和区政府领导出席。会上在线播放于漪老师的微讲座，并对研修方案进行解读。

（徐波清）

【区校联动大中小一体化专业化课后服务支持体系建设行动启动仪式】 11月3日在杨浦区教育学院举行。现场，为复旦大学第二附属学校等4所复旦大学应用心理专业学位研究生和社会工作专业学位研究生实践基地授牌，杨浦区教育工作党委与复旦大学社政学院共同签订合作备忘录并发布《大中小一体化专业化课后服务支持体系建设三年行动方案》。（徐波清）

【在上海市青少年创意大赛中获奖】 11月27日，第十二届“赛复创智杯”上海市青少年创意大赛在杨浦区少科站落幕。杨浦区获大赛特等奖3项、一等奖11项、二等奖17项、三等奖29项、优秀指导教师9项、孵化奖4项。（徐波清）

【召开精神文明建设工作推进会】 12月7日，2021年杨浦区教育系统精神文明建设工作推进会在区教育局召开。会上，宣布2019—2020年度全国、上海市文明校园（文明单位）获奖名单，通报精神文明、师德师风、政风行风建设情况。上海理工大学附属中学、辽阳中学和打虎山路第一小学进行交流发言。区教育系统200余个基层单位的班子成员在分会场观看视频直播。（徐波清）

【同济大学杨浦基础教育集团理事会】 12月17日在同济大学建筑设计研究院举行。市教委、同济大学、杨浦区委和区政府领导出席并为同济大学基础教育研究中心揭牌。会议听取理事会组成汇报、集团工作计划及未来设想汇报，审议通过理事会章程。

（徐波清）

12月17日，同济大学杨浦基础教育集团理事会在同济大学建筑设计研究院举行

附：区教育局驻地及负责人

（2021年1—12月）

区委分管领导：邓小冬（10月离任）、周海鹰（10月到任）
区政府分管领导：王　浩

区教育工作党委书记：叶　靖（10月离任）、卜　健（10月到任）
副书记：卜　健（10月离任）、何劲松（10月到任）、吴　巍（2月离任）、朱　萍（2月到任）

区教育局局长：卜　健（10月离任）、何劲松（10月到任）
副局长：吴　巍（2月离任）、朱　萍（2月离任）、张　鹰、吴群英、孙瑞军（2月到任）、曾除非（2月到任）

地址：长岭路91号
邮编：200093
电话：31157733

闵 行 区

【2021年概况】 有各级各类教育机构366个。包括公办中小学113所(含特殊教育学校2所、专门学校1所)、民办中小学35所(含以招收进城务工人员随迁子女为主的民办小学13所)、公办幼儿园86所、民办幼儿园105所、全日制中等职业学校2所、成人教育培训中心(社区学院)2所、社区学校14所、直属教育单位9家。其中市实验性示范性高中5所、市示范性幼儿园2所。有民办非学历教育机构179所(营利性培训机构84所、非营利培训机构95所)。有教师19431人,学生251326人。

组织12次师生集中接种新冠疫苗。符合接种条件教职工完成加强针比例91.96%。严抓校园常态化疫情防控,每日梳理上报30万名师生离沪返沪及因病缺勤缺课情况,做好日常防控指导与管理。

闵行区中小学生体质健康综合评价的优秀率27.6%,优良率65.9%,优良率位居全市第一。在第三十六届上海市青少年科技创新大赛中,获各类奖项742项,获奖学校数创历史新高。5所学校入围第三批全国中小学中华优秀传统文化传承学校。莘松中学"莘之声"少年合唱团获2021世界合唱节2项冠军。校园足球运动覆盖全区中小学,上海市青少年女子曲棍球锦标赛闵行获A、B组冠军。成立闵行区中小学思政课一体化建设研究中心,遴选10个思政课改革创新实验基地学校,5所高校与实验学校结对共建。扎实推动劳动教育,10所学校被评为上海市中小学(中职)劳动教育特色校,2家基地(场所)被评为上海市学生劳动教育基地,浦江一小入选教育部"一区一校"典型案例。以科研推动教育改革,获2014—2020年上海市教育优秀成果奖2项,获上海市第七届教育科研成果评选奖21项。11所学校14个项目立项为2022年度上海市教育科学研究项目。

13名教师在上海市第四届青教赛获奖,20名教师获2021年度上海市中小学(幼儿园)中青年教师教学奖。11名教师获上海市正高级教师职称。莘庄镇小教师冯志兰获评2021年上海市"四有"好教师(教书育人楷模)提名奖。浦江一中教师鲁俊获评2021年上海市"为人为师为学"宣传典型。实验小学校长、党委副书记何学锋获"全国优秀共产党员"荣誉称号。田园外小党总支书记、校长赵瑛群获2021年"上海市五一劳动奖章"。9位校长被评为上海市特级校长,10位校园长被评为上海市优秀校园长。推动干部教师交流轮岗,35名优秀青年干部到26所单位挂职锻炼,66名教师圆满完成援疆支教任务。

通过教育部对智慧教育示范区创建评估专家组的中期评估。完成智慧教育云平台第二阶段建设年度验收。完成云平台全部功能模块开发上线。举办"数据驱动的大规模因材施教"教育论坛暨教学展示活动。完成智能作业项目采购,智能作业平台完成"双减"政策功能开发,入选教育部"双减"典型案例。5所学校获评2020年度网络学习空间应用优秀学校,获奖学校数位居全市之首,3所学校入选上海市第三轮信息化标杆校培育校。1所学校入选上海市"5G+智慧教育"应用试点项目优秀方案名单。数据驱动治理现代化,"招生考试一键通"被评为闵行区"一网通办"十大优秀案例。

新开办新虹实验幼儿园、颛桥镇第二幼儿园、七宝文来学校等7所中小幼学校,新增马桥文来外国语小学(西校区)、七宝镇明强小学宝南路2个教学点。马桥实验小学转为九年一贯制,更名为上海交通大学附属闵行马桥实验学校。

完成上海市七宝中学附属闵行金都实验中学等3所学校迁址。推进18个学校基本建设项目，加强5个区重大项目建设。完成2个图书馆建设项目。

发布《闵行区教育发展“十四五”规划》。完成学校基本建设、学前教育、师资队伍、课程教学、紧密型学区集团建设、智慧教育、职业教育、终身教育8个配套专题规划。明确“十四五”闵行教育发展思路、目标指标、主要任务、重点项目，引领区域教育整体迈向更高水平。

出台《闵行区托育服务三年行动计划(2021—2023)》，形成以托幼一体为主、普惠性资源为主导的托育服务格局。2021学年全区开设托班的托幼一体化幼儿园达95所，比上学年增加6所，可提供近3000个入托名额。开办4所托育机构，各类托育机构达27所，可提供1969个入托名额。各街镇建立27个科学育儿指导站或分中心。

落实“双减”及“五项管理”改革任务，在义务教育阶段129所学校全覆盖推进课后看护，第一时段全区学生参与率达98.4%。在中小学阶段基本形成“一起作业、素质拓展、爱心服务”三段式课后服务模式。优化教育经费支持结构，切实做好课后服务经费保障。

根据市教委《关于做好2021年度暑假期间学校体育场地开放工作的通知》要求，106所符合要求学校开放体育场地。在开放过程中严格落实消杀、测温、核码等疫情防控措施，确保场地开放安全有序。加强体育场馆开放信息化建设，与融媒体中心合作，开发学校体育场地扫码预约功能，在康城学校完成试点，目前已经上线。

出台《闵行区普惠性民办幼儿园认定和管理办法》，完成76所民办幼儿园普惠性认定，普惠性学前三年覆盖率达88.7%，超额完成市教委三年行动计划制定的85%目标。新开办6所公办幼儿园，新增84个班级，2500多个入园名额，公办幼儿园覆盖率达60%。完成4所上海市一级幼儿园和3所上海市示范幼儿园创建工作，全区公办幼儿园优质比例达69.8%，超额完成市教委三年行动计划制定的60%目标。新增1所上海市信息标杆培育校，承担上海市教育数字化转型学前教育试点工作，促使数字赋能学前教育优质高效。

14个学区和7个集团形成场馆、课程资源共享清单以及教师流动数据库，率先探索紧密型学区集团办学发展性绩效评估标准。争创国家义务教育优质均衡发展区，针对“两个面积”、超校额与随迁子女教育等难点问题加强资源统筹。强校工程11所实验校完成发展性评估，形成管理团队研修机制、强校工程建设清单、专家组定期问诊机制等。颛桥中学等3所上海市初中强校工程实验校建设成效显著。

重视学前特殊教育发展，每个街镇选取1—2所公办幼儿园开设特殊教育点，学前特教点的街镇覆盖率达100%。全区15个学前特教点，共开设16个特教班，接收89名特殊幼儿。义务教育阶段随班就读学生467人，职业教育阶段特教班47人。完成实验小学等38所新增学校资源教室建设项目，支持随班就读。通过《闵行区特殊教育三年行动计划(2018—2020)》终期评估，上海市教委对闵行区评定等级为“A”级。

研制实施《闵行区推进普通高中特色多样高质量发展三年行动计划》。全面推进上海普通高中新课程新教材实施，22所高中学校完成本校实施方案和课程计划实施。稳步开展市教委进行的高中课程管理平台2.0试点、个性化学程和学分绩点项目。闵行三中挂牌上海市特色普通高中，成为闵行区首所上海市特色普通高中。华理科高开展上海市特色普通高中建设展示活动，北外附属田园高中高质量完成上海市特色高中复评。

申办上海闵行职业技术学院，完成筹建程序。新增艾登堡电梯有限公司等4家区级产教融合实践基地，建成服装专业、楼宇智能化专业2个市级示范性虚拟仿真实训室和1个国家职业技能竞赛基地。建立名师培养基地和“大师工作坊”5个。培养高素质技能型人才1万人。

举办第五届上海市民诵读节、第八届“读书·最美”闵行区市民读书活动、第四届闵行区邻里中心“创课”大赛、闵行区第十六届老年教育艺术节等系列活动。建设第五批闵行区终身教育社会学习点。6所社区学校获评上海市优质校。完成上海市学习型城区监测评估，全区学习型党政机关创建率达 80%以上，学习型家庭 20 多万户。创建学习型企业 800 多家，20 多家企业被评为“上海市学习型企业”。活跃在社区的学习型团队总数达 3600 多个，429 个团队被确定为市、区两级优秀学习团队。

从严从紧推进新设机构审批，共审批新设培训机构 28 家。配合“双减”，停止学科类机构审批，对 35 家机构约谈，完成平稳过渡。对约 130 家学科类校外培训机构支持其通过“办学内容”变更方式转向非学科类和高中学科类培训。有序完成闵行区培训机构“营转非”和“重新审核”。46 家机构通过从事义务教育阶段学科类培训审核评估，包括 17 家民非“重新审核”和 29 家公司“营转非”，闵行义务教育阶段学科类机构压减率为 82.7%。

工作重点由“行政审批”转向“公共服务”，全年新增公共服务事项 17 条，调整公共服务事项 9 条，新增拓展公共服务事项数量位于全区前列。深入推进“一件事”改革，新教师入职“一件事”代表闵行参加全市比赛评优，获上海市第二名。开展“陪办”服务，按时完成“营转非”任务。切实提升“网办率”和“全程网办率”，教育系统行政审批实际网办率 95%左右，全程网办率在 40%左右。审改和“一网通办”工作年终考核位居全区前列。

完成 815 名教师招录进编。启动新一轮教师招聘，基于“一网通办”发布 625 个教师岗位。完成人才年度评定认定，1199 位人才获奖励。推进优秀教师交流，10 名教师在江川—交大学区试行跨校交流轮岗。加强师德建设，开展教师违规收受礼品礼金问题专项整治。优化“四级六列”教师培养机制完成 2020 届 448 名学员见习教师规范化培训考核。开展 22 个名师工作室、22 个骨干教师培养基地、17 个种子教师培养基地培训。组织“减轻作业负担”主题校本培训，启动第五期优秀教师培育工程，开展信息技术应用能力提升工程 2.0 校本培训、第三期项目化学习培训、职初教师育德能力专项培训、高中“双新”课程实施、思政课“智慧教师”等系列培训。

制定《闵行区深化新时代教育评价变革行动方案》，优化以办学绩效评价为统整的区域“三级四类”教育评价体系，实施 2020 学年闵行区学校（幼儿园）办学绩效评价。落实“五项管理”和“双减”要求，纳入一号督导工程，开展“五项管理”全覆盖督导。深化各级各类学校综合督导，细化督导评估指标，完成 37 所公民办中小学和幼儿园综合督导、随访指导和回访督查。完成 39 所中小（幼）学校发展规划实施的终结性评估，49 所中小幼学校新一轮五年发展规划论证性指导评审。强化政府履职督政考核，完成 14 个街镇、工业园区督导考核，确保落实教育职责。

完成安全监管年度任务目标，全区校园安全巡查覆盖率达 100%，隐患整改率达 97%。加强校园周边综合治理，协调处置相关问题 22 起，24 名教职员工通过全市公共安全师资培训。组织上海市安全文明校园评选。实现校园保安员规范化装备 100%更新换代。完成公办学校消防物联感知信息化项目建设，获评上海市级消防工作先进单位。

开展教育行政执法机制建设，推动“三项制度”抓实抓深，完成全面法治政府示范区创建。协同推进“法治副校长”配置工作。全面促进中小学法治宣传教育，组织召开全区中小学法治宣传教育培训，组织中小学参加全国青少年宪法知识网络大赛、市毒品知识竞赛。组织全区范围内中小学、幼儿园依法治校优秀案例征集评比。在“上海市中小学校依法治校创建成果征集活动”中，获 18 项大奖，闵行区教育局获优秀组织奖，获奖数列全市各区之首。

做好未成年人维权、关爱、帮教工作，开展失学儿童劝返与受性侵未成年工年人关护工作，处置涉校纠纷及学生伤害事故 50 余起。开展防治校园欺凌防控试点、预防中小学生沉迷网络、协调“扫黄打非·护苗 2021”行动、落实学校禁毒及学生毒品预防教育等重点工作。（闵　雯）

【获“全国优秀共产党员”称号】 6 月 28 日，全国“两优一先”表彰大会在北京人民大会堂举行，闵行区实验小学党委副书记、校长何学锋获“全国优秀党员”称号。17 年间，何学锋致力于把闵行区实验小学打造成社会信任、家长认可、学生放心的家门口“好学校”，从 1 个校区拓展成 4 个校区，成为全区公办学校的“领头雁”。此外，他将构建区域优质教育生态圈作为己任，带队成立教育集团，引领帮助4所兄弟学校结对发展。（闵　雯）

【首次基于“一网通办”开展教师招录】 闵行区教育系统招录815名新教师，其中应届生410人，包括235名硕士研究生及以上学历人员，占新招录应届生的57.3%。在2021年下半年启动了新一学年的教师招录，并作为上海市首家试点，基于“一网通办”发布招聘公告和625个招录岗位，面向应聘者采用“教师招聘一件事”办法，一表申报、一口受理、内部流程一体化，实现让数据多跑路，应聘者少跑路，同时应聘者可在“一网通办”平台实时获取学校面试情况、招聘进度和最终结果，增强招聘全流程的透明度和用户体验，为后续更加精准的服务奠定基础。（汪　炜）

【全面推进全员导师制】 1月，区域通过建立组织架构、编制推进方案、完善制度保障等进行顶层设计，推进21所试点学校全员导师制工作，通过6次专项培训，提升试点学校骨干导师育人能力。6月，区域层面通过专项研讨（闵行区第四届“教育学术节”德育专场“守护身心　协同育人”等系列活动）、立体研训（基于导师胜任力测评的在线“一人一课表”培训、基于日常教研的全面融合式培训等）、整合资源、发掘亮点等多维举措，培养结构合理的三级（胜任型、骨干型、种子型）导师梯队，打造“家-校-社”协同合作的学生健康成长守护网。（郭文波）

【落实上海市学前教育数字化转型试点区工作】 以“园园通”为基础，建设“幼儿来离园智能管理”“幼儿入园招生全程网办”“幼儿健康常态监测”“幼儿在园户外活动监测”“科学育儿指导精准服务”“托育服务动态监测”六个转型场景，闵行区作为全市唯一一个六大场景整区推进的试点区，通过推动制度、技术、数据赋能学前教育发展，促进全区学前教育资源和服务更加优质、均衡。（袁　溪）

【优化升级科学育儿指导】 年内，科学育儿指导活动推出“进场馆”“进园区”“进楼宇”“进社区”“进家庭”的“五进”升级版。依托区域内优质学前教育资源和丰富的社会公共资源，通过专家大讲堂、亲子游戏指导、面对面咨询、小小志愿者等活动，为全区适龄幼儿家庭提供线上线下育儿指导，营造良好亲子氛围，促进儿童健康成长。（袁　溪）

【推进德育主题党史学习教育】 年内，开展“童心向党　强国有我”主题升旗、“学雷锋志愿服务”“清明祭英烈”“弘扬英雄精神　致敬伟大祖国”等主题教育。评选出50份“童心向党”主题教育实践优秀视频和案例、50份“写一封信，递一份爱”优秀书信作品、50份“青春向党”优秀海报和微影评、100份“青春打卡·寻访家门口的红色印记”主题研学优秀作业、50份德育干部优秀思政微课、1200名区校美德少年等。组织开展8场“少年修齐讲堂”主题讲座，邀请中国好人、志愿者后代进校园，传递中国精神，传承红色基因。（张美琴）

【推进中华优秀传统文化传承发展】 年内，完成“‘阅中华　悦成长’区域中华优秀传统文化传承发展的实践研究”市级课题，并获2021年度上海市学校德育“德尚”研究成果一等奖。举行“守护中华文脉　共创美好未来”区优秀传统文化教育暨献礼建党百年主题活动，展现家校社联动，优秀文化伴成长的创新实践成果。开展第十届“莘城杯”、第十届“文来杯”、第七届“君莲杯”、第六届“黎明杯”等传统文化赛事，评选86个优秀组织奖，1500人次学生奖项，发挥传统文化对青少年怡情养性、育德润德的作用。（张美琴）

【推进劳动教育】 年内，评选出12所市劳动教育示范校（基地）、10所区劳动教育特色校。举办上海市劳动教育周“听劳模工匠讲党史故事”闵行区实践专场、区中小学“劳动育新人，礼赞新时代”劳动教育周总结展示，形成三级劳动教育课程框架，评选出200名劳动能手和100个优秀志愿服务团队。完成小学、初中2万多名学生的现场劳动实践教育，形成区域劳动共享课程，助力初中社会实践和小学课后服务，凸显劳动教育综合育人价值。

（张美琴）

【构建校外育人共同体】 年内，区教育局与区文旅局启动馆校合作开发50门场馆党史教育课程，挂牌13家场馆为青少年研学实践教育基地。与市“百将基金会”合作组织10场“百将进校园”主题宣讲活动，邀请将军、劳模进校园，讲好党的故事，传递中国精神。联动社区做好暑期工作，开展活动349项。与区融媒体中心等单位合作开展“青春打卡”红色主题研学，33个社会场馆参与开放，打卡人数达13000人，团队总数1183支，活动页面总浏览量达到36万，被评为2021年市级暑期项目。

（张美琴）

【评审区科技教育特色示范学校、科技教育特色学校】 9—12月，区教育局、区科委组织开展区科技教育特色示范学校、科技教育特色学校评审工作。21所幼儿园、中小学被评为2019—2021年闵行区科技教育特色示范学校；50所幼儿园、中小学被评为2019—2021年闵行区科技教育特色学校。其中5所学校被评为“十四五”期间首批上海市科技教育特色示范学校；5个校级社团被评为“十四五”期间首批上海市学生科技创新社团。（史　虹）

【开展“闵行少年星”计划系列活动】 年内，围绕探星、创星、亮星、造星、发星、用星六个方面，在全区中小幼学生中开展丰富多彩、形式多样的青少年航天科普活动9项，包括科技启明星教师培训、航天先锋夏令营、太空天籁之声征集、少年星名称征集、太空创意画征集、卫星载荷（太空礼物、巡天、探地、实验舱）方案征集、卫星表面涂装LOGO征集、航天巡展进校园、航天精神进校园。其中，太空天籁之声征集，围绕三大主题录制个人或集体音频，共征集到376条声音，183361人次参与投票；卫星名称征集，两轮活动征集到6000余个名称，确定“羲和·少年号”为闵行少年星名称；太空创意画征集，收到2285幅作品，519859人次参与投票；航天巡展进校园，每周一校一巡展，将各类真实航天器及模型带进7所学校，13000余名学生受益；航天精神进校园，在上海航天局的支持下，成立包括航天专家、科研骨干、大国工匠在内的航天精神传播团，惠及58所学校的17000余名学生。

（史　虹）

航天巡展走进闵行区实验小学

【在第三十六届上海市青少年科技创新大赛获奖】闵行师生申报青少年科技创新成果886项，青少年科技创意600项，科幻画10幅，青少年科技实践活动5项，科技辅导员科教创新成果4项，优秀组织奖1项。最终获一等奖135项、二等奖236项、三等奖314项。（史　虹）

【参加第十九届上海市明日科技之星评选活动获奖】 闵行区获中学组“明日科技之星”8项、“明日科技之星提名奖”16项、“科技希望之星”42项；获小学组“明日科技之星”1项、“明日科技之星提名奖”4项、“科技希望之星”6项。获奖总数及明日科技之星获得者，连续七次位居全市各区之首。

（史　虹）

【获评国家级足球特色学校】 年内，教育部体卫艺司公布上虹中学、平南小学、马桥文来外小和华虹小学4所学校被评为2021年全国青少年校园足球特色学校。田婧雯、刘束骏等31位中小学生入选省级校园足球夏令营最佳阵容并获得足球二级运动员等级认定。（王　琼）

【“我的一公里学校少年宫”】 年内，41家学校少年宫已整体面向未成年人开放，着重发挥思想教育、科学技术、文化艺术、体育活动、劳动技能、社会实践等方面的育人功能，每学期及寒暑假组织公益性、高质量的开放日体验活动。共开展综合体验活动3460小时，开设717门活动课程，发布活动微信164篇，惠及中小学生10万余人次。 （胡诗琪）

【推进特色普通高中建设】 3月19日，上海市第五批特色普通高中授牌命名大会暨上海市推进特色普通高中建设项目培训会议在上海市闵行第三中学举行。上海市闵行第三中学挂牌成为上海市特色普通高中，是上海市唯一的一所“航空航天特色”的上海市特色普通高中。12月6日，文创特色的北京外国语大学附属上海闵行田园高中接受上海市教委基教处和上海市教育评估院组织的特色高中复评。12月22日，信息技术特色的华东理工大学附属闵行科技高级中学举行上海市特色普通高中建设展示活动。 （韩　欢）

【上海市基础教育数字化赋能“双减”新闻通气会举行】 12月13日，上海市基础教育数字化赋能“双减”新闻通气会在闵行区教育学院举行。区教育局、教育学院附属友爱实验中学和华东师大附属紫竹小学负责人分别介绍了智慧教育赋能“双减”等工作在区校两级的部署与推进。闵行作为全国智慧教育实验区，以智慧教育助力“双减”，实现数据驱动提质增效。整体部署了“1258工程”，即1个云平台、2种助手、5类用户、8大场景，让信息技术扎根教育场景，构建服务“学生、家长、教师、管理者和市民”的系统工程。闵行智慧教育助力“双减”的实践经验——数据驱动下大规模因材施教的“1258工程”，入选教育部“双减”典型案例，并在全国范围内进行推广。 （韩　欢）

【新增1所公办九年一贯制学校】 6月18日，闵行区浦江镇“我为群众办实事”系列民心工程启动（签约）仪式在浦江镇人民政府举行。会上，区教育局、上海师范大学附属中学、浦江镇人民政府三方签署了举办“上海师范大学附属中学闵行实验学校”（暂名）的合作协议书。这是1所公办九年一贯制学校。上海师范大学附属中学全面负责学校的教育教学和管理工作，充分发挥高校附属学校和教育集团的资源优势，将学校创办成办学特色鲜明、课程多元丰富、教师业务精湛的“家门口好学校”。 （韩　欢）

【推进“初中强校工程”建设】 年内，“初中强校工程”学校管理团队研修班完成第四阶段培训。4月13日，“初中强校工程”11所实验校管理团队成员到静教院附校进行研修参访。5月13日，闵行区教育局作为唯一区域行政管理部门，在上海市公办初中强校工程培训会上，作主题为《守正出新组合实施注重内涵精准突破》的区域经验分享，争创强校样板。5月18—24日，闵行区“初中强校工程”市级11所实验校迎来中期发展性评估现场指导工作，通过实验校自评、校长现场汇报、校园实地走访、交流分享和专家评估等环节，发现新的“生长点”“新问题”，从而更好地推进后续的“初中强校工程”。 （范　亿）

【推进产业工人队伍建设】 年内，闵行区使用地方教育附加费支持企业职工培训，支持区内300多家企业、2万名员工开展职工文化和综合素质类培训，区属2所职校开展社会培训2203人次，职业技能鉴定5899人次。搭建开放式职工培训平台，创建50家“闵工学堂”，推出9大类398种“菜单式”培训课程。建设高技能人才服务阵地，在莘庄工业区成立上海市首家区级高技能人才服务中心。“党建领航·红色物业”、家政服务业人员“回炉培训班”、紫江企业“工匠研修班”等职业技能培训项目已成为区域品牌。 （隋　明、肖红顺）

【深入推进“一件事”改革】 年内，区教育局会同区行政服务中心（大数据中心），面向闵行新入职教师服务需求，构建全方位、立体式的教师入职“一件事”联办场景。整合了与教师入职相关的10个事项；对入职的流程安排、学校及岗位情况、入职后培训进修、相关待遇等实行“一次告知”；将“闵行教育人才认定”“教师人才公寓申请”“教师培训进修”申请表与招聘报名表四表合一，实现“一表填报”，提升应聘者的入职体验；在电子签约环节，与司法局系统打通，实现教师事业单位入编电子签约服务。10月25日在"一网通办"上线启用，注册报名7天中服务人次3745人，通过系统自动审核，生成符合要求的招聘简历2389份。"教师招聘一件事"被区行政服务中心选定为代表闵行区"一件事"向市级部门展示的项目，取得全市路演第二名。

（许长路、夏静怡）

【探索教育公共政策精准推送试点】 年内，市教委和闵行区教育局选择推送政策主题，探索通过"一网通办""随申办"市民主页，快速匹配目标用户多元教育需求，实现从"人找政策"到"政策找人"的转变。6月，完成上海市首次面向市民的"一网通办""随申办"App、"随申办"微信小程序、"随申办"支付宝小程序四端同步精准推送。本年度完成第八次面向全区中小学家长的教育政策精准推送工作，提升政务公开与政务服务融合联动能力和主动化、精准化服务水平。（许长路、夏静怡）

【完成教育部智慧教育示范区年度评估】 3月29日，教育部科技与信息化工作司副司长、教育部智慧教育示范区专家组长一行8人到闵行进行智慧教育示范区第一年建设工作现场验收，专家组听取了工作汇报，实地查看了2所学校，并开展座谈。专家组肯定了闵行的1258工程建设取得的初步成效，建议继续深入开展数据驱动的大规模因材施教。

（康永平）

【举办区第四届"教育学术节"】 10—12月，举办"承百年使命・育时代新人"第四届"教育学术节"系列活动。学术节历时3个多月，设教师专场、教研专场、教学专场、德育专场、科研专场、思政专场、学前专场、技术专场、紫竹讲堂、学校专场10个专场，共举办50多场相关活动，来自全国各地的专家参与指导交流，全区几百位教师在活动中进行展示和交流。"教育学术节"围绕"教育使命"与"时代新人"这一核心命题，契合国家、上海以及闵行教育发展定位与实践需求，推进闵行教育教学改革不断走向优质、均衡、高位发展。（闵　教）

附：区教育局驻地及负责人

（2021年1—12月）

区委分管领导：唐劲松
区政府分管领导：刘　艳

区教育党工委书记：恽敏霞（8月到任）
　　副书记：何美龙（12月到任）、李光华

区教育局局长：何美龙（12月到任）
　　副局长：马秀明、乔慧芳、孔德新、潘蓓蕾（12月到任）、王维刚

地址：七莘路400号
邮编：201199
电话：64881398

宝　山　区

【2021年概况】 有各级各类教育机构340个，其中高级中学8所（含民办1所）、完全中学6所（含民办1所）、初级中学28所（含民办2所）、九年一贯制学校34所（含民办5所）、十二年一贯制民办学校1所；小学69所（含民办9所）；幼儿园173所（含民办园73所）；中职学校4所（含民办2所）、特殊教育和专门学校各1所、成人教育学校1所，其他教育机构14所。全区在校学生182261人，其中中学生50517人，小学生75920人，幼儿园在园幼儿53508人。教职员工18877人。

推进学龄前儿童善育工程，超额40%完成“新增5个普惠性托育点(托班)”实事项目(新增7个普惠性托育点，其中1个民办，累计33个)。接受普惠性学前教育在园幼儿达89%。增加2所市一级园(馨佳苑幼、月浦四村幼)。推进义务教育课后服务工程，建设“校内课后服务课程平台”，9月，全区134所义务教育学校同步提供校内课后服务全覆盖。推进学校体育场地开放工程，按市、区两级常态化开放要求，85所学校做到应开尽开。稳慎有序做好招生考试工作，安排小学入学15811人，初中入学11245人。推进“一网通办”政务服务改革，完成“上海市基础教育学段学生家庭经济困难申请系统”建设，实现中小学幼儿园学生资助申请“两个免于提交”。

完成宝山区教育发展“十四五”专项规划、《宝山区基础教育“十四五”基本建设规划》编制等。获批教育部人工智能助推教师队伍建设试点区和“上海市教育数字化转型实验区”，举办宝山区教育数字化转型顶层设计论证会。市教委、上海师范大学、宝山区政府合作举办上海师范大学附属中学宝山分校；与“上海爱立诚教育”合作托管高境四中、高境三小；与华东师范大学、上海师范大学合作建设“未来学校”。开办6所新校、幼儿园，完成6个新建改扩建项目。组建“创优联盟”提升幼儿园办园质量。10所初中强校工程实验校通过市级中期评估，绿色指标评价稳中有升。实施第二轮城乡携手共进计划方案评估论证。引进“剑桥大学中国遴选中心AST考试中心”。成立上海市自闭症儿童教育指导中心。

参展第十八届上海教育博览会，教育大直播全网观看量位列全市第一。召开新时代宝山区思政课程创新实践项目启动会。建立区学科德育精品课资源库，以“中国系列”课程建设和“青”系列活动构建“嵌入式”第二课堂。开展百场校园庆祝建党100周年主题庆典。获批国家劳动教育实验区，行知中学、白茅岭学校等13所学校成为市劳动教育特色学校。初步形成宝山区体育“一条龙”人才培养体系第一批布局，足球精英训练营佳绩频传。创建“一校多品”“艺术特色学校”，每所小学和初中开展4种以上、高中开展5种以上艺术项目。打造“宝山100未来创新人才在线培育平台”，在第三十六届上海市青少年科技创新大赛上获奖201项。

做好12—17岁未成年人学生疫苗接种工作，截至10月21日，在籍学生全程接种率达96.39%。落实中小学校新冠肺炎防控措施，开展疫情防控演练，完成安全设施设备全覆盖检查、校园视频监控、校车与宿舍安全等专项检查。完善特殊未成年人排查建档制度，及时开展联动帮扶。推进“宝山区青少年心理素质监测平台”建设，开通区心理热线，共接个案1873例，跟踪危机个案33例。形成《宝山区关于推行全员导师制的试点工作方案》。启动中小家长学校规范化建设。落实“双减”政策，做好校外培训机构排查规范工作。

坚持“学陶师陶”特色，推进教师德业双发展，开展教师节“师德师风”主题教育。打造师德楷模“初心论坛”，严抓教师行为十项准则落实。在市见习教师基本功大赛上获综合类一等奖3个、课堂教学类一等奖2个，12篇案例入选；在第四届上海市爱岗敬业大奖赛中获2个特等奖(全市8个特等奖)。开展第一轮跨学科项目试点，组建“跨学科研修共同体”。召开宝山区教育系统人才工作推进会，制定骨干教师管理办法、考核方案等。推进“卓越工程项目”，杨卫红、徐敏等5位校、园长被评为特级校长，行知中学闫白洋老师被推荐参加2021年国家高层次人才特殊支持计划教学名师遴选。

(岳　强)

【获评全国优秀少先队员、优秀少先队辅导员】 1月7日，宝山区民办交华中学少先队员庞加椅贝获“全国优秀少先队员”称号，宝山区少先队总辅导员张婷妹获“全国优秀少先队辅导员”称号。这一荣誉是经党中央批准，共青团中央、教育部、全国少工委授予少先队员、少先队辅导员的最高荣誉。

(岳　强)

【成立上海市自闭症儿童教育指导中心】 1月8日，上海市自闭症儿童教育指导中心在宝山区成立。这是全国第一家省级教育行政部门成立的自闭症儿童教育指导中心，地点设在上海市宝山区培智学校。该中心具有自闭症教育研究、指导、培训、服务四大职能，将为自闭症儿童群体提供更有针对性的教育教学及相关专业服务。（岳　强）

【举行宝山区学生合唱团签约仪式】 1月14日，“上海市宝山区学生合唱团”签约仪式在上海大学音乐学院举行。上海大学音乐学院、宝山区教育局相关领导参加仪式。签约会上就双方如何打造宝山区学生合唱团，如何搭建优秀人才就业合作平台开展交流探讨。（岳　强）

【启动思政课程创新实践项目】 3月9日，“为党育人　爱满天下”新时代宝山区思政课程创新实践项目启动会暨首届“行知论坛”闭幕式在宝山区教育学院举行。会议就宝山区思政课程创新实践项目，发掘红色资源优势和地方特色，丰富思政课程内容，打造宝山思政特色品牌，形成思政课程建设宝山经验并进行研讨交流。（岳　强）

【剑桥大学中国遴选中心AST官方考试中心揭牌】 3月25日，“剑桥大学中国遴选中心AST官方考试中心”揭牌仪式在上海市行知中学举行。AST考试被誉为“国际高考”，是世界名校中国英才遴选工程(CEIS)用于选拔成绩优秀的中国学生参加剑桥大学等世界顶尖大学面试和录取的重要工具。（岳　强）

【发布基于学生画像的综合素质评价行动研究成果】 7月10日，由上海市电教馆馆长、区教育局局长领衔的国家社科基金课题“基于学生画像的综合素质评价行动研究”成果发布会在上海市吴淞中学举行。发布会主旨汇报介绍了两年来基于数字画像的综合素质评价研究经历和成果。（岳　强）

【获市“明日科技之星”】 在上海市第十九届百万青少年争创“明日科技之星”评选活动中，宝山区以“科技创新　引领发展”为活动主题，从百余项创新成果中评选出78项研究成果及创造发明作品参加“明日科技之星”市级评选，最终获4项上海市“明日科技之星”称号(初中3项，小学1项)，8项“明日科技之星提名奖”(初中5项，小学3项)。（岳　强）

【举行纪念陶行知先生诞辰130周年主题活动】 10月18日，纪念陶行知先生诞辰130周年主题活动在行知育才旧院所在的上海市行知实验中学举行，教育部党组成员、副部长翁铁慧等出席活动。活动期间，宝山区教工合唱团与歌舞团作主题为“爱满天下”的歌舞表演；与会嘉宾还来到行知育才旧院参观，深切缅怀陶行知先生。（岳　强）

【发布教育数字化转型实验区方案】 11月11日，上海市推进教育数字化转型试点区建设工作会议举行。长宁、宝山、徐汇三区作为上海市教育数字化转型实验区在会上接受授牌，三区同时发布《教育数字化转型实验区方案》。宝山区作为上海市首个获批全国“人工智能助推教师队伍建设试点区”及“上海市教育数字化转型实验区”，主要承担数字基座和知识图谱等应用场景，推进数字化全面赋能教育综合改革的新格局。（岳　强）

【全民终身学习活动周开幕】 12月7日，宝山区第十七届全民终身学习活动周开幕式暨2021宝山市民终身学习人文行走主题活动在宝山区罗店成人中等文化技术学校举行。活动由宝山区教育局、宝山区学习型社会建设与终身教育促进委员会办公室主办，上海行知学院(宝山区社区学院)、宝山区罗店成人中等文化技术学校承办。活动周旨在引领和帮助全区老年学员跨越数字鸿沟，适应新时代数字生活发展，为构建以城市学习力为驱动的更高水平、更高质量的学习型社会打下坚实基础。（岳　强）

【“未来宝”教育电台首播】 12月12日，“未来宝”教育电台首播暨“12·12宝山学生关爱日”启动仪式在上海广播电视台举行。“未来宝”教育电台根据当下学校教育、家庭教育、心理健康教育的热点、难点、堵点问题，开设针对性专栏，架起家校社沟通的桥梁。（岳　强）

附：区教育局驻地及负责人

（2021年1—12月）

区委分管领导：张　义

区政府分管领导：陈筱洁（10月离任）、孟庆源（10月到任）

区教育局党工委书记：沈　杰

副书记：朱　英

区教育局局长：张　治

副局长：刘　政、葛玉华、朱燕萍、许凌峰、王晓波

地址：宝杨路158号

邮编：201999

电话：66592760

嘉　定　区

【2021年概况】 有各级各类教育机构220个，其中小学41所（含一般小学37所、民办小学4所）；中学48所［含高级中学8所、初级中学23所（民办2所）、九年一贯制学校15所（民办5所）、十二年一贯制民办学校2所］；幼儿园105所（含公办园69所、民办园18所，民办三级园18所）；中职校1所；特殊教育和专门教育学校2所；成人学校13所；其他教育机构10所。在校学生14.3万人，教职员工1.5万人。　　（嘉　教）

【与同济大学国际足球学院签署战略合作协议】 1月12日，区教育局与同济大学国际足球学院合作签约仪式在嘉定一中举行。双方签署校园足球合作协议，并为嘉定区校园足球专家委员会成员代表颁发聘书。根据协议，双方将组建校园足球工作专家委员会，建设小学、初中、高中一条龙足球特色课程实验基地，构建嘉定区校园足球竞赛体系，并共建校园足球专项人才培养体系。同济大学国际足球学院专门安排专家定期到嘉定一中、同济附小等学校指导开展校园足球工作。　　（高校亚）

【2名教师获评"全国脱贫攻坚先进个人"】 2月25日，全国脱贫攻坚总结表彰大会在北京人民大会堂举行。上海市嘉定区嘉定二中教师周凤林、杨柳初级中学教师赵兴洲获"全国脱贫攻坚先进个人"称号并接受表彰。党的十八大以来，嘉定区教育系统陆续选派39名校长、教师赴新疆喀什、云南楚雄、迪庆德钦县，青海果洛久治县进行支教，有效助力受援学校提高教育管理水平，提升教师教学能力与科研能力。　　（李珊珊）

【共建上海市实验学校嘉定新城分校】 3月5日，上海市教委、上海师大、区政府三方在嘉定区政府签署《上海市教育委员会、上海师范大学、上海市嘉定区人民政府合作共建上海市实验学校嘉定新城分校的协议》。根据协议，三方将立足嘉定新城长三角综合性节点城市发展定位，致力打造嘉定新城人文教化高地和现代化品质教育。　　（凌雪花）

【教育部国际合作与交流司调研产教融合的开展】 4月16日，教育部国际合作与交流司到嘉定调研智能制造产教融合开展情况。调研组实地参观大众工业学校的智能制造中心、世界技能大赛原型制作项目中国集训基地、数控实训中心、模具实训中心、汽修实训中心，评价校园环境整洁、实训车间规模大、设施设备先进，希望学校继续为中国"智造"技术技能人才培养贡献力量。　　（刘　军）

【教育部督导局调研义务教育均衡发展区创建工作】 4月30日，教育部教育督导局义务教育督导处到嘉一附小进行义务教育优质均衡发展区创建工作调研。嘉定区以此次调研为契机，以更高标准

提升嘉定品质教育优质均衡水平，营造良好创建氛围，努力办好有质量、有温度、充满创新活力的品质教育。（华 敏）

【区深化大中小思政教育一体化建设推进会】 5月13日在区教育局举行。主题为“育人机制创新 思政一体铸魂”。会议解读《嘉定区深化新时代中小学思想政治理论课改革创新行动方案（征求意见稿）》，成立嘉定区大中小学思政课一体化建设指导委员会和嘉定区“学科德育”思政教育综合教研组。同济大学嘉定校区、上海大学嘉定校区等7所在嘉高校负责人，同济大学基础教育合作办学管理委员会办公室、上海大学基础教育发展集团管理委员会办公室及上海师大基础教育发展中心负责人，区教育局领导和嘉定区教育学院、各中小学校党政正职以及部分教师代表等参会。（梁晓峰）

【上海学校依托课程思政育人体系深入推进党史学习教育现场活动】 6月6日在同济大学附属实验小学举行。在现场展示环节，嘉定区教育工作党委书记介绍“启航”——中国共产党早期在上海史迹展在嘉定中小学展出的情况，介绍南翔小学、方泰小学、徐行小学、华江小学、城中路小学、同济黄渡小学结合书法、绘画、篆刻、草编、连环画、竹刻、剪纸等多种特色课程，开展青少年党史学习教育的红色育人实践。（刘广广）

【区教育系统庆祝中国共产党成立100周年主题活动】 6月25日在嘉定区文化馆秀舞台举行。主题为“红色百年，传承教化”。区教育系统3767名党员通过视频直播的方式，共同参与主题活动。活动中，为老党员代表颁发“光荣在党50年”纪念章，为优秀共产党员、优秀党务工作者等先进代表颁奖，为新一批校园“红色引擎”党员工作室授牌，并举行新党员宣誓、老党员重温入党誓词仪式。整场活动通过选取关键事件，综合运用音乐、舞蹈、诗朗诵等形式多样的文艺节目，生动反映了嘉定教育百年发展历程。（刘广广）

【与上海师范大学签订合作共建协议】 6月25日，区教育局与上海师大签订协议，双方合作共建上海师大附属嘉定高级中学。根据协议，学校通过创办世承班、成立汇龙书院、探索适应教师教育特色的教学法、形成教师教育特色课程体系架构等方式方法，创办教师教育特色高中。（凌雪花）

【上海师范大学嘉定基础教育集团启动】 10月9日，上海师大嘉定基础教育集团启动暨理事会成立大会在上海师大附属嘉定第五实验学校举行。会上，发布上海师大嘉定基础教育集团LOGO，为集团下设的器乐、戏剧、科创、媒介素养4个教育基地揭牌，为理事会首批专家顾问团颁发聘书。

（凌雪花）

【区第五届品质教育学术节开幕式】 11月8日在嘉定一中闻韶厅举行。主题为“五育融合 提升幸福成长‘嘉速度’”。开幕式通过数字故事，回顾嘉定区“十三五”期间大中小幼德育一体化建设取得的成绩；聚焦“五育融合”背景下德育工作的现状、育人方式的变与不变等话题，以区教育学院德研室的调研结果发布、校长论坛等方式进行深度探讨与交流。（梁晓峰）

【全员导师制试点工作总结和推进研讨会】 11月16日，区教育局和区教育学院联合主办的主题为“全员参与同育人 导师助力共成长”的研讨会在嘉定区青少年活动中心举行。线上和线下3000余人参会。研讨会上，区教育局发布“‘嘉师有约’家庭教育大讲堂”“嘉定区家庭教育名师指导团”以及《嘉定全员导师十二锦囊》、“嘉定区全员导师专家顾问团”4个项目。（梁晓峰）

附：区教育局驻地及负责人

（2021年1—12月）

区委分管领导：周文杰

区政府分管领导：王 浩

区教育工作党委书记：田晓余
副书记：许敏杰

区教育局局长：祝　郁
副局长：王巍清、赵丽鸾、李　娟、张　宇

地址：嘉行公路 601 号
邮编：201808
电话：39902071

浦 东 新 区

【2021 年概况】 有各级各类教育机构 659 个，其中普通中学 172 所、小学 134 所、幼儿园 325 所、特殊教育学校 3 所、专门学校 1 所、中等职校 7 所，以及青少年活动中心和实习学校 2 个校外教育单位、教育发展研究院 1 所、教育指导中心等 14 个其他教育单位。按办学体制来分，公办学校 488 所、民办学校 153 所、其他部门 1 所。在校学生 52.45 万人，其中中学生 15.91 万人、小学生 21.74 万人、幼儿园幼儿 13.51 万人、特殊教育学校学生 1033 人、专门学校学生 496 人、中等职校学生 1.13 万人。有教职工 5.20 万人，其中专任教师 4.11 万人。

年内，新竣工交付 15 所公建配套学校，其中高中 1 所、初中 4 所、小学 4 所、幼儿园 6 所。洋泾中学改扩建、华东师大二附中改扩建、进才实验中学南校综合整新、东昌中学改扩建、下沙学校征地改扩建、大团初级中学校舍加固及拆建 6 个项目开工。川沙中学迁建工程、浦东新区青少年活动中心及群艺馆迁建工程、铜山街配套幼儿园新建工程、洪山路小学新建工程 4 个项目竣工。1 所高中学校被命名为上海市特色普通高中。1 所中等职业学校被列为“上海优质中职培育学校”。5 所幼儿园被命名为上海市示范性幼儿园。27 所一级以上优质园完成复验评估。10 所学校被评为上海市中小学（中等职校）劳动教育特色校。授予 49 所学校“区儿童青少年近视防控示范校”称号。全区共有 20 个学区，28 个教育集团（联盟）。参与集团化办学学校 338 所，义务教育阶段公办学校集团化办学覆盖率 88.6%，公办初中全覆盖。

接受上海市初中“强校工程”第二次“增值评估”回访和第三次“增值评估”、浦东新区中考改革落实情况专项督导与调研。聚焦“双减”“五项管理”重点督导任务，通过经常性、专项和飞行督导等多种形式实施学校督导工作。完成 13 所初中、14 所小学和 41 所幼儿园的发展性教育督导工作。完成 18 所高中、16 所小学和 30 所幼儿园的督导回访工作。

1 人被列为国家高层次人才特殊支持计划教学名师，1 人获上海市“四有”好教师（教书育人楷模）荣誉称号，200 名教师获“上海市园丁奖”，622 名教师获“浦东新区园丁奖”。组织 1100 余名校（园）长、书记参加 2021 年暑期校（园）长、书记专题培训。完成 2020 学年 1793 名见习教师规范化培训及结业考核。选送 5 人参加教育部全国骨干、优秀校（园）长研修班，48 人参加市教委艺术素养研修培训，5 人参加长三角名校长培训。继续推进全区 36 个名师基地、28 个学科工作坊、99 个学科团队研修等优秀教师培养项目。新增 12 所教师专业发展学校、31 所校本研修学校。启动信息技术应用能力提升工程 2.0 培训。举办首届“浦东杏坛”活动。1 项教科研成果获市一等奖，2 项获市二等奖。

推进“中国系列——浦东版”系列思政课程建设，发布十一大系列 200 余节课，8 堂课获上海市“红色一课”馆校合作优秀课程。推进大中小学思政一体化工作，9 个教育集团、3 个学区和 7 所中等职校与 13 所高校结对，覆盖全区六成以上中小学校。

实施“一体两翼”计划，开展小初高全学段的全员导师制工作。以群育计划、玩伴计划、谈心计划“三大计划”为一体，以“一生一档”学生关爱系统、“祥云工程”线上家长学校两大系统为辅助，关心好每位学生的成长。

推进“双减”工作落地，课后服务做到全覆盖，服务质量稳中有升，全区参加课后服务学生数近32万人，约占义务教育阶段学生总数的95%。学生对校内减负提质工作满意度97.58%、家长满意度97.6%。

编制并实施《浦东新区教育发展“十四五”规划》《浦东新区深化新时代教育评价改革行动方案》《浦东新区全面深化教育领域综合改革示范区建设方案(2021—2025年)》。会同区相关部门联合印发关于加强中小学教师人事管理制度建设的实施办法，出台关于中小学幼儿园机构编制配备标准、教师流动、中级职称聘任权下放、高级教师增长计划、绩效工资区级统筹项目管理等8项人事管理制度。开发“校园场地开放”微信小程序，覆盖12个街道24个镇的119所学校。调整并出台《浦东新区四年级学生游泳普及教育工作方案》，设立专项补贴机制。构建优秀足球后备人才培养体系。启动儿童青少年近视智慧精准综合干预项目，建立浦东首个“上海市儿童青少年智慧明眸护眼基地”。3012名教师参加应急救护培训并取得救护员证书。加强社会实践基地、劳动教育基地和研学实践基地的规范化管理和项目建设。有社会实践基地214家，新申报28家，9个基地被评为上海市劳动教育基地。

新增社会力量办托育机构30家，各类托育机构达249家(含263个办学点)，其中普惠性机构123家(含138个办学点)。新增托额3415个，可提供托额13064个，其中普惠性托额4684个。满足3.9万幼儿园新生入园需求，班额达标率从16.75%提高至75.3%。

在68所公办学校(校区)建设170间理化实验操作考试考场。10个学区集团通过第一批区级紧密型创建方案评审。研究制订《浦东新区义务教育项目化学习三年行动计划(2021—2023年)》，确定浦东新区第一轮义务教育项目化学习实验校46所。

开展中高职贯通和中本贯通工作，新增振华职校“跨境电子商务”专业等3个中高职贯通试点，全区贯通试点达31家。在全国职业院校技能大赛教学能力比赛中获1个三等奖；全国优秀教材评选获1个二等奖；“十三五”职业教育国家规划教材入选3本；上海市“星光计划”第九届职业技能大赛教师组教学能力赛项中获1个特等奖、3个二等奖；在第一届上海市中等职业教育青教赛暨上海市第四届基础教育青教赛中获1个一等奖、2个二等奖、3个三等奖、3个优胜奖。推进高技能人才基地建设及现代学徒制、“1+X”证书、专业教学标准开发等试点工作。

唐镇、南码头、金杨、洋泾4所学校通过上海市街镇社区(老年)学校优质校建设评估。三林镇社区教育案例《社区学校河道治理绿色课程的实践研究》入选全球可持续发展教育案例。2个设计方案被认定为上海老年教育智慧学习场景。新增1条市民终身学习人文行走线路。开设75门社区(老年)教育线上直播课程，推出100多节社区(老年)教育系列微课。举办“数字赋能　智学未来”2021年浦东新区全民终身学习周活动。

开展培训机构重新审批登记工作，依申请重新审批线下学科类培训机构206家。建设新版监管平台，实现对1205个监管对象的监管数据治理。会同相关部门成立浦东新区培训机构治理工作专班，将294家从事学科类培训的法人机构列入资金管控名单。

“基于区域特色的学校综合课程创造力研究和实践”项目组织学校调研28次、观摩研讨25场、教师培训8次、各类展示活动15次，31所学校500多人次参与。分20个批次为161名外籍教师及家属申办来华邀请函。推荐并支持教育部“内地与香港教师交流与协作计划”和“内地教师赴澳门教学指导计划”入选交流教师赴港澳交流及教学指导。开展“赴美研修教师志愿讲习团”等活动。

印发《浦东新区教育局网络与信息安全管理实施细则(修订版)》，对局所属各事业单位的信息化项目、网络与信息安全保障等工作进行规范。建设教育大数据中心，完成区级15个业务系统、市级对接平台的18个相关主题的数据接入。组织落实市

标杆校创建工作，5 所学校申报成为市教育信息化标杆培育校。（浦　教）

【举办区阳光体育大联赛】 3—12 月，由区教育局主办，区青少年活动中心、中小学生体育协会协办的浦东新区中小学生阳光体育大联赛举行。联赛完成 10 项区级重点赛事和 1 项校际赛事及 5 个项目的赛后培训工作。全区参赛队伍 1000 支以上，300 多所中小学校全覆盖参与，参赛人数达 20 万人次以上。其中田径运动会参与学校 212 所，广播操比赛参与学校 225 所，为历年来浦东新区组织参赛人数最多、学生破纪录最多、赛事天数最多的一次。（浦　教）

【举办第十九届区"明日科技之星"活动】 3 月，区教育局和区科经委联合举办第十九届浦东新区青少年"明日科技之星"评选活动，246 个项目、297 名学生获区"明日科技之星"称号，其中 9 个项目、15 名学生获市"明日科技之星"称号，18 个项目、26 名学生获市"明日科技之星"提名奖，69 个项目、112 名学生获市"科技希望之星"称号，获奖质量及数量均为上海市第一。（浦　教）

【"活力创新　引领未来"教育名家论坛】 5 月 21—22 日在中国金融信息中心举办。论坛聚焦"教育发展新均衡""核心素养新课堂""激发办学新活力"3 个主题，邀请来自北京、长三角地区的教育专家以及浦东新区优秀校、园长 40 余人，基于办学实践和思考进行交流研讨。论坛上，区教育工作党委与名校(园)长培养项目第一批实践基地学校签约，首发培养项目成果集《慧教育——浦东名校长论办学之道》，举行上海市浦东新区特级教师特级校长联谊会成立仪式。（浦　教）

【首届"浦东杏坛"活动】 9 月 8 日，首届"浦东杏坛"主论坛在浦东新区竹园小学举行。以"杏坛论教，智慧领航"为主题，首届"浦东杏坛"设主论坛"教育之道"和 4 个分论坛"评价之策""课程之法""科研之力""技术之能"。启动仪式上，浦东教育发展研究院与北京市海淀区教师进修学校、上海市教委教研室、华东师范大学基础教育改革与发展研究所、联合国教科文组织教师教育中心签约。"华东师范大学基础教育改革与发展研究所浦东中心"揭牌。改革先锋、人民教育家、首届全国教书育人楷模于漪老师出席本届论坛。本次论坛在全区教育系统同步转播，全区教师均可通过扫描微信二维码实时收看本次活动。（浦　教）

【"浦东新区婴幼儿家庭教养指导嘉年华"活动】 9 月 25 日，由区精神文明办和区教育局、区妇联、区卫健委联合主办的 2021 年浦东新区婴幼儿家庭教养指导嘉年华活动在东岸滨江举行。活动设置 1 个主会场、4 个分会场，通过亲子活动、专家讲座、面对面咨询指导等方式，进行科学育儿指导服务的理念宣传和工作推广，为 0—3 岁幼儿家庭提供科学育儿指导。（浦　教）

9 月 25 日，2021 年浦东新区婴幼儿家庭教养指导嘉年华活动在东岸滨江举行

【举办第三十七届区青少年科技创新大赛】 10 月 18 日，区教育局和区科协联合举办第三十七届浦东新区青少年科技创新大赛。11 月 20 日，大赛线上终评活动在上海尚德实验学校举行。大赛收到合格申报项目 3699 项，其中个人项目 3305 项、集体项目 394 项。参赛师生 4296 人，同比增长 94.48%；参赛单位达 691 校次，同比增长 20.38%。大赛设置 39 个评审组展开初评，共选出 295 个项目、405 名学生参加大赛终评展示活动，其中发明创造 72 项、科学论文 144 项、科技实践活动 18 项和科学幻想画 61 项。（浦　教）

【第十三届"浦东小院士"评选活动】 11—12 月，

区教育局和区科经委联合开展第十三届“浦东小院士”评选活动。通过线上申报，收到来自浦东新区97位学生的97个项目申报，分别于11月21日和12月26日组织专家团队进行初评和复评。上海市洋泾菊园实验学校顾书语等5位学生获“浦东小院士”称号，上海市实验东校李昀泽等10位学生获“浦东小院士”提名奖。（浦　教）

【“数字赋能　智学未来”浦东新区全民终身学习周活动】 12月24日，由区教育局学促委、区教育局主办，区社区学院承办的“数字赋能　智学未来”浦东新区全民终身学习活动周暨浦东非遗文化人文行走启动仪式在区社区学院以线上直播的形式举行。活动通过先导片回顾浦东终身教育取得的成绩；浦东三林的社区教育案例《社区学校河道治理绿色课程的实践研究》入选全球可持续发展教育案例，2名上海市“百姓学习之星”、2个上海市“终身学习品牌项目”、4所上海市街镇社区（老年）学校优质校等获表彰；展现数字赋能浦东终身教育创新变革的历程，介绍线上教学的平台和社区教育特色品牌；通过电视片《人文行走在浦东》介绍了洋泾街道、陆家嘴街道、高桥镇、新场镇、川沙新镇和三林镇的6条人文行走路线。（浦　教）

附：区教育局驻地及负责人

（2021年1—12月）

区委分管领导：单少军
区政府分管领导：李国华

区教育工作党委书记：诸惠华
副书记：毛力熊

区教育局局长：诸惠华
副局长：朱　慧、张　伟、陈　强、陈　斌

地址：锦安东路475号3号楼
邮编：200204
电话：20742638

金　山　区

【2021年概况】 有各级各类教育机构145个。其中高中7所、完中3所、十二年一贯制民办学校2所、初中20所、九年一贯制学校5所、小学23所、特殊教育学校1所、幼儿园48所、托儿所12所、中等职业学校3所、社区学院1所、教育学院1所、社区学校11所，其他单位8个。在校学生73506人，其中中学23566人，小学27431人，幼儿园17835人，特殊教育学校235人，中等职业学校3911人，托儿所528人。在职教职员工7148人，其中专任教师6724人。

科学精准做好学校常态化新冠疫情防控工作，每日做好师生员工排摸工作，严格落实学校晨午检工作。严格校门管理，强化健康监测，严格人员分类管理，完善本土突发疫情应急处置，落实筛查防护，规范信息报送，加强对校园聚集性活动的管理。有力推进教育系统各单位疫苗接种工作，基本完成3—17岁学生疫苗接种工作。

制定《金山区托育服务三年行动计划（2021—2023年）》。完成金卫、漕泾、张堰、东礁（龙堰部）、枫泾、慧慈托育点建设，实现每个街镇（工业区）均设立普惠性托育点。实施开展市幼有善育民心工程金山区“五进”项目，打通家长获取指导服务的“最后一公里”。发布《金山区小学生校内课后服务工程实施方案》，30所公民办小学全覆盖开展丰富多样的课外活动和晚托服务。具备开放条件的学校体育场地全部向社会开放，实现应开尽开。

强化学校教育主阵地作用，加强学校作业管理，所有初中小学建立作业公示制度，有效控制作业时长。校内课后服务升级为3.0版本，覆盖义务教育阶段所有学校。青少年活动中心、青少年实践活动中心、青体办、劳技学校等单位主动对接学校需求，实施“送课进校”。推进培训市场综合治理，开展专项治理行动，组织飞行检查30余次，检查培训机构850家。做好培训机构转设或注销工作，7家机构开展营转非转设，办学许可证注销24家，义务教育阶段学科类培训机构减至11家，压减率为93.21%。

成立第一期中小学班主任带头人工作室（3个），丁向阳工作室成为上海市第五期市级工作室。制定金山区全员导师制实施方案，全面启动全员导师制。完成上海市学校艺术5+X“一条龙”人才培养体系合唱、舞蹈、综合美术3个项目整体布局。实现体育9+X“一条龙”在项目设置、梯队建设、选拔标准、训练内容的统一规划和布局，形成足球等“15条龙”新格局。完成金山区青少年足球精英基地（训练营）建设。举行2021年上海少儿戏曲小白玉兰展评活动，获8个先进个人、6个优秀集体。启动金山区“乐高进校园”项目，确立16所首批基地学校。开展“金山情”研学教育活动，开发“走进葡萄园，探寻新奥秘”“‘红红火火’——绿田有机蔬果”“领略科技兴农　探索圣泉多彩劳动”等16个研学实践教育活动课程。

新增朱行幼儿园、漕泾幼儿园2所市示范园，市优质园占公办园比例达到71.4%。制定《基础教育国家级优秀教学成果推广应用三年行动计划上海金山（2021—2023年）》，选拔29所国家级教学成果应用推广试点学校。扩充金中教育集团、蒙山教育集团、二实小教育集团，覆盖义务教育阶段学校30所，义务教育阶段学生覆盖率达67.7%。完善区域高中“双新”推进方案，上海体育学院附属金山亭林中学和上海师大二附中分别接受市特色普通高中初评和复评。深化创新素养培育项目实践，启动第九轮创新实验室建设项目。合理设点布局，制定并公布相关招生文件，稳慎解决滨海地区新生入园入学问题。中高考平稳有序，质量不断提升。

稳步推进上海市教育信息化应用标杆校、高技能人才基地、华东师范大学职成教所实验基地建设。“机电技术应用专业教学团队”入选教育部“国家级教师教学创新团队”。申报教育部危化安全虚拟仿真实训基地。持续深化专业国际化建设，签订中德联合认证合作协议。上海现代化工职业学院首批申报专业通过评审，完成教育部和上海市教委对新高职筹建工作的实地评估论证及网上公示。

召开金山区学习型社会建设推进大会，启动开展2016—2020年度学习型城区监测工作。整合社会资源，40家单位被评为“2021年度金山区社区教育社会学习点”。廊下镇社区学校、漕泾镇社区学校成为金山区首批上海市街镇社区（老年）学校优质校。开发“乐学金山”小程序学习载体，上线至“一网通办”（金山旗舰店）。举办2021年全民终身学习节活动，发布5条区级红色人文行走线路。扩大“金嘉吴宣”四地终身教育共同体（联盟），增加浙江海宁、江苏江宁，共同实施社区教育助力乡村振兴五大领域实践研究。（金　教）

【市哲社课题“融合育人范式构建与区域实践变革”开题】　3月16日，上海市哲社一般课题“融合育人范式构建与区域实践变革”开题论证会在区教育局举行。课题组从研究背景、研究目标、研究内容、研究方法、研究创新之处、研究进度、预期成果等方面，具体介绍了课题研究推进的顶层设计。论证会认为，本课题研究意义重大，把准了中国教育的时代发展方向；课题推动要进一步借助专家力量，既要出实践成果，又要出理论成果。（胡卫东）

【与上海体育学院、上海师范大学签订合作协议】3月25日，区政府与上海体育学院、上海师范大学区校合作协议签约仪式在区会议中心举行。会上，区政府分别与上海体育学院、上海师范大学签署区校合作协议和学校共建协议。上海体育学院附属亭林中学、上海师范大学附属前京中学、上海师范大学附属龙航小学、上海师范大学附属龙堰幼儿园正式揭牌。本次区校合作，是金山区在“十四五”开局之年深入践行人民城市建设的重要理念，全力推动教育、文旅、体育健康事业等实现联动发展，奋力提升金山营商环境和文化软实力的重大举措。

（朱燕玲）

【接受市课程与教学调研】 4月12—16日，上海市教委基教处、上海市教委教研室对金山区开展为期一周的课程与教学调研。在工作会议上，金山区作主题为“行思行远：为了每个孩子素养的有效生长”的区课程与教学工作自评报告，围绕金山教育发展总览、行动实践、发展成效和前景展望等四个部分进行了深入而具体的阐述。调研过程中，专家深入各高中、初中、小学和幼儿园，通过现场观课、访谈、问卷调查、听取汇报、查阅资料、参加教研活动等多种形式了解情况、总结经验、发现问题、指导改进，为金山教育的发展凝智聚力。（金　龙）

【《金山区教育改革与发展“十四五”规划》发布】 5月8日，金山区政府办公室印发《金山区教育改革和发展“十四五”规划》。规划明确了发展目标，提出了落实发展目标的九大“主要任务”，即优化五育并举格局，推进融合育人探索；加大队伍建设力度，适应现代教育要求；推进信息技术应用，优化教学教研教管；推进教育评价改革，引导教育正向发展；改革教育治理体系，激发教育各方活力；做强基础教育实力，实现优质均衡特色；做优职业教育品牌，提升产业服务能力；做活终身学习服务，营造优质泛在生态；改善设施设备配置，优化学校办学条件。

（胡锦中）

【区教育综合改革总结暨表彰大会】 5月20日，在区教育学院召开。会议从“立德树人，五育并举，促进学生全面发展；创新机制，协力同心，促进教育优质均衡；聚焦内涵，攻关难题，提高课程教学质量；着眼服务，完善机制，助推区域社会经济；平台助推，制度激励，提升教师队伍水平；转变职能，依法依规，提升教育治理能力”六方面对金山区教育综合改革推进进行了全面总结。会议宣读了《关于金山区教育综合改革先进集体和个人表彰决定》，对131个先进集体、120名先进个人进行了表彰。

（胡锦中）

【入选全国中小学劳动教育实验区】 5月20日，教育部办公厅发布《关于公布全国中小学劳动教育实验区名单的通知》，金山区入选全国中小学劳动教育实验区。金山区作为上海市“十三五”期间七个教育综合改革实验区之一，2018年牵头联合举办“德智体美劳融合育人”为主题的全国基础教育创新论坛，提出了“五育并举，融合育人”的教育倡议，并以一育带全育，全面推进劳动教育。率先建立区校两级的劳动教育管理体制，整合形成全社会参与支持的劳动教育共享资源，共享共培跨界多元的师资队伍，开发编写系列劳动教育育人课程。

（沈兰蓉）

【接受市学前教育普及普惠督导评估】 5月25—26日，金山区接受上海市学前教育普及普惠督导评估。金山区作《让每一个孩子拥有金色的童年》自评汇报，从“科学规划，协同共管，推进学前教育健康发展有方向；加大投入，落实配置，确保学前教育良性发展有保障；科研引领，精细管理，促进学前教育优质发展有特色；创新机制，雁阵同行，推动学前教育抱团发展有亮点”四个方面介绍金山区学前教育普及普惠工作的主要做法与经验。督导组还通过现场查阅资料，随机抽查公办、民办、城区、乡镇等各类幼儿园，访谈分管区长、相关委办局负责人、教职工和幼儿家长等，全面了解金山区学前教育普及普惠情况。（陆文元）

【第二十五届“中国少儿戏曲小梅花荟萃”活动佩花晚会】 7月28日在金山区青少年活动中心举行。本届活动有43个组织单位的37个剧种共318位选手进入复审阶段。经评审，组委会授予王陈晞、仝亘萌等219名少年儿童中国少儿戏曲“小梅花”称号。金山区在第二十五届中国少儿戏曲“小梅花”荟萃活动中，8名学生获“小梅花”称号，4所学校获优秀集体奖。佩花晚会由获奖选手的23个节目组成“舞尽风采”“越音连唱”“绝妙传承”“金声玉振”4个板块。（沈丹萍）

【召开区落实“双减”工作推进会】 8月27日，区委教育工作领导小组（扩大）会议暨落实“双减”工作推进会在区会议中心召开。会议部署落实“双减”工作的相关要求。一要全面规范校外培训行为。稳妥开展清理整顿，积极促进规范管理，严控培训时间和广告，扎实做好维稳工作，完善综合治理机制，强化宣传引导。二要强化学校教育主阵地作用。全面压减作业总量和时长，提升学校课后服务水平，大力提升教育教学质量。三要形成家校社合力育人的良好局面。整合利用好校外各类资源，完善学校、家庭、社会协同育人机制。会议强调，要把握新导向，系统加强党对教育工作的全面领导；要完善新机制，扎实推进教育事业的协同发展；要落实新要求，不断促进教育工作的提质增效。

（平　英）

【接受教育部“双减”工作专项调研】 9月7日，金山区接受教育部“双减”工作专项调研。教育部调研组到金山区教师进修学院附属小学、金山区第一实验小学、山阳中学、富彭进修学校调研，通过听取汇报、访谈交流、实地走访等形式深入了解学校课后服务、作业改进、培训市场治理等“双减”工作方面的具体举措和特色亮点以及现实困难。

（朱燕玲）

【区培训市场综合治理工作推进会】 9月7日在区会议中心召开。会议对金山区《关于进一步减轻义务教育阶段学生作业负担和校外培训负担的实施意见》任务分工方案（征求意见稿）、《金山区规范义务教育阶段学科类培训机构专项行动方案》作解读和部署。会议强调，要提高认识，深刻认识落实好“双减”任务重要意义，将“双减”工作列入重要议事日程；要摸清底数，按照专项治理行动方案，精心部署，依托属地化开展全覆盖全方位排查；要分工负责，各部门要主动跨前，协同合作，履职尽责，全面抓好政策的推进落实；要确保稳定，要将维护社会稳定放在首位，确保金山区校外培训机构综合治理工作稳妥有序开展。（顾磊帆）

【召开区庆祝第37个教师节暨表彰大会】 9月8日，“守立德树人初心　担为国育才使命”金山区庆祝第37个教师节暨表彰大会在金山区青少年活动中心举行。大会对获市“四有”好教师、市特级校长、市十佳青年校园长、市优秀校园长、市园丁奖、区师德标兵、区园丁奖、区“匠心教师”等荣誉的先进个人进行表彰，为从教30年教师代表赠书。活动以“念师恩”“修师德”“筑师梦”3个篇章讲述演绎了金山教育人坚守育人初心、扎根教育改革、潜心立德树人的优秀事迹。（杨　芳）

【新型高职院校建设专家到金山区实地考察评议】 10月22日，市教委委托专家组赴金山区开展拟设上海现代化工职业学院的新设高职实地考察评议工作。专家组听取了金山区关于上海现代化工职业学院设置工作情况汇报；实地考察了学校的实训场所、图书馆、运动场馆、食堂及宿舍等办学基础设施；审阅了学校设置申办材料、首批招生专业申报材料和相关佐证材料。（薛　梅）

【举行2021上海少儿戏曲小白玉兰颁奖暨展演活动】 10月23日，由上海市戏剧家协会、金山区教育局、金山区文学艺术界联合会主办，金山区青少年活动中心、上海市山阳中学承办的2021“艺心向党　梨歌新声”上海少儿戏曲小白玉兰颁奖暨展演活动举行，中国文联戏剧艺术中心、上海市文联、上海剧协、上海市科技艺术教育中心、上海各戏剧院团（校）及金山区有关领导应邀出席。6位选手获最受观众喜爱的“小白玉兰”，15人获“小白玉兰”称号提名，49人获“小白玉兰”称号。14个集体节目获“优秀集体节目”称号。上海剧协将在金山区设立上海少儿戏剧小白玉兰人才培养基地，旨在通过学生戏剧夏（冬）令营、中华优秀戏剧讲座、少儿小白玉兰专场展演等形式发现和培养更多优秀

10月23日，2021上海少儿戏曲小白玉兰颁奖展演活动在金山区举行

少儿戏剧人才，进一步激发少年儿童对于传统文化的热爱。 （沈丹萍）

附：区教育局驻地及负责人

（2021年1—12月）

区委分管领导：信亚东

区政府分管领导：曹 婕

区教育工作党委书记：顾宏伟
副书记：吴 颖

区教育局局长：郑 瑛
副局长：黄 萍 李松皓 方德平 孙方波

地址：金一东路2号
邮编：200540
电话：57944317

松 江 区

【2021年概况】 有各级各类教育机构282个。其中托幼园所167所（公办70所，民办97所）；中小学88所（公办63所，民办24所，特殊教育1所）；职成类学校17所（成校13所，中职校2所，开大1所、教育学院1所）；其他公办教育机构10家。公办学校教职工15996人（在编教职工11852人，非编4144人）。全日制学校在校学生共16.98万人。其中义务教育阶段学生10.5万人；学前教育幼儿5.15万人；高中学生9938人；中职校学生3164人。

完善《松江教育事业发展"十四五"规划》及《松江新城"十四五"教育资源布局规划建设方案》。推进松江新城教育建设项目，全区开工学校15所。新启用学校9所，义务教育增加60班学额，学前教育增加115班学额。上外云间中学高中部招生，华师大二附中松江分校落地。

公办幼儿园、小学教师本科及以上学历比例提高到94.7%、88.3%，初中、高中教师研究生及以上学历比例提高到29.9%、34.6%。启动实施第五轮"强师兴教"行动计划。选送73名校长、教师参加市"双名工程"，其中2人入选"高峰计划"，4人成为"公关计划"基地主持人。开展新一轮中小学校长竞聘，80后校长达118人。继续深化教师全员竞聘，缓聘分流教师46人。开展教育精准扶贫、教育东西部协作，32位教师援藏援滇，援藏教师王德伟获"全国脱贫攻坚先进个人"称号。新增6位特级校长，6位正高级教师。77人获"上海市园丁奖"。

实施第四轮学前教育三年行动计划，新成立实验、泗泾2个学前教育集团。推进市示范性幼儿园和市一级幼儿园争创工作，新增1所市示范性幼儿园、2所市一级幼儿园。完成第二轮普惠性民办幼儿园认定，公办园在园幼儿占比达68.4%，普惠性学前教育三年覆盖率达91%。启动义务教育项目化学习三年行动计划，完成特殊教育三年行动计划终期评估。落实义务教育"双减""五项管理"，全区义务教育阶段学科类培训机构压减比例超95%。深化高中教学联盟建设和"双新"工作，松江二中与华东师范大学共建"数学拔尖创新人才早期培养一体化项目"落地。申办新型高职"上海科创职业技术学院"，推动新桥职校"1+X"制度试点工作，校企合作基地增至33家。终身教育5家社区学校获市社区（老年）学校优质校，泖港镇"生态文化学堂"和小昆山镇"板凳课堂"获评市2021年终身学习品牌项目。

落实并推进松江学前教育托幼一体化试点工作，新增23个普惠性托育点。全区92个托幼机构开设托班，普惠性托育街镇覆盖100%。《解放日报—上观新闻》专题介绍“家门口的好托班”松江经验。义务教育阶段学校全面开展“基础服务”“拓展服务”以及“延迟服务”。服务“全民健身”国家大战略，全区公办中小学校 58 个校区，其中符合条件的 28 个校区全部实现体育场地对外开放。（松　教）

【东西部协作和对口支援】 3 月，区教育局与西藏日喀则，云南西双版纳、昭通等地建立东西部协作和对口支援关系，先后派出 32 位骨干教师奔赴云南（21 位）、西藏（10 位）、新疆（1 位）开展支教工作。

（钟婉华）

【市教委、市政府教育督导室对松江区开展综合督政】 3 月 23—25 日，市教委、市政府教育督导室重点围绕松江区城乡义务教育一体化发展暨优质均衡发展、现代职业教育发展等方面的工作情况，对松江区政府依法履行教育责任进行综合督政实地督导。5 月 11 日，上海市政府教育督导委员会办公室作出《松江区依法履行教育责任综合督政意见书》，肯定了松江区委、区政府挖掘“上海之根”的历史底蕴，发挥长三角 G60 科创走廊的先行先试优势，着力推进教育事业“强基础、建高原、攀高峰”整体发展战略，打好“党的建设、资源建设、队伍建设和质量建设”四大攻坚战，推动松江教育高质量发展。

（姜志国）

【举办区公办初中强校工程工作推进会】 4 月 9 日，松江区公办初中强校工程工作推进会在松江四中初级中学举行。会议分析项目中期评估指标和结果，明确项目推进的方向和任务，推出《松江区公办初中强校工程“优质品牌辐射带动”项目书》和《松江区公办初中强校工程“专家全程专业指导”项目书》。

（张新宇）

【松江教育龙舟队三大赛事获奖】 5—6 月，松江教育龙舟队先后参加 2021 年上海各界青年龙舟赛、松江区第十二届端午龙舟赛、上海市第九届教工运动会龙舟赛，获 2 枚金牌、1 枚银牌的佳绩。

（曹海燕）

【区教师合唱团获特等奖】 5 月 29 日，由上海市教育工会主办，复旦大学工会、上海市艺术教育委员会、上海市教育工会合唱协会、上海音乐学院工会、上海理工大学工会联合承办的以“百年树人跟党走　砥砺前行铸师魂”为主题的上海教工庆祝中国共产党成立 100 周年合唱决赛在上海音乐学院歌剧院开幕。松江区教师合唱团获大赛普教系统特等奖。

（曹海燕）

5 月 29 日，松江区教师合唱团在上海教工庆祝中国共产党成立 100 周年合唱决赛中获普教系统特等奖

【区中小学庆祝中国共产党成立 100 周年活动举行】 6 月 1 日，松江区中小学庆祝中国共产党成立 100 周年暨校园原创音乐剧《小小红船　巍巍巨轮》首演活动在松江区石湖荡镇社区党群服务中心举行。音乐剧共分为四幕：红船精神——开天辟地：从红船出发；长征精神——顶天立地：长征红军魂；两弹一星精神——震天动地：戈壁响惊雷；启航新征程——欢天喜地：荣耀新时代。少年们述说激荡百年岁月与松江历史文化名城间的渊源，展现中国共产党人的初心与使命。

（沈惠明）

【普惠性民办幼儿园授牌签约仪式举行】 6 月 4 日，松江区首轮 12 家普惠性民办幼儿园授牌签约仪式在松江区教育局举行。会上，对首轮普惠性民办幼儿园的专项扶持经费使用情况进行审议，启动第二轮普惠性民办幼儿园预申报，并对下阶段工作提出建议。

（何琳芳）

【与华东师范大学合作签约】 8 月 13 日，松江区与华东师范大学在松江区政府举行深化教育合作签约仪式。双方将按照上海市实验性示范性高中的标准进行办学，共建华师大二附中松江分校，同时在义务教育阶段，合作开办1所九年一贯制公办学校，命名为华师大二附中松江实验学校。上海市副市长，市教卫工作党委书记、副书记，松江区委书记，华东师范大学党委书记等领导出席。

（金仲明）

【上海市体育精英系列赛游泳比赛总决赛获好成绩】 9月19日至10月3日，上海市体育精英系列赛游泳比赛总决赛在东方体育中心游泳馆举行，松江七中健儿获3金2银1铜。其中，松江七中六年级学生王尧彬不仅拿下2金，还打破了100米自由泳11岁年龄组的全国纪录。（李志军）

【“育儿加油站”松江区专场举办】 10月17日，“育儿加油站”松江区专场暨“幼有善育，爱润成长”科学育儿“五进”活动在上海临港松江科技城举行。其间，开展科学育儿大讲堂、育儿工作坊、专家面对面、亲子游戏指导活动等系列活动，让科学育儿知识走进G60科创园区。（何琳芳）

【申办五年一贯制新型高职院校】 为贯彻落实《上海职业教育高质量发展行动计划（2019—2022年）》，优化职业教育层次结构和专业布局，松江区申办五年一贯制新型高职上海科创职业学院。10月19日，上海市高等职业学校设置评议专家组完成现场考察评估。11月15日，市教委履行拟设置高职院校公示流程，已报请市政府批准、后提请教育部备案。（娄眉卿）

【开展大中小学思政课一体化建设工作推进展示活动】 10月26日，深化“三全育人”综合改革暨大中小学思政课一体化建设工作推进展示活动在东华大学附属实验学校举行。活动中，大学、高中、初中和小学教师代表进行思政课程展示；聘请革命先辈陈云长女陈伟力、松江第一位共产党员侯绍裘家属侯磊担任松江区大中小学思政课一体化荣誉校外辅导员；松江区教育局解读《松江大中小思政课一体化建设三年行动方案（2021—2023年）》。

（朋玲艳）

【获上海市五一劳动奖章和“工人先锋号”称号】 12月，上海市总工会发布2021年上海市五一劳动奖章、工人先锋号名单，上海市城市科技学校世赛木工项目教练张超获上海市五一劳动奖章，精细木工世赛项目上海选手集训专家教练团队获上海市工人先锋号。张超曾获中华人民共和国第一届职业技能大赛国赛精选木工项目铜牌，并被授予全国技术能手荣誉称号。世赛专家教练团队连续被评为松江区党员示范岗、松江区工人先锋号，在团队努力下城市科技世赛基地连续3届被授牌为中国集训基地、上海选手培养基地。（娄眉卿）

【区市实验性示范性高中基础教育集团授牌仪式举行】 12月31日，松江区市实验性示范性高中基础教育集团授牌仪式在松江区教育学院举行。会上，公布松江二中、上外云间中学、松江一中3所市实验性示范性高中引领的基础教育集团成员名单，集团代表进行交流发言，松江区副区长对集团建设提出希望。区教育局将通过创新办学模式、优化师资配置、培育学校特色等举措，发挥优质市实验性示范性高中的辐射引领作用，进一步提升区域基础教育水平。（高芬华）

附：区教育局驻地及负责人

（2021年1—12月）

区委分管领导：韦　明
区政府分管领导：顾洁燕

区教育工作党委书记：姚　辉

区教育局局长：陈小华
　　副局长：干善军、付炳建、朱　永

地址：中山中路38号
邮编：201600
电话：37736305

青 浦 区

【2021年概况】 有公办教育单位138个，其中幼儿园56所、早教(托育)指导中心1个、小学29所、初中16所、九年一贯制学校5所、高中6所、特殊学校2所、中职校2所、少年业余体育学校1所、成人教育院校13所、校外教育单位2个、其他教育单位5个；有民办学校44所，其中九年一贯制学校3所、十二年一贯制学校3所、民办二级幼儿园13所、民办三级幼儿园25所。全区在校学生95432人，其中高中学生6237人、初中学生18662人、小学生37700人、在园幼儿29008、在托幼儿780人、中职学生3348人、特殊教育477人。全区在编教职工8456人，其中专任教师7143人、正高级职称教师19人、副高级职称教师1033人、中级职称教师4108人。

青浦教育对标青浦城市定位，不断做优硬件资源、做强师资队伍、做精教育管理，全面推进依法治教，统筹做好校园疫情防控与学生疫苗接种工作，全力做好"双减"工作，稳妥推进招考改革，完成年度各项目标任务，为"十四五"开好局、起好步，以优异成绩庆祝建党100周年。

制定《青浦区教育改革和发展"十四五"规划》，开展全区教育设施布局以及青浦新城教育资源布局专项规划研究。研究制定《青浦区推进紧密型学区和集团创建方案》《"十四五"期间青浦区紧密型学区和集团布局规划》等区域性工作文件，深化教育评价改革，落实青浦区深化新时代教育评价改革6大专项行动60项任务清单和8项负面清单，启动新一轮教育综合改革，推进11个紧密型学区和集团建设。梳理总结五年来区域第一轮教育综合改革基本经验形成工作汇编(2015—2020年)，完成2019年立项的37个学校综改项目评审。开展长三角一体化等跨区域合作交流，举办首届长三角生态绿色研学教育论坛，实施示范区教师联培联训项目，开展云南、新疆等地对口支援，14名教师对口帮扶教育教学，4人次骨干教师前往当地讲学交流，60余名当地骨干教师在青培训，2名教师获评"云南省脱贫攻坚先进个人"。

推进思政课一体化建设，组织"五育融合：一体化立德新常态"等系列教育活动，打造"上善学子追光记"主题教育品牌，开展"听00后讲党史"等特色实践项目；深化"上善思政大讲堂"，工商信息学校被命名为教育部"全国职业院校课程思政研究中心"，成立"青浦区班主任工作室联盟"。开展青浦区小学提升课程领导力现场展示研讨活动，实施"强课堂、强作业、强教研、强底部"提质行动，开展小研究员的课题培育活动，开设青少年科技创新班，车模赛项获市模型节团体第二名，"未来工程师"赛项获市团体第四名。保证学生每天校园体育活动1小时，完善"健康知识+基本运动技能+专项运动技能"学校体育教学模式，建立学生体质健康档案，建立学生视力状况监测机制。举办第十一届青浦区学生艺术节各类艺术展演活动，组织各类区艺术单项比赛、区中小学生艺术展演活动，构建体育美育"一条龙"育人体系。研制《青浦区关于全面加强新时代中小学劳动教育的实施办法(征求意见)》，成立"青浦区中小幼劳动教育协作联盟"，开展首个"学生劳动教育宣传周"主题活动，实验中学等10所学校获评"上海市中小学(中职校)劳动教育特色校"。

学前教育，制定《青浦区托育服务三年行动计划(2021—2023年)》《青浦区普惠性民办幼儿园(托育园)认定及管理工作实施细则(试行)》，完成35家园所的等级复验，2所幼儿园通过市一级幼儿园评审，托班增至51个，实现全区11个街镇普惠性托育点全覆盖。义务教育，制定《青浦区落实中小学“五项管理”工作方案》，健全课后服务保障体系和管理机制，实现全区义务教育阶段学校课后服务“愿留尽留”，开展“强课堂、强作业、强教研、强底部”提质行动，继续做好公办初中强校工程，做好中招改革落地工作。高中教育，组建市实验性示范性高中引领的中小学集团，推进青浦一中等特色普通高中创建，构建复旦附中青浦分校国际教育体验中心课程框架，推进普通高中新课程新教材实施工作，促进学校多样化有特色发展。特殊教育，完成《2018—2020特殊教育三年行动计划》各项行动任务，全区残疾幼儿入园率90.7%，义务教育阶段入学率100%，强化自闭症、脑瘫、听力语言康复训练基地建设，学前特教点实现各街镇全覆盖。职业教育，制定《长三角生态绿色一体化发展示范区职业教育一体化平台建设方案》，打造15个开放式公共实训基地(中心)，建成70个区校两级校企合作基地，实施“现代学徒制”和“企业新型学徒制”新型培训模式，完成示范区中高职衔接教育跨省招生工作。成人教育，推进学习型城区建设监测工作，举办青浦区第十七届全民终身学习活动周，开展老年社会教育8272人次、群众性老年教育(含居村)73963人次。民办教育，保障青苹果、金凤凰、太阳花3所民办园顺利迁址，组织开展协和、平和、行知、佳艺4场民办园展示活动；实现校外培训机构的智慧管理，上线运行信息管理平台，针对培训机构“营转非”工作开展走访，义务教育阶段学科类培训机构压减率为91.35%。

制定《2021年青浦区师德师风建设实施计划》，开设“勤廉大讲堂”，表彰2018—2019学年师德师风建设优秀项目，开展“对话教育初心　筑牢育人之魂”青浦区百位老教师寻访活动，开展青浦区庆祝第37个教师节教师座谈会。持续推进教育人才“引进、培养、稳定、流动”四大工程，选树顾慧玲全国脱贫攻坚先进个人等一批先进典型，选育长三角地区班主任基本功大赛一等奖龚赛华等一批优秀教师，完成51名校级领导岗位干部调整，完成第三批“教育管理人才”105名后备人选遴选培养计划，构建一支由102名30岁以下优秀青年教师组成的后备梯队，招录273名新教师。实施2021见习教师规培联训项目，开展幼儿园2—5年青年教师能力提升专项培训，组织2021年度“优青班”“国培”“双名基地”培训，完成67个“种子计划”团队项目的中期评估，完成17个“拔尖计划”团队中期交流和阶段性成果展示，完成第六届名优教师培养工程考核评价、经验遴选和成果汇编工作。

落实校园疫情防控措施，做好师生员工返校管理，落实教育系统集会类活动申报审批工作，持续做好师生员工新冠疫苗的接种工作。强化校园安全治理和未成年人保护，推送11个涉及“未保法、民法典、预防未成年人犯罪”的法治讲座，开展“平安校园，法治护航”的宣传主题活动，组织“学宪法，讲宪法”系列宪法宣传学习活动，实施“开学第一课”电梯安全教育活动，与区民政部门顺利交接未保办工作；学校更换超55周岁保安人员，配备专职保安和器械，完成65所学校校舍应急修缮、57所学校消防整改。规范教育经费使用管理，进一步调整优化结构提高教育经费使用效益。研制《青浦区基础教育“十四五”基本建设规划》，完成青浦复旦兰生学校开班招生，完成73所学校确权补证。制定区域教育信息化“十四五”发展规划，开展沪滇远程同步课堂教学试点工作，开展中小学教师信息技术应用能力提升工程2.0培训工作。完成责任督学换届聘任工作，开展学校办学水平综合督导评估工作，开展“构建视力友好型校园环境”主题性督导，开展“双减”(减轻义务教育阶段学生过重作业负担和校外培训负担)、“五项管理”(中小学生作业、睡眠、手机、读物、体质管理)、“贯彻落实党的教育方针”专项督查。　（夏春花）

【举行2021年春季开学典礼】 2月22日，全区中小学生喜迎开学第一天，“童心向党，奋斗有我，争做新时代‘上善’好少年”开学典礼暨庆祝中国共产党成立100周年主题教育活动启动仪式在东方中学举行。全区65所中小学、中职校同步举行同一主题的开学典礼。区教育工作党委发布《青浦区中小学生庆祝中国共产党成立100周年主题教育活动方案》，主题教育活动以“讴歌党—讴歌新时代—共筑中国梦”为主要内容，以音频、视频、征文、演讲、艺术品创作等多种形式，组织开展读一本红色经典、讲一个红色故事、唱一首红色歌曲、看一部红色电影、访一次红色基地、做一名红色传人等活动。

（曹佳凤）

【中考改革推进专题会议召开】 3月4日，“聚焦中考改革关键点，找准课堂改进突破口——青浦区2021年中考改革推进专题会议”在青浦区教师进修学院举行。会上，解读了中考改革综合测试实施意见、中考改革考试要求与安排，并介绍了理化实验室建设和保障情况。（曹佳凤）

【区委教育工作领导小组会议召开】 3月16日，区委教育工作领导小组召开会议，深入学习《上海市深化新时代教育评价改革实施方案》《中共中央关于全面加强新时代少先队工作的意见》，审议《青浦教育改革和发展“十四五”规划》、区委教育工作领导小组2020年工作总结和2021年工作要点、教育综合督政有关意见的整改报告等方案。会议强调：要紧紧聚焦教育改革发展关键重点，推动“十四五”开局起步取得良好成效；要切实以新时代“一城两翼”战略布局为契机，着力办好家门口的每一所学校；以教育评价改革为促进，不断激发教育高质量发展内生动力；以完善教育治理体系为推动，着力营造更加安全、健康、和谐的教育环境。（曹佳凤）

【“青苗菁师”教育储备人才培养计划启动仪式】 3月31日，“凝心聚力铸师魂，青浦教育育新人”2021年青浦区“青苗菁师”教育储备人才培养计划启动仪式在区教师进修学院附属小学举行。“青苗菁师”计划是青浦教育“十四五”期间提升教育整体水平的重点工作之一，通过严把录用关、夯实培养关，为青浦教育发展提供人力资源保障，不断增强教师培养体系实效。启动仪式上，介绍了年内青浦区“青苗菁师”储备人才招聘情况并对青浦区“青苗菁师”教育储备人才培养方案作详细解读。（曹佳凤）

【终期评估区特殊教育工作】 4月29日，市教委就《上海市特殊教育三年行动计划（2018—2020年）》实施情况对青浦区特殊教育工作进行终期评估调研。市教委专家评估组在区特教指导中心听取区域特教工作组合汇报，查阅相关工作资料。区教育局以“从接纳走向融合：让特殊教育学生公平享受优质教育”为题进行总结汇报。青浦区辅读学校和区特教指导中心分别以“扬适性教育之帆，筑融入社会之基”“点亮微光，润泽生命”为题，就特殊教育国家课程校本化实施、重残儿童送教上门等工作做了补充汇报。随后，专家评估组就完善体系、医教结合、课程建设、支持保障、区域特色等方面分批访谈区教育局相关职能部门负责人及学校校、园长和教师代表，查阅相关工作资料，全面了解区域特殊教育三年工作实施情况。市教委专家评估组给出的评估结果为A级，位于上海市前列。（曹佳凤）

【启动2021年职业教育活动周】 5月24日，长三角生态绿色一体化示范区职业教育活动周启动仪式在江苏吴江举行。职教活动周以“技能，让生活更美好”为主题，由长三角生态绿色一体化发展示范区执委会指导，江苏吴江、上海青浦、浙江嘉善三地教育局及政府相关部门共同主办。活动周举行了最美职教教师、最优小工匠、最美职教毕业生、最佳校企合作企业颁奖仪式。青浦区职业学校教师岑俐萱获“最美职教教师”称号，上海工商信息学校学生黎湾平获“最优小工匠”称号，上海房地产学校毕业生杨久相获“最美职教毕业生”称号，上海景泰国际旅行社有限公司获“最佳校企合作企业”称号。

（曹佳凤）

【上海市普教系统庆祝建党100周年工作研讨会举行】 6月10日，由中共上海市教育卫生工作委员会、中共上海市青浦区委员会指导，上海市普教系统党建研究会、中共上海市青浦区教育工作委员会主办的“贯彻新发展理念，推进党建高质量发展”——上海市普教系统庆祝建党100周年工作研讨会在上海市青浦区崧泽学校举行。论坛聚焦提升中小学党建工作高质量发展，宣读了《关于表彰上海市普教系统党的建设研究会2020年度党建研究优秀成果的决定》，还举行了《上海市普教系统庆祝建党100周年百篇优秀文集》和《上海市普教系统庆祝建党100周年百个优秀案例》首发、授书仪式。

（曹佳凤）

【人文行走市民分享会举行】 6月22日，以“红色修身，文明实践”为主题的2021上海市民终身学习人文修身主题活动暨“红色印记·薪火相传”市民分享会在青浦区陈云纪念馆举行。活动由长三角一体化示范区执委、上海市教育委员会、上海市精神文明建设委员会办公室为指导单位；市民终身学习人文行走工作办公室、秘书处，青浦区精神文明建设委员会办公室、青浦区教育局、吴江区教育局、嘉善县教育局主办。分享会在青浦区国家级非物质文化遗产田山歌《哪里来》中拉开了序曲。分享会上向三地教育局职成教科赠送人文行走大礼包，并通过视频见证三地市民代表进行人文行走火炬接力。分享会上还展示了《岁月静好》《评弹小调》《陈云小故事》《在这里拥抱新奇迹》等市民终身学习成果。 （曹佳凤）

【区教育系统举行庆祝中国共产党成立100周年主题集会】 7月5日，“风雨百年路　奋进新时代”青浦区教育系统庆祝中国共产党成立100周年主题集会暨艺术党课分享会举行，以历史与艺术对话的方式，共同回顾党的百年奋斗历程，续写时代新篇章。会上，教育系统“两优一先”及“规范好支部”“示范好支部”获表彰。获评的单位及个人都是教育系统各基层单位党组织和广大共产党员的模范代表，在推动青浦教育实现全面跨越式高质量发展中充分发挥了战斗堡垒作用和先锋模范作用。 （曹佳凤）

【落实“双减”工作推进会】 8月31日，青浦区落实“双减”工作推进会暨培训市场综合治理工作联席会召开。会议传达了上海市落实“双减”工作推进会精神，成立了青浦区落实“双减”工作专班暨培训市场综合治理工作联席会议，并审议《青浦区进一步减轻义务教育阶段学生作业负担和校外培训负担阶段性推进方案》《青浦区全面规范校外培训机构专项检查方案》等。 （曹佳凤）

【召开庆祝第37个教师节座谈会】 9月9日，“赓续百年初心，担当育人使命”青浦区庆祝第37个教师节座谈会在崧文小学召开。区委、区政府领导向青浦区广大教师和教育工作者送上节日祝福。市优秀校、园长，市园丁奖获得者代表，市中青年课堂教学评选、“青教赛”一等奖获得者代表，优秀班主任、支教教师、思政教师、退休教师等教师代表参加座谈并围绕教育工作实践开展交流。 （曹佳凤）

【2021年青浦区课程教学季开幕式举行】 9月23日，“实验”改革：深耕课程育人渠道，培育学生核心素养——2021年青浦区课程教学季开幕式暨学校课程领导力行动研究项目推进会在青浦区实验中学举行。全区中小学幼儿园校、园长等200余人参加开幕式。本次课程教学季系列活动历时4个月，分为区级主题研讨与展示专场、学段研讨与展示专场、学科研讨与展示专场、学校研讨与展示专场。活动期间，涉及各学段学校52所，区级学科公开课100节。 （曹佳凤）

【第十七届全民终身学习活动周开幕】 10月22日，“谱终身学习新篇　展幸福社区新局”——青浦区第十七届全民终身学习活动周开幕。开幕式上，宣读了青浦区“幸福社区诵读站”名单，公布了首批“幸福社区领诵员”名单。为满足不同类型社区居民需求，青浦区第十七届全民终身学习活动周内，各街镇推出39项主题活动，开放11个“幸福社区诵读站”，以丰富多彩的社区教育系列活动，进一步推进学习型社区建设。 （曹佳凤）

【第十一届学生艺术节闭幕】 11月18日，“点燃艺术梦想，唱响时代旋律”青浦区第十一届学生艺术节闭幕式在青浦区科技文化活动中心举行。闭幕式上，区艺术教育特色学校校长、区艺术社团指导教师、区艺术教育先进个人代表上台领奖接受表彰。历时8个月的艺术节共开展活动20多项、线上参与人次达20000多人、线下参与人次达2000多人。 （曹佳凤）

【德育综合改革现场展示活动举行】 11月29日，主题为“五育融合：一体化立德新常态”的青浦区“上善”立德专项行动推进会暨德育综合改革现场展示活动在青浦区沈巷小学举行。上海市中小学骨干教师德育实训基地主持人张蔚芹主持主题沙龙，聚焦“在融合实践中实现全面发展”的主题，带领基地学员共同回溯了“五育融合”提出的时代背景，交流了学校在五育融合方面的实践探索和经验举措，并就“十四五”期间的五育融合创新实践提出了新的思考。（曹佳凤）

11月29日，德育综合改革现场展示活动在青浦区沈巷小学举行

附：区教育局驻地及负责人

（2021年1—12月）

区委分管领导：杨小菁（11月离任）、张权权（12月到任）
区政府分管领导：孙　挺（9月离任）、张　彦（12月到任）

区教育工作党委书记：孙　卫
副书记：程卫国、姚明明

区教育局局长：程卫国
副局长：王海青（9月离任）、王　良、江雪元（7月离任）、高　燕（9月离任）、冷彩花、张晓静（7月到任）、焦红心（9月到任）

地址：公园东路1155号
邮编：201799
电话：69713364

奉　贤　区

【2021年概况】 有各级各类教育机构269个。归口区教育局指导管理的教育机构165所，其中普通公办中小幼学校114所（幼儿园48所、小学23所、初中18所、九年一贯制学校20所、高中5所），职成校10所（中等职业学校1所、技校1所、成人学校8所），特殊教育学校1所，少体校1所，教育指导服务机构8所（教育学院、社区学院、青少年活动中心、教育事务受理中心、教育保障服务中心、早教指导服务中心、少年军校、教育督导评估中心）；普通民办学校29所（幼儿园9所、三级幼儿园17所，九年一贯制学校1所，高中1所，十二年一贯制学校1所）。另有市教委直属高中1所，黄浦区管理高中1所。经教育行政许可的培训机构97所。全区全日制在籍学生90063人，其中学前教育在园幼儿25372人，小学学生36575人，初中学生19167人，高中学生6365人，中职学生2424人，特殊教育学校学生160人（含送教上门24人）。有教职工8285人，本科及以上学历教职工7550人；专任教师7527人，正高级教师（讲师）21人，高级教师901人，中级及以上职称专任教师占比73.1%。上海市特级校长8人，上海市特级教师16人。

年内，聚焦党员、干部、教师、学生等四类群体，开展“向建党100周年献礼”系列活动，组建“百年树人”教师宣讲团、“闪闪红星”学生宣讲团、老园丁讲师团，开展“党史”宣讲210余场。组织开展教育系统党政干部暑期培训班、新时代基层干部主题培训班等3个培训班，培训学员近1000人；开展第三期党员轮训，培训学员2050人。

立项“推进区域教育党建高质量创新发展的研究——奉贤区教育党建服务中心建设的探索与实践”等3个市级党建课题和“党支部领导下的普通高中思想政治教育的实践研究”等4个区级党建课题。教院附小党支部被评为市“党支部建设示范点”，奉贤中学等5家党组织被评为区“党支部建设示范点”。

树立“新成长教育”理念，发布《新成长教育行动纲要》，包括一套理念系统、六大行动计划和50项重点推进项目。编制《奉贤区教育事业发展“十四五”规划》和《奉贤新城“十四五”教育资源布局和基本建设规划》。与市教委及市教委下属教研室、电教馆、科技艺术中心、师资培训中心、教科院普教所、学生德育发展中心、教育报刊总社等部门和单位签订合作协议，聚焦新成长教育共建南上海品质教育强区。

奉贤中学附属初级中学、奉贤中学附属小学、兰博湾幼儿园、花米幼儿园建成开学。实验小学综合楼、南桥中学综合楼、阳光外国语学校综合楼等改扩建(翻建)工程交付使用。区青少年活动中心、海湾旅游区初中、奉浦运河路小学、临港奉贤园区幼儿园、金海街道公租房幼儿园等项目加快建设。致远高中迁建和奉贤世外学校、秦塘幼儿园、兴中路幼儿园、金水丽苑幼儿园、万顺路幼儿园、南港路幼儿园、星火学校改扩建等一批项目开工。共建华东理工大学附属曙光中学、上海师大学奉贤附中和附小，并与上海外国语大学等达成合作办学意向。

区教育局、奉贤中学等的5个案例入选全国“立德树人落实机制”优秀案例。曙光中学德育案例入选教育部“一校一案”典型案例。曙光中学、青溪中学、汇贤中学、育秀学校、庄行学校、教院附小、育贤小学、四团小学、奉贤中等专业学校9所区劳动教育基地校被评为市中小学劳动教育特色校。出台《奉贤区中小学班主任星级评价实施方案》。1名教师参加全国中小学班主任基本功展示活动。1名教师获长三角中小学班主任基本功大赛综合一等奖、单项特等奖。奉城二小马丽莎、教院附小赵家丽、南桥小学黄伟滨、汇贤中学徐芳卿、曙光中学杨旭栋5名教师在上海市中小学(幼儿园)中青年教师教学评选活动中获一等奖，10名教师获二等奖，2名教师获三等奖。

推进学生人文行走研学活动，组织4.9万中小学生走进“贤美”文化地标。“贤文化・新成长”基地达70家。推进学生美育工程，组织1.5万中小学生走进九棵树(上海)未来艺术中心接受艺术熏陶。落实《奉贤区创新推进家校社合力育人行动计划》，实施百门家庭教育指导精品课建设项目，表彰“贤城好家长”250人，启动数字家长学校的建设研究，健全区家委会等家校协同育人机制。落实《奉贤区创新推进学生健康成长、多元成长行动计划》，举办第六届学生活动节和暑期中小学体育系列赛。落实《奉贤区创新推进课程教学工作行动计划》，推进“全面课程、校本特色”“新成长课堂、有效性教学”具有奉贤特色的课程教学工作机制。落实《奉贤区创新推进学校德育工作行动计划》，继续做优“世贤学子”表彰激励项目。推进“五项管理”“双减”和义务教育课后服务工作，在2021年上海市中小学优秀作业案例设计大赛中获一等奖1个、二等奖3个、三等奖2个。课后服务实现全区65所义务教育学校全覆盖。

新组建奉二・头桥联合中学、实验・金贝联合幼儿园等联合学校，实现“一套班子、多块牌子、一体化管理”。创建国家学前教育普及普惠区、义务教育优质均衡发展区工作以及“贤文化”背景下奉贤“活教育”区域特色课程建设研究项目有序推进。编制《奉贤区托育服务三年行动计划(2021—2023年)》。加快托育点建设布局，新增普惠性托育点4个。奉贤中等专业学校新建1个机电一体化专业中高职贯通专业。江海成校、青村成校获评市首批社区(老年)学校内涵建设优质校。实施促进学校自主、创新、特色发展的“品牌”计划，完成215个“品牌”计划培育项目中期督查。明德外国语小学、汇贤中学、奉贤中等专业学校被确定为市教育信息化应用标杆培育校。奉贤区入选教育部2020年度网络学习空间应用普及活动优秀区，南桥小学、思言小学、明德外国语小学和奉贤中等专业学校获选教育部2020年度网络学习空间应用普及活动优秀学校。

下发《关于加强“双减”背景下师德管理工作的通知》，组织开展师德建设月活动。举办教师节主题活动，宣传获园丁奖、“十佳”和润服务奖、“十佳”教育管理服务工作者、“十佳”思政教育工作者、“十佳”班主任等荣誉的各类教师先进典型。开展“千名贤师结对千名学生”帮扶活动。出台《关于创新推进新时代教师队伍建设的实施方案》，深化教师队伍建设“3233”体系(市、区、校三级联动，教师、干部双轮驱动，基础、骨干、名优梯次推进，聘用流动、培训晋升、表彰激励形成合力）。作为试点区，推进义务教育阶段在同一学校连续任职满十年专任教师纳入四年流动计划，全年100多位教师完成流动，相关做法在全市暑期校园长培训大会上作经验交流。实施第二轮“卓越教师”培养工程和“乡镇教师支持计划”，新增特色特长教师序列，共评选培养对象1200人。古华中学校长杨莲花等4位校长、书记被评为市特级校长，薛晨红、戴宏娟等6位教师被评为正高级教师。

以市哲社课题“基于学校评价的区县教育治理能力建设的实践研究”为抓手，提升区域教育治理体系和治理能力的现代化。组织开展基层单位对教育行政和服务部门满意度评议，推进“五好三强”教育行政和事务部门建设。出台加强建设工程、货物与服务采购项目立项管理的方案，对29所民办学校进行财务收支审计。组织开展学生“七彩成长”、教师乐业育人和家长对学校教育满意度调研等，近四年来总体满意度均值均在9分以上（总分10分）。实施第二届奉贤教育年度创新奖，教院附小、明德外国语小学信息化标杆培育项目组、爱贝早教指导服务中心宋丽梅分获单位、班组和个人年度创新奖。推进文明校园（单位）创建，教育学院、解放路幼儿园等6家单位创建成上海市文明单位，景秀高级中学、青溪中学、金水苑小学等16所学校创建成上海市文明校园。编撰发布《奉贤教育》《奉贤教育年度发展报告（2020）》《新成长校园——奉贤区义务教育学校风采》。

（赖黎明、汪　悦）

【与华东理工大学签约合作办学】 3月11日，区教育局与华东理工大学合作举办华东理工大学附属奉贤曙光中学签约仪式在区教育局举行。根据协议，华东理工大学将在课程开发设置、人才培养方式、师资队伍建设、技术资源支撑等领域深化与奉贤区的共建，探索具备“红色底蕴、理工特长”的拔尖人才一体化培养路径，将曙光中学建设为上海一流、全国知名的高中。华东理工大学教务处牵头为曙光中学开发“创新素养课程”，在材料学、化学、环境学、信息科技等领域予以科普通识教育，开设9场通识性讲座；在工程学、环境工程与科学、化学等5大板块57个课题上对150多人次学生进行指导，1项课题在上海市中学生创新素养大赛中获二等奖；借助华理资源建设“创客车间”创新实验室，开设机器人编程、3D设计、机构工程等相关配套课程，组织团队参加上海市第四届高中生论坛“创客马拉松”项目获团体金奖并在第七届上海创客新星大赛“创客马拉松”项目获高中组一等奖；7月，联合举办“曙光杯”上海市高中生英语演讲赛；11月，共同承办上海市推进《习近平新时代中国特色社会主义思想学生读本》主题活动。（赖黎明、汪　悦）

【与市教委签约打造南上海品质教育】 3月24日，上海市教委、上海市体育局、奉贤区政府“赋能东方美谷　助力奉贤新城”战略合作签约仪式举行。奉贤区政府与市教委签订《上海市教育委员会　奉贤区人民政府聚焦奉贤新城打造南上海品质教育战略合作框架协议》，双方将围绕奉贤新城发展定位，聚焦系统化布局品牌教育资源，建立奉贤新城现代教育体系，打造南上海教育创新活力城区。

（赖黎明、汪　悦）

【与市教委直属单位签约】 4月11日，区教育局与市教委相关直属单位签约仪式暨奉贤教育事业发展“十四五”规划研讨会在奉贤区教育学院举行。奉贤区教育局与市教委教学研究室、市科技艺术教育中心、市师资培训中心、市电化教育馆、市教科院普教所、市学生德育发展中心、市教育报刊总社签署《推动奉贤教育教学教研水平提升的合作协议》

4月11日，奉贤区教育局与市教委相关直属单位签约仪式暨奉贤教育事业发展“一四五”规划研讨会在奉贤区教育学院举行

《打造青少年素质教育新高地合作协议》《全面加强教师培养提升教师队伍专业化水平合作协议》等7个协议。（赖黎明、汪　悦）

【教育部督导局调研奉贤教育】 4月28日，国务院教育督导委员会办公室、教育部督导局领导到奉贤区洪庙小学、崇实中学调研义务教育优质均衡区创建工作，了解学生学业负担、学校教材使用、学校资源配置等情况。区教育局从高标准均衡配置义务教育资源、整体提高义务教育质量、优化区域教育治理、强化教育督导评价等方面汇报义务教育优质均衡发展的主要做法。调研组用“心仪已久，收获很大；优质均衡，以‘软’为重；督导改革，先行一步；‘五项’管理，‘五育’落地”三十二个字予以肯定。（赖黎明、汪　悦）

【与上海师范大学签约合作办学】 6月3日，区教育局与上海师大在区教育局举行合作举办上海师大附属奉贤实验中学（拟命名）和上海师大附属奉贤实验小学（拟命名）签约仪式。根据协议，奉贤区和上海师大将充分发挥各自资源优势，在教师教育、课程教学改革和中小幼一体化人才培养等方面深入合作。（赖黎明、汪　悦）

【举行区第二十六届教学节】 9月14日，主题为“聚焦新成长课堂，推进有效性教学”的区第二十六届教学节开幕式暨学校“双减”工作推进会在古华教育会堂举行。教学节重点开展“课程建设、课堂教学、教学研究、教学管理”4个维度10项区级评选展示活动，推进“高效学习型、互动生成型、活力成长型”新成长课堂建设。教学节期间，组织区优秀教学管理者论坛3场，举办教育集团（联盟体）系列主题展示活动11场，以“双减”“双新”为背景开展系列教学活动6场；集团和联盟体内部组织活动30多场。评出区优秀组织奖10个，区示范教研组8个、优秀教研组32个，优秀作业案例352份。选送优秀单元作业案例设计参加市中小学优秀单元作业案例设计大赛获1个一等奖、3个二等奖、2个三等奖；组织教师参加市中青年教师教学评比获5个一等奖、10个二等奖、2个三等奖。（赖黎明、汪　悦）

【与上海外国语大学签署全面战略合作框架协议】 11月19日，奉贤区政府与上海外国语大学签署全面战略合作框架协议。根据协议，奉贤区和上海外国语大学将在奉贤合作举办中小学及幼儿园，先期启动幼儿园建设。（赖黎明、汪　悦）

【区第十二届教育科研大会举行】 12月23日在奉贤区教育学院举行。由区教育局主办，以“新发展·新成长——创新推进教育科研的奉贤行动”为主题，300多人出席会议。大会总结2018—2020学年奉贤区学校科研工作，部署新成长教育背景下的奉贤教育科研工作，发布《2022年奉贤区新成长教育科研项目指南》，解读《关于推进新成长教育优秀科研成果推广转化的实施方案》，并对教科研先进集体和先进个人进行表彰。（赖黎明、汪　悦）

【在全国及长三角班主任和思政课大赛中获佳绩】 7月，奉贤区肖塘中学教师黄河双和明德外国语小学教师张敏分别代表上海市参加首届全国中小学班主任基本功和思政课教师教学基本功展示交流活动及第十届长三角地区中小学班主任基本功大赛。其中，黄河双的3个思政课设计入选2021年全国中小学思政课教师教学基本功展示交流活动典型经验，育人故事、主题班会和带班育人方略入选2021年全国中小学班主任基本功展示交流活动典型经验；张敏获长三角地区中小学班主任基本功大赛小学组综合一等奖、主题班会单项特等奖。（赖黎明、汪　悦）

附：区教育局驻地及负责人

（2021年1—12月）

区委分管领导：骆大进
区政府分管领导：袁　园（9月离任）、张娣芳（9月到任）

区教育工作党委书记：陆　琴
副书记：施文龙、高国弟

区教育局局长：施文龙
副局长：顾　军(8月离任)、周　英、万国良、陈颖婕、陶　立(12月到任)

地址：古华路758号
邮编：201499
电话：37597001

崇　明　区

【2021年概况】 有中小学、幼儿园、职业学校、特教学校和其他事业单位108家(其中区教育部门主办的102家)，其中高中7所(含1所公办完中、1所民办完中)、初中23所(含6所公办九年一贯制学校、1所民办九年一贯制学校、1所专门学校)、小学23所(含1所特教学校)、幼儿园37所(含2所民办幼儿园)、中职校3所(含1所区卫健委、1所江南集团主办)、成人学校6所、开大崇明分校等直属事业单位9个。在校学生42658人，其中高中生4582人、初中生11070人、小学生15217人、在园幼儿8845人、中专职校生2802人、特殊教育学生142人。全区在编教职工6835人，其中专任教师5287人。在编教师中具有一级教师及以上职称4256人，其中正高级11人、副高级1005人。

贯彻落实《崇明区教育系统落实〈上海市中小学幼儿园教师违反职业道德行为处理的意见〉的工作规定》和《崇明区教育系统教师师德师风考核评价工作指南(试行)》，加强对全体教师法制纪律教育。制定《崇明区教师考核评价指导意见》，明确以师德师风、教育教学实绩、一线学生工作为主要考评导向，组织开展各类评先评优工作，全年获区级嘉奖以上教师778人，其中3位校长(书记)获评上海市特级校长，29位教师获评上海市园丁奖。落实《关于进一步加强崇明区教育系统教师招聘管理工作的实施办法》，控制招聘总量，提高准入门槛，新进教师102人，全区教师总量减少150人，年龄和学科结构进一步优化。落实《崇明区教育系统事业单位深化全员岗位聘任工作的意见》和《崇明区义务教育学校和幼儿园教师流动管理办法(试行)》，推动教师校内竞争上岗和校际统筹调剂相结合，全区共流动教师150人。继续委托上海师大培养紧缺学科教师40人。完成121名见习教师规范化培训、415名骨干教师培训、4850名教师全员培训和全体校(园)长、书记暑期培训等工作。完成第七轮骨干教师评选，产生18名"瀛洲名师"、64名学科带头人、138名学科标兵和433名教学能手，组建第五轮"名师工作室"21个。

推进"名校+新校"合作办学，总结一师附小附属江帆小学、上海市实验学校附属东滩学校的办学经验。启用上海市向明初中附属江帆中学，完成上海市实验小学长兴分校项目建设、机构成立、干部配置和开办方案等工作，推动上海市实验学校东滩高中项目建设，与世外教育集团签署十二年一贯制合作办学协议。完成《崇明区高中示范性教育集团创建方案》，组建崇明中学和城桥中学两个跨学段、跨法人紧密型教育集团，建立集团理事会制度。加强义务教育和幼儿园集团化办学。围绕管理、师资、课程、评价等要素，促进教育集团内部牵头校、成员校的各类资源共建共享，以及管理、育人、考核等工作的一体化，提高教育优质均衡水平。

制定《崇明区托育三年行动计划(2021—2023年)》，完成东平镇、建设镇2个普惠性托育点建设，公办园开设托班占比80%。学前教育普及普惠率通过上海市督导验收，相关资料上网并做好国家级督导迎检工作。横沙幼儿园和东滩思南路幼儿园创建市一级园，公办幼儿园优质园比例达48.6%。参与上海市第二轮城乡携手共进计划项目，继续推进"初中强校工程"项目并完成中期评估。制定《崇明区义务教育项目化学习三年行动计划（2020—2022年）》，实验中学、平安小学和上实东滩3所学校成为首批市级项目化学习实验校。全面推开小学主题式综合活动课程。落实义务教育学校"五项管理"和"双减"工作要求，学生课后服务实现"三个全覆盖"，参与学生数达99.3%；开展校外培训机构专项整治工作，减轻学生校外培训负担。实施高中"双新"计划，严格执行高中课程方案与课程标准，聚焦学生核心素养和高阶思维的培育，完善选课走班教学。实施特色普通高中建设新三年行动方案，城桥中学获评上海市特色普通高中。

编制《崇明区中小学幼儿园空间布局规划（2021—2035年）》，确定长远目标和近期计划。推进重大生态建设项目，上海市实验学校东滩高中项目完成项目建议书、建筑方案设计、工程可行性研究等，年底上网招标；堡镇幼儿园项目完成地下工程土方开挖及结构施工；风清路幼儿园项目完成项目建议书和工程可行性研究等。

贯彻落实《崇明区深化新时代教育评价改革实施方案》，制定《任务清单》和《负面清单》。推进党委、政府教育评价改革，完善党对教育工作全面领导体制机制。推进学校评价改革，完善中小学幼儿园职业学校考核办法。开展教师分类评价改革，把师德师风作为评价教师第一标准，突出教育教学第一导向，以全员导师制为核心强化一线学生工作。推进学生综合素质评价，促进德智体美劳全面发展。贯彻《关于深化新时代教育督导体制机制改革的实施意见》，依法落实教育督导机构设置，推动教育督导体制机制落实法定职能，优化教育督导运行机制，强化督导结果运用。

严格执行市教委、区防控办疫情防控常态化工作要求，把牢学校门口测温、重点场所消杀、师生离沪管理、应急预案制定、突发事件演练、信息数据报送等重点工作。联合区卫生健康部门对基层学校开展5次专题培训和2次专项督查工作。开展教职工疫苗接种宣传发动和组织工作，教育系统在编人员接种率达94.06%（外聘人员为95.58%）。组织开展12—17岁学生疫苗接种工作，完成市级下达的1.6万人接种目标，全程接种率达91.5%。

（赵小瑾）

【签订委托管理上海市实验学校东滩高级中学协议】 2月24日，区教育局委托上海市实验学校管理上海市实验学校东滩高级中学签约仪式在区会议中心举行。区教育局局长与上海市实验学校校长代表双方签订《上海市崇明区教育局委托上海市实验学校管理上海市实验学校东滩高级中学的协议》。区政府办公室、区教育局、区财政局、区人力资源社会保障局、区规划资源局、东滩集团公司负责人参加签约仪式。

（赵小瑾）

2月24日，崇明区教育局委托上海市实验学校管理上海市实验学校东滩高级中学签约仪式在区会议中心举行

【城桥中学获评上海市特色普通高中】 4月2日，城桥中学获评上海市普通特色高中揭牌仪式在城桥中学举行。根据市教委文件精神，上海市特色普通高中参照市实验性示范性高中政策办学，在自主招生、特色师资队伍建设、设备配置和经费投入等方面参照市实验性示范性高中相应政策。

（赵小瑾）

【区教育局与上海世外教育集团合作办学签约】 5月10日，区教育局与上海世外教育集团合作办学签约仪式举行。双方代表签署城桥镇生态社区义务教育九年一贯制学校委托管理协议。根据协议，双方将扩大"新校＋名校"办学模式成果，优化崇明

城桥地区优质教育资源的布局。（赵小瑾）

【合作共建上海交通大学国际农业与生态学院】 6月30日，上海市教育委员会、崇明区政府和上海交通大学在上海交通大学安泰经济管理学院签署战略框架合作协议。根据协议，市教委、崇明区政府和上海交通大学将以现代农业为重点，与以色列希伯来大学、英国爱丁堡大学等国际著名大学合作，建设上海交通大学国际农业与生态学院，推进全健康、低碳生态、环境科学与工程等交叉学科的合作与建设，重点打造世界一流农科、健康民生和低碳生态可持续发展新兴国际化大生态学科群。（赵小瑾）

【上海市向明中学附属江帆中学启用】 8月28日，上海市向明初级中学附属崇明区江帆中学揭牌仪式暨2021级新生入学典礼举行。江帆中学地处城桥镇绿海路701号，建筑面积近2万平方米，专用教室18个，现代化教学设施齐全。江帆中学是继崇明南西新城幼儿园、崇明江帆小学、上海实验学校附属东滩学校和上海市东滩思南路幼儿园后，崇明区与市中心城区实施“名校+新校”合作办学的又一成果。（赵小瑾）

附：区教育局驻地及负责人

（2021年1—12月）

区委分管领导：李　峻
区政府分管领导：王　菁

区教育局党工委书记：龚朝晖（8月离任）、倪向东（8月到任）
副书记：龚耀飞、郭　琰（8月离任）、陆惠星（8月到任）

区教育局局长：龚耀飞
副局长：陆　琴、黄乃华、吴美华、陆　杰

地址：崇明大道8188号商务中心3号楼4楼
邮编：202150
电话：59621724

高等学校

Higher Educational Institutions

复旦大学

【2021年概况】 有邯郸、枫林、张江和江湾4个校区，设直属院(系)35个，附属医院19所(其中4所筹建)。有本科专业79个；一级学科博士学位授权点40个，一级学科硕士学位授权点43个，博士专业学位授权点4个，硕士专业学位授权点32个；博士后科研流动站37个。在校普通本、专科生15044人，硕士研究生21280人、博士研究生10924人，留学生2692人(其中攻读学位的留学生2479人)。录取本科生3978人(含留学生357人，预科生24人)；实际招录硕士研究生7603人(其中学术型2144人、专业型5459人)，博士生2932人(其中学术型2441人、专业型491人)。在职在编专任教师2979人，专职科研人员463人。中国科学院、中国工程院院士58人(含双聘)。

全校各级党组织开展“永远跟党走”群众性主题教育活动等庆祝建党百年活动6000余项次。成立党史学习教育宣讲团、“七一”重要讲话精神宣讲团和党的十九届六中全会精神宣讲团。依托中央、市级宣讲团及校级宣讲团开展理论宣讲600余场，覆盖校内外受众10万余人次。开设庆祝中国共产党成立100周年暨党史学习教育专题网站，推出“红色基因赓续百年”100集融媒体报道，开展“奋斗百年路启航新征程”主题宣传、二级单位“党史故事大家讲”新媒体接力。与中共一大纪念馆签署战略合作框架协议，共同主办“中共创建史学术研讨会”。举行纪念陈望道诞辰130周年座谈会暨电影《望道》开机仪式，出版《陈望道文存全编》。4篇文章入选上海市庆祝建党百年理论征文。举办“筑梦百年奋斗路启航伟大新征程”庆祝建党100周年主题党日活动，录制教育部首期庆祝建党百年高校示范微党课之复旦大学篇，直播点击量220余万次，700余万人在线观看。烈士纪念雕塑和纪念广场、宣言广场落成，玖园二期工程——苏步青旧居、谈家桢(陈建功)旧居修缮项目完成，陈望道雕塑揭幕。

制定《复旦大学深化新时代教育评价改革的实施方案》，构建以立德树人为核心的综合评价体系。制定《关于落实“四贯穿”深化“三全育人”综合改革的实施意见》，推出“三全育人”改革2.0版本。召开学校师德师风建设座谈会，开展教师暑期社会实践活动，试行日常化社会实践。组织新入职教职工第一课，制定《师德手册》和《师德失范行为负面清单》。中国语言文学系陈尚君获上海市“四有”好老师称号。中山医院王吉耀家庭入选教育部首批“教育世家”。落实学校网络育人三年行动计划，成立“复旦大学网络育人联盟”。举办春秋季心理健康文化月，推出主题教育宣传活动154场，覆盖学生18800余人次。“星火”党员志愿服务队全年接待社会各界受众约2.2万人次，开发多语种宣讲，获全国学雷锋志愿服务“四个100”最佳志愿服务组织、第十三届中国青年志愿者优秀组织奖、上海教育年度新闻人物等。博士生讲师团获第七届中国国际“互联网+”创新创业大赛铜奖、上海市赛金奖。

编制《复旦大学第十四个五年规划纲要》，以加快建设“第一个复旦”为目标，构建“十四五”规划指标体系，形成由总规划、专项规划、二级单位规划组成的复旦大学“十四五”规划矩阵。启动上海医学院高水平地方高校建设项目二期建设工作。制定青浦校区和匈牙利海外校区规划，落实青浦校区选址。启动新一轮“双一流”建设，制定整体建设方案(2021—2025年)，编制20个拟建设一流学科方案。加快实施“双一流”重点项目，升级原创科研个性化支持项目，启动人文社科先锋计划、先导计划。完成高峰学科2018—2020年阶段总结评价，编制高峰学科建设方案(2021—2025年)。主办“一流大学建设系列研讨会暨中国大学校长联谊会”。新增信息与通信工程、航空宇航科学与技术、国家安全学3个一级学科博士学位授权点。

全年开设各类本科课程7028门次(其中“二专”“二学位”课程164门次),30人以下(含)的小班课程4165门次。实现“2+X”本科培养体系全覆盖,教育部拔尖计划2.0基地达11个。9个项目入选教育部首批新文科研究与改革实践项目,新增20个国家级一流本科专业建设点;19门课程入选上海高校一流本科课程。制定《复旦大学关于加强新时代马克思主义学院建设的实施意见》,在全国率先开设“四史”思政课程。成立课程思政教学研究中心,评选校级课程思政标杆课程60门,3门课程获评教育部课程思政示范课程。首次开设“大学生创业进阶实训”课程,36个项目入选教育部产学合作协同育人项目,3个项目获中国国际“互联网+”大学生创新创业大赛金奖。设立教材四级审查制度,启动“七大系列百本精品教材”项目,25部教材获评全国优秀教材。在第六届全国大艺展上获一等奖4项。校排球队获全国大学生排球联赛总决赛女子组冠军、男子组亚军。主办首届全国高校教师教学创新大赛,获部属院校正高组一等奖、优秀组织奖。推行拔尖学生本博贯通招生培养模式,实施“卓博计划”第二期。制定博士研究生培养分流退出实施办法。开展研究生课程配套教材建设工作,研究生教材2项、专著1项获批工业和信息化部“十四五”规划教材立项。组建32个专业学位研究生教育指导委员会,新建校级专业实践基地35个。首次启动教育类研究生认定中小学教师资格工作。首次开展导师招生资格年度审核工作。

年内,获国家科学技术奖4项,其中国家自然科学奖一等奖1项,实现历史性突破;获高等学校科学研究优秀成果奖(科学技术)8项;获上海市科学技术奖26项,其中一等奖11项。牵头获批国家重点研发计划项目40项(含国际合作专项)、科技创新2030重大项目5项;获批国家自然科学基金项目立项875项,其中获批国家自然科学基金基础科学中心项目1项。实施基础研究特区计划,首批开展17个项目。获科技部批准建设“上海长江河口湿地生态系统国家野外科学观测研究站”,成为学校首个国家级野外科学观测研究站。上海市重大传染病和生物安全研究院获市级科技重大专项立项。获上海市教委认定海洋—大气相互作用等4个上海市前沿科学研究基地、低轨卫星通信技术等4个上海市协同创新中心。牵头建设张江mRNA国际创新中心,获上海推进科技创新中心建设办公室张江专项资金支持。全年在CNSNL等国际顶级期刊上发表原创性论文26篇,以通讯作者/第一作者身份发表11篇。获第二十二届中国专利奖银奖1人、第十三届谈家桢生命科学奖2人。全柔性织物显示系统等多项成果亮相国家“十三五”科技创新成就展。在第二十三届中国国际高新技术成果交易会上,10项展品获优秀产品奖,获奖总数首次位列全国高校首位。文科全年获批省部级以上项目立项249项,其中国家社科基金、马克思主义理论研究和建设工程等国家级项目立项86项,教育部人文社科各类课题33项,上海市哲学社会科学规划各类课题36项,其他省部级课题94项。全年获人文社科重大项目30项。获批国家社科基金重大项目招标课题立项12项,教育部哲社研究重大课题攻关项目3项,均位列全国高校第二;获教育部哲社后期资助4项,立项率100%,位列全国高校第一;获教育部人文社会科学重点研究基地重大项目3项;成为唯一获国家社科基金冷门绝学团队项目的上海高校。推进“两大工程”建设,一期发布20本著作,其中7本年内出版。新增部委研究基地和实验室7个、省市研究基地6个,创建3个部委级和1个上海市人文社科实验室。新设老龄研究院、望道研究院。复旦学报(社科版)获第五届中国出版政府奖期刊奖。获全国教育科学研究优秀成果奖3项、上海市教育科学研究优秀成果奖一等奖1项。理工医科横向科研新建校企联合实验室27家。获批科技部、教育部“首批高校专业化国家技术转移机构建设试点”,获批建设上海市教委“上海高校技术转移中心”。全年申请专利591件,授权专利347件,完成计算机软件著作权登记97件;签订成果转化合同26个,其中转让合同13个、许可合同11个、赋权(作价投资)合同2个。

上海数学中心首席专家李骏当选2021年度中国科学院院士。继续实施“卓越2025”人才培育计划，启动第二批“卓识”“卓学”人选推荐工作。修订教师高级职务聘任实施办法，完善综合准入标准基础上的代表性成果评价机制。制定“双一流”绩效实施方案，建立教书育人与科学研究成果等效机制。制定思政教育序列高级职务评聘办法，畅通思政系列正高级职务聘任通道。增设智库序列人才引进评议工作小组，构建智库人才引进评价体系。承办首届上海市博士后创新创业大赛，在首届全国博士后创新创业大赛中获5金2银5铜和优秀组织奖，金奖数和获奖数均位居全国高校第一。

与张江国家实验室、浦江国家实验室、合肥国家实验室、临港国家实验室签订战略合作协议，推进广州国家实验室上海基地建设。聚焦集成电路、人工智能、生物医药三大重点发展领域，推进张江复旦国际创新中心建设。推进复旦智库一体化建设，发布复旦智库报告13本，出版智库丛书4本，获省部级决策咨询课题63项，一批成果获中央领导批示肯定，获上海市决策咨询成果一等奖4项。与浙江、四川成都、山东济南等地签署合作协议。与华为、长三角国家技术创新中心、中国商飞等企业深化产教融合。继续做好定点帮扶永平县工作，向永平县捐赠资金、教学医疗设备。学校科技帮扶项目获评沪滇科技合作示范点，2项帮扶实践入围首批教育部直属高校服务乡村振兴创新试验培育项目。

派出校际交流学生63人，另有54人参加线上交流；接收校际交流生238人。与秘鲁天主教大学、阿根廷布宜诺斯艾利斯大学等国外高校新签各类合作协议17份，续签12份。与匈牙利政府就开办复旦大学匈牙利校区签署落地协议。与澳门特区政府签订战略合作框架协议。与香港中文大学联合建立“生命科学与医学联合研究中心”。与澳门大学、澳门科技大学、香港大学签署3个合作协议。承办上海市台办重点项目——首届上海高校台湾大学生“繁星计划”实习项目。与挪威奥斯陆大学签署合作共建复旦—欧洲中国研究中心协议。加入“北极大学联盟”。作为秘书单位参与组织“中巴经济走廊大学联盟”交流机制第四次会议。与中共中央对外联络部、中国外文局联合主办“中国共产党治国理政的经验与启示”国际学术会议。

校友服务平台手机端注册用户达4.76万人，120多个校友组织入驻。成立集成电路校友会。举行“卿云相聚共铸光华——2021复旦大学校友‘云’返校日”活动，2.4万名校友参与。复旦管理学奖励基金会获2021公益之申年度“十佳公益机构”。“陈灏珠院士医学发展基金项目”获2021公益之申年度“十佳公益项目”。

网上办事大厅新增审批服务事项35项，推出电子签章平台。开通5G虚拟校园网，相关案例获第四届“绽放杯”5G应用征集大赛上海赛区一等奖、全国二等奖。搭建校内视频会议直播平台，完成9个视频会议会场改造。推出虚拟校园卡，与上海公共交通公司合作发布联名卡。全年在建基建项目8个，其中年内新开工项目3个。完成校园公共空间修缮任务226项，面积5.17万平方米。提前完成学生宿舍三年修缮计划，完成所有学生宿舍空气源热泵加装工作。加强智慧化机动车管理网络建设，与杨浦区政府协同开展邯郸路慢行交通系统优化改善。开展各项安全检查294次，排查并整改各类安全隐患449处。组织各类消防培训及演练39场次，参训师生24000余人次。开展全国高校“平安校园百校行”启动活动、首届上海市高校“全民反诈”巡回宣传活动、“反诈拒赌”进高校系列活动、“4·15国家安全日”系列活动等。开设实验室安全校级试点课程，实现相关学科本科生、校外进修教师与交流学生实验室安全考试全覆盖。学校获评全国“公共机构能效领跑者”，邯郸校区获评“公共机构水效领跑者”，江湾校区获评上海市节约用水示范(标杆)学校。申报上海市高校垃圾分类示范点，获评垃圾分类“百佳学校”。制定附属中小学教育教学质量提升三年行动方案，落实“双减”政策，构建复旦特色课后服务体系。

研究编制《复旦大学干部队伍建设规划2021—2025》《复旦大学干部人才校内挂职锻炼工作实施办法》，启动第一批29个岗位的校内挂职锻炼工作。选派55名干部教师到国家部委、地方政府、战略合作地、对口支援地、艰苦地区和涉外岗位挂职锻炼。制定印发《复旦大学持续解决形式主义问题八项举措》。开展非学历教育、基础教育合作办学、校办企业、附属医院4个领域腐败风险的专项监督。

（童子益）

【与奥斯陆大学签署合作共建复旦—欧洲中国研究中心协议】 2月26日，复旦大学与挪威奥斯陆大学签署合作共建复旦—欧洲中国研究中心协议。根据协议，双方在人文社科、医学等领域开展合作，共同发展前沿学科。 （童子益）

【与匈牙利政府签署战略合作协议】 4月27日，复旦大学与匈牙利政府在线签署战略合作协议，宣布在匈牙利首都布达佩斯共建复旦大学匈牙利校区。国家主席习近平于2月9日在北京以视频方式主持中国—中东欧国家领导人峰会并发表的主旨讲话中，支持复旦大学在匈牙利开设校区。（童子益）

【复旦大学附属华山医院福建医院建成开诊】 5月1日，国家区域医疗中心，复旦大学附属华山医院福建医院、福建医科大学附属第一医院（滨海院区）建成开诊。医院由福建省委省政府牵头，福州市委市政府建设，复旦大学附属华山医院、福建医科大学附属第一医院两家三甲医院共同打造，是首批10家国家区域医疗中心建设单位之一。 （童子益）

【与中央广播电视总台签订全面战略合作伙伴关系框架协议】 5月10日，中央广播电视总台与复旦大学签订全面战略合作伙伴关系框架协议仪式在北京举行。双方签约并为中央广播电视总台—复旦大学国际传播研究院揭牌。 （童子益）

【“中共百年华诞世界百年变局——中国共产党治国理政的经验与启示”国际学术研讨会】 7月20日在上海举行。由中共中央对外联络部、中国外文局和复旦大学联合主办。来自中共中央对外联络部、中央党史和文献研究院、中共中央党校、中国社会科学院、中国外文局及海内外知名大学的近百位领导和专家学者以线上线下形式参会，共话中国共产党治国理政的成就、经验与启示，研讨如何向世界讲好中国共产党治国理政的故事。会议期间，举办“中国共产党为什么能”书系珍藏版（中、英文版）首发式。

（童子益）

【首届全国高校教师教学创新大赛全国赛】 7月27—30日在复旦大学举行。由教育部高等教育司指导、中国高等教育学会主办，复旦大学承办。以“推动教学创新打造一流课程”为主题。全国31个赛区的约300名教师在全国赛期间带来199门课程，展示当代高校教师的先进教学理念以及教学改革与创新成果。大赛评出个人（团队）奖一等奖30项、二等奖69项、三等奖99项；教学活动创新奖、教学学术创新奖、教学设计创新奖等专项奖19项。大赛实行校赛、省（区、市）赛、全国赛三级赛制，共有1071所普通本科高校的50386名教师参加校赛；12625名教师参加省赛，其中主讲教师3981人，高级职称教师参赛比例接近70%。 （童子益）

【“上海论坛2021”年会】 10月29—31日在复旦大学举行。由复旦大学和韩国崔钟贤学术院主办。以“复苏与韧性：可持续未来中的亚洲角色”为主题，采取线上线下结合的形式举行。来自全球40多个国家的智库、高校、学术机构、企业、政府和媒体等机构的2200余位嘉宾和代表参加论坛。论坛分科技创新、经济金融、全球治理三大板块，举办14场以国际化、跨学科平台合作为特色的高端圆桌。 （童子益）

【第六届“复旦—中植科学奖”颁奖典礼暨2021复旦科技创新论坛】 12月19—20日在上海五角场凯悦酒店举行。美国国家科学院院士、美国艺术与科学院院士、美国哈佛大学和加州大学圣地亚哥分校数学荣休教授本尼迪克特·格罗斯（Benedict Hyman Gross），美国国家科学院院士、荷兰皇家艺术与科学院外籍院士、德国马科斯—普朗克数学研究所原所长、荣休教授唐·查吉尔（Don Bernard Zagier）获2021年“复旦—中植科学奖”。尼迪克特·格罗斯通过视频发表获奖感言。唐·查吉尔出席颁奖典礼并发表演讲《古老而美丽的数论》。中国科学院院士、复旦大学芯片与系统前沿技术研究院院长刘明，美国国家科学院院士、菲尔兹奖得主埃菲·杰曼诺夫（Efim Zelmanov）先后以“集成电路技术创新展望——挑战与机遇”和“数学：科学还是艺术”为题作主题报告。论坛为期两天，除主论坛外，另设生物医学人工智能、数据科学与人工智能、整合心理学3个分论坛。来自世界各地的科

研领军人物和青年创新人才以线上线下相结合的形式参会。（童子益）

【举行“两大工程”成果发布仪式暨学习贯彻党的十九届六中全会精神理论研讨会】 12月19日，在上海市委宣传部的指导下，复旦大学与上海市社联、上海世纪出版（集团）有限公司等共同举办“习近平新时代中国特色社会主义思想研究工程”和“当代中国马克思主义研究工程”（简称“两大工程”）成果发布仪式暨学习贯彻党的十九届六中全会精神理论研讨会。“两大工程”一期20本著作集中发布。（童子益）

12月19日，“两大工程”成果发布仪式
在上海社联大楼6楼群言厅举行

附：学校负责人及地址

（2021年1—12月）

校党委书记：焦　扬
常务副书记：裘　新（11月到任）、周亚明（11月到任）
副书记：许宁生（11月离任）、金　力（11月到任）、许　征（11月离任）、周亚明（11月离任）、袁正宏、尹冬梅、金海燕

校　长：许宁生（11月离任）、金　力（11月到任）
常务副校长：金　力（11月离任）、许　征（11月到任）
副校长：张志勇（11月离任）、周亚明（11月离任）、陈志敏、张人禾、徐　雷、汪源源（11月到任）

邯郸校区地址：邯郸路220号
邮编：200433
电话：65642222

枫林校区地址：医学院路138号
邮编：200032
电话：54237900

张江校区地址：张衡路825号
邮编：201203
电话：51355003

江湾校区地址：淞沪路2005号
邮编：200438
电话：51630011

复旦大学上海医学院

【2021年概况】 有直属院所和研究基地、中心10个，附属医院（含筹建）18所；设本科专业10个，有博士学位授予权一级学科9个、博士后科研流动站8个。全院在校生10980人，其中博士研究生3477人（含中国港澳台生22人，外国留学生14人），硕士研究生3338人（含中国港澳台地区学生20人，外国留学生34人），普通本科生4165人（含中国港澳台地区学生78人，外国留学生254人）。年内，招收本科生818人，其中外国留学生40人。招收研究生2214人，其中硕士生1185人，博士生1000人，外国留学生17人，中国港澳台地区学生12人。有专任教师716人、专职科研人员161人，其中高级职称576人。有中国科学院院士10人、中国工程院院士5人。

开展“七个一”系列活动庆祝中国共产党成立100周年。做好“两优一先”评选及“光荣在党50年”纪念章颁发工作。推动党史学习教育走深走实，推进医学生“三全育人”工作体系建设。落实市管高校派驻机构改革任务，深化纪检监察体制改革。

编制《复旦大学上海医学院“十四五”发展规划

和二〇三五年远景目标纲要》，完成高水平地方高校建设一期建设总结报告，启动实施高水平地方高校建设二期建设（2021—2025年）总体方案和高水平学科建设、高水平师资队伍建设、创新人才培养等子方案。完成第五轮一级学科评估参评组织工作。编制《深化新时代教育评价改革总体方案》工作清单和负面工作清单。

牵头国家重点研发计划专项资助项目16项、国家科技创新2030—脑科学与类脑研究项目3项、国家自然科学基金项目561项，获科学探索奖1人。获上海医学科技奖15项（一等奖2项）。新增上海市生殖与发育前沿科学研究基地、上海市病原微生物与感染前沿科学研究基地（培育）、上海市内镜微创协同创新中心、上海市急危重症临床医学研究中心、上海市放射治疗临床医学研究中心、上海康复医学临床医学研究中心6个省部级科研平台。发表SCI论文2564篇。申请专利816件，获授权专利592件，签订各类合同146项。

建立完善“全程导师制—课程体系改革—实践创新论坛—科技创新中心”四位一体的创新型医学人才培养模式。加快国家一流本科专业、一流本科课程建设，护理学、公共事业管理入选国家级一流本科专业建设点，药学入选拔尖学生培养计划2.0基地。8门课程获上海高等学校一流本科课程，8门获上海高校市级重点课程。开展PBL、CBL、TBL及模拟教学等多种教学方法，推动以学为中心的教学改革。立项医学本科生创新创业计划“卿枫学者”项目42项，遴选“福庆学者”科创项目20项，举办复旦大学上海医学院第四届本科生创新创业论坛。推动精品教材项目建设，内科学等4本教材获首届全国优秀教材奖，医学遗传学等5本教材获首批上海高等教育精品教材，儿科学等7本教材获全国高校八年制及“5+3”一体化临床医学专业第四轮规划教材。

实行“本博贯通”优质个性化培养，继续实施“卓博计划”，提升长学制博士生比例。在临床医学专业博士中加大麻醉学、重症医学、儿科学、内科学（感染方向）人才培养力度，将重症医学等纳入临床医学专业学位研究生核心课程建设。将公共卫生硕士专业学位列入公共卫生研究生教育的主体培养计划，推动公共卫生博士专业学位入选上海市高校学位点培优培育项目。完成口腔医学博士专业学位授权点申报设置，成立口腔医学院。推进博士学位论文质量控制，健全学术不端预防处置制度。

附属医院全年门急诊服务量3512万人次，住院手术服务量75万人次，出院101万人。附属华山医院获批国家神经疾病医学中心和国家传染病医学中心。附属中山医院被列为国家医学中心首批“辅导类”创建单位。中山医院、华山医院和肿瘤医院3个国家疑难病症诊治能力提升工程项目建设等国家重大任务有序推进。附属中山医院、华山医院、儿科医院、肿瘤医院作为国家区域医疗中心建设的输出单位，积极支持福建等医疗资源相对薄弱地区医疗机构建设。儿科医院厦门医院获批成为国家区域医疗中心试点单位。承担江西、云南、西藏、新疆、青海、四川等中西部6省、自治区40家医疗机构援建工作，全年累计派出医疗挂职干部及医务人员224人次。派出12名医务人员帮扶支援摩洛哥。

（陈东滨）

【教育部临床医学专业认证专家到校考察】 5月23—27日，教育部临床医学专业认证专家组到复旦大学上海医学院开展临床医学专业认证现场考察。专家组通过走访座谈、随机听课、查阅资料、实地考察附属医院和社区卫生服务中心等多种形式全面考察。10月21日，教育部高等教育教学评估中心发布，复旦大学通过临床医学专业认证，有效期8年，自2021年5月至2029年5月。

（陈思宇）

5月23—27日，教育部临床医学专业认证专家组到复旦大学上海医学院开展现场考察

【院史原创话剧《我们的西迁》首演】 6月27日，由复旦大学上海医学院党委、重庆医科大学党委联合出品的院史原创话剧《我们的西迁》在中山医院福庆厅上演。该剧角色全部由复旦大学上海医学院师生和附属医院医护人员出演。话剧呈现了上海医学院前辈的西迁故事，带领观众重走前辈西行之路，重温西迁精神，汲取西迁力量。（张欣驰）

【《复旦大学上海医学院"十四五"发展规划和二〇三五年远景目标纲要》】 12月8日，公开发布。全文4章，合计2.5万字。《规划纲要》坚持"需求导向、优势引领、融合创新、整体提升、追求卓越"的发展定位，明确加强党的全面领导、深化医学教育改革、构建思政工作体系、学科建设、人才培养、科研创新、附属医院发展、师资队伍建设、社会服务贡献、国际合作交流、基本条件保障、信息化发展等12项重点任务。（詹歆晔）

附：学校负责人及地址

（2021年1—12月）

校党委书记：袁正宏
　副书记：金　力、杨伟国、张艳萍、徐　军

校　长：金　力
副校长：徐　军、吴　凡、朱同玉（5月到任）、汪志明

地址：医学院路138号
邮编：200032
电话：54237417

上海交通大学

【2021年概况】 有6个校区，设33个学院和直属系。有本科专业71个（含43个国家一流专业建设点、1个省级一流专业建设点）；一级学科硕士学位授权点58个，一级学科博士学位授权点49个；38个博士后流动站。有12家附属医院，2个附属医学研究所，23个直属单位，5个直属企业。全日制本科生（国内）17460人、全日制硕士研究生14670人、全日制博士研究生11031人，国际留学生2219人。有专任教师3512人，其中教授1157人；中国科学院院士27人、中国工程院院士25人（包括1名两院院士）。

有国家级和上海市实验教学示范中心13个，国家虚拟仿真实验教学项目4个，国家级虚拟教研室5个。国家级高等学校教学名师奖获得者9人、上海市教学名师奖获得者36人，国家级教学团队16个、上海市教学团队15个。入选国家首批一流本科课程55门，有国家级精品视频公开课13门、国家级精品资源共享课19门、国家精品在线开放课27门，国家双语示范课7门；上海市精品课程183门、上海高校示范性全英语课程53门。

18个学科入选国家"双一流"建设学科，17个学科入选上海市高峰高原学科。在第四轮学科评估中，全校25个学科入选A类。有各类科技创新基地183个，其中国家级33个、省部级135个、国际合作15个，包括2个国家重大科技基础设施、1个李政道研究所，7个国家重点实验室、1个国家前沿科学中心、1个国家集成攻关大平台、3个国家协同创新中心等。

开展庆祝中国共产党成立100周年系列活动，推出大型原创校史舞台剧《积厚流光》、改编创作上海交通大学版《长征组歌》。加强党史理论研究，组织理论宣讲团开展宣讲180余场。深入开展"我为群众办实事"实践活动。坚持并完善党委领导下的校长负责制。宣传贯彻《中国共产党统一战线工作

条例》精神。以中央巡视整改为契机，落实整改巡视反馈的6个方面16个问题，制定120项整改举措。

完成新一轮本科教育教学审核评估。建成14家专业学位硕士研究生联培基地，开辟国内首个科技成果转化专业学位点。开展“伯乐计划”，个性化培养具有天赋潜质的人才。强化致远荣誉体系、强基计划建设，入选全国首批未来技术学院。成立智慧能源创新学院，打造文科平台，持续探索人才培养新模式。

近3000人次在500余项赛事中获奖，其中在“互联网+”大赛获5项金奖。连续四年召开全校就业引导工作大会，构建完善“招生—培养—就业—校友”全链条育人体系。本科生直博率、国内深造率、博士生高水平学术就业率稳步提升，重点行业单位就业引导率超过70%。

持续加强教师思想引领，做好“教书育人奖”“科研成果奖”“管理服务奖”评选，表彰首届8位“交大名师”，评选佳和优秀教学奖。优化长聘体系管理制度，制定《上海交通大学长聘体系制度实施办法》。入选两院院士3人，外籍院士1人。“四青人才”入选数居全国首位。推进专业技术职务评价改革，新设技术转移专员职务评审系列，代表性成果评价全系列覆盖。

完成学校“双一流”整体建设方案和18个一流学科建设方案制定。实施“大海洋”“大健康”“大信息”专项行动计划，打造学科高峰。推进“部部共建”，与自然资源部海洋二所、极地中心合力加强海洋科学人才培养与科学研究。试点实施上海交通大学“基础研究特区计划”，推进学科交叉融合。13项成果获第十三届上海市决策咨询研究成果奖，获奖总数蝉联全市第一；一批资政报告为服务治国理政以及经济社会发展贡献交大智慧。

国家自然科学基金立项总数连续12年全国第一，项目数连续5年超千项。以第一完成单位获2020年度国家科学技术奖8项，其中国家技术发明奖一等奖1项，获奖总数居全国高校第二。顾诵芬院士成为第五位获国家最高科学技术奖的交大校友。启动实施“交大2030”科技创新计划，主动布局重大基础研究和“卡脖子”关键技术攻关。参与国家实验室建设并开展战略合作，主动布局国家级平台基地。与中船集团合作的“深远海全天候驻留浮式研究设施”获“十四五”大科学设施立项。新增国家级野外观测站2个。国家社科基金立项数首次超过60项，12个社科重大项目获立项，创历史新高。数字化管理决策实验室成为首批教育部哲学社会科学重点实验室（培育），“东方之路”虚拟仿真实验室入选教育部首批全国高校思政课虚拟仿真体验教学中心（培育）。构建成果转化“1+5+20”制度体系。大零号湾区域建成超50万平方米科创载体，近500家高技术创新企业入驻园区，宁德时代、元知科技等领军企业落地。

举行建校125周年纪念活动。首次召开全校校友工作大会。启动与四川、云南新一轮全面战略合作，与内蒙古、黑龙江等建立战略合作关系。全面开启新一轮市校合作，与上海的徐汇区、闵行区、黄浦区、杨浦区、浦东新区等区域启动新一轮区校战略合作。4家高水平附属医院建设新院区助力上海“五大新城”建设。成立国际咨询委员会，在线召开国际咨询委员会第一次会议。启动“交·通全球课堂”面向境外高校、大学联盟开放课程。与美国南加州大学等合作共建课程。持续推进联授博士学位项目，与17所国外知名高校开展联授博士合作，新增美国普渡大学、新加坡南洋理工大学等伙伴高校。与华为集团共建联合研究院，与上海电气合作建设“壹号埠”工程研发创新服务平台。

完成“十四五”规划编制工作。贯彻落实《深化新时代教育评价改革总体方案》，入选教育部首批十大试点高校。加快谋划建设闵行北校区、医学院浦东校区、崇明国际农业与生态学院、长兴海洋实验室等。实验动物中心土建竣工，绿色环境楼完成主体工程，智能大楼完成结构封顶。慧谷科技大楼修缮、浩然大厦改扩建、设计大楼改扩建等项目按期进行。闵行学生服务中心大楼、海洋学院与药学院大楼、材料创新大楼等工程开工建设。改造徐汇区华山路校门和红太阳广场景观，修缮闵行校区饮水思源碑，树立传承校训精神的文化地标。

（章玲苓）

【上海交通大学未来技术学院】 8月19日在上海交通大学揭牌。教育部高等教育司司长发表书面讲话。揭牌仪式后，曾毓群受聘担任未来技术学院名誉院长，倪军受聘担任未来技术学院首任院长。

（章玲苓）

【校友获国家最高科学技术奖】 11月3日，2020年度国家科学技术奖励大会在北京人民大会堂举行。上海交通大学1951届航空工程系校友顾诵芬院士获2020年度国家最高科学技术奖。顾诵芬是歼-8和歼-8Ⅱ飞机总设计师，中国飞机空气动力设计奠基人，中国航空领域唯一的两院院士，主持建立了中国飞机设计体系，牵引并推动中国航空工业体系建设，还培养了一批院士、专家等领军人才。

（章玲苓）

【新增4位院士】 11月18日，中国科学院和中国工程院公布2021年院士增选名单。上海交通大学物理与天文学院副院长、讲席教授，凝聚态研究所所长，李政道研究所拓扑超导量子计算实验平台负责人贾金锋当选中国科学院院士；上海交通大学副校长、上海交通大学医学院院长范先群，上海交通大学讲席教授、上海交通大学附属第六人民医院贾伟平当选中国工程院院士；上海交通大学讲席教授、李政道研究所所长、物理与天文学院维尔切克量子中心首席科学家弗朗克·维尔切克(Frank Wilczek)当选中国科学院外籍院士。

（章玲苓）

【李政道研究所实验楼启用】 12月3日，位于上海张江科学城的李政道研究所实验楼启用。市委常委、常务副市长出席启动仪式。李政道研究所于2016年11月在上海交通大学成立，开展多个前沿领域原创性基础研究，实验平台建设稳步推进。

（章玲苓）

附：学校负责人及地址

（2021年1—12月）

校党委书记：杨振斌

副书记：林忠钦、顾　锋、范先群（6月离任）、江　帆（6月到任）、周　承、王伟明（6月到任）

校　长：林忠钦

副校长：丁奎岭、陈国强（6月离任）、黄　震（6月离任）、范先群（6月到任）、张安胜、徐学敏、奚立峰、毛军发、王伟明、朱新远（6月到任）

闵行校区地址：东川路800号
邮编：200240
总机：54740000

徐汇校区地址：华山路1954号
邮编：200030

黄浦校区地址：重庆南路227号
邮编：200025

长宁校区地址：法华镇路535号
邮编：200052

七宝校区地址：七莘路2678号
邮编：201101

浦东校区地址：张衡路429号
邮编：201203

上海交通大学医学院

【2021年概况】 有专任教师854人，其中具有高级职称的431人，具有博士学位的705人。年内，录取本科生728人、硕士研究生1116人（含专业学位435人）、博士研究生667人（含专业学位132人）、

招录住院医师规培生1141人、专科医师规培生483人。继续教育学院招生5305人，其中本科4303人、专科962人。有教职医护员工42278人，其中具有高级职称的4912人，包括中国科学院院士8人、中国工程院院士13人(新增2人)。

形成《上海交通大学医学院“十四五”改革与发展战略规划》及10个专项规划、20个学院和附属医院规划。各单位各部门按照规划，稳步推进10个方面35项具体建设任务。

贯彻《深化新时代教育评价改革总体方案》和《上海市深化新时代教育评价改革实施方案》，对照《负面清单》《任务清单》，进行全面自查并逐一整改。对接海南自由贸易港和国际教育创新岛建设战略，与海南省教育厅、乐城国际医疗旅游先行区管理局分别签署协议，启动上海交通大学医学院海南国际医学中心项目建设，附属博鳌研究型医院开院。聚焦“长三角一体化发展”战略，履行“长三角医学教育联盟”主席单位职责，继续做好“与你谈科学(第二季)”网络金课，组织召开“首届长三角医学教育联盟大会”，签署《长三角医学教育联盟医学教育战略合作协议》，启动联盟网站建设，完成联盟主席轮值单位换届交接。

12家附属医院均成立党委教师工作部门。研制《上海交通大学医学院师德失范行为处理办法(试行)》，持续开展教师思想政治与教育教学能力培训。总结梳理四期医学专业课程思政设计竞赛成果，形成医学专业课程线上数据库。口腔医学院蒋欣泉获宝钢教育奖优秀教师特等奖。附属瑞金医院陈尔真获上海市“四有”好教师(教书育人楷模)荣誉称号。

研制《上海交通大学医学院专业技术职务聘任实施办法》，形成评价科学、规范有序、竞争择优的人才评价体系。新设临床研究系列专业技术职务，构建“三类六型”职称评聘体系。继续加大博士后人才培养力度，完善博士后激励计划实施方案。定期对“双百人”队伍进行考核和补充遴选。研制医学院教职工补充住房公积金缴存方案，并于下半年实施。

围绕庆祝中国共产党成立100周年，结合党史学习教育，开展“传承交医红色基因、凝聚磅礴奋进力量”系列主题活动。加强辅导员队伍建设，完善选聘机制，新成立“YU”职业领航辅导员工作室，获首批上海市高校辅导员特色工作法项目1项。开展临床医学“4+4”专业毕业生质量专项追踪调查。组织开展医学生社会实践活动，获评全国大中专学生志愿者暑期“三下乡”社会实践活动优秀团队、全国大学生百强暑期实践团队活动优秀实践团队各1个。全年累计志愿服务约3000人次，服务时长约12000小时。获全国优秀共青团干部1人，卫生健康系统全国青年文明号集体2个。

完成教育部新一轮本科教育教学审核评估工作。在临床医学八年制双循环整合课程的基础上，实行临床医学专业“4+4”、儿科学专业单循环纵向整合课程。修订《上海交通大学医学院临床医学专业“4+4”培养方案》和口腔医学专业培养方案与教学大纲。建设《全球健康学》慕课课程，编写国内首部面向医学生的《全球健康学》教材。以“大健康”为引领，聚焦“新医科”，成立医学技术学院。新增预防医学、护理学2个国家一流本科专业，医学检验技术、儿科学申报新一批国家一流本科专业。推动营养、检验、护理3个上海市属高校应用型本科试点专业建设。获上海市一流本科课程4门，申报国家一流本科课程8门。附属仁济医院狄文教授牵头的《生殖系统(临床)》成为教育部课程思政示范课程，其团队及成员成为教育部课程思政教学团队和名师。《口腔颌面外科学(第8版)》《系统解剖学(第9版)》分别被评为首届全国优秀教材(高等教育类)一等奖、二等奖。《小儿内科学(第6版)》等3本教材入选首批上海高等教育精品教材。推进4个首批国家级临床教学示范培训中心建设。

受国务院学位办委托，牵头完成《医学门类学科专业目录修订研究报告(临床医学专业学位类别)》、协同完成《医学门类学科专业目录修订研究报告(临床医学一级学科)》。受上海市学位办委托，牵头修订《上海市临床医学/口腔医学硕士专业学位论文基本要求和评价指标体系》。制定《上海交通大学医学院关于研究生学位标准制定的指导意见》，建立各学科不同类别(学术型/专业型)博士学位和硕士学位授予的多维度评价指标体系。完成《上海高校拟增公共卫生博士专业学位点培育项目建设方案》编制。作为主编单位、副主编单位累计完成《临床医学示范案例分析》等11本国家“十三五”医学研究生规划教材的编写与出版。

上海—渥太华联合医学院继续以在线材料审阅等形式，组织开展第五次北美医学教育模拟认证，并与加拿大渥太华大学达成新一轮五年合作战略协议。优化临床医学八年制法语班培养方案，医学检验技术法语班开班。推进与英国爱丁堡大学合作建设医学本科双学位项目。与澳大利亚墨尔本大学合作开展全健康双博士联合培养项目。与英国牛津大学、伦敦国王学院等国外院校合作，开设4门在线课程。新设国际博士生全英文项目。继续履行南亚东南亚医学教育与医疗卫生联盟主席单位职责。

修订完善住院医师规范化培训年限减免测评方案。对12家附属医院的住院医师规范化培训基地和专业基地开展质量督导。新增国家住院医师规范化培训重点专业基地8个。研制继续教育学院转型发展三年行动计划，以培训中心模式推动非学历教育运行体制机制改革。做好上海市卫生监督VR实训基地建设。获评“全国高校现代远程教育协作组优秀校外学习中心”2个、“中国高校继续教育优秀教学站点”1个，入选中国高校继续教育优秀成果及特色案例3个。

成立脑影像智能研究中心。承担科技部等十部门科技成果评价改革试点专项任务，研制《上海交通大学医学院科技成果评价改革试点实施方案——破除科技成果评价“四唯”》。研制《关于进一步规范附属医院所设分院冠名及学术行为的实施意见》。修订《上海交通大学医学院促进科技成果转化管理办法》。依托“上药—交医”创新成果孵化平台，上海首例高校作价投资入股的生物医药领域科技型初创企业成立。筹建“上海生物医药前沿产业创新中心”，新立项孵化项目3项、定向研发项目2项、候选孵化项目3项。与法国罗阿大区—里昂癌症研究中心、英国曼彻斯特大学联合举办“2021年肿瘤前沿学术交流会”。

获国家自然科学基金项目776项，其中“杰青”3项、“优青”6项、重点类项目25项，并实现国家重大科研仪器研制项目零的突破。牵头承担国家重点研发计划重点专项项目10项、课题26项，其中国家科技创新2030—“脑科学与类脑研究”重大项目1项、课题5项，青年科学家项目2项。获国家社科基金重大项目1项。全年获国家科技进步二等奖4项，省部级科技奖26项(其中一等奖8项)。在Nature、JAMA、Lancet、BMJ等国际顶尖期刊发表高水平论文6篇。实现成果转化36项。

研制《上海交通大学医学院学科科研平台管理办法》，通过“医学院—学院/附属医院—基地”三级管理模式，做好各级重点实验室管理与评估工作。完成2个国家重点实验室《重组工作方案》研制，筹建省部共建国家重点实验室1个。转化医学国际联合研究中心在科技部检查评估中被评为“优秀”。上海市转化医学协同创新中心在三年建设绩效评估中被评为“优秀”。新增上海市重点实验室2个、上海市工程技术研究中心5个、“上海高校创新策源能力提升计划”前沿科学研究基地2个、市科委“一带一路”国际联合实验室2个。

高质量编制“双一流”首轮建设、上海市高水平地方高校一期建设等总结报告，在教育部“双一流”建设学科成效评价中，临床医学位居第一档并被推荐申报“一流学科培优行动”，口腔医学、基础医学、药学(与校部共建)位居第二档。在上海市高水平地方高校一期建设成效评估中被评为“优秀”。在上海市高峰高原学科建设项目第二阶段总结评价中，Ⅳ类高峰项目精准医学和基础医学获评“优秀”，临床医学、口腔医学、生物学、公共卫生与预防医学、药学5个学科获评“良好”。扎实编制“双一流”和上海市高水平地方高校建设二期方案，明确实施“四峰”工程(临床医学“尖峰”工程、一流学科“攀峰”工程、学科协同“造峰”工程、学科支撑“筑峰”工程)。调整优化组队方案，新增护理学科团队，遴选产生新一轮战略创新团队8个、重点创新团队20个以及协同创新团队56个。对第一、二批33个多中心临床研究项目结项验收。临床医学等4个学科进入ESI排名前1‰，8个学科进入前1%；U.S.News学科排行榜临床医学位居全国第一。

完成第五轮学科评估材料报送与信息复核。口腔医学院体制进一步完善，“大口腔”学科建设保持良好发展态势。推动“大公卫”学科建设，持续推进单细胞组学与疾病研究中心建设。中国医院发展研究院一批研究成果获党和国家领导人以及上海市委、市政府重要批示及采纳。编写国内首个医院感染管理专家共识——《“后疫情时代”医院感染管理上海专家共识》，发布《研究型医院评价指标体系》等。推动基于临床的“大护理”学科建设，搭建“护理＋X”学科交叉融合平台。

坚持“医＋X”学科交叉战略，成立数字医学研究院。整合免疫学基础研究和临床免疫学科优势，成立上海市免疫创新治疗研究院。依托全健康研究中心，有序启动“人兽共患病与热带病防控研究”等5个交叉研究平台建设。建立全健康指数体系，形成全球全健康指数报告。继续推进医工交叉创新研究院、中医西医汇聚创新研究院、慢病防控与健康促进协同创新中心等建设。

成为首批“上海高等教育督导评价研究基地”。继续编制《学科动态发展简报》。对标美国密歇根大学医学学科，编制《国际一流医学学科对标分析报告》。初步完成医学院专利知识库建设。成立循证医学研究服务中心。《学报》实现网络首发出版，并与国际学术数据库接轨。

支持国家口腔医学中心、国家儿童医学中心以及3个国家临床医学研究中心建设。跟进3个国家医学中心以及6个国家区域医疗中心申报进展，并协同组织申报第五批国家临床医学研究中心8个。新增3家附属医院临床研究分中心。附属瑞金医院在全市率先示范应用“便捷就医数字化转型”七场景，推动“智慧医院”建设。首台国产质子治疗装置临床试验正式启动。全年，附属医院开放床位21865张，门急诊总量4189.64万人次、出院病人126.83万人次、住院手术94.07万人次，分别比上年增长6.99%、35.69%、24.16%和21.51%。继续做好国内外医疗对口援助和援建工作。

举行医学院庆祝中国共产党成立100周年大会、“国旗下的演讲”等系列主题文化活动。以援鄂医疗队为原型，上演原创话剧《逆行者》。聚焦医学院改革发展亮点特色，在新华社以及《人民日报》《光明日报》《解放日报》《文汇报》等主流媒体平台发表各类报道385篇，其中头版头条3篇。开展“峥嵘百年与党同行”交医印记口述院史访谈。形成医学院新冠肺炎疫情防控专题档案。实现全国文明单位“六连冠”、上海市文明单位“十五连冠”。

切实推进依法治校，获上海市教育系统依法治校创建成果二等奖1项。完成东院室外道路修缮改造等8项年度基建修缮任务。完善科研试剂一站式服务平台和固定资产维修维保系统。制定《交大医学院资产出租出借管理办法》，强化危化品“五双”管理。巩固校园生活垃圾分类工作成果，成为“上海市生活垃圾分类典型选树百佳学校”。编制《浦东校区信息化建设规划方案》，完成在线教学云平台、人事管理信息系统等高水平地方高校“智慧校园”信息化专项建设，成为上海市教育信息化应用标杆培育校。 （交　医）

【获全国脱贫攻坚先进表彰】 2月25日，全国脱贫攻坚总结表彰大会在北京人民大会堂举行。上海交通大学医学院附属瑞金医院卢湾分院人事科副科长朱彬、附属第六人民医院院长办公室主任狄建忠、附属儿童医院心内科主治医师赵坚获全国脱贫攻坚先进个人，上海交通大学医学院附属新华医院普外科获全国脱贫攻坚先进集体。 （高　哲）

【“中共一大会址日记”首场初心党课】 5月21日在上海交通大学医学院开讲。由澎湃新闻和中共一大纪念馆主办，上海交通大学医学院承办。上海交通大学医学院、上海报业集团、中国共产党第一次全国代表大会纪念馆领导，以及上海交通大学医学院师生300余人参加。 （童　宽）

【原创抗疫话剧《逆行者》首演】 6月19日晚，上海交通大学原创抗疫话剧《逆行者》在上海戏剧学院实验剧场首演。该话剧以上海援鄂医疗队为讲述蓝本，结合多媒体场景重现技术，再现新冠肺炎疫情发生后，全国人民积极迅速响应党的号令、国家的号召，其中数万名医务人员披上白衣“战甲”，奔赴疫情前线，驰援武汉的动人场景。现场特邀上海援鄂医务工作者、援上海公共卫生临床中心医务工作者、原型人物代表、主创团队成员等观看，共同追忆刻骨铭心的战疫岁月。（高　哲）

【庆祝中国共产党成立100周年大会】 6月30日在上海交通大学医学院举行。大会分“初心之始”“使命之志”“信仰之光”3个篇章，围绕传承红色基因、凝聚磅礴力量、启航奋进征程，讲述上海交通大学医学院坚守医学初心、勇担健康使命，呈现铸魂育人、救死扶伤实践中的履职尽责和担当作为。（高　哲）

6月30日，上海交通大学医学院庆祝中国共产党成立100周年大会举行

【助力上海新城建设】 10月15日，一批民生重大工程在“五个新城”集中开工，其中包括上海交通大学医学院的4家附属医院新一轮建设的重点项目：嘉定新城—附属瑞金医院北部院区二期扩建工程，奉贤新城—附属新华医院奉贤院区一期工程，松江新城—附属第一人民医院南部院区二期扩建工程，南汇新城—附属第六人民医院临港院区二期扩建工程。（高　哲）

【4项成果获国家科学技术奖】 11月3日，2020年度国家科学技术奖励大会在北京人民大会堂举行。上海交通大学医学院4项成果获2020年度国家科技进步二等奖，分别为附属第九人民医院杨驰等完成的“颞下颌关节外科技术创新与推广应用”、附属第一人民医院夏术阶等完成的“前列腺创面修复新理论与精准外科干预体系”、附属第六人民医院范存义等完成的“创伤后肘关节功能障碍关键治疗技术的建立及临床应用”、附属国际和平妇幼保健院黄荷凤等完成的“发育源性疾病和遗传性出生缺陷的机制研究及临床精准防控”。（高　哲）

【2名教授当选中国工程院院士】 11月18日，中国工程院公布2021年院士增选名单。上海交通大学副校长、上海交通大学医学院院长、附属第九人民医院眼科学科带头人范先群教授，附属第六人民医院教授、上海市糖尿病研究所所长贾伟平当选中国工程院院士。范先群长期致力于眼眶病和眼肿瘤的临床诊疗和基础研究。贾伟平长期致力于糖尿病精准诊疗、预警筛查、发病机制的研究及防治工程管理。（高　哲）

【医学技术学院成立】 12月7日，上海交通大学医学院医学技术学院成立。学院对接行业需求，深化交叉融合、科技创新发展，实现本、硕、博一贯培养，造就高层次复合型医学技术人才，为“新医科”引领下的医学技术创新发展提供学科建设与人才培养保障。（高　哲）

【数字医学研究院成立】 12月21日，上海交通大学数字医学研究院成立。研究院依托上海交通大学校本部、医学院及其附属医院进行系统性建设，核心是采用数字化高新技术提升全人群健康管理和疾病诊疗水平。（高　哲）

附：学校负责人及地址

（2021年1—12月）

校党委书记：范先群（3月离任）、江　帆（3月到任）
副书记：陈国强（3月离任）、范先群（3月到任）、赵文华、吴　韬（4月离任）、施建蓉

校　长：陈国强（3月离任）、范先群（3月到任）
副校长：胡翊群、吴　韬（4月离任）、江　帆（3月离任）、吴正一、方　勇

地址：重庆南路227号
邮编：200025
电话：64836590

同济大学

【2021年概况】 有四平路、嘉定、沪西和沪北4个校区,设29个专业学院,11家附属医院,13所附属中小学;学科设置涵盖工学、理学、医学、管理学、经济学、哲学、文学、法学、教育学、艺术学10个门类,有本科招生专业82个,硕士学位一级学科授权点44个、专业硕士学位授权点27个,博士学位一级学科授权点34个、专业博士学位授权点9个,博士后流动站30个。有全日制本科生18514人,硕士研究生11319人,博士研究生7265人。另有国际学生2088人。有专任教师2792人,其中专业技术职务正高级1096人,中国科学院院士15人(含双聘),中国工程院院士23人(含双聘)。

有3个国家重点实验室、1个国家工程实验室、1个国家重大科技基础设施、1个国家协同创新中心、1个国家大型科学仪器中心、5个国家工程(技术)研究中心、6个其他国家级研究平台以及77个省部级研究平台。有国家级教学团队7个,国家自然科学基金创新群体9个,教育部"创新团队发展计划"12个,科技部重点领域创新团队1个,入选科技部"国家创新人才培养示范基地"。

制定《同济大学党的建设"十四五"规划》。修订学校章程,新制定修订落实党委领导下的校长负责制实施办法、"三重一大"实施办法等校级规章制度文件60余个。推进学校治理体系和治理能力现代化建设,完善三级制度体系架构,完成首批学校依法治校示范学院建设与评估工作,获上海市高等学校依法治校(2016—2020年)创建成果一等奖。

制定《同济大学大学文化建设"十四五"规划》。挖掘同济革命历史和红色基因,编辑出版《同济英烈》(第二版),完成"同济三部曲"收官之作话剧《铸诗成剑》,编创首演民族实验歌剧《志丹,志丹》和同济版《霓虹灯下的哨兵》,制作"同济红色记忆"系列视频。获评教育部"校园新媒体十佳共建高校"、人民网"高校社会影响力榜单十强"。组织开展庆祝中国共产党成立100周年系列活动。马克思主义学院获批建设教育部高校中国共产党伟大建党精神研究中心同济大学分中心。聚焦"急难愁盼",开展"我为群众办实事"活动。新华社、《人民日报》、中央电视台(新闻联播)等主流媒体多次报道学校党史学习教育情况,其中《光明日报》2次聚焦报道(整版报道1次)。

制定《同济大学学科建设"十四五"规划》《同济大学学科专业设置审核与动态调整办法》。获批2021年度智能科学与技术一级交叉学科博士点和应用心理专业学位类别,完成增列航空宇航科学与技术、法学2个一级学科博士点和知识产权一级交叉学科博士点申报工作。制定《同济大学交叉学科专项建设管理办法》。启动新一轮9个上海市高峰学科建设,新增"飞行器力学与控制"上海市IV高峰学科1个。

首轮"双一流"建设取得显著成效,学校整体评价各项指标全部"显著",建设的7个一流学科均获得"显著"或"较为显著"的评价。新增"生物学"一流学科。编制《同济大学"双一流"建设高校整体建设方案(2021—2025)》,实施一流学科领域建设布局,以一流学科带动一流交叉学科领域(学科群)建设,实现学科交叉融合与协同发展。

加强医学顶层设计,开展沪西校区整体修缮,医学院整体搬迁至沪西校区办学。制定《同济大学关于提升附属医院创新发展水平的实施意见》,探索新医科创新发展道路。

制定《同济大学人才培养"十四五"规划》《同济大学关于全面提升人才培养质量的若干意见》,开展同济大学2021教育思想大讨论制定,实施一流人才培养专项系列行动计划。制定《同济大学教材建设规划(2021—2025年)》《同济大学教材建设管理办法》等。15本教材获评首届全国教材建设奖优秀教材,其中同济大学作为第一完成单位获特等奖(《高等数学》)1项、一等奖2项、二等奖8项,作为合作完成单位获特等奖1项、二等奖3项。土木工程学院、建筑与城市规划学院董鉴泓教授分获全国教材建设先进集体和先进个人荣誉称号。

41个专业入选国家级一流本科专业建设点,位列上海市高校第二位。新增获批23门上海市一流课程。新增29门课程获批2021年度上海高校市级重点课程。数学、物理学、计算机科学、生物科学和力学、化学分别获批教育部第二、三批基础学科拔尖学生培养计划2.0基地。创新建设思政课课程群,自主开设“中国道路”“人民城市导论”“改革开放史”等思政课,打造同济特色思政课品牌,获批2个教育部课程思政教学研究示范中心。

编制加强新时代体育、美育、劳动教育的实施方案,将体美劳评价指标纳入人才培养质量保障体系2.0,突出学生综合素养和核心能力评价。完善课程教学、实践活动、校园文化、艺术展演“四位一体”的大学美育教育体系,构建知行合一的劳动育人体系,实现劳动教育全覆盖。学校获批国家大众创业万众创新示范基地,入选第五批全国创业孵化示范基地。同济大学“校区、园区、社区”联动、“学城、产城、创城”融合的双创教育经验被写入国务院办公厅《关于进一步支持大学生创新创业的指导意见》。在第七届中国国际“互联网+”大学生创新创业大赛中,学生获全国金奖3项、银奖1项、铜奖3项。

设立学生校务助理岗位,推动“三全育人”综合改革提质增效,实现试点在31个学院全覆盖。出版“三全育人”工作案例集,《同济大学“四个落实”打通育人“最后一公里”》获教育部简报专题报道。学校入选教育部“一站式”学生社区综合管理模式建设试点高校。《着力“精准”输送毕业生服务国家需要》入选教育部百个“全国普通高校毕业生就业创业工作典型案例”。

制定《同济大学关于全面提升科技创新质量的若干意见》,实施《同济大学“十四五”及中长期科学研究和社会服务发展规划》。启动学科自主原创基础研究项目,培育基础研究“从0到1”的原创性成果,培养一批潜心基础研究的专业化队伍。获批国家自然科学基金567项。获批1项重大项目,联合申报并获批2个基础科学中心。获批3项原创探索项目,并获重点类项目18项。获批国家重点研发计划相关重点专项2021年项目12个和干细胞研究领域项目3项。新增“自主智能无人系统”教育部前沿科学中心和12个省部级科研平台。获国家社科基金重大项目7项、重点项目2项。获批国家智能社会治理综合实验基地和上海市人工智能社会治理协同创新中心。首届“上海市优秀智库报告”获批数量名列上海高校第一,决策咨询信息采用情况评分位列全国第四、上海市第一。

在生命医学、物理科学、新材料制备、大洋钻探、城市交通规划等领域取得重大原创性科研成果,在大跨度桥梁关键技术、结构抗震防灾技术、城市交通智能诱导、城市污水处理、新能源汽车研发、遥感空间信息等方面取得标志性科研成果。获国家科学技术奖5项,其中自然科学奖二等奖1项;教育部科学技术奖6项,其中一等奖3项;上海市科学技术奖一等奖10项,其中自然科学奖1项、技术发明奖2项;上海市青年科技杰出贡献奖2项、国际科技合作奖1项。在高水平期刊及其子刊上发表顶级论文71篇。

参与雄安新区、粤港澳大湾区、海南自贸区建设,主动融入长三角一体化建设,全力支持黄河流域大保护、长江大保护、乡村振兴等国家重大发展战略。研制高分辨率三维地形DEM和光照产品,为中国月球极区探测选址任务提供高精度的数据支撑。磁浮技术重点实验室完成600公里时速高速磁浮列车交通道岔的研制和技术验收,承担国家铁路局的高速磁浮车辆通用技术条件任务。牵头建设中国(上海)数字城市研究院,布局建设上海同济深海科学研究中心。无人系统多体协同重大科技基础设施成为国家重大科技基础设施建设发展“十四五”储备项目。

制定《同济大学队伍建设“十四五”规划》,推进师德师风建设专项行动。注重优秀教师先进典型选树,汇编《身边的“大先生”——同济大学师德故事(一)》。艾自胜等18名教师获“上海市育才奖”。拍摄《礼敬吾师》宣传片,制作获奖教师、荣休教师宣传视频。构建“一门式”高层次人才服务体系,打通引进、培育、服务、评价全流程。新增各类高层次人才174人次。在中国科学院、中国工程院2021年院士增选工作中,同济大学增选两院院士达5人,创历史新高。此外,吕西林院士当选日本工程院外籍院士,李风亭教授当选非洲科学院院士。开展交叉学科专业技术职务评审试点工作,鼓励形成新的学科增长点和科技创新突破口,培育新兴交叉领域重大原创突破。全年招收博士后301人,在站博士后达823人。

制定《同济大学国际交流“十四五”规划》,举办线上线下国际会议24场,签署合作协议110份,“同济大学国际本科生高中校长直推项目”合作高中增至12所。布点建设“全球分布式校区”,挂牌“同济大学海外招生基地(佛罗伦萨)”。中德工程学院、中德学院通过德国联邦教研部评估。召开同济大学中德学部指导委员会第十二次会议,筹备成立中德博士生院、欧洲与德国研究院。

完成“2021年度十件实事”项目。制定《同济大学信息化建设“十四五”规划》,信息基础设施进一步完善。围绕教职工急难愁盼,新增一批教师公寓。新开办嘉定附属实验中学、附属实验小学分校,实质性推进同济大学附属新江湾实验学校建设。制定《同济大学基本建设“十四五”规划》,稳步推进建设四平路校区彰武路研究生公寓(三期)、嘉定校区学生活动中心等10项基建项目。(虞　兰)

【与中国信息通信研究院签署战略合作协议】 2月1日,同济大学与中国信息通信研究院签署战略合作协议,双方致力于在人工智能与通信领域携手合作,协同开展人才培养、科研攻关,为人工智能和信息技术发展、经济社会发展赋能助力。

(虞　兰)

【“人工智能前沿基础理论与关键技术——自主智能无人系统”启动会】 3月25日在上海张江人工智能岛举行。该重大专项由同济大学牵头,上海交通大学、复旦大学参与承担,同济大学校长、中国工程院院士陈杰担任首席科学家。会上,成立专项专家咨询委员会,成员有潘云鹤等10位院士及知名专家。(虞　兰)

【同济大学上海新城建设研究中心】 4月10日在同济大学成立。该中心整合多学科力量,联合国际国内多方资源,围绕“新城发展理论、新城规划设计、大数据与智能新城”三个方向开展研究,服务上海新一轮新城战略。(虞　兰)

【同济大学与百度公司签署战略合作协议】 4月14日,同济大学与百度公司战略合作协议签约仪式举行。根据协议,双方发挥各自优势,围绕人工智能、智慧交通、重大科技基础设施建设等方面,共同开展高质量科研攻关和人工智能领域的高端人才培养。双方有关部门负责人参加签约仪式。

(虞　兰)

【首开“人民城市导论”课】 4月20日,同济大学“人民城市导论”课开讲。同济大学党委书记讲授课程绪论,从人民城市的理论缘起、人民城市的本质属性、人民城市的价值取向三个方面展开。该课被列为选择性必修课。学校一批与城市建设发展直接相关的学科领域的教授将参与授课。

(虞　兰)

【“长三角可持续发展大学联盟”成立】 4月23日,由同济大学提议,东南大学、复旦大学、华东师范大学、南京大学、上海交通大学、同济大学、浙江大学、中国科学技术大学等“华东八校”共同发起组建的“长三角可持续发展大学联盟”在中国石化上海会议中心宣布成立,并发布《促进碳达峰碳中和高校行动倡议》。该联盟将发挥长三角高校优质资源的优势,服务长三角高质量一体化可持续发展。

(虞　兰)

【与上海人工智能实验室签署战略合作协议】 5月13日,同济大学与上海人工智能实验室签署战略合作协议。根据协议,依托同济大学牵头建设的上海自主智能无人系统科学中心的人才、平台和资源优势，双方共同打造世界一流的自主智能基础科学研究平台；推进实验室与同济大学以“双聘（兼职）”方式聘用优秀的科研和管理人员，建立双方对双聘人员的职称相互认定机制；建立实验室和同济大学的人才联合培养模式；加强产学研用等创新生态方面的交流、共享与合作，共同发起建设国家级人工智能成果共享平台。（虞　兰）

【中国（上海）数字城市研究院揭牌】 7月10日，在2021世界人工智能大会闭幕式上，上海市市长龚正为依托同济大学建设的中国（上海）数字城市研究院揭牌。该研究院围绕“城市数字化转型”这一首要目标，开展数字城市前瞻性、综合性和基础性研究，打造数字城市研究的高端智库，培养数字转型和数字治理人才干部，为上海和全国全面数字化转型和数字城市建设提供理论、技术和人才支撑。

（虞　兰）

【与虹口区政府签署战略合作框架协议】 7月14日，同济大学与虹口区政府战略合作框架协议签约仪式在同济大学建筑设计研究院举行。根据协议，双方聚焦医疗要素配置、科技产业支撑、规划设计研究、教育资源提升、区校党建联建、城市治理数字化转型、体教融合发展7个领域开展合作，为上海建设成为具有全球影响力的长三角世界级城市群的核心引领城市作出贡献。（虞　兰）

【与联合国世界知识产权组织（WIPO）签署新一轮合作协议】 7月14日，由联合国世界知识产权组织（WIPO）与同济大学共同举办、以“智慧城市和知识产权”为主题、为期两天的国际知识产权论坛在同济大学开幕。论坛开幕前，联合国世界知识产权组织（WIPO）与同济大学签署联合培养知识产权法硕士项目第二期谅解备忘录。（虞　兰）

【与黑龙江省签署战略合作框架协议】 8月6日，黑龙江省举行省、校合作推进会暨集中线上签约仪式。黑龙江省委、省政府与同济大学签署战略合作框架协议，对接双方优势资源，在城建咨询与服务、科研合作、招生—培养—就业联动、干部人才交流4个方面开展合作。（虞　兰）

【长三角可持续发展研究院揭牌】 9月23日，长三角生态绿色一体化发展示范区开发者大会在苏州举行。会上，作为一体化示范区重点项目，由同济大学牵头建设的长三角可持续发展研究院揭牌。该研究院依托同济大学等“华东八校”组建的长三角可持续发展大学联盟高校的多个成熟研发平台，协同开展创新研究，以突破重大前沿理论，攻克关键技术难题，力争在人才培养、科学研究与社会服务等方面形成跨区域、多学科融合的创新机制，形成一批可复制、可推广的示范引领性原创技术，加快科技创新成果的高效转化、产业化。

（虞　兰）

【与杨浦区政府签署新一轮全面战略合作协议】 9月30日，同济大学与杨浦区政府在杨浦区政府签署新一轮全面战略合作协议。根据协议，双方进一步深化“三区联动、三城融合”，形成全方位、宽领域、多层次的区校战略合作关系，共同推进同济大学“双一流”建设和杨浦区“四高城区”建设。

（虞　兰）

【5名教授当选两院院士】 11月18日，中国科学院、中国工程院2021年院士增选结果揭晓，同济大学土木工程学院李杰教授当选中国科学院院士，电子与信息工程学院蒋昌俊教授、土木工程学院朱合华教授当选中国工程院院士，赫尔佐格、贝斯科斯两名教授当选中国工程院外籍院士。

（虞　兰）

【与中国商用飞机有限责任公司签署战略合作框架协议】 11月18日，同济大学与中国商用飞机有限责任公司战略合作框架协议签约仪式在同济大学嘉定校区举行。双方本着“优势互补、平等互惠、共赢发展”的原则，共同致力于加强大飞机产业基础前沿研究和基础能力建设，攻克制约高端装备制造业发展的重大科学和关键共性技术难题，为推动中国民用航空事业发展、助推航空强国建设贡献力量。

（虞　兰）

11月18日，同济大学与中国商用飞机有限责任公司战略合作框架协议签约仪式在同济大学嘉定校区举行

附：学校负责人及地址

（2021年1—12月）

校党委书记：方守恩

副书记：冯身洪、陈　杰、吴广明、方　平、彭震伟

校　长：陈　杰

副校长：吕培明、顾祥林、雷星晖、陈义汉、童小华、黄翔峰、娄永琪

四平路校区地址：四平路1239号
邮编：200092
电话：65982200

嘉定校区地址：曹安公路4800号
邮编：201804
电话：69589255

沪西校区地址：真南路500号
邮编：200331
电话：51030050

沪北校区地址：共和新路1238号
邮编：200072
电话：66052500

华东理工大学

【2021年概况】　有徐汇、奉贤和金山3个校区，设17个专业学院。有本科招生专业74个；一级学科硕士学位授权点31个，硕士专业学位授权点17个；一级学科博士学位授权点18个，博士专业学位授权点4个；博士后科研流动站14个。有全日制学生28669人，其中本科生16760人、硕士生9521人、博士生1986人、学历留学生402人。全年录取本科生4240人、硕士研究生4240人、博士研究生539人。有教职员工3098人，其中专任教师2071人。

有国家重点学科8个、上海市重点学科10个、上海高校一流学科7个。有国家特色专业12个、国家一流本科专业建设点26个、上海市一流本科专业建设点3个。化学工程与工艺、信息工程、食品科学与工程等12个专业通过工程教育专业认证，其中化学工程与工艺是中国大陆高校首个通过ABET认证的专业。化学、材料科学、工程学、生物学与生物化学、药理学和毒理学、农业科学、计算机科学、环境科学与生态学8个学科进入ESI全球前1%。商学院全部专业通过国际精英商学院协会(AACSB)商科教育认证。

通过烈士纪念日、七一、国庆等重要节点举行升国旗仪式、校园红色文化打卡、青春思辨会等活动，推进爱国主义和党史学习教育。举办建党100周年、重读《共产党宣言》、中共党史人物等主题书展，组织22场展览、89场讲座报告、11场影音活动。

修订2021级本科培养方案，以OBE理念全面优化课程教学大纲，构建德智体美劳五育并举课程体系。建成集劳动教育、工程训练、创新实践三种功能为一体的实践课程体系，依托劳动教育实践基地上线劳动教育课程2门。新增“环境工程与社会学”“能源与经济”2个上海市双学士学位复合型人才培养项目。“智能制造工程”“机器人工程”“人工智能”3个专业获批设立并首次招生。完善研究生培养质量评价机制，召开全校研究生教育会议，制订和修订《关于进一步加强和改进新时代研究生思想政治工作的实施意见》等10项制度文件。5070人次参加大创、研创计划，学生共获国际级奖项21项、国家级167项、省部级571项，在第七届中国国际“互联网+”大学生创新创业大赛中获国赛1金2银3铜的历史最佳成绩。学校乒乓球女队获第二十五届中国大学生乒乓球锦标赛女子团体冠军，男队获男子团体亚军，学生王晓彤获女单冠军。

获批国家博士后基金特聘资助8项，入选国家博新计划3人。制定《教职工招聘实施办法》等3项制度，修订《教师及其他专业技术职务聘任实施办法》等6项制度。

完成学校“十四五”规划编制工作和新一轮“双一流”建设方案编制工作。优化“数、理、化、生”等基础学科布局，成立数学学院和物理学院、碳中和未来技术学院、集成电路材料系。新增11个国家级一流本科专业建设点，共有国家级一流本科课程21门。全日制普通本科课程《数字信号处理》获评教育部课程思政示范课程；6门课程思政案例入选全国化工类专业优秀课程思政案例；新增14门课程为上海高校一流本科课程、28门课程为上海高校市级重点课程。新增物理学等5个一级学科博士学位授权点、电子信息等4个博士专业学位授权类别、1个一级学科硕士学位授权点、1个硕士专业学位授权类别和1个二级学科博士点。现代生物医药产业联合学院获批教育部首批现代产业学院。

获批国家自然科学基金资助项目176项、上海市各类项目170项。学校牵头获国家自然科学二等奖1项，中国石油和化学工业联合会科技进步一等奖2项，中国轻工业联合会技术发明一等奖1项，上海市产学研奖4项，侯德榜化工科学技术青年奖1项，庄长恭、吴蕴初化学化工科技进步奖4项。推进生物反应器工程国家重点实验室等5个国家重点实验室的重组、新建和合建工作。与上海人工智能创新中心签订“工业智能”领域合作协议。与上海化工区合作，承建上海电子化学品创新研究院。在临港新片区成立“华东理工大学临港科技创新研究院”。立项建设2个上海市前沿科学研究基地和2个上海市协同创新中心。获2021上海知识产权创新奖，入选科技部、教育部首批高校专业化国家技术转移机构建设试点单位。获省部级以上哲学科学规划课题54项、上海市决策咨询课题11项、国家社科基金重大项目2项、国家社科基金和自科基金重点项目各2项，首次获批教育部哲社重大课题攻关项目1项，获全国教育科学研究优秀成果奖二等奖1项。成立长三角教育现代化研究中心、绿色设计与碳中和长三角研究中心2个新基地。

成立孔子学院办公室，派出首任中方院长和首位汉语教师。引入英国剑桥大学计算机系AI类课程“神经网络与深度学习”。与英国牛津大学、伦敦政治经济学院签署访学项目协议。“污染物减排与资源化创新引智基地”获科技部立项。获批教育部“新青年全球胜任力人才培养项目”。30名学生被世界知名高校录取为交流生。53名教师担任国际学术期刊主编及副主编。3个中德合作办学项目完成中外合作办学评估，2个中外合作办学项目获五年延期。中德、中奥合作办学项目派出51人，单位公派赴国外进行合作研究4人，录取国家公派研究生52人。首次获批教育部中外语言合作交流中心“汉语桥”线上短期交流项目。1名国际学生获“中国政府优秀来华留学生奖学金”（首次），2名国际研究生获批东盟菁英项目。（钊　旭）

【承办国家安全教育高端论坛】 4月14日，由教育部思想政治工作司、中国高等教育学会保卫学专业委员会指导，上海市委政法委、市教卫工作党委、市教委主办，华东理工大学承办的“为党育人、为国育才——新时代国家安全教育高端论坛”在华东理工大学举行。教育部思想政治工作司、市教卫工作党委领导，上海交通大学、华东师范大学、国际关系学院、中国公安大学、上海外国语大学、华东政法大学等高校的专家学者，上海市各高校安全教育负责人以及国家安全教育领域研究人员参加论坛。论坛聚焦“为党育人、为国育才”主题，围绕高校开展国家安全教育内容、国家安全人才培养、国家安全学科建设等进行深入探讨。

（钊　旭）

【举办中国共产党成立100周年学术研讨会】 5月14日，“新时代新征程：中国特色社会主义的使命担当——中国共产党成立100周年学术研讨会”在华东理工大学徐汇校区逸夫楼演讲厅举行。论坛由上海科学社会主义学会、上海市马克思主义研究会、上海生产力学会共同主办，华东理工大学马克思主义学院和华东社会发展研究所，上海市习近平新时代中国特色社会主义思想研究中心、华东理工大学研究基地承办。40余位高校专家学者、媒体杂志编辑以及马克思主义学院博士生、硕士生参加研讨。

（钊　旭）

【华理—上海石化氢能联合实验室揭牌】 8月27日，华东理工大学与中国石化上海石油化工股份有限公司新一轮战略合作签约暨氢能联合实验室揭牌仪式在化工部精细化工研究所举行。实验室聚焦制氢、储氢、运氢、用氢关键技术和基础科学问题，致力于绿氢制备技术、燃料电池材料开发及系统控制、电解海水制氢材料的设计与氢气分离提纯、高效氢能装备与新材料、制氢与储氢技术研究等。

（钊　旭）

【碳中和未来技术论坛暨华东理工大学碳中和未来技术学院成立】 成立会9月12—13日在上海举行，由华东理工大学与上海科学技术交流中心（绿色技术银行管理中心）、中国工程院全球工程前沿项目组共同主办。同时，举行“绿色工程前沿论坛”。包括18位院士在内的近百位专家学者与会，以“碳中和：共同的未来”为主题，共同探讨新时代“扎根中国大地　办未来技术教育”的高质量发展之路。

（钊　旭）

【教材入选首届全国教材建设奖】 9月26日，国家教材委员会公布首届全国教材建设奖奖励名单。华东理工大学获全国优秀教材（高等教育类）二等奖2项，分别为化学与分子工程学院胡英院士主编的《物理化学（第六版）》、机械与动力工程学院李仲生教授参与主编的《机械设计基础（第7版）》。

（钊　旭）

【获上海知识产权创新奖】 10月19日，由中国国家知识产权局、世界知识产权组织、上海市政府共同主办的第十八届上海知识产权国际论坛开幕。市委书记李强出席论坛。最高人民法院常务副院长、国家知识产权局局长、世界知识产权组织总干事等出席并致辞。开幕式上举行了第三届上海知识产权创新奖颁奖仪式。华东理工大学获评上海知识产权创新奖（运用）。

（钊　旭）

【合作共建碳中和联合实验室】 10月29日，华东理工大学——申能股份有限公司碳中和联合实验室协议书签约仪式暨外三发电 CO_2 制甲醇万吨级中试和30万吨工程示范工艺包项目启动仪式在申能能源中心举行。实验室以碳综合利用的相关研究作为工作重点，在电厂烟气 CO_2 制甲醇、电厂烟气 CO_2 制烯烃、电厂烟气 CO_2 制其他高值化学品等领域开展研究工作，并以项目为依托，在捕集火电机组烟气中 CO_2 制甲醇路线方面，深化已有发明的工程化实验及应用，开展应用基础研究、关键技术研究、工程放大和产业化装置建设，建成示范项目。

（钊　旭）

10月29日，华东理工大学——申能股份有限公司碳中和联合实验室协议书签约仪式在申能能源中心举行

【获国家自然科学二等奖】 11月3日，中共中央、国务院在北京人民大会堂举行2020年度国家科学技术奖励大会。华东理工大学李春忠教授领衔，江浩、杨化桂、朱以华、沈建华等团队成员完成的“限

域反应构建晶态能量转换材料及调控机制”项目，获国家自然科学奖二等奖。该项目首创微区限域反应精准调控晶态能量转换材料原子尺度结构新策略，创制结构新颖性能优异晶态氧化物及其碳基复合能量转换材料，阐明晶态能量转换材料生长机制及结构控制原理，揭示其光电化学能转换及储能新机制。（钊　旭）

【成立集成电路材料系】 11月6日，集成电路材料高端论坛暨华东理工大学集成电路材料系成立大会在华东理工大学徐汇校区举行。集成电路材料系瞄准集成电路产业中材料领域的专业人才短缺和技术问题瓶颈，通过产教融合、科教融合，聚焦集成电路衬底材料、工艺材料、封装材料等方向，构筑“1＋N”产学研协作培养本硕博贯通的创新型人才培养新路径，形成“行业需求—联合培养—就业反哺”闭环模式，以促进集成电路材料技术创新、材料类高层次人才培养与产业链贯通连接，为制造强国建设启动创新引擎。（钊　旭）

11月6日，华东理工大学集成电路材料系成立大会在华东理工大学徐汇校区举行

【与临港新片区签署战略合作协议】 11月16日，临港新片区产教融合基地授牌暨项目签约仪式在临港新片区举行。双方签署战略合作框架协议，围绕产教融合、人才培养、创新创业、成果转化等目标，发挥华东理工大学学科和人才资源优势，聚焦重点产业领域，通过“三中心二院一园”平台建设，在临港新片区构建从基础研究、技术开发、中试放大到产业化转化的科研开发和成果转化、发展战略咨询服务、人才培养和引育的创新链、服务链。（钊　旭）

【入选首批教育部现代产业学院】 12月10日，教育部网站公示首批现代产业学院名单，华东理工大学“现代生物医药产业联合学院”入选。该学院依托药学、制药工程及生物工程的学科优势，结合上海医药集团等中国生物医药领域现代化实践教育平台的资源优势，利用上海及长三角地区在国内生物医药产业分布中的区位优势，通过产学研深度融合组建。学院聚集各合作方生物医药产业领域的高水平师资力量，面向创新药物研发、精准药物治疗、合成生物学、绿色制药工艺、智能生物制造等前沿交叉领域，以需求为导向开展创新研究和人才培养。（钊　旭）

【上海电子化学品创新研究院揭牌】 12月15日，上海电子化学品专区工作推进会在兴国宾馆举行。华东理工大学是上海电子化学品创新研究院的承建单位，也是上海电子化学品创新联合体的秘书长单位。会上，华东理工大学还与上海化工区、上海集成电路材料研究院、上海华谊（集团）公司、上海市计量测试技术研究院、上海集成电路研发中心、上海市集成电路行业协会、国家集成电路创新中心等单位签署“电子化学品创新联合体”协议。（钊　旭）

附：学校负责人及地址

（2021年1—12月）

校党委书记：杜慧芳
　　副书记：宋　来、陈　麒、沈志超

校　长：轩福贞
副校长：钱　锋、辛　忠、胡宝国、李　涛、王慧锋、
　　　　朱为宏（1月到任）

徐汇校区地址：梅陇路130号
邮编：200237
电话：64251129

奉贤校区地址：海思路999号
邮编：201424
电话：33612038

东华大学

【2021年概况】 有松江、延安路、新华路3个校区，设教学院(部)17个，有6个博士后流动站、11个一级学科博士点、3个博士专业学位授权类别、29个一级学科硕士点、17个专业学位硕士授权类别、59个本科专业，涵盖工学、理学、管理学、经济学、艺术学、文学、法学、历史学、教育学9个学科门类。有1个一级学科国家重点学科、5个二级学科国家重点学科、1个国家重点(培育)学科，7个上海市一流学科、1个上海高校Ⅰ类高峰学科。有1个国家重点实验室、1个国家工程技术研究中心、20个省部级科研平台，2个国家“111”引智基地以及国家大学科技园。在校学生24741人，其中本科生14422人、硕士研究生7255人、博士研究生1404人、学历留学生714人、成人教育学历生946人。年内，招收本科生3559人、硕士研究生2897人、博士研究生371人。全校教职工2318人，专任教师1470人，其中专职院士2人、兼职院士14人。

完成纺织科学与工程学科首轮建设任务，成效评价各项指标均为第一档“显著”。获批数学一级学科博士学位授权点、材料与化工博士专业学位授权点。自主设立人工智能、纺织产业与科学社会主义2个交叉学科博士授权点。旭日工商管理学院通过AMBA和BGA(金牌)联合认证。化学、工程学、数学、材料科学、计算机科学、环境科学与生态学、生物与生化7个学科入围ESI世界前1%。

构建“思政课程+课程思政”大思政教育体系。获批教育部课程思政示范项目2项、教育部思政教学名师2人。制订《东华大学关于进一步加强新时代劳动教育工作的实施办法》。开设研究生体育必修课，在全国率先实现研究生体育教育全覆盖。获国家级体育赛事金牌6块、银牌5块。推动与上海当代艺术博物馆等美育实践基地建设，获各类艺术奖14项。合唱团获香港2021世界合唱节云上展演金奖。建设钱宝钧学院。获批教育部新文科研究与改革实践项目5个、上海市一流课程15项、上海市教委重点课程项目立项23项。新材料现代产业学院入选全国首批50所现代产业学院名单。获首届全国优秀教材奖1项、先进个人1项、首批上海高等教育精品教材6项。调整工程类专业学位硕士学制，启动工程专业学位硕士生管理类公共课程改革。获批上海市级以上大学生创新创业计划378项，其中国家级项目126项。学生获省部级以上学科竞赛奖励600余项，其中获中国国际“互联网+”创新创业大赛金奖，创历史最好成绩。

获国家技术发明二等奖2项、省部级科技奖26项。牵头国家重点研发计划项目4项、课题5项、国家自然科学基金98项；新增军工纵向项目7项，横向项目25项；人文社科省部级及以上项目57项，上海市文创项目3项，成立全国首个汉服版权服务平台——上海汉服版权中心。设立“国家大学科技园技术转移中心”，完成科技成果作价投资项目1项。新增上海市现代纺织前沿科学研究基地、“一带一路”纺织智能制造与工程国际联合实验室、“一带一路”埃塞俄比亚纺织产业绿色发展技术转移服务平台、上海工业大数据与智能系统工程技术研究中心、上海纳米生物材料与再生医学工程技术研究中心。

助力云南盐津有效衔接乡村振兴，建立盐津乡村振兴产品研发基地，推进生态环境治理。参与筹建阿拉尔大学城(教育园区)。与上海石化、第一人民医院等单位签订战略合作协议；与波司登、际华集团等企业共建15个联合研发基地。志愿服务第四届进博会、第十届中国花博会。联合主办2021上海设计周“设计点亮美好生活”分论坛。参与上海时装周，获“2021中国时尚盛典”时尚机构年度成就。

承担文化部、教育部“中国非遗传承人群研修研习培训计划”项目。以70周年校庆为契机，出版《东华大学志》，开辟校庆宣传专栏，出版校庆画册，改版校园网主页，拍摄校庆形象片。树立张謇塑像，改造校史馆、科技展示馆，新建文绮书店，建设“东华时光档案”三期项目。

与美国密苏里大学等签署合作协议14份。举办第十届先进纤维与聚合物材料等国际会议14个。承办“一带一路”国家纺织产能国际合作高级研修班。（平　婧）

【《敦煌丝绸艺术全集》(中英文版全10册)首发】 10月15日，由东华大学教授、中国丝绸博物馆馆长赵丰团队主编，东华大学出版社出版，历时15年编纂的《敦煌丝绸艺术全集》(中英文版全10册)在东华大学延安路校区首发。《敦煌丝绸艺术全集》首次系统整理敦煌出土的所有丝织品文物，第一次从纺织科技史角度对出土织物进行重新鉴定分析，填补敦煌学在丝绸研究领域空白，对丝绸之路丝绸发展史、中外文化交流史、纺织服饰美术史等领域研究具有重要意义。（平　婧）

【获中国国际“互联网＋”大学生创新创业大赛金奖】 10月15日，第七届中国国际“互联网＋”大学生创新创业大赛总决赛在南昌大学举行。东华大学纺织材料与纺织品设计专业2017届毕业生赵兴雷主持的“热管理用柔性陶瓷纳米纤维/超轻、超弹陶瓷纤维气凝胶耐高温隔热材料”项目获金奖。该项目解决了高温隔热产品存在的重量大、低厚度下隔热性差、抗震性不足等问题，产品广泛应用于飞机、高铁、建筑、消防等耐高温、隔热、阻燃等领域。（平　婧）

【东华大学建校70周年系列活动】 10月15—16日在东华大学松江校区举行。系列庆祝活动包括文艺晚会、发展论坛、3D灯光情景秀、校园嘉年华、足球友谊赛等。活动通过新华网、《人民日报》、央视频、光明网、学习强国及东华大学官方视频号等平台播出，近670万人次同步在线观看。（平　婧）

【第十届先进纤维与聚合物材料国际会议】 10月17—20日在东华大学松江校区举行。由东华大学主办。以“纤维让世界更美好”为主题，聚焦先进纤维和聚合物材料相关领域的最新基础理论研究和进展，面向世界性共同重大需求进行交流。来自海内外的1000余名专家学者与会。（平　婧）

【成立上海市现代纺织前沿科学研究基地】 10月26日，上海市现代纺织前沿科学研究基地揭牌仪式暨第一届学术委员会第一次会议通过线上线下举行，来自国内外15所高校和行业院所的专家学者与会。上海市现代纺织前沿科学研究基地聚焦纺织成型制造、纺织纤维新材料、先进纺织制品、绿色染整技术、智能纺织装备与系统等领域前沿科学问题，增强中国纺织工业原始创新能力，为建成纺织强国奠定前沿科学基础。（平　婧）

【与中国石化上海石油化工股份有限公司签订合作协议】 10月28日，东华大学与中国石化上海石油化工股份有限公司联合创新实验室签约揭牌仪式暨“东华大学上海石化奖学金”捐赠仪式在东华大学松江校区举行。双方在提升上海石化碳纤维及其复合材料的技术创新和产业发展水平，推进相关产品在航空航天、轨道交通、压力容器和风力发电等领域的应用，促进学科高水平建设，提升科研能力水平，提高学科人才培养质量等方面深入合作。

（平　婧）

【获国家技术发明奖二等奖2项】 11月3日，东华大学获国家技术发明奖二等奖2项。中国科学院院士、材料学院教授朱美芳团队领衔的“有机无机原位杂化构筑高感性多功能纤维的关键技术”项目、纺织学院教授覃小红团队领衔的“高曲率液面静电纺非织造材料宏量制备关键技术与产业化”项目获国家技术发明二等奖。（平　婧）

【2021中非纺织服装国际论坛暨中非文化交流论坛】 11月5—7日，在线上线下举行。由东华大学与肯尼亚莫伊大学主办。以“绿色纺织科技与可持续发展”为主题。中非专家学者就应急防疫用纺织

品、未来纺织品、绿色先进纺织技术、功能纤维材料、共享未来人类社区理论与实践、“一带一路”倡议双循环与可持续发展等交流研讨。（平　婧）

11月5—7日，2021中非纺织服装论坛暨中非文化交流论坛在线上线下举行

【《先进纤维材料》被SCIE收录】 12月29日，由东华大学和中国材料研究学会主办的英文学术期刊《先进纤维材料》(Advanced Fiber Materials)被Science Citation Index Expanded(SCIE)收录。期刊由东华大学纤维材料改性国家重点实验室发起，面向国家重大需求，聚焦纤维学科发展前沿，为科研工作者搭建学术交流平台，引领纤维学科发展。创刊以来共计下载10万余次，被引超680次，填补国内外高水平变革性纤维前沿期刊空白。（平　婧）

附：学校负责人及地址

（2021年1—12月）

校党委书记：刘承功
　　副书记：刘淑慧、崔运花、王云骏

校　长：俞建勇
副校长：邱　高、卿凤翎、陈　革、陈南梁、舒慧生、李　炜

松江校区地址：人民北路2999号
邮编：201620
电话：67792401

延安路校区地址：延安西路1882号
邮编：200051
电话：62373879

华东师范大学

【2021年概况】 有闵行和普陀2个校区，设地球科学、教育、经济与管理、信息4个学部，31个全日制学院；有孟宪承、经管、大夏、光华4个书院，思勉人文高等研究院、河口海岸科学研究院2个实体教学科研研究院，14个校管科研平台机构（含2个国家重点实验室），3个管理型学院（开放教育学院/上海教师发展学院、创新创业学院、上海国际首席技术官学院）；有设在学校的教育部中学校长培训中心。有85个本科专业；博士学位授权一级学科31个，硕士学位授权一级学科35个，可授予22种硕士专业学位以及教育博士专业学位。有26个博士后科研流动站。在校全日制本科生15538人、硕士研究生17238人、博士研究生3780人，留学生（学历生）1504人。有教职工4449人，其中专任教师2401人。教授及其他高级职称教师2090人，其中中国科学院和中国工程院院士（含双聘院士）19人。

有3个国家“双一流”建设学科，2个国家一级重点学科，5个国家二级重点学科、5个国家重点培育学科，12个教育部第四轮学科评估A类学科，6个上海市高峰学科（I类2个，II类2个，IV类2个），12个上海市重点学科和17个上海市一流学科（A类4个，B类13个）。

理工科有2个国家重点实验室，1个国家工程技术研究中心，1个国家野外科学观测研究站，1个

国家级国际联合研究中心，7个教育部重点实验室和工程研究中心，1个教育部国际合作联合实验室，1个教育部战略研究基地和高等学校软科学研究基地，1个教育部野外科学观测研究站，1个民政部研究中心，1个国家新闻出版署重点实验室，2个自然资源部重点实验室和工程技术创新中心，12个上海市重点实验室和工程技术研究中心，1个上海市工程研究中心，1个上海市野外科学观测研究站，1个上海市软科学研究基地，1个上海市协同创新中心。文科有6个教育部人文社会科学重点研究基地，1个国家教材建设重点研究基地，7个教育部国别和区域研究中心，1个全国普通高校中华优秀传统文化传承基地，7个上海市哲学社会科学创新研究基地，6个上海市政府决策咨询研究基地工作室，4个上海高校智库，1个中国老龄协会老龄科研基地，10个上海高校“立德树人”人文社会科学重点研究基地，1个上海高校中华优秀传统文化基地。有基础学科拔尖学生培养计划2.0基地10个，国家级实验教学示范中心2个，国家级虚拟仿真实验教学中心1个，上海市实验教学示范中心9个。主办、承办和合办各类中文期刊23种、英文期刊7种。学校成立教育集团，有自办与合作举办的附属中小学、幼儿园58所（正式招生办学）。

与法国里昂高等师范学院，美国纽约大学、弗吉尼亚大学，加拿大不列颠哥伦比亚大学，俄罗斯莫斯科罗蒙诺索夫国立大学、圣彼得堡理工大学，澳大利亚昆士兰大学，日本东京大学等世界著名大学建立紧密合作关系，与世界300余所高校和科研机构签订学术合作与交流协议。与法国里昂等3所高等师范学院成立中法联合研究生院，与法国里昂高等师范学院和法国国家科学研究中心成立中法社会与科学联合研究院，与美国纽约大学联合创办上海纽约大学，与法国里昂商学院合作共建亚欧商学院，与以色列海法大学合作共建转化科学与技术联合研究院，与加拿大阿尔伯塔大学共建先进科学与技术联合研究院。设有国际汉语教师研修基地，作为中方合作院校建设4所孔子学院和2所独立孔子课堂。

以70周年校庆为契机，发布“卓越育人”“卓越学术”“通识课程”三大纲要，进一步明确“建教育强国”和“以教育强国”的责任使命。实施“优师计划”，努力培养扎根中西部欠发达地区的“大先生”。举办第十四届国际数学教育大会、2021世界人工智能大会教育主题论坛及“智能教育开放周”。首届全国教材建设奖获奖数全国高校第四、基础学科拔尖学生培养计划2.0基地数全国高校第五，获首批新文科研究与改革实践项目、教育部“课程思政教学研究示范中心”等，在“互联网+”大学生创新创业大赛、“创青春”中国青年创新创业大赛、“挑战杯”及各类学科竞赛中获佳绩。入选首批教育部哲学社会科学实验室（培育）、国家智能社会治理特色实验基地、上海市前沿科学研究基地和协同创新中心等。主动融入长三角、大湾区、海南自由贸易港以及成渝双城经济圈建设。开展党史学习教育，实施“教育筑梦”计划，以实际行动庆祝中国共产党建党100周年。（施家仓）

【获“2017—2020年度上海市助力脱贫攻坚先进集体”表彰】 5月20日，在上海市脱贫攻坚总结表彰大会上，华东师范大学民族地区语言教育研究中心获“2017—2020年度上海市助力脱贫攻坚先进集体”表彰。该中心以专业人才队伍和信息化教育手段，为民族地区、贫困地区打造了多个“专业机构＋专业调研＋专业方案”前期孵化、“专业团队＋学生主力”师生共研、“模块化＋全天候＋个性化”线上线下教育相融合的大规模国家通用语言教学能力培训体系。（施家仓）

【庆祝建党100周年主题党日暨表彰大会】 6月30日在华东师范大学举行。市教卫工作党委副书记，教育部直属高校党建工作联络员，全体校领导参加活动。华东师大党委书记上“求真、求实——华东师大（大夏大学）校友郭大力翻译《资本论》的启示”的党课，号召全体师生传承发扬以郭大力为代表的一代代华东师大人为党的事业而奋斗终身的红色传统，以实际行动和优异成绩再攀高峰，再创辉煌。（施家仓）

【2021世界人工智能大会教育主题论坛】 7月9

日在华东师范大学举行。设论坛和智能教育展览两部分。教育主题论坛聚焦“AI 赋能教育数字化转型”，提出“发展有温度的智能教育”的理念，分 AI 赋能教育数字化转型主论坛、长三角协同推进教育数字化转型论坛以及智能教学、课堂变革、人才培养、仿真实训 4 个平行分论坛。“AI 赋能教育数字化转型主论坛”由教育部、市政府指导，世界人工智能大会组委会办公室主办，华东师范大学承办。

（施家仓）

【第十四届国际数学教育大会】 7 月 12—18 日在华东师范大学举行。市委书记出席并致辞。本届大会是国际数学教育大会发起以来首次在中国举办，受中国数学会委托，由华东师范大学承办。来自全球 129 个国家和地区的数学教育学者通过线上线下相结合方式参与约 500 场学术会议和活动，分享最新研究成果，交流数学教育理论研究和实践探索经验，展望数学教育未来。

（施家仓）

7 月 12—18 日，第十四届国际数学教育大会在华东师范大学举行

【校史风貌区形成】 10 月 8 日，华东师范大学校史馆经修缮后重新开馆。校史馆与建于 1930 年的群贤堂、大草坪和建于 1946 年的思群堂组成有机整体，形成华东师大校史风貌区。华东师范大学党委原书记、111 岁的新四军老战士施平为校史馆题写馆名。新校史馆通过图文、视频、实物、互动等多种方式，全景式展现华东师范大学建校 70 年和办学 142 年来的文化传统、办学成果和社会贡献。在展陈空间上实施“1＋1 方案”，即校史在校史馆展陈，人物在群贤堂展示，达到了校史展陈和历史建筑的完美融合。

（施家仓）

【《上海市级专志·华东师范大学志》出版】 10 月 8 日，“育人　文明　发展——《上海市级专志·华东师范大学志》出版座谈会”在普陀校区逸夫楼举行。作为学校一项重要文化建设工程，历时十余载，终于完成 200 余万字的校志，全面系统地记述了截至 2010 年的 60 年建校历程和 131 年办学史。

（施家仓）

【新时代中外合作办学与卓越育人论坛举办】 10 月 15 日，由华东师范大学与上海纽约大学联合举办的“新时代中外合作办学与卓越育人论坛”在普陀校区举行。华东师大校长和上海纽约大学常务副校长分别作《新时代高校卓越育人的国际化道路探索——华东师大的思考与实践》和《上海纽约大学的探索：第一个十年的经验》的主旨报告。

（施家仓）

【庆祝建校 70 周年】 10 月 16 日在华东师范大学普陀校区体育馆举行。各级领导、嘉宾、海内外校友和全体师生员工线上线下欢聚互动，庆祝新中国成立后新组建的第一所社会主义师范大学建校 70 周年。华东师大校长以“求实成就卓越，教育创造未来”为题，回顾学校不平凡的办学历程，描绘学校未来发展的蓝图。（施家仓）

【建校 70 周年文艺晚会】 10 月 16 日在华东师范大学闵行校区举办。8000 余名师生校友在线下、100 万余名观众通过线上直播平台观看文艺演出。演出以“水”作为贯穿始终的意象，通过“中流击水”“川流不息”“奔流向海”3 个篇章，展现学校 70 年来“为党育人，为国育才”的不变追寻，“大江大河，弄潮逐浪”的矢志探索。（施家仓）

【学校博士研究生获评全国“最美大学生”】 中宣部、教育部、中央广播电视总台联合发布“2021 最美高校辅导员　最美大学生”感人事迹，全国共 10 名大学生获评“最美大学生”称号。华东师范大学计算机科学与技术学院 2016 级博士研究生周杰获此荣誉，也是此次获评的唯一一位上海学生。

（施家仓）

附：学校负责人及地址

（2021年1—12月）

校党委书记：梅　兵

副书记：钱旭红、朱　民、王宏舟（8月离任）、杨昌利、曹友谊

校　长：钱旭红

副校长：孙真荣、李志斌（8月离任）、周傲英、戴立益、雷启立（8月到任）、顾红亮（8月到任）

闵行校区地址：东川路500号

邮编：200241

电话：62233333

普陀校区地址：中山北路3663号

邮编：200062

上海外国语大学

【2021年概况】 有虹口、松江2个校区，设教学院（系）23个。有本科专业53个，包括语言类专业34个和非语言类专业19个。一级学科硕士学位授权点8个（下设二级学科硕士学位授权点42个）、专业硕士学位授权点8个，一级学科博士学位授权点3个（下设二级学科博士学位授权点22个），博士后科研流动站3个。全校各类学生总数14414人，其中本科生5962人、硕士研究生4014人、博士研究生553人，留学生1020人（学历生839人），成人教育学生2393人、网络教育学生472人。年内招收本科生1495人、硕士研究生1539人、博士研究生196人。招收来自99个国家和地区的各类留学生1827人次。全校在职教职工1501人，其中专任教师844人（正高职称143人、副高职称269人；具有博士学位教师624人、硕士学位教师211人）。

制定“我为群众办实事”实施方案，完善学校和二级单位“三重一大”决策制度实施细则，建成新时代上海高校党建创新实践分基地，完成全国第一批党建工作标杆院系项目验收。实施首批多语种网络育人平台建设，成立中国故事多模态国际传播研究中心。上海外国语大学国际传播实战项目入选全国地方党媒融合发展创新示范项目。与中共一大会址纪念馆开展战略合作，推进7个语种40万字党史文本编译工作。举办“中国共产党的百年历程与中国外语教育”专题展览。

开启新一轮“双一流”建设。外国语言文学学科在上海市高峰学科第二阶段建设成效评价中获“良好”。语言数据科学与运用、国别与区域研究2个交叉学科进入教育部公布的高校交叉学科名单。制定《上海外国语大学“双一流”建设高校整体建设方案》《上海外国语大学一流学科建设方案》并报送教育部。完成新一轮高峰学科建设方案编制工作并顺利通过市教委评审。

召开“十四五”改革与发展研讨会，完成“十四五”规划编制工作。推进一流本科建设，获批罗马尼亚语、国际新闻与传播、财务管理3个本科专业，获批第二批国家级一流本科专业建设点9个，MBA高端金融双学位项目通过AMBA国际认证，获批上海市4个双学士学位复合型人才培养项目招生。获评首批国家级一流本科课程7门，上海市一流本科课程16门。全年推荐申报6个项目全部获批全国首批“新文科”研究项目，9个项目获教育部产学合作育人项目资助，2个项目获上海高校大学计算机课程教学改革项目立项。推动研究生教育体制机制改革，推出六大行动计划，构建外语院校特色

的一二三课堂育人格局。做好学位授权点申报工作，组织7个一级学科参加第五轮学科评估，3个专业学位类别参加专业学位水平评估。主持全国研究生学科专业目录“文学”门类修订工作。完善学位点评估标准与机制，做好学位点质量监控与动态调整，获批马克思主义理论硕士一级学科、公共管理硕士专业学位类别学位授权。推出卓越研究生教育改革方案，首次试点“硕博连读”制度，博士招生全面采用“申请—考核”制。完善研究生培养模式和课程体系建设，设置国际新闻传播硕士项目，实现研究生课程在全校范围内的跨院系跨学科全面开放共享。加强导师队伍建设，成立“导师学院”。

完善“八个一批”培养方案，形成“五大渠道”，拓展校内校外“双循环”渠道。加强干部廉政教育和培训，落实谈心谈话制度，深化“四责协同”和“一岗双责”工作机制。开展干部专题培训，加强优秀年轻干部培养。优化校内人才项目推荐遴选机制，实施“紧缺人才引进计划”，推进实施“人才梯队建设工程”“教师能力提升工程”。出台《上海外国语大学机构编制管理办法》，分四个批次落实完成学校三定工作。统筹多种用工形式，推出多种用人模式并行的制度创新，多渠道解决用人需求。推进实施“教师能力提升工程”，严格教师入口审核把关，完善新进教师入职培训。

推进有上外特色的“分类考试、综合评价、多元录取”招生工作体系。对接8个省市“3＋1＋2”的新高考招生改革，首次获批的4个双学位专业投入高考招生，全年新增27所优秀生源基地。开展学生社会实践与志愿服务工作。推动校园读书文化，开办本研融合学术沙龙。建立《理解艺术》本科生必修课程体系，持续推出“劳育工坊”。实施就业工作“百日冲刺计划”，毕业生就业率位居上海市同类高校前列。

做大做强中阿改革发展研究中心，推进上海全球治理与区域国别研究院建设。建成磁共振实验室，加入国家脑科学计划，成为国家自然科学基金重大项目的子项目。打造优秀学术成果国际传播平台，推出《口笔译研究》《跨文化交际与传播研究》《网络媒体与全球传播》3种国际学术期刊。在国外重要报纸和期刊累计发表100余篇多语种评论，全年被采纳决策咨询报告200余份。中东研究所再次入选中国智库综合评价案例智库。“语料库应用与研究网”上线。成立“多语种智慧教育重点实验室”，举办“数据科学家训练营”“神经科学家训练营”，脑与认知科学应用重点实验室举行首批开放课题启动会。全年获批纵向项目63项，其中国家社科项目12项，国家自科基金项目9项，教育部人文社科项目9项，教育部高校国别和区域研究年度课题1项，上海市级各类项目32项。推进外国文化政策研究基地建设，组织第六批基地项目“世界各国提升国际传播能力的经验与举措研究”专项课题的申报，获批课题10项。联合申报国家社科基金中华学术外译项目34项。教师共发表学术论文1192篇，包括报刊文章228篇、论文集论文177篇、期刊论文787篇，其中CSSCI期刊论文296篇，SSCI、A&HCI、SCI、EI论文154篇。出版著作242部。被采纳研究报告375份。组织举办“建党百年：世界眼光与全球话语”学术研讨会。

聚焦滇西专项扶贫和对口支援中国石油大学（北京）克拉玛依校区建设工作，启动“服务乡村振兴中学英语教师培训项目”。选派人员参与第四届进博会虹桥经济论坛中宣部分论坛保障工作。加强青年外交外宣，承办中拉青年发展论坛。加强与松江区、虹口区政府的合作，与义乌市政府、上海市第一人民医院等签订战略合作协议。修订《上海外国语大学合作办学管理办法》。发挥校史博物育人功能，开展线上线下讲座近50场，参与人数累计达5000人。与复旦大学外文学院等10余所大中小学达成或签署合作协议，组织课堂教学、讲座和参观等活动20余次，受益者6000余人。

完成《2021年教师思想政治状况滚动调研报告》，召开教育工作动员部署会，细化《重点任务清单》并落实22项工作指标，形成阶段总结并报教育部。开展“十项准则”专项学习行动，强化师德监督惩处，打造“行思中国”海归教师国情研修实践平台。

推动上海市课程思政综合改革试点工作领

航高校建设，推进以《习近平谈治国理政》多语种版本“三进”为核心的多语种课程思政体系建设。推进创建上海市高校“三全育人”综合改革示范学校，将改革任务纳入学校“双一流”建设规划。支持校级思政课程建设项目，成立校级课程思政教学研究中心。开展首批国家课程思政示范项目申报工作，获评2门本科生课程、1门研究生课程。

以红色党史、校史为主题举办“多语种《共产党宣言》”文献书展、“中国共产党与世界”多语种书刊展等特色文化展。以语言博物馆、校史馆为依托，开展“国际博物馆日”“国际档案日”等活动以及“语博大讲堂”“古典语言文化簇”“SISU兰台文博”等系列讲座。举办纪念老校长王季愚等专题展览。组建大学生文博工作协会。创作《渔阳星火：外语教育与中国共产党的诞生》《姜椿芳与百科全书：外语教育与改革开放》《时代之声：“译”起战疫》等校史文艺作品。校史音乐剧《一生心译》获第六届全国大学生艺术展演戏剧组一等奖、优秀创作奖。第四届鲁迅文化周“鲁迅与世界文化对话会”、2021中国上海国际艺术节校园行艺术教育论坛在上海外国语大学举行。学生在第七届中国国际“互联网+”大学生创新创业大赛、第五届“全国大学生网络文化节”中获佳绩。西索寓言书店在上海外国语大学世界语言博物馆落成开业。建成上海高校党建创新实践分基地。

启动实施《上外全球战略》，实施“上外云端国际交流计划”。举办重点合作伙伴学术论坛，发布建立“区域国别与全球研究国际联盟”的倡议。举办和参与两届“中欧对话”活动、阿拉伯国家驻华外交官研修班等活动，召开第五届口笔译跨学科研究国际会议、第十二届亚太地区国际汉语教学学会年会。巩固拓展国际合作项目，新签、续签合作协议近30项。助推孔子学院发展，完善孔院管理机制建设，制定《上海外国语大学孔子学院中方院长及骨干教师管理办法》。（姚奇彬、陶平平）

【教育部党史学习教育高校第六巡回指导组到校调研指导】 3月24日，教育部党史学习教育高校第六巡回指导组到上海外国语大学，调研指导党史学习教育工作，与学校党政班子见面会在松江校区国际会议中心召开。（姚奇彬、陶平平）

【“新文科背景下高等院校外语课程思政与通识教育”专题学术论坛】 4月9—11日在上海外国语大学举行。由中国高校外语学科发展联盟课程与教材建设委员会主办，上海外国语大学英语学院、上海外语音像出版社承办。来自全国各地多所高校外语教育领域的300余位专家、教师与会，围绕强化高校外语课程思政和通识基础教育展开交流。（姚奇彬、陶平平）

【学生非遗文化国际传播项目获奖】 5月10日，上海外国语大学非遗团队调查报告《“记·译·传”：中国非物质文化遗产国际传播的困境与对策——以上海地区为例》获第十七届“挑战杯”上海市大学生课外学术科技作品竞赛特等奖。7月28日，《“云上”非遗：多语种课程模式探索》项目在第七届中国国际“互联网+”大学生创新创业大赛中获上海赛区金奖、全国铜奖。（姚奇彬、陶平平）

【入选上海高等教育精品教材】 7月15日，《上海市教育委员会关于公布首批上海高等教育精品教材名单的通知》发布。名单认定125本教材（高等教育类）为首批上海高等教育精品教材，其中上海外国语大学《新编英语语法教程（第6版）》等8本教材入选。（姚奇彬、陶平平）

【在中国国际“互联网+”大赛总决赛中获银奖】 10月15日，第七届中国国际“互联网+”大学生创新创业大赛全国总决赛在南昌大学闭幕。由上海外国语大学国际金融贸易学院教师李蕊指导，法学院硕士研究生谢睿带领的《艺术家互娱——娱乐直播新型运营解决方案提供商》项目团队，获全国银奖。（姚奇彬、陶平平）

【2021中国拉丁美洲青年发展论坛】 10月22日在上海举行。由中华全国青年联合会主办，上海外国语大学承办。以“携手消除贫困　推动共同发展”为主题。来自中国、墨西哥、安提瓜和巴布达、

阿根廷等10个国家的70余名青年领导人和青年代表，通过线上线下等方式参加论坛，围绕中国与拉丁美洲合作、青年责任、减贫挑战等进行交流。

（姚奇彬、陶平平）

【第二届重点合作伙伴交流暨区域国别研究论坛】 11月6日在上海外国语大学举行。英国伦敦大学亚非学院、德国海德堡大学、德国拜罗伊特大学、俄罗斯莫斯科国际关系学院等9个国家的10所重点合作伙伴高校代表与会，就“区域国别研究在新冠疫情背景下的责任与表现”进行学术研讨。

（姚奇彬、陶平平）

附：学校负责人及地址

（2021年1—12月）

校党委书记：姜　锋

副书记：李岩松、王　静、钱　玲

校　长：李岩松

副校长：林学雷、张　静、查明建

虹口校区地址：大连西路550号

邮编：200083

电话：35372445

松江校区地址：文翔路1550号

邮编：201620

电话：67701687

上海财经大学

【2021年概况】 有杨浦、虹口2个校区，设会计学、财政学、经济思想史、金融学（培育）4个国家级重点学科，以及财政部重点学科4个、上海市重点学科6个、上海市一流学科A类2个和B类4个，上海高校Ⅱ类高峰学科1个（理论经济学）、上海高校Ⅳ类高峰学科1个（应用经济学），博士后科研流动站7个、一级学科博士授权点9个、一级学科硕士授权点15个、本科专业40个。教育部重点实验室1个。有各类在校生20521人，其中本科生8055人，学术型硕士研究生1270人，专业学位型硕士研究生5667人，博士研究生1347人，留学生412人，成人本科生3770人。招收新生4975人，其中本科生1987人、硕士研究生2692人、博士研究生296人。有专任教师999人，其中教授、副教授610人。

深化“书记讲党史”活动，校党委主要领导示范讲授党课，带头上好“开学第一课”。举办“枪杆子与钱袋子——馆藏红色票据专题展”。以“黄大年式教师团队”“百年初心奋斗者”陆品燕、“救命文档”创建者李睿、勇救落水者少数民族学生加拉斯等学校典型宣传为契机，讲好上海财大故事。首创智库党建和智库育人模式，构建全方位一体化智库育人体系。学校融合式特色党建的创新做法获教育部网站专题新闻报道。

围绕本科招生优化、“首席经济学家”项目、智库型博士生培养等18项重点建设内容，编制完成《“十四五”规划工作方案》。形成244条具体建设任务，逐条明确责任单位和时间节点。聚焦改革重点任务，组织重大事项的工作方案编制及实施。出台《思想政治理论课（马克思主义理论学科）教师职务任职学术条件的规定》，修订社会学职称评审标准，启动论证理工类学科职称评审标准改革方案。推行代表性成果评价，进一步扩大“代表作制”范围。制定《上海财经大学教师校内联合聘任管理办法》。探索建立针对决策咨询研究的评价激励机制，细化决策咨询成果认定规则。

高质量完成首轮“双一流”整体建设任务，在经济和计量领域跻身国际前列。开展新一轮“双一流”建设方案编制工作。持续推进上海市高峰学科和部、市共建重点建设，经济学、会计学等5个项目入选首批教育部新文科研究与改革实践项目。上海市求解器自主研发与产业应用协同创新中心、上海市数据科技与决策前沿科学研究基地2个项目入选上海高校创新策源能力提升计划。

坚持"以本为本",推进本科教学审核评估整改工作,实施"上财本科30条"和"十大行动计划2.0",开展新生院建设研究工作并形成可行性研究报告。推动一流研究生教育高质量发展,推进课程思政建设,深化思政课改革2.0方案,构建起以习近平新时代中国特色社会主义思想概论、"经济中国"等为主体的思政课程体系。全方位立体式推进形成具有鲜明财经特色的劳动教育体系。持续推进"千村调查"项目,打造实践育人精品。出台学生数学素养培育、"首席经济学家"等项目。

获国家级项目79项,立项数及获得资助经费数均创历史新高。《中国经济发展史(公元前16世纪—2019)(14册)》入选第五届中国出版政府奖。7项成果获第十三届上海市决策咨询研究成果奖;143篇报告获省部级以上采纳或批示,其中7篇获国家领导人批示。新增1家教育部哲学社会科学实验室(培育)、2家教育部国别和区域研究中心、1家国家生态环境部基地、1家市教委上海市前沿科学研究基地、1家上海市协同创新中心。

印发"教职工政治理论学习工作指引",出台思政与师德考核办法,修订"教书育人标兵"评选办法。增设"决策咨询岗/团队"和"思政专项岗"。研究制定《上海财经大学高层次人才考核实施办法(试行)》。

推进落实与杨浦区、虹口区合作共建协议,探索建立多维度、多层次合作模式。依托大学学科和资源优势,提升附属学校办学品质。拓展附属基础教育校外合作资源。成立上海中小学财经素养教育项目合作联盟。

实施"上财国际2.0"计划。组织开展针对学校金融、经济、会计与商学院的4个中外合作办学项目模拟评估工作;对经济、会计、金融3个引智基地开展创新科研平台校内模拟验收。搭建世界一流大学云端学习平台,与英国剑桥大学、南安普顿大学,美国加州大学伯克利分校、威斯康星大学麦迪逊分校等合作推出"云端学术系列课程"。推进"募投管用",提升综合筹资能级,探索构建涵盖全校的"学校—学院—教职工"三级筹资网络,构建涵盖人才培养、师资建设、科学研究、校园建设、国际化建设、社会公益、学院发展基金六大类别100多个项目的上海财大筹资项目库。

推进智慧校园建设,持续优化OA系统、人事系统、安保管理等多个系统,建设完善"三全育人"信息化支撑环境。深化财务管理体制改革,启动零基预算编制。学校连续二十八年蝉联十四届"上海市文明单位(含文明校园)"荣誉称号。

(张锦华、吴怀莉)

【获"2021资诚国际租税杯个案分析竞赛"决赛冠军】 4月24日,"2021资诚国际租税杯个案分析竞赛"(2021 PwC International Tax Competition)决赛在台北和上海两地同时举行。上海财经大学由2017级财政学专业学生陈嘉炜和柳钰、2017级税收学专业学生高佳妮、2017级劳动与社会保障专业学生朱伊琳组成的"Ready Player One"队伍参赛,获决赛冠军——年度最佳团队奖。

(张锦华、吴怀莉)

【上海财经大学第十一届体育文化节】 5月16日在校体育馆举行开幕式。中国羽毛球协会副主席兼秘书长,上海财经大学领导以及上海各高校羽毛球队队员,学校两千余名师生参加。

(张锦华、吴怀莉)

5月16日,上海财经大学第十一届体育文化节在校体育馆举行开幕式

【在中国大学生网球锦标赛中获好成绩】 6月3—7日,中国大学生网球锦标赛在浙江台州举行。28

所华东地区的高校参赛。上海财经大学网球队再次蝉联该赛事男子丙A团体冠军,实现四连冠;女子团体获季军,为学校历史最好成绩。

(张锦华、吴怀莉)

【校馆藏红色票据专题展】 6月23日在上海财经大学育衡楼举办。由上海财经大学档案馆(校史馆、博物馆)策划。上海财经大学、上海市档案局(馆)、各兄弟高校档案馆(校史馆、博物馆)领导等参加开幕式。(张锦华、吴怀莉)

【举办庆祝中国共产党成立100周年主题党课】 6月25日,"坚守使命百年路　经济匡时再启航"上海财经大学庆祝中国共产党成立100周年主题党课在校艺术中心大礼堂开讲。该党课是上海市教卫工作党委系统"伟大工程"系列示范党课之一,也是上海财经大学党史学习教育的重要活动之一。

(张锦华、吴怀莉)

【区域重大国家战略协同发展研讨会暨长三角一体化发展高端论坛】 12月23日在上海举办。由市政府合作交流办、上海财经大学和上海市大数据中心联合主办,中国银行上海市分行支持举办。会议围绕"十四五"高质量区域协调发展以及长三角、京津冀、粤港澳、成渝地区国家区域发展战略对接等主题展开。(张锦华、吴怀莉)

附:学校负责人及地址

(2021年1—12月)

校党委书记:许　涛

副书记:陈　宏、朱鸣雄

校　长:蒋传海

副校长:徐　飞、刘兰娟、方　华、陈信元、姚玲珍

杨浦校区地址:国定路777号

邮编:200433

电话:65114028

虹口校区地址:中山北一路369号

邮编:200083

电话:65904466

上海海关学院

【2021年概况】 设海关与公共管理学院、海关与公共经济学院、工商管理与关务学院、海关法律系、海关外语系、公共教学部、马克思主义学院和检验检疫技术交流部8个院(系),有海关管理、海关检验检疫安全、行政管理、物流管理、国际商务、审计学、税收学、经济统计学、法学、英语10个本科专业和公共管理、税务、国际商务、翻译4个硕士专业学位授权点。纳入上海市博士授予单位培育建设名单以及上海市博士后流动站建设筹备单位名单。全日制在校生2718人,其中本科生2640人、硕士研究生78人。非全日制研究生138人。在编教职工287人;专任教师162人,其中教授18人、副教授49人,高级职称占比41.36%,硕士研究生以上学位占比88.88%。

获批教育部新文科教改项目3项,省部级一流本科课程8门,新增市级重点课程项目3项;省部级优秀教学成果奖4项,优秀教材2本,课程思政示范项目4项,省部级示范实习基地2个,省部级实验教学示范中心1个,虚拟仿真实验教学中心1个。获科研项目总数66项。获批国家哲社基金资助研究项目1项,省部级资助研究项目15项,其中上海市哲社一般项目3项、上海市自然基金项目1

项、上海市人民政府决策咨询课题 1 项，海关总署统计司课题 4 项，海关总署科技司项目共 4 项，总署课题立项创历史新高。

大学生创新创业项目共立项 18 个国家级项目、34 个上海市级项目。其中 1 个项目入选第七届中国国际"互联网＋"大学生创新创业大赛全国总决赛，2 个项目获上海赛区铜奖；1 个项目获第七届上海市大学生创新创业训练计划成果展最佳创业项目奖，2 个项目获优秀创业项目奖，3 个项目获优秀展示项目奖，3 个项目获优秀项目报告奖。4 个项目入选第十三届"挑战杯"上海市大学生创业计划竞赛上海赛区。8 个项目入围上海市"知行杯"暑期社会实践大赛复赛，1 个项目进入市级决赛，4 支团队获上海市三等奖。获第十七届"挑战杯"上海市大学生课外学术科技作品竞赛一等奖 1 项、三等奖 6 项。全国"三下乡""返家乡"等大学生社会实践活动中，2 个团队立项全国重点团队，1 个团队获全国优秀团队。2 个团队获长三角高校暑期社会实践优秀调研报告一等奖。获上海市大学生电子商务"创新、创意及创业"挑战赛中优胜奖 9 项。获"工商银行杯"全国大学生金融科技创新大赛上海市特等奖 1 项、三等奖 3 项。学校健美操队获上海市阳光体育大联赛一等奖、上海市上海城市业余联赛一等奖、大学生健美操锦标赛第一名。

发表 SSCI/SCI 论文 8 篇；CSSCI/EI 论文 12 篇，其中 B 类及以上学术论文 2 篇，高水平学术论文有较大增长；发表普刊论文 90 篇；出版专(译)著 17 部。省部级获奖 8 项，咨询报告(海关编译参考、领导参阅)4 篇。《海关与经贸研究》全年出版 6 期。在中国国际贸易学会组织举办的 2021 年"中国外经贸发展与改革"征文活动中，中国海关学会上海海关学院分会获优秀组织奖。

打造以广州大铲海关的"四勇精神"为蓝本的《关魂 · 怒海雄关》第二季，获上海大学生文化创意作品展示活动戏剧类一等奖。举办 3 期处科级领导干部党史学习教育培训班，打造《插入敌人心脏的革命利刃——中央特科在沪斗争史》等 4 门党史课程。牵头制定"我为群众办实事"重点发展项目 31 个、民生项目 38 个。组织"党旗在基层一线高高飘扬"庆祝中国共产党建党百年系列活动，表彰一批"两优一先"典型。牵头完成《红色征程——中国共产党领导下的海关革命斗争史》样书印刷、出版。举办"马克思主义传播在中国——文献中的百年党建"红色专题图片展、"浴血中成长——中国共产党领导下的江海关职工革命斗争史"等特色展览。

举办各类培训班 41 期，培训学员 3964 人次，其中海关总署计划内班次 19 期，培训学员 2220 人次。与阿塞拜疆海关学院和乌兹别克斯坦海关学院签署合作备忘录。全年承办涉外培训项目 8 期，参训学员 382 人次。　(金舒莺)

【获批设立海关检验检疫安全新专业】 3 月 1 日，上海海关学院申报的海关检验检疫安全新专业获批，并被批准为目录外国家控制布点专业。新专业将服务海关和外经贸事业，为海关及相关部门培养从事以安全为主体、开展检验检疫相关工作的应用型、复合型、涉外型高素质专业人才。　(曾祥霖)

【与上海海关签署合作备忘录】 3 月 17 日，合作备忘录在上海海关学院签署。海关总署人教司、全国海关教育培训中心、上海海关及上海海关学院相关领导出席。根据协议，双方就课题研究、学科建设、资源共享等方面开展全面合作。　(金舒莺)

【确定上海海关学院临港国际校区】 3 月 19 日，海关总署副署长、政治部主任在上海听取上海海关学院临港大道 11 号改造工作汇报，海关总署财务司、人教司、教培中心，临港管委会，上海海关，上海海关学院相关人员参会。上海海关学院校长汇报临港大道 11 号的功能与定位等相关工作。会议明确临港大道 11 号总体功能定位为上海海关学院临港国际校区，确定临港大道 11 号开工时间及投入使用时间。　(金舒莺)

【"马克思主义传播在中国——文献中的百年党建"红色专题图片展】 4 月 20 日在上海海关学院图书馆一楼大厅举办。展览以编年体的形式展出 28 幅版面，分为"西学东渐：近代中国马克思主义的最初译介""必由之路：十月革命促进了马克思主义在中国的传播""万象更新：建党后马克思主义著作的翻译、出版和传播”“劈波斩浪：白色恐怖下传播真理的壮丽诗篇”“源头活水：延安时期开启马克思主义中国化的新时代”5 个部分，展出近百种具有代表性的珍贵历史文献图片。（范云欢）

【与海关总署风险管理司签署合作备忘录】 11 月 4 日，合作备忘录在上海海关学院志远楼签署。海关总署风险司和上海海关学院相关领导出席仪式。根据合作备忘录，双方在学科专业建设、科学研究、海关风险防控业务等方面开展合作。（金舒莺）

附：学校负责人及地址

（2021 年 1—12 月）

校党委书记：唐赟峰
副书记：丛玉豪

校　长：丛玉豪
副校长：李纳新、岳　龙、王晓刚（12 月到任）

地址：华夏西路 5677 号
邮编：201204
电话：28992899

上海民航职业技术学院

【2021 年概况】 有徐汇、浦东 2 个校区，招生专业数增至 19 个。计划招生 3280 人，实际录取 3253 人，录取率 99.2%。

加大高层次人才引进和自身队伍培养，确定拟聘人员 16 人，其中教授 2 人、副教授 1 人，高级工程师 2 人，青年博士研究生 3 人。完成《学院绩效工资管理办法》，印发《师德考核实施办法》，建立教职工师德档案，树立突出师德的人才评价标准。

成立学院“十四五”申报本科层次职业学校编制工作领导小组，积极申报方案材料。不断完善学院——二级学院两级教学管理模式和教学督导工作机制。以中国共产党建党 100 周年为契机，积极组织开展系列主题教育活动。开设各类讲座讲堂及选修课程。

与上海社科院深度合作，编制完成《“十四五”事业发展规划》。浦东校区修缮改扩建工程开工。徐汇校区校安工程二标段完成投入使用。

举办中国共产党建党 100 周年庆祝活动，在师生中开展主题宣传教育活动，宣传好民航强国、教育强国建设新成就。开展“我为群众办实事”系列活动，推出两批共计 78 个实事项目。首次成立不安全事件调查组并开展安全调查，彻底整改安全隐患。（白前永）

【获 2021 上海市高职高专院校教师教学能力大赛一等奖】 7 月 22 日，上海民航职业技术学院航空乘务系教师团队李力、王燕萍、苏佳、张雅丽，以作品《最高职责——空中释压的客舱应急处置》获全国职业院校技能大赛教学能力比赛上海市选拔赛暨上海市高职高专院校教师教学能力大赛专业课程组一等奖。（白前永）

【“大飞机文化日—国产商用飞机进校园”活动】 10 月 29 日，在上海民航职业技术学院浦东校区操

10 月 29 日，“大飞机文化日—国产商用飞机进校园”活动在上海民航职业技术学院浦东校区操场举行

场举行。上海民航职业技术学院院长，中国商飞党委副书记、董事等出席仪式。学院加强与中国商飞合作，开展校企合作产教融合，引导学生成长为民航强国建设的生力军。（白前永）

【举办民航安全管理专题讲座】 11月22日，中国民用航空局原副局长以“坚持隐患零容忍把握安全主动权关于民航安全管理的思考”为题作专题讲座。上海民航职业技术学院领导班子成员、中层领导干部、正高级职称教师和教研室主任、各班级学生代表等近200人在上海民航职业技术学院浦东校区尚智堂聆听讲座。（白前永）

附：学校负责人及地址

（2021年1—12月）

校党委书记：戴志刚
副书记：胡亚明

校　长：胡亚明
副校长：孙　群、章恒龙、杨　征、孙　暄

徐汇校区地址：龙华西路1号
邮编：200232
电话：34693226

浦东校区地址：学海路100号
邮编：201300
电话：34693226

上 海 大 学

【2021年概况】 有宝山、延长、嘉定3个校区，设文学院、法学院、微电子学院等30个学院和1个校管系；有94个本科专业，28个一级学科博士学位授权点、8个交叉学科博士点，45个一级学科硕士学位授权点（含一级学科博士学位授权点）、1个二级学科硕士学位授权点（一级学科未覆盖）、22个硕士专业学位类别，20个博士后科研流动站。有研究生18021人，全日制本科生19921人（含预科生63人）、成人教育学生19912人。有专任教师3419人，其中教授774人、副教授1061人，具有博士学位的教师2562人。有中国科学院院士、中国工程院院士6人，双聘院士13人。

有1个科技部省部共建国家重点实验室，1个国际科技合作基地，1个省部共建国家重点实验室培育基地，1个创新人才培养示范基地；教育部3个重点实验室、2个工程研究中心、1个国际联合实验室、1个科技成果转化和技术转移基地及1个批准备案建设的国别和区域研究中心。1个国家文物局与市政府共建研究基地、1个国家体育总局体育社会科学重点研究基地、1个民政部政策理论研究基地、1个国家语委语言文字推广基地、1个教育部中华优秀文化传承基地等67个省部级及以上基地平台。国际三大检索（SCI、EI、CPCI—S）收录的学术论文数分别位于全国高校46、43、31位。年内，7人入选“全球高被引科学家”。

与53个国家和地区的242所大学或机构签署校际合作协议。在校就读的外国留学生2603人，其中学历生2268人；港澳台地区学历生64人，交换生8人。被教育部评为来华留学示范基地单位、首批高层次国际化人才培养创新实践基地。建有4个中外合作办学学院，并与欧洲、亚洲、非洲等地区的大学合作建立5所孔子学院。

与中国科学院长三角地区研究院所、中国社会科学院，与上海市宝山区、嘉定区、静安区，与浙江省温州市、河南省文物局、中国商用飞机有限责任公司、中国联合重型燃气轮机技术有限公司、上海华虹（集团）有限公司、上海汽车集团股份有限公司等单位开展包括科学研究、人才培养、队伍建设在内的全面合作。4月，获2019—2020年度（第二届）

上海市文明校园称号。（郁丽洁）

【参与三星堆发掘工作】 1月9日至3月16日，上海大学作为主要合作方之一，参与三星堆三号坑发掘工作，承担相关科技考古与文物保护任务。上海大学文学院讲师徐斐宏博士担任三星堆三号坑发掘负责人，文学院考古文博教师、硕博士生30余人参与。经过两个多月工作，三号坑填土清理完毕，坑底发现大量文物。（郁丽洁）

【当选上海市科创启明星协会第七届理事会理事长】 4月14日，上海市科创启明星协会第七届第一次会员代表大会暨揭牌仪式在科学会堂举行，上海大学校长当选为启明星协会第七届理事会理事长。启明星协会第六届理事长、上海交通大学常务副校长，启明星协会第六届副理事长以及会员代表等逾200人参加会议。大会选举产生启明星协会第七届理事会、监事会。（郁丽洁）

【在第十七届"挑战杯"竞赛红色专项全国赛中获好成绩】 5月16日，第十七届"挑战杯"全国大学生课外学术科技作品竞赛红色专项活动颁奖典礼在四川大学举行。上海大学参赛团队在终审决赛中获两项全国一等奖。该赛事由第十七届"挑战杯"全国大学生课外学术科技作品竞赛组委会主办，四川大学承办。全国75所高校106个作品入围线下终审环节，其中上海入围8项。上海大学2支团队从全国万余支参赛团队中胜出，入围全国百强。

（郁丽洁）

5月16日，上海大学在第十七届"挑战杯"竞赛红色专项全国赛中获好成绩

【首届上海大学教育对外开放大会】 5月27日在上海大学宝山校区图报厅举行。主题为"深化开放合作，赋能创新发展，建设中国特色世界一流上海大学"。市教委、上海大学领导出席。上海大学战略合作伙伴大学英国拉夫堡大学等10所大学校长分别发来视频。会议持续两周，邀请国内知名专家学者到校做专题讲座，在3个校区巡回开展"上海大学国际化成果展"、通过线上线下在全校师生中开展"我为国际化的上海大学献一策"活动。其间，设五个分论坛及各学院、部门国际化工作专题研讨会。（郁丽洁）

【2021中国生物材料大会】 10月11—14日在上海国际会议中心举行。由中国生物材料学会（CSBM）主办，上海大学和华东理工大学承办，上海张江（集团）有限公司协办。主题是"生物材料：创新发展、服务健康"。会议设重组胶原蛋白产业与监管论坛、2021中—韩青年科学家论坛、前沿交叉论坛等11个论坛。共收集论文摘要1944篇，其中安排口头报告789个，海报展示1158篇，分设20个专题共101场次报告，受到线上线下近80万人关注。（郁丽洁）

【举行首届学风建设大会】 12月17—24日，上海大学举办首届学风建设大会。大会主题是：以习近平新时代中国特色社会主义思想为指导，培育"严谨、勤奋、求实、创新"的优良学风，为世界一流大学建设提供坚强保障。各学院设立视频分会场，各院系、职能部处负责人、教师代表、学生代表参加。

（郁丽洁）

附：学校负责人及地址

（2021年1—12月）

校党委书记：成旦红

副书记：刘昌胜、段　勇、龚思怡（12月离任）、欧阳华

校　长：刘昌胜

副校长：龚思怡、吴明红、聂　清、汪小帆
总会计师：苟燕楠

宝山校区地址：上大路99号
邮编：200444
电话：96928188

延长校区地址：延长路149号
邮编：200072

嘉定校区地址：塔城路453号
邮编：201800

上海理工大学

【2021年概况】 有军工路3个校区及复兴路1个校区，设17个学院（部），有62个本科专业，8个一级学科博士学位授权点，6个博士后科研工作流动站，28个一级学科硕士学位授权点，19个硕士专业学位类别。全日制在校生2.7万余人，其中本科生1.7万余人、研究生近1万人。专任教师2004人，其中高级职称教师902人，博士生导师289人，中国科学院、工程院院士9人（含双聘）。

审议通过《关于加强和改进新时代学生思想政治教育工作队伍建设的实施意见》。深化示范马克思主义学院建设，打造以“工程德育”为特色的思政课程体系。编制课程思政100问。“发动机原理”入选教育部课程思政示范课，“新时代·中国说”入选教育部高校思政工作精品项目，“新型班主任制度”入选上海市教卫工作党委落细落小落实社会主义核心价值观典型案例。

获批14个国家级一流专业、11个省级一流专业。获批国家级4门一流本科课程、25门上海市一流本科课程。本科生常淑月以第一作者身份发表两篇SCI论文。“互联网+”大赛获3项银奖。原创音乐剧《春归》获全国大艺展一等奖。医工融合现代产业学院入选首批上海市级重点现代产业学院建设项目。光电学院、中英学院、机械学院获评首批上海市学生（青少年）科创教育基地（2021—2024）。

涌现一批以“黄大年式教学团队”负责人庄松林院士、获市“为人、为师、为学”先进宣传典型顾铮先教授为代表的“四有”好老师。制定《上海理工大学师德失范行为处理办法（试行）》。创新“带头人+执行人”团队引进模式，全职引进中国工程院外籍院士藤岛昭及其团队，组建光催化国际实验室。探索实施分类评价制度。设置教学、工程、学术“三大擂台赛”、高水平代表性成果、绿色通道等晋升通道。

完成2021高水平大学一流学科和新一轮高峰高原学科申报工作。计算机科学学科进入ESI全球排名前1%。5位学者入选高被引学者榜单。培育集成电路科学与工程交叉学科、医学技术2个硕士学位点，构建“税务硕士”专业学位人才培养和学位授予体系。学校牵头成立的上海市高端医疗装备创新中心与36家机构达成三类共10项战略合作。与海军军医大学签署全面战略合作协议。与上海戏剧学院共建“两院三中心”，推动科艺融合。聚焦上海三大重点产业，组建材料与化学学院、健康科学与工程学院，成立光子芯片、深海高端装备系统研究院等。顾敏院士领衔“光子芯片”市级重大专项，加快部分关键核心技术自主创新。获2020年度上海市科学技术奖的青年杰出贡献奖1项（作为牵头单位），技术发明奖一等奖2项、二等奖1项，自然科学奖二等奖2项，科技进步奖二等奖1项，三等奖2项（其中1项为合作单位）。获批国家粮食产业技术创新中心。大学科技园再次获评国家A类大学科技园。获75项国家自然科学基金项目和9项国家社科基金项目。

通过沪江国际文化园多元文化交流活动等探索“在地国际化”办学模式，开展活动计 100 余次，长效性交流活动 4 项，总计 8500 余人次参与。完成学生海外交流交换项目 3 个。首期全英文课程与专业建设完成验收。“智能制造领域中外人文交流培养基地”完成挂牌。组建各学科国际咨询委员会，组织申报 1 项“111 计划”。以院士团队为试点，推进建立国际知识产权管理服务体系。

与宝山区、无锡市等地方政府开展战略合作。与秦川集团、上海电气等企业签署战略合作协议，探索校企合作新模式。与中山医院、市第一人民医院等深化医工交叉战略合作，携手开展科研攻关和医工复合型人才培养。召开上海理工杨浦基础教育集团第二次理事会。（于謌洋）

【国家新闻出版署出版业科技与标准重点实验室（可信数字版权生态与标准重点实验室）揭牌仪式】 5 月 27 日，在上海理工大学举行。相关行业及学校的领导及数字出版学界和业界的知名学者专家，学校相关职能部门负责人、版艺学院班子、教师和学生代表参加。（于謌洋）

5 月 27 日，国家新闻出版署出版业科技与标准重点实验室（可信数字版权生态与标准重点实验室）揭牌仪式在上海理工大学举行

【新时代教育对外开放中外合作办学经验交流会暨上海理工大学中英国际学院建院十五周年大会】 10 月 15 日在上海理工大学复兴路校区图书馆举行。教育部国际司相关领导、英国驻上海总领事，上海市教育委员会、宁波诺丁汉大学、上海市教育评估院、英国文化教育协会华东区、上海教育国际交流协会、上海大学悉尼工商学院有关领导及负责人以及上海理工大学党政领导、学校相关职能（部）处和学院领导、现任中英国际学院联合管理委员会成员、历任学院领导班子成员、校友代表及师生代表出席。（于謌洋）

【与德国 2 所大学合作签约】 10 月 19 日，上海理工大学和德国汉堡应用技术大学及德国东巴伐利亚雷根斯堡应用科技大学合作协议签订仪式在上海理工大学军工路校区一教云端会议室举行。上海理工大学校长分别同德国汉堡应用技术大学校长及德国东巴伐利亚雷根斯堡应用科技大学校长签署双方合作办学新协议。（于謌洋）

【与宝山区政府签署战略合作框架协议】 11 月 5 日，上海理工大学与宝山区政府举行战略合作框架协议签约仪式。双方将围绕大学科技园宝山分园建设、创新平台与项目合作建设、人才培养等方面深入合作。（于謌洋）

附：学校负责人及地址

（2021 年 1—12 月）

校党委书记：吴坚勇

副书记：丁晓东、刘道平、顾春华、孙跃东、盛　春

校　长：丁晓东

副校长：盛　春、陈　斌、蔡永莲、刘　平、吴　忠（3 月离任）、张道方（3 月到任）、张　华

军工路校区地址：军工路 516 号
邮编：200093
电话：55270291

复兴路校区地址：复兴中路 1195 号
邮编：200031
电话：64725420

上海海事大学

【2021年概况】 有临港、港湾2个校区。设3个博士后科研流动站、4个一级学科博士点、17个二级学科博士点、17个一级学科硕士学位授权点、64个二级学科硕士学位授权点，13个专业学位授权类别，49个本科专业。有1个上海市高峰学科、2个上海市高原学科。有18个省部级重点研究基地和1艘4.8万吨散货教学实习船"育明"轮。各类学生27800余人，其中本科生16000余人，各类研究生近8000人，留学生近900人。录取本科新生3994人；录取硕士生2884人，其中专业硕士1690人、学术硕士1194人；录取博士生96人。专任教师1200余人，其中教授190余人。

编制《上海海事大学教育事业发展"十四五"规划》。完成高水平地方高校一期建设总结，启动高水平地方高校二期建设，编制《上海海事大学高水平地方高校建设方案(2021—2025年)》。完成上海高校分类评价相关工作。

推进课程思政全覆盖，建设第二批课程思政示范课程37门，新增研究生课程思政示范建设课23门。调整信息技术基础课程，增设信息技术类通识选修课。制定《上海海事大学劳动教育实施方案》。7个专业参评国家级一流本科专业建设点。入选首批教育部新文科研究与改革实践项目2项、上海市级项目1项。8门课程获推第二批国家级一流本科课程。2门虚拟仿真实验教学一流课程获市级认定，1门虚拟仿真实验教学课程获批上海高校市级重点课程立项。《第三方物流(第三版)》获首届全国优秀教材二等奖。《电机与拖动基础(第三版)》获评首批上海高等教育精品教材。教师张琴代表上海市参加全国教学创新大赛获二等奖。通过交通运输部海事局航海教育培训质量评估。获批工信部"校企协同就业创业创新示范实践基地"。与上汽乘用车公司签署"合作共建一流工业工程产教融合示范专业"项目。与临港集团合作共建人工智能现代产业学院。立项国家级大学生创新创业训练计划项目56个、市级项目152个。大学生学科竞赛获省市级以上奖项773项，获奖1875人次。获"外运杯"全国大学生物流设计大赛全国一等奖1项，第十六届全国大学生智能汽车竞赛全国一等奖3项，全国大学生交通运输科技大赛全国一等奖1项。举办3个上海市暑期学校、5个研究生学术论坛。在2021年"华为杯"第十八届中国研究生数学建模竞赛中，获全国一等奖3项、二等奖107项、三等奖158项，获奖总数位列全国高校第一。

计算机学科首次进入ESI全球前1%。新增马克思主义理论一级学科硕士学位授权点。新增上海市"全渗透"深远海离岸能源动力前沿科学研究基地、上海市重型破冰船关键钢材协同创新中心。技术与创新支持中心(TISC)获世界知识产权组织和国家知识产权局授牌。纵向科技项目立项128项，其中国家重点研发计划项目1项、国家社科基金重大研究专项2项。横向科技项目立项456项。获各类科技奖18项，其中省部级2项。以第一署名单位发表SSCI、SCI期刊论文245篇，ESI高被引论文、热点论文16篇。发明专利368件、授权发明专利119件、授权国际专利5项。完成大学科技园启动建设方案，推动完成1项科技成果赋权试点工程。获批1项上海市文化基金图书出版专项。

与临港集团、青岛港、山东海运、厦门港等签署战略合作框架协议。成立临港新片区研究院、临港新片区多语言服务中心、海事—树图临港区块链技术研究院。起草编制国内船舶管理第一个行业服务规范。上海国际航运研究中心6篇专报获省部级以上领导批示。发布全球航运智库联盟白皮书——《新型冠状病毒疫情对海运业的影响》。在2021北外滩国际航运论坛主论坛发布"全球航运景气指数"和《全球港航信息化发展报告2021》2项成果。自贸区供应链研究院撰写的《关于非常态下确保我国港航供应链安全运行的建议》入选全国政协常委会第十八次会议书面发言。

线上开展"上海暑期学校非洲项目""'一带一路'海事国家航海院校师资培训""'一带一路'航运公司高级管理人员培训"等国际培训项目。承办2021北外滩国际航运论坛"绿色与低碳"专题论坛。联合主办2021进博会全球贸易与国际物流高峰论坛。举办国际海事组织国际气候变化减缓海事技术大会和展览会等国际会议。

获2019—2020年度(第二届)上海市文明校园称号。王天真劳模创新工作室挂牌第四批上海市教育系统"劳模创新工作室"。极地船舶材料研究团队班组被授予上海市"工人先锋号"荣誉称号。启动《上海海事大学章程》修订,推进内控体系建设。对11个机构进行调整优化。通过质量管理年度审核和交通运输部海事局附加审核。推动公有房不动产权证办理,临港校区规划内项目不动产权证取得率达99.5%。持续开展垃圾分类、节约粮食、低碳校园活动和"六T"公寓、"六T"食堂建设。对36家校办企业"关、停、并、转"。（朱玉飞）

【亚洲区域船舶能效技术培训班】 1月13—15日在上海海事大学举办。培训班由亚洲海事技术合作中心举办,来自亚洲海事国家的60余名海事主管机关、航运企业、海事院校代表参加。培训结合国际海事最新技术发展,介绍国际海事组织第七十五次海上环境保护委员会会议成果、国际海事组织《第四版温室气体减排研究报告》以及相关能效技术;现场演示上海海事大学机舱综合实验室和双燃料发动机实验室在提升船舶能效方面的研究实践;在"海事界女性"议题上展示上海海事大学促进女性在海事界就业所作出的贡献。（朱玉飞）

【与宝钢股份有限公司共建"上海深远海洋装备材料工程技术研究中心"】 3月26日,上海海事大学——宝钢股份有限公司共建"上海深远海洋装备材料工程技术研究中心"签约仪式暨"海洋极端钢铁材料制备与蚀损控制"联合实验室续约仪式在上海海事大学举行。根据协议,双方将深化学校与企业的科技合作,推进国家深远海洋装备材料的研发。（朱玉飞）

【参展首届长三角国际水上应急救援装备技术博览会】 5月7日,首届长三角国际水上应急救援装备技术博览会在上海国家会展中心开幕。上海海事大学基于远程雷达监控的海事搜救监控平台等10项科创成果参展。（朱玉飞）

【成立临港新片区研究院】 5月22日,临港新片区研究院在上海海事大学揭牌。研究院聚焦区块链技术、深远海洋装备和材料、智慧港口和自动化码头等方向,协调组织校内外资源,加强不同学科交叉融合,促进学校供给与社会需求更好匹配。来自港航领域相关部门和企业以及中国社科院、复旦大学、同济大学、中国海洋大学、大连海事大学等高校和科研院所的专家学者出席。（朱玉飞）

【马克思主义专题图书馆开馆】 7月1日,在庆祝中国共产党成立100周年之际,上海海事大学举行马克思主义专题图书馆开馆仪式。该馆由学校教育发展基金会资助建设,建筑面积500余平方米,拥有约1万册图书资料的藏书空间,书籍涵盖马克思主义理论、马克思主义中国化、思想政治教育、海洋强国建设四个方面。（朱玉飞）

【主办2021年中国航海日上海论坛】 7月11日,

7月11日,上海海事大学主办的"全球的航运　中国的行动"高端对话在上海举行

由上海海事大学与中国经济信息社共同主办，以"开启航海新征程，共创航运新未来"为主题的2021年中国航海日上海论坛在上海举行。论坛上，发布新华·波罗的海国际航运中心发展指数。

（朱玉飞）

【举办国际海事组织国际气候变化减缓海事技术大会和展览会】 7月11—13日，在联合国国际海事组织（IMO）的指导下，上海海事大学和亚洲海事技术合作中心（MTCC）主办国际气候变化减缓海事技术大会和展览会。来自英国、美国、日本、丹麦、德国、法国、新加坡、韩国、挪威等国家的230余名代表参加。大会主题紧扣行业热点，创新性地运用三维虚拟技术展示航运节能技术。国际海事组织在其官网对大会作专题报道。（朱玉飞）

【海事—树图临港区块链技术研究院揭牌仪式】 9月15日在上海海事大学海丰国际会议中心举行。研究院将助力全球高端资源配置临港，加速临港区块链技术赋能、航运区块链技术标准打造与航运新生态塑造、区块链金融探索与深水实践。（朱玉飞）

【承办2021北外滩国际航运论坛"绿色与低碳"专题论坛】 11月3日，由北外滩国际航运论坛组委会主办，上海市交通委员会、上海海事大学、亚洲海事技术合作中心承办的2021北外滩国际航运论坛"绿色与低碳"专题论坛在上海举办。论坛以"加强绿色合作，共促航运转型"为主题。来自全球15个国家和地区的近200名代表与会，共同探讨绿色低碳航运的技术创新、管理措施、最佳实践，并分享港口环保管理体系、绿色港口建设、大气污染控制新技术发展的先进经验。（朱玉飞）

附：学校负责人及地址

（2021年1—12月）

校党委书记：宋宝儒

副书记：陆　靖、门妍萍（3月离任）、贺　莉、严大龙（3月到任）、李志鹏（3月到任）

校　长：陆　靖

副校长：杨万枫（4月离任）、李志鹏（4月到任）、施　欣、严　伟、栗建华（4月到任）

临港校区地址：浦东新区海港大道1550号
邮编：201306
电话：38282000

港湾校区地址：浦东新区浦东大道2600号
邮编：200129
电话：58711692

上海海洋大学

【2021年概况】 设14个二级院系，有本科专业44个、一级学科硕士学位授权点14个、专业学位硕士学位授权点8个、一级学科博士学位授权点4个、博士后科研流动站3个。有国家"双一流"建设学科1个、国家重点学科1个、上海高校高峰高原学科3个，植物与动物科学、农业科学、环境/生态3个学科进入ESI国际学科排名全球前1%。有国家特色专业5个、国家级一流本科专业建设点7个、国家级一流本科课程5门、国家级教学团队1个、国家级实验教学示范中心2个，国家级虚拟仿真实验教学项目3项。全日制本科生12111人，研究生4826人，其中硕士研究生4503人、博士研究生323人。年内，招收普通本科生3157人，其中含6名中国港澳台学生。招收少数民族预科生52人。招收

全日制研究生1803人，其中硕士研究生1709人，博士研究生94人。全校教职工1500余人。

在市属高校率先开设“习近平新时代中国特色社会主义思想概论”必修课，实现一年级新生全覆盖，增设“四史”选择性必修课。全校44个专业、2108门课程全部落实课程思政要求。出版首个水产类专业课程思政案例集，3门课程入选市高校党史学习教育与课程相融合示范课程。加强“三全育人”示范建设高校建设，申报5个市教卫“三全育人”案例。建设校外劳动基地，打造“专业+劳动教育”“创新创业+劳动实践”模式。遴选15支科研育人示范团队，推出大师学术故事等栏目。组建“百人百年百讲”党史宣讲团，获教育部暑期“三下乡”社会实践活动最佳项目、上海市大学生社会实践大赛特等奖、2021年全国教育系统关工委“优秀创新案例”。2个专业分别通过中国工程教育认证、欧洲ASIIN本科工程认证。成立学校OBE研究中心，改革大学英语教学。1人获全国教材建设先进个人，2本渔业英文版教材在国外出版，1本入选首批上海市高等教育精品教材。

优化教师教学考核模式，出台党务工作人员专业技术职务评聘办法。设立校长特别奖励基金，形成重质量、重贡献、重创新的激励分配导向。

马里亚纳海沟自驱动软体机器人、蓝色食品环境研究成果登上《自然》杂志封面，鱼类视觉基因、海沟汞埋藏、电解水制氢、南海甲烷迁移转化等研究取得重要进展。“淞航”号航行121天完成农业农村部西太渔业资源调查任务。本科生微塑料研究综述在国际权威期刊发表。两篇论文入选“领跑者5000——中国精品科技期刊顶尖学术论文”。《上海海洋大学学报》获评“中国高校百佳科技期刊”，《水产学报》位居水产类中文科技期刊第一。出版《中国海洋及河口鱼类系统检索》《鳜组织学彩色图谱》，填补鱼类研究空白。获批国家级项目34项，获省部级奖9项。获新品种1个、授权专利329项、软件著作权152项，成果转化11项。

成立乡村振兴研究院，与浙江省青田县合作成立“中国田鱼研究中心”，与淳安县共建农业农村部长江水域生态环境保护战略研究中心（千岛湖分中心），编写的《千岛湖保水渔业》入选中央党校干部教育培训案例。参与生态文明建设，作为自然资源部绿潮防控专家组组长单位，创新技术模式取得防控实效。开展“十省百县千户”长江退捕渔民跟踪调研。与闵行区委宣传部共同发起长三角新时代文明实践圈，三省一市七个县市区参加。与团中央合作，开发《县级青年志愿者协会活力指数》，中国青年志愿者协会志愿服务研究基地落户学校。筹建水产种质生物学和绿色养殖、极端海洋过程与资源2个省、部共建国家重点实验室。新增上海市深渊生物圈前沿科学研究基地，共建自然资源部海洋生态监测与修复技术重点实验室。科技部海洋生物科学国际联合研究中心、水产种质资源发掘与利用教育部重点实验室和大洋渔业可持续开发教育部重点实验室通过评估、验收。研发首套国内检测压载水设备获国际型式认可证书。组建6个团队服务横沙先行示范区和零碳岛建设。招募118名志愿者，服务第四届进博会。融入临港新片区建设。创设水产未来生物技术学院、信创现代服务产业学院，共建华为ICT产业学院、“AI+海洋创新中心”，建设临港新片区海洋生物医药创新平台，筹建上海基因编辑与药物筛选一站式专业技术服务平台，成立上海海洋可再生能源科学数据联合实验室。

与联合国粮农组织合作，代表中国首次承办十年一次的全球水产养殖大会，2700名全球学者线上线下参会，成立FAO生态水产养殖卓越中心。入选教育部首批国际组织青年人才培训项目。首次获批外交部亚洲合作资金项目、联合国粮农组织合作项目，入选澜湄合作第六次外长会合作成果展。入选“亚洲校园”第三期项目，扩增东盟4所高校。首次实现港澳台地区学生招生全覆盖。

编制“十四五”治理体系与治理能力建设专项规划。制定学术委员会章程，成立新一届学术委员会，筹备青年教师工作委员会。推进民主管理，举办师生面对面午餐交流会。加强数据治理，数据资产平台新增数据6000多万条，网上办事大厅服务上线事项已达111项。　（胡崇仪）

【入选全球最具影响力的气候领域科学家】 4月20日，英国路透社发布全球最具影响力的1000位科学家名单，中国有89名科学家入选，包括上海海洋大学海洋科学学院院长陈新军教授。陈新军教授团队主要围绕大洋性鱿鱼等重要渔业种类的生物习性、生境迁移、资源变动等方面对气候变化的生态响应展开解析，取得一批高水平研究成果，研究成果被应用于中国远洋渔业产业、科学指导生产。（胡崇仪）

【第十一届全国思想政治教育高端论坛】 7月14—15日在上海海洋大学举办。来自清华大学、上海交通大学、复旦大学等150余所高校和单位的近300名思想政治教育和宣传思想领域专家学者出席，围绕学习贯彻习近平总书记在庆祝中国共产党成立100周年大会上的重要讲话精神分专题进行学术交流。（胡崇仪）

【《中国海洋及河口鱼类系统检索》出版】 2021年度国家出版基金项目——《中国海洋及河口鱼类系统检索》由中国农业出版社出版发行。该书由鱼类分类学专家、上海海洋大学伍汉霖、钟俊生教授主编，全书287.5万字，盘点中国3711种海洋及河口鱼类，基本摸清中国海洋及河口鱼类的谱系。（胡崇仪）

【第四届全球水产养殖大会】 9月22—24日在上海召开。由中国农业农村部、联合国粮农组织和亚太区域水产养殖中心网共同主办，上海海洋大学承办。以“面向食物供给和可持续发展的水产养殖”为主题，以线上线下结合方式召开。来自120个国家及有关国际和区域组织的2700多人参加会议。会议发布《促进全球水产养殖业可持续发展的上海宣言》。（胡崇仪）

9月22—24日，第四届全球水产养殖大会在上海召开

附：学校负责人及地址

（2021年1—12月）

校党委书记：吴嘉敏（3月离任）、王宏舟（3月到任）
副书记：万　荣（3月到任）、宋敏娟（3月到任）、潘　燕（3月到任）、吴建农

校　长：程裕东（4月离任）、万　荣（4月到任）
副校长：李家乐、倪卫杰（4月到任）、江　敏（4月到任）

临港新城校区地址：沪城环路999号
邮编：201306

军工路校区地址：军工路318号
邮编：200090
电话：021-61900296

上海中医药大学

【2021年概况】 设23个二级学院、部；有16个本、专科专业，9所附属医院。有国家双一流建设学科2个，国家重点学科4个、国家重点学科（培育）2个；国家中医药管理局重点学科38个；上海高校一流学科4个、上海高校一流学科（培育）2个，上海市高峰高原学科4个，国家中医临床研究基地2个。有中医学、中西医结合、中药学3个一级学科博士学位授权点，中医1个专业学位类别博士学位授权点，博

士学位授权专业覆盖全部中医药学科。有中医学、中西医结合、中药学、药学、马克思主义理论、科学技术史、医学技术6个一级学科硕士学位授权点，中医、中药学、护理、翻译、公共卫生5个专业学位类别（领域）硕士学位授权点，3个博士后流动站。有教职员工1398人，专职教师773人。全日制在校生7540人，其中博士生809人、硕士生2774人、本科生3761人、专科生196人，另有成人教育学生2466人。

颁布《上海中医药大学上海市中医药研究院改革和发展“十四五”规划》。制定《上海中医药大学高水平地方高校建设方案（2021—2025）》《上海中医药大学“双一流”建设高校整体建设方案》《上海中医药大学一流学科建设方案》《上海中医药大学深化新时代教育评价改革工作方案》。

实施“博士后创新激励计划”“合作导师支撑计划”。获中国博士后科研基金特别资助1人、面上一等资助1人、面上二等资助13人。6位博士后获上海市超级博士后资助。成立校高水平教学学术共同体团队23个，3个教师团队获上海市高校教师教学创新大赛奖，获“教师团队华佗杯全国中医药院校针灸推拿临床技能大赛”团体一等奖。李其忠教授获2021年上海市“为人、为师、为学”重点宣传先进典型。林国强院士入选上海教育年度新闻人物。陈红专受聘为市政府参事。陈建杰受聘为市文史馆馆员。沈凯凯获上海市五一劳动奖章、上海市三八红旗手称号。

“构建医文融通的‘中医＋构新文科体系’”入选教育部首批新文科研究与改革实践项目。5门课程获评上海市级一流本科课程，《中医骨伤科学临床研究》教材获首届全国优秀教材。《中医骨伤科学》《中医皮肤病学》《中西医结合肿瘤学》《特色针灸疗法临床应用》教材入选“十四五”普通高等教育研究生规划教材。“正常人体解剖学”“中医护理学”入选教育部课程思政示范课程。“上海中医药大学杏林滋养工程”项目获评上海市首批高校教师思政精品项目。成立“张黎声课程思政工作室”，4门课程入选上海高校党史学习教育与课程相融合示范课程。“七个一”学生党建远志计划探索与实践项目入选2021年上海大学生思想政治教育示范培育项目。出版《闻香识本草》视频、“小学生中医药传统文化教育系列读本”7册。编撰上海地区馆藏中医药古籍联合目录数据库。乡村医生培训项目入选全国“2021高等继续教育服务乡村振兴优秀案例”。

入围国家自然科学基金资助项目147项。中药化学生物学、炎癌转化病证生物学前沿研究基地，中药制剂产业转化、上海中医健康服务协同创新中心获上海市资助。新增国家级社会科学项目4项，获教育部人文社会科学青年项目资助1项，市哲学社会科学规划项目资助5项、市教育科学研究项目资助8项。获各级各类科技奖项37项。授权专利272项，科技成果转化立项横向科研课题108项，完成技术转让项目7项。与市经信委、奉贤区合作建设大学科技园，其中大学科技成果展示体验中心、中药新药中试车间等进入施工阶段。成立中医人工智能产业学院；康复医学院获批上海市教委、上海市经信委评审的上海市首批重点现代产业学院。4项由学校主导的中医药国际标准发布，在校的WHO传统医学合作中心完成新一轮注册确认。完成《WHO中医药术语国际标准》网络版。《上海中医药杂志》首次进入中医药类期刊Q1区。

打造“一区一品牌”重点基地和中医专科专病联盟，上海市东西南北四大医联体在基层新设联合门诊139个，服务量约10万人次。宝山中西医结合医院成为学校第九家附属医院。松江区方塔中医医院创建上海中医药大学附属松江医院。依托附属医院新成立中西医结合疫病研究所、健康管理与产业发展研究所、急危重症研究所。

在“知行杯”上海市大学生社会实践比赛中8个项目获二、三等奖。学校获评全国大中专学生志愿者暑期“三下乡”社会实践活动优秀单位。新增校级职业生涯教育基地8家，获批上海高校学生职业（生涯）发展教育校外实践基地3家。获全国第十四届学生运动会武术比赛3金3银，获第四届上海市咏春拳大奖赛高校赛区10金10银。

（刘红菊）

【入选教育部第二批高校“双带头人”教师党支部书记工作室建设名单】 1月8日，上海中医药大学基础医学院第四党支部书记工作室入选教育部第二批高校“双带头人”教师党支部书记工作室建设名单。工作室带头人何建成教授带领党支部坚持以一流党建引领一流学科建设，在中医四诊客观化研究、自主研发中医诊断仪器、中医诊断国际标准制定方面处于国内领先地位。支部成员负责的“中医诊断学”课程获教育部首批国家级一流本科课程、国家精品课程等称号。支部成立的“中诊健康服务团”定期与社区结对共建支部开展健康讲座、义诊等主题活动，还连续2年赴安徽金寨开展“送医药，送健康”健康扶贫活动。 （刘红菊）

【获全国脱贫攻坚先进个人荣誉称号】 2月25日，上海中医药大学附属岳阳中西医结合医院副主任医师贺天临获全国脱贫攻坚先进个人荣誉称号。贺天临在新疆工作三年期间，与同事们开设上海援疆专家名医工作室，参加克拉玛依市医疗巡诊、义诊及中医专题讲座和科普公益活动，制定科室发展规划和常见疾病临床路径，举办医学教育学习班、针灸推拿和母乳指导师等培训班、组织医院业务骨干进修，指导克拉玛依市中心医院科研等，全面助力医疗扶贫工作。 （刘红菊）

【获评“2020年度中医药十大学术进展”】 3月22日，上海中医药大学杨永清教授团队“通过针刺实践发现治疗哮喘的新靶标”获评中华中医药学会评选的2020年度中医药十大学术进展之一。杨永清教授团队结合多年对针灸学与生命科学的思考和长期从事针刺防治哮喘工作的实践，系统构建了源自针灸的靶标发现科学路径，包括经验传承、临床疗效、效应调节、生物过程、物质基础、靶标发现等依次递进的六个方面。 （刘红菊）

【长三角区域中医推拿专科联盟成立大会】 3月26日在上海中医药大学附属岳阳中西医结合医院举办。会上，以岳阳中西医结合医院推拿学科为核心的华东地区区域中医（推拿）诊疗中心联盟（30家联盟单位）、长三角区域中医推拿专科联盟（18家联盟单位）和上海市推拿专科联盟（45家联盟单位）成立。 （刘红菊）

【获张安德中医药国际贡献奖】 3月30日，上海中医药大学终身教授严世芸获第五届张安德中医药国际贡献奖。该奖项是香港浸会大学2011年获张安德慈善基金捐资设立，旨在表彰奖励在推动中医药国际化或中医药研究领域取得国际性突破成就的科学家和学者。严世芸教授长期致力于中医药国际标准制定、中医药教育推广、中医药国际交流，以审评组组长身份为传统医学纳入世卫国际疾病分类发挥核心作用。 （刘红菊）

3月30日，上海中医药大学终身教授严世芸（左）获第五届张安德中医药国际贡献奖

【学校第九家附属医院挂牌】 6月4日，经市教委、市卫健委批复，上海市宝山区中西医结合医院列为上海中医药大学非直属附属医院，成为学校第九家附属医院，名称为上海中医药大学附属宝山医院。医院保留原有体制和建制，行政隶属关系不变，医院等级不变。 （刘红菊）

【2门课程入选教育部课程思政示范课程】 6月10日，上海中医药大学张黎声教授团队的“正常人体解剖学”课程和陆静波教授团队的“中医护理学”课程分别入选教育部课程思政本科教育示范课程和继续教育示范课程。 （刘红菊）

【发布两条中医诊断名词术语国际标准】 11月5

日，由上海中医药大学基础医学院上海市健康辨识与评估重点实验室王忆勤教授团队主导制定的国际标准“中医诊断名词术语第一部分：舌诊”（ISO 23961-1：2021 Traditional Chinese medicine-Vocabulary for diagnostics-part 1：Tongue）和“中医诊断名词术语第二部分：脉诊”（ISO 23961-2：2021 Traditional Chinese medicine-Vocabulary for diagnostics-part 2：Pulse）由国际标准化组织（ISO）正式发布。（刘红菊）

附：学校负责人及地址

（2021年1—12月）

校党委书记：曹锡康

副书记：徐建光、朱惠蓉、季　光、许铁峰

校　长：徐建光

副校长：陈红专、朱惠蓉、杨永清、王拥军、舒　静（7月到任）

地址：蔡伦路1200号

邮编：201203

电话：51322001

上海师范大学

【2021年概况】 有徐汇、奉贤2个校区，设20个学院，有哲学、经济学、法学、教育学、文学、历史学、理学、工学、管理学、农学、艺术学11个学科门类。在读全日制本科学生20000余人，研究生8900余人，留学生1000余人，成人本、专科学生6400余人。有教职员工3082人，具有副高及以上专业技术职务人员1238人。有1个教育部创新团队，14个上海市创新团队。学校组建了一支600余人的兼职教师队伍。

新增一级博士学位点2个，获批9项上海市学位点培优培育专项建设计划。获批2个国家级新文科研究与改革实践项目。7个本科专业入选国家一流本科专业建设点，8个本科专业入选上海市一流本科专业建设点。14门课程获批上海高校一流本科课程。6本教材获上海首批高等教育精品教材。高水平地方高校建设完成一期建设项目总结，开启二期建设，完成11个高峰高原学科的绩效评价。获批国家自然科学基金项目52项，立项数再创新高。获上海市科学技术奖自然科学二等奖1项。上海市仿生催化前沿科学研究基地和上海市植物种质资源开发协同创新中心获批培育建设；推进“科学计算”“分子影像探针与传感器”上海高校重点实验室建设、“强激光微纳加工和芯片”研发平台建设。完成科技成果转化9项，签订技术合同105项。加强产学研平台建设，共建4个新型研发机构。获批国家社科基金项目39项（2个重大、4个重点），教育部项目9项。2个项目获第六届全国教育科学研究优秀成果奖，3个项目获上海教育科学研究优秀成果奖。教育大数据与教育决策实验室获批首批教育部哲学社会科学实验室（试点）。获批教育部终身教育政策研究中心。向上级部门报送决策咨询专报94篇，61篇获肯定性批示。

发布实施学校“十四五”规划，完善11个专项规划。制订教育评价改革行动方案，明确提出党的领导等八方面重点任务。学校在市教委分类评价位列“应用研究型”高校第二名。推进上海市“三全育人”示范校建设，把党史学习教育融入思政课堂，打造思政金课和75个“一支部一精品”课程思政课，1门课程获批教育部课程思政示范课程，3位教师在首届上海高校青年教师课程思政教学案例展演中获特等奖、一等奖。《新时代大学生劳动素养评价体系构建》项目获2021年上海大学生思想政治教育示范培育项目。中国特色社会主义理论研究会临时团支部获评全国五四红旗团支部、全国高校百强学生社团。将2021年定为“教师思想政治工作强化年”，推进建设上海市大中小幼师德师风一体化建设基地，建设上海市师德师风建设数据库，设立并推进21项师德师风实践项目，举办师德师风建设月主题活动。

推进党史学习教育，开展“七个一”活动，确定十大发展项目和十大民生项目，推进重点实事项目98项，解决师生“急难愁盼”的痛点难点堵点问题402项，媒体报道逾200篇。成立由专家、“五老”、学生组成的百人宣讲团，开展专题宣讲265场。创排校园歌舞剧《2020好儿女》并公演7场。开展庆祝中国共产党成立100周年系列活动，评选先进典型，举办百个学生党支部走访百名老党员等主题活动。通过上海党建工作示范高校创建验收，形成教卫工作党委系统第一个“组织员专博计划”高校等16个党建工作方法和典型案例，形成“七个一成果”，创建满意度99.08%。获批新时代上海高校党建创新实践分基地、高校中国共产党伟大建党精神研究中心首批分中心，获批建设市教卫工作党委系统党务工作者研修基地。基层学院获“全国巾帼文明岗”、上海市劳模集体、上海市五一劳动奖状。获批1个上海市教育系统“劳模创新工作室”。

联合国教科文组织教师教育中心揭牌。建强上海全球城市研究院，举办首届上海都市圈发展论坛，发布全球城市发展报告、案例研究和发展指数。获批国家语言文字推广基地、国家野外科学观测研究站。推进新时代海派文化研究中心建设，在主流媒体发布研究成果。成为上海市公园主题功能拓展专项行动第一批合作高校。获批上海市政府发展研究中心重点决策咨询项目4项。服务上海教育发展和“五个新城”建设，成立上海学前教育学院。扩招师范生1000人，师范生招生比例从24%提升到43%。统筹所有师范专业开展“组团式服务”，推出88门特色课程。在五个新城中新建16所附属学校，启动“上海师范大学—五个新城”基础教育“领雁计划”，与“五个新城”团区委签约成立“青年人才共育联盟”。推动人工智能+教育改革，获批上海智能教育大数据工程技术研究中心。成立上海师范大学—科大讯飞人工智能教育研究中心。多名教师在全国高校混合式教学设计创新大赛获奖。连续12年获上海高校毕业生“三支一扶”计划先进集体。

2017年落户学校的联合国教科文组织二类机构“教师教育中心”进一步提升学校教师教育的全球影响力。学校主办或承办25种学术期刊，其中《高等学校文科学术文摘》是全国三大社会科学文摘期刊之一。学校被列入来华留学生中国政府奖学金院校，是上海市外国留学生预科基地。

与全球六大洲40多个国家和地区的近400个高校或组织建立交流合作关系。与美国、英国、德国、荷兰、俄罗斯、法国6个国家的7所高校合作举办10个中外合作办学项目。在日本福山大学和非洲博茨瓦纳大学建有2所孔子学院。

建在学校的上海高校瓷器艺术博物馆是上海市十大高校民族文化博物馆之一。推进奉贤校区大学生综合发展与现代服务中心、徐汇校区拓展工程等基建项目。建设5G无线校园网，提升图书馆、档案馆信息化水平。依法治校创建成果获上海市一等奖。妥善、有序推进所属企业改制，完成上海教育报刊总社划转。推进垃圾分类和反餐饮浪费工作，获评全国粮食安全宣传教育基地。

（宋莉莉）

【与临港新片区签署合作协议】 3月20日，2021年临港新片区招商宣介暨首批城市功能项目签约仪式在临港新片区管委会举行。会上，上海师范大学与临港新片区管委会签署共建基础教育改革协同创新实验区合作协议。根据协议，“十四五”期间双方通过合作办学、协同培训、联合研究与定向输送优质师资等方式推进“基础教育改革协同创新实验区”的建设。（宋莉莉）

【与金山区政府签署战略合作协议】 3月25日，金山区政府与上海师范大学举行战略合作签约仪式。根据协议，金山区政府与上海师范大学共建上海湾区基础教育集团，该集团包括从幼儿园到高中的4所公办学校。（宋莉莉）

【原创校园歌舞剧《2020好儿女》公演】 5月17—19日，上海师范大学原创校园歌舞剧《2020好儿女》在学校徐汇校区霞棐剧院公演5场。市委组织部、市委宣传部、市教卫工作党委、团市委、徐汇区委宣传部负责人等，以及华东师范大学、华东理工大学、上海大学、上海理工大学、华东政法大学、上海海事大学等十余所高校负责人及宣传部门负责人到场指导。全体校领导及教师、校友、附属学校代表、学生代表等近 2000 人观看。《光明日报》《人民日报》、上视财经频道、上海电台、中新网、东方网、上海教育新闻网等相继予以报道。（宋莉莉）

【上海智能教育大数据工程技术研究中心揭牌】 5 月 21 日，“上海智能教育大数据工程技术研究中心”揭牌仪式暨第一次技术委员会会议在上海师范大学徐汇校区会议中心举行。该中心是 2021 年初获批的省部级平台，是上海师范大学在“人工智能 + 教育”建设中取得的标志性成果。揭牌仪式后，举行了工程中心技术委员会第一次会议。（宋莉莉）

【与奉贤区教育局签约合作办学】 6 月 3 日，上海师范大学与奉贤区教育局合作办学签约仪式在奉贤区教育局举行。根据协议，双方合作举办上海师范大学附属奉贤实验中学（拟命名）和上海师范大学附属奉贤实验小学（拟命名）。（宋莉莉）

【与嘉定区教育局合作共建上海师范大学附属嘉定高级中学】 6 月 25 日，嘉定区教育局与上海师范大学合作共建上海师范大学附属嘉定高级中学（简称上师嘉高）签约仪式在嘉定区教育局举行。根据协议，上海师范大学嘉定高级中学对接上海师范大学的卓越教师培养计划，实施“杏坛计划”，通过高中大学贯通培养模式，在中学阶段对学生开展全方位的学业辅导、心理辅导、生活指导、思想指导和人生向导，提升学生的综合素养、专业技能、气质形象和教育情怀。（宋莉莉）

【上海师范大学附中宝山分校签约仪式举行】 9月2日，宝山区政府与上海市教委、上海师范大学召开合作举办上海师范大学附中宝山分校签约仪式。上海市教委、上海师范大学、宝山区三方签署《上海市教育委员会、上海师范大学、上海市宝山区人民政府合作举办上师大附中宝山分校的框架协议》。宝山区政府与上海师范大学还签署了《上海市宝山区教育局、上海师范大学进一步深化合作办学的协议》。（宋莉莉）

【联合国教科文组织教师教育中心】 10 月 7 日在上海师范大学揭牌并成立理事会。该中心系落户上海的首个联合国二类机构。揭牌仪式以线上线下结合的方式举行。同日，还举行了全球教师专业发展论坛。（宋莉莉）

10 月 7 日，联合国教科文组织教师教育中心在上海师范大学揭牌

【上海长三角城市湿地生态系统国家野外科学观测研究站】 10 月 11 日获科技部批复，进入正式建设阶段。该研究站由上海师范大学环境与地理科学学院名誉院长、中国科学院程国栋院士领衔指导，傅伯杰院士、于贵瑞院士、张人禾院士、陈发虎院士、朱永宫院士等 11 名全国知名的地理、环境、生态学科专家组成学术委员会。（宋莉莉）

【上海师范大学附属黄浦梅溪小学揭牌】 11 月 23 日，以正启蒙　守正创新——上海师大附属黄浦梅溪小学揭牌仪式在上海师范大学附属卢湾实验小学小剧场进行。中国人创办的第一所新式学堂黄浦区梅溪小学成为上海师大附属小学集群中的一员。同日，还举行了“中国小学教育传统的赓续与创新发展论坛”。（宋莉莉）

附：学校负责人及地址

（2021 年 1—12 月）

校党委书记：林在勇

副书记：葛卫华、裴小倩、刘晓敏、张叶江

校　长:朱自强(5月离任)、袁　雯(5月到任)
副校长:葛卫华、康　年、张峥嵘、蒋明军、陈　恒、李　晔

徐汇校区:桂林路100号
邮编:200234
电话:64322881

奉贤校区:海思路100号
邮编:201418
电话:57122472

上海对外经贸大学

【2021年概况】 有12个学院、1个教学部,1个研究所,3个研究院,5个教育部备案的区域国别研究中心,3个上海高校智库,10个省部级重点研究基地。设33个本科专业,有国家级一流本科专业建设点10个、国家级一流本科课程4门。有1个博士学位授权一级学科点,7个硕士学位授权一级学科点,38个二级学科硕士点,3个自设交叉学科学位点,13个硕士专业学位类别。在校生12935人,其中全日制本科生9012人、预科生48人、硕士生3598人、学历留学生277人(其中本科生210人、研究生67人)。招收新生3718人。专任教师793人,其中正高级职称教师116人、副高级职称教师300人。

完成"十四五"规划、上海高水平地方高校建设项目方案编制,提出建设世界知名、国内一流、特色鲜明的高水平财经类大学战略目标。推进分类评价,效益评价位次上升。开展贯彻落实党的教育方针专项行动,制定落实改革工作方案、任务清单、负面清单,形成规章制度全面梳理计划165项,废止制度5项、修订制度3项。推进依法治校示范校建设,获上海市高校依法治校创建成果案例二等奖,获评上海市安全文明校园。

推进上海市"三全育人"示范校建设,参展第十八届上海教育博览会并获"风采展示奖"。推进主修加辅修加微专业的人才培养模式改革,设立国际经济组织人才实验班。9个专业被上海市推荐申报国家级一流本科专业建设点,8门课程获批上海市一流本科课程,1人获"全国教材建设先进个人"称号,3本教材入选首批上海高等教育精品教材。开设微专业7个,新建实验班4个,获批上海市重点现代产业学院1个。获批2020—2021上海高校毕业生就业创业工作示范基地,获评上海市A级高校创业指导站,1人入选中国青年创业导师。

获批博士学位授予单位和应用经济学一级学科博士点,跻身上海高水平地方高校建设行列。对5个一级学科开展博士点建设培育工作,2个一级学科获批博士点培育项目,新增6个硕士专业学位授权点并入选硕士点培优项目。成立国际经贸创新与治理研究院(智库中心),参与虹桥国际经济论坛主题设计。承办商务部RCEP专题培训和对接高标准国际经贸规则、WTO改革座谈会,完成CPTPP研究报告并获市决策咨询研究成果奖一等奖。承办商务部"APEC支持WTO电子商务谈判"研讨会,举办2021国际经贸治理论坛、入世20周年与中国制度型开放高级论坛。与市科创办联合成立上海科技创新与开放经济战略研究院,相关成果被纳入上海科学城"十四五"规划。与市委组织部、市委党校联合主办"上海市领导干部参与全球经济治理能力提升"专题研讨班。

深化教师分类管理与考核评价改革,推出并完善教师岗位分类管理办法、教师工作量管理办法等制度,建立教师队伍分类管理评价"四梁八柱"。加强高层次人才队伍建设,落实引才工作"一把手"工程,出台拟引进人才晋升正高级专业技术职务评聘实施细则。加强人才梯队建设,出台青年拔尖人才岗位聘任实施方案,开通党务工作系列高级职称晋

升通道。设置马克思主义理论学科领军人才岗位，实施直聘高级专业技术职务制度，教师分获上海市优秀共产党员、上海市五一劳动奖章和上海市助力脱贫攻坚先进个人等荣誉称号。

完成3所孔子学院转隶工作，与捷克布杰约维采商业技术学院合作建立一所孔子课堂。旅游管理专业通过联合国世界旅游组织专业认证。与教育部中外语言交流合作中心共建克罗地亚、斯洛文尼亚中文教育研究中心。加强政校合作，与市商委、市科创办、虹口区、芜湖市等签署战略合作协议。加强银校合作，与建设银行、中国银行、工商银行和农业银行上海市分行建立战略合作关系。

（姜传松）

【承办“区域全面经济伙伴关系协定”培训】 1月18—19日，上海对外经贸大学承办商务部“区域全面经济伙伴关系协定”(RCEP)线上专题培训。各省、自治区、直辖市、计划单列市、新疆生产建设兵团，商务、海关、贸促、自贸试验区管理机构、国家级经济技术开发区管理机构，有关商会、协会、学会、社团，有关高校和研究机构及部分企业约6000名代表参加培训。培训期间，商务部国际司负责人、海关总署相关专家围绕RCEP总体情况和服务新发展格局、RCEP货物贸易、原产地规则、海关程序与贸易便利化、服务贸易、投资、规则等主要方面进行讲解。（姜传松）

【亚太经合组织(APEC)支持WTO电子商务谈判研讨会】 3月24—25日在上海对外经贸大学举行。由商务部主办，上海对外经贸大学承办。来自亚太经合组织秘书处及美国、日本、新西兰、印度尼西亚等20个亚太经合组织经济体政府、世贸组织等相关国际组织、国内外智库和高校及中央网信办、外交部、工信部、市场监管总局、贸促会、市商务委等300余名代表与会，围绕WTO电子商务谈判交流沟通，重点就WTO电子商务谈判的重要概念界定、营造良好的电子商务规则环境、促进包容的电子商务发展合作等议题展开讨论。（姜传松）

【与上海科创办签署战略合作协议】 5月13日，上海对外经贸大学与上海推进科技创新中心建设办公室(上海科创办)签署战略合作协议，聚焦上海科创中心建设，重点在“为上海推进科技创新中心建设提供智库服务”“支持建设‘上海科技创新与开放经济战略研究院’”两个方面开展战略合作。上海科创办执行副主任、上海对外经贸大学校长出席签约仪式，并为“上海科技创新与开放经济战略研究院”揭牌。（姜传松）

【与芜湖市签署战略合作协议】 10月20日，长三角城市经济协调会第二十一次全体会议在江苏徐州召开，城市经济协调会41个成员城市市长出席会议。会上，上海对外经贸大学与安徽省芜湖市签署《上海对外经贸大学与芜湖市人民政府战略合作协议》。双方将建立人才培养基地、芜湖市高校人才工作站、干部交流制度、大学生实习实训基地、专业人才交流合作平台，推动区域发展与提升、推进科研成果转化。（姜传松）

【2021国际经贸治理论坛】 10月22日在上海对外经贸大学古北校区举行。由世界贸易组织、商务部国际贸易经济合作研究院、中国世界贸易组织研究会、中国法学会世界贸易组织法研究会和学校共同主办。世界贸易组织副总干事、全球经贸治理研究网络总顾问、中国世界贸易组织研究会会长等领导和嘉宾出席。来自全国各地高校、科研院所、企业的代表和学校师生150余人参加。与会专家以“WTO改革面临的新挑战”“WTO改革与中国的角色”“新冠疫情与贸易保护主义”“新冠疫情影响下的外经贸形势”等为题发表演讲。会上，成立全球经贸治理研究网络——上海对外经贸大学研究院。（姜传松）

【获批上海高校毕业生就业创业工作示范基地】 12月，市教委发布《关于公布2022—2023年上海高校毕业生就业工作创新基地、大学生职业生涯指导和服务体系建设项目评审结果的通知》，上海对外经贸大学毕业生就业创业工作基地(示范基地)获批立项。这是学校获2020—2021年示范基地立项后，再次获批示范基地。（姜传松）

【上海市领导干部"参与全球经济治理能力提升"专题研讨班】 12月13—17日在上海对外经贸大学举行。由上海对外经贸大学与市委组织部、市委党校联合举办，来自市发改委、市商务委、自贸试验区临港新片区等部门的30余名业务骨干参加。研讨班专家聚焦"上海国际金融中心和贸易中心建设"主题，讲授"WTO电子商务谈判与全球服务贸易发展""WTO第十二届部长级会议和WTO改革""习近平外交思想"等课程，并组织学员参观WTO主题展览馆。（姜传松）

12月13—17日，上海市领导干部"参与全球经济治理能力提升"专题研讨班在上海对外经贸大学举行

附：学校负责人及地址

（2021年1—12月）

校党委书记：殷　耀
　　副书记：汪荣明、许　玫、祁　明、吴　毅

校　长：汪荣明
副校长：祁　明、徐永林、吴　忠、于雪梅

地址：文翔路1900号
邮编：201620
电话：67703020

华东政法大学

【2021年概况】 有长宁、松江2个校区，设22个学院（部）、180余个科研机构。有2个一级学科博士点、18个二级学科博士点，8个一级学科硕士点、46个二级学科硕士点，24个本科专业，1个法学博士后流动站和1个公共管理博士后流动站。有1个国家级重点学科、5个省（部）级重点学科、2个上海市一流学科、2个上海市高峰高原学科。各类在校生17243人，其中全日制本科生11585人、研究生5400人、留学生258人。招收全日制本科生3069人（含春季高考79人、专升本12人、第二学士学位招生188人），实际报到2979人；招收各类研究生1852人（硕士生1740人、博士生112人）。在编教职工1357人，其中专任教师867人（教授138人、副教授318人，享受国务院政府特殊津贴28人）。

编制完成学校《"十四五"改革与发展规划纲要》，形成《重点目标和任务分解落实方案》，将规划纲要分解为25项主要指标、132项重点任务、5项重大项目、12项重大计划。完成2021年度上海市高校分类评价工作，制定分类评价相关指标提升方案。优化高水平地方高校建设项目管理机制，编制实施《高水平地方高校建设方案（2021—2025）》及有关子方案。增加政治学博士学位授权点培育，自主设置卫生健康法学、纪检与监察法学、法治文化等交叉学科，完成法学目录外二级学科教育法学的论证和公示工作。6个学科团队成为上海市高水平地方高校创新团队。

2人获第九届上海市杰出青年法学家称号，4人获提名奖。6名青年教师入选上海市青年法学法律人才库。1名师资博士后入选2021年度博士后国际交流计划学术交流项目，6名师资博士后入选上海市“超级博士后”激励计划，8名博士后入选2021年博士后科学基金二等资助。6人获2021年“上海市育才奖”，3人获上海市脱贫攻坚专项奖励，1人获评上海市统一战线(工作)先进个人、1人获2021年全国城乡妇女岗位建功先进个人“全国巾帼建功标兵”称号，2人获上海市三八红旗手。

新增3个国家级一流本科专业建设点、2个省级一流本科专业建设点。2个项目获教育部新文科研究与改革实践项目，3个项目获市级新文科研究与改革实践项目；5门课程获上海高等学校市级一流本科课程，7门课程获2021上海高校市级重点课程，1门课程获第三届全国高校混合式教学设计创新大赛三等奖，2门获优秀奖；3门课程获首届上海市高校教师教学创新大赛优秀奖。创排大型法治文化剧《雷经天》，并推出青春版《雷经天》，打造“五育”融合传承红色法治精神的浸润式精品课程“《雷经天》与法治文化”。1门课程入选教育部课程思政示范课程，4门课程入选上海高校党史学习教育与课程相融合示范课程。推进宪法学课程建设，构建以宪法学为核心的法治课程体系。1部教材获首届全国优秀教材二等奖，5部本科教材获评首届上海高等教育精品教材。

组织学生参加第七届上海市大学生创新创业训练计划项目成果展，1个创业类项目获最佳创业项目奖，3个创新类项目获优秀创新项目奖，1名教师获最佳指导教师奖。获国家级大学城创新创业训练计划项目23项、上海市级大学生创新创业训练计划项目67项。先后获第十八届国际空间法模拟法庭竞赛团体二等奖、第六届上海市大学生模拟法庭竞赛一等奖。获2021“外研社·国才杯”全国英语演讲大赛上海赛区总决赛一等奖。1支队伍获评2021年全国大中专学生志愿者暑期“三下乡”社会实践活动优秀团队。6支队伍在上海市“知行杯”社会实践大赛中获团体“优胜杯”。在第十七届“挑战杯”全国大学生课外学术科技作品竞赛中获国家三等奖2项，市级获奖11项，获团体“优胜杯”。1名学生获首届上海市高校大学生士兵“风采之星”称号。1名学生获庆祝中国共产党成立100周年上海市大中小学生“爱我国防”演讲比赛总决赛高校组一等奖。

274项课题获立项，其中国家社科基金项目26项(含3项重大项目、2项重点项目)、教育部人文社科课题6项、司法部课题6项、中国法学会课题3项、上海市哲学社科规划课题17项、上海市决策咨询项目7项、曙光计划项目2项。有上海市教委项目及校级项目58项、各类横向课题150项。在《中国社会科学》等期刊发表标志性学术成果47篇。1项成果获第七届“中国法学教育研究成果奖”三等奖，1项成果获第十届“吴文俊人工智能科技进步奖(科普项目)”。1篇论文入选上海市社联2021年度推介论文。获批上海市涉外法治研究创新中心(培育)。报送智库成果360余篇，获省部级以上领导批示42项，其中国家级领导批示6项；省部级以上部门采用25项；《人民日报》内参采用6项。

推进“一江一河”华政段滨河开放空间建设，推进学校长宁校区保护建筑修缮、河东校园规划和松江校区拓展工程建设。滨河空间与校园景观提升工作团队获评2021年上海市重点工程实事立功竞赛优秀团队。组织117名“小叶子”参与进博会志愿服务。新增24家合作单位并签署合作协议。与司法部共建“公共法律服务协同创新与数字治理研究基地”，成立上海首家侨务法治研究及实践机构“上海涉侨法律服务研究与交流中心”，与最高人民法院第三巡回法庭共建“长三角一体化发展司法研究中心”，与松江区政府共建长三角G60科创走廊法治研究中心暨公共法律服务中心，与浦东新区政法委共建“浦东新区法治保障研究中心”，与上海市政府参事室共建陈晶莹参事工作室暨区域经济发展政策和立法研究中心，与上海市人大共建“上海市人大法治人才培训基地”。

与45个国家和地区的193所高校、机构及8个国际性、区域性组织展开合作。成立国际教育学院，开设全外教法语课程。联合设立华政—西澳大学学习中心、中加教育协作中心，引进16门重点引智课程。与香港大学、澳门大学共同申请2022年度教育部“万人计划”项目并获批。新增本科生境外学习项目3个，本科生交流项目增至67个；有学生高级访问学习项目3个，本科生48人、研究生42人获学校项目资助赴国(境)外交流学习。

“华政青年”微信公众号入选“首批高校思政类

公众号重点建设名单”，获评2020年度“全国百强高校媒体”、上海共青团“十大微信公众号”等。依法治校案例成果获上海市高等学校依法治校创建成果征集活动一等奖。“二级学院分类绩效评价改革”获评上海教育评价改革优秀案例。

构建“我为群众办实事”长效机制，确定校院两级重点民生项目125个、重点发展项目92个。成立“上海高校中国共产党伟大建党精神研究中心”分中心，组建“初心”“韬奋”等党史学习学生宣讲团。5篇工作案例入选上海市教卫工作党委系统《基层党建创新案例汇编》。（陆 薇）

【上海首个高校人民建议征集联系点揭牌】 2月4日，上海人民建议征集华东政法大学联系点签约揭牌仪式在华东政法大学举行。学校以阳光与法治信访工作研究中心为工作基础，依托人民建议工作闭环管理优势，紧密联合市社科院、市法学会等重要合作单位，为形成社会协同、公众参与、法治保障的人民建议征集工作新格局贡献力量。学校获评2021年度上海市人民建议征集工作先进单位。（陆 薇）

【成立国际教育学院】 4月12日，华东政法大学国际教育学院揭牌。学院打造“留学华政”品牌，新建汉语言文学（商务汉语）和法学（国际商法）2个本科学位项目，与研究生院交接两个英文授课硕士项目和中外合作项目的培养工作，建设“中国语言和文化学习中心”，逐步形成覆盖本—硕—博各学历层次留学生学位教育体系。（陆 薇）

【原创大型话剧《雷经天》首演】 5月21日，由华东政法大学出品，联合上海戏剧学院创排的原创大型话剧《雷经天》在上海美琪大戏院首演。该剧入选上海市“永远跟党走”群众性主题宣传教育活动重点项目、上海市上海文化发展基金会重大文艺创作项目、中国戏剧节最佳剧目奖等，让师生和各界观众回顾党的百年历史，重温延安时期的法治精神，展示中国共产党人不平凡的法治建设历程。

（陆 薇）

【举办“推优一体化”主题教育活动】 5月21日，华东政法大学和长宁区委宣传部共同举办“大手牵小手，学史跟党走”——“推优一体化”主题教育活动暨“行走中的红色故事”情景宣讲活动。活动包含校园微党课、参观学习“党和人民忠实儿女雷经天”主题展览、党史知识定向越野3个部分，让学生重温民族奋斗记忆、学习老一辈无产阶级革命家的优良革命精神。（陆 薇）

【承办第十届京津沪渝法治论坛】 5月28日，由中国法学会指导，北京、天津、上海、重庆四市法学会共同主办、华东政法大学承办、上海市法学会党内法规研究会协办的第十届京津沪渝法治论坛在华东政法大学举行。与会专家围绕“中国共产党依规治党的实践与展望”“党的领导与全面依法治国”“习近平法治思想与法治中国建设”3个专题展开研讨。论坛还颁发征文活动优秀作品奖和优秀组织奖。

（陆 薇）

【承办中国政治学会2021年学术年会】 5月29—30日，由中国政治学会主办，华东政法大学承办的“百年大党与世界变局：庆祝中国共产党成立100周年”暨中国政治学会2021年学术年会在华东政法大学举行。来自中国社科院、北京大学、清华大学、中央党校（国家行政学院）等机构的120余名学者与会，围绕百年大党与历史经验、百年大党与国家治理，百年大党与中国智慧、百年大党与中国话语等议题进行讨论和汇报。（陆 薇）

【教师受聘上海市政府参事】 7月9日，华东政法大学教授陈晶莹受聘为上海市政府参事。陈晶莹长期从事国际经济法、国际贸易法和海商法研究，主持、参加国家社科基金项目、省部级项目和政府部门委托项目十余项；担任第十三届全国人大代表、中国农工民主党中央委员、中国农工民主党上海市委副主委。近年来主持多项上海市决策咨询重大课题中有3项获市领导肯定，1项获上海市决策咨询成果二等奖；2项议案获全国人大优秀议案。

（陆 薇）

【首批新文科研究与改革实践项目获批】 11月，

教育部办公厅发布《关于公布首批新文科研究与改革实践项目的通知》。华东政法大学教授叶青主持的《"五新五融"全面育人的新法科人才培养体系的构建与实践》和教授张明军主持的《基于发展学生核心素养的政产学研协同育人机制创新与实践》2个项目获批立项。 （陆　薇）

【国家宪法日主题宣传教育活动】 12月4日，"以习近平法治思想为指引　坚定不移走中国特色社会主义法治道路"——12.4国家宪法日主题宣传教育活动在华东政法大学举行。近百余名师生和市民在苏州河步道华政段法剧场一起听主题宣讲、看情景剧、读宪法。 （陆　薇）

12月4日，"以习近平法治思想为指引　坚定不移走中国特色社会主义法治道路"——12.4国家宪法日主题宣传教育活动在华东政法大学举行

【承办2021环太律协资本市场法治国际论坛】 12月18日，2021环太律协资本市场法治国际论坛在华东政法大学举行。来自中国、日本、意大利等国家和地区的近百名专家、学者与会，聚焦"资本市场法治国际合作新机遇"，就资本市场跨境合作与争议解决机制以及《中华人民共和国期货和衍生品法》立法等前沿问题展开研讨。 （陆　薇）

【《华东政法大学志》出版】 12月，《华东政法大学志》由华东师范大学出版社出版。《华东政法大学志》由卷首照、序、凡例、目录、总述、大事记、正文（11篇）、专记、附录、索引和编后记组成，共100余万字，收录照片381张，全面、客观地记述1952年至2018年华东政法大学的发展历程。 （陆　薇）

附：学校负责人及地址

（2021年1—12月）

校党委书记：郭为禄
　　副书记：叶　青、应培礼、唐　波

校　长：叶　青
副校长：陈晶莹（12月离任）、张明军、周立志、韩　强（12月到任）

长宁校区地址：万航渡路1575号
邮编：200042
电话：62071666

松江校区地址：龙源路555号
邮编：201620
电话：57090261

上海工程技术大学

【2021年概况】 有松江、长宁、虹口3个校区。设16个院、部教学机构，有一级学科硕士学位授权点11个，硕士专业学位授权点8个，本科专业64个。全日制在校生逾24000人，其中研究生近4400人。有教职工1980余人，专任教师1553人，其中高级专业技术职务逾640人。在岗各类国家级人才23人，其中中国工程院院士4人（含双聘院士2人）。享受国务院政府特殊津贴专家9人。

有1个国家级实验教学示范中心，1个国家级虚拟仿真实验教学中心。有1个上海市III类高峰学科，1个上海市IV类高峰学科。新增4个省部级平台，总数达18个（包括4个协同创新中心、2个研发公共服务平台、3个工程技术研究中心、1个工程研究中心、1个市级高校智库、1个前沿科学研究基地）。

汇编《党委理论学习中心组学习材料》23期、《党史百年周周学学习材料》40期。全年举办培训班21期，培训2700余人次。开展“七个一”系列、35项大型活动。党务干部赴井冈山接受党性教育，被新华社建党百年大型政论片《信念》收录。全校团支部开展“学党史、强信念、跟党走”主题团日、团组织生活会等3000多场，暑期社会实践知行百年项目立项105项。

车辆工程等5个专业入选国家一流本科专业建设点。获批市一流本科课程20门、市重点课程20门。车辆工程（城市轨道交通车辆）专业通过ASIIN无条件6年有效期认证，美国AACSB商学院认证有序推进。首次获批教育部新文科项目1项，获批市首批现代产业学院1个。

制定《上海工程技术大学研究生教育工作委员会章程》等系列文件，建立研究生培养全过程质量保障措施，形成常态化反馈机制，校督导专家听课共计102节次。加强课程思政示范项目建设工作，2门课程报送上海市评选。

在BII类及以上学科竞赛中获国家级奖项124项，省市级奖项962项。其中在中国国际“互联网+”大学生创新创业大赛中获全国铜奖4项；在中国工程实践与创新能力大赛全国总决赛中获2块金牌、1块银牌，上海市排名第一；首次参加NCDA全国高校数字艺术设计大赛并获全国一等奖；首次在米兰设计周——中国高校设计优秀作品展中获全国一等奖7项；在全国电子设计竞赛、“西门子杯”中国智能制造挑战赛、中国大学生计算机大赛、材料热处理创新创业赛中获全国一等奖；在中国研究生电子设计竞赛中，获全国奖2项、上海市奖97项，学校连续三年获全国优秀组织奖；在中国研究生数学建模竞赛中，获全国一等奖1项，二等奖42项，获奖总数位列全国第六位。学校还承办机创赛、NCDA、米兰设计周、化工设计大赛、中国机器人及人工智能大赛、“汇创青春”系列赛等多场市级赛事。

制定“2+1”申博学科战略，确定机械工程、工商管理为申报学科，交通运输（专博）为培育学科。新增机械等5个专业学位硕士点，申请增列光学工程等3个一级学科硕士点。工程学、材料科学学科进入ESI全球前1%。组织开展材料科学与工程、设计学2个高峰学科第二阶段总结评价工作。编制“高地大项目”学科群建设方案，重点支持机械工程等4个学科及5个学科平台建设。

获批国家自然科学基金项目27项（居市属高校第五名），其中面上项目11项，创历史新高，首次获批国家自然科学基金重大研究计划培育项目。获批国家社科基金项目13项，首次获批国家社科基金重点项目。

完善师德师风建设制度规范和教职工考核及奖惩机制，构建多维度师德监督体系。切实实行“师德一票否决”。举行新进教师师德专题培训班。入选市教育系统劳模创新工作室2个，1名教师获市五一劳动奖章。

与12个国家和地区的18个高校或机构新签、续签国际合作与交流协议24项。完成中美、中韩5个本科项目的教育部评估。与英国曼彻斯特大学联合设立环境与化工过程集成优化国际联合实验室，与英国阿伯丁大学共建粒子过程模拟实验室。推进学校首个非独立法人中外合作办学机构——国际创意设计学院的申报工作。先后与美国麻省理工学院、美国加州大学圣巴巴拉分校、加拿大多伦多大学、丝绸之路大学联盟等国外著名大学或国际组织合作，为学生提供线上国际课程项目9项，全年有105名学生参加线上国际课程项目。与中科院曼谷创新合作中心、新加坡南洋理工学院建立合作关系。学校成为中泰高等教育合作联盟理事单位、中国—中东欧国家高校联合会和丝绸之路大学联盟的成员。探索推进与“一带一路”高校开展“反向2+2”（前两年国外高校学习，后两年国内学习，颁发中外两校学位）项目合作探讨，持续开拓涉外办学的渠道和路径。

主动对接“五个中心”建设，聚焦交通运输类一流学科专业群、材料科学与工程高峰学科和人工智能+医药交叉学科，启动新一轮高水平地方大学建设。完成第四届进博会志愿服务，志愿者服务总时长达1万小时。启动世界大学生五人制足球锦标赛风雨操场工程立项。协同完成第四十六届世界技能大赛技能博览会中国馆文案设计。与松江区、金山区、浙江省台州市等开展产学合作交流。与上海计算技术研究所、招商银行、建设银行、上海征世科技股份有限公司等签订全面战略合作关系。与上海微电子集团、上海中小企业行业协会、上海市工商联、上港集团、上海外高桥、上海申通地铁等大型企业单位开展产业合作交流会。援建喀什大学等11所高校。

完成《上海工程技术大学教育事业发展第十四个五年规划纲要》编制工作。获批“国家级节约型公共机构示范单位”授牌(国家机管局、国家发改委、财政部颁发),完成“上海市能效领跑者”荣誉称号创建工作。松江、长宁校区获全市生活垃圾分类实效综合考评优秀校区称号,长宁校区获“上海市节水型学校”荣誉称号。获“上海市全民义务植树40周年十佳案例”荣誉称号。推进“师生健康饮水工程”“校园公共卫生保障优化工程”等项目,建设完成湿垃圾回收利用系统、智慧远程集中控制管理模块、节能灯具更换改造。 (宋　娟)

【车辆工程(城市轨道交通车辆)专业完成德国ASIIN认证考察】 3月17—19日,德国ASIIN认证专家对上海工程技术大学车辆工程(城市轨道交通车辆)专业进行在线考察。上海工程技术大学以本次国际认证工作为契机,将认证工作的“学生中心”宗旨、“成果导向”要求和“持续改进”机制作为专业建设、人才培养等各项工作中的突破口持续推进。 (宋　娟)

【与英国爱丁堡龙比亚大学签署博士联合培养协议】 5月10日,上海工程技术大学与英国爱丁堡龙比亚大学召开视频会谈,举行博士联合培养协议签约仪式。根据协议,双方以博士联合培养为契机,打造中英高等教育合作和文化交流的国际化样板。 (宋　娟)

【第三届先进材料及智能制造国际学术论坛】 10月16—17日在上海工程技术大学松江校区举行,采用线上模式。来自俄罗斯、英国、韩国、加拿大、巴西、葡萄牙、印度等国家的专家学者通过腾讯会议平台云聚首,就先进材料和智能制造领域的热点话题进行交流。 (宋　娟)

【获批教育部首批新文科研究与改革实践项目】 10月28日,教育部公布新文科研究与改革实践项目首批立项项目名单,上海工程技术大学李江教授领衔申报的《融合人工智能技术的高校思政课教师教学方法创新与实践研究》入选。 (宋　娟)

【上海工程技术大学与上海征世科技股份有限公司战略合作协议签约】 11月6日,签约仪式在第四届中国国际进口博览会现场举行。根据协议,双方进行资源整合,实现优势互补,在新设备研发升级、新产品的深加工及应用,以及共建产学合作基地和人才培训基地等方面全面合作。 (宋　娟)

【获批首个国家自然科学基金重大研究计划(培育)项目】 12月8日,国家自然科学基金委员会发布重大研究计划(培育)项目获批名单。上海工程技术大学化学化工学院陆杰教授主持申报的“药物分子晶体组装的手性传递及其调控机制研究”因通过对不同类别手性体系的研究,突破了手性分子在其结晶分离纯化中发生手性转变这一关键技术瓶颈,入选该名单。这是学校首次以第一单位获批的国家自然科学基金委重大研究计划项目。 (宋　娟)

附:学校负责人及地址

(2021年1—12月)

校党委书记:李　江
　　副书记:俞　涛(3月到任)、史健勇、门妍萍(3月到任)、朱晓青

校　长:俞　涛(3月到任)
副校长:姚秀平、王岩松、夏春明

松江校区地址:龙腾路333号
邮编:201620
电话:67791000

长宁校区地址:仙霞路350号
邮编:200336

上海电力大学

【2021年概况】 有杨浦、浦东2个校区。设能源与机械工程、环境与化学工程、电气工程、自动化工程、计算机科学与技术、电子与信息工程、经济与管理、数理、外国语、体育、马克思主义、人文艺术、继续教育(国际教育)等13个学院。有全日制在校生14000余人,教职工1000余人。完成春季和秋季的高水平运动员、三校生、专升本等招生录取以及中本贯通转段考试,录取38个专业本科生2593人。建成研究生初试标准化国家级考点并投入使用,全额完成录取研究生1340人,其中博士生13人,专硕占比58.7%。

推进大能源电力应用型本科专业集群建设,“储能科学与工程”“新能源材料与器件”新专业获教育部批准。组织9个专业递交中国工程教育认证或ASIIN国际认证申请,3个专业完成并提交专业认证自评报告,1个专业通过德国ASIIN专业认证。聚焦“新型电力系统一网两侧”的学科发展布局,制定《上海电力大学学科建设工作规程》。申报获批翻译、材料与化工2个专硕授权点,实现文科学位点零的突破。计算机科学与技术、数学2个学术硕士授权点在上海市学位点培优培育专项计划中获2个培优学位点和2个博士培育学位点。首次作为依托单位获科技部国家重点研发计划“政府间国际科技创新合作”重点专项项目。首次获上海市教委重大项目,获首个上海市学术带头人(青年)。获国家级项目21项,获批国家自然基金19项,获批国家社科基金1项,获省部级项目27项,项目立项数创历史新高。推进能源电力特色智库建设,全年提交专报35篇,其中获国家级批示1篇、上海市副市长批示2篇、其他副部级批示4篇。获批上海市教委智库内涵建设项目1项、2021年度中国科协高端科技创新智库青年项目1项。作为第一单位获中国腐蚀与防护学会科学技术奖一等奖1项、中国可再生能源协会科学技术进步奖(技术创新类)一等奖1项、中国发明协会发明创业奖创新奖一等奖1项。作为参与单位获2020年度华夏建设科学技术奖一等奖1项、2020年度中国节能协会技术发明奖二等奖1项、中国电力科学技术奖三等奖2项。参与起草国际标准2项,参与制定国家标准2项,牵头制定团体标准1项,参与制定团体标准2项。在SCI一区期刊发表论文57篇,7篇论文入选ESI论文,其中3篇为热点论文。教师共出版学术著作15部,其中专著10部、译著2部、编著3部。获授权发明专利146项、授权实用新型专利38项、软件著作权9项。完成28项成果转化。举办“‘双碳’目标下的能源电力发展高峰论坛”及相关技术会议。获批“上海市新型电力系统前沿科学研究基地”,推进“上海智能电网技术研究省部共建协同创新中心”建设。申报“海上风电技术”教育部工程研究中心。“上海绿色能源并网技术工程中心”评估成绩良好。与美国西弗吉尼亚大学合作举办信息管理与信息系统专业本科教育项目并报教育部。举办第三届“‘一带一路’能源电力国际商业决策模拟大赛”、2021年度暨第五期“一带一路”沿线国家能源电力人才高级研修班。

新增校级课程思政建设试点课程立项123门,3门课程入选上海高校党史学习教育与课程相融合示范课程。2个项目获批教育部首批新文科研究与改革实践项目。继续完善“双万计划”建设,11门课程获批上海高校市级重点课程建设立项。获批5个国家级一流本科专业建设点、5个市级一流本科专业建设点。4门课程被认定为国家级一流课程,17门课程被认定为市级一流课程。组织推荐13项本科教育教学成果奖申报上海市高等教育优秀教学成果奖。推进云课堂平台建设,基本覆盖所有授课教室,多角度提供教室授课画面。以劳育、通识类课程、双碳类课程及教材建设为重要工作抓手,进一步夯实应用型、创新型人才培养体系,制定32学时本科生劳动教育实施方案,立项建设11门高水平通识类课程,建设13门"双碳"类产教融合课程,制定推出创新创业训练与实践学分管理办法,完成国创计划结题34项、市创计划结题95项。

组织参加第七届中国国际互联网+大学生创新创业大赛,获国家级铜奖一项。完成第十七届挑战杯市赛办赛,首次获挑战杯市赛特等奖2项、一等奖5项;首次获哲社类社会调查报告一等奖;首次获挑战杯上海市赛进步显著奖、优秀组织奖和优胜杯。获"华为杯"第十八届中国研究生数学建模竞赛一等奖2项,其他奖项共计57项,连续十年获优秀组织奖。获第十六届中国研究生电子设计大赛技术类竞赛全国三等奖2项、上海赛区一等奖3项(晋级2项)等。2300余名学生志愿者参与上海科技馆、自然博物馆、天文馆、杨浦区"双减"、新冠疫情防控等志愿服务,105名"上电小叶子"投入第四届中国国际进口博览会服务保障工作。探索"党建+思政+美育"艺术实践育人模式,打造沉浸式原创红色情景戏剧《王孝和》。围绕"喜迎建党百年"主题,组织学生艺术团开展系列教学成果专场演出。获第六届全国大学生艺术展演国家级艺术奖项1项,获第六届汇创青春上海大学生创意作品展示活动上海市一等奖2项。击剑、男子手球、男子足球等在国内、市级各类竞技比赛中获佳绩。

超额完成继续教育年度工作目标,学历教育招生规模比上年增长60%,服务企业105家,在职人员继续教育4000余人。新设黄浦、普陀、青浦3个校外学习站点,提高校外学习站点总体质量。完成"一带一路"高研班。与临港企业合作打造具有上电特色的"双元制"教育模式,构建"企业需求—政府资助—学校服务"的政产学协同机制,获批首个"新型学徒制"补贴项目,入选教育部2021年产教融合校企合作典型案例。牵头推动申报临港重点区域整域光伏项目,获国家发改委批示。

作为市教委基本建设重大工程和"十四五"基建规划中涉及五大新城建设的项目之一,结合绿色建筑、装配式、海绵城市相关概念要求,临港校区三期工程项建书经市发改委委托的评审单位专家评审,待审核批复。建成市教委安全环境示范点建设项目——应急联动系统(二期)及5G网络智能安保机器人建设,构建全过程综合安防(应急)指挥中心。完成"一网通办"一期建设,含有200多项业务流程的一站式办事大厅、新版OA邮箱、短信消息平台等同步上线。推进线上线下一体化的智慧教学环境建设,新建高标准智慧教室17间、常态录播教室78间、标准化考场12间,云录播教室覆盖率达91.4%。 (曹婷婷)

【"碳达峰与自然资源利用"学术研讨会】 5月15日在上海电力大学举办。由上海市土地学会、上海电力大学、上海财经大学及中国土地学会土地经济分会联合主办。200余名专家学者与会,从碳达峰与自然资源的利用、碳达峰与能源结构转型等多个角度展开学术研讨和交流。 (曹婷婷)

【红色情景剧《王孝和》献演】 6月19—20日,红色情景戏剧《王孝和》在上海杨树浦发电厂献演。该沉浸式原创红色戏剧由上海电力大学与上海电力股份有限公司携手打造,演绎工人阶级的优秀代表王孝和烈士的红色故事,向党的百年华诞献礼。

(曹婷婷)

【"双碳"目标下的能源电力发展高峰论坛暨建校70周年发展大会】 10月16日在上海电力大学举行。采取线下与网络同步在线直播的形式,海内外校友、关心支持上电发展的各界人士、老领导、老同志以及在校师生跨屏相约,参与活动。与会专家根据当前和今后双碳目标发展、光伏和新能源,以及材料与能源的必要性和重要性等方面展开交流讨论。 (曹婷婷)

附:学校负责人及地址

(2021年1—12月)

校党委书记:李明福
　　副书记:李和兴、翁培奋、徐　凯

校　长:李和兴
副校长:徐　凯、封金章、符　杨、黄冬梅

杨浦校区地址:长阳路2588号
邮编:200090

浦东校区地址:沪城环路1851号
邮编:201300
电话:61655008

上海应用技术大学

【2021年概况】 有徐汇、奉贤2个校区,设19个二级学院(部),有本科专业55个、一级学术型硕士点8个、专业学位硕士点11个。全校全日制在校研究生、本专科生19186人。教职工1743人,其中专任教师1228人。

学校获批博士学位授予单位和化学工程与技术一级学科博士学位授权点,入选上海高水平地方大学重点建设单位。新增机械、土木水利、交通运输、工程管理、社会工作5个硕士专业学位类别。化学、材料科学、农业科学和工程科学等学科进入全球ESI学科排名前1%。获上海市自然科学二等奖、科技进步二等奖在内的多项高水平科技成果奖项。上海香料香精工程技术研究中心在评估中再获优秀。推动大学科技园建设,新建科技园宝山分园,成立"知识产权运营中心"。

获批上海食品风味与品质控制工程技术研究中心、上海光探测材料与器件工程技术研究中心等高水平平台。参与《上海市化妆品产业高质量发展行动计划》调研,助力将"做强香料香精化妆品省部共建协同创新中心和东方美谷研究院"写入文件。与金山区政府签署战略合作协议,与企业合作共建山东省高端特种油技术创新中心等平台,与浙江省建德市和慈溪市新建协同创新中心,与海华科技集团等行业头部企业签署战略合作协议。举办东方美谷国际化妆品大会"创新与发展"高峰论坛、2021年智能可穿戴材料国际论坛、2021年大数据与商务分析学术年会暨中国管理学青年学者论坛。与上海市农委签署全面合作框架协议。

6个专业获批国家级一流本科专业建设点,4个专业获批上海市一流本科专业建设点。获批市级一流课程24门。材料科学与工程、制药工程2个专业通过教育部工程教育专业认证。获批教育部新文科研究与实践项目1项。信息与智能技术产业学院获批上海市现代产业学院。在第十七届"挑战杯"市赛中主赛道获一等奖2项、二等奖1项、三等奖7项,其中1项作品进入国赛决赛,2项获"黑科技"专项赛国奖。在"知行杯"上海市大学生社会实践大赛中首获特等奖1项。

首次获批上海市教委的"一带一路"人才培训项目和上海市科委"'一带一路'中老铁路工程国际联合实验室"。联合上海市友协等单位成立"一带一路"澜湄铁路互联互通交流中心。首批老挝留学生毕业并成为中老铁路的首批工程技术人员。

1人获宝钢教育奖、7人获上海市育才奖,1人入选全国第十三届"高校辅导员年度人物"。弘扬劳模劳动精神,获上海市劳模创新工作室1个,1人获上海市三八红旗手,1个团队获上海市巾帼文明岗,1人获上海市职工优秀发明选拔赛金奖。

发布学校"十四五"事业发展规划。上海市高校创业指导站服务成效获评A级。组织第三季"伟大工程"示范党课之"铭史崇德践行初心　创新发展再创辉煌"。谋划组织大师剧《祝尔纯》、"永远跟党走”文艺汇演等17项中国共产党建党百年活动。举办2021中国(上海)萱草文化节,开展“时代·应用”专业文化育人实践及宣讲活动。首批85位老党员获颁“光荣在党50年”纪念章。校关工委获全国教育系统关心下一代工作先进集体。（陈浩森）

【在上海高校分类评价中获第一】 11月初,上海市政府教育督导室召开2021年上海高校分类评价工作反馈会,反馈2020年评价结果。上海应用技术大学在上海市17所应用技术型高校中蝉联排名第一,位列第一梯队实现“四连冠”。（陈浩森）

【学习习近平总书记有关“一带一路”讲话精神】 12月3日,中共中央总书记、国家主席习近平同老挝人民革命党中央总书记、国家主席通伦举行视频会晤,并通过视频连线共同出席中老铁路通车仪式。习近平总书记在讲话中提到,收到几位曾在中国上海学习铁路专业的老挝留学生写来的联名信。该信是上海应用技术大学铁道工程专业9名老挝留学生联名书写。12月4日,上海市外办、上海市友协和上海应用技术大学共同举办学习座谈会,传达学习习近平总书记关于“一带一路”倡议暨在中老铁路通车仪式上的重要讲话精神。（陈浩森）

【博士学位授予单位·上海高水平地方大学建设启动仪式】 12月27日在上海应用技术大学举行。上海市教委主任、上海应用技术大学领导等出席。上海应用技术大学获批博士学位授予单位和上海高水平地方大学重点建设单位是学校发展史上又一里程碑,标志着学校办学层次和办学水平迈上了新台阶。（陈浩森）

12月27日,博士学位授予单位·上海高水平地方大学建设启动仪式在上海应用工程技术大学举行

附:学校负责人及地址

(2021年1—12月)

校党委书记:郭庆松
副书记:柯勤飞、宋敏娟(3月离任)、王　瑛、陈海瑾(3月到任)、李　健(3月到任)

校　长:柯勤飞
副校长:王　瑛、张锁怀、毛祥东

奉贤校区地址:海泉路100号
邮编:201418
电话:60873536

徐汇校区地址:漕宝路120号
邮编:200235
电话:60873536

上海科技大学

【2021年概况】 设物质科学与技术学院、生命科学与技术学院、信息科学与技术学院、创业与管理学院、创意与艺术学院、人文科学研究院、生物医学工程学院、免疫化学研究所、iHuman研究所、数学科学研究所、大科学中心、2060研究院等教学科研机构,有物理学、化学、生物科学、材料科学与工程、

电子信息工程、计算机科学与技术、生物医学工程、数学与应用数学、管理科学、工业设计、生物技术共11个专业。在校生4995人，其中本科生1712人、硕士研究生2304人、博士研究生979人。本科招生430人；硕士招收980人，比上年增长10.4%；博士招收309人，比上年增长21.2%。全校教职员工1376人，其中全职教学科研人员1091人（常任教授314人、专职科研与教辅人员547人）、中科院特聘教授233人、非中科院特聘教授51人。

上海科技大学"双一流"整体建设方案和"材料科学与工程"学科建设方案通过论证审批。学校进入国家第二轮"双一流"建设高校和建设学科名单。新增学术学位博士点3个、硕士点2个及专业学位硕士点3个。1个博士点、2个硕士点通过上海市审批。"上海高校学位点培优培育专项计划"获批。推进本研资源一体化系统建设，有11个本科专业、5个本科辅修专业。创意与艺术学院"工业设计"专业实现首次招生。全职教师授课占比稳步提升，达84%。4门课程获"2021年度上海高校一流本科课程"认定，3门课程获"2021年度上海高校市级重点课程项目"立项。3位教师获"第一届上海市高校教师教学创新大赛"优秀奖。3项"教育部产学合作协同育人项目"签订协议。

完善以书院制为特色的"三全育人"机制，推进上道书院、科道书院、大道书院建设。本科生代表队获国际基因工程机器大赛金奖和季军、获国际大学生超算大赛总成绩亚军。研究生团队获国际集成电路设计自动化大会系统设计竞赛冠军。

参与张江综合性国家科学中心建设，推动与张江、临港和广州实验室的深度合作，联合开展科技攻关、培养创新团队和科技人才。硬X射线自由电子激光装置项目取得重要进展，形成全链条自主可控的关键技术研制，达到国际先进水平。活细胞结构与功能成像等线站工程暨上海软X射线自由电子激光装置在国际上首次实现空间分辨率至20 nm以下的活细胞三维成像及功能材料三维成像，标志中国在该领域进入国际先进行列。学校首个上海市工程技术研究中心"上海智能视觉影像及应用工程技术研究中心"通过建设期评审。首个市重点实验室"上海市高分辨电子显微学重点实验室"获批建设。上海市智能人机协同与交互前沿科学研究基地、上海市生物大分子与精准医药前沿科学研究基地通过专家认证。28个公共科研平台的626台设备和34项标准服务加入上海市大型仪器共享系统。

3项科研成果入选2020年度和2021年度"中国生命科学十大进展"。1项科研成果入选"中国2020年度重要医学进展"。获"上海市自然科学奖一等奖"1项。举办创业早期学堂、第四届上海科技大学创新创业大会，构建科技成果转化和科研创业实践教育平台、成果转化早期融资平台。

完成"十四五"规划编制，形成指导未来五年发展的战略蓝图。成立2060研究院，建设上海临床研究中心和上海科技大学未来医学中心，推动医教研产深度融合。学校二期基本建设工程列入市教委"十四五"规划，完成控规调整报告和项目建议书编制。（高　瑄）

【全国政协主席到校调研】 4月28日，政治局常委、全国政协主席汪洋到上海科技大学，就"建设高质量教育体系、强化国家战略科技力量"协商专题开展调研。建设高质量教育体系、强化国家战略科技力量，事关全面建设社会主义现代化国家战略全局。（高　瑄）

【上海市市长一行到校调研】 4月29日，上海市市长一行到上海科技大学调研，察看上海科技大学的拓扑物理实验室、MARS实验室、生物冷冻电镜平台等，了解学校开展科技前沿研究等方面的最新成果，并在科道书院与学生开展交流。（高　瑄）

【上海临床研究中心成立仪式】 4月29日，在上海科技大学举行。上海市副市长为中心成立揭牌。上海市及主管部门、合作单位领导出席。该中心由上海市政府批准设立，是市卫健委下属机构，由上海科技大学建设和管理，实行理事会领导下的主任负责制，设500张床位，其中200张为核定床位，300张为研究型床位。（高　瑄）

【获上海市自然科学奖一等奖】 5月25日，2020年度上海市科学技术奖公布。上海科技大学 iHuman 研究所刘志杰教授领衔的研究团队完成的"G蛋白偶联受体结构与功能的系统性研究"项目获"上海市自然科学奖一等奖"。该项目研究成果有助于深入理解相关重大疾病发病机理并开展针对特定 GPCR 靶点分子的精准药物设计。 （高 瑄）

5月25日，上海科技大学 iHuman 研究所刘志杰教授领衔的研究团队完成的"G蛋白偶联受体结构与功能的系统性研究"项目获"上海市自然科学奖一等奖"

【国内首台纳米角分辨光电子能谱实验站建成启用】 9月15日，由上海科技大学负责设计、研发和建设的上海同步辐射光源纳米角分辨光电子能谱(NanoARPES)实验站通过工艺测试验收。该实验站是上海同步辐射光源二期工程中纳米自旋与磁学线站的重要组成部分。这是中国首台 NanoARPES 装置，填补了国内相关研究设施的空白，总体参数性能达到国际顶尖水平。 （高 瑄）

【"活细胞结构与功能成像等线站工程"完成工艺测试】 11月，由国家发展改革委与上海市政府共同出资建设的活细胞结构与功能成像等线站工程暨上海软X射线自由电子激光装置，在项目开工五周年之际全面达到技术验收指标。活细胞结构与功能成像等线站工程由上海科技大学、中国科学院上海应用物理研究所和上海高等研究院团队共同建设。继实现532米X射线自由电子激光装置的全线调试贯通、带光运行后，该装置于6月21日首次实现2.4纳米单发激光脉冲的相干衍射成像，获得首批实验数据，并完成了对衍射图样的快速图像重建。该项目完成工艺测试，标志着中国在软X射线自由电子激光研制和使用方面步入国际先进行列。

（高 瑄）

附：学校负责人及地址

（2021年1—12月）

校党委书记：李儒新
　副书记：吴　强、江　舸

校　长：江绵恒
副校长：李儒新、印　杰、朱志远、丁　浩、江　舸

地址：华夏中路393号
邮编：201210
电话：20685160

上海纽约大学

【2021年概况】 设12个本科专业、7个硕士研究生专业和10个博士研究生专业，涵盖计算机与工程、自然科学、人文社科等多个学科领域。学校在读本科生1764人，其中中国籍学生935人（含港澳台学生7人），国际学生829人；在读研究生255人，其中硕士研究生216人、博士研究生39人。招收新生499人，其中中国籍学生248人（含港澳台地区学生2人）、国际学生251人。专任教师261人，其中中国籍教师98人（含港澳台地区教师8人），外籍教师163人。

年内，本科教育在核心课程模块“社会和文化基础”专设“跨学科视角下的中国”。在推进实践教学方面，建设“资源再利用”“儿童故事绘本中的中文教学”“语言及话语权”及“城市保育”4门服务学习的课程。黄金紫教授主讲的“数学建模导论”获评“2021年度上海高等学校一流本科课程”。继续与纽约大学斯特恩商学院合作新开设组织管理与战略、营销与零售科学2个硕士专业。博士研究生专业获批增设数据科学、电子工程、公共管理等专业。

与华东师范大学心理与认知科学学院、生态与环境科学学院、软件工程学院、社会发展学院等10个院系达成合作，共有30名教授参与项目并担任硕导、博导，招收近60名研究生。神经与认知科学助理教授田兴与其学生合作的论文在神经科学期刊《大脑皮层》(Cerebral Cortex)发表。物理学助理教授陈航晖与其学生共同在《美国科学院院报》(PNAS)上发表有关发现和调控一种量子材料的特性之一——贝利曲率的有效方法的研究论文。

在职专任教师中，教研并重的长聘制(tenure)教师近80人，100%具有在世界一流大学学习或工作至少一年的经验；高层次人才38人，外国院(会)士8人，国家“友谊奖”获得者1人(兼上海市“荣誉市民”)，上海市“白玉兰奖”获得者4人。两位采用长聘制(tenure)聘用的第一批助理教授，成为学校首批自主培养的、通过长聘职位晋升和聘任评估而获得长聘职位的教师。9月，2011年诺贝尔经济学奖得主托马斯·萨金特(Thomas J. Sargent)教授获邀加盟，并成为华东师范大学—纽约大学数学联合研究中心(上海纽约大学)成员。年底，原在普林斯顿大学任教的Mattieu Laurier教授担任学校数学和数据科学助理教授。

建设并运营6个自有研究平台，另有与华东师范大学和纽约大学联合建设的6个科研平台。与金融数据港、尼西韦恩数据科技公司签署战略合作协议，合作筹建由诺贝尔经济学奖得主、萨金特教授主导的张江金融量化研究中心。与华东师大联合建设的华东师范大学—上海纽约大学脑成像中心在华东师范大学中北校区揭牌。

开展学业与职业咨询、信息素质教育、心理健康咨询、校内各类学术讲座等活动。学生职业发展中心累计为学生提供覆盖7个行业的23场专场校园宣讲、覆盖6个模块的“我潜能无限”学生职业发展峰会，共计254人次的毕业生一对一咨询服务。在纽约大学全球线上课程平台BrightSpace上线6节职业发展课程。

举办为期7天的中华传统文化推广系列活动“This is China”(这里是中国)项目，组织学生前往三林镇体会中国传统民间文化技艺。约40名中外学生前往华东政法大学长宁校园，参加“外国留学生看上海——走进华政历史风貌保护区”活动。与上海动物救助中心等多个非营利机构合作开展社区公益活动，重启与浦东图书馆合作的“阅读与人生”大众科普系列讲座，举办首届“朝颜少年成长计划”夏令营，为40多名五至七年级的流动儿童提供免费夏令营课程。为约700名受疫情影响无法返沪学习的国际学生提供纽约大学覆盖亚、非、拉、美、欧五大洲14个校园和教学点的就近线下入学机会。

学校为因疫情而无法出国学习的本科生和研究生3461人(本科生2580人、研究生881人)，聘请115名来自纽约大学和上海纽约大学的教师，开设共计138门、337门次本科线下课程以及104门、139门次研究生线下课程。 (董松其)

【《用马约拉纳费米子实现量子隐形传态》在《物理评论快报》上刊登】 3月3日，《物理评论快报》(Physical Review Letters)刊登题为《用马约拉纳费米子实现量子隐形传态》(Emulating Quantum Teleportation of a Majorana Zero Mode Qubi)的研究文章。该研究由上海纽约大学物理学助理教授Tim Byrnes和他的博士生Marek Narożniak，与来自中国科学技术大学潘建伟教授与朱晓波教授的团队及其他科研机构合作开展，发现了隐形传输由马约拉纳费米子(Majorana fermions)构成的量子态的新方法。这一发现可以带来大型稳定量子计算和量子存储设备的发展。 (董松其)

【与金融数据港、尼西伟恩数据科技有限公司合作

签约】 9月28日，上海纽约大学、金融数据港和尼西伟恩数据科技有限公司在上海纽约大学举行战略合作签约仪式。上海纽约大学、上海市银行卡产业园开发有限公司、尼西伟恩数据科技有限公司三方签署战略合作谅解备忘录。据此，三方将在金融科技领域的人才培养、科研创新、国际交流、实习实训、战略咨询等领域建立深层次、全方位的战略合作关系，围绕筹建张江金融化研究中心展开合作，服务浦东和上海城市建设。

（董松其）

9月28日，上海纽约大学、金融数据港和尼西伟恩数据科技有限公司在上海纽约大学举行战略合作签约仪式

【举办“新时代中外合作办学与卓越育人”论坛】 10月15日，上海纽约大学和华东师范大学共同举办“新时代中外合作办学与卓越育人”论坛。教育部，上海市教委等单位领导，以及来自23所高校（包括国外2所高校）近80名专家学者与会交流，共商新时代背景下，中外合作办学与卓越育人的新挑战与新机遇。（董松其）

【人工智能与文化研究中心成立】 10月22日，上海纽约大学人工智能与文化研究中心宣布成立。该中心旨在探索人工智能（AI）与社会体系之间的关系，以及艺术、文学与哲学等常被忽视的文化因素对人工智能未来的塑造作用。线上线下100余名师生参与，庆祝中心成立。（董松其）

【多名学生获国际知名奖学金】 2021年，2022届学生许竞之当选第七届苏世民学者，获全额奖学金前往清华大学苏世民书院攻读全球事务硕士研究生项目；2021届毕业生Sarah Brooker和2018届毕业生James Bromley入选北京大学燕京学堂中国学硕士研究生项目；2020届毕业生马海天获阿姆斯特丹优秀学生奖学金（AMS）；2020届毕业生Adele Kramber获英国艺术与人文研究理事会（AHRC）合作博士奖；2021届毕业生刘怡萱获中美学者项目奖学金（CUSP）；2022届学生Jaime Cantwell和2023届学生Samuel Boghossian入选重要语言奖学金项目（CLS）；2023届学生Ariana Alvarez入选美国国务院资助的2021年“美国外事信息技术（FAIT）”奖学金计划。（董松其）

【“八十年后再回顾：二战时期中美之间的同盟关系”论坛】 12月8日在上海纽约大学举行。由上海纽约大学—华东师范大学全球历史·经济·文化联合研究中心主办，康奈尔大学上海校友会协办。与会的专家学者从历史视角就二战奠定的国际关系准则基础上拓展中美关系等问题展开讨论，吸引近200名线上参与者。（董松其）

【获“成思危全球奖”】 12月11日，2003年诺贝尔经济学奖得主、上海纽约大学波动研究所（Volatility Institute，VINS）联席所长Robert Engle教授凭借其研究成果《SRISK：系统性风险的条件资本缺口度量方法》，成为获第二届“成思危全球奖”的两位专家之一。（董松其）

附：学校负责人及地址

（2021年1—12月）

校　长：童世骏
常务副校长：杰夫·雷蒙（Jeffrey S. Lehman）
副校长：丁树哲

地址：世纪大道1555号
邮编：200122
电话：20595500

上海第二工业大学

【2021年概况】 有6个硕士专业学位点、45个本科专业、20个高职专业，是上海市“高水平地方高校建设”培育单位，浦东新区博士后创新实践基地。“环境科学与工程(资源循环科学与工程)”学科获批上海高校II类高原学科建设。有国家级特色专业3个，国家级一流本科专业建设点2个，教育部卓越工程师培养计划专业、教育部“本科教学工程”地方高校第一批本科专业综合改革试点、上海市属高校应用型本科试点专业、上海市一流本科专业建设点、上海市本科教育高地建设项目等30余个。有国家级一流本科课程、国家级精品课程、上海市精品课程等30余门。在校全日制学生13442人(其中普通本科生10681人、专科生2125人，预科生47人，硕士生480人，留学生109人)，夜大(业余)学生6859人。招生录取本、专科新生3311人，完成计划98.95%。本专科总报到数3255人，总报到率98.31%。研究生招生计划220人，一志愿录取率21%。有教职工1129人，其中专任教师838人，副高级及以上专业技术职务的教师346人，具有博士学位教师342人，上海高校教学名师4人。

承担国家“863”项目、国家自然科学基金重大项目、国家重点研发计划项目、国家自然科学基金项目、国家哲学社会科学基金项目等国家级项目百余项。作为第一单位获上海市科学技术奖二等奖3项、三等奖4项。有“上海先进热功能材料工程技术研究中心”“上海电子废弃物资源化协同创新中心”“上海市逆向物流与供应链协同创新中心(培育)”“上海市劳模文化研究中心”“上海市职业技术教师教育研究院”等省部级科研平台。与上海材料研究所联合共建“上海市工程材料应用与评价重点实验室”。与国家无线电监测中心检测中心合作共建“工信部重点实验室上海第二工业大学分实验室”。与江南造船、中国商飞、航天八院、上海电气、中银上海市分行、上海计算技术研究所、迪士尼等企业和科研院所开展合作。

学校与36个国家和地区的150余个高校和机构建立稳定合作关系。有中外合作办学机构1个，中外合作办学项目2个。开展本硕博多层次联合培养项目近140个。与海外联合申报欧盟伊拉斯谟+项目8项。与来自17个国家和地区的25个高校、机构开展线上或线下交流活动。新开拓学生国(境)外项目6项。中美合作办学项目签署第三期合作协议；中德合作办学项目“机械电子工程”“智能制造工程”“测控技术与仪器”3个专业的申报筹备有序进行；线上举办第二十二届海峡两岸应用性(技术与职业)高等教育学术研讨会。在建欧盟项目3项。与国(境)外合作发表论文21篇。与国(境)外在建国际联合实验室及研究中心10个，新建国际联合实验室及研究中心2个。

学校和市总工会共同成立上海劳模学院。成立职业技术教师教育学院。设立智能制造与控制工程学院、计算机与信息工程学院、资源与环境工程学院、能源与材料学院。资源与环境、艺术、材料与化工、国际商务、翻译5个专业学位授权点获国务院学位委员会批复。研究生教育实行校部(院)两级管理。全年新增46位硕士研究生导师。

产品设计专业入选2020年度国家级一流本科专业建设点，材料科学与工程、自动化、计算机科学与技术、软件工程、环境工程、国际商务6个专业入选2020年上海市一流本科专业建设点。有上海市一流课程11门、上海市重点课程13门。组织培育和建设2021年校级教学成果奖34项。环境工程专业接受中国工程教育认证专家组考查。电子商务专业申请2022年长三角新文科教育专业认证联盟认证受理获批。推出首批2个课程思政领航学院、5个领航专业、31门领航课程。浦东智能制造产业学院获批市级产业学院。建有全英语专业2个、上海高校示范性全英语课程9门、上海高校外国留学生英语授课示范课程9门。开设本科全英语课程86门、高职全英语课程145门。

获全国研究生数学建模竞赛等奖项20多项。本专科学生获省部级以上各类学科竞赛奖371项，其中国家级173项。组织签约校外实践基地72个，组织校内外学科竞赛71项。申报第四十六届世界技能大赛"机器人系统集成"和"云计算"项目的上海选手培养基地。33名学生参加德国手工业协会培训并获德国HWK行业证书。组织开展校级志愿活动20余场，125人服务中国第四届进口博览会。

举办2021届毕业生线上专场招聘会25场、线下招聘会8场、线上线下企业专场宣讲会150余场，线上线下各类招聘活动累计参与单位15060家，累计提供岗位185532个。开展各类就业动员及指导培训50余场。

获批立项首个省部级工程技术研究中心——"上海先进热功能材料工程技术研究中心"。获批立项首个非工科学科平台"上海市逆向物流与供应链协同创新中心(培育)"。学校被授予上海市首批标准化创新中心，承担"上海市标准化创新中心(物流)"建设。上海市职业技术教师教育研究院成为"上海高校智库"(培育)。包起帆创新之路展示馆获批首批"上海市学生(青少年)科创教育基地"。智能制造工厂实验室入选教育部学校规划建设发展中心产教融合实训基地优秀案例。学校科技园获批成为国家大学科技园，并纳入上海市科技创新创业载体培育体系。

全年纵向项目新增立项41项，横向项目立项170项。共发表高水平论文264篇，申请发明专利53项。获批上海市政府决策咨询项目2个、上海市科委软课题2项(周怡、尉芳芳)。上海市科委外国专家项目、上海市商委专项项目、物流联合协会国标项目、上海市科普教育基金会科普专项等实现零突破。新增台州、昆山2个技术转移工作站，累计在长三角地区建有13个技术转移工作站。与浙江省武义县共建的"智能制造"产业技术研究院落地并正式运行。电子废弃物研究中心所属检测实验室通过CMA认证(中国计量认证)。

引进录用58人，新增52名双师型教师，入库兼职教师366人。聘请3位院士为兼职教授，其中一位海外院士担任学院院长。9名教师申报正高级专业技术岗位，15名教师申报副高级专业技术岗位，43名教师进行岗位定级。15名教师获上海市"高校青年教师培养"计划资助，19位教师获"教师专业发展工程"计划资助，1名青年教师入选学校首届攀登计划。200余人次参加校外各类进修及学术、教学会议。69人次教师获海外职业行业资格证书26项，52人次获海外机构资质认证，9人次在国际组织或机构任职。6位教师获"上海市育才奖"。 (宋偲蕾)

【与上海市总工会共建上海劳模学院】 2月1日，在市政府举行的深化上海产业工人队伍建设改革首批校企合作签约仪式上，上海市总工会和上海第二工业大学签署合作共建"上海劳模学院"协议。校友包起帆受聘出任院长。上海第二工业大学和上海电气集团股份有限公司、中航商用航空发动机有限责任公司、电信科学技术第一研究所有限公司签订校企合作协议，共同助力实现产教融合，建立校企一体的高技能人才培养模式。 (宋偲蕾)

【上海市职业技术教师教育学院揭牌】 10月25日，揭牌仪式在上海第二工业大学报告厅举行。学院由多所高校共同建设，上海第二工业大学是首个分校区，将成为上海先行先试、探索一流职业教育师资培养的重要平台。现场，还举行了首批签约校企合作实践基地江南造船(集团)有限责任公司、上海电气集团股份有限公司、上海华虹(集团)有限公司等9家企业的授牌仪式，以及职业院校教学实践基地上海电子信息职业技术学院等10所职业院校授牌仪式。 (宋偲蕾)

【浦东智能制造产业学院揭牌】 10月28日，上海第二工业大学浦东智能制造产业学院揭牌仪式在浦东金桥创客天地举行。浦东智能制造产业学院于2021年9月30日获市教委、市经信委批准，为首批上海市级重点现代产业学院建设项目，将充分利用区域产业优势，促进区域产业转型升级和创新驱动发展，推进新工科建设。（宋偲蕾）

【高校智库"上海市职业技术教师教育研究院"成立】 12月3日，研究院在上海第二工业大学成立。研究院致力于服务国家和上海职业教育发展战略和创新驱动发展战略，统筹上海市及长三角优质教育资源，打造面向未来、贴近产业、海派风格的职业教育政策研究成果策源地，同时发力于理论研究，提出职业技术教师教育的主体性、原创性理论，总结出中国方案，并促进研究成果走出国门。（宋偲蕾）

【与上海电气集团签署新时代校企合作协议】 12月8日上午，上海第二工业大学与上海电气集团新时代校企合作签约仪式在上海电气集团总部举行。上海第二工业大学与上海电气集团代表签署校企合作框架协议和劳模工匠研修班合作协议。双方将在高素质技术技能人才协同培养上寻求突破，助力建设国家产教融合型城市，为国家和城市发展提供高素质技术技能人才支撑。（宋偲蕾）

【第二十二届海峡两岸应用性（技术与职业）高等教育学术研讨会】 12月14日在上海第二工业大学举行。由上海第二工业大学承办并设置主会场。研讨会其他发起单位和合作单位——深圳职业技术学院、台北科技大学、北京联合大学、建国科技大学、龙华科技大学、朝阳科技大学的百余名代表通过线上方式参会，围绕"未来应用型高等教育的变革与创新"展开研讨，分享和交流海峡两岸应用型高等教育最新的研究成果和实践经验。会议征集论文近50篇，其中40余篇在会上作交流。会议还举办"匠心杯"海峡两岸学生创新创业竞赛。

（宋偲蕾）

12月14日，第二十二届海峡两岸应用性（技术与职业）高等教育学术研讨会开幕式在上海第二工业大学举行

附：学校负责人及地址

（2021年1—12月）

校党委书记：吴　松

副书记：吴沛东、翁德玮（3月到任）、莫亮全（3月离任）

校　长：谢华清（3月到任）

副校长：徐余法、徐玉芳、丁　力（3月到任）、谢华清（3月离任）、莫亮全（3月离任）

地址：金海路2360号

邮编：201209

电话：50216988

上海健康医学院

【2021年概况】 设临床医学、护理与健康管理、康复、医疗器械、医学技术、医学影像、药学、基础医学、马克思主义、健康与公共卫生、继续教育、国际教育12个学院和文理、外语、体育3个教学部。在

校本科生8690人、专科生2955人，成人本科1181人，外国留学生116人。全校教职员工839人，其中专任教师595人，具有博士学位教师230人。

构建全过程自主培养博士后新模式，入驻浦东新区博士后创新实践基地。构筑“师资人才百人库”“教师专业发展工程”“攀登计划”进阶式成长平台，入选市教委教师专业发展工程17人、市高校青年教师培养资助计划13人，申报师资人才百人库培养项目99人，完成首批65名“1+X”教师技能证书认定。修订完善10种职称评审办法，出台《专业技术职务低职高聘实施办法(试行)》。组织5次教师思想政治理论和师德师风学习教育，培训8场共5570人次。开展全校“科研诚信与作风学风建设专项教育整治活动”。开展师德标兵评选和宣传，深入报道“全国最美志愿者”傅向东等先进教师和事迹。

完成“双万计划”申报工作，护理学入选国家级一流本科专业。生物医学工程、医学影像技术和康复物理治疗入选省级一流本科专业。参与国家职业教育本科医疗器械工程技术专业和药学专业标准制订。《医电产品生产工艺与管理》获国家级规划教材、全国教材建设先进个人1人。获上海市一流课程12门。获批上海高校大学计算机课程教学改革项目2项。获批“健康服务与管理”成人本科专业，医学影像技术、健康服务与管理成为上海市成人高校唯一办学单位。实施学位授予单位培育专项建设工作，启动医学技术、护理、人工智能、生物与医药、公共卫生和临床医学6个硕士学位点培育工作。与上海交通大学医学院、上海理工大学签署联合培养协议，获批护理专硕培养项目(职业技术教师教育方向)，招收联合培养研究生83人。打造区域化思政课一体化建设实践基地，制定《关于深入推进课程思政建设的实施意见》，完成综合改革市级示范创建项目3项，成立课程思政教学研究中心，“预防医学”“女性健康”2门课程获批上海高校党史学习教育与课程相融合的100门示范课程。举办“中国共产党百年卫生健康事业与社会治理”论坛、“回顾百年红色医学教育　赋写新时代叙事医学篇章”学术研讨会。

推进上海市高水平地方高校建设(培育)单位建设。上海市分子影像学重点实验室挂牌。“5G+智慧医疗创新实验室”落户学校。获批上海市智能医疗器械与主动健康协同创新中心。全年获纵向科研项目66项(包括国家级项目10项)，其中中央引导地方科技发展资金项目1项、国家重大科研仪器研制项目1项；在SCI、SSCI上分别以第一作者和通讯作者身份发表论文240篇和283篇。获上海市科技进步奖二等奖2项，上海康复医学科技奖特等奖、二等奖各1项，上海药学科技奖三等奖1项。授权专利122项；完成成果转化3项。主持上海市“科普专项行动计划”，开展全人群医学科普培训，打造“健康云”全媒体平台，获上海市科普教育创新管理一等奖和长三角卫生健康治理最佳实践案例。

大学生创新创业大赛获国家级铜奖6项，上海赛区决赛获3块金牌、8块银牌、23块铜牌，奖项数列上海高校第一位。第四十六届世界技能大赛“健康与社会照护”国赛两轮选拔均第一。学生医疗服务党史宣讲团赴新疆喀什进行互动化党史宣讲，获“知行杯”大学生社会实践大赛一等奖。选派97名学生志愿者参加第四届进博会服务保障，校青年志愿者协会获“第十三届中国青年志愿者优秀组织奖”。

推动长三角优质医疗服务一体化，全年签署合作项目18项，对口帮扶5个省、市、自治区。完成市政府实事工程“基层卫生领域紧缺人才培养”项目，承担上海市安宁疗护、康复护理、院前急救等人才培养，覆盖全市246家社区卫生服务中心、11家医疗急救中心。出版《中国城市健康生活报告》《中国健康保险发展报告》《上海市社区养老评价报告》，制定《长三角经济圈养老机构健康管理标准》。与英国、法国、澳大利亚、芬兰、德国等国的合作单位签署合作协议10份，与国外院校或机构签订学分互认项目14个。组建高水平学科交叉国际联合创新团队，引进海外高层次学术骨干2人。完成首批22名国际学生全英文护理本科专业招录工作。

获“上海市文明校园”“依法治校示范校”“厂务公开民主管理先进单位”等荣誉。在全市高校生活垃圾分类考核、节能减排审查中均获“优秀”。

(张毅婷)

【全国首个新专业“智能影像工程”获教育部批准】 3月，教育部下发《关于公布2020年度普通高等学校本科专业备案和审批结果的通知》，上海健康医学院申报的智能影像工程专业通过教育部审核批准。 （张毅婷）

【上海健康医学院社区卫生服务中心健康联盟启动仪式】 4月30日举行。以“育医学卫生人才 建社区健康联盟 践行健康上海城市战略使命”为主题。“健康联盟”由上海健康医学院牵头，嘉定区、青浦区、浦东新区、金山区、杨浦区、虹口区的18家社区卫生服务中心为成员单位组建成立。

（张毅婷）

【上海医学院校“西迁”之路主题展】 5月起在上海健康医学院图书馆展出。以“杏林育才不辞远，丹心赤诚系家国”为主题，分成“西迁”和“西援”两个单元，以图文，实物和多媒体等展示方式，集中呈现了上海5所医学院校西迁历程和上海健康医学院在新时代开展对外援助、对口支援工作的情况。

（张毅婷）

【发布区域化大中小学思政课一体化建设课程菜单】 5月20日，在浦东新区周浦镇党委主办的“永远跟党走”主题团日活动上，上海健康医学院发布“区域化大中小学思政课一体化建设课程菜单”。首批试点学校包括上海健康医学院、华东师范大学附属周浦中学、上海澧溪中学、上海浦东新区周浦小学。 （张毅婷）

【上海首家“5G+智慧医疗创新实验室”】 5月27日，在上海健康医学院5G+智慧医疗创新论坛上揭牌成立。上海市卫健委、市经信委等相关领导，医院、兄弟院校、中国信通院、中国移动、华为等多家单位的专家学者、行业企业负责人、学校师生代表等近400人参加。 （张毅婷）

【上海现代护理职业教育集团工作会议】 6月10日在上海健康医学院举行。会议期间，成立上海现代护理职业教育集团第一届理事会，并表决通过集团理事长、副理事长及秘书长名单。市教委教育技术装备中心以及加盟集团34家行业单位护理部主任和12家护理职业教育院校领导出席会议。

（张毅婷）

【第二届中国健康管理国际论坛】 11月27—28日，在上海健康医学院举行。以“聚力智能装备创新，赋能主动健康管理”为主题。多位境外学术专家，国内多家三甲医院领导、行业协会代表、知名优秀企业高管等11万余人通过线上线下参会，进行学习交流。 （张毅婷）

11月27—28日，第二届中国健康管理国际论坛在上海健康医学院举行

附：学校负责人及地址

（2021年1—12月）

校党委书记：杨伟人（4月离任）、郭永瑾（4月到任）
副书记：黄　钢（4月离任）、吴　韬（4月到任）、李明磊、唐红梅（4月到任）、于　莹

校　长：黄　钢（4月离任）、吴　韬（4月到任）
副校长：唐红梅、陈小冰、沈国芳、孔宪明

地址：周祝公路279号
邮编：201318
电话：65881000

上海体育学院

【2021年概况】 有杨浦、徐汇2个校区及新江湾城教学点和黄浦教学点。设中国乒乓球学院和9个二级学院，另设附属体育职业技术学院和附属竞技体育学校。有社会学科、人文学科、管理学、理学4个主要学科门类，24个本科专业，6个一级学科硕士学位授权点，11个二级学科硕士学位授权点，5个专业学位授权点，1个一级学科博士学位授权点、7个二级学科博士点，1个博士后流动站。在校生7520人，其中普通本科生4253人、硕士研究生1861人、博士研究生530人、普通专科生260人、成人专科生178人、成人本科生438人。另有外国留学生183人。招生录取本科生1211人。有专任教师606人，其中正高级职称122人、副高级职称280人。

以学习研讨习近平总书记"七一"重要讲话精神为主题，探索建立二级党组织理论学习会巡听旁听机制。举办"回首百年奋斗路　迈向复兴新征程——党的十九届六中全会精神专题学习会暨学术研讨会"。围绕"建党百年与中国体育特色发展之路"主题，梳理回顾中国共产党百年来领导中国体育发展的光辉历程，组织开展中国共产党领导下的百年体育奋进史研究整理工作。

体育学一级学科通过首轮国家"双一流"建设评估，在软科排名中连续六年位居国内第一，并进位至世界排名前60位。在国内体育类高校中，率先获批预防医学和公共卫生一级学科学术硕士点，获批马克思主义理论一级学科学术硕士点，自设体育传播学学术硕士点，获批应用心理学、工商管理专业硕士学位点，自设反兴奋剂学、体育传播学博士点。

制定新一轮校区功能布局方案，新增松江上海市大学生体育中心片区。制定实施学校教师成果分类评价和"双聘制"岗位实施办法。完成上海体育学院"十四五"改革发展规划编制工作。完成新一轮国家"双一流"和上海市高水平地方高校建设方案以及第五轮学科评估材料申报。引进A类学科领军人才6人、B类青年骨干13人、C类人才7人。完善博士后人才管理体系，制定实施新版《博士后工作管理办法》。

新增7门市级一流本科课程，有国家级一流本科课程8门、市级一流本科课程22门。"国乒荣耀"课及其教学团队入选教育部课程思政示范课程、教学名师和团队。获2021年全国高校体育教育专业学生基本功大赛团体第一名。获上海市征兵工作先进单位称号。新建师生创业空间——绿瓦起跑线。上海体育学院学生在东京奥运会上获2金1银2铜，打破世界纪录、创造中国历史最佳成绩各1项；在第十四届全运会上获19金2银，创建校以来全运会历史最佳成绩。10名师生获上海市体育事业重大贡献奖、5名师生获上海市体育事业贡献奖。

获批国家哲学社会科学基金和教育部人文社科基金重大项目3项、国家社会科学基金项目8项，立项总数位居全国同类高校第一。在科技部国家重点研发计划"科技冬奥"重点专项中表现优异，助力钢架雪车国家队在世界杯比赛中获中国首个男子单人冠军。被授予"中国冰雪科技联合攻关单位"荣誉称号。《运动与健康科学(英文版)》跻身SCI学科库前三，获"第五届中国出版政府奖期刊奖提名奖"，连续7年在"中国最具国际影响力学术期刊(人文社会科学)"排名第一。兴奋剂检测上海研究院连续入选市教委Ⅳ类高峰学科，检测实验室获世界反兴奋剂机构WADA候选实验室资质。

首次发布中国儿童青少年体育素养评价体系，牵头编制并发布上海学生体育素养报告。参与中央《关于全面加强和改进新时代学校体育工作的意见》等重要文件起草工作。发挥体育科技创新领先优势，助力游泳国家队在东京奥运上获女子200米蝶泳、女子4×200米自由泳接力金牌并打破奥运会纪录。举办首届中国竞技运动科技大会。承办国际雪联城市越野滑雪中国巡回赛(上海站)。

获国际奥委会批准成立上海体育学院奥林匹克学院，在上海体育学院举行国际奥林匹克日主题活动。组织召开"2021年体育非物质文化遗产国际会议"，发布《中国武术标准化发展研究》，启动"中国体育非物质文化遗产教程"编写工作。推出全国体育领域第一本课程思政教学指南《武术与民族传统体育专业课程思政教学指南》。大师剧《蔡龙云》在第七届中国校园戏剧节展演。

推进依法治校工作，获评"上海市依法治校示范校"。深化放管服改革，分类制定科研类、修缮类合同管理制度，完成审计部门单列设置工作。制定实施节假日校区巡查和整改落实制度。 (刘　建)

【"国乒荣耀"课及其教学团队入选教育部课程思政示范课程、教学名师和团队】 6月10日，教育部官网发布《教育部关于公布课程思政示范项目名单的通知》。上海体育学院"国乒荣耀"课入选思政示范课程，由李崟、杨玲、施之皓、马焕、张晓龙、于永超、郭炜、敖天颖等教师组成的教学团队入选课程思政教学名师和团队。 (刘　建)

【获"中国冰雪科技联合攻关单位"称号】 7月5日，国家体育总局冰雪项目2020—2021赛季表彰大会在国家体育总局冬季运动管理中心举行。会议表彰进入北京冬奥会周期以来，开展冬奥备战科研攻关、表现突出的单位和个人。上海体育学院作为国内唯一一所体育类院校，被授予"中国冰雪科技联合攻关单位"称号。上海体育学院刘宇教授获"冰雪项目科医服务先进个人创新奖"、博士生龚敏获"冰雪项目科医服务先进个人奉献奖"。 (刘　建)

【在2021全国高校体育教育专业学生基本功大赛中获奖】 7月23日，2021年全国高校体育教育专业学生基本功大赛在天津体育学院闭幕。上海体育学院代表队代表上海参赛，获大赛团体一等奖(第一名)，运动技能类团体一等奖(第一名)，基础理论知识与教学技能类团体一等奖(第二名)，体操、武术、足球、专业基础理论综合单项奖第一名，微课、英语单项奖第二名，田径单项奖第五名，并获体育道德风尚奖代表队；上海体育学院学生徐恺、晁宁雪被评为优秀运动员。 (刘　建)

【发布《武术与民族传统体育专业课程思政教学指南》】 11月28日，由上海体育学院主编的全国体育领域第一本课程思政教育指南用书——《武术与民族传统体育专业课程思政教学指南》发布。指南依据长期实践与反复检验、学科教研与学术钻研、课堂创新与课外拓展、教师引导与学生参与等多维度、多层次、多元化的教学改革新思路编撰而成，可为全国武术与民族传统体育专业打造具有专业特色、思政内涵、民族精神的育人体系，提供方向标与路线图。 (刘　建)

附：学校负责人及地址

(2021年1—12月)

校党委书记：李　崟
　　副书记：陈佩杰、潘　勤、杨　玲、崔　勇(3月到任)、王继红(3月到任)、陈晓峰(3月离任)

校　长：陈佩杰
副校长：王继红(4月到任)、王　陈、唐　炎(4月到任)、陈晓峰(3月离任)、施之皓(4月离任)、王兴放(4月离任)

地址：长海路399号
邮编：200438
电话：65508900

上海音乐学院

【2021年概况】 有汾阳路和零陵路2个校区，设音乐学系、作曲指挥系等15个教学单位(含附中、附小)。在校本科生1937人、硕士生859人、博士生185人。招生录取本科生449人。全校教职工594人，其中专任教师312人。

编制完成《上海音乐学院"十四五"发展规划纲要》，完成《上海音乐学院教育综合改革方案》《落实新时代教育评价改革方案》《优化学科布局与学科建设"十四五"行动计划》等。

探索"党建思政工作发挥专业优势、融通学科建设"的新模式，形成党建思政与专业音乐教育相结合的音乐思政育人创新模式。大型音乐党课《长征组歌》到遵义、上海、常熟、南通、延安等多地巡演。赴遵义会议会址、古田会议会址等地开展党史学习教育活动、音乐快闪，获央视"新闻联播"播报。推出2+5部大型原创作品《康定情歌》《霓虹灯下的哨兵》《龙华魂》《龙华英烈颂》《忠诚》，以及歌剧电影《贺绿汀》和新时代版《长征组歌》经典复排巡演。

完成首轮教育部"双一流"建设评审，得到国务院专家组"成果显著"评价，并获国家"双一流"专家委员会推荐继续建设一流学科"音乐与舞蹈学"。"音乐艺术博士专业学位点"获上海高校学位点培优培育专项计划。《管弦乐配器教程》获教育部首届全国教材建设奖二等奖。"独唱(美声)"等6门课程入选上海市一流本科线下课程和市级重点课程，3门课程入选上海高校党史学习教育与课程相融合示范课程。"音乐人工智能专业探索与实践"获教育部首批"新文科研究与改革实践项目"。"中国少数民族器乐艺术研究""中国共产党革命音乐百年发展研究"2个项目获批2021年度国家社科基金重大项目与艺术学重大项目立项。"人工智能辅助音乐疗愈"获国家文化创新工程项目。"中国音乐基础数据库""沉浸式虚拟现实跨媒体工程"等一批重大项目结项。"春上海1949"等8个项目获批国家艺术基金项目。与德国基尔歌剧院联合制作经典歌剧《茶花女》以纪念威尔第逝世120周年。与德国大熊出版社联合举办纪念马勒逝世110周年活动。举办纪念丁善德诞辰110周年系列学术活动。

编制完成《上海音乐学院教师手册(2021年试行版)》，修订《上海音乐学院研究生导师手册》。举办国际青年学者论坛，完成青年教师联谊会换届工作。对接上海高校高水平"创新团队"建设计划，完成第一期9个创新团队的周期考核，组建12个新一批创新团队，202位校内人员进入团队，其中40周岁以下占62.03%。

构建"创教演一体化"拔尖创新音乐人才培养体系，377人次学生获国内外重要音乐赛事奖项，其中包括第十届哈恰图良国际指挥比赛、奥地利维也纳欧洲作曲家奖国际作曲比赛、第十一届德国卡尔斯鲁厄国际音乐大赛、美国克利夫兰国际打击乐比赛、第十届中国音乐"金钟奖"、第二届瑞士ISC国际音乐大赛、第七届全国青少年民族器乐教育教学成果展示活动等。在第七届中国国际"互联网+"大学生创新创业大赛全国总决赛和第十七届"挑战杯"赛中获突破。2个团队获全国第六届大学生艺术展演一等奖。完成国家留学基金委2021年度中国政府奖学金招生计划，共招收中国政府奖学金新生5人。招收来自日本、韩国、美国、德国等27个国家留学生(长期生)共93人次，其中学历生83人次，占比89%。

推动长三角音乐教育与艺术产业发展联盟各项活动与机制安排，联合举办音乐节演出等项目，先后赴浙江嘉善、福建厦门等地考察调研，向第二十一次长三角区域城市经济协调会汇报上海音乐学院一年建设成效，推出原创作品《声动吴越》。聚焦“城市文化软实力”议题，与厦门市政府、上海市黄浦区政府等签订战略合作框架协议，举办首届“上海音乐学院鼓浪屿音乐周”。开展2021年“春之声·中美青年云端音乐会”“联合国中文日开幕式系列活动暨上海音乐学院专场音乐会”“迈向肖邦国际钢琴比赛”系列音乐会，并线上举办2021上海音乐学院国际艺术家咨询会议。（刘　览）

【参加博鳌亚洲论坛2021年年会】 4月20日，博鳌亚洲论坛2021年年会文化圆桌在海南博鳌举行。上海音乐学院院长与会，和各界代表就“文化强国建设与新时代文艺工作者的使命”主题展开探讨。（刘　览）

【在古田会议会址开展党史学习教育】 4月21日，上海音乐学院师生到福建省龙岩市上杭县古田会议会址所在地，开展党史学习教育，并带去“快闪”演出。上海音乐学院党委书记、院长参加学习活动。5月19日，中央电视台新闻联播报道上海音乐学院在古田会议旧址前的“快闪”活动。（刘　览）

【与厦门市政府签订战略合作框架协议】 4月22日，上海音乐学院与厦门市政府战略合作框架协议签约仪式在厦门市政府会议厅举行。根据协议，双方将发挥教育和音乐文化资源优势，通过共建上音鼓浪屿音乐研究中心，合作举办上音厦门国际音乐节等大型活动，建立上音（厦门）生源与教学基地，建设上音厦门社会实践和专业实习基地，开展多渠道、多层次、多形式的合作。（刘　览）

【与黄浦区政府签订合作框架协议】 7月2日，上海音乐学院与黄浦区政府举行合作签约仪式。双方合作立足于区域文化教育基础深厚和高校专业资源丰富的两大优势，推动黄浦区基础教育领域的音乐美育教育的特色发展与整体水平提升，并助力“演艺大世界”建设。教育部党组成员、副部长翁铁慧出席签字仪式。（刘　览）

【《长征组歌》全国巡演延安站上演】 7月19日，上海音乐学院新时代版《长征组歌》全国巡演延安站在延安保育院剧场上演。该演出汇集上海音乐学院声乐歌剧系、管弦系、现代器乐与打击系、民乐系、数字媒体艺术学院、作曲指挥系、音乐戏剧系、艺术管理系、研究生部、音乐学系等各学科专业力量和学术实践探索。上海音乐学院新时代版《长征组歌》曾先后走进上海辰山植物园、江苏省常熟市、南通市等地进行演出学习。（刘　览）

【歌剧《茶花女》上演】 12月5—6日，由上海音乐学院、德国基尔歌剧院联合制作的威尔第歌剧《茶花女》在上音歌剧院上演。该剧由德国导演团队、意大利服装和舞美团队共同参与制作，上海音乐学院管弦系、声乐歌剧系、数字媒体艺术学院等多学科联动，还特邀上海音乐学院校友、上海交响乐团驻团指挥张洁敏加盟。（刘　览）

12月5—6日，上海音乐学院、德国基尔歌剧院联合制作的威尔第歌剧《茶花女》在上音歌剧院上演

【举办纪念丁善德专题活动】 12月，上海音乐学院主办、承办多场纪念丁善德先生的专题活动，通过音乐会、学术研讨、文献展示等方式生动展现老一辈文艺家的创作历程和宝贵精神财富。“丁善德钢琴、声乐作品专场音乐会”在贺绿汀音乐厅举办，演出钢琴作品《春之旅》《中国民歌主题变奏曲》《快乐的节日》、声乐作品《爱人送我向日葵》《延安夜月》《滇西诗钞》等。“丁善德交响乐作品专场音乐会”在上音歌剧院举办，上演《新中国交响组曲》《C大调小提琴与大提琴二重协奏曲》《长征交响曲》等作品。同期，“丁善德教授与上海音乐学院的学科发展——纪念丁善德教授诞辰110周年讲座音乐

会”在上音歌剧院管弦排演厅举办。（刘　览）

附：学校负责人及地址

（2021年1—12月）

校党委书记：徐　旭
副书记：徐　卫、刘　艳（3月离任）、李艳玲（3月到任）、曹荣瑞

校　长：廖昌永
副校长：徐　卫、刘　英、侯立玉、冯　磊

汾阳路校区地址：汾阳路20号
邮编：200031
电话：53307000

零陵路校区地址：零陵路520号
邮编：200032
电话：64188050

上海戏剧学院

【2021年概况】 有华山路、莲花路、虹桥路、昌林路4个校区，设表演系、舞台美术系、戏剧文学系等10个二级教学单位和戏曲学校、舞蹈学校2所附属中专。全日制在校本科生1992人，硕士生661人，博士生140人，留学生84人，成人本、专科教育1072人。招收本科生508人，硕士生251人，博士生37人，留学生42人，成人本、专科教育97人。全校教职工767人，其中专任教师327人、外聘教师29人。

4个专业获批国家级一流本科专业建设点，2个专业获省级一流本科专业建设点。建设市级优质在线课程1门，优质混合式在线课程示范案例1门，校级精品在线课程18门。6门课程获批上海市一流本科课程，6门课程获2021年度上海市级重点课程立项，3门课程获上海高校党史学习教育与课程相融合示范课程。1个项目获2021年上海高校大学计算机课程教学改革立项。1人获首届全国教材建设奖——“全国教材先进个人”。2部教材获首批上海高等教育精品教材奖。3组教师分别获上海市高校教师教学创新大赛一等奖、二等奖和优秀奖。出台《上海戏剧学院课程思政建设实施指南》，确定开展课程思政建设的四大原则和关键环节。1门课程获教育部课程思政示范课程，胡佐等教师获课程思政教学名师和团队称号。产教直通的学生艺术实践项目“一把花开”在校内外展演。推出5个来自2021年立项的大创项目中的作品，艺术门类囊括话剧、音乐剧、木偶剧、艺术展览。2021年大学生创新创业计划立项答辩项目40个。承办第六届“汇创青春”——上海大学生文化创意作品展示活动戏剧舞蹈类优秀作品展演，上海戏剧学院师生获60余个奖项。

年内，获省部级及以上科研项目9项，其中国家社会科学基金艺术学项目（重大项目）2项，国家社科基金艺术学项目（一般项目）1项，国家社科基金艺术学项目（青年项目）1项，国家社科基金艺术学项目（重大项目）子课题2项，教育部人文社会科学研究项目（规划基金项目）1项，教育部人文社会科学研究项目（青年基金项目）1项，国家文化和旅游科技创新工程项目（自由推荐项目二类）1项。省部级及以上科研项目结项6项，其中国家社会科学基金艺术学项目（一般项目）2项、国家社会科学基金后期资助项目（艺术学）1项、国家社会科学基金后期资助项目（优秀博士论文出版项目）1项、文化部文化艺术研究项目1项、国家广播电视总局部级社科研究项目1项。出版《京剧打击乐教程》《京胡训练与演奏教程》2部教材以及《华语电影的新发展与新探索》《外国剧作新选：法国戏剧家拉戛尔

斯剧作选》《2019中国话剧、电影、电视剧年度报告》《发现影像中国——纪录片解说词新作选萃》《戏剧评论》等11部学术著作。

结合戏剧特色开展“四史”学习教育，组建理论宣讲团，先后参与7项红色活动，开展十余次宣讲活动。推进青马工程，“青年大学习”网上团课学习完成率全市排名前十。一院系一品牌构建志愿者服务总队，下设8个分队，组织3个志愿活动，参与6个主题活动，暑期实践作品获优秀团队奖。围绕“戏剧+思政”工作室内涵建设，聚焦辅导员“第一课堂讲微党课”和“第二课堂打造院系品牌”，策划开展“回眸党史百年，铭记历史瞬间”辅导员微党课展示活动。连续推出四期“面对面：与明星辅导员对话”学习沙龙活动，2个课题入选上海市“晨光计划”项目资助，1篇论文获上海市辅导员论文二等奖。“大学生成长剧场工作法”入选2021年上海市高校辅导员首批特色工作法。“以戏润德，以美化人——聚焦大学生成长的‘戏剧+思政’育人模式”获批2021年上海大学生思想政治教育示范培育项目。

线下面对面心理咨询143人次，线上24小时热线95人次。开展新生心理普测，共774名新生参与测试，建立新生心理档案。开展心理健康教育活动20个主题30场次。举办第九届校园心理情景剧及剧本大赛、心理健康主题海报大赛，作品《讲台上下》获第四届全国高校心理情景剧大赛三等奖。

举办各类招聘会5场，提供线下岗位2100个，通过“上戏就业”官方微信公众号、上戏就业官网及时发布就业政策、招聘信息、求职攻略。打造“双创双融”工作平台，建成上海戏剧学院大学生创新创业孵化实体基地，首批入驻16支创业团队。2支创业团队获第七届中国国际“互联网+”大学生创新创业大赛上海市铜奖，1支创业团队入驻静安区大学生创业园区，1支团队获第十七届“挑战杯”上海市大学生课外学术科技作品竞赛三等奖，1支团队获上海市女大学生创新创业大赛最具商业价值奖。1支创业团队获文旅部创新创业项目扶持。“戏剧+”文创基地获上海市文创实践基地授牌建设，举办建党百年红色文化创意大赛作品展。

上演实习剧目4台、毕业剧目8台。完成重大创作演出剧目《前哨》，原创话剧《邬达克》《清清涟漪》《曾联松与国旗》《国士》。打造全院共享教学资源平台，上戏实验剧院、端钧剧场和新实验空间3个剧场主要服务于教学。持续推进国际剧院联盟活动，落实5所国际高等院校。开发“上戏票务”系统的智能化网络预约平台，提供手机预约、电子检票、电子票张等服务。

与四川音乐学院携手举办第十四届亚太戏剧院校联盟（APB）校长会议暨戏剧展演。参加由塞尔维亚诺维萨德大学联合中国传媒大学共同发起成立的“中国—中东欧”艺术高等教育国际联盟的第一次全体会议及研讨。参加在海南大学召开的“中国—东盟体育文化发展联盟”“海上丝绸之路艺术教育联盟”成立大会以及联盟第一次成员会议。作为“中俄文化艺术大学联盟”成员，线上参加中俄文化艺术大学联盟第二届全体大会及ITI/UNESCO表演艺术高校联盟线上会员大会。研究生创作的独角音乐剧《狂人日记》代表上海戏剧学院在第十四届摩洛哥丹吉尔国际大学生戏剧节官方Instagram进行线上展播，并获“评审团奖”。导演系研究生作品《白夜》以线上方式参加第五届俄罗斯金砖国家戏剧院校国际戏剧节。组织港澳台地区学生参加上海花博会定向赛活动及观摩传统戏曲《牡丹亭》的演出等。（李　莉）

【大型原创话剧《前哨》首演】 2月7—9日，上海戏剧学院创排的大型原创话剧《前哨》在上戏实验剧院进行首轮演出。该剧以20世纪初至20世纪30年代风云激荡的社会为背景，展现了5位出身不同、经历各异的青年作家，从不同的人生路径汇聚到上海，加入中国共产党，最终为信仰献出了年轻的生命。

（李　莉）

【与苏州市政府签署战略合作协议】 5月8日，上海戏剧学院与苏州市政府签署战略合作协议。双方从共同发掘新时代江南文化内涵、深化艺术教育协作发展、打造文化旅游融合发展和推动文化人才互融互通等方面开展战略合作，并就建立上戏附属姑苏实验学校和艺术教育及网络直播实践基地，助推文旅项目升级打造等签订具体项目合作协议和合作办学协议。协议签署后，双方为上海戏剧学院附属姑苏实验学校举行揭牌仪式。（李　莉）

【承办上海市研究生学术论坛暨第十四届长三角戏剧影视研究生学术论坛】 10月30—31日，由上海市教委主办，上海戏剧学院研究生部承办的上海市研究生学术论坛暨第十四届长三角戏剧影视研究生学术论坛在上海戏剧学院举行。10月30日上午，在学院佛西楼会议室举行论坛开幕式。论坛以“融合、跨界、交叉”为主题，采用线上和线下综合的形式进行。上海戏剧学院教授曲丰国作题为“技术与艺术的抵抗及融合——当代艺术的拓展”的主题报告。论坛共收到来自全国49所高校的博士、硕士研究生的114篇投稿论文。经过审阅和筛选，48篇论文入围论坛宣讲环节。13名研究生获本届研究生学术论坛的优秀论文奖。 （李　莉）

【上海戏剧学院导演系建系60周年主题活动】 11月30日在学院新实验空间剧场举行。中国戏剧家协会、中国戏曲学会、中国戏曲导演学会、中央戏剧学院导演系、北京电影学院导演系、中国艺术研究院话剧研究所等17家行业协会、高校等发来贺信。活动期间，还举办了导演教学研讨会。学院导演系新老教师共同为导演专业发展建言献策。 （李　莉）

11月30日，导演系建系60周年主题活动暨导演教学研讨会在上海戏剧学院新实验空间剧场举行

【上海戏剧学院戏剧教育论坛】 12月3日在上戏实验剧院新视觉舞台光影空间实验室举行。以普及戏剧教育为主题。由学院戏剧文学系、综合艺术教研基地承办，并得到国际戏剧协会的支持。来自上海多所高校的教授专家及中小学校长、教师参与，采用线上和线下结合的方式，展示普及性戏剧教育中各类教育示范剧的成果，共话“五育并举”“双减”大背景下，戏剧教育普及未来的发展方向。

（李　莉）

附：学校负责人及地址

（2021年1—12月）

校党委书记：谢　巍
　副书记：黄昌勇、胡　敏、周银娥、张伟令

校　长：黄昌勇
副校长：张伟令、唐立兔、杨　扬、刘　庆

华山路校区地址：华山路630号
邮编：200040
电话：62482920

莲花路校区地址：莲花路211号
邮编：201102
电话：64800099

虹桥路校区：虹桥路1674号
邮编：200336
电话：62757585

昌林路校区：昌林路800号
邮编：201112
电话：51768290

上海立信会计金融学院

【2021年概况】 有上川路校区、文翔路校区和中山西路校区，另有顾唐路校区正在加快建设。设15

个二级学院、37个本科专业，具有审计硕士专业学位研究生培养资格。有全日制专业硕士研究生260人、本科生17212人、专科生125人。录取全日制新生4802人，其中专业硕士研究生140人、本科生4367人、专升本学生116人、第二学士学位学生61人、专科生40人、少数民族预科学生78人。毕业学生4910人。有教职员工1600余人，其中专任教师1000余人。专任教师中正高级职称90余人、副高级职称340余人，具有博士学位的650余人。

编制实施上海立信会计金融学院"十四五"发展规划。1个党支部获评上海市教卫工作党委党史学习教育"党支部建设示范点"。3门课程入选上海高校党史学习教育与课程相融合示范课程。2门"中国系列"课程入选上海市重点课程立项。2个项目入选上海市教卫工作党委系统基层党建创新实践案例。2项课题分获上海市教卫工作党委系统党建研究课题二等奖、三等奖。入选上海高校"双带头人"教师党支部书记工作室工作案例2项。1名教师获上海市统一战线(工作)先进个人。1名党外专家被聘为市政府参事。上海立信会计金融学院关工委获评全国教育系统关心下一代工作"先进集体"，1名教师获评全国教育系统关心下一代"先进工作者"。

2个项目获批教育部首批新文科研究与改革实践项目，3个项目获批上海市新文科研究与改革实践项目，15个项目获批教育部产学合作协同育人项目，"Python大数据审计"获批上海高校大学计算机课程教学改革项目。师生团队获全国、上海易班建设多项奖励。入选"上海市学校心理健康教育名师工作室"项目。"学生发展银行项目"获评上海高校资助育人典型案例。学生团队获全国大学生商科综合能力大赛总冠军、第十七届"挑战杯"上海市赛特等奖、第七届"互联网+"上海市赛银奖等数十项学术竞赛奖项。学生实践团队获评2021年全国大中专学生志愿者暑期"三下乡"社会实践活动"优秀团队"称号。校赛艇队在第六届中国大学生赛艇锦标赛中首夺两枚金牌。星海艺术团舞蹈团原创舞蹈《塑心瓷》获全国第六届大学生艺术展演活动一等奖和优秀创作奖。金融科技学院2017级金融科技1班团支部获"全国高校活力团支部"称号。

重点建设工商管理、应用经济学、统计学、马克思主义理论4个一级学科，2个高原学科在上海市高峰高原学科第二阶段绩效评价中评价结果均为良好。入选"高地大"二期建设序列。2个专业获批国家级一流本科专业建设点，3个专业获批上海市级一流本科专业建设点。17门课程获上海市级一流本科课程认定，11门课程获上海市级重点课程立项。《会计学原理》入选首批上海高等教育精品教材。工商管理教学案例入选第十二届"全国百篇优秀管理案例"。"教育部高校伟大建党精神研究中心分中心"落户学校。获批"上海市长三角科创产业金融服务协同创新中心"。入选"上海市浦东新区博士后创新实践基地"。全年立项省部级以上科研项目46项，其中国家级项目12项。获批上海市级重点现代产业学院、上海高校首家省级投资者教育基地等一批政产学研合作平台。立项市政府决策咨询重点课题2项、上海高校智库内涵建设项目2项。获省部级以上领导批示22篇，其中国家级2篇。发布《上海国际金融中心建设蓝皮书》《中国(上海)新金融发展报告(2019—2020)》《上海营商环境蓝皮书(2020—2021)》。出版《中国会计教育改革与发展蓝皮书(2020)—应用型本科人才培养》等图书。《中国财政思想史》获第十六届上海图书奖一等奖。

"新时代师德师风量化考核体系与长效机制建设"入选上海高校教师思想政治建设精品项目。通过举办第四届"立信论坛"、参加秋季巡回招聘会、网络招聘等方式引进人才，全年招聘并办理入编备案的人才53人。实施"教师专业发展工程"，选派3名教师参加海外访学，26名教师参加产学研见习，5名教师入选实验教师队伍建设计划。首次开展党务专业技术职务聘任工作，全年共聘任专业技术职务163人。教师获上海市育才奖、上海市事业单位脱贫攻坚记功和嘉奖、首届上海市高校教师教学创新大赛二等奖等奖励。

续评"上海市花园单位"。入选第三批上海市教育信息化标杆校培育单位。开展章程修订和规范性文件清理审查工作，工作案例获上海市教委通报奖励。"学宪法讲宪法"活动产生"宪法卫士"

1.56万余人，受到市教委法宣办通报表扬。在2021年上海市高校大学生“我与宪法”优秀微视频征集活动中，获优秀组织奖、二等奖1项、三等奖2项。与长三角12所中小学签署大中小诚信教育一体化合作协议，启动新一轮文明校园创建工作。开展《文明的力量——2019—2020年度文明评比获奖名单及事迹》线上展示活动。学校志愿者服务获团市委通报表扬。退休教师钟义盛“坚持20余年义务帮助大学生就业”事迹受到媒体关注。

（张　林）

【获批国家级和省级一流本科专业建设点】 2月22日，教育部办公厅印发《关于公布2020年度国家级和省级一流本科专业建设点名单的通知》，上海立信会计金融学院金融工程、应用统计学2个专业获批国家级一流本科专业建设点，经济学、保险学、物流管理3个专业获批省级一流本科专业建设点。

（张　林）

【获全国第六届大学生艺术展演活动一等奖】 5月6—13日，在四川成都举行的全国第六届大学生艺术展演活动中，上海立信会计金融学院星海艺术团舞蹈团原创舞蹈《塑心瓷》获一等奖、优秀创作奖。该作品以江南民间舞中的渔篮花鼓为素材进行编创，通过讲述一位老匠人塑造瓷盘、雕刻瓷花的故事，表达老匠人对于非物质文化遗产塑瓷的执着热爱与传承希冀。（张　林）

【获批上海长三角科创产业金融服务协同创新中心】 8月11日，上海立信会计金融学院党委副书记、校长领衔申报的上海长三角科创产业金融服务协同创新中心，获批新一轮上海市协同创新中心。该中心联合上海临港集团、临港新片区管委会、长三角G60科创走廊联席办等机构，搭建长三角科创产业金融服务协同创新平台，提升区域科研协同创新和人才协同培养能力，更好服务区域金融人才培养、经济社会和科创产业发展。（张　林）

【主办“诚信立校　文化育人——大中小学生诚信教育一体化现场展示活动”】 10月28日，上海立信会计金融学院与上海市澄衷高级中学联合主办的“诚信立校　文化育人——大中小学生诚信教育一体化现场展示活动暨长三角中学生诚信教育论坛”在澄衷高级中学举行。活动中，上海立信会计金融学院与澄衷高级中学、立信附校、苏州景范中学、宁波中兴中学等12所中小学签署大中小学生诚信教育一体化合作协议，推进区域诚信教育一体化发展、助力区域城市软实力提升。

（张　林）

【《上海营商环境蓝皮书(2020—2021)》发布】 11月12日，上海立信会计金融学院智库上海营商环境研究中心发布《上海营商环境蓝皮书(2020—2021)》。《蓝皮书》由正文和附录组成，正文为上海营商环境总报告、上海营商环境区县篇、热点专题篇和案例研究篇；附录收录上海营商环境改革涉及的系列政策。《蓝皮书》的部分内容转化为《上海市优化营商环境条例(修正案)》中的法规内容。

（张　林）

【高校中国共产党伟大建党精神研究中心立信分中心成立】 11月28日，高校中国共产党伟大建党精神研究中心上海立信会计金融学院分中心成立仪式暨“学习党的十九届六中全会精神　伟大建党精神数字资源库建设”学术研讨会在上海立信会计金融学院举行。分中心主要承担伟大建党精神数字资源库建设任务，致力于打造成果展示平台和数据库高地。（张　林）

【上海市经济学会数字经济研究专业委员会】 12月

11月28日，高校中国共产党伟大建党精神研究中心上海立信会计金融学院分中心揭牌仪式在上海立信会计金融学院举行

6日在上海立信会计金融学院揭牌成立。该专业委员会立足上海城市数字化转型需要，整合高校、研究机构及行业企业资源，探索数字经济学人才培养的新途径和新方法，加强数字金融、数字产业、数字贸易等数字经济方面的理论和政策研究。

（张　林）

【立信会计师事务所向上海立信会计金融学院捐赠】 12月27日，立信会计师事务所董事长、学校1986届校友朱建弟代表立信会计师事务所向学校捐赠1000万元，用于学校校史文化、会计学术文化建设项目，共建“潘序伦纪念馆（暂命名）”。上海立信会计金融学院党委书记向立信会计师事务所颁发“教育事业杰出贡献奖”奖牌，授予朱建弟“杰出校友”荣誉称号。

（张　林）

附：学校负责人及地址

（2021年1—12月）

校党委书记：李世平（3月离任）、解　超（3月到任）
副书记：杨　力、文选才、温景春（3月离任）、刘　艳（3月到任）、王军华

校　长：杨　力
副校长：王军华、温景春（4月到任）、顾晓敏（4月离任）、陈　洁（3月到任）、赵荣善

上川路校区地址：上川路995号
邮编：201209

文翔路校区地址：文翔路2800号
邮编：201620

中山西路校区地址：中山西路2230号
邮编：200235

上海电机学院

【2021年概况】 有临港、闵行2个校区，设14个二级教学单位，有5个专业学位类别硕士学位授权点，39个本科专业、8个专科专业。有全日制硕、本、专科在校生13000余人。教职工1100余人，其中专任教师855人（具有高级专业技术职务教师329人，具有博士学位教师374人）。

有国家一流本科专业建设点1个、全国高校特色专业建设点2个、教育部“卓越工程师教育培养计划”专业3个、上海市一流本科专业建设点10个、上海市应用型本科试点专业11个、上海市示范性全英语专业1个，3个专业通过工程教育专业认证。建有各级各类重点学科11个，其中上海市Ⅳ类高峰学科1个、上海市Ⅱ类高原学科1个、上海市一流学科监测建设学科1个、上海市教委重点建设学科2个。“大锻件制造技术工程中心”被列入上海市协同创新中心，大件热制造工程技术研究中心“多向模锻工程技术研究中心”获批上海市工程技术研究中心，“上海装备制造产业发展研究中心”被列入上海高校人文社会科学重点研究基地。

形成《上海电机学院2021年机构改革方案》，开展新一轮机构设置和全员聘任。制定《上海电机学院高水平地方高校培育方案（2021—2025年）》并通过项目评审获批立项。入选上海市博士学位授予单位培育建设项目，启动博士学位授予单位建设。“临港新片区智能制造产业学院”入选首批上海市重点产业学院，获批临港新片区国家产教融合试点核心区产教融合基地，成立“临港明戈新型电机电控产业学院”。获批教育部产学研合作协同育人项目16项。新增电子信息、机械、材料与化工、国际商务4个专业学位类别硕士学位授权点。6个专业被推荐参与国家级一流本科专业建设点评审，6个专业申报市级一流本科专业建设点。“机械设计制造及其自动化”专业通过工程教育认证。7门

课程被推荐入围国家级一流本科课程的评选，获批上海市一流课程 4 门。1 部教材获首届全国优秀教材二等奖，1 部教材获首批上海高等教育精品教材，5 部教材入选“十三五”职业教育国家规划教材书目。机电一体化技术专业群获上海市一流高职专业群立项。牵头完成 2 个上海市中高贯通专业教学标准的制订。

获批 2021 年度上海大学生思想政治教育示范培育项目 1 项。2 门课程入选上海高校党史学习教育与课程相融合示范课程，1 门课程入选上海高校思政课“金课”，2 个教学案例入选上海高校思政课优秀教学案例。入选上海高校辅导员特色工作法 1 项。获上海高校十佳学生资助宣传大使评选一等奖，1 名学生获“中国大学生自强之星”称号。获批上海高校毕业生就业创业工作孵化基地。立项国家级大学生创新创业训练计划项目 34 项、市级 104 项。以重大赛事为平台开展百余项大学生创新创业活动计划，获第七届“互联网＋”全国铜奖 1 项、上海市金奖 1 项，第十七届“挑战杯”上海市赛特等奖 1 项、三等奖 4 项。立项研究生创新项目 25 项，研究生在重大创新竞赛中获奖 31 项。2 名学生分别入选世界技能大赛网络系统管理、云计算国家集训队。

获省部级奖项 11 项，其中以第一完成单位获上海市科技进步奖二等奖 1 项、三等奖 1 项；以第一完成单位获行业科研奖项 7 项。全年获批省部级及以上项目 28 项，其中国家自然科学和社会科学基金 4 项，首次获批国家社科基金后期资助项目。与中国重燃签订产学研合作协议，深度参与国家重大科技专项重型燃气轮机研发。在长三角地区新立项合同 272 项，在浦东地区新立项合同 63 项。首次入选市科委地方院校能力建设计划项目单位，“机械工程”上海市 Ⅱ 类高原学科验收合格。

全年引进各类教师 23 人，其中高级职称 6 人。1 名教师获事业单位工作人员记功证书，4 名教师获上海市育才奖，1 名教师获上海市马克思主义理论教学研究“中青年拔尖人才”称号。

上海电机凯撒斯劳腾智能制造学院获教育部批准，学校首个中外合作办学机构揭牌。中美合作国际经济与贸易本科专业接受教育部评估。加强与“一带一路”沿线国家的合作与交流，新增塞尔维亚、新加坡等国的海外合作院校。临港开放市民大学面向临港新片区市民开设公益课程 15 门，举办临港市民大讲堂 7 次。承担世界技能大赛云计算、CAD 机械设计 2 个比赛项目上海市集训基地工作。加强继续教育学习站点管理，在宝山区等 3 个区增设学习站点。组织开展近 20 余项志愿者项目，90 名志愿者参与第四届进博会服务工作。

（史志明）

【“临港明戈新型电机电控产业学院”揭牌】 1 月 6 日，临港新片区国家产教融合试点核心区揭牌暨首批合作项目签约仪式在临港新片区管委会 F 区三楼多功能厅举行。仪式上，上海电机学院与蓝戈智能科技（广东）有限公司签署产教融合协议文本，并为“临港明戈新型电机电控产业学院”揭牌。根据协议，双方合作打造国内外新型电机和电控领域一流研发和教育机构，致力于培养电机、电控领域高级人才；通过技术创新，实现技术突破，解决高分子无铁芯永磁电机及专用驱动器研究的卡脖子技术难题。

（史志明）

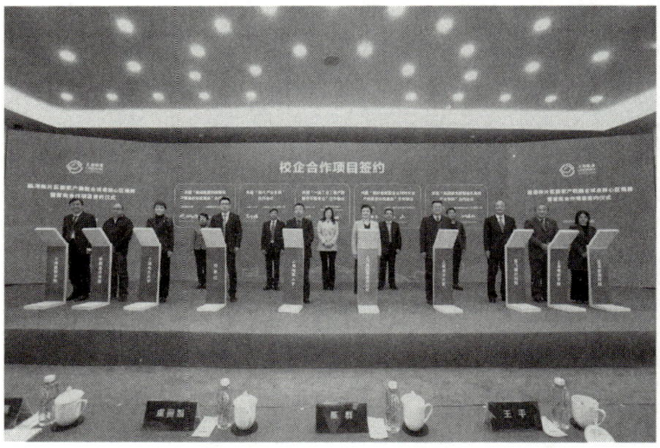

1 月 6 日，上海电机学院“校企合作项目签约仪式”
在临港新片区管委会 F 区三楼多功能厅举行

【“上海多向模锻工程技术研究中心”获批建设立项】 2 月 9 日，上海市科委公布 2020 年度上海工程技术研究中心建设立项名单，上海电机学院“上海多向模锻工程技术研究中心”获批建设立项。该中心由上海电机学院机械学院承担建设，紧跟行业发展需求并整合内部资源，围绕多向模锻领域的技

术发展趋势和生产一线的难点问题开展技术攻关研究，促进多向模锻产业提升自主创新能力和核心竞争力。（史志明）

【“上海电机学院凯撒斯劳滕智能制造学院”获批设立】 5月19日，教育部发文批准“上海电机学院凯撒斯劳滕智能制造学院”设立。作为首个在临港新片区落户的中德合作办学机构，该学院设机械电子工程、电气工程及其自动化和物流管理3个本科专业，聚焦智能制造领域，培养在高端装备制造与服务方面具有国际视野的高素质技术应用型人才。（史志明）

【与中国重燃公司签署战略合作协议】 10月9日，上海电机学院与中国联合重型燃气轮机技术有限公司（简称中国重燃公司）在上海签署战略合作框架协议。根据协议，双方将结合国家重型燃气轮机专项发展需要，在科研合作、人才培养、成果转化等方面进行合作。中国重燃公司党委书记、董事长，上海电机学院党委书记、院长等出席。（史志明）

【“临港新片区产教融合基地”获批】 11月16日，“临港新片区产教融合基地授牌暨项目签约仪式”在新片区管委会举行。仪式上，上海电机学院“临港新片区智能制造产业学院”获批成为“新片区产教融合基地”，上海电机学院与上海航天设备制造厂有限公司签署“共建航空航天产业人才培养基地框架协议”。浦东新区区委书记、临港新片区管委会主任以及上海电力大学、上海电机学院、上海海洋大学、上海海事大学、上海建桥学院、临港集团、海洋高新公司、上海电气核电设备公司、外高桥造船海洋工程公司等单位代表出席。（史志明）

附：学校负责人及地址

（2021年1—12月）

校党委书记：鲁雄刚（3月到任）
副书记：胡　晟、陈　信、杨若凡、李晓军

校　长：胡　晟
副校长：李晓军、杨万枫（4月到任）、王志恒、杨俊杰
总会计师：张　川

临港校区地址：水华路300号
邮编：201306
电话：38223822

闵行校区地址：江川路690号
邮编：200240
电话：64300980

上海政法学院

【2021年概况】 有青浦、普陀2个校区，设法律学院（调解学院）、经济法学院（丝绸之路律师学院）、国际法学院、刑事司法学院、警务学院、人工智能法学院、经济管理学院、政府管理学院、语言文化学院、上海纪录片学院、马克思主义学院、国际交流学院、继续教育学院等二级学院和体育部等教学部门；有28个本科专业、40个本科专业方向，覆盖法学、管理学、文学、经济学、教育学、艺术学等门类。有专业技术岗位人员657人，其中教授67人、副教授158人。招收本科生2450人、全日制硕士研究生354人。

入选司法部、教育部法律硕士专业学位（涉外律师）研究生培养项目。监狱学专业获批国家级一流本科专业，国际经济与贸易、社会工作、思想

政治教育、新闻学4个专业获批市级一流本科专业。新增电子商务及法律、社区矫正2个本科专业。

获首届“衡信杯”(本科组)个税计算职业技能大赛全国总决赛一等奖。第五次获上海市高校大学生法治辩论赛冠军。卫冕上海市大学生模拟法庭竞赛冠军。为第四届进博会提供各类志愿者258人,服务时长累计20000余小时。

编制完成《上海政法学院“十四五”教育事业发展规划》。全年资助247项重要科研项目申报,其中国家级15项。承办中国法学会体育法和经济法年会。《上海政法学院学报》入选人大《复印报刊资料重要转载来源期刊》。根据2021软科中国最好学科排名,上海政法学院法学学科排名位居全国第三十五名,排名进入全国前17%。

发挥智库功能,上报政策咨询报告,多篇被录用。获批上海市“一带一路”安全合作与中国海外利益保护协同创新中心、教育部全媒体时代教育法律法规执行力研究与实践中心。举办、承办“上海合作组织成立二十年:回眸与前瞻”国际研讨会等多个国际国内高端学术论坛和全国性专业学术会议。上合基地与上海纪录片学院联合出品的七集大型系列纪录片《穿越上合》在中国教育电视台播出。

获批设立教育发展基金会。与江西财经大学、上海市人大城市建设环境保护委员会等单位签约合作。发起成立上海合作组织法律大学联盟,搭建法学教育国际交流合作平台。新增境外合作院校(机构)11所。48名学生通过线上线下相结合的方式完成境外交流。14名学生获“上海市高校学生赴国际组织实习项目”资助。4名学生入选留基委项目公派出国留学。获批中国政府奖学金“中非友谊”项目。(李月华)

【承办“上海合作组织20年:回眸与前瞻”国际研讨会】 6月24日,“上海合作组织20年:回眸与前瞻”国际研讨会在上海西郊宾馆举行。会议由中国外交部支持,中国国际问题研究院、中国上海合作组织研究中心、上海合作组织秘书处主办,上海政法学院、中国—上海合作组织国际司法交流合作培训基地承办。上海合作组织成员国政府机关、研究机构、高校专家、驻华使节和媒体近200人出席开幕式并开展学术研讨。

(李月华)

【协办2021世界人工智能大会法治论坛】 7月9日,由世界人工智能大会组委会办公室指导,上海市法学会主办、上海政法学院参与协办的“2021世界人工智能大会法治论坛”和“2021世界人工智能大会法治青年论坛”在上海世博中心举行。论坛上,上海政法学院校长作为发布嘉宾介绍《世界人工智能法治蓝皮书(2021)》《中国人工智能法治发展评估报告(2020)》和“人工智能法治发展指数2.0”。上海政法学院连续3年深度参与协办大会法治论坛,两次承办法治青年论坛,获由上海市法学会颁发的“人工智能法治建设特别贡献奖”。

(李月华)

【举办第十五届中亚—上合组织国际学术研讨会】 9月7—9日,第十五届中亚—上合组织国际学术研讨会以线上线下相结合的方式在中国—上合基地举行。会议由上海政法学院、中国—上合基地、上海社科院上合组织研究中心、上海政法学院上合组织研究院共同主办,来自中国、阿富汗、德国、哈萨克斯坦、巴基斯坦、白俄罗斯、印度、乌兹别克斯坦等国家和地区的近百位学者和相关人士出席,围绕上合组织的发展与成就、反恐安全、经济与人文合作、阿富汗局势、上海合作组织未来发展路径等议题展开讨论。

(李月华)

9月7—9日,第十五届中亚—上合组织国际学术研讨会在中国—上合基地举行

【《穿越上合》纪录片播出】 10月27日起，七集大型系列纪录片《穿越上合》在中国教育电视台一频道《发现·中国》栏目播出。该片是由上海政法学院中国—上海合作组织国际司法交流合作培训基地与上海纪录片学院联合出品的全景式表达的人文主题纪录片。摄制组穿越俄罗斯联邦、乌兹别克斯坦、哈萨克斯坦、塔吉克斯坦4个国家，行程4.5万公里，历时三年完成。

（李月华）

【举办第四届"一带一路"法律服务论坛】 11月5日，第四届"一带一路"法律服务论坛暨"一带一路"安全合作与国际争端解决高端论坛在上海政法学院中国—上海合作组织国际司法交流合作培训基地举行。论坛由上海政法学院、上海仲裁委员会主办，以"一带一路"法律服务为主题，采用线下线上相结合的方式，聚焦"一带一路"经贸规则构建与创新、"一带一路"与地区安全、"一带一路"争端解决和"一带一路"涉外法治人才培养等议题。来自牛津大学、吉林大学、复旦大学、华东政法大学、上海政法学院等国内外高校，中国石油勘探开发研究院、国家电网集团能源研究院、上海社会科学院等科研机构，新加坡国际仲裁中心、迪拜国际金融中心法院、上海仲裁委员会、段和段律师事务所、中伦律师事务所等实务部门和单位的专家学者出席。

（李月华）

【举办中国法学会经济法学研究会2021年年会】 11月13—14日，中国法学会经济法学研究会2021年年会暨第二十九届全国经济法理论研讨会在上海政法学院中国—上合基地国际会议中心举行。研讨会主题为"数字经济与经济法的理论创新和制度完善"。由中国法学会经济法学研究会主办，上海财经大学、上海政法学院共同承办。来自中国法学会经济法学研究会、北京大学、上海财经大学、上海政法学院等单位的专家、学者，围绕经济法相关问题进行交流。

（李月华）

附：学校负责人及地址

（2021年1—12月）

校党委书记：夏小和
副书记：刘晓红、潘牧天、刘　刚

校　长：刘晓红
副校长：胡继灵、郑少华（7月到任）

青浦校区地址：外青松公路7989号
邮编：201701

普陀校区地址：三源路175号
邮编：200333
电话：39225000

上海商学院

【2021年概况】 有奉浦、徐汇、国权路3个校区和福州路1个办学点，设管理学、经济学、农学、工学、艺术学、文学、法学7个学科门类，30个本科专业和8个高职专业。在编教职工642人，其中专技人员544人，副高以上职称的201人，具有博士学位的261人。全日制在校学生8077人，其中本科生7499人。

与瑞士洛桑酒店管理学院开展战略合作，5月获批教育部中外合作办学机构"上海洛桑酒店管理学院"，首届73位新生入学。10月，国际商务、旅游管理获批专业硕士学位授权点，并被上海市学位委员会列为"新获授权学位点培优建设专项""提早培育博士学位授予单位建设专项”。

121名学生参与第四届进博会志愿服务，“小叶子”事迹被青年报等媒体报道。携手16所职业院校成立“长三角区域财经商贸类职业教育师资协同创新发展联盟”。实施商务研究专项计划，获批省部级以上科研立项21项，发表高水平论文150余篇。发布《长三角商务发展报告》《上海商业发展报告》，递送专报90期，23篇获省部级领导批示。

校领导班子为学生讲授“商道中国”思政课，校党委书记为毕业生上“毕业思政课”，校长为新生上“开学第一课”。完成51门课程思政项目建设，新立项20门课程思政项目。“红色中国”等3门课程获批上海高校党史学习教育与课程融合示范课程。培育“尚商”等3个工作室、立项8个“三全育人”项目，打造“一周一书”等品牌，获“市第二届文明校园”。连续11年获“市征兵工作先进单位”。明确“十四五”高质量发展目标、路径与任务分工，提出人才培育模式改革等五大举措。贯彻落实新时代教育评价改革总体方案，明确5项重点任务。制定加强党委教师工作部和教职工政治理论学习制度，推出12期“红色与商道”微党课，举办4场讲座。深化校院两级管理体制改革，制定二级学院财务管理、学生工作两级管理等细则，以数据治理和“一网通办”升级改造管理系统。

新增国家级一流本科专业建设点1个、市级一流本科专业建设点3个，市级一流本科课程6门。入选教育部首批新文科研改项目2项。与长宁区政府开展区校共建，与携程等4家企业开展校企合作，继续推进与上海财经大学“大手牵小手”项目实施。与中兴共建“现代商务信息产业学院”，入选首批市级重点现代产业学院培育项目。首次实施夏季学期，强化实践教学。首获中国“互联网+”大学生创新创业大赛国赛银奖、市赛金奖。2人次教师分获全国高校教师教学创新大赛三等奖、上海市高校教师教学创新大赛一等奖。制定实施高水平地方高校（培育）建设方案，明确重点建设商务经济学等5个高原学科。

开展23项庆祝建党百年活动，举办红色商标展和“百年百书阅读行”。围绕人才培育和校园环境等落实19项“我为师生办实事”清单。实施基层党建示范创优工程，培育创建全国、上海党建样板支部各1个，教卫系统党支部建设示范点1个。完善党务、校务信息公开，获“上海高校信息公开工作”优秀单位。（庄黎丽）

【长三角质量提升发展圆桌会议】 5月31日在上海商学院召开。政、产、学、研各界专家与会，围绕长三角质量提升示范试点项目的建设路径、长三角质量提升示范试点建设评估、四省一市推进企业质量提升的高效协同模式等问题展开讨论。

（庄黎丽）

【与长宁区政府签署区校合作协议】 6月24日，上海商学院与长宁区政府及区域4家重点企业（携程、拼多多、春秋航空、云账户）签署合作协议。根据协议，双方在产教融合、人才培养、应用研究、联建共建等方面深度合作，打造校企合作平台和成果转化平台，打造一批政产学研用示范基地和高水平合作战略联盟，推进双方产教融合成为试点城市建设中的示范平台。（庄黎丽）

6月24日，上海商学院与长宁区政府签署区校合作协议

【中国—巴哈马海绵城市建设技术分享线上研讨会举行】 6月25日，30多名巴哈马工程部官员汇聚云端，参加上海商学院和巴哈马工程部、中国驻巴哈马大使馆共同主办的中国—巴哈马海绵城市建设技术分享线上研讨会。（庄黎丽）

【上海商学院上海洛桑酒店管理学院新生开学第一课】 9月8日在上海中心J酒店举行。该课邀请

酒店行业龙头企业高管现场授课，聚焦爱国主义情怀和民族品牌铸造，向全球展示上海改革开放成果和建设世界著名旅游城市的独特魅力。（庄黎丽）

【获批硕士学位授予单位】 10月26日，根据国务院学位委员会发布的《国务院学位委员会关于下达2020年审核增列的博士、硕士学位授予单位及其学位授权点名单的通知》，上海商学院获批为硕士学位授予单位，国际商务、旅游管理获批专业硕士学位授权点。11月，上海商学院被上海市学位办列为"提早培育博士学位授予单位建设专项"，国际商务、旅游管理被确定为"新获授权学位点培优建设专项"，建设周期为2021—2025年。（庄黎丽）

【"读红色经典 做信仰传人——百年百书阅读行"主题活动总结交流会】 11月12日在上海商学院徐汇校区举行。由市教卫工作党委、市教委指导，市语委办主办，上海商学院、上海世纪出版集团、上海教育电视台、上海教育报刊总社、易班网等单位联合承办。活动共征集文章、视频、音频、书法四类作品近两万件，最终评选出优秀作品400余件。会上，简要介绍了主题活动的开展情况，并为获奖个人、单位颁奖。来自主办、承办单位的负责人及获奖单位代表参会。（庄黎丽）

附：学校负责人及地址

（2021年1—12月）

校党委书记：沈大明

副书记：唐海燕、楼文高（3月离任）、翁德玮（3月离任）、陈晓峰（3月到任）、劳晓芸、张　洁（3月到任）

校　长：唐海燕

副校长：翁德玮（4月离任）、贺　瑛、钟幼伟（4月离任）、陈剑峰、张绍华（4月到任）

徐汇校区地址：中山西路2271号
邮编：200235
电话：64870020

奉浦校区地址：奉浦大道123号
邮编：201400
电话：67105343

国权路校区地址：国科路75号
邮编：200433

上海公安学院

【2021年概况】 有上海浦东、宝山、闵行3个校区。设治安学、侦查学、警务指挥与战术、刑事科学技术、网络安全与执法5个全日制本科专业，以及治安管理、交通管理、警务指挥与战术等10个全日制第二专科专业（方向）。建有公安部设立的全国公安师资、外警、科技信息化、网络警察、警察心理等培训基地、实验中心和全国公安微课程研发中心。有教职员工512人，在校学生和学员约3500人。

组织制定《上海公安学院"十四五"规划（2021—2025年）》。加强"五育并举"，助推"数字转型"，升级学生育管、教学科研、培训实战、师资队伍、合作交流、管理保障等综合实力建设。完成"学士学位授权"审核工作，学院和5个本科专业获批学士学位授予单位和专业，入选"上海高校硕士学位点培育专项计划"。在全市17所应用技术型高校分类评价的"效益评价"排名连续第二年位列第一名；"综合评价"排名连续三年上升，位列第六名。

引进18名教师，5人获聘高级专业技术职称，3人被公安部评为"全国公安优秀教师"，1人获评"上海市育才奖"，4人入选公安部部级专家人才库。侦查系获评“全国公安教育训练工作成绩突出集体”。2个师资团队分别入选高职高专院校市级教学创新团队立项和培育名单，1位教师在全市高等职业院校说课大赛(公共基础课)中获一等奖，1个教学团队在上海市“星光计划”第九届职业院校技能大赛教师教学能力比赛和全国职业院校技能大赛教学能力大赛上海市选拔赛中获一等奖。举办“学史育人、智引前行”第三届辅导员职业能力竞赛。实行本科毕业设计(论文)由学院教师教官和行业专家共同指导的双导师制，做好首届本科毕业生全国公安院校毕业联考、学生毕业资格审定等工作，对毕业生在校表现情况形成综合素质评价“一人一档”，确保150名首届本科毕业生实现优生优分、顺利入警。

设立上海现代警务战略研究中心(公安智库)，组建高水平专兼职研究队伍，攻关社会治安动态隐患清零等首批9个重点热点课题。探索适应国家治理体系和治理能力现代化的治安学学科发展以及应用型警务人才培养之路，服务支撑“公安软实力建设”等市公安局中心工作。筹备召开华东地区(上海)治安学学术研讨会。成立学院首届图书情报工作委员会。

打造智慧课程165门，重点培育示范课程19门。搭建“智慧教学能力提升课程资源库”，开展10期共14场智慧教学专项培训讲座，培训师资2100余人次，选派90余人开展智慧教学实战调研。2门本科课程被市教委推荐参评国家一流本科课程，3门课程获评市级一流本科课程，实现本科教学市级“金课”零突破，3门课程被列为市级重点课程。学生在全国电信和互联网行业大数据分析师职业技能竞赛上海市选拔赛中分获本科组一等奖和三等奖，并入围全国竞赛，在第十七届“挑战杯”上海市大学生课外学术科技作品竞赛中获二等奖1项、三等奖3项。举办“崇景杯”体育节等文体活动，学生组队获第三届 UniTri 上海市大学生校园铁人三项团体赛二等奖、女子个人赛第二名。（章　闻）

【加强学生思想引领】 在首个中国人民警察节，学院举办“警旗忠诚之旅”主题活动。“以‘忠诚’为主题的思政课选修课程建设”获市教委思政课教学改革试点项目立项，“人民警察忠诚教育概论”课获评市级重点课程。（章　闻）

【推进实践教学规范建设】 加大实验实训软硬件条件建设力度，开设的实验课程涵盖全部5个本科专业，开课率达100%，建成实验场所26个，下设55个实验功能室，生均面积13.5平方米。在全市设立27个实习基地、180个实习点，基本实现了全市公安业务总队和地区分局的全覆盖，选建17个智慧公安现场教学点，在全国公安系统率先实现将实战系统引入教学。实现智慧教室和无线网络100%全覆盖，3个市经信委重点信息化项目通过验收。（章　闻）

【服务支撑全市公安工作】 组织师生参加第四届进博会、建党100周年安保维稳等各项重大安保任务。依托“网络学院”开设7个全警培训项目，参训人数达41万余人次，年度访问总量达207万余人次。新建12门实战培训类智慧课程，举办56期培训班，培训民警3660人次。举办5期党史学习教育学习班，发布5门“政治练兵网络学习”培训课程及102个在线学习任务，参训民警达65459人次。（章　闻）

【创新国际合作工作路径】 依托学院与俄罗斯内务部圣彼得堡大学合作框架协议，推动校际互刊科研论文，实现学院论文的首次海外发表。会同市商委、市公安局组织开展2期“走出去”中资企业海外项目工作人员安全风险防范意识线上培训。（章　闻）

【牵头推进长三角公安院校一体化建设】 学院组织课题组赴苏浙皖三省公安院校开展实地调研，推进“长三角质量评价联盟平台建设”，形成研究报告。还与区域公安院校马克思主义学院签约共建，成立“长三角公安院校思政课联盟”，并与浙江警院研商互派师资授课或举办讲座，共建“信息安全导论”等网络课程，实现线上教学资源共享。（章　闻）

【加强公民警校服务平安建设】 成立"党的诞生地"志愿服务队伍为中共一大纪念馆开展志愿服务，累计出动警力231人次，服务时长1848小时，上海公民警校被评为中共一大纪念馆建党百年志愿服务优秀团队。联手相关单位为浦东新区花木街道青少年打造安全教育"云上警务小课堂"。受邀参与"上海公益伙伴月"系列活动，推广交通安全宣传公益视频，累计受益群众超千万人次。

（章　闻）

附：学校负责人及地址

（2021年1—12月）

校党委书记：韩　勇

校　长：舒　庆
副校长：韩　勇、赵杰英、许　敏

地址：崇景路100号
邮编：200137
电话：28957114

上海杉达学院

【2021年概况】 有上海浦东、浙江嘉善2个校区。设经济学、法学、文学、工学、管理学、艺术学、医学、教育学8个学科门类，40个本科专业、6个专科专业。全日制在校生15732人，其中本科生14568人、专科生1156人，留学生8人。另有成人本科生758人、成人专科生163人。年内招生4632人，其中本科生3889人、专科生442人，留学生4人；成人本科生175人、专科生122人。专任教师760人，其中具有副高级以上职称的教师占43.16%，硕士研究生以上学历的教师占92.11%。

出台《上海杉达学院改革与发展"十四五"规划》及人才培养、研究与社会服务、对外交流合作、队伍建设、内部治理、基础条件建设与管理、文化建设7个业务行动计划。制定校院二级管理体制改革重点推进工作方案，深化校院二级管理。编制教育评价改革工作清单46项。编制《上海杉达学院内部控制手册》，梳理办学风险点及应对策略123个。获评2019—2020年度上海市文明校园、上海市安全文明校园。

思政课开设"习近平新时代中国特色社会主义思想概论"等8门线下选修课程、"执政党与新中国"等3门线上选修课。8个学院开展课程思政建设，建设百门院级课程思政示范课，举办课程思政公开示范课活动和课程思政建设分享交流会。4个项目获批上海民办高校党建和思政工作创新计划实施项目建设，其中上海民办高校思政类课程协同中心（A类项目）举办上海民办高校课程思政建设研讨会，13所民办高校150余名教师参会；上海民办高校思政课师资研修基地（A类项目）举办习近平新时代中国特色社会主义思想等专题研修班。

出台《上海杉达学院重点学科建设管理办法（试行）》，第一批重点学科建设项目（护理、金融和电子信息）结项验收，第二批重点学科建设项目（旅游管理、艺术、翻译）阶段验收。启动翻译、艺术、旅游管理3个专业硕士学位点培育建设。

卫生教育、康复治疗学、视觉传达设计、旅游管理4个专业获批省级一流专业建设点。金融学、护理学、酒店管理3个专业列入国家级一流本科专业建设点推荐范围。组织申报风景园林、土木工程、数字媒体设计3个新专业。卫生教育、俄语、建筑电气与智能化、时尚传播4个本科专业通过学校新专业检查，机械电子工程、小学教育2个专业获学士学位授予权。组织开展金融科技、智慧服务2个微专业建设。获批上海市重点课程7门，上海高等学校一流本科课程8门，上海高校党史学习教育与课程相融合示范课程2门，市级新文科研究与实践项目1项。《体育与健康教程(第五版)》获全国优秀教材(高等教育类)一等奖。学生在各类学科竞赛中获50个国家级奖,388个省部级奖;获213项文艺、体育类竞赛奖。“现代智慧服务产业学院”获批市级重点现代产业学院立项建设项目,10个项目获批产学合作协同育人项目。朱承强教授领衔项目“价值引领、学科融合、产教协同——高素质复合型酒店管理人才培养模式改革与实践”获市级首批新文科研究与改革实践项目立项。新签校企合作协议106份,开设校企合作共建课程60余门。立项大学生双创训练计划项目309项,其中校级211项、市级98项(含国家级30项)。在第七届中国国际“互联网+”大学生创新创业大赛上海赛区,学生获1个银奖、8个铜奖和2个优胜奖。机器人应用实验室等12个项目获批上海民办高校政府专项扶持资金立项建设。“图书馆的博物空间”获2021年图书馆阅读推广与信息素养教育创新案例征集活动三等奖。

探索“五育并举”新模式,建立第二课堂活动体系,打造大学生艺术团,获上海市阳光体育大联赛啦啦操比赛一等奖2项、第六届大学生艺术展演上海赛区二等奖5项。开发7门劳动技能课程,挂牌建立14个劳动教育实践基地,开设艺术体操等体育专项课程21门。心理健康教育开展26场次专题培训,接待个体心理咨询415人次,新建心理健康状况档案3300余件。43名退役学生组成的平安志愿者队伍项目获首届上海市大学生平安志愿者行动队品牌项目育苗活动二等奖。筹办上海民办高校学生工作会议暨大学生领导力培育工作交流会,16所民办高校师生代表参加。5000余名学生参加大学生暑期社会实践系列活动,2个项目获2021年“知行杯”上海市大学生社会实践项目大赛三等奖。4名学生入选西部计划志愿者,校志愿服务队获第十届中国花卉博览会优秀志愿者群体称号,136名志愿者参加第四届中国国际进口博览会志愿服务。全年招聘专任教师127人,其中高级技术职务22人、博士29人。

组织参与市教委“强师工程”各类教师培训35人次,获批产学研项目8人、国外访学项目2人。组织教师线上线下专题培训2000余人次。4人获2021年上海市育才奖,1人获2021年上海市“四有”好老师(教育育人楷模)提名、上海市“三八”红旗手。1人获2021年宝钢优秀教师奖。1人获上海市优秀共产党员、上海市教卫工作党委系统师德标兵。1人获第六届全国民办高校优秀辅导员。1人获首届上海市高校教师教学创新大赛二等奖。获第五届民办高校教师教学技能大赛一、二、三等奖各1人。

科研项目立项120项,其中上海市哲社项目1项、上海市教育科研项目3项、市教委“晨光计划”2项。教师发表学术论文253篇,其中国际三大检索22篇,南大核心、CSCD期刊15篇,中文核心、科技核心期刊21篇。发明专利申请9项、公布发明专利4项,外观专利申请5项、授权13项,软件著作权申请7项、登记8项。建设可持续发展教育研究中心和人文艺术研究中心2个校内科研机构,举办第二届博士论坛、可持续发展论坛、人文艺术研究论坛。

与12所国(境)外高校新签和续签合作协议。接待国(境)外到访团组54个,举行在线会议70余次。与美国北亚利桑那大学、英国基尔大学合作开设酒店管理和会计学双语教学班。学校成为美国ACBSP商科国际认证高校成员单位。与荷兰鹿特丹应用科技大学、日本同志社女子大学等校开展线上共同授课、学生交流学习等活动。　(李　杨)

【与华为技术有限公司深度合作框架协议签约仪式】 3月17日在上海杉达学院举行。根据协议,双方围绕国家创新驱动发展规划,在人才培养与教学生态建设、智慧校园建设等方面推进更深层次的合作。　(李　杨)

【上海民办高校学生工作会议暨大学生领导力培育工作交流会】 5月12日在上海杉达学院举行。市教卫工作党委、市教委、市民办高校党工委及团市委等部门领导出席。会上为“上海市领导科学学会大学生领导力教育专业委员会民办高校分会”揭牌。　(李　杨)

【上海杉达学院教育发展基金会成立大会】 6月

15日在上海杉达学院举行。上海杉达学院校长、副校长与基金会理事长共同为基金会揭牌。基金会第一届理事7人、监事3人。基金会成立后，获同济大学建筑设计研究院(集团)有限公司和上海同济建设有限公司的捐赠，分别设立“济·达奖助学金”和“建·杉基金”。（李 杨）

【青年教师论文在国际学术期刊 Knowledge-Based Systems 发表】 9月，上海杉达学院教师孙璇的论文《DECAB-LSTM: Deep Contextualized Attentional Bidirectional LSTM for cancer hallmark classification》在工程领域、计算机科学领域国际顶级学术期刊 Knowledge-Based Systems(影响因子8.038，中科院SCI分区一区，TOP期刊)发表。该论文提出DECAB-LSTM网络，依据癌症的不同Hallmark对文献进行分类，提高医学信息检索的效率及准确率。（李 杨）

【与中国银行股份有限公司上海市分行全面战略合作签约】 11月22日，举行签约仪式。根据协议，双方推动金融合作升级、促进多领域的研究合作，结合国家、区域重大战略布局，积极开展金融人才互育、国际交流合作、高校产业链金融扶持等。（李 杨）

【海峡两岸应用技术大学旅游教育研讨会】 12月4日举行。由上海杉达学院主办，台湾省中华大学、世新大学、崑山科技大学协办。其间，海峡两岸80多位专家学者通过8场主旨演讲和1场圆桌教育研讨，探讨后疫情时代旅游与酒店管理应用型本科教学模式、内容和方法的变革，加强两岸旅游教育合作，推动两岸旅游和酒店管理专业发展。（李 杨）

【获华为中国大学生ICT大赛全国总决赛二等奖】 12月25日，上海杉达学院学生许孙逸、杨洋、王若莹团队获华为中国大学生ICT大赛全国总决赛二等奖，成为2021年上海市云赛道本科组唯一进入国赛的队伍。（李 杨）

附：学校负责人及地址

（2021年1—12月）

校党委书记：朱绍中
副书记：徐晋忠、陈 暐

校 长：陈以一
副校长：娄斌超、潘慧斌、徐晋忠

地址：金海路2727号
邮编：201209
电话：50210894

上海建桥学院

【2021年概况】 设14个二级学院，有本科专业36个、专科专业10个。全日制在校生22471人。教职工1517人，其中专任教师1176人。专任教师中，正高级职称98人、副高级职称325人。

开展党史学习教育和建党100周年庆祝宣传活动，实施10个类别28项“为师生办实事”举措。建成新时代上海高校党建创新实践基地。开展中青年骨干培训，推进学习教育制度化常态化。

制订博士科研启动经费管理办法、校企合作教师聘用管理办法，聘用产业教授、企业博士。制订特聘教授(副教授)聘任实施管理办法，加快“双师”“双能”型队伍建设。获全国教师教学技能竞赛三等奖1个、优胜奖5个。制订《上海建桥学院深化新时代教育评价工作方案》,在商学院、艺术设计学院开展综合改革试点。

新增时尚传播、养老服务管理2个本科专业,7门课程获评市级一流本科课程,6门课程获批上海市重点课程,1门课程获批上海市党史教育与课程思政结合示范课。出台《课程教学团队负责人管理制度》,选拔47名课程教学团队负责人。13个校级重点教改项目和14门校级重点课程获立项经费支持。

发表论文234篇,SCI、SSCI等高级别论文数量明显增加。出版专著11部,获实用新型专利14项、外观设计专利29项、软件著作权7项。出台促进创新创业教育总体方案,加强世赛项目、星光计划、创新创业大赛参与率,提高学生职业技能等级证书获得率。学生在国家级竞赛中获特等奖2项、一等奖2项、二等奖10项、三等奖14项、优胜奖2项,包括:中国大学生机械工程创新创意大赛第四届智能制造大赛全国总决赛中获本科组综合成绩二等奖,第十二届"蓝桥杯"全国软件和信息技术专业人才大赛中获全国总决赛三等奖3项、优胜奖1项,全国大学生电子设计竞赛中获国赛二等奖,第十七届"挑战杯"全国大学生课外学术科技作品竞赛上海区决赛中获一等奖1项、三等奖2项,第七届中国国际"互联网+"大学生创新创业大赛(上海赛区)中获1金、2银、10铜。

强化劳动教育骨干教学团队培养、辅导员分级分类培养、学生的诚信感恩意识培养,开展第四届"教学节"活动,举办首届"学风节"活动。出台《上海建桥学院星级辅导员评选办法》,建立辅导员星级评选制度,评出首批五星级、四星级辅导员。

开展首届全球素养教育实验班。推进在校生对外交流参与度,做好中外合作办学项目质量评价。与马来西亚世纪大学、马来西亚博特拉大学、英国基尔大学、韩国大真大学新签署合作备忘录。首次线上举办上海暑期学校中国围棋班,招收14个国家21名学员。

担任临港高校联盟轮值主席,打造与临港新片区重点产业相吻合的"集成电路设计封装测试"产教融合示范基地。与上海工业自动化仪表研究院共建"智能系统运维技术与研发中心"。与江苏卓远半导体有限公司合作共建"伊格—金刚石联合创新中心"。与上海电子信息职业技术学院共建专业化产教融合实训基地。"数联智造"产业学院获首批上海市重点建设现代产业学院建设立项。创建产教融合生态园、样板校,揭牌成立临港新片区产教融合基地。参与筹建临港新片区教育发展基金会,筹备成立上海(临港)智慧新工科产教融合创新研究院。

取得新的营利性民办学校《办学许可证》。遴选智慧教室项目试点建设,推动"十四五"智慧校园建设,获评"上海高校'十三五'智慧安防先进集体"。被全国厂务公开协调小组授予"全国厂务公开民主管理先进单位"称号。继续保持"全国文明单位""上海市文明单位(文明校园)"和"上海市花园单位"荣誉称号。 (韩松儒)

【民办高校新的社会阶层人士联谊会首次集中联谊活动】 7月2—3日在上海建桥学院举行。活动中,民盟上海建桥学院支部升格为总支部。总支部获2021年"民盟脱贫攻坚先进集体"和"2017—2021年民盟上海市委社会服务工作先进集体"荣誉称号。总支主委肖蕾获2021年上海市统一战线(工作)先进个人。 (党松杰)

【"数联智造"产业学院获首批上海市重点现代产业学院立项】 10月18日,上海市重点现代产业学院立项名单公布,上海建桥学院"数联智造"产业学院入选,成为首批14个市级建设项目之一。"数联智造"产业学院,由上海建桥学院与行业内龙头企业、临港新片区政府打造,采用生产实训一体化、教师业师双聘制、学生员工两重性模式,在产教融合基地开展实践教学与专业研发。 (韩松儒)

【与临港新片区管委会签署战略合作协议】 11月16日,产教融合基地授牌暨项目签约仪式在临港新片区举行,临港新片区国家产教融合试点核心区建设市区协同推进机制发布。上海建桥学院等9家单位被授牌成为临港新片区首批产教融合基地。

临港新片区管委会和华东理工大学、上海建桥学院签署战略合作协议，在产教融合、成果转化、创新创业等方面进行深入合作。（韩松儒）

【首届“学风节”学风建设系列活动】 11月10日在上海建桥学院举行。主题为“以生为本，以学为本”。以“一次大讨论、大调研、学情分析”“两类成果展示”“三个工作论坛”“四项专项活动”的形式开展。（党松杰）

【获任长三角现代产业学院协同育人联盟常务理事单位】 12月27日，长三角现代产业学院建设高峰论坛暨长三角现代产业学院协同育人联盟成立大会在江苏常州举行。活动以线上线下结合的方式举行。上海、江苏、浙江、安徽“一市三省”高校现代产业学院负责人、企业界代表等1000余人参会，共话现代产业学院建设。上海建桥学院作为唯一的民办高校获任长三角现代产业学院协同育人联盟常务理事单位。（党松杰）

12月27日，长三角现代产业学院建设高峰论坛暨长三角现代产业学院协同育人联盟成立大会在江苏常州举行

附：学校负责人及地址

（2021年1—12月）

董 事 长：周星增
副董事长：郑祥展

校党委书记：江彦桥
副书记：朱瑞庭、夏　雨

校　长：朱瑞庭
副校长：杨俊和、郑祥展、俞晓光、陈　伟

地址：沪城环路1111号
邮编：201306
电话：58137788

上海兴伟学院

【2021年概况】 有英语和国际商务2个全日制本科专业，在册学生179人，国际留学生13人。年内，招收本科生48人（含1名保留学籍）。有专任教师19人，其中外籍教师3人，正高级职称3人，副高级职称4人。

年内，与其他院校开展心理健康教育与咨询工作交流和举办研讨会，组织学生心理健康测试。结合“跨文化交流——理论与实践”课程教学，举办“中国传统文化在世界文化中的地位以及在跨文化交际中的作用”主题演讲，开展“诵读中国——用英语讲中国故事”活动。和上海大学签订“大手牵小手”协议。开设“习近平新时代中国特色社会主义思想概论”课程，邀请上海大学教授主讲。组织学生参观陈云纪念馆和中共一大会址等党史学习教育红色基地，参加“红色大寻访”城市定向赛并获三等奖。参加上海市高校大学生法治辩论赛并获优秀组织奖。学生参加2021年第十三届全国大学生数学竞赛获“上海赛区”三等奖。出台《教师师德失范行为处理实施办法（试行）》《新时代上海兴伟学院教师职业行为十项准则》等制度。组织师生收看上海民办高校“同上一堂课”等专题讲座。开展师德师风网络专项培训。

编制完成上海兴伟学院“十四五”发展总体规划以及党建工作、教育教学和专业建设、师资队伍建设、信息化建设和校园建设等5个专项规划。5月被增设为国际商务专业学士学位授予单位。加强实践教学，组织学生到太湖大学堂、上海电影温哥华学院、崇明体育训练基地、浦东美术馆等参观学习。组建和完善实训基地，带领学生注册管理公司、游学考察。以研究制定2021级专业培养方案为载体，筹划启动完全学分制调研，制定相应的培养方案、课时量计算方法、教学岗位分类评聘办法，以及学科教学与社会实践、文化体验课学分比例认定及相关制度。进一步完善学籍学历管理、教材选用审批等管理制度，修订完成《教学质量保证体系汇编》。编印《2021年学生手册》，加强学生日常教育管理，提高学生自我管理能力。

修订完善《上海兴伟学院教师职务和其他专业技术职务聘任办法》，配套专项经费，支持教师申请校级科研课题和市教委相关课题、民创项目。启动校内科研经费涉及人员10余人次，立项校级课题10项，申报民创项目5项，在RCCSE中国核心学术期刊发表学术论文1篇。

修订《上海兴伟学院兼职教师管理办法》，加强对青年教师专业培训和教育能力培养。全年参培人员53人次，其中学位培训9人次、业务培训9人次，师德师风培训35人次。其中4人次参加强师工程新教师培训、9人次参加西班牙蒙特拉贡商学院组织的团队教练硕士课程培训。

修订完善学院章程，2021管理制度完成修订并编辑成册，涵盖行政管理、教学管理、科研管理、教师和人事管理、学生事务管理、招生管理、图书和IT事务管理、财务管理、后勤和安全管理等9个方面，共计81项。拟定《上海兴伟学院教职工薪酬管理制度》，制定2021年绩效津贴分配方案。上海兴伟学院被认定为第三批“上海市依法治校标准校”。完成校园网与上海教育城域网互联互通和数据对接，开通校园网IPV6协议网络。 （郭　莉）

【参加“红色大寻访”城市定向赛获三等奖】 1月，上海兴伟学院团委组织学生参加由上海市委宣传部、团市委、市委党史研究室、市教卫工作党委共同举办的主题为“传承红色基因　奔向伟大复兴”的红色大寻访城市定向赛，并以1小时54分的成绩获三等奖。 （郭　莉）

【市民办高校党工委督查组到校调研党建工作】 4月13日、6月24日，市民办高校党工委党建工作重点任务落实情况第二督查组先后两次到学院督查指导党建工作。督查中，上海兴伟学院代表向督查组汇报学校党建工作重点任务落实基本情况，督察组成员分别与校领导个别访谈、与老师代表和学生代表座谈、实地走访基层支部，并查阅相关资料。

（郭　莉）

【民办高校学习贯彻《中国共产党组织工作条例》暨党员组织关系管理工作交流会】 6月4日在上海兴伟学院召开。17所民办高校党委组织部长、专职组织员和学院党总支领导班子成员参加。会议对上海17所民办高校党员组织关系管理调研情况进行汇报总结；上海建桥学院、上海师大天华学院、上海工商外国语职业学院进行交流；市民办教育发展服务中心通报民办高校党员组织关系管理基本情况；市民办高校党工委通报民办高校党建督查调研情况，以及党史学习教育巡回指导相关内容和工作要求。 （郭　莉）

【召开庆祝建党100周年暨“七一”表彰大会】 6月16日，上海兴伟学院召开“红歌唱给党、初心永不忘”庆祝建党100周年暨“七一”表彰大会，100余名领导、师生与会，向党的100岁华诞献礼。大会进行节目表演、党史竞答，并为“优秀共产党员”“优秀党务工作者”“优秀共产党员·师德标兵”和“先进基层党组织”的获奖者和支部进行颁奖。

（郭　莉）

【市委宣讲团专家到校宣讲】 6月16日，市委宣讲团成员、上海开放大学副校长到上海兴伟学院，为全院师生作题为“忠诚　干净　担当——七位红色（金融）特工的故事和启示”的主题宣讲，讲述中国共产党历史上7位重要的红色(金融)特工的故事，展示在革命隐秘战线上默默无闻、为党工作、廉洁奉公、不计名利、出生入死、对党忠诚的老一辈革命家的高风亮节，对学院教职工进行了一次良好师德师风教育。（郭　莉）

【市教卫工作党委调研组到校调研指导】 12月1日，市教卫工作党委系统《中国共产党统一战线工作条例》学习宣传贯彻情况专题调研第五组到上海兴伟学院调研指导。学院就《条例》学习宣传情况、贯彻落实情况、存在的不足和下一步打算4个方面进行汇报。调研组分3组分别进行资料查看、召开职能部门负责人和党外干部座谈会。（郭　莉）

12月1日，市教卫工作党委系统《中国共产党统一战线工作条例》学习宣传贯彻情况专题调研第五组到上海兴伟学院调研、座谈

附：学校负责人及地址

（2021年1—12月）

董事长：俞光虹

校党总支书记：王玉林
副书记：王兴放、刘若薇

校　长：王兴放
副校长：王玉林

地址：勤奋路1号
邮编：201399
电话：68020772

上海视觉艺术学院

【2021年概况】 设视觉德稻设计学院、新媒体艺术学院、时尚设计学院、美术学院、表演艺术学院等10个二级学院，开设艺术学和管理学本科专业19个，含25个专业方向。有全日制在校生4371人。2021级新生1114人。教职工386人。有专任教师178人、外聘教师479人。自有专任教师中，“双师型”教师117人，具有高级职称的专任教师55人，具有研究生学位(硕士和博士)的专任教师162人。

优化党委工作机构和各职能管理部门架构设置，调整后设组织部、宣传部、统战部等10个党委工作机构与群团组织，人事处、财务处、审计室、学生处等9个校部职能管理机构和实训管理中心、图文信息中心、国际艺术交流中心3个业务中心。

开展建党百年系列活动，包括观看“四史”展、主题观影、经典诵读、情景党课等。各学院围绕建党100周年开展建党100周年特色宣传品制作、“初心之地、红色之城——上海·党的诞生地”校园巡展等各类活动。师生参加上海市庆祝中国共产党成立100周年文艺晚会、上海团员青年学习习近平新时代中国特色社会主义思想演讲比赛、长三角青年文创设计大赛暨“建党百年青春创想”红色文创大赛等，被新华网、中新网、东方网、《新闻晨报》等媒体报道，其中“建党百年读党史”入选学习强国平台。

为师生员工办实事五件，包括成立教职工帮困基金，完善教职工“帮困”的保障体系；在学校西门安装交通警示标志等措施，保障师生出行交通安全；增加校园充电桩数量；为早课教师解决临时住宿问题等。

通过“领导干部普法”“讲师团宣讲”“青少年知识竞赛”的形式学习《中华人民共和国民办教育促进法实施条例》等法律法规。利用“全国青少年普法网”中“教师先发课堂专栏”的学习资源，组织学生参加学宪法活动。通过微视频、情景剧等方式弘扬宪法精神，提高大学生法治意识与道德素养。

以评促建完成本科教学工作合格评估。对照评估指标体系，三轮自查自建，制订发布方案，召开全校本科教学工作合格评估动员大会、合格评估自评报告评审会等，并依据教育部本科教学工作合格评估专家组对学校本科教学工作的“考察报告”系统分析、分步推进整改工作，撰写合格评估整改报告。

在2021年QS世界大学“艺术与设计(Art and Design)”学科排行榜中，世界排名151—200段。新增3个专业入选一流本科专业建设点，其中视觉传达设计专业入选2020年度国家级一流本科专业建设点名单，数字媒体艺术专业、艺术与科技专业入选2020年度省级一流本科专业建设点名单。学校共有5个一流本科专业建设点，其中国家级一流本科专业建设点2个，省级一流本科专业建设点3个。

新增国家级和省部级一流本科课程2门、市重点课程11门。完成《字体设计》课程第二批国家级一流本科课程推荐，“雕塑造型基础——金属”获批上海市高等学校一流本科课程。开设各类国际合作课程100门。开设“全校通识教育实操类”课程，包含56门实操性手作内容，在“科学与艺术”大类下增设“科学与艺术理论”及“科学与艺术实践”两大模块，面向2021级开设“科学与艺术实践”模块课程216门次。新出版教材《高等院校创业与就业教育研究》《室内设计原理(第二版)》《主题叙事空间设计》3种。

引进各类人才逾40人，其中教师近30人，包括正高级职称3人，博士学位11人。表演学院的方舟白宾播音主持工作室获批高层次工作室。新媒体学院的Emedia科技艺术工作室获批紧缺文艺人才创新工作室。

新立项项目66项、完成结题项目41项，教师在各类研究创作中获省部级以上专业奖项12个，在专业期刊上发表教学、科研成果共计66篇论文。“文博场馆展示陈列艺术创新人才培养”项目入选国家艺术基金艺术人才培养资助项目。另有6项省部级项目立项，有54个社会服务项目正在进行或完成。5位教师作品入选第十一届上海美术大展。出版4本专著、2本译著和2本教材，1项技术申请获发明专利权，作品参展、参赛、获奖达81件/次。

与松江区、青浦区的宣传、文旅部门合作，组织引导学校教师开展对地域更新、乡村建设、区域文创项目、城市微更新等热点问题进行项目研究创作。“工业设计研究中心”被评为上海市级“工业设计中心”。成立“全媒体传播创新研究中心”。完成“上海市公共文化和旅游从业人员万人培训项目”。承办文化部、教育部、人力资源社会保障部的非遗研修班项目。举办长三角跨界技艺非遗品牌智造研修班、云南刺绣技艺非遗品牌智造研修班。组织“全国青少年美术考级”上海地区美术考级。

联系8所海外高校，完成9次国际讲堂，覆盖4个专业学院、8个专业、11个专业方向，线上线下组织学生近800人次参加。首次在线上开展为期1个月54课时、每周4课时的国际工作坊，邀请英国伦敦艺术大学中央圣马丁设计学院专业负责人进行线上、融入教学课程体系的国际工作坊，为线上国际工作坊提供示例范本。 (臧海伊)

【上海视觉艺术学院马克思主义学院揭牌】 3月31日，上海视觉艺术学院马克思主义学院成立揭牌仪式暨上海市民办高校马院内涵提升建设座谈会在上海视觉艺术学院举行。活动中，华东政法大学马克思主义学院与上海视觉艺术学院新成立的马克思主义学院签署协同发展、结对共建协议。

(臧海伊)

【2个项目获2021德国iF设计概念设计奖】 4月，上海视觉艺术学院纤维专业青年教师蒋艺作为设计主创与其团队创作的2个项目“中国国乐岛China Music Island”和“1645忠义街Loyalty Street

1645”，从52个国家和地区的近一万份参赛作品中胜出，双双获2021年世界三大设计奖之一——德国iF设计奖的传达设计类专业组概念设计奖。中国国乐岛和1645忠义街两个项目是江苏省江阴市重点规划市政工程，通过提升全新视觉形象，传递城市文化与精神传承，形成具有自身特色的城市定位及地区认同。（臧海伊）

【与G60科技走廊俄罗斯院士创新基地共建社会实践基地】 6月2日，上海视觉艺术学院与松江区G60科创走廊俄罗斯院士创新基地合作建立的社会实践基地揭牌仪式在上海视觉艺术学院举行。该基地旨在增强中俄两国文化交流的频率，对城市发展、地方建设、影视行业以及艺术教育作出更大的贡献。（臧海伊）

【获第十四届亚洲国际青少年电影节评委会特别奖】 6月6日，主题为“共生”的第十四届亚洲国际青少年电影节在日本东京武藏野举行。上海视觉艺术学院新媒体艺术学院学生王冠翔导演的剧情片《佟年不童年》获第十四届亚洲国际青少年评委会特别奖项。作品聚焦患有罕见病症的儿童，还原特殊群体在社会中生活的艰辛与不易，旨在唤起社会对他们的关照与接纳。（臧海伊）

【举行庆祝中国共产党成立100周年文艺演出】 6月23日，上海视觉艺术学院“信仰的力量——庆祝中国共产党成立100周年文艺”演出在上海视觉艺术学院实训楼演艺中心举办。文艺汇演通过情景剧《刑场上的婚礼》、歌曲《黄河》、朗诵《可爱的中国》等回顾建党百年岁月，讲述中华民族奋勇前行的光辉历程。（臧海伊）

【参展“日出东方——上海市庆祝中国共产党成立100周年美术作品展”】 6月24日至10月18日，“日出东方——上海市庆祝中国共产党成立100周年美术作品展”在中华艺术宫举办。上海视觉艺术学院教师何曦、刘之远创作的中国画《黎明上海》，杨冬白创作的雕塑《海纳百川，追求卓越，开明睿智，大气谦和》，李乾煜创作的雕塑《红色电波》等作品入选展览。展览由上海市文化和旅游局、上海市文学艺术界联合会、中共上海市委党史研究室和解放日报社主办，并入选文化和旅游部《2021年全国美术馆馆藏精品展出季活动目录》。（臧海伊）

【举办上海市教卫工作党委系统第三季“伟大工程”系列示范党课】 6月25日，上海市教卫工作党委系统第三季“伟大工程”系列示范党课“延安精神永放光芒”在上海视觉艺术学院举行。示范党课是上海民办高校庆祝中国共产党成立100周年交流会的第二环节，由中共上海市教育卫生工作委员会主办，中共上海视觉艺术学院委员会承办。示范党课以丰富的历史图片和视频史料，现场音乐和师生情景演唱舞蹈融合，展现党在延安十三年的光荣历程。（臧海伊）

【学生参演上海市庆祝中国共产党成立100周年文艺晚会】 7月1日，“光辉的旗帜——上海市庆祝中国共产党成立100周年文艺晚会”在上海大剧院举行。上海视觉艺术学院22名学生在晚会上出演情景舞蹈《囚车上的婚礼》，与上海老中青三代文艺工作者同台呈现在中国共产党伟大旗帜引领下的百年历程和光辉成就。（臧海伊）

【与上海昆剧团联合创作现代昆剧《自有后来人》】 7月15日，上海视觉艺术学院与上海昆剧团合作新编的大型革命现代昆剧《自有后来人》在上海大剧院首演。该剧讲述了抗日战争时期，中国共产党地下工作者为掩护和转送密电文件，与侵略者开展斗争的英雄故事，歌颂共产党人忠于信仰、坚强不屈的伟大革命精神，弘扬“革命自有后来人”的时代精神。上海视觉艺术学院完成了全剧所有服饰设计、化妆造型设计和舞台美术与多媒体设计。（臧海伊）

【与中共四大纪念馆签署红色资源共建协议】 7月16日，上海视觉艺术学院与中共四大纪念馆签署《红色资源党史学习教育共建协议》。双方围绕“党建促共建，共建促发展”的主题，整合高校、纪念馆的各类资源，通过共建项目运作，统筹推进红色教育与红色文化传播，实现“互惠互利、双向受益、共同提高、合作共赢”的目标。签约仪式上，学校把师生创作的两组红色作品《前行》和《“中共四大纪念馆　上海视觉艺术学院　三人党支部”限定纪念盲盒》赠予中共四大纪念馆。（臧海伊）

7月16日，上海视觉艺术学院与中共四大纪念馆签署《红色资源党史学习教育共建协议》

【师生作品在第九届全国高校数字艺术设计大赛上获奖】　8月，由工业和信息化部人才交流中心主办，作为教育部中国高等教育学会《全国普通高校学科竞赛排行榜》（57项竞赛）项目之一的第九届全国高校数字艺术设计大赛举行。上海视觉艺术学院师生创作的作品获国家级一等奖1项、二等奖1项、三等奖3项；省级一等奖10项，二等奖16项、三等奖26项。上海视觉艺术学院还获上海赛区市级优秀组织奖。视觉传达设计专业教师胡继俊获全国总决赛优秀指导教师称号。（臧海伊）

【师生作品蝉联2021 Pentawards国际顶级专业设计竞赛多项大奖】　9月30日，第十五届Pentawards国际包装设计大奖颁奖典礼以在线视频连线的形式进行。上海视觉艺术学院视觉传达设计专业包装传播设计方向教师、学生作品继续蝉联金、银、铜三大奖项，获3金、2银、3铜的好成绩。上海视觉艺术学院在该奖项更新发布的历年全球艺术设计院校获奖榜单中，总成绩攀升一位，名列全球第二。（臧海伊）

【成立全媒体传播创新研究中心】　12月9日，上海视觉艺术学院“全媒体传播创新研究中心”揭牌仪式暨全媒体传播创新研究中心学术委员会第一次会议在上海视觉艺术学院举行。中心专注于全媒体传播领域各类创新模式和趋势的学术研究、人才培养及产学研联动，组建覆盖新闻媒体、内容创作、生态平台、学术机构四方面的学术委员会，聚集30多位在全媒体传播各个领域的领军从业者和专业研究者，聚焦全国全媒体传播创新研究。（臧海伊）

附：学校负责人及地址

（2021年1—12月）

董事长：陈立民（8月离任）、朱自强（8月到任）

校党委书记：陈立民（8月离任）、吴嘉敏（10月到任）
　　副书记：周　斌、俞振伟

校　长：周　斌
副校长：俞振伟、李　梅（9月到任）、唐竭婧（9月到任）

地址：文翔路2200号
邮编：201620
电话：6782500

上海立达学院

【2021年概况】　设财经学院、传媒学院、艺术设计学院、信息学院、护理学院、基础与外语学院和马克思主义学院7个二级学院，有广播电视编导、数据科学与大数据技术、会计学、财务管理、环境设计、

产品设计等11个本科专业和工业机器人技术、计算机应用技术、电子商务、艺术设计(室内与景观设计)等21个专科专业。全日制在校生9958人。教职员工655人,其中硕士、博士研究生学历教师364人,副高职称以上教师142人。

年内,结合庆祝中国共产党成立100周年,开展"祭奠革命英烈、重温革命历史"主题党日、党章学习、红色教育基地参观"打卡"以及党史教育征文比赛、演讲比赛、知识竞赛、红色电影观影等活动。开展以党史学习教育为主题的活动151次。签署校党委与松江区叶榭镇党委"学党史,加强三全育人、意识形态工作和为民办实事校地合作"协议并取得进展。

按照《关于做好2020年上海高校分类评价有关工作的通知》,完成2020年相关数据填报和报告提交,分类评价排序上升5位。举办学术论坛7场。"经济法"课程获批上海市本科重点课程。申报上海市高职高专院校市级教师教学创新团队2个,申报成功"1+X"试点项目3个。组织13个校内外科研项目申报,申报44人次,立项33项。

教师获第十一届"外教社杯"全国高校外语教学大赛(职业院校组)总决赛一等奖、上海市美协"白玉兰"奖。学生获第七届中国国际"互联网+"大学生创新创业大赛上海赛区金奖1项、银奖3项、铜奖11项,全年获国家级奖项30项、上海市级奖项19项。

推进国际化办学,完成云游学线下实践上海线师生接团500人,出团147人;与6所海外院校签署学分互认合作协议,开展本(专)硕直通专场培训12次;组织国际化大课堂直播讲座19场,国际班学生共收到海外院校的25份录取通知书。

推进实施《上海立达学院进一步加强和改进大学生思想政治工作三年规划(2020—2022)》。成立马克思主义学院,开设"习近平新时代中国特色社会主义思想概论"课程,与叶榭学校、张泽学校签约共建"大中小学思政课一体化"。举办"上海红色印记与课程思政建设"学术论坛。

完善《上海立达学院辅导员职业能力标准实施办法(试行)》,明确学校考核点(工作要求)、考核方式以及对应的学校辅导员相关管理制度。定期举办辅导员沙龙活动,分享学生工作经验,提升辅导员队伍综合水平。

学校青年志愿者联合会累计志愿服务时长37753小时,吸纳志愿者1045人。成立"乡村振兴志愿服务队",与属地叶榭镇政府联合组织开展学雷锋主题活动、在上海市自然博物馆开展自然科普教育志愿活动、在上海科技馆进行"体会科学的严谨精密"系列志愿活动、响应"蓝马甲" 关爱老年人公益活动计划等。 (张洁华)

【立达设计奖·首届国际大学生校园设计大赛颁奖典礼】 6月5日在上海举行,中国教育电视台通过"CETV新闻"官方微博、抖音同步全程直播。大赛由上海市艺术教育委员会、中国建筑装饰协会设计委员会、台湾室内设计专技协会、新加坡室内设计协会、北京北方阳光文化慈善基金会主办,上海立达学院承办,联合国人口基金、中国扶贫基金会、智惠乡村志愿服务中心、中国农业国际合作促进会乡村振兴委员会、北投云技术研究院指导,中国惠普、想象传媒战略合作。大赛产生校园公益命题&非命题类、校园空间类、校园视觉传达类、校园数字媒体类、校园文创类等金奖、银奖和最佳创意奖44项,评出18项网络人气奖、163项优秀奖、100项杰出设计师奖以及54位优秀指导教师、35个优秀组织奖。 (张洁华)

【畅想智慧校园未来建设高峰论坛暨智慧校园展】 6月5日在上海立达学院举行。活动致力于构建多层次、多元化、开放共享的"互联网+教育"产教融合大平台,为学生提供全新的学习体验与服务模式,建设更加现代化的智慧校园。 (张洁华)

【在第七届中国国际"互联网+"大学生创新创业大赛上海赛区获佳绩】 8月30日,在第七届中国国际"互联网+"大学生创新创业大赛上海赛区,上海立达学院的《立计科技大健康遥测服务系统》项目获金奖,《校票票——基于高校的一站式电影宣发平台》项目获银奖,《爬梯俱乐部——一站式城市派对文娱平台》项目获银奖。上海立达学院获优秀组织奖。 (张洁华)

【第九届上海青年学者口语传播论坛】 12月7日在立达学院举行。由上海市演讲与口语传播研究会、上海立达学院联合主办，广西卓健科技有限公司协办，是上海市社联青年学者论坛合作项目。以“红色文化与口语传播”为主题，关注红色文化背景下口语传播市场的行业现状与发展前景。

（张洁华）

【获网络教育评选两项荣誉称号】 12月10日，由搜狐网、搜狐教育主办的以“教育回根　生态重塑”为主题的2021搜狐教育年度盛典在北京举行，上海立达学院获评2021年度“品牌影响力民办高校”荣誉称号。12月22日，“以初心·致未来”第十三届网易教育金翼奖颁奖典礼在北京举行，上海立达学院获“2021年度综合实力民办高校”荣誉称号。

（张洁华）

【立达设计奖·第二届国际大学生校园设计大赛全球启动发布会】 12月17日在上海立达学院举行。由上海市艺术教育委员会主办，上海立达学院承办。发布会上，组委会公布立达设计奖“蓝皮书”，将围绕国家乡村振兴战略面向全球招募100名青年设计师志愿者，为100所乡村学校提供设计方案。

（张洁华）

12月17日，立达设计奖·第二届国际大学生校园设计大赛全球启动发布会在上海立达学院举行

附：学校负责人及地址

（2021年1—12月）

董事长：陈西峰（1月到任）

校党委书记：张天启

校　长：黄亚钧（1月到任）
副校长：蔡中奇

地址：车亭公路1788号
邮编：201609
电话：57805678

上海外国语大学贤达经济人文学院

【2021年概况】 有虹口、崇明2个校区，设6个二级学院、2个教学部，共计六大门类22个本科专业，覆盖文学、法学、经济学、管理学、教育学和艺术学。全日制在校生8709人。招录新生2317人，专升本录取680人，各类招考报到总数2553人。专任教师346人。引进人才中，正高级职称18人、副高级职称5人，博士研究生26人。

成立上海外国语大学贤达经济人文学院党委党史学习教育领导小组。完成7个“我为群众办实事”项目。形成“五老进校园”关工委工作品牌项目。由学校党委承办的“民办高校同一堂课”，辐射至上海市17所民办高校，94162人次观看。开展规章制度“废改立”工作，推进依法治校。

在“外语+”办学特色基础上逐步增加“信息技术+”，申报广播电视编导、大数据管理与应用2个新专业。数字媒体艺术、会计学（智能财务）专业获批中等职业教育—应用本科专业贯通培养模式试点。日语专业获批上海市第五批专科高等职业教育—应用型本科教育模式试点。组织法语、西班牙语等5个专业实施达标评估。环境设计专业学士学位获批。制定贤达特色的“思政课程”“课程思政”领航计划，推进《习近平谈治国理政》多语种版本“三进”工作。

全年申报各级各类科研项目71项，其中上海市教育科学研究项目1项、上海市哲社课题1项、上海市高等教育学会自筹课题4项、中国民办教育协会2021年度规划课题1项。发表论文125篇，其中全国中文核心期刊12篇、CSSCI 9篇、SCI 5篇、EI 5篇、科技核心1篇，C扩3篇，普刊90篇。完成译著1本、专著12本、教材6本，提交省部级及以上采纳的决策咨询报告25篇。

加强新教师培养和“双师”“双能”型教师培养，54名教师获市、校两级优秀骨干或专项计划资助培养；组织各类专题培训44场，覆盖1170余人次。新进教职工培训30余节课。

心理健康教育中心配有专职教师3人，建立新生普测及心理危机预警机制，年度咨询数计295次。开展心理健康主题活动341场，累计参与13443人次。推进“社区制”改革，上半年开展活动80余场。启动外语类重点赛事的培育孵化项目，1名学生在“外研社·国才杯”全国大学生演讲比赛中获上海市一等奖，校代表队在2021年“外教社杯”第四届全国大学生跨文化能力比赛中获上海赛区决赛二等奖。920名会期志愿者和10名前期动员岗志愿者服务中国花卉博览会。5100余人次学生志愿者参与双校区垃圾分类工作。组建校平安志愿者行动支队，获市教委大学生平安志愿者行动队品牌项目育苗活动三等奖。14个团队在2021年“互联网+”大赛中获奖；1个社会实践项目获2021年“知行杯”上海市大学生社会实践大赛三等奖，1个社会实践项目获评优秀奖；1支学生队伍获第七届“东方财富杯”全国大学生金融精英挑战赛国家级二等奖。1名学生获宝钢奖学金“优秀学生奖”；2名学生获2021年上海市女大学生创新创业大赛“创业组”二等奖；10名学生参加“上海师范生教学基本功大赛”。

开展12项各类别中外合作本硕连读、双学士学位培养项目以及海外教师培训研修项目以及60余所大学常态化出国交流学习、学分互认合作项目等。落实在校学生赴美国南加州大学、迈阿密大学等进行学分互换、双学士学位、本硕连读项目的交流学习学生数73人。（刘季婷）

【举行表彰大会暨志愿者出征仪式】 5月19日，“永远跟党走　奋进新时代”上海外国语大学贤达经济人文学院学生表彰大会暨第十届花博会志愿者出征仪式在崇明校区教学楼举行。校党委相关领导、各部门负责人、优秀学生代表、花博会带队教师及200余名志愿者代表参加。会上，宣读《学生评优表彰决定》，为获奖集体代表和个人代表颁奖；志愿者代表带领参会志愿者宣誓，共同许下“以实际行动践行志愿者精神”的承诺。（刘季婷）

【学生获上海市师范生技能竞赛奖】 6月5日，第三届上海市师范生教学技能竞赛在华东师范大学闵行校区举行。经过角逐，上海外国语大学贤达经济人文学院教育学院学前教育专业青年教师李佳颖、颜彦指导的学生李萱获大赛一等奖、学生刘辰泽获大赛优胜奖，音乐学专业青年教师吴瑶、佟殷指导的学生周媛媛获大赛三等奖。（刘季婷）

【获第十七届2021年上海市大学生企业经营模拟沙盘大赛特等奖】 6月6日，“第十七届2021年上海市大学生企业经营模拟沙盘大赛”在上海海事大学举行。商学院工商管理系学生洪佳乐、孙宇坤、崔雪琴、刘锦轩组成的上海外国语大学贤达经济人文学院代表队在比赛中取得上海市本科组最高分，获特等奖。（刘季婷）

【举办2021届优秀作品展开幕式暨研讨会】 6月26日，上海外国语大学贤达经济人文学院艺术与传媒学院2021届优秀作品展开幕式暨“全国民办高校艺术教育与文化创意产业联盟”研讨会在虹口校区举办。来自艺术高校的专家、艺术家和教师代表，业界代表、媒体代表以及艺术与传媒学院全体教师、毕业生参加。其间，举行“全国民办高校艺术

教育与文化创意产业联盟”揭牌仪式；与会嘉宾结合不同的行业与专业，交流对艺术教育与文创产业的见解。（刘季婷）

【“贤达湾”揭牌】 11月10日，上海外国语大学贤达经济人文学院女大学生就业情况调研暨“贤达湾”成立授牌仪式在崇明校区行政中心举行。上海市妇联、崇明区妇联、上海市教育系统妇工委、上海市女企业家协会相关负责人和学校党政领导及女工委、就业办、团委等负责人参加。其间，与会人员就如何健全女大学生“就业思政”教育体系、“区域化联建模式”等话题进行交流，并为“贤达湾”揭牌。“贤达湾”是女大学生与女企业家交流的平台，助力女大学生职业发展。（刘季婷）

附：学校负责人及地址

（2021年1—12月）

董事长：鲍贤嗣

校党委书记：夏骄雄（4月离任）
　　副书记：王　科（3月到任）、郑　虹

校　长：张定铨（11月离任）、郑方贤（11月到任）
副校长：梁中贤、徐　征、马艳红、罗玲芳

虹口校区地址：东体育会路390号
邮编：200083
电话：51278010

崇明校区地址：东滩大道999号
邮编：202162
电话：51278501

上海师范大学天华学院

【2021年概况】 设9个二级学院、331个行政班，有31个专业。在校生10155人。招生录取2715人。有职工696人，专任教师503人，辅导员69人，行政教辅119人，另有兼职教师125人。

建立以教学名师为引领的校内讲师团，通过定期主持教师发展项目，实践师德，铸就专业。借助上海市教委“上海高校青年教师培养资助计划”“产学研践习计划”“国内外访学计划”及“强师工程”等平台，培养高端人才梯队，突出特色专业，打造“三双”师资队伍。

“信息与系统”（线下课程）、“学前儿童社会教育”（线下课程）、“数字图形设计”（线上线下混合式课程）3门课程被认定为2021年上海高校一流本科课程。获批教育部产学研创新基金项目1项。学校在研项目66项。有国家级一流本科课程1门，以及上海市一流本科课程6门、上海市重点课程14门，上海市重点教学改革项目2项、上海市教育科研项目4项、上海市晨光计划项目5项、上海市高教学会课题4项、上海高校青年教师培养资助计划项目16项和国内访问学者项目6项、产学研践习计划项目7项、横向课题1项。出版著作23本，发表论文128篇，其中高水平论文（SCI、EI）14篇。

办好学前教育、小学教育和康复治疗学3个经教育部批准的中外合作办学项目，以及视觉传达设计、财务管理（CFA）等14个国际课程合作专业，2021年度合作专业在校学生近2700人，共有11名常驻英语外教及118人次合作大学派遣专业外教在校授课。学院赴境外进修学习教师9人。与美国北亚利桑那大学合作开展20名教师博士培养。通过强师工程，10余名教师参加英国赫特福德大学等学校的硕士学位和博士学位项目。

开展爱国主义教育，设立“国旗班”。响应嘉定区“教化之城，礼乐嘉定”的创城口号，组建“雅乐团”，打造“管乐团”。制定劳动教育指导纲要，加强学生生活实践、劳动技术和职业体验教育。

（邓　宇）

【举办上海民办高校国防教育推进会】 4月9日，

在市民办高校党工委组织下，上海民办高校国防教育推进会在上海师范大学天华学院举办。推进会交流上海各民办高校国防教育育人特色，共谋新时代国防教育育人的创新发展。（季　嘉）

【举行庆祝中国共产党成立100周年系列活动】 7月1日，上海师范大学天华学院举行庆祝中国共产党成立100周年系列活动，包括组织观看庆祝中国共产党成立100周年大会网络直播、学习习近平总书记在大会上的重要讲话、开展“两优一先”表彰大会、新发展党员集中宣誓等。（季　嘉）

【获评“上海市五一劳动奖状”】 10月15日，2021年上海市五一劳动奖状（章）、上海市工人先锋号评选结果揭晓。上海师范大学天华学院获2021年上海市五一劳动奖状。（季　嘉）

【2021年上海市幼儿园园长研修班成果交流与结业式】 11月5日在上海师大天华学院大礼堂举办。来自全市16个区的114名幼儿园园长完成5个月的培训学习并获结业证书。其中，110名园长获美国幼教协会颁发的国际课程证书。自2018年以来，上海师范大学天华学院共组织7期研修班，覆盖骨干和初任两种班型，培训358名幼儿园园长，占全市公办幼儿园总数的34.96%。（邓　宇）

11月5日，2021年上海市幼儿园园长研修班成果交流与结业仪式在上海师范大学天华学院大礼堂举办

【“上海民办高校党史学习教育融入思政课教学”研讨会暨马克思主义与文化研究中心成立】 12月24日，研讨会和成立仪式在上海师大天华学院举办。研讨会以“党史学习教育融入思政课教学”为主题。来自中央党校、上海市委党校、复旦大学现代化研究中心、华东师大等单位的党史研究领域专家学者，上海17所民办高校马院（思政部）负责人、思政课教师代表等参会，研讨深化党史理论研究与阐释，创新党史学习教育方法等议题。同日，马克思主义与文化研究中心揭牌。（季　嘉）

附：学校负责人及地址

（2021年1—12月）

校党委书记：陆建非
　副书记：叶才福、曹云林、许　岳

校　长：叶才福
副校长：龚春蕾、陈新斌、朱国权、王友根、吴国兴

地址：胜辛北路1661号
邮编：201815
电话：39966266

上海旅游高等专科学校

【2021年概况】 有酒店管理与数字化运营（含中外合作办学）、大数据与会计、旅游管理、电子商务等18个专科专业。全日制在校生3396人。有教职工353人，其中专任教师229人，包括教授14

人、副教授54人，国家级教学名师1人、上海市教学名师4人，教育部全国旅游职业教育教学指导委员会委员2人。

获批新一轮上海一流高等职业院校建设单位，立项会展策划与管理、酒店管理与数字化运营、旅游管理(都市旅游)3个上海一流高等职业教育专业群。筹建酒店与数字化运营产业学院、度假区产业学院2个二级教学单位，建立全国首个营地教育微学院。完成9个“1+X”证书培训站点建设，红色文化与旅游虚拟仿真实训基地列为教育部产学合作协同育人项目、上海市示范性虚拟仿真实训基地。培育校级教学成果14项，建成数字化课程50门。获批市级精品在线开放课程2门、市级教师教学创新团队1个。出版教材近20本，其中《酒店财务管理实务》获全国优秀教材二等奖、市级精品教材。成立课程思政教学研究中心，获全国高校思政课教学展示暨优秀课程观摩活动二等奖1项，以及上海市课程思政示范课程1门、全国旅游职业院校课程思政展示活动优秀课程2门。出版全国首本旅游类专业课程思政优秀教学案例集。

首次获批上海市哲学社会科学规划委托课题1项，获上海市晨光计划2项、市级教育科研项目4项，管理国家社科基金项目1项。教师发表论文115篇，出版专著16部，获批文化和旅游优秀研究成果2项。《旅游科学》获评人大复印报刊资料重要转载来源期刊、中国国际影响力优秀学术期刊。成立“旅游规划与标准化研究中心”“长三角会展研究中心”“自然旅游和户外游憩研究中心”3个校级科研机构。

当选全国普通高校毕业生就业创业指导委员会文旅艺术旅游行业副主任委员单位，牵头成立全国就指委旅游组并担任组长单位。发起成立“上海高职高专毕业生就业工作联盟”，承办首届上海市高校教师就业指导课程教学大赛(高职高专)。获批“上海高校毕业生就业创业工作基地(孵化)”。

在全国院校职业技能大赛获奖1项，全国大学生英语竞赛获奖3项，全国日语技能大赛获奖2项，全国旅游院校服务技能大赛获奖4项，第七届中国国际“互联网+”大学生创新创业大赛上海赛区获奖7项，第十七届“挑战杯”全国大学生课外学术科技作品竞赛获奖4项，上海市“星光计划”第九届职业院校技能大赛累计获奖24项。1名学生获“全国技术能手”“上海市技术能手”称号。

加入世界旅游联盟，入选上海教育国际交流协会成员单位。牵头长三角旅游职业教育联盟开展学分互认工作，打造21门精品在线课程。连续第十一年发布《中国城市休闲化指数报告》，连续第四年发布《长三角城市休闲化指数报告》，连续第三年发布《长三角城市文化竞争力报告》。主办第四届国家公园与可持续旅游学术研讨会、首届中国西餐烹饪教育国际论坛。牵头上海旅游职业教育集团申报全国示范性职业教育集团培育单位获批。

(武　婕)

【红色文化遗产进校园系列活动启动仪式】 4月14日在上海旅游高等专科学校综合楼小剧院举行。活动由上海市文物保护研究中心、上海旅游高等专科学校、上海师范大学旅游学院、上海音像资料馆共同主办，依托专家讲座、展览和短视频创作大赛等形式，推进党史学习教育同专业实践相结合，传播红色文化精神。(蒋一聪)

【获首届全国技能大赛优秀选手“上海市技术能手”称号】 4月14日，中华人民共和国第一届职业技能大赛(简称首届全国技能大赛)上海参赛总结表彰会在上海展览中心友谊会堂举行。会上，上海旅游高等专科学校2019级西餐工艺专业学生王晨获首届全国技能大赛优秀选手“上海市技术能手”荣誉称号。(蒋一聪)

【酒店管理与数字化运营产业学院揭牌仪式】 5月8日在上海旅游高等专科学校综合楼小剧院举行。学院由上海旅游高等专科学校与华住集团联合创办，旨在通过校企合作、产教融合，培养具备数字化知识素养、运用数字化运营手段、掌握数字化管理技能、适应当下及未来泛酒店管理产业数字化转型升级要求的新型高级专业人才。

(蒋一聪)

【长三角旅游职业教育联盟红色精神传承主题

活动】 6月25日在上海旅游高等专科学校综合楼小剧院闭幕。主题活动历时三个月，30多家长三角旅游院校和红色景区参与，近千名观众现场观摩，30000多次视频播放量。闭幕式上，来自长三角旅游职业教育联盟8所院校的学生代表讲解红色文化景观并评选出红色故事最佳作品奖、红色故事优秀奖、征文优秀指导、最佳组织奖等奖项。

（蒋一聪）

6月25日，长三角旅游职业教育联盟红色精神传承主题活动在上海旅游高等专科学校综合楼小剧院闭幕

【第一届中国西餐烹饪教育国际论坛】 10月24—25日在上海举行。由上海旅游高等专科学校和中国烹饪协会联合主办。论坛上，上海旅游高等专科学校与中国烹饪协会联合发起成立"国际烹饪与文化研修中心"；与会专家学者、烹饪大师围绕"西餐烹饪教育高质量发展"主题，探讨新时代、新机遇、新挑战、新市场环境下西餐烹饪教育事业的发展前景和路径。

（蒋一聪）

附：学校负责人及地址

（2021年1—12月）

校党委书记：刘晓敏
副书记：康　年、徐继耀、郑旭华、卫茹静

校　长：康　年
副校长：卫茹静、王建昌、卓德保、张宏梅

地址：海思路500号
邮编：201418
电话：57126268

上海出版印刷高等专科学校

【2021年概况】 设印刷包装工程系、出版与传播系、信息与智能工程系、艺术设计系、文化管理系、影视艺术系、动漫与电竞系、基础教学部、马克思主义学院、现代传媒技术与艺术学院、继续教育部、计算中心和外语系等教学部门，有53个专业。在校生5923人，其中普通专科生5693人、成人专科生147人，留学生83人。在岗教职工470人，其中专任教师259人（高级职称104人）。

成立以党委书记、校长为双组长的党史学习教育领导小组，制定《上海出版印刷高等专科学校党史学习教育实施方案》《关于进一步推进党史学习教育第三阶段工作的通知》。党委中心组集中学习22次，与上海世纪出版集团有限公司、奉贤区金汇镇、杨浦区教育局、武警上海总队执勤第二支队先后开展联组学习。开展"党课开讲啦"活动30次，2583人次参与。基层党组织书记讲专题党课11次。举办各类庆祝建党100周年活动20余场。开展"优秀共产党员""优秀党务工作者""先进基层党组织"评选活动。开展"我为师生办实事"实践活动，形成"办实事"常态长效机制，组织开展65次系列办实事活动，近3000人次参与。

召开思想政治工作暨"三全育人"工作会议，搭建人才培养智慧服务平台。出版《课程思政"三寓三式"范式探索与研究——国家级课程思政教学成果奖应用推广工程》。获批教育部首批课程思政示范项目。2门课程被选为上海高校党史学习教育与课程相融合示范课程。承办"上海市高职院校课程思政师资专项培训"。成立马克思主义学院。依托"长三角高职高专思政课建设联盟",建立市级教学资源库,1门课程入选上海市思政课"金课",2个案例入选上海高校思政课优秀教学案例,6个党史微课入选庆祝建党100周年全国"百所职业院校名师讲党史"系列微课。

下发《上海出版印刷高等专科学校深化新时代教育评价改革实施方案任务清单》。持续推进6个一流专业(2019—2021年)建设工作,获批一流专业群建设(2020—2022年)3项。组织开展一流高职院校建设申报工作,完成职业教育提质培优行动计划(2020—2023年)年度绩效采集工作,新增13个"1+X"证书试点项目。承办黄炎培职业教育思想研究会第十一次(2021)学术年会,推动"提质培优、增值赋能"的职业教育新发展。成立教材管理工作领导小组,组织开展"两类教材"核查相关工作,举办新形态教材——云教材开发建设师资培训,获评首届国家优秀教材二等奖1项、市级精品教材1项。"张波劳模创新工作室"获第四批上海市教育系统"劳模创新工作室",陈海龙国家工艺美术大师、染蓝大师工作室获上海"汇创青春"一等奖。师生作品《沂蒙田野实践》获2021年度"德国IF设计大奖"。学生获2021年美国全球卓越印制大奖金奖2项,以及第七届中国国际"互联网+"大学生创新创业大赛国家级铜奖1项,第六届"汇创青春"大学生文化创意作品展示活动一等奖2项,在第十七届"挑战杯"上海市大学生课外学术科技作品竞赛、上海市"星光计划"第九届职业院校技能大赛、第九届全国高校数字艺术设计大赛中分获一、二、三等奖,获2021"一带一路"暨金砖国家技能发展与技术创新大赛移动应用开发项目一等奖、二等奖。"分类评价"在上海"应用技能型院校"中连续四年位居第一。

打造"水丰汇"国家数字传媒产业园,与中国近现代新闻出版博物馆联合打造"最美的书"展厅。推进崇明印务中心建设工作。与奉贤区政府共建南上海出版传媒产业园。印刷包装工程系与上海印刷集团有限公司等建立图文信息处理产业学院,艺术设计系与中国美陈网共建"文创产业学院",影视艺术系与东方网共建智慧媒体产业学院,信息与智能工程系与腾讯云计算(北京)有限责任公司等共建腾讯云产业学院。

发表学术论文237篇,出版教材和著作43部,横向纵向课题共计190项。牵头编撰《2021中国柔性版印刷发展报告》蓝皮书。召开《出版与印刷》编委会暨出版与印刷学术研讨会。在上海市自然科学基金项目、上海市哲学社会科学规划课题一般项目、上海市"阳光计划"(党建工作类)项目中获立项。"上海市绿色包装专业技术服务平台"获上海市科委立项的省部级科研平台,"智能与绿色柔版印刷重点实验室"获批新一轮出版业科技与标准重点实验室,"上海市高技能人才培养研究中心"获上海高校智库立项建设。

制订《学校专任教师岗位分类聘用管理办法(试行)》及试行方案,做好教师分类评价和职称评聘的激励导向作用。试点和总结高技能人才评聘教师系列专业技术职称,制定并实施《学校高技能人才评聘教师系列专业技术职称实施办法(试行)》。

在市教委支持指导下,起草《上海传媒学院(暂名)申办报告》《关于整合资源组建上海传媒学院(暂名)的可行性论证报告》。

举办"领略汉语之美,弘扬技能之光——'毕昇工坊''中文+技能'(2021)云上课堂""一带一路"大学生媒体作品大赛。承办上海教育督导与评价国际论坛分论坛。（聂韶晶）

【奉贤校区一期工程开工】 1月20日,上海出版印刷高等专科学校奉贤校区一期工程开工仪式在奉贤区金汇镇学校用地范围内举行。一期工程建设内容主要为:新建图文信息中心、教学楼、实训楼、宿舍楼、综合体育馆、学生活动中心、食堂、后勤服务中心、35 kV用户站、地下车库(兼做人防)等,同步实施相应室外总体工程。总建筑面积为186115平方米,其中地上建筑面积168650平方米,地下建筑面积17465平方米。（聂韶晶）

【《沂蒙田野实践》获2021年德国IF设计奖】 4月13日，上海出版印刷高等专科学校影视艺术系师生作品《Yimeng Field Practice》(沂蒙田野实践)获2021年德国IF设计奖。该作品是在学校师生对沂蒙山区儿童进行艺术教学后，由学校师生与22名当地孩子共同创作的图书。创立于1953年的德国IF设计奖，与美国IDEA奖、德国红点奖并列为“世界三大设计奖”。 (聂韶晶)

【“上海市高技能人才培养研究中心”上海高校智库】 11月4日在上海出版印刷高等专科学校揭牌成立。该中心致力于打造国内职业教育领域公认的政府决策咨询和职教理论创新基地，成为在职业教育和世界技能大赛研究领域国内一流、国际有着重要影响力的高端专门智库。 (聂韶晶)

【南上海数字出版传媒产业园】 12月28日在奉贤区揭牌。由奉贤区政府与上海出版印刷高等专科学校共同创建，旨在通过集聚国内外优质资源，引入行业龙头企业，建设国内领先、国际一流的，以数字出版、文化装备、版权交易、广告传媒、科技转化与创新创业为主要内容的产业基地。 (聂韶晶)

附:学校负责人及地址

(2021年1—12月)

校党委书记:顾春华
副书记:陈　斌、顾　凯、黎　卫

校　长:陈　斌
副校长:黎　卫、周国明、杨爱玲、吴雷鸣

地址:水丰路100号
邮编:200093
电话:65676563

上海行健职业学院

【2021年概况】 设经济管理、信息技术与机电工程、商务外语、应用艺术、学前教育5个学系20余个专业。全日制在校生4031人。在岗教职员工274人，其中专任教师176人(双师素质专业教师比例为80.68%，高级职称教师比例为29.55%)。

有上海市一流专业3个，市级教师教学(创新)团队12个，市级精品(在线开放)课程18门，上海市职业教育专业教学资源库3个。新增婴幼儿托育服务与管理1个专业，建设学前教育、飞行器制造技术、电子商务3个上海市高职高专一流(培育)专业。

制定并推进实施《上海行健职业学院劳动教育实施方案》，完善第二课堂平台劳动模块建设，举办首届劳动教育周活动。制定《上海行健职业学院心理健康教育实施方案》。学院获批上海市中华优秀传统文化社区传播工程示范点，举办非遗技艺展览和现场制作实践活动。

推进课程思政2.0教学改革，在思政课、综合素养课和各专业课教学中融入思政教育。参加全国职业技能大赛、第九届“星光计划”大赛。推进校级质量工程、“一流专业”和贯通专业等建设工作。组织开展《职业教育提质培优行动计划(2020—2023年)》项目建设，共承接17个项目(任务)。组织“创业赢未来，创新圆梦想”2021年创新创业培育季活动。获第七届中国国际“互联网+”大学生创新创业大赛上海赛区金牌。

完善专职思政课教师配备，拓展校企共建“双师型”培养培训基地和教师企业实践基地，探索技能大师工作室建设。出台《学院部分业绩奖发放指导意见》《学院专职思政理论课教师专项岗位津贴分配方案》等多项制度文件。

根据《上海行健职业学院"十四五"数字校园建设项目重点建设项目实施方案》,完成数字校园统一身份认证系统"弱口令"整改、虚拟化服务器迁移、明德楼会议室线上线下智能会议升级改造、新教师和新生信息素养培训工作。完成"一网通办"前期工作准备及项目启动工作,启动学院力行楼智能化改造项目。

学院六次被评为上海市文明单位,续评上海市花园单位,连续五年被评为"上海市征兵工作先进单位",并获评上海市青年五四奖章集体、2020年度静安区第一届教育科研先进集体奖等荣誉称号。

(行　健)

【举行"求索"启动仪式】 4月29日,上海行健职业学院举行庆祝转型20周年系列活动"求索"启动仪式,发布庆祝转型20周年标识和主题词。教师代表、优秀校友代表分别回顾学院在其成长发展中给予的指导支持。

(余　宁)

【获第十八届上海教育博览会"风采展示奖"】 5月22—24日,第十八届上海教育博览会在上海展览中心举行。长三角四地、上海16个区教育局、100多家教育单位参会。上海行健职业学院以"传承红色基因,走好红色育人路"为主题,通过依托红色实践构建"三全育人"新格局、明德传薪火笃行增华彩、暑期支教助力脱贫攻坚、电子商务促进产业脱贫等案例,多方位、多角度展示学院红色育人成效,获博览会"风采展示奖"。

(徐沫扬)

【百舸计划——华为合作伙伴精英预科班开班仪式】 11月20日在上海行健职业学院举行。预科班面向华为ICT学院应届毕业生,结合华为合作伙伴的岗位招聘需求,通过"华为合作伙伴精英预科班"短期实训的形式,针对性提高学生的岗位适配能力。

(杨　柳)

【举行"高职院校服务全民终身学习的创新实践"活动】 12月10日,"高职院校服务全民终身学习的创新实践暨庆祝上海行健职业学院转型20周年"活动以线上线下结合的方式在上海行健职业学院举行。其间,签署《静安职教集团校企战略合作协议》,并宣布成立"静安区职业院校服务全民终身学习联盟"。

(王明慧)

12月10日,"高职院校服务全民终身学习的创新实践暨庆祝上海行健职业学院转型20周年"活动在上海行健职业学院举行

【上海行健职业学院商务数智化机器人产业学院签约揭牌仪式】 12月31日在上海行健职业学院举行。会上,上海行健职业学院与北京来也网络科技有限公司、上海泓江信息科技有限公司签约。上海行健职业学院商务数智化机器人产业学院将打造产教融合综合体,精准培养技术技能人才。

(李　洁)

附:学校负责人及地址

(2021年1—12月)

校党委书记:沈燕华
副书记:黄　群　李　越

校　长:黄　群
副校长:章卫芳

地址:原平路55号
邮编:200072
电话:56075555

上海城建职业学院

【2021年概况】 有奉贤、杨浦、宝山3个校区。设专业44个，其中国家骨干专业14个、市级重点专业21个（含上海市一流专业8个）。教职工796人，其中专任教师514人，具有正高级职称27人、副高级职称154人，博士学历89人，双师型教师占67.02%。录取新生3817人。下辖的上海市建筑工程学校为国家中等职业教育改革发展示范学校、上海“A+”级优质中职培育学校，有教职工183人，在校学生1668人。

有市级教学团队25个、市级精品在线课程（含精品课程）41门。国家级教学资源库1项，上海市职业教育专业教学资源库14个。“上海市红色文化资源融入高职思政课教学研究及资源库建设”课题获教育部社科司高校思想政治理论课教师研究专项立项。“劳动教育融入高职思政课课程体系建设的探索”获上海高校思政课教学改革试点项目立项。“陶瓷器鉴赏基础”课程获评全国首届“课程思政示范课程”，“仿古陶瓷制作”“公共空间室内设计”2门课程获“上海高校党史学习教育与课程相融合示范课程”。《劳模（工匠）精神引领的“三全”劳育模式探索实践》案例作为上海市劳动教育“典型工作法”推荐至教育部。牵头发起成立“长三角职业院校劳模精神与劳动教育联盟”。

推进学校82个“双一流”项目执行和绩效达成，组织开展新一轮“双一流”申报。落实教育部《职业教育提质培优行动计划（2020—2023年）》，承接相关任务38项。新调整组建数字建造、城市运营管理、市政与生态工程、人工智能应用4个二级学院。新增装配式建筑工程技术、智慧城市管理技术2个专业和大数据技术与应用（电子竞技）1个专业方向。牵头“上海服务”证书试点工作，全年证书试点覆盖全校90%专业。科研服务能力进入全国高职前百名，获批国家级社会科学和自然科学子项目2项、教育部思政专项1项，省部级重要项目7项。

完成“十四五”规划总规划，确立“建设职教强校，加快办成本科职业大学”发展目标，制定学校发展核心关键指标并上报市教委备案。成立规划管理与质量评估办公室，研究推进申本各项重大事项，组织开展《学校申本论证报告》编制，启动修订学校《章程》，研究并指导教学成果奖申报，教授数、博士和高级职称教师比例、双师型教师占比等按计划达标。

学校在“2020年全国普通高校大学生竞赛排行榜（高职）”中排名全国第三。学生获2021年全国职业院校技能大赛一等奖1项、二等奖6项、三等奖1项，1名教师获“优秀指导教师”荣誉称号，获奖总数位居全国同类院校第六、上海市第一。在2020金砖国家技能发展与技术创新大赛竞赛排行榜中，学校位列国际竞赛排行榜第二十一名、国内竞赛排行榜第三十一名。

举办首届国际青年学者论坛暨校企共建双师型教师职业发展线上线下论坛。启动首轮管理岗星级职员申报，推进思政教师专技职务评聘政策落地，制定《上海城建职业学院师德标兵评选与表彰办法（试行）》，修订完善教师专业技术职务评聘办法，健全教师荣誉体系，配套完善奖励性绩效制度。

学校中泰合作案例《开展职业教育合作，共谱中泰友谊篇章》被《“一带一路”教育国际交流优秀案例选集》收录。为40余家在柬中资企业主管开展培训，向巴基斯坦塔克西拉省立技术学院提供建筑工程技术培训课程。学历继续教育在校生人数达2239人，非学历社会培训完成人数近45000人次。组建长三角绿色智能建造产教协同创新联盟，举办2021年长三角城市发展论坛，发布《2020长三角城市发展报告·长三角中小城市活力研究人才篇》。牵头成立长三角中小城市研究专委会，与蚌埠市发展与改革委员会联合成立淮河生态经济带创新发展研究院。

1人获评市教卫系统优秀党员，1人获评市教卫系统优秀党务工作者，1个党支部获评市教卫系统先进基层党组织，2个党支部共同申报教育部第三批“样板支部”。开展“百年百课”“百年百人”“百年百事”系列项目。“学生事务中心学生团队建设”项目入选市教卫工作党委重点民生项目，“职业院校教师分类评价改革”项目入选市教卫工作党委重点发展项目。（范春燕）

【“OneNET——智慧城市产业学院”签约暨揭牌仪式举行】 4月21日，“OneNET——智慧城市产业学院”签约暨揭牌仪式、中国移动物联网联盟产教融合示范基地授牌仪式在上海城建职业学院奉贤校区举行。该学院是上海城建职业学院与中国移动中移物联网有限公司、大唐邦彦（上海）信息技术有限公司三方围绕智慧城市行业应用，结合物联网、5G、移动互联、人工智能等新技术共建的产业学院。

（范春燕）

【与安徽省蚌埠市政府签署战略合作框架协议】 4月26日，受蚌埠市政府邀请，上海城建职业学院校长赴蚌埠市，签署《安徽省蚌埠市人民政府　上海城建职业学院战略合作框架协议》，双方将在论坛共办、基地共建、人才共育、产教共融、发展共研等方面开展战略合作。（范春燕）

【承办全国职业院校技能大赛】 6月17—18日，上海城建职业学院承办2021全国职业院校技能大赛（高职组）健康与社会照护赛项。这是上海职业高等院校首次承办的全国性职业技能大赛。全国28个省、自治区、直辖市的参赛队汇聚上海城建职业学院，开展为期两天的同台竞技。（范春燕）

6月17日，全国职业院校技能大赛（高职组）健康与社会照护赛项在上海城建职业学院开赛

【入选第四十六届世界技能大赛中国集训基地名单】 7月2日，人社部发布第四十六届世界技能大赛中国集训基地名单。经大赛中国组委会研究，确定在245家单位设立346个中国集训基地，上海城建职业学院入选砌筑项目国家集训基地名单，成为该项目上海唯一入选单位。上海城建职业学院1名教师担任“结构与建筑技术分区”场地分区经理，2名教师担任“混凝土建筑”项目场地经理，3名教师担任砌筑项目场地经理，其中1名教师在考核中被评为优秀场地经理。

（范春燕）

【获首届全国教材建设奖（职业教育与继续教育类）二等奖】 10月12日，全国教材工作会议暨首届全国教材建设奖表彰会在北京召开。会上，发布《关于首届全国教材建设奖奖励的决定》，评选出全国优秀教材奖999种，上海城建职业学院城市运营管理学院副教授袁媛担任副主编的教材《工程造价管理（第四版）》入选，获“全国优秀教材二等奖”。该教材是教育部“十五”“十二五”和“十三五”职业教育国家规划教材，累计发行720305册，使用院校涵盖江苏、湖北、山东在内的近20个省市。

（范春燕）

【连续四年列上海高校分类评价第一梯队】 11月3日，上海市政府教育督导委员会办公室召开2021年上海高校分类评价结果集中反馈会。上海城建职业学院在应用技能型高校综合评价中再次位列第一梯队第二名，效益评价从2020年第三名上升

至第二名。自2018年实施高校分类评价以来，学校连续四年列第一梯队。（范春燕）

【"人文交流经世项目"落在老挝巴巴萨技术学院】 11月19日，上海城建职业学院参与的教育部中外人文交流中心"人文交流经世项目"落在老挝巴巴萨技术学院，成为学校"中文+职业技能"在老挝的推广基地，将开展"中文+计算机应用技术"教学。（范春燕）

附：学校负责人及地址

（2021年1—12月）

校党委书记：褚　敏
　　副书记：杨光辉、何　光、吕　力

校　长：叶银忠
副校长：何　光、杨秀方、郭洪涛、杨广军、淦爱品

地址：南亭公路2080号
邮编：201415
电话：57460188

上海交通职业技术学院

【2021年概况】 2月，经上海市政府批准，上海交通职业技术学院划归市交通委管理。9月，经中共上海市委机构编制委员会批准，上海市交通学校、上海市公用事业学校整建制并入上海交通职业技术学院。上海交通职业技术学院有徐汇、宝山、浦东、闵行、嘉定5个校区，设9个教学系部、36个专业，其中汽车运用技术、集装箱运输管理2个专业为国家级教学改革试点专业。全日制在校生7600人，其中高职生4660人、中职生2940人。学院在编教职工510人，在编及第三方教职工总数584人，其中专任教师309人。专任教师中，副高级职称以上占比19%，中级职称占比51%；博士占比约2%。

年内，申报智能机电技术、道路工程造价、道路机械化施工技术、道路工程监测技术等多个新专业。以上海交通物流职教集团为依托，增选汽车检测与维修技术等10个专业申报2022年五年一贯制专业试点。完成2020级人才培养方案修订和2021级人才培养方案制订工作。持续贯彻"1+X"证书制度试点工作，申报工程造价数字化、建筑信息模型、企业管理咨询、室内设计等第四批"1+X"证书。

引进46名教职员工（31名教师、15名行政管理人员）。组织开展教师分批次在线培训、班主任专题培训、教师企业挂职锻炼、国内访问学者、青年教师培养资助计划等教师培训工作，完成国家级职业教育教师教学创新团队建设、申报工作，以及专业技术人员岗位晋升聘任工作。申报学院课题33项、上海教育科研课题4项、上海市青年项目1项、晨光计划项目3项，上海市高教学会课题5项，上海高校青年教师资助项目及黄炎培职教项目等4项，立项39项。组织验收结项26项，出版教材20本，发表论文84篇（核心期刊发表11篇），论文或课题获奖6项。形成学院优秀教学成果12项，申报参选上海市优秀教学成果9项。

设立大学生生涯规划与就业指导课程，落实"一人一档，精准施策"，实现就业工作精准对接。搭建学生创新创业平台，开办NFTE创新创业培训班，170余名学生参与，3个项目参加第七届中国国际"互联网+"创新创业大赛。

做好继续教育服务工作。成人大专招生406人，在校生959人，成人大专学生在线平均出勤率92.5%。制订落实成人学历教育学生在线教学实施方案，做好成人大专学分银行工作，毕业生平均"双证"率达90%。职业技能培训方面，做好考证学生信息申报、培训、鉴定考试等，总计4441人次。协助组织市交通委职业资格中心等社会化考试服

务3678人次。（王智平、胡萌萌）

【上海交通职业技术学院干部宣布大会】 10月15日在上海交通职业技术学院召开。市交通委宣布启动上海市交通学校、上海市公用事业学校整建制并入工作，三校领导班子成员以及中层干部出席会议。会议要求学校扎实做好干部和教职员工思想稳定工作，确保各项改革整合工作平稳有序开展，为打造高质量新型高职学院奠定基础。

（王智平、胡萌萌）

10月15日，上海交通职业技术学院干部宣布大会在上海交通职业技术学院召开

【在各类职业院校技能大赛获好成绩】 上海交通职业技术学院参加上海市“星光计划”第九届职业院校技能大赛37个学生组项目，60余人次获奖，教师组获6个团体奖。有2支队伍入选2021年全国职业院校技能大赛上海市选拔赛，3个赛项参加全国职业院校技能大赛。（王智平、胡萌萌）

附：学校负责人及地址

（2021年1—12月）

校党委书记：徐　刚

副书记：徐　辉、董晓峰、张　勤

校　长：徐　辉

副校长：董晓峰、季　强、顾剑锋、钱啸寅、刘　伟、张巳冬、高　芹

地址：凯旋路2050号

邮编：200030

电话：64476749

上海海事职业技术学院

【2021年概况】 有浦东、杨浦2个校区，设航海技术系、机电工程系、航运管理系、公共教学部4个二级教学系部，1个职业教育培训中心。全日制高职在校生458人。教职工109人；专任教师中具有研究生学历占58%，具有高中级专业技术职务占84%，“双师型”教师占47%。

开展“重温红色记忆、坚定理想信念”“学党史、强信念、跟党走”“寻访红色印记，传承红色基因”等党史学习教育主题活动、习近平七一重要讲话主题学习活动、组织观看建党100周年活动。在上海市“感党恩　念党情——我的故事给党听”献礼建党100周年主题征文活动中，学生作品获三等奖，学院获评优秀组织奖。组建党史主题宣讲团，组织“大学生同上‘四史’思政大课”。组织开展“浦江两岸寻红迹，沐春风与党行”人文行走主题活动、“畅想百年，青春献歌”活动。举办“学党史、颂党恩、跟党走”网上读书活动及演进比赛、“百航杯”党史知识线上答题竞赛。

完善教学改革与课程思政工作。以“课程思政”教育教学改革、师资建设为抓手，推进一流专业建设、教师教学创新团队建设两个市级培育项目。加快“课程思政”教学改革，港口与航运管理专业、

电气自动化技术专业完成课程思政指南、课程教学标准的编写。

推进创新创业大赛、毕业生就业促进工作。组织参加上海市第九届星光计划职业院校技能大赛非英语专业口语比赛以及第七届中国国际“互联网+”大学生创新创业大赛暨第九届上海高职高专大学生创新创业大赛、上海市大学生国际人道问题辩论赛。成为上海高职高专毕业生就业工作联盟成员单位，拓宽就业渠道。

持续开展教育科研工作。完成中国交通教育研究会教育科学研究重点立项课题的研究初稿；上报上海市高等教育学会2021年度规划课题3个；中国交通教育研究会2020—2022年度交通教育科学研究课题立项1个；中远海运人才发展院2021年政研课题立项2个；完成学院2021年度教科研项目评审，结题5个、立项8个。

联合上海海事局考试中心、证件科、船员管理处定期举办“船员面对面交流”活动，宣传解读船员适任考证的培训大纲、考试内容、评估要求等。承办第二届上海船员服务协会“泰华杯”船员技能竞赛、“长三角地区海船船员适任评估业务”研讨会以及船长综合评估题库建设研讨会等。开设驾驶/轮机适任证书再有效培训、大型船舶操纵培训。开设上海地区首期电子电气员再有效综合适任培训、“水手晋升三副”培训、船舶厨师和膳食辅助人员培训。全年开设各类培训189期，完成船员培训5870人次；船长、轮机长、大副、大管轮培训累计考证合格率分别为100%、96.9%、92.31%、88.6%。（陆　丹）

【获评市级教学创新培育团队】 3月9日，2020年度上海高职高专院校市级教师教学创新团队立项名单公布。经学校申报、现场答辩、专家评审和网上公示，上海海事职业技术学院“港口与航运管理教学团队”获评2020年度上海高职高专院校市级教师教学创新培育团队。（陆　丹）

【获上海市第九届星光计划非英语专业口语比赛二等奖】 3月27日，上海市第九届星光计划职业院校技能大赛非英语专业口语比赛在上海外国语大学虹口校区举行，上海海事职业技术学院报关192班学生张爱萍参赛并获二等奖。（陆　丹）

【青年马克思主义者培养工程暨业余党校开班】 12月3日，上海海事职业技术学院举行2021—2022学年青年马克思主义者培养工程暨业余党校开班仪式。培训班为期6个月，通过理论学习、红色探访、课题研究、学习总结等培训方式，帮助学生骨干解放思想，坚定信念，提升素质。（陆　丹）

12月3日，上海海事职业技术学院青年马克思主义者培养工程暨业余党校开班

附：学校负责人及地址

（2021年1—12月）

校党委书记：欧阳木林
副书记：孙　琦

校　长：孙　琦
副校长：张卫亮

地址：源深路158号
邮编：200120
电话：58311677

上海电子信息职业技术学院

【2021年概况】 有奉贤总校、闵行校区、徐汇校区、普陀校区及正办理划转的金山校区。设10个二级学院，有37个专业，其中国家级重点专业8个、上海市重点专业10个。全日制在校生11123人。招收新生4071人。有专兼职教师近600人。

完成学校"十四五"发展规划及9个专项规划、10个二级学院发展规划。推动职业教育本科创建，加快"升本"配套综合改革，统筹推进申报方案实施。明确二级学院新的发展目标和发展动力，形成集成电路专业群、通信技术类专业群、先进制造专业群、重大装备专业群、人工智能专业群等本科创建专业群。明确各校区发展定位，凸显地域对学校全面质量和品牌树立发展带来的优势。

创新思想政治理论课改革，举办"中共党史融入高职思政课教学暨新教材培训研修班"，服务人数达3480人。2门课程入选上海市高校党史学习教育与课程相融合100门示范课程，2名教师入选全国名师讲党史，获上海市大学生讲思政公开课展示一等奖。建设上海高校心理协会高职高专工作委员会。举办学校首届大学生网络文化节，2件作品入选全国大学生网络文化节展示环节，获全国三等奖及优秀奖。成立上海市职业教育德育工作联盟，提炼"三全育人"综合改革典型案例35个。确定13项"匠文化"课题准予立项，2项案例入选上海高校管理育人工作优秀典型案例。"521"大爱铸梦资助育人工程获市教委资助育人典型案例，1名学生入选上海高校十佳学生资助宣传大使。"'艺心向党，绘梦前行' 电子信息学子用绚烂墙绘助力乡村振兴"获上海市大学生社会实践项目大赛一等奖。

探索教学为主型、教学科研型和技术服务型教师的分类评价制度，研究相适应的绩效工资改革举措。持续提升教师综合素养，"双师型"专业课教师占专业课教师总数比达83%。实施辅导员"9+X"专业化发展，开展辅导员队伍建设月活动，举办学校第十届辅导员职业能力大赛，征集思政论文45篇。1名教师获评为全国教育系统关心下一代工作先进工作者，1名教师入选上海市"四有"好教师，3名教师获上海市育才奖，1名教师获上海市园丁奖。

对标双高建设标准，完成双一流职业院校建设任务，完成提质培优任务27项，做好职业本科申报准备和基础工作。确立十三类X证书的32门课程替换规则表，申报48个证书试点。建成校外实习基地300余个，腾讯网络安全产学研协同创新基地建成。参加全国职业院校技能大赛，获6个赛项奖项。参加第九届"星光计划"上海职业院校技能大赛，79人次获奖。获上海高职高专院校市级教学资源库建设立项示范项目7个。获市级在线精品开放课程3个、教师教学创新团队3个。1个实训基地入选国家级职业教育示范性虚拟仿真实训基地建设单位。获全国职业院校技能大赛教学能力比赛二等奖1项。4本教材入选国家十三五规划教材，2本教材入选上海市首批职业教育和继续教育精品教材。

建立学术预警制度，加强对科研活动过程监管，实行科研诚信黑名单机制。完成科研评审22场，开题论证9场；加强学术管理，开展评议、审议、审定工作28次。开展纵向科研项目申报50余批次，开展各级各类专家评审35批次260余人次。

获批纵向课题83项，省部级及以上课题7项；承接横向课题55项，比上年增长45%；完成合同登记认定51份；新增知识产权项目44件，新增专利42件；完成2项实用新型专利转让，实现技术成果转让零的突破。获上海市教育科学研究优秀成果奖二等奖1项。1名教工被评为“上海市技术合同认定先进个人”。

加入江苏省科技厅成立的校企联盟，与启东科技局、泰兴市城区工业园区、泰兴市虹桥工业园区签署战略合作协议，搭建产教研合作平台。与滇、德三方联合签署新一轮职业教育对口帮扶协议，开展东西协作帮扶；举办7期西部职教师资培训班，完成职教集团14所成员单位27名兼职教师的资助管理，安排云南5名职教管理干部来沪挂职及江、浙、皖院校6名专业教师来沪实践。与内蒙古电子信息职业技术学院签订战略帮扶协议。协调上海市高职高专教学研究会、信息化教指委等条线，承担国培、市培师资培训项目，与企业共建全球培训中心工业4.0分中心，将世界技能大赛项目资源进行课程转化。完成新疆生源计划98个。1名学生入选上海市西部计划志愿者，1名教师获市教委脱贫攻坚专项嘉奖奖励。完成社会培训量5万余人次。

开展学校安全文明校园创建工作，推进安全专项整治三年行动。开展消防灭火演练4次、应急疏散演练6次，开展安全检查50多次。完成78名兵员征集工作。创建资源节约型、环境友好型健康校园，完成奉贤校区环境评估报告，新建项目满足上海市《绿色建筑标准》二星级建设标准。开展校园环境美化工程，垃圾分类工作年度考评优秀。1008名学生完成献血。1名学生获上海市高校红十字优秀志愿者称号。四期项目可行性研究报告获批复，并开展工程施工总承包、施工监理招标等工作。

坚持党委领导下的校长负责制，形成富有职教特色的制度体系，发布《制度汇编(2021)》，涵盖290余条规章制度；巩固治校示范校创建成果，全方位开展法治工作，评定出5个依法治校示范部门。获上海市“新沪杯”宪法法律知识竞赛决赛团体二等奖。 （马宏亮）

【2021年云南省职业院校管理人员培训班】 5月17日在上海电子信息职业技术学院徐汇校区开班。来自云南省昆明、曲靖、楚雄等地的30多位职业院校管理人员参加。培训班邀请职教界和企业界的专家举办讲座，组织学员考察参观上汽通用等企业。 （邬晶晶）

【参加临港新片区产教融合基地授牌暨项目签约】 11月16日，临港新片区产教融合基地授牌暨项目签约仪式在临港新片区举行。上海电子信息职业技术学院与上海建桥学院签订战略合作协议，面向临港新片区集成电路、人工智能、先进制造等产业领域，共建高水平专业化产教融合实训基地、新一代信息技术科创中心、课程资源、师资队伍等，共同开展职业技能培训和技术服务。 （李　旺）

【与奇安信集团签约】 12月22日，上海电子信息职业技术学院、奇安信科技集团股份有限公司产教融合战略合作签约仪式暨申安网络安全产业学院揭牌仪式在上海电子信息职业技术学院普陀校区举行。申安网络安全产业学院围绕产业发展需求开展协同创新、协同育人，推进网络安全人才与创新基地建设，促进网络安全教育、技术、产业融合发展。 （傅　娟）

12月22日，上海电子信息职业技术学院、奇安信科技集团股份有限公司产教融合战略合作签约仪式在上海电子信息职业技术学院普陀校区举行

附：学校负责人及地址

（2021 年 1—12 月）

校党委书记：田　钦

副书记：杨秀英（5 月离任）、赵　坚（6 月到任）、毛玉婷、张　涛

校　长：杨秀英（5 月离任）、赵　坚（6 月到任）

副校长：张　涛、窦争妍、徐德明、方林中

地址：瓦洪公路 3098 号

邮编：201411

电话：57131333

上海工艺美术职业学院

【2021 年概况】　设手工艺术学院、WPP 视觉艺术学院、环境艺术学院、数码艺术学院、产品设计学院 5 个二级学院及工艺美术研究中心等科研机构，有室内艺术设计、环境艺术设计、公共艺术设计、数字展示技术、服装与服饰设计、首饰设计与工艺等 26 个专业。有专任教师 252 人，在校学生 4057 人。

完成中国特色高水平高职院校和上海一流高职的建设任务，在上海应用技能型高校综合评价中排名第三位。形成学校《改革和发展"十四五"规划纲要》，提出继续在上海高校分类评价中保持前列，发展一批职业本科专业，建成上海需要、国内领先、国际有影响的中国特色高水平多科性应用型高校等目标。抓住升本机会，将学校发展融入嘉定区建设方向，与嘉定区政府探讨合作思路、共建内容、合作方式，完成向市教委申报职业技术大学的可行性分析及补充材料。

推行课程思政改革，实施"匠心育人"工程，形成"三圈三全十育人"大思政格局。深耕海派工艺美术育人共享基地，探索建立区域化大中小幼学校一体化文化育人联盟平台。完善相关制度和教学文件，建立马克思主义学院与各二级学院协同联动的课程思政工作机制，各教学单位结合专业特点汇编课程思政教学指南，深入"工艺中国"和"中华非遗"等思政选修课的品牌化建设。组织申报教育部课程思政示范课程建设项目，2 门课程入围上海市课程思政示范课程，1 门课程入围艺指委课程思政示范课程，2 门课程入选上海高校党史学习教育与课程相融合示范课程，完成 2020 年立项的 17 门课程思政示范课程结项验收，收集 8 个教学单位 40 个课程思政案例，组织课程思政相关培训 2 次。

申请 16 项"1 + X"试点证书，参与专业 21 个。其中"数字媒体交互设计""实用英语交际""室内设计"职业技能等级证书共 180 名学生参与考试。根据教育部职成司《关于征集职业教育提质培优增值赋能典型案例的通知》，经学校评审遴选并上报案例 15 个。

继续参与技能大赛，成为 3D 数字游戏艺术项目、工业设计项目、商品展示项目和油漆与装饰项目的上海选手培训基地，工业设计项目、商品展示项目入选国家集训基地，学校与上海市轻工协会联合负责全国工业设计大赛上海赛区选拔赛。在第四十六届世界技能大赛全国选拔赛上，3D 数字游戏艺术项目获全国银牌，工业设计项目、商品展示项目、油漆与装饰项目获全国优胜奖，4 名项目选手全部进入第四十六届国家队，其中 2 名选手获全国技术能手称号和上海市技术能手称号。全校学生 2021 年度在星光大赛、职业院校技能赛、世赛选拔赛、行业技能竞赛等各项展赛获奖 300 余项。

柔性引进产业导师 9 人，其中高级职称 1 人、中级职称 1 人，企业行业背景 8 人、高校院所背景 1 人。开展全方位教师能力提升培育计划。全年产学研践习申报率 97.5%，30 人获职业资格证书。开展新教师岗前培养、国内访学、学历进修，11 名新教师参加培养，5 名教师获批市教委访学项目。

出台《教师在职攻读博士学位暂行规定》，全年新增在读博士4人、新增硕士4人（含在读）。开展课程思政能力提升计划，线上培训60人、线下培训25人。开展名家大师培育计划，中德大师工作室和长三角虚拟现实工作室获上海市文教结合项目立项，游高轩工作室入选市级技能大师工作室。开展双师培养基地培育计划，建立多个校内基地，产品学院色彩搭配师基地40名教师参训并获职业证书，环艺学院基地长三角地区15所高校200余名教师参训。组织校内教师参加国培项目155人、市级培训项目15人。

承办第七届中国国际互联网+大学生创新创业大赛上海赛区（职教赛道）的初赛、复赛和决赛，全市85226人参赛。学校2254个项目参赛，获国赛银奖等4项、市赛金奖等43项奖项和优秀组织奖。建设"创新创业教育""创新创业实践""职业素质教育"3门课程。组织各类创业菁英协会、创业市集、创业沙龙、创业咨询、创业讲座、创业训练营，举办"匠心工坊"冬日市集，搭建学生"作品—产品—商品"展销一体化创新创业实践平台。成功申报上海市高校毕业生就创业示范基地，获上海市就业促进中心颁发的创业指导站专场融合专项奖。 （俞晓菁）

【参与乡村振兴援疆建设服务社会】 成立援疆领导小组和工作小组，3名小组成员赴喀什职业技术学院对口支援，助其申报包装艺术设计专业，并继续支持叶城中职校玉雕专业建设。数码艺术学院与东华大学共同开发软件《阿尔茨海默与焦虑抑郁症自测系统》，承担《三江源国家公园自然图鉴》封面绘制，参与青藏绿色驿站视觉升级项目，参加曹杨新村"桂巷菜场美术馆和艺术夜校"项目，参与嘉定区少年科创集散地摄影摄像教师培训活动。完成对青岛职业技术学院和云南相关院校对口培训工作，与中西部2所院校形成对口支援，对口支援沪滇帮扶工作入选上海市扶贫典型案例。承担菊园社区更新改造课题，与徐行"我嘉书房"共建，开展系列志愿服务。 （俞晓菁）

附：学校负责人及地址

（2021年1—12月）

校党委书记：许　涛
　副书记：郭光武、王　波

校　长：仓　平
副校长：王　波、唐廷强、李　波、章莉莉

地址：嘉行公路851号
邮编：201808
电话：69977888

上海科学技术职业学院

【2021年概况】 开展内设机构改革，设智能制造工程学院、通信与电子工程学院（增挂腾讯云人工智能产业学院的牌子）、商贸管理学院、人文与社会科学学院、马克思主义学院、基础课教学部6个教学单位。有安全防范技术、移动互联应用技术、工业机器人技术、机械制造及自动化、跨境电子商务、大数据与会计、社会工作、应用英语等22个专业。在校生5200余人。在职教师283人。

制定下发《关于建党100周年纪念活动的方案》，开展系列庆祝活动，包括召开2021年"五四"表彰大会暨"唱响百年·申入人心"主题歌会、组织全校党员师生前往崇明开展"重温红色记忆，传承初心使命"主题党日活动、举行庆祝建党百年暨"七一"表彰大会和庆祝建党百年升旗仪式暨重温入党誓词活动。

以现代学徒制改革为抓手，制订《关于开展现代学徒制试点的实施意见(试行)》，探索中国特色学徒制的“上海样板”的实践路径。与上海市材料工程学校、上海科技管理学校、上海市群星艺术学校联合申报，获批 4 个中高贯通项目，成为新一轮中高职试点专业。获批与上海师大天华学院、上海外国语大学贤达经济人文学院相关专业联合开展高本贯通培养试点项目，实现高本贯通“零”的突破。“智能控制技术”“新能源汽车技术”“人工智能技术应用”“物联网应用技术”4 个新专业获批。构建国家、上海市和学院三级教学与科技项目体系，形成《优秀教学成果奖评选办法》《创建校级精品在线开放课程管理办法》《教师教学能力大赛实施办法》等文件。

与优质企业开展双边多边技术协作，整合来源于企业的生产实训场地 5000 平方米、教学实训实习设备 4000 万元、来自企业符合师带徒要求的教师 94 人。与腾讯云计算(北京)有限责任公司签署战略合作框架协议。与上海百度 Apollo Park 签署战略合作框架协议，共建智能网联汽车专业以及开展相关社会服务的工作。获批中国政府与法国政府合作的“法国施耐德电气绿色低碳产教融合项目”全国首批建设单位。

共建校企“双导师”队伍，有外聘和来自企业的教师 200 余人。加强组织各专业教师开展专业教学能力培训、组织二级院系辅导员培训，参训人数 184 人次。

分别与上海中侨职业技术大学、江苏工程职业技术学院和扬州职业大学签署战略合作协议。商贸管理学院与上海盒马网络科技有限公司合作。人文与社会科学学院的艺术设计专业创新劳动周育人方式，与嘉定区文旅局、嘉定区文联、陆俨少艺术院合作。与嘉定镇社区、菊园新区、嘉定区残疾人联合会等单位签订精神文明共建协议书。与上海嘉定—云南楚雄 4.0 消费帮扶生活体验馆 & 云巅村落合作，开展帮扶助农社会服务。

(王　盼)

【组织开展“党史融入思政课”主题集体备课活动】 6 月 11 日，上海科学技术职业学院思政教研部组织开展“党史融入思政课教学”集体备课活动。学校思政教研部专兼职教师、上海工艺美术职业学院等高校思政教师参与集体备课。 (王　盼)

【参与教育部“宪法卫士”网上学习竞答活动】 5—12 月，上海科学技术职业学院组织学生参加教育部“宪法卫士”网上学习竞答活动。参与学生 4000 余人，校内覆盖率 77%，平均分达 82.41 分。

(王　盼)

【上海科学技术职业学院腾讯云人工智能产业学院成立】 10 月 18 日，上海科学技术职业学院与腾讯云计算(北京)有限责任公司战略合作框架协议签约仪式在腾讯云计算上海总部(腾云大厦)举行。根据协议，上海科学技术职业学院腾讯云人工智能产业学院落地，重点建设数据运维中心、新工科研究中心、技能培训中心、企业服务中心和智慧校园。腾讯新工科项目总经理，上海墨桐花开教育科技有限公司副总裁以及上海科学技术职业学院党政领导出席签约仪式。 (王　盼)

10 月 18 日，上海科学技术职业学院与腾讯云计算(北京)有限责任公司战略合作框架协议签约仪式在腾讯云计算上海总部(腾云大厦)举行

附：学校负责人及地址

(2021 年 1—12 月)

董事长：严健军

校党委书记：周　胜（10月到任）
副书记：滑智平

校　长：周　胜（6月到任）
副校长：韩　芳、高　康、胡晓晖、滑智平

地址：金沙路280号
邮编：201800
电话：69990010

上海农林职业技术学院

【2021年概况】 有松江、临港2个校区和松江泖港实训基地。设植物科学技术系、风景园林技术系、动物科学技术系、生物医药与健康系、经济管理系、智慧农业工程系、基础部和马克思主义学院等六系一部一院。有21个专业，形成园艺技术、园林技术、动物医学、生物技术及应用、农业经济管理和农业信息技术六大农业特色专业群。园艺技术、动物医学、药品生物技术、设施农业与装备4个专业是上海市一流建设专业。有市级及以上精品课程21门，市级教学团队（包括教师教学创新团队）12个。全日制在校生4300余人。全校教职工333人，其中教授、副高职称56人。

都市动物医学、都市现代园艺、生物医药与健康3个专业群获新一轮上海市一流高职专业群建设立项。推荐园艺技术、农业设施与装备2个专业教学资源库申报市级示范性专业教学资源库。1个专业获批"高本贯通"人才贯通培养试点，2个专业获批中高职教育贯通培养模式。"1+X"证书制度试点申报9个职业技能等级证书，涉及12个专业，34人获"1+X"证书培训教师证书，20人获考评员证书。

校级精品在线开放课程认定17门。2门课程申报上海高职高专院校市级精品在线开放课程。1部教材被认定为首批上海职业教育与继续教育类精品教材；2部教材获2021年上海市中等职业学校内涵建设项目（部分）立项；3部教材立项国家林业和草原局"十四五"规划教材。

药品生物技术专业教师团队获国家级职业教育教师教学创新团队。推荐都市现代农业、宠物诊疗2个团队申报市级教师教学创新团队。1名教师获"上海市园丁奖"。新成立药物研发与创新大师工作室及种苗大师工作室。组织教师参加全国职业院校教师教学能力比赛、上海市"星光计划"教师教学能力比赛等多项赛事，获一等奖7项、二等奖8项、三等奖4项。

完成年度院校分类评价工作，位列上海应用技能型高校2021年综合评价第六名、效益评价第四名。完成2021年校级教学成果奖评审工作。立项29个校内课题和20个校外课题，其中获上海市科委"科技创新行动计划"科普专项项目1项、上海市体育局体育科技项目1项、上海市晨光计划项目2项、上海市教育科学研究项目1项。签订5项横向技术服务合同。与3所本科院校开展继续教育、网络教育合作办学，招生412人；完成线下培训班7个，线上辅导班4个，各类培训9521人次。推进筹建航天育种研究中心。组建农业科普服务队和乡村振兴服务队，提升服务上海三农发展能力。

都市动物医药虚拟仿真实训基地获上海高职院校示范性虚拟仿真实训基地立项。新增18家校外实训基地，开设复旦学徒制班、顽皮宠物班及华维班。上海现代农业职教集团获批第二批全国示范性职教集团（联盟）培育单位。智慧农业设施科创中心之一的植物工厂项目投入运行。222名学生参与职业体验日活动。接受市教委内部质量保证体系诊断与改进现场复核，获评审专家充分认可。

参加2021年全国职业院校技能大赛4个赛项，获1项一等奖、2项二等奖、1项三等奖。参加市“星光计划”技能大赛18个赛项，获24个奖项。参加2021年国赛上海选拔赛8个赛项，完成园艺等2个项目选拔赛承办工作。全体2020级学生完成2轮“学农与创新创业”实践教育。《Q宠乐—犬猫关节病、泌尿疾病营养饲喂解决方案》获国赛铜奖、市赛金奖和最佳带动就业奖，另获8个市赛银奖、9个市赛铜奖、15个市赛优胜奖，并获优秀组织奖。1个项目获第十七届“挑战杯”上海市大学生课外学术科技作品竞赛三等奖。承办长三角地区职业院校暨双创实践联盟训练营，举办校内培训24场。

制定“十四五”规划，开展“我为学校十四五规划建言献策”活动，完成上海农林职业技术学院（上海市农业学校）“十四五”发展专项规划编制工作。校级规章制度新订25个，修订13个，废止13个，形成线上制度汇编，常态化更新现行有效规章制度目录。完成学校风险评估报告、内部控制管理手册、内部控制评价报告，调整财经领导小组。信息公开二十七大类573条。

实现“一网通办”相关流程及应用上云，新版数字化校园平台上线。完成一卡通改造，实现师生校内无卡生活。完成图书馆维修、园林工程实训大棚等8项重点修缮类工程，以及花艺实训室、1号学生公寓楼屋顶、非机动车棚改造等20个教学保障和民生类零星维修项目。通过“全国绿化模范单位”首次复评。获上海市节约用水示范（标杆）学校荣誉称号。

（钟小茵）

【“实验动物”课程获批教育部课程思政示范项目】 5月，教育部发布《关于公布课程思政示范项目名单的通知》。上海农林职业技术学院“实验动物”课程入选教育部课程思政示范课程，课程负责人和教学团队获评课程思政教学名师和教学团队。

（钟小茵）

【举行第三十四届“上农之春”文化科技节】 5月13日，第三十四届“上农之春”文化科技节开幕。为期一个月。424名师生在“百年大党的光辉历程”学生主题手工报制作大赛、“以诗立品，以诵言志”庆祝中国共产党成立100周年朗读活动中获好成绩，32名教师获“优秀指导教师”称号，植物科学技术系、风景园林技术系、动物科学技术系获“优秀组织奖”。

（钟小茵）

【在“星光计划”技能大赛中获奖】 6月，上海市“星光计划”第九届职业院校技能大赛中落幕。上海农林职业技术学院学生参加“花艺”“硬笔书法”“互联网+国际贸易综合技能”“网站设计与开发”等18个赛项，在13个项目分获一等奖1项、二等奖7项、三等奖22项。教师组比赛，智工系李林和任杰获中职组“课件制作”项目三等奖。学校选送7件作品参加上海市“星光计划”第九届技能大赛教师教学能力比赛，均获奖，其中张琴团队、陈晶团队、许巧团队分别获一等奖，赵丹阳团队、李明团队、王妍团队分别获二等奖，王欢欢团队获三等奖。

（钟小茵）

附：学校负责人及地址

（2021年1—12月）

校党委书记：蔡　红
副书记：魏　华、邵　阳、陈　谊

校　长：魏　华
副校长：陈　谊、谢锦平、费国强、邵　阳（7月到任）、张　江（7月到任）

地址：中山二路658号
邮编：201699
电话：57822666

上海东海职业技术学院

【2021年概况】 设经管、机电、艺术设计、护理、航空、传媒、教育7个二级学院和社会科学部、基础教学部、继续教育学院。有25个专业，其中“会计”和“机电一体化技术”专业分别为上海高职一流建设专业和培育专业。建有2个产业学院和1个教育部教师践习工作流动站，设16个校内实训中心和103个校外实训基地。教职工667人，副高以上高级职称121人，专任教师383人，其中专业教师“双师素质”占44%。在校学生7112人。

“影视动画”“服装与服饰设计”“环境艺术设计”“机电一体化技术”专业获批中高贯通培养模式专业试点，“广播影视节目制作”“国际商务（跨境商务运营）”专业获批高本贯通培养模式专业试点，成立东旭智能制造产业学院和东海红亚大数据产业学院。拥有市级教学（创新）团队12支。累计建设上海市精品（在线开放）课程12门。

师生在各级各类竞赛中获奖150余项。在2021年全国职业院校技能大赛上海市选拔赛中，获一等奖4项、二等奖1项、三等奖3项，最终4个项目代表上海参加国赛并获二等奖、三等奖各一项，在民办院校中排名第一。在上海市第九届“星光计划”职业院校技能大赛中，学生组获个人一等奖8项、二等奖11项、三等奖15项，团体三等奖一项（8人），教师组获个人全能二等奖2项、三等奖1项，团体二等奖1项（4人），总成绩在全市排名第七，在民办院校中排名第三（金牌数排名第二）。东海学生还获第七届中国国际“互联网+”大学生创新创业大赛上海市选拔赛（职教赛道）金奖1项和银奖2项；第八届长三角航空服务礼仪大赛团体一等奖；第六届“汇创青春”上海大学生文化创意作品展二等奖（2件）、三等奖（1件）；第十五届“中国好创意”暨全国高校数字艺术设计大赛（上海赛区）空间设计组三等奖（一名）、优秀奖（四名）；第四届上海师范大学“谢晋杯”大学生影像作品大赛纪录片金银铜奖。

社科部教师龙燕获上海高校思政课教师教学大比武“高职高专思想政治理论课”一等奖；护理学院教师唐双龄、基础部教师马晓娜分获第二届“上海高校青年教师培养资助计划”课程思政教学案例展演活动高职高专综合组第二名、第三名。

制定《上海东海职业技术学院校长奖评选办法》，成立上海东海职业技术学院关心下一代工作委员会，举行学校关心下一代工作特色项目“民族一家亲，关爱育新人”揭牌仪式。开展“沪疆社会实地调研”“民族团结教育主题讲座”“法制素养提升讲座”等活动。

获2019—2020年度（第二届）上海市文明校园、2019—2020年度优秀禁毒志愿者组织、2020年征兵工作先进单位、2020—2021年度上海生活垃圾分类实效综合考评优秀高校、“学党史、铭历史、庆百年、弘精神”百年党史知识竞赛优秀组织奖、上海市“星光计划”第九届职业院校技能大赛优秀组织奖。

（刘会娟）

【学生获“上海市技术能手”称号】 4月14日，首届全国技能大赛上海参赛总结表彰会在上海展览中心友谊会堂召开。上海东海职业技术学院学生、货运代理项目金牌选手朱珂和时装技术项目第五名选手马梓轩获授“上海市技术能手”称号，直接获技

师职业资格。（刘会娟）

【获第十七届“挑战杯”上海市大学生课外学术科技作品竞赛二等奖】 5月9—10日，由共青团上海市委员会、上海市教委、上海市科委、上海市学生联合会共同主办，上海电力大学承办的上海市第十七届“挑战杯”大学生课外学术科技作品竞赛决赛、颁奖仪式暨优秀作品展示会在上海电力大学举行。上海东海职业技术学院选送项目《民航客舱安全宣传现状分析及游戏化模式探究》入围决赛并获二等奖。（刘会娟）

【获上海市大学生企业经营模拟沙盘大赛特等奖】 6月6日，由市教委主办、上海海事大学承办、新道科技股份有限公司协办的“2021年上海市大学生企业经营模拟沙盘大赛”在上海海事大学举行。由东海职业技术学院经管学院8名学生组成的代表队获赛事特等奖。（刘会娟）

【机电学院“产教融合智能制造虚拟仿真实训基地”建设项目获批立项】 6月9日，市教委公布2021年上海市高等职业院校示范性虚拟仿真实训基地立项名单。其中，上海东海职业技术学院机电学院“产教融合智能制造虚拟仿真实训基地”建设项目获批立项。（刘会娟）

【东旭智能制造产业学院】 6月28日在上海东海职业技术学院揭牌。该产业学院与机电学院将在人才培养、国际合作、师资培训、职业认证、技术创研、技术服务、示范推广等方面开展全方位合作。上海东海职业技术学院和合作院校领导，上海旭拓电子通讯设备有限公司、西门子（中国）上海分公司等30多家企业代表参加。（刘会娟）

【获“上海市大学生机器人与人工智能应用创新邀请赛”团体特等奖】 10月7日，“上海市大学生机器人与人工智能应用创新邀请赛”在上海电机学院举行。上海东海职业技术学院机电学院参赛团队以高职组第一名的成绩获大赛团体特等奖。（刘会娟）

【东海红亚大数据产业学院成立】 10月27日在上海东海职业技术学院揭牌。学院构建高职教育与区域产业集群联动发展机制，对接上海市大数据产业链的应用型专业群，创新协同育人的人才培养模式，积极构建校企合作的课程体系与教学模式，全面建设校内外实习实训基地。（刘会娟）

【获“外研社 国才杯”全国英语写作大赛（高职组）上海赛区复赛特等奖】 11月3日，2021“外研社 国才杯”全国英语写作大赛（高职组）上海赛区复赛结果公布，上海东海职业技术学院20级电商班学生薛思恬和蔡惠宇均获奖，薛思恬以总分第一的好成绩获特等奖，蔡惠宇获二等奖。薛思恬还将代表上海参加全国总决赛。（刘会娟）

附：学校负责人及地址

（2021年1—12月）

董事长：曹助我

校党委书记：曹蓉蓉
　　副书记：王　刚、王　玉

校　长：王　刚
副校长：曹蓉蓉、郁　萍、卓丽环

地址：虹梅南路6001号
邮编：200241
电话：64505555

上海工商职业技术学院

【2021年概况】 有嘉定、青浦2个校区，设3个二级学院、5系1部；招生专业30余个，形成“以工为主、文商两翼、并举发展”的专业布局；有93个校外实训基地，90个校内实验、实习、实训基地。全日制在校生6480人，教职工467人，专任教师344人。2021年，新生报到2269人。

在2020年《全国普通高校大学生竞赛排行榜（高职）》中，上海工商职业技术学院位列第265位；在《2016—2020年全国民办高职院校大学生竞赛排行榜》中位列第十位。在2021年上海高校后勤工作会上，获“2020年度上海生活垃圾分类实效综合考评优秀高校”称号。

在第九届“星光计划”技能大赛中获团体第一名4项、团体第二名4项、团体第三名2项；2名教师分获个人技能二等奖、三等奖。“星光计划”第九届教学能力大赛中，2个教学团队获二等奖，4个教学团队获三等奖。获全国大学生数学建模竞赛上海市专科组二等奖3个、三等奖3个。在第二十三届FHC中国国际烹饪艺术比赛获1金、2银、3铜。获“汇创青春”一等奖7项、二等奖5项、三等奖23项。获“外教社杯”上海大中小学生讲好党史故事英语演讲比赛一等奖2个、二等奖1个、三等奖4个。获上海市大学生田径联盟杯一等奖1个、二等奖1个。

引进各类人才46人，其中博士占比4.3%，高级职称占比8.7%。获批上海高职高专院校市级“新能源汽车技术教师教学创新团队（立项）”和“机械制造与自动化（智能制造）教师教学创新团队（培育）”。“学前儿童游戏理论与实践”获批为上海高职高专院校市级精品在线开放培育课程。“移动互联虚拟仿真实训中心”批准上海市高等职业院校示范性虚拟仿真实训基地。新增“智能制造装备技术”专业和6个中高贯通专业。

学前教育教学团队在2021年全国职业院校技能大赛教学能力比赛上海市选拔赛获一等奖，代表上海市参加全国高职高专院校教师教学能力大赛决赛。获批上海市青年教师培养资助计划3项。立项上海民办高校党建与思想政治工作课题4项。学生在第七届中国国际“互联网＋”大学生创新创业大赛中获全国铜奖1个，市金奖1个、银奖2个；在第十七届“挑战杯”全国大学生竞赛获全国银奖1个，市金奖1个、银奖1个。

41名学生赴海外专升本学习。先后接待英国、日本、泰国、韩国、美国驻中国的校方代表20批次。完成与英国尼斯港塔尔伯特学院合作的中英专业共建项目（大数据与会计、国际商务两专业的专业及课程地图编写）。

完成嘉定校区报告厅、运动场，青浦校区校大门、生活园区等改造工程。强化技防建设，从严从实从细构建安全、稳定、和谐校园。 （刘海琳）

【首届“长三角·嘉昆太职业院校创新创业教育高质量发展论坛”】 1月5日在上海工商职业技术学院举行。由上海市就业促进中心、市教委高等教育处、上海市学生事务中心共同指导，上海工商职业技术学院、嘉定职业教育集团、嘉定区人力资源和社会保障局、苏州健雄职业技术学院、硅湖职业技术学院共同主办。上海市教委、人社部门领导，嘉定职教集团领导及集团成员单位，双创领域的专家学者及相关教师对“嘉昆太职业院校创新创业教育的人才培养现状及人才培养机制研究”议题进行研讨。 （刘海琳）

【“上海市高职高专生涯教育联盟”启动仪式】 5月13日，在上海工商职业技术学院举行。市教委有关部门负责人与上海工商职业技术学院领导，上海各高职高专院校相关部门负责人、生涯教师，和华东师范大学、东华大学、华东理工大学等10余所本科院校的生涯教育导师团的专家参加启动仪式。

启动仪式结束后，“上海高职高专生涯教育联盟”的11位专家为学生开展了现场一对一生涯咨询活动。

（刘海琳）

附：学校负责人及地址

（2021年1—12月）

校党委书记：金伟国
副书记：张中美

校　长：陈英南
副校长：王中强、张　扬、李向明

嘉定校区地址：恒荣路200号
邮编：201806
电话：60675958

青浦校区地址：新凤北路565号
邮编：201708
电话：60258299

上海震旦职业学院

【2021年概况】 设5个二级学院及国际交流学院、继续教育学院和马克思主义学院、东方文化学院，有电子商务、国际商务、护理等32个专业。有2个中央财政支持实训中心，4个市教委教学高地，以及食品营养与检测实训中心等9个实训中心，23个实验中心、109个实训室。有3个市级优秀教学团队、12个市级精品课程、5个上海市重点专业、3个教育部认定的骨干专业。全日制在校生6289人。教职员工424人，其中专任教师320人（含硕士及以上学历教师202人、副高级及以上专业技术职称教师92人）。

获评2019—2020年度上海高校信息公开评议工作“优秀单位”。完善内部管理体制和运行机制，推动“十四五”发展规划各项任务落地落实。加强大学生法治教育，与宝山法院签订法治共建协议，聘请宝山区法院法官为“法治教导员”，为师生上法治教育课。获2019—2020年度“上海市文明校园”称号。

加强教师培养，14人参加民办高校“强师工程”研修班，37人进行系统的岗前培训。规范职称评审，5人被聘为副教授，9人被聘为讲师。优化师资队伍结构，引进教授1人、副教授1人，29人取得高校教师资格证。组织教师参加各类教学竞赛，获上海市“第五届民办高校教师教学技能大赛”初任组一等奖、骨干组优胜奖。

举办长三角应用型高校“中国故事”英语课程思政教学大赛。获“上海高校青年教师培养资助计划”课程思政教学案例展演活动一等奖。印发3项科研规章制度，完成9个类别科研项目38项次，收到立项通知17项次。教师申报校内外科研项目35项，取得各级各类获奖成果45项，参与学术交流63人次，撰写专著教材10本，申请国际专利1项。学生职业技能竞赛获省市级以上荣誉28项。在上海市“星光计划”第九届职业院校技能大赛中，学生组获一等奖2个、二等奖3个、三等奖11个，教师组获三等奖1个。

与北京向日葵教育科技有限公司共建产业学院。与北京华晟经世信息技术股份有限公司合作申报“互联网+中国制造2025产教融合促进计划项目”。药学专业实现深度产教融合办学模式，与上海医药集团和上海爱萨尔生物科技有限公司联合开设订向班。立足五年一贯制，探索护理现代学徒制合作模式。创设电子商务（互联网营销师）专业订单培养模式。

开展“辅导员队伍建设月”系列活动，召开3次学习沙龙。加强少数民族学生教育工作，召开新生及少数民族学生代表恳谈会。组织学生参与“同上一堂奥运思政大课”活动，开展“四史”学习教育。组织7场心理健康教育活动，参与人数达4500人次。搭建民办高校心理教育工作交流研讨平台，举办骨干教师中国文化心理学研修班，开展长三角高校心理健康教育协作会议等活动。

校足球队获2021年上海市大学生足球联盟联赛高职组冠军。跆拳道队在2021年上海市大学生跆拳道锦标赛中获8金、2银、3铜。建立志愿服务长效机制，累计服务时长达26644小时。连续10年开展造血干细胞志愿者招募工作，学校入库并配对成功的首位捐献志愿者花思盛获2020年度“中国大学生自强之星”称号。

在第二届全国高校招生政策解读直播咨询会中，获“最具创新精神高校”称号。举办2022届毕业生校园招聘会，参会单位超过180家。挖掘、培养具有创新创业意愿与潜质的学生，开展分层次的创新创业教育，获2021年互联网+全国大学生创新创业大赛“优胜奖”。

举办“阅读老建筑”游学活动，组织学生参观上海市特色建筑及“最美的书”书籍设计展。举办“院领导读书沙龙”，邀请校长与学生代表共聚一堂。完善平安信息员联络机制，建立大学生平安志愿者队伍。构建反诈骗防御体系，增强广大师生安全意识。与公安机关建立联动机制，获评“优秀禁毒志愿者组织单位”。（廖文文）

【长三角应用型高校“中国故事”英语联赛颁奖典礼暨展演】 1月9日在宝山区罗店镇举行。由长三角教育一体化发展领导小组办公室、上海市高职高专思想政治理论课程建设联盟、上海市民办高校党工委、上海震旦职业学院联合主办，上海震旦职业学院承办。（廖文文）

【学院首例造血干细胞志愿者配型成功】 2月9日，上海震旦职业学院2018级学前教育专业学生花思盛在上海市华山医院捐献造血干细胞，为一位白血病患者送去了生命的希望。上海震旦职业学院已连续10年开展造血干细胞捐献志愿者征募工作。花思盛是上海市第515例造血干细胞捐献者，也是学院2272名入库志愿者中首例配型成功的志愿者。（廖文文）

【党的教育方针与学校心理健康教育发展高峰论坛】 6月17日在美兰湖国际会议中心举行。由上海市民办高校心理健康教育基地、上海学生心理健康教育发展中心、上海高校心理咨询协会共同举办。主题为“永葆初心　永担使命”。着眼于育心与育德相结合、教育与咨询相结合、预防与干预相结合，全方位推进学校心理健康教育的发展。来自全国各地的150余位领导、专家、学者参加。（廖文文）

【获2021年中国大学生跆拳道锦标赛奖项】 7月25—31日，在2021年中国大学生跆拳道锦标赛中，上海震旦职业学院获3金、4银、5铜，取得2个全国第五、男子团体总分第三、女子团体总分第四的好成绩。学院代表队被评为“体育道德风尚运动队”，运动员刘子炎被评为“体育道德风尚运动员”。该赛事由教育部中国大学生体育协会主办，中国大学生体育协会跆拳道分会执行，江苏省盐城师范学院承办。全国144所学校的1500多名运动员参赛。（廖文文）

【上海市民办高校中层干部新学期教育管理研修班】 8月25—27日在东方绿舟酒店举办。由中共上海市民办高校工作委员会、上海民办高校心理健康教育基地主办，震旦教育集团、上海震旦职业学院承办。上海各民办高校党政办、宣传部、心理咨询中心负责人，震旦教育集团、上海震旦职业学院中层干部等150余人参加培训。与会人员深入学习贯彻习近平总书记“七一”重要讲话精神，听取四场专家讲座并开展分组讨论。（廖文文）

【长三角应用型高校“中国故事”英语课程思政教学大赛】 10月23日在上海市宝山区罗溪书院开幕。由长三角教育一体化发展领导小组办公室总秘书处，上海高职高专院校思想政治理论课建设联盟，中共上海市民办高校工作委员会、上海民办高校课程思政教学实践和研究中心和上海震旦职业学院联合举办。来自长三角地区10余所高职院校的14位教师参加。上海震旦职业学院教师获一等奖，学院被评为“优秀组织单位”。（廖文文）

【上海震旦职业学院少数民族学生思政教育工作研讨会】 11月11日在学院心理健康教育基地多功能会议室举行。马克思主义学院副院长、相关职能部门负责人、少数民族专职辅导员、新疆派驻教师及学院辅导员代表等20余人围绕少数民族学生思想政治教育展开研讨。（廖文文）

11月11日，上海震旦职业学院少数民族学生思政教育工作研讨会在学院心理健康教育基地多功能会议室举行

【获第四届全国职业院校跨境电商技能大赛奖项】 11月16日，在第四届全国职业院校跨境电商技能大赛中，上海震旦职业学院学生获特等奖、一等奖、二等奖、三等奖、电商达人等多项荣誉，学院获“优秀组织奖”、陈萍荣获“优秀指导教师”称号。该赛事由上海市高职高专经济类专业教学指导委员会、丝路跨境电商产教融合联盟主办，来自全国15个省市75所院校的3221名选手参赛。（廖文文）

附：学校负责人及地址

（2021年1—12月）

理事长：张惠莉
董事长：张　沈

校党委书记：黄晞建
　副书记：冯伟国、夏　臻

校　长：冯伟国
副校长：张惠莉、张　沈、王纯玉、乔　刚

校总部地址：市一路88号
邮编：201908
电话：66863366

美兰湖校区：月罗公路2106号
邮编：201908
电话：66864045

上海民远职业技术学院

【2021年概况】 设国际航运物流、经济管理、智能工程与技术、外国语、艺术5个二级学院和思政教学部。有报关与国际货运、物流管理、电子商务、会计、酒店管理、新能源汽车技术、汽车运用与维修技术、机电一体化技术、应用英语（国际导游方向）等18个专业。有全日制在校生1241人。学校专任教师43人，教师资格证持证率96%以上，其中副高级及以上职称者占4.65%，硕士及博士学历教师占比67%以上。

各专业围绕培养“素养高、技能精、能力强、国际化”的人才目标，调整课程设置，修订2021级人才培养方案。其中国航物流学院开展试点改革，在校2年学习理论知识与短期实训，1年在校外校企合作与企业实习。

注重青年教师的培养与发展，开展师资队伍培训活动，通过讲座、参观以及互动讨论等形式强化教师的职业教育理念，有效引导教师根据市场和社会需要不断更新教学内容，改进教学方法，依据职业教育的理念制定合理的人才培养、选拔、评价标准和评价制度。

全年进行12次专题党课、8次理论中心组学习。组织师生参观红色教育基地6次、节日节点活动2次，观看红色电影2次，表彰"学习强国"学习标兵、学习之星和学习优胜奖等。以上年度总结排查问题和市教卫工作党委巡回指导组发现问题为导向，针对强化组织政治功能、推动党的建设有关内容写入学校章程、健全党组织参与决策和监督制度、提升基层党组织建设质量、推进党的组织和党的工作有效覆盖、抓好党员队伍建设、强化抓民办学校党建工作的责任、落实民办学校党建工作激励约束和保障制度等八大问题制定整改措施15条，整改效果较为显著。（吴永丽）

【举行公民办高校党建和思政工作共建签约仪式】 3月24日，上海民远职业技术学院与上海出版印刷高等专科学校公民办高校党建和思政工作共建签约仪式在上海民远职业技术学院实训楼大礼堂举行。根据协议，双方将互相学习思政教研工作中的先进思想、理念、机制、方法，全面提升思政工作水平。通过共建活动，学习贯彻习近平新时代中国特色社会主义思想，提高民办高校思政工作水平和思政队伍建设，落实立德树人根本任务，实现"公办扶民办，大手牵小手"的目的，全面提升思政工作水平。（吴永丽）

【学习习近平总书记"七一"讲话专题报告会】 9月22日在上海民远职业技术学院教学楼二楼阶梯教室举行。全体教职工，全体学生党员（预备党员）、入党积极分子出席报告会。（吴永丽）

附：学校负责人及地址

（2021年1—12月）

董事长：王　勋

校党总支书记：周志进
　　副书记：陈敬良

校　长：陈敬良
副校长：周志进、刘江宁、邹兴海

地址：唐陆路3928号
邮编：201210
电话：68791220

上海思博职业技术学院

【2021年概况】 设卫生技术与护理、国际商务与管理、建筑与工程、数字技术与设计、人文与教育5个二级学院和1个直属系、1个思政中心，有护理、国际商务、建筑工程技术、学前教育等八大类35个专业（方向）。全日制高职在校生7175人，计划内成人教育大专生951人。师资队伍418人，其中专任教师327人，有高级职称的占30.28%，硕士以上学历占60.86%，双师素质教师占62.04%。有上海市级精品课程18门，上海市优秀教学团队13个，上海市教学名师5人。

推动"十四五"规划开局，审议通过《上海思博职业技术学院"十四五"事业发展规划（征求意见稿）》，确定了学校进入职业本科院校建设行列的发展愿景和以建设一流高职院校为目标，把握职业教育大发展机遇，实现学校升级发展的总体思路。

形成课程思政建设的运行机制和评价体系。打造“愉快阅读、校园文化、心理对话、体育健身”等六大育人工程升级版。聚焦“红色故事会”“场馆文化建设”“永不落幕的3D在线虚拟系列展会”，打造有育人内涵、有文化品质、有情感温度的特色项目。承办“百年百件”红色经典珍藏文献特展。

护理专业群获评上海市一流专业群建设项目（全市高职）。“抗疫与戍边，尽显高职学生青春使命与担当”“机制创新，推进园校合作共赢”两个案例入选《2021中国高等职业教育质量年度报告》。获批上海市精品在线开放课程建设项目1个、教师教学创新团队2个。申报教学成果奖6项。课程思政示范课程4门。《出口业务操作（第二版）》入选“十三五”国家规划教材。推荐申报“十四五”国家规划教材5本，主持国家级教学资源库子项目开发2项，省部级专业教学资源库4项，智慧职教在线开放课程14门，智慧树在线开放课程2门。学校教师在各类教学技能竞赛中获奖41项，其中国家级6项、市级27项。学生在各类技能大赛中获奖290项，其中国家级奖项77项。在上海市“星光计划”第九届职业院校技能大赛共获54项个人奖项，其中一等奖9项、二等奖28项、三等奖17项；9个团体奖项，其中第一名3个、第二名4个、第三名3个；两名教师被评为“星光计划”三星级金牌指导教师。

年内，学校获评2019—2020年度（第二届）上海市文明校园、第三批上海市依法治校示范校（2016—2020年）（高等院校）、2020—2021年度“上海市高校A级创业指导站”、2020年度上海生活垃圾分类实效综合考评“优秀高校”和“智慧安防先进集体”。位列中国高等教育学会民办高职院校教师教学发展指数排行榜全国第一位、上海市人民政府教育督导评价报告上海民办高校第二位。（徐春霞）

【思博·华为ICT学院揭牌仪式】 5月14日在上海思博职业技术学院大礼堂举行。该学院由上海思博职业技术学院与华为技术有限公司合作共建，通过合作办学、合作育人、合作就业、合作发展等，促进学院更好、更快发展，让校企合作成果更好地为地方经济服务。（徐春霞）

【成立劳动教育实践基地】 5月25日，“劳动创造美好生活”上海思博职业技术学院实践基地签约仪式暨劳动教育工作交流会在上海思博职业技术学院大礼堂举行。会上，学校与惠南镇多家合作单位签约成立劳动教育实践基地。（徐春霞）

【承办“百年百件”红色经典珍藏文献特展】 6月17日至12月31日，“百年百件”红色经典珍藏文献特展在上海思博职业技术学院人文艺术馆开展。文献特展由中共上海市民办高校工作委员会主办，上海新华发行集团支持，上海思博职业技术学院承办。展览推出线上展厅（永久保留）。活动受到《人民日报》《新民晚报》《文汇报》等主流媒体的关注和相继报道，吸引校内以及周边众多学校师生团体和社会团体预约观展。线上参观人数10000余人，线下参观人数4250余人。（徐春霞）

6月17日，“百年百件”红色经典珍藏文献特展开幕式在上海思博职业技术学院举行

附：学校负责人及地址

（2021年1—12月）

校党委书记：万　峰
副书记：皋玉蒂、姚大伟、张　辉

校　长：皋玉蒂
副校长：张学龙、姚大伟、沈小平、崔智涛

地址：城南路1408号
邮编：201399
电话：68029005

上海济光职业技术学院

【2021 年概况】 有 2 个校区。设 1 个二级学院、6 个系、2 个教学部、1 个研究所、1 个继续教育学院。设 26 个专业。学院教师 391 人，其中专任教师 162 人、校内兼课 38 人、兼职教师 191 人。专任教师中，硕、博士 119 人，占专任教师总数 73.46%；中高级职称 106 人，占专任教师总数 65.43%，具有双师素质和企业经历的教师 103 人，占专任教师总数 63.58%。

有国家级骨干专业 3 个、生产性实训基地 2 个、“双师基地”1 个、协同创新中心 2 个、“技能大师工作室”6 个。景观设计等 14 门课程为上海高校市级精品课程。有 10 个市级教学团队、3 位市级教学名师，12 个晨光学者。获上海市级教学成果奖 2 项，上海市高等职业教育质量提升计划项目 3 个、上海高职教育质量决策咨询服务平台建设项目 1 个。高本贯通试点专业 1 个，“双证融通”试点专业 2 个，“中高职贯通试点专业”5 个，教育部认定项目 10 个，为教育部“1＋X”项目试点院校，第一、第二、三批共有 19 个试点职业技能等级证书项目。

在专业建设“十四五”规划中提出提质培优行动计划。启动校内教研项目申报工作。7 本校、企合编教材入选国家住房和城乡建设领域学科专业“十四五”规划教材选题。建筑设计、助产 2 个上海市一流专业的资源库建设项目完成预验收自查。“实习—就业”一体化的校外实训教学基地增至 147 个。打造产教协作中心，深化复合型技术技能人才培养培训模式改革。聚焦“三教”改革，做好“书证融通”，重构课程体系、修订人才培养方案、实施模块化教学，新增 7 个“1＋X”证书试点，覆盖 20 个专业。成立学校教材建设与管理委员会，完成 426 门课融入课程思政标准。增设“智能网联汽车技术”新专业。组织申报上海市一流专业群、高本贯通试点项目，完成上海市一流高职院校和一流专业群申报。

健全师德师风考核评价机制，实行思想政治、职业道德、师德师风表现考核“一票否决制”。全年支持教职工通过研修培训、学术交流等线上线下相融合的方式参加各类培训 70 人次。组织辅导员参加校内外各类线上线下培训，开展辅导员队伍建设月系列活动，组织实施年度辅导员队伍能力提升计划。修订《高等学校教师职务和其他专业技术职务聘任实施办法》《初级专业技术职务聘任暂行办法》。年内聘任副高级职称 1 人、中级职称 5 人，完成 4 名高级职称专职教师续聘。

组织开展“劳动教育宣传周”主题教育活动，举办“劳模进校园”讲座。组织开展学校第一届美育节。依托专业课程与《济光讲坛》，开设系列融思政教育、中华传统技艺、艺术专业技能为一体的特色课程与讲座。打造“双创”教育济光品牌，开展创业讲座、项目路演、咨询服务、师生培训等各类活动。举办第四届“济光杯”大学生创新创业大赛，向第七届中国国际“互联网＋”大学生创新创业大赛推送项目 321 个，其中 3 个项目获大赛职教赛道上海赛区优胜奖。开设新生、毕业生特色主题活动，举办文艺汇演、党史宣讲会、主题歌会、红色大寻访等系列品牌活动，完善“青年马克思主义者培训班”培养体系。开展新生心理普测、心理健康活动月、成长月系列活动；建立健全心理问题突发事件应急预案。

年内，开办首届“养老护理员（四级）”培训班，完成服务宝山区退役退伍军人技能提升培训项目申报工作并获批 6 个项目，申报住建部“施工现场专业人员资格培训”8 项资质，举办覆盖 23 个项目的技术技能培训班。组织学生参与志愿服务活动，全年累计服务时长约 14000 个小时；携手云南省曲靖市团委开展“情暖沪滇　爱心助学”点亮100位困难学生“微心愿”活动。

完成图书馆改造工程。提升垃圾分类治理成效。开展全院性各类安全宣讲30余场。组织学生参加市大学生安全教育进课堂考试和民办高校“安全知识竞赛”比武。组织消防安全应急演练，对重点区域的消防设施设备进行更换和维修。

（杜　宇）

【建工系“大师工作室”入选首批“上海市劳模工匠育人基地”】　1月12日，“弘扬工匠精神，加强校企合作，加快人才培育交流会暨劳模工匠育人基地和学生实训基地”授牌仪式在上海健康医学院举行。上海济光职业技术学院建工系“大师工作室”入选首批“上海市劳模工匠育人基地”。　（杜　宇）

【参加上海市星光杯成果展览】　5月8日，第九届上海市“星光计划”职业院校技能大赛总决赛在上海科技馆开赛。上海济光职业技术学院木工大师工作室与建工系专业教师、实训员受邀开展“微缩榫卯营造技艺作品展示和演示”“鲁班锁（小菠萝）制作、重组、拆解互动”两个体验项目。　（杜　宇）

【举办“绘画作品中的百年历程”文献展】　6月2日起，由上海济光职业技术学院艺术设计系主任阴佳教授为艺术指导，艺术设计系教师与同济大学建筑与城市规划学院教师共同策展的“绘画作品中的百年历程”文献展，先后在宝山校区、杨浦校区展示。

（杜　宇）

【学生获第九届全国高校数字艺术设计大赛一等奖】　6月6日，第九届全国高校数字艺术设计大赛暨嘉兴红色文化创意设计大赛颁奖典礼在嘉兴职业技术学院举行。全国近300余所高校及企业的1887幅作品参赛。上海济光职业技术学院艺术设计系2020级学生方逸轩、杨涛和滕子萱的文创竞赛作品《红色之旅——寻访红色记忆传承红船精神》经过三轮筛选，获全国总决赛一等奖。

（杜　宇）

6月6日，第九届全国高校数字艺术设计大赛暨嘉兴红色文化创意设计大赛颁奖典礼在嘉兴职业技术学院举行

【在第六届“科云杯”全国职业院校高职组财会职业能力大赛获好成绩】　11月20日，由中国商业会计学会、全国财经职业教育集团主办，厦门科云信息科技有限公司承办的第六届“科云杯”全国职业院校高职组财会职业能力大赛在云端举办。近600支队伍参赛。上海济光职业技术学院经管系李娜和温静老师指导的济光一队学生陈应棵、王振、王庆华和王睿婕获团队二等奖，李娜和余志芳老师指导的济光二队学生韩振、朱瑾丽、苏文慧和李雅婷获团队三等奖。　（杜　宇）

【教师获第二届“上海高校青年教师培养资助计划”课程思政教学案例展演高职高专综合组特等奖】　11月27—28日，在上海市教卫工作党委、上海市教委指导，上海市师资培训中心、上海市学生德育发展中心、上海市教育发展基金会联合开展的“上海高校青年教师培养资助计划”课程思政教学案例展演活动中，上海济光职业技术学院建筑系教师李欣芸获高职高专综合组特等奖。　（杜　宇）

【在第二届“首冠杯”全国职业院校高职组大数据财务分析大赛获奖】　12月5日，由中国商业会计学会主办、北京首冠教育科技集团承办的第二届“首冠杯”全国职业院校高职组大数据财务分析大赛在线上举办。上海济光职业技术学院经管系李娜和温静老师指导的济光一队学生陈应棵、王振、王庆华和姚文婷获上海赛区一等奖，余志芳和温静老师指导的济光二队学生沈泽圆、李思、何子羚和叶婷获上海赛区二等奖。　（杜　宇）

附：学校负责人及地址

（2021年1—12月）

校党委书记：姜富明
副书记：胡展飞、刘　丽
校　长：胡展飞
副校长：姜富明、王云飞

宝山校区地址：水产路2859号
邮编：201901
电话：66761065

上海工商外国语职业学院

【2021年概况】 有英语语言文化学院、东方语言文化学院、欧洲语言文化学院、商学院、新媒体与文法学院、智能制造与信息工程学院和创意设计学院七个二级学院以及基础教学部，有专业30个（含方向及高本贯通，其中7个专业名称调整）。新生报到2439人。成人高等学历教育在校学生1312人。专兼职教师500余人，专任教师399人，高级职称87人。

2021年上海工商外国语职业学院专业名称调整（见下表）。

序号	调整后专业名称	原专业名称
1	大数据与会计	会计
2	酒店管理与数字化运营	酒店管理
3	软件技术	电子商务技术
4	大数据技术	计算机信息管理
5	大数据技术（大数据分析中美合作）	计算机信息管理（大数据分析方向，中美合作）
6	视觉传达设计	视觉传播设计与制作
7	游戏艺术设计	游戏设计

以“我为群众办实事”实践活动为载体，扎实开展党史学习教育。开展集体学习17次、交流17次。学校官网发布新闻讯息及通知公告385条，微信公众号进行主题推送156篇；开展校园主题宣传6次。官方微信号推出“党史周周学”，在线共享共学。围绕建校20周年，完成学校宣传视频和画册的制作并上网宣传。接受上海电视台、上海教育、第一教育及《新民晚报》《新闻晨报》等媒体平台等采访报道。

发挥教师发展中心规划和指导作用，鼓励青年教师参加专业培训，开展线上教学总结和评优工作，1人获第二届“上海高校青年教师培养资助计划”课程思政教学案例展演活动高职高专综合组一等奖，2人获上海市育才奖。继续推进以上海市高校教师教学创新团队引领的教学团队建设工作。《高职高专应用法语“云端”教学团队》《高职高专应用德语数字化教学资源库建设团队》入选上海市高职高专院校市级教师教学创新团队培育项目。培育并申报《应用英语多模态教学创新团队》为2021年度市级教师教学创新团队。

通过网络与英国、美国、日本、韩国及欧洲部分国家的优秀大学进行线上学术合作交流，与美国太平洋路德大学、日本稚内北星学园大学、长崎综合科学大学、保加利亚瓦尔纳管理大学、西班牙EAE商学院5所大学签订备忘录及学分互认协议。引进英国东英吉利大学、肯特大学作为学校专升硕合作院校。引进英国邓迪大学为计划外3+1（三年大专+一年英国硕士）项目升学合作院校。116名学生参与国际交流，其中87名学生出国留学，29名学生出国学习交流。外事处举办英语方向、法语方向及西语方向的预科班。还与美国和日本的部分企业接触沟通，为搭建海外带薪实习平台打基础。

依托“青年马克思主义者培养工程”与学生社团活动，深入新媒体阵地，发挥融媒体矩阵育人优势。利用“一团两队一民兵”退役学生组织，开展学生爱国主义教育和国家总体安全观等活动。完善社会实践体系，做到社会实践项目化、基地化、常态化运作。开设《心理健康》课程作为大一新生公共必修课。对 2021 级新生进行心理普测，做好危机预防干预管理。面向全校班级发行第五期心理刊物《恖》，利用新媒体平台创建中心公众号——SICFL 心灵晓屋，多渠道宣传心理健康知识。

（葛春晖）

【《综合日语》教材获评首届全国优秀教材奖】 9 月，教育部发布首届全国教材建设奖拟奖励名单，上海工商外国语职业学院出版的《综合日语 1》（第一版）入选，获首届全国优秀教材（职业教育与继续教育类）二等奖。

（葛春晖）

【与上海外国语大学签署合作共建协议】 10 月 13 日，上海外国语大学与上海工商外国语职业学院合作共建签约仪式在上海外国语大学举行。根据思政课建设“大手牵小手”、公办民办共建立德树人体制机制等要求，双方将在公办和民办高校间构建一个资源共享、信息畅通、活动共抓、符合两校工作实际的合作机制，搭建合作交流平台引领学校共同发展。

（葛春晖）

10 月 13 日，上海外国语大学与上海工商外国语职业学院合作共建签约仪式在上海外国语大学举行

附：学校负责人及地址

（2021 年 1—12 月）

董事长：钱　莹

校党委书记：李月松
　副书记：段仁启

校　长：孔凡邨（1 月到任）
副校长：段仁启、王　蔚、陈东辉（9 月到任）、陈万里（8 月离任）

地址：观海路 505 号
邮编：201399
电话：68020621

上海邦德职业技术学院

【2021 年概况】 有校内实训中心 25 个、校外实训场所 17 个。在籍学生 4556 人。教职员工 230 人，其中专任教师 136 人（含行政 16 人，辅导员 13 人），有中、高级职称 94 人（中级 66 人，高级 28 人）。

年内，细化“三全育人”工作，围绕打造“第二课堂”，形成包含 4 个子项目的 2020 年民创 B 类项目“党建引领，立德树人，推进就业创业文化育人工程”并申报成功市民办高校学生社团研究重点课题。落实《关于在全校开展以“知礼立德”为载体的三全育人活动方案》，开展新生入学教育、“三全育人”活动建设、垃圾分类宣讲活动、“知礼立德，文明守纪”主题教育活动月等活动。

采用“请进来、走出去”形式，聘请有关高校马克思主义学院的名师、领导、专家到校上课、作报告、指导工作；借助同城平台建设，开展思政课程建设、队伍建设、教学内容和方法研讨等活动。

落实错峰错时开学及期初教学检查，全面进行新学期网上教学准备工作，包括网上课程课表的制定、了解智慧树平台自建课程、选课课程、开通教师账号等操作方式、网上教学准备情况调研、网上教学试讲及压力测试等工作。举办全校“2022届毕业生校园招聘会”及专场招聘会；开展第三届“立德杯”大学生职业生涯规划大赛。

推进中高职贯通、高本贯通项目申报的前期准备工作。3月，重启上海邦德职业技术学院与上海市第二轻工业学校中高职贯通项目。9月，与上海鸿文国际职业高级中学合作开展计算机应用技术专业中高职贯通项目，合作完成一系列申报材料。

完成上海市教师教学创新团队和市级精品课程的申报工作及上海优秀教学成果的申报工作。学校市级精品课程新增2门，市级创新教学团队增加到5个。组织完成学前教育、护理两个新专业申报材料准备工作，护理专业通过答辩申报成功。学校英语专业申报“实用英语交际”“1+X”试点院校，同时开展“1+X”实训室建设调研。

开展人才招聘工作及专业技术职务聘任工作，编制并实施《邦德强师项目(第九期)》，确定42个子项目。完成“上海市育才奖”、上海市“四有”好教师(教书育人楷模)、民办高校教师教学技能大赛等推选工作。完成强师工程培训项目。

以“大学生心理健康教育”课程为载体及日常咨询的基础上，开展如心理健康活动月启动仪式及心理委员专题培训、心理健康专题讲座等一系列工作。对市教委下发的《关于大中小学防范化解心理危机风险专项工作的通知》展开专项工作部署会。

修订完善《中共上海邦德职业技术学院委员会学生社团管理办法》，规范社团各项制度。召开社团管理工作会议，布置社团年审、注册登记等工作，对社团进行整合、评优。承办上海民办高校学生社团建设管理工作推进会。

教学督导听课72次，涉及68名教师、75门课程。对前两个学期期末试卷进行阅卷规范性抽查2112份，涉及课程57门、教师57人。对2018级学生毕业顶岗实习手册规范性抽查，共抽查5个学院20个专业毕业顶岗实习手册20本，情况良好。

(李　娜)

【市民办高校党工委督查组到校调研指导】 4月7日，上海体育学院原书记、上海高校保卫学会秘书长、上海市民办高校党工委、上海公信教育研究与评估中心副主任等组成的市民办高校党工委督查组到上海邦德职业技术学院，对上海市民办高校党建重点任务落实情况进行督察调研。(李　娜)

4月7日，市民办高校党工委督查组
到上海邦德职业技术学院调研指导工作

【市教卫领导到校指导工作】 12月2日，市教卫工作党委副书记，市教委副主任到上海邦德职业技术学院调研并指导工作。上海邦德职业技术学院董事长、候任董事长、党委书记、副校长等参加调研。

(李　娜)

附：学校负责人及地址

(2021年1—12月)

校党委书记：杨卫武

副校长：黄艳秋、虞　钢

地址：锦秋路299号
邮编：200444
电话：56682066

上海中侨职业技术大学

【2021年概况】 设经济与管理、信息工程、智能制造、护理与健康、建筑工程、艺术、食品药品、外国语8个学院，有高等职业教育本科专业10个、专科专业39个(含不同方向)。全日制本专科在校生人数8161人，其中本科学生1038人，高职专科学生7123人。学校教职员工569人，其中专任教师447人，辅导员60人。

围绕“我为群众(师生)办实事”建设重点民生项目，落实领导干部上讲台制度。学校党员1人获上海市教卫工作党委优秀共产党员荣誉称号。艺术学院教师党支部获教育部第三批新时代高校党建示范创建和质量创优工作“全国党建工作样板支部”荣誉称号。“坚持党建引领，探索构建民办职业大学一体化‘三全育人’新格局新平台”“‘党建引领，服务乡村振兴’推动区域化党建集群化建设”2个项目获上海市民办高校党建和思政工作立项。“落实‘民办学校党建工作重点任务’的民办高校党委工作机制研究”等6项课题获上海市民办高校党建课题立项(含重点课题)。

围绕“做强本科、做精专科、做大培训”的战略发展目标，将中侨大学发展融入集团整体布局，制定上海中侨职业技术大学“十四五”总体事业发展规划、“十四五”师资队伍建设规划、“十四五”学科专业建设规划和“十四五”校园建设规划等。

成立上海首家“中侨·张堰乡村振兴学院”，探索学校与地方政府合作实施乡村振兴战略的创新模式，形成“平台+载体”有机结合、“理论教学+实践实训”融合衔接的学院模式。上海中侨职业技术大学成为中德先进职业教育合作项目首批试点院校。机器人技术专业获批6个教育部“产学研协同育人基地项目”，成为首批瑞士GF智能制造创新实践基地培育建设单位。

以“劳动教育”为熔炉，淬炼劳动精神、工匠精神，出版《劳模精神与劳动教育》教材，聘请全国劳模、大国工匠设立“育人工作室”，建立“劳动育人工坊”，承办上海市乡村振兴职业技能大赛，参加全国乡村振兴职业技能大赛。

指导学生参与学科竞赛和科技创新，举办创新创业训练营。学校获第十七届“挑战杯”上海市大学生课外学术科技作品竞赛“进步显著奖”，3个社会调研报告分获三等奖。食品药品学院在第六届中国“互联网+”大学生创新创业大赛中获1金、1银、2铜。食品加工技术(食品安全与检测)中高贯通专业学生马新茹在全国乡村振兴职业技能大赛西式面点师项目中获学生组金奖。

对标本科层次职业教育试点要求，完成教育部办学数据监管平台学校数据上传，编制学校年度质量年报、本科教学质量年报告、学校企业年度报告等。根据高校分类评价定位，分类评价结果较上年排名提升1个名次。落实教育部对学校办学和专业建设整改工作意见，修订和完善人才培养方案，加快推进学位授权申报工作。

建立健全教学质量监控保障体系。选派7位青年教师海外研修、13位青年教师参加企业实践，构建教师教学绩效考核和奖励等规章制度。聚焦产教融合、企业兼职教授、双师型教师和劳模工匠大师工作室等重点领域，完善“关于签订产教融合基地和聘请产教融合专业兼职教授的管理办法”。

新增物联网工程技术、视觉传达设计等6个本科专业，组织申报学前教育、大数据工程技术、制药工程技术等10个新本科专业。机器人技术和食品质量安全2个专业获批上海市中本贯通专业。《期货交易实务》获市级精品在线开放课程立项。

永达集团、爱登堡电梯、起帆电缆、库茂机器人等企业对学校进行软硬件投入，使专业与产业紧密相连。与博世、海尔、达闼机器人等企业探索产业学院模式的合作机制。起帆电缆对学校捐助并在经管学院组建定向班。（马　俊）

【承办上海民办高校劳动教育工作研讨会】 5月14日，由中共上海市民办高校工作委员会、市教育系统关工委民办高校分会主办，上海中侨职业技术大学承办的上海民办高校劳动教育工作研讨会在上海中侨职业技术大学召开。来自全市17所民办高校的劳动教育工作负责人与会，探讨民办高校更为科学完善、操作性强的劳动教育体系。（马　俊）

【举办"会聘上海"校园行活动】 10月19日，"会聘上海"校园行活动（民办高校专场）在上海中侨职业技术大学举办。招聘会由上海市总工会指导，上海市总工会职工服务中心、上海市学生事务中心、金山区总工会、上海中侨职业技术大学联合主办，采用"线上＋线下"形式同步举行。招聘会汇集中国航空工业集团、中粮集团、上港集团、上海地产集团等217家企业。上海中侨职业技术大学、上海建桥学院、上海立达学院、上海工商外国语学院等多所民办高校毕业生前来应聘。（马　俊）

10月19日，"会聘上海"校园行活动（民办高校专场）在上海中侨职业技术大学举办

【举行"延安精神与新时代的劳动观"专题研讨会】 11月20日，上海中侨职业技术大学马克思主义学院承办的"延安精神与新时代的劳动观"专题研讨会在上海中侨职业技术大学举行。上海市延安精神研究会会长，上海市民办高校党工委领导，复旦大学、交通大学、同济大学和上海师范大学等高校的30多位马克思主义学科专家参会研讨。

（马　俊）

附：学校负责人及地址

（2021年1—12月）

董事长：严健军

校党委书记：平　杰
　副书记：管琰琰

副校长：平　杰、朱元春、管琰琰、周晓芳、罗　宁

地址：漕廊公路3888号
邮编：201514
电话：31616009

上海电影艺术职业学院

【2021年概况】 对原有中心（专业群）及专业布局结构进行重大调整，调整后设4个中心（专业群）17个专业与方向。全日制在校生2021人，有专兼职教师184人，其中专任教师137人，拥有中高级职称教师70人，占比51%；研究生学历教师81人，占比59%。经过18年发展，学院先后获国际

性奖项2项、国家级奖项60多项。

制定《党在我心中——学党史、讲党史，听党话、跟党走》《弘扬伟大建党精神，传承共产党人伟大的精神谱系》《学习贯彻党的十九届六中全会精神，领悟弘扬党的百年伟业》三个阶段系列教育。将党建工作与教学、育人和上海文化特色相结合，抓好思政课创新建设和“影像中国”思政选修课建设，提升教师课程思政育人意识和能力，坚持做好“以史育人、以文化人”的实践与探索。

以服务上海加快建设国际文化大都市，着力建设全球影视创制中心、动漫游戏原创中心、打造亚洲演艺之都的城市发展目标，形成《上海电影艺术职业学院“十四五”发展规划》。建立规划实施和监督评估机制，强化过程管理和目标管理。建立实施规划各层级的责任机制，明确责任目标和责任人，形成较详尽的年度分解任务方案体系，建立相应的责任考核机制。

完善多元共治的质量保障体系，提升学院职业教育水平和服务能级。依托高本贯通、中高贯通等人才培养模式，为产业一线培养职业性高技能人才。推动专业设置与产业需求、课程内容与职业标准、教学过程与生产过程“三对接”，坚持走产教融合、校企合作的发展道路。（靳　玉）

【在第六届“汇创青春”活动中获好成绩】 6月10—13日，第六届“汇创青春”上海大学生文化创意作品展示季优秀作品汇展在杨浦区明华糖仓举行。由市教卫工委、市教委主办，上海电影艺术职业学院承办。活动围绕中国共产党建党百年，以“青春心向党，奋进新时代”为主题，开辟红色主题专区、传播红色文化。上海电影艺术职业学院在“汇创青春”中不同竞赛单元获多个奖项。（靳　玉）

【举办建校18周年校庆展演】 7月8日，上海电影艺术职业学院举行展示建校18周年育人成果的大型红色主题演出《青春光影心向党·芳华征程再启航——上海电影艺术职业学院成立18周年教学成果展演暨博士后工作站科研实践基地揭牌仪式》，并由澎湃新闻、抖音、哔哩哔哩、SFAA同步直播。（靳　玉）

【学校师生参演建党百年重点献礼影片】 上海电影艺术职业学院戏剧影视表演专业30余名学生公益出演由著名导演管虎及其团队制作的中国共产党建党百年献礼电影《革命者》。师生原创话剧《启航》用红色资源讲活“四史”故事，传承红色基因；以红色经典电影《51号兵站》为原型上演舞台剧《海上兵站》，聘请电影《51号兵站》主演梁波罗及“小老大”原型之一新四军干部俞占先之子俞志庆讲授红色血脉传承。（靳　玉）

《海上兵站》演出剧照

【影视制作中心助力贵州多地乡村振兴】 上海电影艺术职业学院影视制作中心（专业群）依托上海大学生文创实践基地（影视与新媒体），建立“政府+高校+企业”人才交流平台，走进革命老区及欠发达地区，与贵州省贵阳市、遵义市文旅局及企业代表，贵州省广播电视台天马传媒集团，贵州省其他民间代表共同协作，以“短视频、直播+乡村振兴”新模式，开展红色旅游、非遗文创产品、产业系列直播，推广当地特色农产品，积极创新消费模式，助力“黔货出山”。（靳　玉）

【播音与主持专业师生参演大型公益朗诵剧《生命至上》】 上海电影艺术职业学院播音与主持专业将课程思政与专业学习有机结合，与上海多名朗诵家合作，共同投身抗疫题材朗诵剧《生命至上》的演出。该剧目跨越多个历史时期，是一场以“生命”为主题的大型医学人文叙事演出，汇聚了国内外抗疫与医疗救护的动人篇章，彰显了在抗疫过程中中国共产党的坚强领导力。（靳　玉）

附：学校负责人及地址

（2021年1—12月）

校党总支书记：顾成明
副书记：是科圣、吕　旻
校　长：江　泊
副校长：江　帆

地址：达尔文路188号
邮编：201203
电话：38681620

上海开放大学

【2021年概况】 设43所分校、45个专业，其中市场营销、学前教育、视觉传达设计3个本科新专业准予授予学士学位。至年底，11个本科专业取得学士学位授予资格。招生3.02万人。在校生规模超8万人；9.97万人进行了67万分学历教育学分转换，建立学习者个人学习档案超460万份。

发布上海开放大学"十四五"事业发展规划，研究制定"以'双元制'为特色的职工继续教育模式构建""工匠与高技能人才队伍综合素养与能力提升建设""上海家长学校建设"等12个重点项目。探索"双元制"职工继续教育模式。聚焦"一老一小"，举办金牌养老护理人员增能培训班，覆盖全市500多家机构；构建"幼有善育"托育从业人员培训体系，举办首届长三角托育服务发展论坛，完成3606名托育服务从业人员培训及736名托育机构管理者、托育服务指导中心工作人员培训。继续办好家长学校，通过网络、电视、电台做实"空中课堂"，打通家庭教育指导"最后一公里"。开展长者智能技术运用能力提升行动，联合各社区院校培训1000多位骨干教师，线上线下培训学员达60万人次。组织8场"申学书院——市民大讲堂"，超120万人参与。推进临港开放市民大学建设，开展临港市民大讲堂公益讲座，开设15门组班课程及100门在线课程。遴选出第二批15个上海学习型乡村，成果案例入选联合国教科文组织最佳案例集。创新终身学习体验基地建设，开展体验活动5000余次，参与市民超150万人次。编写《上海学习型社会建设(2020)》白皮书。出版《上海社区教育优秀课程教学大纲》。

成立教师发展中心，制定新入职教职工、外聘教师和专家培养管理办法，建立带教、培训、挂职、兼职等制度。构建开放教育教师能力培养体系，初步形成面向教职工4个发展阶段的五大核心课程模块培养内容。各板块新进员工89人。实施年度优青培养计划，举办青教赛、非学历教学竞赛等活动。

获批教育部重点课题1项、市级科研项目6项，获2014—2020年上海市教育科学研究优秀成果奖二等奖1项。出版专著和教材53本，发表学术论文103篇。推进市民终身学习监测研究中心工作体系建设，新设立3个分研究中心，开展分人群、分行业市民终身学习监测工作。《开放教育研究》复合影响因子达5.699，位居全国教育学类期刊第三位，连续被评为"中国国际影响力优秀学术期刊"。开放远程教育工程技术研究中心获软件著作权4项，申报专利3项。

加强与联合国教科文组织终身学习研究所、教育信息技术研究所合作。举办第三届联合国教科文组织"终身学习视角下的教育体系开发"能力建设研修班，为老挝、哈萨克斯坦、蒙古、乌干达等亚非12个"一带一路"沿线国家的100多位教育决策者和领军研究者提供终身学习理论和政策的培训。推出中德开放在线学习平台，学习者覆盖西班牙、瑞典、法国等39个国家的642个城市。

在2021年(第八届)上海市大学生创业决策仿真大赛中，20个队获奖。在上海市大学生计算机应用能力大赛中获一等奖1项、二等奖5项、三等奖8项。在中国大学生计算机设计大赛中获二等奖2项、三等奖7项。在2021年上海市高等学历继续教育“优秀在线课程”和“课程思政”优秀项目评选中获一等奖3项、二等奖1项、三等奖1项。《个人理财(第3版)》被列入“首批上海职业教育与继续教育类精品教材”名单。在上海开放大学第二届学生创新创业大赛中获金奖2项、银奖9项、铜奖17项、优胜奖18项,5位老师获评优秀指导教师。“德缆:打造优质的机器人‘血管与神经’”项目获第七届中国国际“互联网+”大学生创新创业大赛职教赛道铜奖。学校连续七届获评上海市文明单位。“‘沪喀市民大学堂’,推进终身教育援疆工作”获评教育部第四届省属高校精准帮扶典型项目。上海市终身教育研究会获“2018—2020年度上海市优秀社会科学学会”。学校学历教育部获“上海市三八红旗集体”称号。　(杨　东、罗茜雅)

【中德开放在线学习平台试运行】 2月26日,中德开放在线学习平台试运行启动仪式暨媒体见面会在上海开放大学国顺路校区举办。平台通过集成、共建、定制开发等方式提供适需、优质、特色的在线教育课程资源和学习支持服务。截至年底,学习总人数近33000人,页面浏览量超1474万次。

(杨　东、罗茜雅)

【华东地区开放大学联盟理事会2021年会议】 10月21—22日在上海开放大学召开。国家开放大学副校长出席会议并讲话。安徽、福建、山东、江西、上海、江苏、浙江等地开放大学领导及相关部门负责人参加会议。联盟理事会成员单位围绕“推动高质量开放大学建设”进行研讨。会议还总结了联盟在工作机制优化、师资联合培育、联合科研攻关等方面的成绩与经验,并就挖掘特色项目、创新合作模式、推广合作成果等达成了发展共识。

(杨　东、罗茜雅)

【推进上海家长学校建设】 2021年,上海开放大学聚焦“双减”,继续办好上海家长学校。通过网络、电视、电台打造家庭教育一体化“空中课堂”,全年制作30期“在线课堂”,服务家长1160万人次。在上海人民广播电台长三角之声中推出“上海家长学校服务热线”,惠及770万个家庭,全方位打通服务家长的“最后一公里”。线下培育2725名家庭教育指导师和志愿者。举办首届家庭教育活动周、“长三角家庭教育论坛”。编写出版《家庭教育》《家庭教育大家谈》等读本7本。　(杨　东、罗茜雅)

10月24日,长三角家庭教育论坛在上海开放大学举行

【首届长三角地区托育服务发展论坛】 11月19—20日在上海开放大学举行。由上海市教委、市卫健委、市发改委联合指导,上海开放大学主办,上海市托育服务指导中心、上海市托幼协会、上海市人口早期发展协会协办。采用线下会场与线上直播相结合的形式。2000多名从业者在线观看直播。论坛围绕托育行业人才建设与培养、托育从业人员在职培训、托育机构管理制度及运营管理模式等托育发展核心要素开展讨论。　(杨　东、罗茜雅)

附:学校负责人及地址

(2021年1—12月)

校党委书记:楼军江
　副书记:贾　炜、褚劲风、高建华、孙向彤

校　长:贾　炜
副校长:孙向彤、王　宏、张　瑾、王伯军

地址:国顺路288号
邮编:200433
电话:25653100

教育科研与考试、评估机构

Institutions of Scientific Research, Examination and Evaluation on Education

上海市教育科学研究院

【2021年概况】 上海市教育科学研究院全年完成课题191项,在研课题122项。获第十三届上海市决策咨询研究成果奖二等奖1项,获“2014—2020年上海市教育科学研究优秀成果奖”5项。各级各类规划项目立项13项,其中国家社科基金项目2项。编著出版书籍25本,发表论文120余篇。专报获正国级领导批示1篇,获中央主要领导和政治局委员批示4篇。

汇聚全院之力,在多个领域实现零的突破。上海市教育科学研究院与上海师范大学合作共建的“教育大数据与教育决策实验室”被列入首批教育部哲学社会科学实验室名单。承担全市首个“上海市中小学生心理关爱系统的研发与建设”市级项目。二轮修志《高等教育卷》首部出版。“学校心理咨询专业理论与技术服务”项目科研成果转化被认定为首个“四技”服务项目。

对接重大战略,创新引领教育发展作用明显。扎实推进“双一流”建设监测数据管理系统开发升级,取得阶段性实质进展。持续开展长三角区域教育现代化监测评估,研究发布《长三角教育现代化指标体系(试行)》,开展样本量超百万的全学段大型问卷调查,开发首个区域性教育现代化指数分析模型。主动服务“一带一路”与海南国际教育创新岛建设,完成《喀什地区职业教育改革和发展“十四五”规划》《第二所高职院校设置可行性论证报告》等,完成《海南省教育对外开放支持政策和管理制度研究》《海南省教育事业发展“十四五”规划》等。深度参与和谋划实施新时代教育评价改革各项任务,推进上海市中小学生课业负担调查、义务教育学校课间活动调查、家校合作现状调查等,落实“双减”文件要求,牵头相关规范政策研究并进行深度解读。

对接市政府及教育主管部门业务工作,为党和政府科学决策提供咨询研究。做好《上海市教育发展“十四五”规划》编制工作,配合市教卫工作党委、市教委解读、推动规划贯彻实施,完成各级各类教育“十四五”规划编制。“区域基础教育环境质量评估”在长三角成果发布,项目化学习在上海市全面推广。持续深化高校战略规划与管理研究、教师队伍与人才队伍建设研究、就业系列等课题研究。主持《上海市终身教育促进条例》修订调研,开展职业教育年报等课题研究。做好上海市义务教育优质均衡动态监测、上海市对区政府履行教育职责评价指标等研究任务。出版首部《长三角民办教育事业发展报告(2010—2020)》。做好上海市高水平地方高校建设组织推进和动态监测。

充分发挥教育协同发展平台作用,加强研究成果平台建设。发挥长三角教育一体化发展领导小组总秘书处、上海市教育综合改革专家咨询委员会秘书处、上海市教育科学规划领导小组办公室在组织协调、项目管理、过程管理、制度管理和立项评审、结项验收等方面的积极作用。《思想理论教育》《教育发展研究》在马克思主义理论学科、教育学期刊中排名稳居C刊前列,转载量、综合指数、转载率均名列前茅。《上海教育科研》在上海和长三角地区有较大影响力。《教育决策参考》《民办教育决策参考》共刊发81期,获省部级领导批示9篇。围绕义务教育规范工作的舆情专报获批示11篇。编制《长三角教育发展专报》《长三角地区教育协同发展简报》,向国家发展改革委、教育部、沪苏浙皖一市三省党委政府等提供决策信息。

统筹推进院“十四五”事业发展规划编制,开门问策集思广益,发动全院力量编制完成《院“十四五”事业发展规划》。全年共研制、修订和发布各项行政规章制度9项。对标一流智库，着力加强人事管理人才服务，12人实现岗位定级聘任，1人获聘副研究员，2人分获“育才奖”和“园丁奖”，1人获评“上海市特殊教育先进个人”。

（李伟涛、陈　娟、张　红）

【首届新时代教育评价高端人才培养研修班】 5月26日至11月30日在上海市教育科学研究院举办。研修聚焦学生评价改革，直击评价改革中的核心素养评价、增值评价和综合素养评价等重点和难点问题，主题涵盖改进结果评价、强化过程评价、探索增值评价和健全综合评价，以讲课报告、学习考察、实践交流等形式进行，授课教师均为国内一流的专家学者，共招收市级直属单位及区教育局推荐学员38名，完成研修23次。（王晓华）

【中国共产党建党百年与思政工作创新研讨会暨上海学校思政论坛】 5月28日，上海市教育科学研究院举办中国共产党建党百年与思政工作创新研讨会暨上海学校思政论坛启动仪式。来自清华大学、天津大学等单位的10余位全国著名思政教育专家，以及来自上海高校党委宣传部、学生工作部、马克思主义学院以及各区中小学的思政骨干、教师共80余人出席研讨。会议充分肯定上海市教科院在围绕国家和上海教育改革发展，聚焦立德树人根本任务，大力推进一流智库建设取得的成绩，并就未来如何进一步依托学科优势、发挥“上海学校思政论坛”平台功能、深化协同创新和高质量思政研究成果产出等议题进行了广泛深入的研讨。（宗爱东）

5月28日，中国共产党建党百年与思政工作创新研讨会暨上海学校思政论坛在上海市教育科学研究院举行

【《上海市志·教育分志·高等教育卷（1978—2010）》出版】 8月，《上海市志·教育分志·高等教育卷（1978—2010）》（简称《高等教育卷》）由上海古籍出版社出版发行。《高等教育卷》全面系统记录1978—2010年30多年间上海高等教育从“精英化教育”到“大众化教育”再到“普及化教育”的改革发展历程，由卷首照、序、凡例、目录、总述大事记、正文、附录、索引和编后记等组成。其中，正文共9篇，包括教育管理、教育教学、教师队伍、学生管理、科学研究、合作交流、资源保障、教育人物等。全志近80万字，共收录卷首照81幅。（张云娇）

【启动长三角教育现代化监测评估并完成年度监测工作】 8月31日，在教育部的部署和指导下，启动全国首个区域性教育现代化协同监测评估工作。上海市教育科学研究院协同华东师范大学，建立高层级区域教育现代化监测评估领导协调组织架构以及多部门、跨区域、社会广泛参与的工作机制，组建专业监测评估研究队伍，并在教育经济宏观政策研究院成立监测评估中心。通过开展样本量超百万的全学段大型问卷调查，研发各地特色指标数据填报系统和问卷调查实施平台，开发首个区域性教育现代化指数分析模型，圆满完成长三角教育现代化2021年度监测相关工作任务。（陈越洋）

【获批首批教育部哲学社会科学实验室】 11月，教育部办公厅公布了首批教育部哲学社会科学实验室名单，上海师范大学、上海市教育科学研究院联合申报的教育大数据与教育决策实验室入选为首批试点实验室，也是上海地区唯一的一家。该实验室将在教育部和上海市教委的指导和支持下，依托上海师范大学和上海市教育科学研究院的优势力量，集聚上海及全国其他高校优质学科资源和人才资源，以协同创新为发展动力，以服务国家重大战略为使命，秉持“让数据正确说话、用数据科学决策、靠数据支撑治理”的理念，围绕国家新一轮“双一流”建设，重点打造“双一流”动态监测与成效分析、新时代教育评价改革研究和面向高等教育发展的多源信息分析和计算方法研究为核心的三个研究方向，构建“一体两翼多专题”的研究格局，探索

和创新高等教育新文科实验室建设之路。

（周江林、聂爱玲）

【完成研制帮扶喀什地区职业教育发展规划】 完成研制《喀什地区职业教育改革和发展“十四五”规划》。根据喀什当地职业教育现状，结合第三次中央新疆工作座谈会精神、乡村振兴战略、当地产业发展以及职业教育发展要求，提出建设具有喀什地区特色的现代职业教育体系总体目标，并在发展规模、专业布局、办学条件、产教融合、服务能力等方面进行了具体定位。（郭文富、郭　扬）

【完成研制上海市第四轮综合督政指标体系及评价办法】 完成研制上海市第四轮（2021—2025年）对区政府履行教育职责综合督政评价指标体系及其评价办法，形成以教育领导与治理、教育资源配置与使用、各级各类教育发展、区域教育生态环境优化为一级指标的指标体系，其中包括15个二级指标和33个评价要点。该指标体系及其评价办法已获市教委采纳。（胡　伶）

【完成上海义务教育新五项标准研制】 12月，完成上海市义务教育新五项标准研制。在科学评估“十三五”期间上海义务教育五项标准达成状况的基础上，就义务教育阶段学校建设、教育装备配置、信息化环境建设、教师配置与生均经费等标准进行研制，形成上海市义务教育学校21项建设重点、91条办学标准，撰写《〈上海义务教育学校办学标准〉研制情况的汇报》，起草《上海市义务教育学校新办学标准实施意见（草案）》。新标准被市教委采纳。（何金辉）

【完成研制教育部“双减”系列配套文件】 完成研制教育部“双减”系列配套文件工作，其中，义务教育阶段学科类校外培训机构统一登记为非营利性机构、线上学科类培训机构由备案改为审批、中小学学科类校外培训机构设置标准三项工作的研究成果得到有效采纳。（何金辉）

【编制完成院“十四五”事业发展规划】 规划回顾总结“十三五”期间上海市教育科学研究院事业发展的基本情况，全面分析研判“十四五”期间事业发展面临的形势与挑战，明确上海市教育科学研究院2021—2025年的发展思路、主要目标与具体指标，确定“十四五”期间主要完成的八大任务与重点打造的八大工程，落实规划的保障机制，提出到2025年初步建成与具有世界影响力的社会主义现代化国际大都市相匹配的一流教育智库。（张　红）

附：院负责人及地址

（2021年1—12月）

院党委书记：汪歙萍
副书记：陆　勤（2月离任）、夏骄雄（4月到任，12月离任）、吴英俊（12月到任）

院　长：桑　标
副院长：张　珏（2月离任）、王　戎（4月到任）、黄海洋（4月到任）、陆　璟、孙崇文（4月到任）

地址：茶陵北路21号
邮编：200032
电话：64167677

上海市教育考试院

【2021年概况】 上海市教育考试院承办各类考试37次，覆盖考生1957342人；录取考生277258人，其中上海市普通高校招生录取考生62556人（含保送生、高水平运动队、高水平艺术团等特殊类型，高职

扩招专项考试招生，聋哑单招），研究生招生考试录取硕士生66204人、博士生12354人，成人高校招生考试录取50611人，中等学校高中阶段招生录取78640人。普通高校招生报考人数73781人；硕士研究生报考人数247027人、博士研究生报考人数26915人；成人高校招生考试报考人数60915人；初中学业水平考试报考人数（应届初三学生和社会生）94121人；普通高中学业水平合格性考试（含补考）报考人数131951人；普通高中学业水平等级性考试报考人数102785人；中等职业学校公共基础课学业水平考试（含英语口试）报考人数26994人；高等教育自学考试报考人数124369人，审核、发放毕业证书5810张。承办各类非学历证书考试6项，开考11次，考生总规模676083人。

年内，优化美术类统考组织与编排考场，增设标准化考点，完成评卷登分管理系统开发。针对非通用语种考生规模增大的情况，统筹编排笔试考点，增设听说测试考点，优化听力介质。梳理、规范本科提前批次招生专业；实施飞行技术专业平行志愿填报及投档录取；持续开展深化高考综合改革宣传调研，主动服务在沪招生高校，招生规模保持稳定；协助高校在春考、专科自主招生和“三校生”高考中规范校测流程、完善新冠疫情防控常态化下的考试组织方案。推动学生综合素质报告在专科自主招生中的使用。

组织实施初中学业水平考试，完成全部计分科目考务组织管理流程设计，编写考务实施细则。推动完成2个新增阅卷点和1个改建阅卷点的建设。配合市教委完成2022年中招改革实施办法的研究制订，开展初中学业水平考试改革政策宣传，完成中考中招配套综合管理信息系统有关考试管理功能的建设。配合市教委推进特殊教育高中阶段入学考试评价改革，建立智障考生以评代考机制。

加强考试组织全流程标准化制度设计，修订高等教育自学考试考务、考级管理工作规定；实现教师资格考试网上信息自动审核，推进研究生考试标准化考点的增设；优化监考员在线考核系统，增加监考培训视频学习内容，丰富考务培训形式；征集突发、偶发事件案例，建立考务案例知识库。推动信息技术在考试组织各环节的应用，持续推进综合考务管理平台的建设及使用，优化数据传输、考场编排、在线考核等功能；对接视频巡查、身份验证系统，实现考试周期全流程信息化；探索上海市高等学校信息技术水平考试自适应考试模式，以“人工智能技术及应用”科目为试点开发完成全流程机考系统，通过系统征题、自适应选题和机器自动阅卷，实现答题结束当场给分的功能。

建成考务费线上备案平台；不断优化“12345”市民服务热线三级平台标准化服务体系，扩充问答知识库；依托“一网通办”平台和随申办App实现各项考试成绩查询和成绩证明申请全程网办；建成考试成绩证明自助办理服务区，提供自助办理服务。通过B站直播、网上咨询等形式多渠道开展招考宣传及志愿填报服务指导。

优化考试评价体系，推动命题改革落地落实。积极开展学情调研，运用命题技术手段和试测数据，确保新中考改革各科目考试命题稳定。持续推进外语题库建设，开展等值、阅卷有效性等研究。完成思想政治、历史高中学业水平等级考，语文、地理、生命科学、信息技术高中学业水平合格考以及高考语文科目考试方案的调整。完善考试开发制度建设，制定《考试评价工作规范》《命题教师遴选与管理办法》《学科资料管理办法》。完善两个院区的专业学术资源，扩充初、高中学业水平考试命题资料库资源。

加强考试研究，丰富成人高考、全国计算机等级考、上海市高等学校信息技术水平考试等考试项目报告。完善考试成绩评价系统并向学生开放，优化区域成绩报告并向区教育局、教研室及高中推广。开展上海市高等学校信息技术水平考试30周年系列活动，召开考试评价国际研讨会，分享改革成果。持续开展与中国英语等级量表的对接研究。

编制《上海市教育考试院“十四五”（2021—2025）发展规划》，提出持续深化考试评价改革、全面对接上海城市数字化转型、推动专业化考试机构进一步发展的建设思路，明确5年发展目标。

（董美意、张　军）

【普通高校招生】 2021年，上海市报考普通高校生源数共73781人，分为春季招生、专科层次依法自主招生、招收应届中等职业学校毕业生（简称“三校生”考试招生)、秋季统一高考招生四个阶段招生录取,其中春季高考报名(含一月份外语考试)51884人,专科层次依法自主招生报名14707人,“三校生”考试招生报名3534人(其中含中本贯通报名1576人),秋季统一高考招生报名46419人。高职扩招专项考试招生报名967人。

普通高校各类招生计划共计63449人(不含高职扩招专项考试招生)。其中,春季高考招生计划2526人,专科层次依法自主招生计划12577人,“三校生”考试招生计划4796人(其中含中本贯通计划1580个、聋哑单招计划18人),秋季统一高考招生计划43550人(公布计划)。

普通高校各类招生录取考生61836人(含保送生、高水平运动队、高水平艺术团等特殊类型,不含聋哑单招、高职扩招专项考试招生),其中本科录取44509人,高职(专科)录取17327人。

春季招生录取,包括25所上海市试点院校、73个招生专业,招生计划2526个,均为各校特色专业或应用型本科试点专业。延续“统一文化考试+院校自主测试”的模式。报名填报春招志愿7414人,实际录取2435人。

专科层次依法自主招生录取,有30所招生院校(521个专业),招生计划12577个,报名14707人,录取12352人。

“三校生”考试招生录取,有34所院校(437个专业)招生计划3216个(含普通类计划2811个、艺体类计划405个),报名3534人(其中中本贯通报名1576人),录取1482人,中本贯通1561人,聋哑单招11人。

秋季统一高考招生录取,报名46419人(含内地新疆班、西藏班考生1568人),其中上海市应届毕业生44721人,占96.34%;非上海市应届毕业生1698人,占3.66%。录取43577人(不含保送生、高水平运动队、高水平艺术团等特殊类型),其中本科39700人、专科3877人。统一高考招生按批次分:强基计划录取229人(包括破格录取),综合评价批次录取2236人,零志愿批次录取55人,本科提前批次录取2970人,本科艺体批次录取6061人(含不分省计划录取),地方农村专项计划批次录取85人,本科普通批次实际录取28064人(不含少年班、高水平运动队、高水平艺术团、盲童等),专科提前批次实际录取207人,专科艺体批次实际录取384人,专科普通批次实际录取3286人。此外,特殊类型考生录取131人,运动训练、民族传统体育专业录取119人,六部委体育保送生录取40人,高水平运动队和高水平艺术团录取58人,高水平运动队单招录取28人;消防单招录取31人,少年班12人;清华大学拔尖人才计划10人。

香港特区高校在沪招生32人。另有258人为澳门特区高校提供高考成绩。（刘学岚）

【研究生招生】 2021年,硕士研究生招生66204人(含推免生),其中学术型招生27351人、专业学位招生38853人;全日制招生人数54179人、非全日制招生人数12025人。招生数比上年增加1959人,增幅为3.05%,报考人数247027人,报名人数和录取人数之比约为3.73∶1。按考生考试方式统计:参加全国统考的169556人,推荐免试生15255人,参加单独考试的416人,参加管理类联考的44538人,参加法律硕士联考的17183人,强军计划34人。按考生选择的研究方向统计:选择学术型研究方向的考生91291人,占报考人数的36.96%;选择应用型专业研究方向的考生155736人,占报考人数的63.04%。27个博士生单位参加招生。报考上海市各博士研究生招生单位的考生共有26915人,录取考生12354人,比上年增加1174人,增幅为10.50%。（宋 蕾）

【成人高等院校招生】 2021年在沪招生的成人高校57所,其中上海市成人高校54所,外省市成人高校3所。报考人数60956人(含单考192人、免试生600人),比上年增加4558人,增幅为8.08%,其中专升本37626人、高起本2940人、高起专20390人。教育部下达招生计划数50915个,比上年增加3265个,增幅为6.85%,其中专升本计划31615个、高起本计划2502个、高起专16798个。成人高校招生录取50611人,录取率92.79%,其中专升本31360人,高起本2463人,高起专16788人。2021年上海市成人高校招生录取情况如下表。

招生类型	教育部下拨计划数（人）	比 2020 年增减数（人）	录取人数（人）	比 2020 年增减数（人）	录取率（%）	比 2020 年增长（%）
专科起点升本科	31615	+1904	31360	+1925	83.35	−0.13
高中起点升本科	2502	+213	2463	+235	83.78	+1.99
高中起点升专科	16798	+1148	16788	+433	82.33	−3.58
合计	50915	+3265	50611	+2593	83.03	−1.06

（孙利钢）

【中等学校高中阶段招生】 2021 年，参加上海市高中阶段招生报名的考生为 82783 人，其中应届毕业生 81439 人、往届生 1270 人、返沪生 74 人。上海市高中阶段各类学校招生计划数为 88201 人（不含三线高中计划，含直升计划 795 人）：高中学校 246 所，招生计划 60199 人（含普通高中计划 58523 人，国际课程班计划 1676 人）；中职校 64 所，招生计划 28002 人（含中本贯通 1800 人、五年一贯制 801 人、中高职贯通 7066 人）。78640 人升入上海市高中阶段各类学校，另有 622 人升入后方基地 3 所高中，13 人录取外省市中职校。总招生录取率为 99.14%。

高中阶段学校招生实行提前招生录取和统一招生录取两个批次。高中提前批录取 10357 人，占高中计划的 17.20%；中职校提前批录取 13058 人，占中职校计划的 46.63%。

全市录取的 78640 人中，高中录取 59003 人，相比上年增加 951 人，中职校录取 19637 人。2021 年上海市高中阶段学校招生各批次录取情况如下表。

招生学校分类	招生批次	招生类别	计划数（人）	计划占比（%）	录取人数（人）	计划完成率（%）
普通高中	提前招生录取	推荐生	4591	7.64	4022	87.61
		自荐生	5423	9.02	5131	94.62
		国际课程班	1676	2.78	1204	71.84
		小计	11690	19.42	10357	88.60
	统一批招生录取	零志愿	2442	4.06	2249	92.10
		名额分配	2479	4.12	2420	97.62
		市级艺体特长生	634	1.31	183	28.86
		区级艺体特长生	42170	70.05	581	101.99
		1 至 15 志愿（不含后方基地高中）			42429	
		直升	784	1.30	731	93.24
		境外招生	/	/	53	/
		小计	48509	80.58	48646	100.28
	合计		60199	100.00	59003	98.01
中职校	提前招生录取	中本贯通	1800	6.43	1792	99.56
		五年一贯制	801	2.86	779	97.25
		中高职贯通	7066	25.23	6964	98.56
		自主招生	5250	18.75	3523	67.10
		小计	14917	53.27	13058	87.54
	统一批招生录取	1 至 15 志愿	13085	46.73	6573	50.23
		境外招生	/	/	6	/
		小计	13085	46.73	6579	50.23
	合计		28002	100.00	19637	70.13

备注：1. 另有 622 人升入后方基地 3 所高中、13 人录取外省市中职校，未记入上海市招生统计口径。
2. 仅在本区进行推荐和自荐的学校计划纳入 1 至 15 志愿计划中。
3. 高中提前批未完成的录取计划均纳入统招批招生中。

上海市20所学校参与特殊教育高中阶段学校(含中职特教班)招生,招生计划437人。全市343名特教学生通过报考资格审核,其中19人(视障6人、听障13人)参加特殊教育初中学业水平考试,324名智障学生参加升学评估。6名视障学生被上海市盲童学校录取,13名听障学生被上海市聋哑青年技术学校和鹤琴高中录取,303名智障学生被特殊教育高中阶段学校和中职特教班录取,录取率93.88%。

上海市全日制普通中等职业学校自主招收来沪人员随迁子女计划数为9066人。报名7096人,填报志愿6736人,比上年增加92人;其中6571人升入中职学校,录取率97.55%。五年一贯制和中高职贯通录取人数比上年增加477人。

全年外招计划6505人,录取4065人;成人中专实行注册入学制度,春季招生录取4783人,秋季招生录取8720人,总计13503人,比上年增加6012人。

(戴芳芳)

【普通高中及中等职业学校公共基础课学业水平考试】 2021年,高中学业水平合格性考试、等级性考试全科开考,共组织集中考试4次;总报考234736人次,计749240科次。其中,1月份合格考,语文、数学、外语3门科目报名6492人,计14701科次;1月份合格考补考,开考思想政治、历史、地理、物理、化学、生命科学6门科目报名6726人,计10025科次;5月份等级考,开考思想政治、历史、地理、物理、化学、生命科学6门科目报名102785人,计157884科次;6月份合格考开考思想政治、历史、地理、物理(含物理技能)、化学(含化学技能)、生命科学(含生命科学技能)、信息科技7门报名118733人,计566630科次。

上海市中等职业学校公共基础课学业水平考试笔试开考科目为语文、数学、英语,分设合格性考试和等级性考试,其中合格性考试为学生必考,等级性考试为学生选考。上海市有26994名考生参加考试,其中仅参加合格性考试的11429人,同时参加合格性考试和等级性考试的15565人。合格性考试和等级性考试实行分卷合场、一次完成。

(戴芳芳)

【上海市初中学业水平考试全面开考】 2021年是上海市全面实施初中学业水平考试的第一年。按开考时间先后,分别为初中理化实验操作考试、初中外语听说测试和纸笔考试,纸笔考试包括语文、数学、外语(含听力)、综合测试(含物理、化学、跨学科案例分析)、历史、道德与法治等科目,录取的总分由原来的630分变为750分。新增开考科目为理化实验操作考试、外语听说测试、综合测试笔试中的跨学科案例分析和道德与法治。物理和化学实验操作考试分科分场进行;外语听说测试时间为10分钟(采用人机对话方式)。综合测试笔试包括物理试题和化学试题、跨学科案例分析题,采用合场分卷考试形式;道德与法治科目为开卷考试。全年新的初中学业水平考试报名总人数为206796人,其中112675人为初二学生,仅参加历史科目考试,其余94121人(初三学生及社会生)参加除历史科目外的其他所有科目考试(部分未参加过历史科目考试的除外)。

(戴芳芳)

【高等教育自学考试】 4月、10月,组织开展高等教育自学考试2次,涉及主考高校18所。其中4月开考专业60个(本科34个、专科26个),开考课程276门(全国统考课程142门、市级统考课程133门、华东协作1门),报考人数67036人,理论考试科次173748科次,毕业人数3558人(本科2851人、专科701人);10月开考专业52个(本科33个、专科19个),实际开考课程242门(全国统考课程129门、市级统考课程112门、华东协作1门),报考人数57333人,理论考试科次148869科次。全年总计报考人数124369人次,理论考试科次322617科次;审核、发放毕业证书5810张。

(孙利钢)

【考试机构党建工作研讨会】 6月17日在上海市教育考试院举行。由上海市教育考试院主办。主题为"追溯红色记忆、重温百年历程,汇聚改革活力、推进专业发展"。在上海主会场,上海市教育卫生工作党委、教育部考试中心领导，上海市教育考试院的领导和党员干部在上海会议现场出席会议。20个省市的考试机构相关人员线上参会。1400多人次观看会议直播。上海、四川、甘肃、湖南、江西四省一市考试机构的党委负责人交流发言，分享党建工作经验和特色做法。（蔡文佳）

6月17日，“追溯红色记忆、重温百年历程，汇聚改革活力、推进专业发展”考试机构党建工作研讨会在上海市教育考试院召开

【教育评价国际研讨会】 11月25日在上海市教育考试院召开。上海市教育考试院主办。以“评价愿境中的教育考试机构专业化之路”为主题。会议邀请美国教育考试服务中心、美国大学入学考试委员会、剑桥大学考评院、澳大利亚维州教育委员会等国际著名专业考试评价机构，以及中国教育部考试中心和国内相关领域专业人士做主旨发言。发言者围绕“教育评价愿境与考试机构专业发展”“教育考试机构的专业建设路径”“教育考试机构专业发展之技术”“教育考试机构专业发展之数字信息化建设”四项专题开展交流。各省市考试机构、相关高校和中学、科研部门的专业人士线上参会。

（董美意、朱　颖）

【上海市高等学校计算机等级考试制度建立30周年总结大会】 12月17日在上海市教育考试院举行。由上海市高等学校信息技术水平考试委员会和上海市教育考试院联合主办。会上，总结上海市高等学校计算机等级考试制度建立30年来取得的各项成果，对30年来作出突出贡献的单位和个人进行表彰；产生上海市高等学校信息技术水平考试首批产教融合支持委员，并成立产教融合企业联盟。（周　云）

2021年度上海教育考试院承办的主要考试情况

项 目 名 称	报考人数（人）	录取人数（人）
上海市普通高等学校招生全国统一考试	46419	44006
普通高校招生全国统一考试外语科目考试（1月份）、上海市普通高校春季招生统一文化考试	51884	2435
上海市普通高校招生艺术类、体育类专业统一考试	9268	
上海市普通高等学校面向应届中等职业学校毕业生招生统一文化考试	3534	3054
上海市部分普通高校专科层次依法自主招生考试	14707	12352
全国普通高校联合招收华侨港澳台学生入学考试	549	
全国普通高校运动训练、武术与民族传统体育专业招生文化考试	345	/
上海市公安系统人民警察学员、法院系统司法警察学员招录考试	4805	/
上海市高职扩招专项考试	967	709
全国硕士研究生招生考试	247027	66204
博士研究生招生	26915	12354
成人高等学校招生全国统一考试	60956	50611
同等学力人员申请硕士学位外国语水平和学科综合水平全国统一考试	8033	
上海市普通高中学业水平合格性考试（含补考）	131951	
上海市普通高中学业水平等级性考试	102785	
上海市初中学业水平考试（含理化实验操作考试、外语听说测试）	94121（中招报名82783）	78640（上海市）
上海市初中学业水平考试（初二历史）	112664	
上海市特殊教育初中学业水平考试	343（含以评代考）	322
上海市中职校自主招收在沪人员随迁子女	7096	6571
上海市中等职业学校学业水平考试（含英语口试）	26994	
上海市高等教育自学考试	124369	
上海市高等学校信息技术水平考试	81902	

续表

项 目 名 称	报考人数（人）	录取人数（人）
全国大学英语四、六级考试（CET）	616711	
全国大学英语四、六级口语考试（CET-SET）	19911	
全国计算机等级考试（NCRE）	44987	
全国中小学教师资格考试（笔试）	118099	
合计	1957342	277258

附：院负责人及地址

（2021 年 1—12 月）

院党委书记：刘玉祥

副书记：汪成辉、汤　军

院　长：郑方贤（10 月离任）

副院长：刘玉祥、章　波、周　勇、常生龙

地址：民星路 465 号

邮编：200433

电话：35367070

上海市教育评估院

【2021 年概况】 上海市教育评估院对接服务上海市教育卫生工作党委和上海市教育委员会的 17 个处室；完成评估项目 80 余项，项目内容涵盖基础教育、高等教育、职业教育、终身教育、民办教育、中外合作办学等领域。重点完成 28 所高校 204 个专业的国家级一流本科专业建设点遴选推荐评审、31 所高校 122 门学科的高峰高原学科建设成效评价工作、29 所高中教育教学质量综合评价试测、70 所中职校教学工作诊断与改进、4 个师范类专业认证及 7 个专业结论审议、20 所高校的年检工作等。完成海南省 118 篇学位论文抽检通讯评议、631 种期刊出版质量综合评价、19 所普惠性民办幼儿园认定评估、学生社区实践指导站运行绩效差异性分析及论证、948 位教师高级专业技术职务学术能力评议等。

开展党史学习教育。以“我为群众办实事”为抓手，完成高校分类评价、上海市优质幼儿园评估、中小学教师高级职称评审等 6 项重点发展项目，以及改善大院环境、营造健身运动环境等 5 项重点民生项目。以“统一门户集成、统一用户管理、统一授权管理、统一接入管理、统一资源管理、统一安全防护”为目标，完成 13 个信息系统的整合。

发表学术论文 24 篇，出版著作 1 部。两项教育评估研究成果获 2014—2020 年上海市教育科学研究优秀成果奖二等奖。主办的《上海教育评估研究》期刊连续三年获国家哲学社会科学文献中心学术期刊数据库最受欢迎期刊。

在上海教工庆祝中国共产党成立 100 周年合唱比赛活动中获“合唱艺术推广奖”。在上海市第九届教工运动会健身嘉年华趣味运动会各单项比赛中获好成绩。在机关党委组织的“学习百年党史，赓续精神血脉”主题征文中 11 人次获奖，并获优秀组织奖。继续做好职工各类保险续保、体检、生日慰问、送温暖等民生工作，改善大院环境、职工午餐，增加健身设备，组织开展健身学习、参观中国花卉博览会等活动。（胡恺真）

【上海高校高峰高原学科建设第二阶段成效评价】 2—5 月，受市教委委托，组织开展上海高校高峰高原学科建设第二阶段成效评价工作，涉及上海市 31 所高校的 122 个学科，包括 32 个 I 类高峰学科、13 个 II 高峰学科、11 个 III 类高峰学科、10 个 IV 类高峰学科、36 个 I 类高原学科和 20 个 II 类高原学科。成效评价工作重在以评促建，整体提升上海高校学科建设水平。（夏　燕）

【上海市硕士学位论文抽检】 2020 年 10 月至

2021年10月，受上海市学位办委托，组织实施2020年度硕士学位论文抽检工作，范围为上海各学位授予单位（学位工作由其上级部门管理的单位除外）自2019年9月1日至2020年8月31日期间获硕士学位者的学位论文，涉及培养单位41家，共参评论文2568篇，其中学术学位论文426篇，涵盖39个一级学科；专业学位论文2142篇，涵盖27个专业类别。 （陈佳妮）

【第二批国家级一流本科专业建设点遴选推荐评审】 受市教委委托，组织开展2021年度上海一流本科专业建设点遴选推荐评审工作，并于11月召开遴选推荐评审会。评审专家坚持“看齐国家要求、坚持公平公正、体现分类指导”原则，对照11个一级指标和31个二级指标，从高校基本情况和专业建设情况两方面进行评审，最终评审出145个国家级一流本科专业建设点推荐至国家教育部。 （肖晨微）

【上海高校分类评价】 受市教委、市政府教育督导室委托，6月初启动上海高校分类评价工作。7月开展上海高校分类评价专家集中评审。11月完成分类评价结果反馈工作。该分类评价围绕“落实国家政策，优化指标体系”“完善流程，增强公信力”“促发学校变革，力求发展实效”三方面，从综合评价、效益评价、增值评价三个维度对各高校上一年度的办学能力和水平进行了评价。其中，综合评价重点考察学校的综合实力，效益评价重点考察学校剔除规模因素后的发展水平，增值评价重点考察学校在本类型中的进步情况。最终将结果汇总成“一校一报告”，为各高校提供改革发展建议。 （周益斌）

11月3日，2021年上海高校分类评价结果高校集中反馈会在上海公安学院举行

【上海市第二轮义务教育城乡学校携手共进计划】 2—6月，受市教委委托，研制“携手共进计划”初态评估工作的指导方案，按照郊区教育局组织“初态评估和实施方案论证（评估院同步现场巡查指导）”、评估院组织“实施方案及其论证报告”网上复验等程序，对38所精准委托管理学校和28个互助成长项目的初态评估和实施方案质量进行诊断与指导，对“以教学与研究为抓手，个性化培养‘三彩教师’”和“秉承愉快教育理念、提升农村小学课堂教学效益”2个城乡学校互助成长项目进行市级答辩。11—12月，对抽查的21所郊区学校进行了常态巡访。最终，市区两级部门通过方案论证、复验、巡访等多个过程性举措，为携手共进计划的实施提供了有针对性的指导意见，以缩小城乡学校办学水平差距。 （朱　丽）

【上海市中小学心理健康教育示范校评估】 6—10月，受市教委委托，组织开展2021年上海市中小学心理健康教育示范校评估工作，共有16个区158所中小学申报评估，其中中学段101所、小学段51所、特教学校6所。评估分学校自评申报、区级推荐和市级评估三个阶段。在学校自评和区级推荐阶段，注重创建与指导；在市级评估阶段，包括材料评审、集中答辩评议、现场评估三个环节。经过逐级把关、层层筛选，专业评判与客观数据相结合，最终共有崇明区上海市扬子中学、上海市浦东新区福山外国语小学等156所中小学被评为“上海市心理健康教育示范校”。 （储大山）

【上海市街镇社区（老年）学校优质校建设评估】 6—11月，受市教委委托，组织开展上海市街镇社区（老年）学校优质校建设评估工作。通过学校提出申请、区社区（老年）教育管理部门推荐、市级评估认定（材料评审、汇报答辩、实地评估）等环节，40所街镇社区（老年）学校通过上海市街镇社区（老年）学校优质校建设评估，包括浦东新区唐镇社区（老年）学校、徐汇区华泾镇社区（老年）学校、闵行区梅陇镇社区学校等。 （黄　蓉）

【中小学校长职级评审】 7月，受市教委委托，组

织开展第八批中小学特级校长评定工作，共受理16个区、3所直属学校的177名特级校长推荐人选的材料，其中申请流动人员84人，乡村校25人，破格推荐23人。经上海市中小学校长职级专家评审委员会评审、上海市教师专业发展工程领导小组公示及审定，本年度共评选出99名特级校长（书记），其中流动44人。（叶逸青）

【中小学正高级教师评审】 10月，受市教委委托，组织开展上海市中小学正高级教师职称评审工作，共受理16个区及11所直属单位的227位正高级教师推荐人选的材料，其中申请流动人员66人。最终，经教科研成果鉴定、教育教学资源评价、面试答辩、学科组综合评议和高评委评审，共有165名教师取得中小学正高级教师任职资格，其中流动43人，转评1人。（叶逸青）

【上海市中等职业学校心理健康教育示范校评估】 3—12月，受市教委委托，组织开展“十四五”期间上海市中等职业学校心理健康教育达标校和示范校评估工作。经全市工作启动会、学校自评申报、上级主管单位推荐、市级评估认定（含专家网上材料评审、家长网络问卷、学生问卷、现场评估、推门听课和综合汇总等环节）等程序，从16所申报学校中遴选出上海市信息管理学校、上海工商信息学校、上海商业会计学校等10所学校授牌为上海市中小学（中等职业学校）心理健康教育示范校。

（胡　兰）

【上海市高校依法治校创建成果评选】 受市教委委托，4月启动上海市高等学校依法治校创建成果征集活动。至8月底，共收到上海交通大学、同济大学等28所依法治校示范校和上海立信会计金融学院、上海东海职业技术学院等4所依法治校标准校递交的依法治校创建成果作品51份，其中案例成果作品40份、微视频成果作品11份。经过专家审阅和讨论，最终评选出案例成果作品一等奖10个、二等奖12个、三等奖14个，微视频成果作品一等奖2个、二等奖2个、三等奖3个。

（侍伟民）

【上海市外籍人员子女学校年度检查】 9月，受市教委委托，启动2021年上海外籍人员子女学校年度检查工作，年检学校共38所。年检由学校自评、专家评议和实地评议三种形式组成。根据评议情况，最终确定年检结论为“优秀”的学校2所、“合格”的学校5所、“整改合格”的学校28所、“不合格”的学校3所。（徐颖婕）

【上海市高校语言文字规范化达标建设抽查】 4月，受市教委、市语委委托，启动2021年上海市高校语言文字规范化达标建设抽查工作。在审查17所高校自查材料的基础上，抽定6所高校进行实地检查，对学校语言文字规范化工作进行全面检查评估。评估专家组依据《高等学校语言文字工作指导标准》，最终一致认为这6所高校的语言文字工作达到规范化达标标准。（康　茜）

附：院负责人及地址

（2021年1—12月）

院党总支书记：冯　晖

副院长：冯　晖、刘苹苹、陈滔宏

地址：陕西南路202号
邮编：200031
电话：54035258、54041392

教育电视与报刊

Educational TV and Press

上海教育电视台

【2021年概况】 上海教育电视台获评国家广电总局"TV地标"年度创新影响力省级地面频道，获上海广播电视奖、上海教育新闻奖、"走转改"优秀奖、中国视协行业电视奖、上海医药卫生优秀新闻作品奖等奖项。上海教育电视台《百年青春潮》制作团队获评"TV地标""年度优秀电视制作团队"。上海开放大学下属上海远大学习广场教育科技有限公司、上海白玉兰影视有限公司划归上海教育电视台旗下上海绿荧文化传媒有限责任公司；"绿叶影视育人平台"自2020年12月上线以来，已进驻全市20多所学校。

依托主旋律系列节目、全媒体大型直播、党史知识竞赛、特色案例征集活动等载体，形成《百年青春潮》《旗帜·中国青年说》《"风华正青春"24小时全媒体大直播》《我们都是答卷人——上海大中小学生学党史全媒体争先赛》《"百优庆百年"上海城市基层党建创新案例征集活动》五大特色品牌。《教视新闻》开辟"学党史、悟思想、办实事、开新局"专题，报道教育卫生系统推进党史学习教育情况。《一起来成长》节目开展多项红色主题活动，其中"品读红色百年"收到征集作品1.6万余件，覆盖沪上300余所学校；《上手乐》打造"百年党史　红色非遗"慕课，超过30节红色手工课程送入近20余所民办学校；《帮女郎》"寻找"栏目组讲述抗美援朝老战士寻找战友的故事。在《绿叶剧场》《绿叶纪实》栏目播出《解放之战》《申江红浪》《理想照耀中国》等历史纪录片、专题片。

晚间黄金时段排播电视辅导节目《名师面对面》，累计覆盖观众353.3万人次，获《人民日报》肯定；《特级教师开课啦》帮助家长答疑解惑，揭示青少年不同阶段成长的规律；《公共安全教育开学第一课》扩展地震篇、红十字篇、水上安全篇等分类学习内容；《上海家长学校开学第一课》缓解教育焦虑；《我想上太空》普及航天知识；《我想采访你》《YOUNG·视界》《"少年欢乐颂"2022绿叶春晚》，为青少年搭建展示平台；《银龄课堂特别节目——2021上海社区教育精品课程展播》帮助市民了解身边的教育资源。《健康脱口秀》节目各推广平台累计点击量3.4亿次，全网曝光人次10亿以上；专题片《大医生》展现院士、院长以及沪上知名科室主任的故事；《教视新闻》报道疫情相关权威信息，及时向大众传达新闻发布会资讯；《健康大不同》栏目持续普及常态化防疫和疫苗接种知识。《帮女郎》推出《爱·从不罕见》公益特别节目，帮助开展罕见病患儿画展，接待千余人次参观，累计筹得40余万元善款；牵手市残联推出全国首档手语教学节目《我们一起学手语》。

制定《打造面向未来的智慧教育全媒体传播体系——上海教育电视台媒体融合发展三年行动计划》，提出"构建新型教育文化传媒机构"战略目标的实施规划。《教视新闻》全年开展现场直播连线累计约40场；《银龄宝典》在重阳节活动中尝试名医专家线下直播；《健康脱口秀》与上海发布、健康云、哔哩哔哩、腾讯视频等平台合作；上海教育电视台"学习强国号"上线开通，《公共安全教育开学第一课》《家长学校开学第一课》《特级教师开课啦》获学习强国全国平台推送；新浪、上观等平台开设上海教育电视台节目专区。年内，上海教育电视台相关新媒体有账号58个，官方公众号粉丝达36万人，10w+推文6篇，其中《公共安全课堂地震篇》点击量达35.88万。上海教育电视台媒资库上传媒资内容约7000小时。

（张　菲）

【推出两季《公共安全教育开学第一课》】 2021年，上海教育电视台继续推出品牌节目《公共安全教育第一课》，共制作两季。2月21日播出的第七季节目聚焦学生公共安全教育，由市公安局治安总队、交警总队，市消防救援总队，复旦大学上海医学院的4名主讲人分别围绕治安、交通、消防、防疫4个板块，面向全市中小学生传授实用法律知识和风险防范技巧，帮助提升危险识别能力。8月31日播出的第八季节目，紧扣“影响青少年安全成长的新问题”和“守护青少年安全成长的新规定”，围绕治安、交通、消防三大板块，面向全市学生传授危险识别方法和风险防范技巧。节目不仅在教视荧屏、官微、官网同步推出，还在上海广播电视台纪实频道、法治天地频道，东方明珠移动电视以及学习强国、看看新闻、东方网、哔哩哔哩等新媒体平台进行实时转播。 （张　菲）

8月31日，播出《公共安全教育开学第一课》(第八季)

【推出《爱·从不罕见》大型公益活动】 2月28日是国际罕见病日，上海教育电视台播出以关爱罕见病群体为主题的《爱·从不罕见》大型公益活动，通过访谈罕见病患者及其家庭，致力于推动罕见病防治和保障工作的相关负责人、医务工作者和企业代表，弘扬“生而罕见，爱不罕见”的人文精神。上海教育电视台还与上海市罕见病防治基金会签订倡议书，向社会呼吁关注罕见病，关爱罕见病患者及家庭。 （张　菲）

【庆祝建党百年特别节目《百年青春潮》上线】 5月27日，庆祝中国共产党成立100周年特别节目《百年青春潮》在上海教育电视台开播。节目由中共上海市教育卫生工作委员会、上海市教育委员会指导，紧扣党史学习教育主题，面向全市高校，征集、遴选青春讲述人，以百个历史人物、百段青春故事、百部红色影片、百句奋斗箴言，讲好党的初心故事。节目自播出以来，最高收视率达0.3%，观众收看人数峰值近7万人，累计收看人数达23万。 （张　菲）

【参与制作庆祝建党百年大型节目《旗帜·中国青年说》】 6月14日，庆祝建党百年百集大型节目《旗帜·中国青年说》亮相教视荧屏。节目以党史、新中国史、改革开放史、社会主义发展史为主线，由上海教育电视台领衔摄制开篇第一集《开天辟地》、第二集《真理的味道》以及《深圳特区》《市场经济》《浦东开发》《香港回归》《澳门回归》《上海自贸区》《进博会》《绿水青山》《港珠澳大桥》《海南自贸港》《老有所依》13部重要作品，以青年讲述人的视角，展现百年来中国共产党的光辉历程、伟大成就和宝贵经验。 （张　菲）

【推出融媒创新直播节目《风华正青春》】 7月1日零时起，上海教育电视台与中国教育电视台一频道、四频道并机直播“24小时大型融媒创新直播节目《风华正青春》”。节目由新华社、中国教育电视台联合推出，在上海教育电视台设置分演播室，全球联动、多屏联播。节目通过“序幕”“百年盛典”“红色足迹”“精神谱系”“盛世华诞”“引领未来”六个篇章，展现中国共产党领导中国人民创造的历史奇迹和取得的伟大成就。当天，《风华正青春》收看人次近2.1亿，全网收看点击量超9000万。 （张　菲）

【打造《一起来成长——上海家长学校开学第一课》系列节目】 8月23—25日，在市教委指导下，上海家长学校和上海教育电视台共同打造的三期《一起来成长——上海家长学校开学第一课》系列节目上线。节目聚焦小学、初中、高中三个学年段，邀请沪上中小学校校长、老师以及心理医学专家做客演播室，探讨如何应对孩子成长过程中面临的身体、心理问题，形成家校合力，为孩子健康成长保驾护航。至9月3日，学习强国App上海学习平台累计播放量达30万人次，上海教育电视台官网累计点击量

达249万人次。（张　菲）

【推出青少年谈话类节目《我想采访你》】 9月12日18点起，上海教育电视台每周日推出青少年谈话类节目《我想采访你》。节目中，孩子们“化身”绿叶小记者，通过参与前期采访、梳理提纲、现场对话等环节，体验记者采访全过程。来自教育界及各行各业的优秀代表、杰出人物做客演播室，直面绿叶小记者的提问，讲述各自的成长经验和心路历程。2021年《我想采访你》累计推出16期，节目平均每期观众3.7万。单期最高收视率0.22%，平均每分钟观众达5.3万。（张　菲）

【举办《我们都是答卷人——上海大中小学生学党史全媒体争先赛》】 在上海市教卫工作党委、市教委指导下，上海教育电视台联合易班网开展“我们都是答卷人——上海大中小学生学党史全媒体争先赛”活动，向青少年普及“四史”知识。活动分为线上个人排位赛和线下团队争先赛两个阶段，其中，线上个人排位赛自11月8日起在易班网发布，累计53.75万人次师生参与网络答题；12月25日，综合成绩前12位的校队进入线下团队争先赛环节，通过多轮答题、主题宣讲和情景演绎等方式，“沉浸式”展开党史学习教育之旅。（张　菲）

附：台负责人及地址

（2021年1—12月）

台党总支书记：顾大文

台　长：孙向彤
副台长：顾大文、姚赟勤

地址：大连路1541号
邮编：200086
电话：65834001

上海教育报刊总社

【2021年概况】 上海教育报刊总社学习宣传贯彻习近平新时代中国特色社会主义思想和系列重要讲话精神，以庆祝中国共产党建党百年、党史学习教育、“双减”等主题为切入点，不断提升教育新闻舆论工作的传播力、引导力、影响力和公信力。至12月7日，完成新闻发布会、新闻通气会、媒体座谈会、专题访谈和媒体采访活动160余场，向媒体提供各类新闻稿件近300篇、超30万字。被《人民日报》、新华社、《光明日报》、中央广播电视总台等中央媒体和《解放日报》《文汇报》《新民晚报》、上海广播电视台等上海媒体报道8000多篇，转载50000多次。

“上海教育”政务新媒体与教育系统媒体协同联动，扩大传播阵地，年内，“上海教育”政务微信（含“上海教育”“教师博雅”微信号）发布图文信息1006条，阅读总量超1966万，在上海市委网信办、市政府新闻办公布的“上海政务新媒体影响力排行榜”中，《落实“双减”，强化学校教育主阵地！市教委新学期推出这六项举措》《教育系统绷紧疫情防控这根弦！师生员工严格执行暑期疫情防控工作要求》等5篇推文入选全市月度正能量文章传播影响力“十佳”；“上海教育”政务微博发布信息2960余条、总阅读量超5570万。

及时做好上海教育新闻与舆情的收集、汇总、分析工作。全年收集各类媒体报道近1.2万余条，制作《教育新闻与舆情》日报278期、月报7期、专报3期、快报2期，编辑“党史学习教育”“‘双减’落实”等近10本媒体报道汇编。

围绕中国共产党建党 100 周年等主题，推出一批富有特色的报道和内容。《东方教育时报》刊发《上海市教卫工作党委系统举行庆祝建党百年主题活动》《结合社会大场景　用好党史“教科书”》等 120 余篇文章。《上海教育》杂志推出“上海红色校园足迹”栏目、《跨越百年的信仰接力》专题和《黄浦：盘活“红色家底”，擦亮青春底色》深度报道；策划《“信仰的力量，教育的梦想”——第 18 届上海教育博览会》专刊和《精神的力量》特刊。上海教育新闻网策划“庆祝建党百年我的动感七一”专题，推出《顾老师讲红色故事》等 74 篇文章。《少年日报》刊发《人民教育家于漪：让每位学生发光》等 15 组文章；《上海中学生报》推出《奋斗百年路，起航新征程》特刊；《当代学生》推出《敬礼！我心中的丰碑》《有一种精神光耀百年》等专题；《好儿童画报》推出《2021“赞美你，中国共产党”红色专刊》《红色精神代代传，童心向党致敬专刊》2 本专刊，以及“红色故事会”“老作家讲红色故事系列”等 11 篇文章。《康复》杂志推出《上海牙防庆祝建党百年纪念专刊》。

围绕“双减”主题，上海教育新闻网推出《落实双减，上海这样做》等系列报道 152 篇。围绕“大学生就业”“‘双减’工作”“缓解家长焦虑系列”等主题，《东方教育时报》刊发《小小的操场上也有大大的乐趣》《陪孩子长大，做他的良师益友》等文章 103 篇。围绕“职业教育内涵发展”“民族文化传承教育”“培育学生综合素质”等主题，《成才与就业》杂志推出报道 21 组。“第一教育”客户端和微信公众号刊发《“双减”新学期，学校教育“双增”：课后服务延伸，空中课堂升级，全员导师上岗》等 47 篇文章。

《现代教学》杂志围绕“深化育人方式和课程评价改革”主题，推出《课程教学新变革》专辑，刊发文章 76 篇。《上海中学生报》围绕“推进依法治教，优化教育改革发展”“上海全面开启教育数字化转型”等主题，刊发《黑科技照亮课堂》《“廉洁文化进校园”特刊：扣好廉洁的“第一粒扣子”》等 4 组报道。《上海托幼》杂志推出《“幼有善育　我们在行动”系列报道》《幼儿发展评价系列报道》《2021 上海学前教育年会报道》等刊发文章 19 篇。《上海教育》杂志推出《精神的力量》特刊，赠印量近 2 万份。在 2019—2020 年度中国教育期刊优秀作品评选中，《上海教育》杂志的《人民教育家——于漪》特刊等 7 件作品获评三星优秀作品，《东方教育时报》的《没门的橱柜给学生自理能力加了分》等 7 件作品获评二星优秀作品，《当代学生》杂志的《新技术发力，你的阅读还好吗》等 4 件作品获评一星优秀作品。

采取分级分批分部门的方式，推进实施总社事业编制人员合同签订工作。9 月底，完成总社 83 名事业编人员与上海师范大学签约工作，并安排因业务调整剥离的 29 名人员与新单位建立劳动关系。同时，推进财政支持、员工福利待遇等应有支持政策落地。形成《上海教育报刊总社中长期事业发展报告（草案）》。推进固定资产和财务状况的摸底和清产核资工作，完成总社事业单位财务年报和资产年报编制、清产核资会计师事务所选定工作。

（姜新杰）

【举办第十八届上海市中学生时政大赛】　2—6 月，由市教卫党委、市教委指导，上海市学生德育发展中心、上海教育报刊总社主办的第十八届上海市中学生时政大赛面对在读初中、高中和中职学生，分别举行了学校初赛、区级复赛、市级决赛。大赛以“喜迎建党百年、铸就青春底色”为主题，引导中学生知史爱党、知史爱国，以风华少年的视角回顾党的百年伟大征程。近二十万名学生参加了初赛，两万余名学生晋级复赛，最终近两千人入围决赛。上海市民办上宝中学、上海市向明中学、上海市商业学校分获初中组、高中组、中职组团体金奖。

（方林建）

【承办第三届中华经典诵写讲大赛（上海赛区）】　4 月，由教育部主办，上海教育报刊总社、上海语言文字水平测试中心承办的第三届中华经典诵写讲大赛（上海赛区）启动。大赛以“传承中华经典，庆祝建党百年”为主题，面向大中小学生、教师及社会人士开展诵读、讲解、书写、篆刻等比赛，庆祝中国共产党成立 100 周年。（朱玉敏）

【举办 2021 年线上头脑奥林匹克创新大赛】　4 月，

由上海头脑奥林匹克协会、上海市科技艺术教育中心和上海教育报刊总社举办的2021年线上头脑奥林匹克创新大赛落幕。来自上海、北京、福建、广东、浙江等13个省市的413支参赛队和韩国10支队伍的共计3000多名大、中、小、幼学生报名参加。上海市教育委员会副主任为上海市大宁国际小学、上海市嘉定区南苑中学、上海市卢湾高级中学等获奖参赛队颁奖。5月，中国参赛队在2021年线上世界头脑奥林匹克决赛中获5金、6银、8铜的佳绩。

（万　佳）

【参与组织“第七届全国职业教育活动周”系列活动】 5月，2021年全国职业教育活动周开幕。上海教育报刊总社参与组织。上海城建职业学院、上海工程技术大学高职学院、上海电机学院高职学院等20所高职院校，以“技能，让生活更美好”为主题，面向全市中小学生开展“第七届全国职业教育活动周”系列活动。其间，开设智能家居、智慧农业、建筑工程、印刷文化、仿古陶瓷、食品卫生等多个行业和领域的67个体验项目，接待中小学生2125人次。

（张　昭）

【举办第十八届上海教育博览会】 5月21日至7月31日举行。由上海市教育卫生工作党委、上海市教委指导，上海教育报刊总社主办。以“信仰的力量　教育的梦想”为主题。首次以线上线下相结合的方式举行。活动期间，开展“红色精神代代传——上海少年儿童庆祝中国共产党党建100周年系列活动”“读红色经典　做信仰传人——百年百书阅读行”主题活动之红色经典读书分享会等7场主题活动，以及“传承红色基因　创新育人载体——长三角教育协同访谈”“开启人工智能启蒙教育　赋能教师跨学科成长”园长沙龙等11场教育热点话题访谈，发布7张校内外红色育人版图，举行20场区域教育大直播。为期三天的线下展，参观人数超过45000人；持续两个多月的线上展，浏览量接近200万人次。区域教育大直播观看人数超280万人次，注册用户超过11万。（邹子凌）

【举办第十四届“让青少年读懂中国”活动】 5—12月，由文汇报社、上海教育报刊总社主办，新读写杂志社、《东方教育时报》承办的第十四届“让青少年读懂中国”系列活动在全市举行。活动包括系列讲座、主题征文、知识竞赛、书法摄影展示4个部分，吸引近400所中学的近15万名中学生参与。

（张爱华）

【承办“上海市民健康生活大讲堂”系列活动】 6月10日，“上海市民健康生活大讲堂”系列活动启动会暨“迎建党百年，医教党员科普先锋队宣传活动”在上海教育报刊总社举行。会上，上海市教卫工作党委、上海市老龄事业发展中心、上海科普教育促进中心、上海市开放大学、上海教育报刊总社等单位的相关领导为“上海社区健康大学堂”与“上海科普体验学习基地”揭牌。系列活动由上海市教委指导，上海教育报刊总社《康复杂志》社承办，评选出“2020我最喜爱的云端健康教育”微视频作品7件，以及“2019—2020年度社区健康达人”14人。

（王　璐）

【举办上海市中学“廉洁文化进校园”征文演讲活动】 6—11月，2021年上海市中学“廉洁文化进校园”征文演讲活动举办。活动由市教卫工作党委宣传处、市教卫系统法宣办主办，上海教育报刊总社承办，上海中学生报协办。组织初中、高中、中职学生围绕“学党史、扬清风、树正气”“弘扬清风正气、建设廉洁校园”等主题开展征文写作、演讲比赛。经各区教育局及中职系统征集推荐，收到约300所学校的近千篇学生征文。上海市闵行区七宝文来学校学生章雯瑄、上海戏剧学院附属舞蹈学校学生黄凯、上海市复旦实验中学学生李昶甫分获初中组、中职组、高中组一等奖。

（方林建）

【举办第十三届“鲁迅青少年文学奖”上海地区青少年文学创作交流活动】 6—11月，由上海鲁迅文化发展中心、上海教育报刊总社主办的第十三届“鲁迅青少年文学奖”上海地区青少年文学创作交流活动举行。复旦大学附属中学高二学生陈思涵获鲁迅青少年文学奖万元大奖，松江二中学生娄西佳获高中组特等奖，周浦实验学校学生沈天一获初中组特等奖，洋泾实验小学学生朱珈莹获小学组特等奖。（朱玉敏）

【举办“新沪杯”中学生宪法法律知识竞赛】 6—12月，2021年上海市“新沪杯”中学生宪法法律知识竞赛举办。由市教卫工作党委、市教委、市司法局和市法宣办主办，上海教育报刊总社、虹口区教育局、虹口区司法局、虹口区法宣办承办，以“学法用法，崇德尚法”为主题，学习宣传习近平法治思想，贯彻落实国家和上海市“七五”普法规划，深化“法律进学校”工作。全市80多所初中、高中、中职学校的学生参赛。上海市青浦区崧淀中学、上海市松江二中、上海市城市科技学校分获初中组、高中组和中职组一等奖。（方林建）

【举办上海市第十三届头脑奥林匹克创新学习活动】 7月，由上海市学习型社会建设与终身教育促进委员会办公室指导，上海头脑奥林匹克协会、上海市科技艺术教育中心、上海教育报刊总社等单位共同举办的上海市第十三届头脑奥林匹克创新学习活动在线上举行。经过校内选拔赛、区级竞赛、市级初赛和市级决赛，从参加市级比赛的1714个家庭（次）中评选出每道赛题的金擂主以及十佳创意家庭和十佳创意老人等奖项。活动共吸引全市约18万家庭（次）参赛。（万　佳）

【举办“2021青少年健康教育系列校园活动——开学护眼第一课”】 9月10日，由上海市教委、上海市卫生健康委指导，上海教育报刊总社、上海市眼病防治中心、上海科普教育发展基金会联合主办，康复杂志社承办的“2021青少年健康教育系列活动——开学护眼第一课”直播活动，在上海教育报刊总社演播厅举行。活动邀请上海市眼病防治中心专家，通过在线直播的形式，为全市青少年讲解近视防控要点。活动覆盖全市16个区，累计在线观看人次超过120万，累计在线观看人数近20万。（王　璐）

【举办2021上海市少儿新闻大赛】 9月，由市精神文明办、市少工委指导，上海教育报刊总社学生媒体发展中心、市“红理会”主办，《少年日报》承办的“红领巾晒幸福”2021上海市少儿新闻大赛暨青少年媒介素养提升计划启动。大赛邀请小小媒体人团队或个人，用手中的笔和镜头记录欣欣向荣的时代，展现当代上海青少年的幸福生活，收到近2万件文字、摄影、视频作品。（郭　莹）

【承办“红色修身，文明实践”人文行走活动】 由中共上海市委宣传部、上海市精神文明办、中共上海市委党史研究室、上海市教委共同主办，上海教育新闻网承办的人文行走活动以“红色修身，文明实践”为主题，围绕“红色文化”推出十一条行走线路、67个人文修身学习点，从青浦区“红色印记·薪火相传”到杨浦区“全民崇学扬新风　红色行走谱华章”，再到静安、宝山、虹口、浦东、崇明等区，各区人文行走主题活动丰富多彩，开展活动逾百场。“人文行走”摄影作品征集和征文活动、“人文行走”直播大课堂等线上学习展示活动同时开展。至9月，超过180万人次参与人文行走学习，40万人次参与网上行走，征集市民摄影作品和文章600余件（组）。（金一帆）

【举办“编程1小时”嘉年华·青少年科技创新大赛】 10月31日，来自全市16个区的60多名选手，在上海教育报刊总社参加“编程1小时”嘉年华·青少年科技创新大赛决赛。大赛以献礼中国共产党建党100周年为主题，由上海市教委、上海市科委指导，上海教育报刊总社、中国上海头脑奥林匹克协会、LEAD创意活动中国区组委会、上海市黄浦区教育局联合举办，覆盖全市近千余所中小学，超过4万名学生参加。（万　佳）

【承办央视《中国诗词大会》（第七季）上海赛区面试选拔活动】 11月6日，央视《中国诗词大会》（第七季）上海赛区面试选拔活动在上海教育报刊总社举行。由市语委、市教委主办，上海市语言文字水平测试中心、上海教育报刊总社承办。由全市各区语委办、各高校语委办推荐和社会报名，并经市级线上选拔，共有229名(组)选手入围上海赛区面试。

(吴永安)

【举办第九届上海学前教育年会】 11月10—18日，由上海市教委指导，上海市教育学会、上海教育报刊总社主办，上海市教育学会幼教专业委员会与《上海托幼》杂志承办，上海市托幼协会协办的2021上海学前教育年会，在线上举行。年会以“面向未来 幼有善育 创新实践”为主题，通过直播与录播相结合的形式，推出10场专家报告、11场专题研讨。年会期间，“上海托幼”微信公众号共推送9篇参会信息、8篇专题报道，微信总阅读量达113058人次，转发量达4113次。

(吴寅申)

【举办2021上海市中小学“科普校园行”科学家巡讲活动】 12月4—12日，“看见·未来”——上海市中小学“科普校园行”活动学生佳作展在浦东图书馆举行。现场展示从千余件学生作品中遴选出来的科普摄影作品和科幻绘画作品67件。年内，由上海市教委体卫艺科处主办、上海教育报刊总社学生媒体发展中心承办的上海市中小学“科普校园行”科学家巡讲活动开展科普讲座100场，覆盖上海16个区，惠及超过3万名中小学生。

(谭杨红)

12月4日，上海市中小学“科普校园行”
活动学生佳作展在浦东图书馆开展

【第六届上海小学生古诗文大会】 由上海教育报刊总社、上海市语言文字水平测试中心联合主办，《少年日报》《当代学生》杂志承办。12月11日，经过线上初选、复选和线下决选产生的获奖学生代表约120人，参加了在上海图书馆报告厅举行第六届上海小学生古诗文大会五年级组现场总决选暨大会颁奖仪式。这一届古诗文大会增设了中小学生古诗文诵读大会和中小学生古诗文书画大会。

(吴永安)

附：总社负责人及地址

(2021年1—12月)

社党委书记：周　烨
　　副书记：仲立新、唐洪平

社　长：仲立新
副社长：周　烨、徐　勇

地址：中山南二路151号
邮编：200032
电话：33395000

教育人物

Educational Personage

纪念人物

【彭　康(1901—1968,诞辰120周年)】 字子劼,江西上栗人,中国著名的马克思主义哲学家、教育家、革命家。早年留学日本,就读于鹿儿岛第七高等专科学校和京都帝国大学哲学系。1927年回国投身革命,1928年11月参加中国共产党。作为20世纪20、30年代沪上著名文学团体——创造社的发起人之一,先后翻译恩格斯的《费尔巴哈论》《费尔巴哈和德国古典哲学的终结》和普列汉诺夫的《马克思主义的根本问题》等经典哲学著作。1952年起任交通大学校长、党委书记。1956年率领交通大学大部分内迁西安,后担任西安交通大学校长、党委书记,为交通大学西迁和西安交通大学的建设、发展做出历史贡献。

任交通大学党委书记和校长期间,建立党委领导下的校长负责制,开设马克思主义理论课体系,建立学生思想政治教育制度,完善院系和学科体系,制订一系列教育、教学管理制度。全面开展教学改革,积极倡导学习苏联教育经验,尊重苏联专家建议的同时提出运用苏联教材、制订教学计划与教学大纲时,必须从实际出发,要求全体教师积极备课,对课程内容适量缩减,根据学生实际程度和接受能力来传授,以提高课堂效率。尊重陈大燮、张鸿、钟兆琳、赵富鑫等教授的教学和管理经验,要求教务等部门根据第一个五年计划的基本任务,制订出适合国情的"四年教学规划"。

(上海交通大学供稿)

【胡焕庸(1901—1998,诞辰120周年)】 字肖堂,江苏宜兴人。地理学家、地理教育家,中国现代人文地理学和自然地理学的重要奠基人。历任中央大学地理系主任,中国地理学会理事长,华东师范大学人口研究所创始人、所长、教授。

提出的"胡焕庸线"被国内外学界广泛引用,不仅成为中国人口地理格局的重要基线,而且深刻影响着对中国经济、社会、文化空间格局的界定和认知。独立完成著作《中国8大区人口密度与人口政策》《中国8大区人口增长、经济发展的过去和未来》等;在论文集《中国东部、中部、西部3带的人口、经济和生态环境》一书的15篇论文中,个人完成10篇。

(华东师范大学供稿)

【俞调梅(1911—1999,诞辰110周年)】 浙江湖州人,著名教育家,中国岩土工程专家,中国岩土力学和岩土工程学科开拓者和奠基人之一。1934年毕业于上海交通大学,1938年获英国伦敦大学帝国学院工程硕士学位。1952年进入同济大学执教直至退休。曾担任同济大学土力学地基基础教研室主任、地下建筑与工程系名誉系主任,中国土木工程学会土力学与基础工程分会副理事长,中国水利学会岩土力学专业委员会副主任委员,中国建筑学会地基基础学术委员会副主任委员,上海市土木工程学会理事,上海市土木工程学会岩土工程专业委员会副主任委员等。

筹建国内最早的岩土工程学科教学和研究机构——土力学地基基础教研室,开创中国土力学与地基基础课程教学的先河,积极开展岩土工程理论和技术开发研究,为上海展览中心、武汉长江大桥、上海市区地面沉降、上海金山石油化工总厂和上海宝山钢铁厂等重大工程建设做出重要贡献。主办两届海洋岩土工程国际学术讨论会,与方晓阳共同创建"同济大学岩土工程情报资料站",是20世纪80年代中国岩土工程界与国外交流的重要窗口。获澳大利亚新南威尔士大学1985年度Myers奖。主要著作《钢筋混凝土结构》《圬工拱桥》《上海的基础工程》《上海桩基础的沉降》《静力触探在我国的发展》《岩土工程的反思》,以及译著《地基基础》(俄)、《土力学原理》(俄)、《岩土工程》(英)等,其中《土质学及土力学》是中国首部系统的土力学教材。

(同济大学供稿)

【杨　钦(1911—1991,诞辰 110 周年)】 广东大埔人。同济大学教授,博士生导师。中国共产党党员。长期从事给水排水工程的教学与科研,是中国高校给水排水专业奠基人之一和给水排水专业计算机应用研究及人才培养创始人。1936 年于浙江大学毕业,1937 年获美国密歇根大学研究院科学硕士学位。曾任中山大学、浙江大学、复旦大学教授,上海交通大学土木系教授、系主任。1952 年任同济大学给水排水专业教授、系主任,1953 年 5 月任同济大学副教务长,1956 年 12 月任同济大学副校长兼教务部主任,1981 年被评为全国第一批博士生导师。曾任建筑工程部给排水教材编审委员会主任委员,上海土木工程学会第四届副理事长,《中国给排水技术》编辑委员会技术顾问。

1961 年 5 月,主编出版高等学校专业教材《给水工程》,多次再版。1962 年 6 月,被教育部任命为高等工业学校外语教材编审委员会主任委员,多次主持全国高校工科外语教材编审会议,制订一系列工科高校外语教材编写大纲,领导工科外语教材的编写和出版工作。1972 年至 1989 年研究开发《给水管网水力计算程序 749》《给水管网水力计算程序 7512》《给水管网现状核算程序 774》等近 20 套计算机应用程序,成为中国给水排水专业领域计算机技术研究和应用的开创性软件成果。1977 年被评为上海市先进科学工作者,1977 年和 1980 年先后两次获上海市重大科技成果奖,发表重要学术论文 50 余篇。

(同济大学供稿)

【童大埙(1911—2011,诞辰 110 周年)】 上海崇明(现为崇明区)人。中国铁道工程专家,教育家。1931 年上海交通大学土木工程系毕业,1937 年获伦敦大学帝国理工学院工程硕士学位,先后任长沙国立湖南大学土木工程系教授、叙昆铁路工程局副工程师、弥渡滇缅铁路工程局正工程师、重庆交通大学土木系教授、中央设计局交通组专门委员及昆明滇缅公路油管工程处副处长等职务。1949 年 8 月,童大埙进入同济大学土木系任教,任铁路、公路与桥隧系主任,参与院系调整及铁路公路系筹建。

童大埙是将轨道力学引进中国的先行者,用数学、力学、实验力学方法研究铁路轨道,为中国铁路大提速以及高速铁路的发展提供了理论依据和方法。1930 年代初,撰写《平绥铁路沿线钢板梁桥的加固问题》《铁路沿线的坡度削减问题》两篇论文分获全路最高一等奖和三等奖。1951—1953 年,出版根据中国国情撰写的第一套铁道工程专业论著《铁路曲线及土方》《铁道工程学》《隧道工程学》。1988 年主编《铁路轨道》新教材并翻译成中国铁道工程专业第一部自编的英文教科书《Rail road Track》。还先后为《辞海》《中国大百科全书土木工程卷》《土木建筑工程词典》《现代科学家传记》编写与铁路轨道有关的条文和文章。

(同济大学供稿)

【钱学森(1911—2009,诞辰 110 周年)】 浙江杭州人,出生于上海。空气动力学家、系统科学家,工程控制论创始人之一,中国科学院学部委员(院士)、中国工程院院士。1959 年加入中国共产党。1934 年从交通大学机械工程系毕业;1935 年赴美国进修;1936 年从美国麻省理工学院硕士研究生毕业后转加州理工学院航空系,师从西奥多·冯·卡门;1939 年获美国加州理工学院航空、数学博士学位后留校任教;1945 年赴德调查纳粹德国火箭科技;1955 年冲破阻力从美国回到祖国;1956 年出任中国科学院力学研究所第一任所长;1957 年出任国防部第五研究院第一任院长,同年补选为中国科学院学部委员(院士);1958 年创建中国科学技术大学近代力学系并出任首届主任;1984 年被增选为中国科学院主席团执行主席;1986 年当选中国科学技术协会第三届全国委员会主席;1986 年至 1998 年担任中国人民政治协商会议第六、七、八届全国委员会副主席。

1991 年 10 月,被授予国家杰出贡献科学家荣誉称号、一级英雄模范奖章;1999 年被授予两弹一星功勋奖章;2006 年被授予中国航天事业 50 年最高荣誉奖;2009 年获评"100 位新中国成立以来感动中国人物”之一 。

1956年向中共中央、国务院提出《建立我国国防航空工业的意见书》。参与近程导弹、中近程导弹和中国第一颗人造地球卫星的研制，直接领导用中近程导弹运载和原子弹“两弹结合”试验，参与制定中国第一个星际航空的发展规划，发展建立工程控制论和系统学等。提出跨声速流动相似律，为空气动力学的发展奠定重要理论基础。提出物理力学概念，开拓高温高压新领域。主要著作包括《工程控制论》(英文版)(俄文版)(德文版)(中文版)《物理力学讲义》《星际航行概论》《论系统工程》《关于思维科学》《论人体科学》《钱学森文集(1938—1956)》《钱学森手稿(1938—1955)》《创建系统学》(新世纪版)《星际航行概论》《导弹概论》(钱学森手稿)《现代科学技术体系总体框架的探索》《钱学森哲学思想》《钱学森思维科学》《马克思主义哲学与现代科学技术》等。 (上海交通大学供稿)

【丁善德(1911—1995,诞辰110周年)】 浙江绍兴人，生于江苏昆山，中国著名作曲家、钢琴家、理论家、音乐教育家、社会活动家。1928年考入上海国立音乐院。曾担任上海音乐学院教授兼作曲系主任、副院长，并先后担任中国音乐家协会副主席、中国音乐家协会上海分会(现上海音乐家协会)副主席、上海音乐出版社社长兼总编辑等职务。

丁善德的创作涉及交响乐、协奏曲、大合唱、室内乐、器乐独奏、艺术歌曲以及电影音乐等各个方面，仅编号作品就达35种。作为中国首位灌制唱片和举行独奏音乐会的钢琴家，创作了中国第一首钢琴组曲《春之旅》、第一首无标题钢琴奏鸣曲《E大调钢琴奏鸣曲》、第一首以中国民歌为主题的《中国民歌主题变奏曲》、第一首以中国人民革命斗争胜利为题材的交响乐《新中国交响组曲》、第一首以新中国儿童幸福生活为题材的钢琴组曲《欢乐的节日》、第一首反映上海历史沧桑的合唱作品《黄浦江颂》、第一部以红军长征为题材的交响乐《长征交响曲》。结合国外学成的作曲技法和民族音乐元素，创作了《延安夜月》《爱人送我向日葵》等艺术歌曲。

作为教育家，培养一大批知名的音乐大师。作为音乐社会活动家，促进国际间的音乐文化交流协作，多次担任国际音乐比赛评委。作为音乐理论家，结合教学和创作实践发表多篇学术论文，出版《单对位法》《复对位法》《赋格写作技术纲要》《作曲技法探索》等著作。 (上海音乐学院供稿)

【邓旭初(1921—2012,诞辰100周年)】 广东开平人。1938年奔赴延安投身革命，同年10月加入中国共产党。先后参加抗日战争、解放战争和抗美援朝战争。1953年转入高校工作，1954年调入交通大学，历任校长办公室主任、副校长、党委副书记，1977年至1986年任上海交通大学党委书记。长期从事高等教育管理工作。1978年中美正式建交前，组建第一个教授代表团访美，被称为“中美高等教育界破冰之旅”。

20世纪80年代初，带领学校党政班子，在全国率先开始大学新校区建设；率先接受包玉刚捐款1000万美元建造图书馆，为高校引进外资办学开辟先河；率先进行高等学校管理体制改革方案，实行定编定岗，制订工作规范，推行责任制、教师聘任制，进行人才交流和工资改革等改革实践。恢复理科和管理学科，开设文学艺术课程，带头引进建立一批高、新、尖端学科。倡导科研为经济建设服务，兴办科技产业，为产学研结合奠定基础。著有《我们是怎样进行学校管理改革的》《改革必须触及管理体制》《上海交大改革的五年》《忆上海交大重振雄风》等文章与著作。组织领导出版《上海交通大学管理改革初探》，改革实践和成果得到邓小平等中央领导的肯定，改革经验被写入全国人大六届三次会议的《政府工作报告》。 (上海交通大学供稿)

【陈吉余(1921—2017,诞辰100周年)】 江苏灌云人。中国共产党党员，九三学社社员。国际著名河口海岸学家，中国河口海岸学科奠基人。

1941年8月就读于国立浙江大学历史地理系。1947年浙江大学理学院史地学系研究生毕业。1947—1952年任浙江大学助教、讲师，1952—1978年任华东师范大学讲师、副教授，1978年后历任华东师范大学教授、河口海岸研究所(院)所长、名誉所长、院长。1996年当选国际欧亚科学院院士。

1999年当选中国工程院院士。

建立动力、沉积、地貌相结合的河口海岸学科体系，创建中国第一个河口海岸研究机构，是中国河口海岸学科的奠基人，理论应用于工程实践的开拓者。倡导并组织参与全国海岸带和海涂资源综合调查；提出长江河口发育模式及自适应和人工控制理论，为长江口深水航道选槽和河口治理提供科学依据；建议利用潮滩建设浦东国际机场并主持九段沙生态工程，取得显著社会经济效益；提出长江河口寻求干净水源的建议，促成青草沙水库建设；根据涨潮冲刷槽理论提出陈山原油码头选址方案，开创在杭州湾强潮海湾建港的先例。

承担国家多项重大研究任务和科研项目，完成报告60余种，发表论文140余篇，专著9种。《中国河口主要沉积动力过程研究及其应用》项目获国家科技进步一等奖，另获省部科技进步一、二等奖16项。1985年获中国“五一”劳动奖章和中国优秀教育工作者称号。1999年获中国地理学会首届杰出贡献奖。（华东师范大学供稿）

【谢希德（1921—2000，诞辰100周年）】 福建泉州人，中国共产党党员，著名物理学家，教育学家，中国半导体物理学的开拓者之一，中国表面物理研究的先驱者和奠基人，教授，博士生导师，中国科学院学部委员（院士）。1946年毕业于厦门大学数理学系，1951年获麻省理工学院博士学位。1952年回国到复旦大学任教，历任固体物理教研组（后改名为半导体物理教研组）组长，现代物理研究所所长，复旦大学校长，复旦大学美国研究中心主任。1979年、1980年两次被评为全国“三八”红旗手。1988年当选为上海市第七届政协主席。出席中共第十二次、第十三次、第十四次全国代表大会。是第一、第二、第三届国务院学位委员会物理学科评议组成员，第二届国务院学位委员会委员。曾任中国物理学会副理事长，上海市第三届科学技术协会主席，世界银行贷款重点学科项目组组长。

开设理论力学、普通物理（光学部分）、量子力学、半导体物理等课程。与同事合作的“半导体表面电子态理论与实验研究”获国家教委1986年科技进步二等奖，“镍硅化合物和硅界面理论研究”获1987年国家教委科技进步二等奖，“金属在半导体表面吸附及金属与半导体界面电子特性研究”获国家教委科技进步二等奖，“硅锗超晶体格几何结构”获国家教委科技进步二等奖。出版《半导体物理学》（与黄昆合著）、《固体物理学》（与方俊鑫合著）、《群论及其在物理中的应用》（主要作者）等学术著作4部、发表论文50余篇。

（复旦大学供稿）

逝世人物

【张薰华（1921—2021.2.1）】 江西九江人，中国共产党党员。马克思主义经济学家，教授，《资本论》研究泰斗、土地经济学拓荒者。1945年毕业于复旦大学经济学系。1947年加入中国共产党。历任复旦大学教授、经济学系主任，中国《资本论》研究会第二届理事，上海经济学会副会长。

1989年被评为“全国优秀教师”，1995年被授予“全国环境教育先进个人”称号，2008年获上海市第九届哲学社会科学学术贡献奖，2012年获第二届世界马克思经济学奖，2015年、2019年先后被中共中央、国务院、中央军委授予抗战胜利70周年纪念章和纪念中华人民共和国成立70周年纪念章。

著有《〈资本论〉提要》（三册）《〈资本论〉中的再生产理论》《〈资本论〉脉络》《〈资本论〉中的数量分析》《生产力与经济规律》《土地经济学》《交通经济

学》等10部；论文《社会主义商品经济地租的必然性》等100篇。其中三卷本《〈资本论〉提要》已发行数万册，《〈资本论〉脉络》和《生产力与经济规律》至今仍为经济学院各专业硕士生必读教材。

（复旦大学供稿）

【苏东水（1931—2021.6.13）】 福建泉州人，经济学家、管理学家，教授。1953年毕业于厦门大学企业管理系。1972年进入复旦大学工作，历任复旦大学经济管理系主任、经济管理研究所所长、东方管理研究中心主任，是复旦大学国家重点学科工业经济、产业经济学科的学术带头人，1996年被授予"复旦大学首席教授"称号。曾任国务院学位委员会经济学、应用经济学和工商管理学学科评议组成员，全国博士后管理委员会专家组成员，上海市第八届政协委员，世界管理者协会联盟（IFSAM）中国委员会主席，中国国民经济管理学会会长，上海管理教育学会终身会长等。

复旦大学管理学院的创始人之一，长期致力于中国东方管理学的研究。提出"以人为本、以德为先、人为为人"的东方管理学核心思想，创立并连续举办24届世界管理论坛暨东方管理论坛。出版《国民经济管理学》《管理心理学》等著作百余部，两千余万字。主持10多项国家自然科学基金、国家社会科学基金项目以及省部市科研项目，获国家级、省部级特等奖、一等奖10余次。在《中国社会科学》《管理世界》等发表300余篇学术论文。直接指导博士后、博士研究生、硕士研究生380多人。被国务院表彰为"发展中国高等教育事业有突出贡献专家"。2014年获评第四届中国管理科学学会学术类"管理科学奖"。2018年获复旦管理学终身成就奖。2020年发起成立"苏东水管理教育基金"。

（复旦大学供稿）

【赵曾茂（1954—2021.7.6）】 上海人，中国共产党党员，上海音乐学院单簧管教授，硕士研究生导师。著名单簧管演奏家、教育家。进修于中央音乐学院、毕业于上海音乐学院、留学日本东京艺术大学大学院获硕士学位，先后师从于陶纯孝教授、顾鹏教授、村井祐兒教授，1994年9月留学毕业后回国任教。任中国单簧管协会副会长、亚洲室内乐协会会长、国家文化旅游部文化发展中心艺术委员会学术委员、上海音乐学院单簧管教授硕士研究生导师、上海师范大学音乐学院硕士研究生导师、同济大学音乐系客座教授。

培养大批优秀学生，其中多人在国际大赛和国内比赛中获奖。经常参加国际性单簧管学术会议，多次在美国、澳大利亚、意大利、日本等国举办音乐会和大师班。多次担任国际单簧管比赛和国内单簧管比赛的评委，三次被上海文艺人才基金理事会评为优秀教师奖。已录制发行个人CD五张和多册单簧管教材。传略被收入《中国当代艺术界名人录》《世界华人文学艺术界名人录》《中国当代留学回国学人大典》。

（上海音乐学院供稿）

【连　波（1931—2021.8.20）】 祖籍浙江上虞，出生于上海。上海音乐学院原音乐研究所研究员，戏曲音乐大师。九三学社成员。1958—1959年在上海音乐学院进修作曲专业，毕业后留校任教。其间，借调至上海京昆剧团、上海评弹团担任作曲职务。先后担任国家重点科研项目《中国戏曲音乐集成·上海卷》副主编，河南省、安徽省、江西省、北京市戏曲音乐学会顾问，国家重点科研项目《中国曲艺音乐集成》总编辑部特约编审员。

开设《曲艺音乐概论》《戏曲音乐概论》《民族声乐写作》《戏剧曲艺音乐研究与创作》等课程，撰写一百余万字论著，其中《弹词音乐初探》获1984年上海市高等院校哲学社会科学研究优秀成果奖，《戏曲作曲》获上海音乐学院第四届科研《教材》成果一等奖，《国乐飘香》获2005年中国作家创作成果报告编委会金奖。

创作《宝玉与黛玉》《西厢记》《琵琶行》《长相知》等一百余部作品，涉及戏曲、歌剧、合唱、交响乐、艺术歌曲和群众歌曲等领域。为越剧、沪剧、京剧、甬剧等剧种百余部戏作曲，其中越剧《屈原》获1954年华东戏剧会演音乐奖、甬剧《东风吹春》获1959年华东区戏剧会演音乐奖、越剧电视连续剧《秦淮梦》获第六届全国电视剧"飞天奖"、越剧《一枝梅》获1988年全国"三新杯"大奖赛作曲奖、越剧《玉蜻蜓》获第三届中国戏剧节优秀音乐创作奖。

多次与范瑞娟、傅全香、戚雅仙、毕春芳、张云霞等流派创始人合作，创作傅派《杜十娘》“沉箱”、毕派《三笑》“点秋香”、戚派《龙凤花烛》“四季衣”、张派《貂蝉》“拜月”等流派代表性唱段。

（上海音乐学院供稿）

【赵寿元（1931—2021.9.21）】 浙江杭州人，中国共产党党员，著名遗传学家，教授。1964 年毕业于复旦大学后留校任教。1979 年 7 月晋升讲师，1980 年 5 月晋升副教授，1985 年 12 月晋升教授，1990 年 12 月任博士生导师。1997 年 9 月被授予“复旦大学首席教授”称号。历任复旦大学遗传学研究所所长，复旦大学遗传学与遗传工程系主任。曾任第十八届国际遗传联合会主席，中国遗传学会第六届理事长，中国人类遗传资源管理委员会专家组成员，中国科协第五届全国委员会委员，国务院学位委员会学科评议组成员，原国家 973 科技项目委员会专家组成员，国家教委科技委员会生物学科组副组长，国家自然科学基金委咨询专家。

在国内率先开展人类分子遗传学和基因组学的研究，最早应用遗传工程技术开发生物大分子新药，1980 年获上海市科技成果奖三等奖、1989 年获国家教委科技进步奖二等奖。出版《现代遗传学》《分子生物学基本实验方法》等专（译）著 20 余部。讲授《遗传学》《发育遗传学》《发育生物学》等课程，其中《遗传学》课程已成为全国最具影响力的国家精品课程之一。主编与参编的《现代遗传学》《遗传学》等教材为国内最具影响力的遗传学教材。1992 年获上海市普通高校优秀教学成果一等奖，1993 年、2005 年先后两次获国家级教学成果奖二等奖。

（复旦大学供稿）

【黄宏嘉（1924—2021.9.22）】 出生于北京，祖籍湖南临澧。中国共产党党员，微波和光波导学家，微波电子学家，光纤专家，上海大学终身教授。1944 年于国立西南联合大学毕业后在北京大学、国立交通大学任教；1949 年毕业于美国密歇根大学获硕士学位；1950—1979 年先后任北方交通大学、中国科学院北京电子所、中国科学院上海光学精密机械研究所教授、研究员；1979—1987 年任上海科技大学教授、副校长；1980 年当选为中国科学院学部委员（院士）。1987 年任原上海科学技术大学名誉校长。1989 年被聘为美国麻省理工学院电磁学科学院院士，1991 年被授予美国欧罗理工大学名誉科学博士，1994 年任上海大学名誉校长。

长期致力于微波与光纤的理论与技术研究等工作。1979 年调入原上海科学技术大学担任副校长，创建波科学研究实验室，国内第一个光纤研究实验室。发展耦合波理论，创立“超模式”概念，研制成功中国第一根单模光纤，创新发明宽带光纤“黄氏波片”。先后发表《微波原理》《从微波到光》《非常不规则纤维光学的微波方法》等多篇论文和 6 部专著。1978 年获全国科学大会重大科研成果奖“突出贡献奖（个人奖）”，1987 年获国家自然科学奖二等奖，被国家科委、国家教委授予“科技先进工作者”称号，1988 年获国家科技进步奖二等奖，1989 年国务院侨务办公室中华全国归国华侨联合会授予全国优秀归侨、侨眷知识分子，1994 年获全美仪器学会杰出论著奖，1998 年获香港何梁何利科技进步奖。

（上海大学供稿）

【邵世煌（1938—2021.9.26）】 东华大学原校长、教授、博士生导师。1955 年毕业于苏州高级中学，1960 年毕业于南京工学院（现东南大学），1960 年任教于华东纺织工学院（现东华大学），历任讲师、副教授、教授。1986 年赴美国马里兰大学、纽约时装学院作访问学者。1990 年任博士生导师，1993 年任中国纺织大学（现东华大学）副校长，1994—2001 年任校长。

长期从事控制科学与工程、计算机应用、智能系统与优化计算、生物信息技术、嵌入式系统与技术、网络信息系统技术等方面的教学与科研，培养博士生、硕士生近 100 名；主持国家和部市级科研项目 40 多项，获国家和部市级等科技奖 10 余项，包括国家科技进步二等奖 1 项。1990 年获全国高等学校科技先进工作者、1993 年获全国教育系统劳动模范称号。出版科技著作 3 本，在国内外重要杂志与学术会议上发表论文 300 余篇（含与研究生合作）。

（东华大学供稿）

【董鉴泓(1926—2021.11.5)】 甘肃天水人。中国共产党党员，著名城市规划学家和教育家，同济大学教授，博士生导师。1945—1951年在同济大学土木工程系市政组学习，1951年毕业后留校任教。历任同济大学城市规划教研室主任、建筑系副主任、城市规划研究所所长，《城市规划学刊》主编。曾担任中国建筑学会城市规划学术委员会副主任委员(1981—1993)、中国城市规划学会常务理事(1993—2000)、上海城市科学研究会常务理事及副秘书长，《城市规划》《同济大学学报》《时代建筑》编委，《中国大百科全书》城市规划分部副主编等。

2004年，董鉴泓创办“中国城市规划学科发展论坛”。2019年，董鉴泓捐赠个人积蓄40万元成立“董鉴泓城市规划教育基金”，重点支持资助与城市规划相关的专业研究和学术交流活动。

2016年，获中国城市规划学会“终身成就奖”。2018年，获“感动同济”人物称号。2021年，获教育部“首届全国教材建设先进个人”。主要著作有《中国城市建设史》《中国东部沿海城市发展规律及经济技术开发区的规划》《同济生活六十年》《中国古代城市20讲》等。《董鉴泓文集》被选入“中国建筑名家文库”出版，收集近60篇代表作，分为城市规划工作、城市规划实践与理论、近代城市、古代城市、规划教育等章节。 (同济大学供稿)

【李昌道(1931—2021.11.19)】 江苏吴县(现苏州)人，九三学社社员，法学家和法学教育家，教授。1956年中国人民大学法律系研究生毕业，分配至华东政法学院任教。1972年调入复旦大学，历任复旦大学法律系教授、系主任，复旦大学法学院首任院长。1991—1998年任上海市高级人民法院副院长，1998—2002年任上海市人民政府参事室主任，2002—2008年任第三届上海仲裁委员会副主任。曾任第八届、第九届全国政协委员，第七届上海市政协委员，九三学社中央法制委员会顾问，九三学社上海市委副主委。曾任中国法学会理事，全国外国法制史研究会理事、顾问。

从事法学教学与科研、立法、司法、执法、法治宣传和法律服务工作60余年。研究领域包括法律史与比较法、宪法与港澳基本法、司法制度与司法改革等，研究成果包括专著、论文、研究报告与教材、法律工具书与案例汇编等。曾主编《外国法制史》《当代西方经济法律制度》等，出版《美国宪法史稿》《美国宪法纵横论》《比较司法制度》等著作，其中《美国宪法史稿》获上海市第二届哲学社会科学优秀成果奖二等奖。担任上海市高级人民法院副院长期间，推动上海市法院建设，探索审判方式改革。担任全国政协委员、上海市政协委员、上海市人民政府参事室主任期间，形成大批高质量决策咨询成果。 (复旦大学供稿)

大 事 记

Chronicles of Events

2021年1—12月上海教育大事记

1月

5日　复旦大学与卢森堡大学签署全球战略合作伙伴协议。

7日　上海市教育委员会、上海市委机构编制委员会办公室、上海市人力资源和社会保障局、上海市财政局印发《关于进一步加强上海市中小学教师人事管理制度建设的指导意见》。

8日　上海市自闭症儿童教育指导中心作为全国第一家省级教育行政部门成立的自闭症儿童教育指导中心，在上海市宝山区培智学校设立。

同日　《人民日报》在第9版刊登复旦大学党委书记焦扬撰写的《抓好马克思主义理论学习》一文。

13日　上海市教卫工作党委、上海市教育委员会召开教育民心工程座谈会，上海市教卫工作党委、上海市教育委员会相关处室负责人，各区教育党工委书记、教育局长参加会议。

15日　上海市教育委员会印发《2021年上海市部分普通高校专科层次实行依法自主招生改革试点方案》。

同日　经国家人力资源和社会保障部、全国博士后管委会批准，上海市大数据中心设立的博士后科研工作站揭牌。这是全国首个省市级大数据管理机构获批设立的博士后科研工作站。

16日　上海高校产教融合工作推进会在同济大学召开。

17日　上海市政府办公厅印发《关于本市新时代推进普通高中育人方式改革的实施意见》的通知。

18日　市委副书记、市长龚正主持召开市政府常务会议，研究进一步强化民办培训机构管理，加强体育场地设施建设等。

同日　上海学前教育学院成立会在上海师范大学举行。

20日　上海市政府教育督导室在上海师范大学举行2020年上海市中等职业学校学前教育(保育员)专业、数控技术应用专业质量监测反馈会。

28日　上海外国语大学与长宁区政府签署合作办学框架协议。

29日　司法部、华东政法大学召开部校共建“公共法律服务协同创新与数字治理研究基地”座谈会并签订部校共建战略合作框架协议。

30日　上海市政府办公厅印发《关于本市加快医学教育创新发展的实施意见》。

2月

1日　上海市总工会与上海第二工业大学合作共建的上海劳模学院揭牌。

3日　上海市政府教育督导委员会办公室召开2021年上海市教育督导工作会议。

同日　上海市教育卫生工作党委、上海市教育委员会、上海市学位委员会公布2019年上海市马克思主义理论学科研究生人才培养登峰计划入选名单。

5日　上海市教育委员会、上海市市场监督管理局、上海市人力资源和社会保障局、上海市文化和旅游局、上海市体育局印发《上海市市场监督管理部门集中行使涉及培训市场的有关行政处罚事项与依据清单》。

19日　新学期开学准备工作会议召开。上海市教卫工作党委、上海市教育委员会强调各区小学开学与课后服务同步进行。

20日　上海市教卫工作党委、上海市教育委员会召开各区小学生校内课后服务工程实施方案交流会。

24日　上海市教育委员会发布《上海市教育委员会2020年法治政府建设年度报告》。

同日　2021年春季上海高校党政负责干部会议举行。市委副书记于绍良出席会议并讲话。

25日　教育部与上海市政府在北京举行共同全面深化上海市教育综合改革工作推进会。市委书记李强，教育部党组书记、部长陈宝生，市委副书记、市长龚正出席会议并见证签约。

3月

9日　上海市教育委员会印发关于2021年本市中等学校高中阶段考试招生工作的若干意见。

同日　上海市教育委员会召开2021年上海教育审计工作视频会议。

15日　上海市教育委员会印发《上海市高中阶段学校招生录取改革实施办法》。

同日　全国成人教育系统首个家政本科班在上海开放大学开班。

16日　上海市教育委员会印发《上海市中等职业学校网络信息安全专业教学标准》。

17日　上海学校依托课程思政育人体系开展党史学习教育工作推进会召开。市委副书记于绍良出席会议并讲话，副市长陈群主持会议。

19日　上海市县域学前教育普及普惠督导评估启动会召开。

23日　上海市职业教育示范性虚拟仿真实训基地建设研讨会召开。

24日　上海市教育委员会、上海市体育局与奉贤区政府签署战略合作框架协议。副市长陈群出席签约仪式。

26日　2021年上海高校后勤工作会议召开。

30日　上海市教育系统关工委民办高校分会成立暨民办高校关心下一代工作推进会举行。上海市教育系统关工委民办高校分会成立。

4月

1日　上海市政府召开全市语言文字会议（视频会议）。副市长、市语委主任陈群出席会议并讲话。

2日　2021年上海市教卫工作党委系统全面从严治党工作会议举行。

14日　上海市教育委员会、江苏省教育厅、浙江省教育厅、安徽省教育厅公布第九届长三角地区中小学班主任基本功大赛获奖名单。

15日　市委书记李强到上海交通大学调研。市领导吴清、诸葛宇杰、陈群参加调研。

16日　上海市教育委员会公布2020年上海市中小学（幼儿园）见习教师规范化培训基本功大赛获奖名单。

19日　上海市教育委员会公布印发《上海市优质中职学校培育项目专项经费管理办法》。

同日　“2021上半年上海市中等职业学校课程与教学调研”启动大会召开。

20日　上海市科创教育指导委员会成立大会举行。

22日　上海市教育委员会印发《关于推进本市老年教育数字化发展的意见》的通知。

23日　上海市大学生理论宣讲联盟揭牌。

同日　由同济大学提议，东南大学、复旦大学、华东师范大学、南京大学、上海交通大学、同济大学、浙江大学、中国科学技术大学“华东八校”共同发起组建的“长三角可持续发展大学联盟”成立。联盟发布《促进碳达峰碳中和高校行动倡议》。

27日　上海市教育委员会公布2020年上海市中等职业学校教师教学能力大赛获奖名单和上海市中等职业学校第八届教师教学法改革交流评优活动获奖名单。

28日　2021届上海高校毕业生就业工作推进会召开。市委副书记于绍良、副市长陈群出席。

同日　2021年上海市学习型社会建设推进大会召开。市委副书记于绍良出席会议并讲话，市委常委、宣传部部长周慧琳宣读有关表扬通知，副市长陈群主持会议。

29日　市长龚正调研上海科技大学。副市长陈群参加调研。

30日　上海市研究生教育会议召开。副市长陈群出席会议并讲话。

5月

9日　上海市政府办公厅印发《关于调整上海市人民政府教育督导委员会组成人员的通知》。

12日　全国第六届大学生艺术展演活动在成都闭幕,上海代表团获31个一等奖。

14日　上海市教育委员会、上海市政府教育督导委员会办公室召开贯彻落实“五项管理”工作专题会召开。

19日　教育部复函上海市政府,同意设立上海商学院上海洛桑酒店管理学院。学院于2021年秋季正式招生。

20日　上海市教育委员会等十三个部门联合发布《关于加强和改进新时代上海未成年人校外教育的意见》。

21日　上海市职业院校“1+X”证书制度试点专家委员会成立。上海市职业院校“1+X”证书制度试点专家委员会成立大会暨工作研讨会举行。

24日　上海市政府常务会议召开,会议原则同意《上海市加快推进世界一流大学和一流学科建设实施方案(2021—2025年)》。

25日　上海市民办学校党的建设工作会议召开。

27日　上海市教育委员会副主任毛丽娟做客“中国上海”门户网站在线访谈栏目,与网友互动交流。

31日　上海市政府常务会议召开,会议原则同意《上海市教育发展“十四五”规划》。

6月

1日　市委书记李强到市儿童福利院看望孤残少年儿童,并代表市委、市政府向全市少年儿童致以节日祝福,向广大少年儿童工作者表示诚挚问候。

6日　市委副书记于绍良、副市长陈群分别到上海市普通高等学校招生统一文化考试考点检查考试准备工作。

同日　2021新发展格局下的集成电路交叉创新论坛暨上海大学微电子学院建设推进会举行。市委副书记于绍良出席会议并讲话。副市长陈群出席会议并为上海大学微电子学院第一届理事会成员颁发聘书。

7—9日　2021年上海市普通高等学校招生统一文化考试举行。

8日　上海市教育评价改革工作推进会召开。

18—21日　2021年全国职业院校技能大赛中职组“现代模具制造技术——注塑模具技术”赛项和高职组“健康与社会照护”赛项在上海举行。这是上海首次成为全国职业院校技能大赛的承办区之一。

21日　上海市教育系统关工委庆祝建党百年活动暨关心下一代工作推进会召开。

23日　新时代上海高校党建创新实践基地在复旦大学启用。

同日　上海市经信系统首个劳模工作站在上海市工商外国语学校揭牌。

24日　市委副书记、市长龚正到静安区延长路东部幼儿园、市教育考试院调研。副市长陈群参加调研。

同日　上海市教育委员会、上海市财政局、上海市发展和改革委员会印发《上海市加快推进世界一流大学和一流学科建设实施方案(2021—2025年)》。

25日　第十四届全国学生运动会上海代表团成立大会召开。副市长陈群出席会议并讲话。

28日　“百年逐梦　立德树人”——上海高校党的建设理论研讨会举行。

29日　上海市教育委员会公布首批上海高等教育精品教材名单。

7月

1日　上海市教卫直属机关庆祝中国共产党成立100周年暨“两优一先”表彰会召开。

同日　上海市教卫工作党委、上海市教育委员会开展学习习近平总书记在庆祝中国共产党成立100周年大会上的重要讲话精神暨上海学校思政教师集体备课会。

2日　上海市教育委员会印发《关于做好2021年度暑假期间学校体育场地开放工作的通知》。

同日　上海市教育委员会等10个部门联合印发《关于开展2021年上海市青少年生态文明教育实践系列活动的通知》。

5日　2020上海大学生年度人物揭晓。

8日　聚焦“AI赋能教育数字化转型”的教育主题论坛开幕，发布《全球智能教育发展报告(2021)》，率先提出“发展有温度的智能教育”理念。副市长陈群等出席论坛。

同日　“全国职业教育大会精神宣讲暨上海中等职业教育‘三教’改革论坛”召开。

10日　2021世界人工智能大会落幕。市委副书记、市长龚正为上海市人工智能标准化技术委员会、中国(上海)数字城市研究院揭牌。市委常委、副市长吴清对大会成果进行总结。大会在线观看总人次3.52亿。

12日　第十四届国际数学教育大会在上海开幕。开幕式以线上线下相结合方式举行。市委书记李强、教育部副部长翁铁慧出席开幕式并致辞，中国科学技术协会党组书记怀进鹏通过视频致辞，市委副书记于绍良、市领导诸葛宇杰出席开幕式。

13日　上海市教育委员会印发《上海市中等职业学校学生综合素质评价实施办法》。

14—15日　第十一届全国思想政治教育高端论坛举行。教育部副部长翁铁慧出席会议并讲话，教育部社会科学司、上海市教卫工作党委、上海市教育委员会相关领导，以及150余所高校和单位的思想政治教育、宣传思想领域专家学者出席会议。

16日　上海市教育委员会、甘肃省教育厅在兰州市签署教育合作协议。双方将在基础教育、职业教育、普通高等教育等领域多方面深度合作，促进教育事业共同发展。

16—17日　黄炎培职业教育思想研究会第十一次学术年会召开，全国人大常委会副委员长、中华职教社理事长、黄炎培职业教育思想研究会会长郝明金出席会议并作主旨讲话。

17日　全国人大常委会副委员长、中华职教社理事长、黄炎培职业教育思想研究会会长郝明金到中华职业学校考察调研。

同日　第十四届全国学生运动会在青岛落幕。上海代表团获71枚金牌、44枚银牌、28枚铜牌，总奖牌数143枚。

19日　“2021上海国际友好城市青少年夏令营”在同济大学第一附属中学以全球多点连线的方式开营。

同日　上海市教育委员会、上海市人力资源和社会保障局印发《关于表彰2014—2020年上海市教育科学研究优秀成果奖的决定》。

21日　2021年上海高校分类评价定性评价工作启动会召开。

28日　副市长陈群调研学生暑期活动开展情况。

同日　上海市教育委员会印发《上海市普通高中课程实施方案》。

8月

2日　上海市教育卫生工作党委、上海市教育委员会公布2020年上海高校辅导员主题班会展示活动获奖名单。

6日　上海市教育委员会等七部门印发《关于推进新时代职工继续教育创新发展的意见》。

9日　市委书记李强调研同济大学。市领导诸葛宇杰、陈群参加调研。

19日　“上海市教育数字化转型实验区”建设专家咨询会召开。

同日　上海交通大学未来技术学院成立。

24日　上海市落实“双减”工作推进会召开。市委副书记于绍良出席会议并讲话。副市长陈群作工作部署。

26日　市委书记李强实地调研民心工程推进情况。市领导诸葛宇杰、陈群、汤志平、张为参加相关调研。

同日　2021年秋季上海高校党政负责干部会议举行。副市长陈群出席会议并讲话。

同日　上海市学位委员会、上海市教育委员会印发《上海市2020—2025年学位授权点合格评估实施细则》。

同日　上海市教育委员会印发《关于公布“第五届民办高校教师教学技能大赛”评选结果的通知》。

30日　上海市教育卫生工作党委、上海市教育委员会印发《关于学习宣传贯彻实施新修订的教育法的通知》。

同日　2021年上海基础教育工作会议举行。副市长陈群出席会议并讲话。

31日　上海市教育委员会印发《关于"双减"工作背景下强化学校教育主阵地作用的通知》。

同日　副市长陈群、市政府副秘书长黄永平等到部分学校调研疫情防控和开学准备工作。

9月

3日　上海市职业院校"1+X"证书制度试点专家委员会工作会议举行。

7日　人民教育家于漪教育教学思想高级研修班开班式在上海举行。

8日　上海商学院上海洛桑酒店管理学院新生开学第一课在上海中心J酒店举行。副市长陈群等出席开学第一课。上海洛桑酒店管理学院与东湖集团、锦江集团和携程集团合作签约。

9日　市委书记李强，市委副书记、市长龚正，市委副书记于绍良分别看望慰问教师代表，并向全市广大教师和教育工作者致以节日祝福和诚挚问候。市领导诸葛宇杰、陈群参加相关活动。

12日　2021长三角生态文明教育论坛暨走进"五个新城"上海青年志愿者绿色营开营仪式举行。

15日　市教卫工作党委举行党史学习教育领导小组第三次(扩大)会议暨系统党史学习教育工作推进交流会召开。

16日　市委书记李强调研中欧国际工商学院、上海纽约大学。市领导诸葛宇杰、陈群参加调研。

同日　中共中央宣传部公布授予上海市黄浦区卢湾一中心小学校长吴蓉瑾"时代楷模"称号的决定。

23日　副市长彭沉雷到上海南湖职业技术学院察看第四十六届世赛餐厅服务项目中国集训基地，以及上海市职业教育国际邮轮开放实训中心、汽车运用与维修开放实训中心，学校5G数字创意实训中心等。

同日　部校共建马克思主义学院工作推进会暨加强新时代马克思主义学院建设座谈会召开。

24日　上海高校党的建设工作会议举行。市委书记李强出席并讲话。市委副书记于绍良主持会议，市领导郑钢淼、诸葛宇杰、胡文容、陈群出席会议。

26日　上海市体教融合工作推进会暨第十四届全国学生运动会总结表彰大会举行。副市长陈群出席并讲话。

27日　"2021年全球卓越印制大奖"公布2021年度获奖名单。上海新闻出版职业技术学校4件学生参赛作品获"全球卓越印制大奖"。

10月

7日　联合国教科文组织教师教育中心揭牌。这是联合国首次在中国上海设立二类机构。

11日　上海市教育委员会印发《上海市中等职业学校专业设置管理实施细则》。

13日　上海市教育委员会、上海市经济和信息化委员会印发《关于推进上海本科高校现代产业学院建设的指导意见》。

14日　教育部发布通知，明确在12个地区部署建设教育部基础教育综合改革实验区。上海是唯一一个整体开展基础教育综合改革实验的省级地区。

16日　庆祝华东师范大学建校70周年大会举行。全国人大教科文卫委员会副主任委员殷一璀、市人大常委会原主任刘云耕、教育部副部长翁铁慧、副市长陈群、市政协副主席张恩迪出席大会。

同日　东华大学建校70周年庆典活动举行。教育部副部长翁铁慧、副市长陈群出席相关活动并讲话。

18日　上海市教育委员会印发《上海市中小学生校外培训服务类别鉴定指引》。

25日　首届新时代一流职教师资培养高峰论坛在上海举行。

同日　上海市职业技术教师教育学院在上海第二工业大学揭牌。教育部副部长翁铁慧、副市长陈群出席揭牌仪式。

27日　市政府教育督导委员会召开2021年全体会议。副市长、市政府教育督导委员会主任陈群出席会议并讲话。市政府教育督导委员会副主任、上海市教育委员会主任王平报告年度教育督导工作情况。

28日　在韩国延寿举行的联合国教科文组织第五届国际学习型城市大会上，上海成为联合国教科文组织2021学习型城市奖获奖城市之一。开幕式上，副市长陈群受邀通过视频形式出席第一次全体会议，并作“韧性的城市：加强社区和本地学习系统”主题演讲。

26日　上海市教材委员会第一次全体会议举行。副市长、市教材委员会主任陈群出席会议并讲话。

11月

2日　上海市教育卫生工作党委、上海市教育委员会公布首批上海高校辅导员特色工作法名单。

3日　2021年上海高校分类评价结果集中反馈会举行。

4日　上海市教育委员会印发《上海市民办高校政府督导专员工作办法(试行)》。

同日　“上海市高技能人才培养研究中心”上海高校智库揭牌。

5日　市教卫工作党委理论学习中心组举行扩大学习会，专题学习《习近平在上海》采访实录，邀请市委讲师团党史学习教育专家宣讲团成员、市委组织部原副部长冯小敏作辅导报告。

同日　著名海洋地质学家、中国科学院院士、同济大学海洋与地球科学学院汪品先教授当选全国道德模范(全国敬业奉献模范)。

9日　上海市中小学依法治校(2016—2020年)创建成果征集活动获奖名单揭晓。

同日　上海市教育委员会印发《关于推进教育数字化转型试点区建设的通知》。

10日　市政府教育督导委员会办公室印发《上海市义务教育阶段“双减”工作督导方案》。

11日　上海市推进教育数字化转型试点区建设工作会议举行。长宁区、宝山区、徐汇区为首批教育数字化转型实验区。

12日　上海市教育委员会印发《上海市前沿科学研究基地建设管理办法》《上海市协同创新中心建设管理办法》。

13日　上海教育督导与评价国际论坛举行。

18日　2021年上海市高职院校实训基地负责人培训班开班。

22—23日　中共中央政治局常委、国务院总理李克强在市委书记李强和市长龚正陪同下，考察上海申华职业技术培训中心。

25日　上海市高等教育教学数字化转型工作推进情况新闻通气会举行。

12月

1日　上海市教育委员会、上海市发展和改革委员会、上海市经济和信息化委员会、上海市人力资源和社会保障局、上海市国有资产监督管理委员会印发《上海市深化产教融合协同育人行动计划(2021—2025年)》。

2日　“加强专业课程评估　提升本科教学质量”专家报告会召开。副市长陈群出席会议并讲话。

同日　“人民城市·海聚英才”产教融合高质量发展高峰论坛举办。上海市委常委、组织部部长胡文容出席开幕式，并为“海聚英才·杨浦在线新经济未来人才实验室”揭牌。

同日　上海市教育委员会、上海市发展和改革委员会、上海市人力资源和社会保障局、上海市经济和信息化委员会、共青团上海市委员会印发第七届中国国际“互联网+”大学生创新创业大赛上海赛区获奖名单。

5日　2021年上海市中学生宪法法律知识竞赛决赛获奖名单揭晓。

6日　上海市教育委员会公布上海市高等学校依法治校(2016—2020年)创建成果征集活动获奖名单。

同日　上海高校马克思主义理论教学科研骨干学习贯彻党的十九届六中全会精神理论宣讲工作动员会暨集体备课举行。

9日　上海市教育卫生工作党委、上海市教育委员会印发《上海市学校德育“十四五”规划》。

10日　上海市教育委员会印发《关于进一步做好学校常态化疫情防控后勤保障工作的通知》。

15日　在第十一届全国职业技术院校在校生创意西点技术大赛中，上海市贸易学校两名学生从来自全国60余所职业院校的147名选手中胜出，获1枚金牌1枚银牌。

16日　市级教育基本建设重大工程2021年度工作推进会举行。副市长陈群出席会议。

20日　上海市教育委员会、中共上海市委机构编制委员会办公室、上海市发展和改革委员会、上海市财政局、上海市人力资源和社会保障局、上海市国有资产监督管理委员会印发《新型高等职业院校建设与管理的指导意见》。

23日　在教育部主办的2021年全国职业院校技能大赛教学能力比赛决赛中，上海市工业技术学校潘娇教学团队获一等奖。

27日　上海市教育委员会印发《上海市教育系统开展法治宣传教育的第八个五年规划（2021—2025年）》的通知。

29日　上海市教育委员会公布2021年上海市中学生宪法法律知识竞赛获奖名单以及2021年上海市高中生法治辩论赛获奖名单。

法律　法规
规章　文件

Laws, Regulations and Documents

上海市人民政府办公厅印发《关于本市新时代推进普通高中育人方式改革的实施意见》的通知

（沪府办〔2021〕4号）

各区人民政府，市政府各委、办、局：

经市政府同意，现将《关于本市新时代推进普通高中育人方式改革的实施意见》印发给你们，请认真按照执行。

2021年1月17日

（此件公开发布）

关于本市新时代推进普通高中育人方式改革的实施意见

根据《国务院办公厅关于新时代推进普通高中育人方式改革的指导意见》（国办发〔2019〕29号），现提出本市新时代推进普通高中育人方式改革的实施意见如下：

一、明确工作目标

到2022年，全面落实立德树人根本任务，形成完善的“五育”（德智体美劳）全面培养体系。全面实施普通高中新课程新教材，促进学校人才培养模式创新。提升普通高中学校建设标准，增强普通高中学校整体发展质量。深化高考综合改革，完善科学的教育评价与考试招生制度。优化普通高中学校分层与分类相结合的发展模式，形成多样化有特色高质量的普通高中发展格局。

二、坚持“五育”融合，构建全面培养体系

（一）提升德育工作实效。深入开展习近平新时代中国特色社会主义思想教育，以理想信念教育为核心，以培育和践行社会主义核心价值观，传承和弘扬中华优秀传统文化、革命文化、社会主义先进文化为主线，积极开展党团组织活动和主题教育、仪式教育、实践教育等活动，引导学生厚植爱国主义情怀，增强“四个自信”，形成正确的国家观、历史观、民族观、文化观，立志肩负起中华民族伟大复兴的时代重任。完善立德树人落实机制，融入思想道德教育、文化知识教育、社会实践教育各环节。凸显思想政治课关键地位，在高中探索开设习近平新时代中国特色社会主义思想导读课程，持续建设“中国系列”思政选修课，充分发挥学科德育功能，强化道德实践、情感培育、法治意识和行为习惯养成，构建平台共建、资源共享、全社会共同参与的育人共同体。

（二）强化学生综合素质培养。聚焦创新人才早期培养，统筹实施学校学科课堂教学与综合实践活动，培养学生创新思维和实践能力，对接国家基础学科“强基计划”，培养基础学科后备拔尖人才。强化体育锻炼，实施体育素养评价，以体育课程、日常训练及赛事活动等为载体，建立示范性学生体育素养发展评价及保障体系，丰富校园体育活动和运动项目，培养学生体育兴趣和运动习惯，确保学生普遍掌握至少2—3项体育技能。加强美育，丰富美育活动内容与形式，增加学生美育体验，使学生普遍掌握1—2项艺术爱好与特长，提升学生审美和人文素养，探索美育素养评价办法。重视劳动教育，各区制定普通高中劳动教育实施意见，开展丰富多彩的劳动教育实践项目，引导学生崇尚劳动、尊重劳动，培养学生辛勤劳动、诚实劳动、创造性劳动的基本素养，将劳动素养纳入学生综合素质评价体系。

三、以新课程新教材实施为抓手，深化课程改革

（三）全面实施新课程新教材。全面推进新课程新教材实施，高质量落实国家课程。坚持项目引领、任务驱动、问题导向、研训一体、分层分类原则，系统开展新课程新教材实施的培训与研讨。加大配置丰富多样的配套资源力度，为新课程新教材实施搭建载体和平台，建立学校场地、设施、装备、教师、教科研协同的资源保障体系。全面开展新课程新教材实施评估，纳入特色高中评审、综合督导、高中教育教学质量综合评价等指标体系中。

（四）加强课程建设与课程管理。认真制订学校课程实施规划，开齐开足开好国家规定课程，高质量执行高中课程方案。加强学校特色课程建设，满足学生个性发展、特长发展和全面发展的需要。探索跨学科和专题教育课程设计与实施，鼓励区域和跨校合作，开发与共享课程资源。充分依托本市各大学、科研院所、企事业单位等资源，开发与学科课程互相关联、互相融合的综合实践类和劳动教育类课程。推进区域课程管理平台建设与使用，不断优化平台框架结构及系统功能，形成更为完善的课程管理平台系统。建立并落实学分管理和学分认定制度。

四、推进教学变革，全面提升教学质量

（五）完善选课走班管理体系。系统总结本市普通高中学校实施选课走班的实践经验，依据学科人才培养规律、高校招生专业选考科目要求和学生兴趣特长，进一步完善以学生发展为中心、适合新课程新教材实施和高考综合改革要求的选课走班管理体系。

（六）变革教学方式。加强综合性和实践性教学研究，不断创新教学组织形式和教育教学方式，促进学生系统掌握各学科基础知识、基本技能、基本方法，促进学科核心素养的落实，提升学生自主学习能力、合作学习技能和探究学习意识，培养适应终身发展和社会发展需要的正确价值观念、必备品格和关键能力。积极探索大单元、大任务、真实问题情境的教学设计，注重启发式、互动式、探究式、体验式等教学方式。鼓励学生积极参与社会实践、社区服务、参观考察、研学实践等综合实践活动，结合社会问题开展跨学科、项目化、研究性学习。加强验证性实验和探究性实验教学，确保学科实验教学和创新实验室课程教学充分开展。积极探索信息化学习环境和学习活动的设计，创造泛在的信息技术学习和应用环境。依托上海大规模智慧学习平台，探索线上线下混合教学有效机制，建立线上线下优势互补、融合发展的课程教学新常态。

（七）强化教学管理。不断提升区级教育部门的教学服务支持与监管能力，强化学校教学管理的主体职能，严格执行教学计划，严禁出现超课标教学、抢赶教学进度和提前结束课程等现象，切实减轻学生过重的课业负担。注重信息技术与教学的深度融合，提升教师精准诊断和分析学生学习需求与学习结果的能力，制订差异化教与学方案，探索个性化学程的设计与实施。

五、加强学生发展指导，促进学生健康成长

（八）提高学生指导实效性。继续完善本市普通高中学生发展指导制度，重点加强学生生涯教育和心理健康教育。提升学校心理健康课程和生涯辅导课程的专业化程度，为学生身心健康成长、树立理想信念和促进终身发展提供全面支持，帮助学生正确认识自我，更好适应高中学习生活，提升自主选择选修课程、选考科目、报考专业和未来发展方向的能力。

（九）完善学生发展指导机制。每所普通高中学校都要建立学生发展指导制度体系，通过学科渗透、个别咨询、专门课程、专题讲座、职业体验等方式，对学生心理、学习、生活、理想、生涯规划等方面进行全面系统的指导。完善高中班主任与全员导师制相结合的高中学生成长服务机制。建立专兼职相结合的学校指导教师队伍，有效依托高校、科研机构、企业等社会资源，构建学校、家庭、社会协同指导机制。

六、坚持教师为本，强化师资队伍建设

（十）创新教师队伍管理方式。市、区政府进一步加大教师编制统筹调配力度，配足配齐各学科教师和心理健康、生涯发展、劳动教育、卫生保健及信息化等方面教师。拓展新教师来源，吸收更多高层次人才进入本市普通高中学校教师队伍。加大优质师资的培育力度和合理流动，做好区级统筹，逐步实现各校优质师资的均衡配置。探索聘请高校、科研机构或体育和艺术院团等单位专业人员到学校兼职任教，建设开放的教师队伍聘用体系。

（十一）优化完善激励机制。优化普通高中绩效工资总量统筹，继续提高教师待遇，完善体现改革导向、注重优绩优酬的激励机制。加强绩效考核，优化绩效工资分配，向班主任、骨干教师、支教教师等倾斜。落实学校绩效分配自主权，强化校长在学校绩效工资分配中的职责。健全教师荣誉体系，深入开展评优评先活动，激励教师学为人师，行为世范。

（十二）提升教师队伍专业能力。进一步做好以师德师能提升为核心的教师继续教育工作，市教育部门与高校联合实施在职教师教育专业硕士培养计划，逐步提升研究生学历人数比例。创新教师培训方式，建立基于教师需求导向和问题导向的系统性培养培训的工作机制，为教师提供分层、分类、分学科（专业）的培训支持，注重教师理论学习、实践应用与行为改进的统一，提升教师新课程新教材实施、学生发展指导和走班教学管理能力。

（十三）加强校长队伍建设。建立健全学校内部推选、外部选派、竞争（聘）上岗与公开选拔（聘）相结合的校长任用制度，注重发现和培养对党忠诚、事业心强、有责任担当、有闯劲、有潜力的后备校长队伍，确保本市高中校长的高标准、高要求。不断改进和完善校长培训体系，进一步加强习近平新时代中国特色社会主义思想理论学习和教育现代化理论学习，完善校长海内外研修制度，不断扩大校长办学视野，持续提升校长领导力。完善校长任期考核、绩效评价和退出机制，激发校长办学的积极性和创造性，积极打造一支政治过硬、品德高尚、业务精湛、治校有方的普通高中校长队伍。

七、改善办学条件，创造良好育人环境

（十四）优化教育资源布局。按照上海迈向更高水平、更高质量教育现代化的总体要求，提高本市普通高中学校建设标准。加强市级统筹规划，各区根据城市重点功能区规划、人口分布变化和新时代人才培养要求，优化学校设点布局和建设规划，扩大优质教育资源，积极应对普通高中在校生规模增长，满足高中教育高质量发展需要。

（十五）加强个性化学习空间建设。重视学校信息化环境建设和教育教学设备更新，积极支持学校创建学科教室和创新实验室，配备与学科教学、研究性学习和自主探究活动相匹配的设施设备，促进全体学生的创新素养培育和创新活动参与，增强设备使用效率。建设微实验室，提供学生个别学习和开展课题研究的微型学习场所。创新图书馆服务，增加公共开放学习空间，供学生开展个别化学习、小组学习和体验式学习，使校园成为学习乐园。

八、尊重办学规律，激发学校办学活力

（十六）实施普通高中教育教学质量综合评价。深入落实《深化新时代教育评价改革总体方案》，积极探索增值性评价。研制本市普通高中学校教育教学质量综合评价指标与实施办法，以科学的教育质量观和评价工具，全面评估学校育人方式改革进展及其成效，为加强普通高中学校建设提供科学依据，为推进本市形成普通高中学校“高质量、多样化、有特色”的发展格局助力。

（十七）深化特色普通高中建设。按照《上海市推进特色普通高中建设三年行动计划（2021—2023年）》要求，以转变育人方式为主线，以深化课程教学改革为抓手，凝练特色教育内涵与定位，创新特色教育路径和载体，优化学校治理体系，推动特色高中存量提质、增量保质，促进特色高中进一步提升品质，市示范性高中更好地培育特色实现错位发展,形成城乡分布合理、分层与分类相结合的普通高中高品质有特色发展格局。

九、升级优化,完善考试招生制度

(十八)完善学生综合素质评价。完善高中学生综合素质评价内容和实施办法,优化综合素质评价信息管理系统功能,不断提升数据录入、管理、使用的便捷性,确保综合素质评价工作的公开、公正、透明。学校应将综合素质评价作为育人方式改革的抓手,建立综合素质评价全程追踪与问责制度。

(十九)优化学业水平考试方案。完善与新课程改革相适应的考试评价制度,合理调整高中学业水平考试方案,更好引导学生基于自身能力兴趣特长合理选择选修课程和选考科目,使学校拥有更多课程设置与教学创新的自主空间。

(二十)深化高考综合改革。进一步加强命题能力建设,以普通高中课程标准和高校人才选拔要求为依据,优化考试内容,突出育人导向,创新试题形式,增强试题开放性,减少死记硬背和"机械刷题"现象,重点考查学生运用所学知识分析和解决问题的能力。进一步健全分类考试、综合评价、多元录取的高校招生机制,完善招生专业选考科目要求,发挥综合素质评价在招生录取中的作用,实现高考、高校招生与高中育人方式改革之间的良性互动。

十、多方协作,建立全面共育体系

(二十一)强化区校责任。各区教育部门要统筹推进普通高中育人方式改革工作,组织社会资源建设学生社会实践基地,切实做到政策引领、制度制定、经费保障,彻底改变"唯分数"与"唯升学"的教育评价观,把立德树人的成效作为检验每一所普通高中学校一切工作的根本标准。普通高中学校要遵循教育规律,增强办学自觉性,实现"全员""全过程""全方位"育人,围绕坚定理想信念、厚植爱国主义情怀、加强品德修养、增长知识见识、培养奋斗精神和增强综合素质等要求推进学校育人方式改革。

(二十二)明确部门分工。坚持优先发展教育,切实解决影响高中教育发展的瓶颈与短板,教育部门要加强同有关部门的协调沟通。机构编制部门加大编制统筹力度,做好普通高中学校编制核定工作。发展改革部门支持优化普通高中学校规划布局和项目建设,建立并落实学费标准动态调整机制。财政部门积极健全普通高中学校经费投入稳定增长机制。人力资源社会保障部门支持普通高中学校及时补充教师,完善普通高中学校绩效工资总量核定办法。规划资源部门按照学校设置标准保障普通高中学校建设用地。住房城乡建设管理部门会同教育部门修订完善普通高中学校建设标准。

(二十三)营造良好环境。凝聚社会各方合力,共同推进普通高中学校建设与育人方式改革,提高普通高中教育发展水平。加强学校、社区与家庭之间的联系与合作,引导家长关心孩子身心健康与全面发展,挖掘社区支持普通高中学校建设资源。坚持正确舆论导向,注重总结和宣传普通高中发展素质教育、促进学生全面发展的典型事迹和先进经验,积极营造有利于推进普通高中学校建设与改革的良好氛围。

十一、落实保障措施

(二十四)坚持党的全面领导。落实市、区政府举办普通高中教育的主体责任,建立党政齐抓共管、部门各司其责的教育领导机制,及时研究解决普通高中教育改革发展中面临的突出问题,特别是高考综合改革和课程改革背景下高中学校建设与发展中出现的新问题新情况。加强普通高中学校党组织建设,发挥党组织把方向、管大局、保落实的领导作用。

(二十五)完善投入保障机制。市、区政府根据本市教育领域财政事权与支出责任划分改革有关要求,做好普通高中经费预算安排,切实落实支出责任。各区要根据本市普通高中生均经费基本标准,结合本区普通高中的学生规模、校舍面积以及实验性示范性高中、特色高中创建等实际情况进行统筹,进一步优化支出结构,提高资金使用效益。完善成本分担机制,建立生均经费基本标准和学费标准动态调整机制。

（二十六）强化考核督导。市、区教育督导部门对普通高中学校开展发展性督导评价，建立学校督导与评价常态化制度，把普通高中学校校舍资源建设、师资队伍保障、教育教学规范、教育经费保障和使用情况纳入对学校办学水平评价、区级政府履职的督导范围，对发现的问题开展问责和限期整改。

上海市人民政府关于印发《上海市教育发展“十四五”规划》的通知

（沪府发〔2021〕18号）

各区人民政府，市政府各委、办、局：

现将《上海市教育发展“十四五”规划》印发给你们，请认真按照执行。

2021年7月26日

（此件公开发布）

上海市教育发展“十四五”规划

为办好人民满意的教育，建设与一流城市相匹配的一流教育，促进学生全面而有个性的发展，有效服务市民终身发展，显著提升教育服务经济社会发展的能级和水平，依据《中国教育现代化2035》《上海市城市总体规划（2017—2035年）》《上海市国民经济和社会发展第十四个五年规划和二〇三五年远景目标纲要》《上海教育现代化2035》，制定本规划。

一、发展回顾与环境形势

（一）“十三五”发展回顾

“十三五”时期，上海坚持和加强党对教育事业的全面领导，强化教育市级统筹，深化教育综合改革，在一系列重点领域和关键环节取得重要突破，率先达成总体实现教育现代化主要指标，为实现更高水平、更高质量发展奠定了坚实基础。

1. 育人探索实现新突破。坚持立德树人根本任务，构建“三圈三全十育人”思想政治教育大格局，以大中小幼一体化促进德智体美劳“五育”融合发展，课程思政和学科德育改革在全国推广。深化中小学课程教学改革，完善职业教育贯通培养机制，探索高校创新人才培养模式，探索建立学生艺术素养评价机制，系统开展学校体育教学改革，大中小学衔接开展劳动主题活动，将志愿服务和公益劳动纳入学生综合素质评价，初步构建学生校外活动场所共建机制。

2. 教育公平迈上新台阶。各级各类教育实现全面普及，建立广覆盖、保基本、有质量的学前教育公共服务体系，义务教育优质均衡发展格局基本形成，城乡义务教育一体化“五项标准”全面落实，实施百所初中强校工程，学区化集团化办学覆盖75%以上义务教育学校。学前教育特殊教育布点覆盖每个街镇，义务教育阶段配备特殊资源教室的普通教育学校增加157所。基本形成市、区、街镇、学校四级未成年人保护工作体系。

3. 教育质量得到新提升。义务教育阶段学生和教师参加国际教育质量测评情况优良。普通高中特色多样发展取得新进展,"基础+选择"的课程教学体系普遍建立。国家"双一流"建设深入落实,高峰高原学科和高水平地方高校建设全面实施,一流本科、一流研究生和一流专科高职教育引领计划全面启动。职业院校师生在世界技能大赛摘金夺银,助力上海获得第四十六届世界技能大赛举办权。教师队伍建设取得新成效,涌现出一批教书育人先进典型。督政、督学和评估监测"三位一体"的教育督导职能体系初步形成,"一网三中心两平台"基础环境初步构建,联合国教科文组织二类中心"教师教育中心"落地上海,上海数学教材等基础教育优秀教材走向世界。

4. 综合改革释放新活力。出台实施高等教育布局结构与发展、现代职业教育体系建设、高等学校学科发展与优化布局"三大规划",形成一流大学、一流学科建设政策体系,推进分类评价、人事薪酬、经费投入、人才培养、合作交流等改革,市级教育统筹更加有力。平稳推行义务教育学校招生入学改革,启动新一轮中考改革,率先实施高考综合改革,推进专科高职院校分类考试招生改革,深化高校分类管理改革,实施民办学校分类管理改革。

5. 服务贡献开辟新格局。上海高校获国家科学技术"三大奖"数量占全国高校获奖数逾10%、占全市获奖数逾60%,在若干核心关键技术研发、大科学装置建设、技术转移等方面发挥了重要作用,成为人文社会科学重大成果的主要贡献者。终身教育体系日益完备,劳动年龄人口平均受教育年限达到12.6年,为社会发展和产业升级提供了有力的人才支撑。上海教育改革成果为全国提供可复制可推广经验,长三角一体化教育协同发展不断深化,以援疆、援藏为重点深化教育对口合作交流,为决胜脱贫攻坚贡献力量。

表1 "十三五"时期上海市教育事业发展情况

项目名称	2015年	2020年
学前教育		
幼儿在园人数(万人)	53.59	57.15
学前教育毛入园率(%)	99.0	99.0
九年义务教育		
在校生(万人)	121.10	132.91
义务教育毛入学率(%)	99.9	99.9
残疾儿童义务教育阶段入学率(%)	99.3	99.8
专任教师中本科及以上学历人员比例(%)	85.5	96.6
高中阶段教育		
在校生(万人)	26.15	25.63
普通高中在校生(万人)	15.82	16.64
中等职业教育在校生(万人)	10.33	8.99
高中阶段毛入学率(%)	98.0	99.0
高等教育		
在校生(万人)	92.15	103.15
普通高等教育:		
研究生(万人)	13.83	21.59
本科生(万人)	36.72	40.00
专科生(万人)	14.44	14.07
成人高等教育:		
成人本专科在校生(万人)	27.16	27.49
继续教育		
从业人员继续教育(万人次)	534	495.4

续表

项目名称	2015年	2020年
人力资源开发		
每十万人口在校大学生数(人)	3815	4264
每十万人口在校研究生数(人)	573	897
劳动年龄人口平均受教育年限(年)	11.8	12.6
劳动年龄人口受过高等教育的比例(%)	34.0	46.4
教育财政投入		
财政性教育经费投入(亿元)	826.4	1184.4

与此同时,上海教育发展也存在一些亟待解决的问题。主要是,教育公共服务供给不能完全适应人口变化新趋势,优质教育资源配置不够均衡、结构性矛盾较为突出;人才培养规模、结构、质量与一流城市建设不够匹配,教育服务科技创新、支撑战略性新兴产业的能力亟待增强;科学的教育理念和模式尚未深入落实,以学习者为中心的教育生态有待进一步形成;吸引最优秀人才从教的制度保障有待加强,高水平教师队伍建设的体制机制需要继续完善;学校家庭社会协同育人有待强化,全社会参与育人的体制机制需要进一步健全;新技术应用于教育亟须加速推进,教育投入与保障水平需要进一步提高;教育评价体系不够科学,教育治理体制机制仍需进一步健全。

(二)"十四五"面临的形势与挑战

"十四五"时期是我国开启全面建设社会主义现代化国家新征程、向第二个百年奋斗目标进军的第一个五年,也是上海在新起点上全面深化"五个中心"建设、加快建设具有世界影响力的社会主义现代化国际大都市的关键五年。新的环境和形势,对增强上海教育服务能力和贡献水平、发挥上海教育综合改革先行先试作用提出了时代新要求。

1. 人民群众对高品质生活的追求,要求教育实现更高质量发展。进入新时代,人民群众对美好生活的需求日益增长,对高质量教育的期待更加迫切,更加追求个性化的学习资源、人文化的学习环境、更有温度的教育服务和泛在灵活的学习体验,促进幼有善育、学有优教的重要性在新发展阶段更为凸显。上海必须加快建设高质量教育体系,加快提高各级各类教育质量和水平,增强优质教育供给能力,提升人民群众的教育获得感和满意度。

2. 科技创新和产业转型的紧迫态势,要求教育支撑经济社会发展的能级显著增强。世界范围内新一轮科技革命正进入实现重大突破的窗口期,基础性、原创性、颠覆性科技创新对社会发展的引领作用日益凸显,经济社会发展对高素质创新型人才的需求更加多元,对高校支撑创新策源、促进技术进步的需要更为迫切。上海教育要主动适应科技革命和产业变革带来的新变化,加快优化学科专业布局、创新人才培养方式、提升创新策源能力。

3. 人口发展的变化趋势,要求教育资源配置超前谋划主动适应。上海城市人口规模总量大,各学龄段人口规模持续增加,学龄人口区域分布呈现较大差异;老年人口规模不断攀升,老年教育供给压力较大;就业人口与外来人口保持较大规模,从业人员对学历提升和终身职业技能培训提出多样化需求。上海教育需要适应人口结构变化,科学规划、合理布局各级各类教育资源,优化终身学习服务供给。

4. 加快构建新发展格局,要求教育实现更高水平的开放融合。上海正主动服务我国构建新发展格局的战略任务,加快打造国内大循环的中心节点、国内国际双循环的战略链接。上海教育要坚持对外开放不动摇,强化开放能级提升,加强国际学术和人文交流,积极参与全球教育治理,同时引领长三角一体化教育协同发展,加快形成教育开放融合发展新局面。

5. 新技术的广泛加速应用,要求教育发展模式实现创新变革。以5G、人工智能、大数据等为代表的新一代信息技术正在加速向各领域全面渗入，极大改变了传统生产、生活和学习方式，迫切要求对教育评价模式、传统教育边界、教学组织形式、知识获取方式、教师角色定位等进行深刻变革。上海教育要主动捕捉和融入技术变革新机遇，加快推进教育观念更新、模式变革和体系完善，积极适应未来教育发展新趋势。

二、指导思想、基本思路和发展目标

（一）指导思想

以习近平新时代中国特色社会主义思想为指导，深入贯彻党的十九大和十九届二中、三中、四中、五中全会精神，全面落实习近平总书记关于教育的重要论述和全国教育大会精神，站在“教育是国之大计、党之大计”的战略高度，坚持教育优先发展，加强党对教育工作的全面领导，坚持为党育人、为国育才，围绕立德树人根本任务和教育高质量发展的主题，全面深化教育领域综合改革，更加关注每一个学生的终身发展，更加关注青少年身心健康，加强学生综合素养和把握未来的能力，构筑新阶段上海教育发展新战略优势，增强人民群众教育获得感和满意度，提高教育社会服务能级和贡献水平，为上海建设具有世界影响力的社会主义现代化国际大都市提供人才支撑、智力支持和创新引领。

（二）基本思路

1. 坚持办人民满意的教育。坚持以人民为中心发展教育，推动教育更加公平、更有质量的发展，全面落实立德树人根本任务，培养德智体美劳全面发展的社会主义建设者和接班人。对标国际最高标准、最好水平，构建公平、优质、便捷、多样的高质量教育体系，更好地培养学生的爱国情怀、社会责任感、创新精神、实践能力，提升学生把握未来能力，助力每一名学习者拥有出彩机会、享有品质生活、成就幸福人生。

2. 坚持教育评价改革促进高质量发展。充分发挥教育评价的导向作用，健全完善科学合理、符合新时代要求的教育评价制度和机制，推进教育领域“破五唯”，引领和促进教育各领域、各环节、各要素深化改革、提质增效，激活教育高质量发展新动力。

3. 坚持服务经济社会发展大局。坚持“一流城市孕育一流教育、一流教育成就一流城市”，强化教育培养高端人才和促进人力资源储备功能，强化教育服务上海“五个中心”建设的支撑作用，更好地服务长三角一体化发展、长江经济带发展等国家战略。

4. 坚持构筑上海教育发展新战略优势。全面深化教育领域综合改革，继续当好教育改革开放排头兵、创新发展先行者，用好教育综合改革先发优势，率先形成超大城市教育高质量发展模式，形成一流教育服务供给能力，探索全球范围吸引汇聚优质教育资源的有效机制，构建教育精细化治理体系。

（三）发展目标

到2025年，教育现代化全面深入推进，实现上海教育更加包容、更具活力、更大开放、更高品质发展，高质量教育体系总体建成，教育事业发展和人力资源开发主要指标接近全球城市先进水平。

——服务学生全面而有个性发展的教育体系日趋完善。以学生为中心，形成德智体美劳“五育”融合育人体系，学生综合素养和关键能力显著增强。各级各类教育协调发展，传统教育与新教育业态相互融合，学校家庭社会协同育人机制进一步健全。

——基本公共教育服务实现更高水平均等。义务教育优质均衡水平持续提高，城乡一体化发展水平显著提升，城乡、区域、校际差异进一步缩小。家庭经济困难群体资助保障体系更加健全，特殊群体学生接受教育的需求得到更好满足，来沪务工人员随迁子女接受教育服务供给机制更加完善。

——优质教育服务供给丰富扩大。普及普惠、安全优质、多元包容的学前教育公共服务更加有力。涌现一批示范性学区集团和新优质特色学校，探索建设若干所适应新理念、应用新技术的“未来学校”。若干所高校和更多学科进入世界一流行列，建成一批特色鲜明、产教深度融合的职业院校和学科专业品牌。智能化教育服务供给体系初步形成，学习者终身学习、个性化教育需求得到较好满足。

——服务社会发展能力彰显提升。教育支撑经济社会发展和城市核心竞争力的作用显著增强。劳动年龄人口受教育水平、从业人员继续教育参与水平进一步提高。高等教育人才培养层次、专业、类型等方面结构进一步优化，与经济社会发展现实需求更为契合。高校创新策源能力和学术研究水平显著提升，新增若干国家级科研平台或基地，建成若干高水平、国际化学术高地和高端智库，聚集一批高水平创新团队，产出一批重大原创成果，实现一批重大成果转化。

——教育影响辐射能力稳步增强。建成一批具有国际影响的交流合作平台和重大项目，引进和设立实体性、专业性国际组织与合作基地。来沪留学生质量提升、结构优化，上海继续成为展现中国教育高质量发展的窗口。长三角一体化教育协同发展深入推进，参与并引领长江教育创新带发展。教育对口支援与合作交流能力进一步提高。

表 2　上海“十四五”教育发展和人力资源开发主要指标

指标名称		属性	单位	2020 年	2025 年
1	学前教育毛入园率	约束性	%	99.0	保持高水平
	学前教育教师接受专业教育比例	预期性	%	95.6	98 左右
2	九年义务教育巩固率	约束性	%	99.9	保持高水平
	义务教育优质均衡区比例	预期性	%	—	全国领先
3	残疾儿童义务教育阶段入学率	约束性	%	99.8	保持高水平
	残疾青少年高中阶段教育入学率	预期性	%	70.5	75 左右
4	高中阶段毛入学率	约束性	%	99.0	保持高水平
5	中小学生体质健康合格率	预期性	%	97.2	保持高水平
	中小学生体育素养水平指数	预期性	指数	80.2	82 左右
6	职业教育“双师型”教师比例	预期性	%	60.15	65 左右
7	每十万人口在校大学生数	预期性	人	4264	4600 左右
	每十万人口在校研究生数	预期性	人	897	960 左右
8	在沪就读国际学生数	预期性	万人	7.54	全国领先
	在沪就读国际学生中学历生比例	预期性	%	71.88	全国领先
9	劳动年龄人口受过高等教育的比例	预期性	%	46.4	50 左右
10	劳动年龄人口平均受教育年限	预期性	年	12.6	13 左右

注：学前教育毛入园率、残疾儿童义务教育阶段入学率、残疾青少年高中阶段教育入学率、高中阶段毛入学率以符合条件的常住人口作为统计口径。

三、主要任务和实施路径

围绕促进人的现代化、提升教育支撑引领经济社会发展功能以及优化教育事业发展条件，推进实施六大方面任务和十大重点项目，全面推动教育高质量发展。

（一）坚持立德树人，促进学生全面发展

落实立德树人根本任务，构建“五育”融合发展体系，健全学校家庭社会协同育人机制，促进学生德智体美劳全面发展，为每一位学生成人成才和人生出彩打好基础。

1. 提升学生思想道德素养。坚持用习近平新时代中国特色社会主义思想铸魂育人，大力推进习近平新时代中国特色社会主义思想进教材、进课堂、进头脑。完善大中小幼一体化德育内容框架，深入开展党史学习教育、爱国主义教育、社会主义核心价值观和中华优秀传统文化教育、国家安全教育、法治教育和生态文明教育。完善“三圈三全十育人”学校思想政治教育工作体系，建设以习近平新时代中国特色社会主义思想课程为核心的思想政治理论课课程体系，深化高校课程思政和中小学学科德育改革，完善高校“十育人”和中小学校“六育人”机制，健全大中小幼纵向衔接、课内课外和网上网下横向贯通、学校家庭社会协同联动的育人体系。

2. 提升学生学习素养。注重保护学生的好奇心、想象力、求知欲，激发探究和学习的兴趣，提高学习能力，丰富人文底蕴，培育科学精神。培养学生的认知能力，促进思维发展，激发创新意识。培养幼儿通过直接感知、实际操作、亲身体验等方式建构经验。推动中小学创新创造教育，开展项目化研究型学习，推进基于学科的课程综合化教学，创新因材施教的有效模式，打造一批基础学科基地学校和项目，重视信息科技、科学实践、前沿技术和工程技术教育。注重职业教育与产业需求侧的深度融合，提高学生文化基础，加强技术技能训练，培育工匠精神。强化高等教育学科交叉和个性化培养，提升学生创新精神、创造思维、知识整合与创新能力。

3. 提升学生体育素养。面向全体学生开齐、开足、上好体育课，严格落实基础教育体育课刚性要求，针对不同学段学生身心特点，突出体育素养培养重点，引导学生养成体育运动习惯和健康生活方式，推动学生在基础教育阶段掌握至少2项运动技能。健全学校体育“一条龙”人才培养体系，深化体育课程改革，深入推进体教融合，推动体育特长人才跨学段、跨体系的贯通培养，健全青少年专业体育赛制，加强各级学生体育运动队建设，推进学校体育场馆综合开发建设。完善体育教师招聘引进机制，健全兼职教师制度，探索专兼职教练员岗位制度。继续大力开展校园足球运动，推进武术、棋类等中华传统体育项目进校园，培养学生参与冰雪运动的兴趣。加强儿童青少年近视综合防控，降低儿童青少年新发近视率。全面实施学生体育素养测评工作，创建全国青少年体育素养评价试验区。

4. 提升学生美育素养。强化学校美育育人功能，探索学校美育评价改革，完善美育教学体系，配齐配好美育师资，丰富艺术实践活动，培育学生感受美、发现美、践行美的素养。遵循学生不同阶段成长规律，科学研制各学段美育培养目标。统筹布局学校艺术教育项目，持续推动创建“一校多品”“艺术特色学校”，形成多品牌特色发展格局。推进学校艺术团及联盟品牌建设，发挥艺术教育特色学校辐射示范功能。深化文教结合改革，推进社会艺术场馆、专业院团与学校艺术教育相结合，发挥合力育人作用，继续推进高雅艺术进校园活动，鼓励学生更多参与文化节庆活动。健全有序衔接的艺术人才培养体系，形成高质量、系统化的艺术人才供给机制。

5. 提升学生劳动素养。构建贯通一体、开放协同的劳动教育工作格局，发挥劳动教育树德、增智、强体、育美的综合育人功能，引导学生树立劳动观念，培养劳动精神，形成劳动习惯，在劳动中激发创新创造力。建设实践导向、理论支撑、“五育”融合的大中小学劳动教育课程，创新校内劳动实践，繁荣校园劳动文化，重视日常家庭劳动教育，开展多样化社会劳动实践，建设若干综合性劳动教育实践基地。打造具备理论讲授、训练带教、实践指导能力的专业化教师队伍，完善安全应急保障机制，建设适应教育现代化要求的劳动教育体系。

6. 强化学生心理健康教育和服务。呵护学生心灵世界，深入研究社会转型和网络时代对学生身心健康带来的影响，多措并举，加强学生心理健康服务工作，培育学生自尊自信、理性平和、积极向上的心态，增强调控情绪、承受挫折、适应环境的能力。建立中小学生全员导师制，配齐建强专兼职教师队伍。开足开好心理健康教育课程，多渠道开展心理健康宣传及主题教育活动，构建常态化优质资源推送机制。加强学校心理咨询中心和辅导室建设，满足学生咨询和求助需求。健全学生心理危机预警机制，研发心理危机预警指标和学生关爱系统。教育引导学生绿色上网、文明上网，合力预防学生游戏成瘾和手机依赖。规范家长学校建设，将分年段心理健康促进和指导作为家长学校必修课。加强医教结合，畅通心理危机和精神障碍学生医疗转介通道。建立全市青少年心理健康服务热线，提高高校和区心理热线的知晓率与服务效能。

7. 创新融合育人评价模式。推动“五育”融合人才培养质量评价改革，坚持以德为先、能力为重、全面发展，引领各级各类学校教育回归育人本原。坚持“为了每一个学生的终身发展”核心理念，科学制定评价标准,改进命题评价方式,护长容短,促进学生全面而有个性发展。优化学生综合素质评价内容,完善将学生德智体美劳发展情况纳入综合素质评价的有效机制,创新德智体美劳过程性评价操作实施办法,把评价结果作为衡量学生全面发展、评优评先、毕业升学的重要参考或依据。科学、合理、稳妥、适度利用大数据手段促进教育评价改革,探索建立涵盖道德素养、学习素养、体育素养、美育素养、劳动素养的学生成长大数据档案。

8. 健全学校家庭社会协同育人机制。构建以学校为主体、家庭为基础、社会各方全面参与的育人体系。充分发挥学校在学生成长中的主体和主导作用,全面提升各级各类学校育人水平。以提升学生学习效率为目标,加强基础教育特别是低学段课堂教学改革和作业管理,强化学校、家庭良性互动,减轻家长在学生课程学业方面的负担。推动各级各类学校教育教学提质增效。充分发挥"家庭第一个课堂、家长第一任老师"作用,树立科学的教育观、成才观,用正确行动、正确思想、正确方法教育引导孩子。完善家庭教育指导服务机制,推进家长学校和家庭教育指导中心建设。强化全社会支持和呵护教育的理念,加强公共安全教育,营造有利于学生健康成长的环境氛围。健全社区行业企业等各方面共同参与教育、履行育人责任的政策体系,丰富校外教育资源供给,建设一批重点校外实践基地,打造全国校外教育改革创新先行示范区。

(二) 对标一流标准,打造高水平专业化创新型教师队伍

把教师队伍建设作为教育事业改革发展的重中之重,引导教师争当"四有"好老师,做学生锤炼品格、学习知识、创新思维、奉献祖国的引路人,承担塑造时代新人重任,用优秀人才培养更优秀的未来人才。

1. 把师德师风建设放在首要位置。加强思想政治建设,健全教师政治理论学习制度。加强思政课教师队伍建设,增强教师课程思政意识,让有信仰的人讲信仰。健全师德师风建设长效机制,将师德规范作为教师培训必修内容,贯穿教师职业生涯全过程。探索建立师德评价核心指标体系,将师德作为教师入职、绩效考核、职称(职务)评聘、岗位聘用和奖励表彰等的首要参考依据,对违反师德师风行为"零容忍"。健全教师荣誉体系,营造尊师重教的社会氛围,让教师成为令人羡慕的职业。

2. 实施基础教育强师优师工程。树立"一个好校长就是一所好学校"理念,实施校长能力提升计划,促进校长专业发展,支持校长凝练办学理念、创新办学思路、塑造校园文化,真抓实干,造就一支高素质专业化校长队伍。聚焦新进教师入口关和在职教师培训环节,着力提升基础教育教师队伍整体水平。构建以师范院校为主体、高水平非师范院校参与的师范教育格局,支持高水平大学建设教育学院,建立市属师范大学公费师范生制度,建设上海学前教育学院,加快发展学前教育等紧缺急需专业。深化教师培训制度改革,深入实施中小学(幼儿园)见习教师规范化培训制度,健全教师资格证和规范化培训合格证"双证"注册制度,加强规范化培训与教育硕士衔接培养,发挥教师专业发展机构、教研组织、高校平台、社会机构等各方积极作用。实施基础教育人才攀升计划,培养一批优秀教师、优秀校长和有影响力的教育名家。实施民办中小学优秀中青年教师团队建设等专项计划,探索民办教育名师名校长培养机制。

3. 加快职业教育"双师型"教师队伍建设。健全"双师型"教师认定标准,建立"双师"素养导向的新教师准入机制和考核评价制度,探索行业与学校之间职称互认机制。构建职前职后一体化、校企双主体的职业院校教师培养培训模式,建设一批校企共建的教师培养培训基地和教师企业实践基地。优化校企人员双向交流机制,完善职业院校高层次技术技能人才聘请机制和兼职教师管理办法,畅通技术技能人才到职业院校从教路径,推进教师定期赴企业学习实践和挂职制度。制定职业院校教师能力标准,培育一批"1+X"职业技能培训教师。

4. 加大高校人才引育力度。增强人才引育工作的敏锐性和责任感,进一步拓宽人才工作视野,加大自主培养和引才力度。优化实施东方学者计划,实施高等教育人才揽蓄行动,积极引育高层次人才、优秀青年人才和团队,发挥高校创新人才"蓄水池"作用。推进人才数字画像系统建设,为科学遴选人才、准确评

价人才提供有力支撑。健全市属高校新教师岗前培训制度，实施高校教师教学能力"引航工程"培养计划。聚焦青年人才培养，深入实施高校教师专业发展工程，推进教师国外访学进修、国内访问学者、产学研践习、实验技术队伍建设等计划。深化实施高校本科教学教师激励计划，加强高校创新团队建设。支持教师依规开展校外兼职和在岗离岗创业。实施民办高校"强师工程"，提升民办高校教师队伍水平。

5. 完善教师人事制度和配套政策。完善学校教师配置标准和机制，优化公办中小学(幼儿园)、中等职业学校教师配置标准，加强编制统筹，建立市级统筹、区级调剂的动态调配机制，制定基于分类管理的高校教师配置标准。深化教师分类考核评价制度改革，聚焦教书育人核心使命，突出师德、能力、业绩和贡献等要素。完善教师职务(职称)评聘制度，深化中小学校长职级制度改革，优化中小学专业技术职务岗位结构比例，在有条件的高校探索专业技术职务岗位结构比例由数量管理调整为标准管理。完善教师工资收入保障机制，建立适应上海教育行业特点的薪酬分配机制，形成具有吸引力的教师绩效工资体系。深化高校绩效工资制度改革，将使用财政教育经费的薪资作为教师收入的基础保障，且水平逐步提升。促进高校积极拓宽多元化收入来源渠道，完善高校社会服务收入用于人员激励机制，鼓励多劳多得、优绩优酬，充分激发教职工活力。完善教师住房、医疗等相关配套服务，探索教师公租房建设机制，多措并举缓解青年教师过渡期租住房问题。引导民办学校配足配齐教师，依法保障和落实民办学校教师享有与公办学校教师同等权利，完善民办学校教师年金制度，健全学校、个人、政府合理分担的民办学校教师社会保障机制。

(三) 优化教育服务供给，满足人民群众品质生活需求

彰显人民城市的人本价值，加强教育资源配置保障，基于学龄人口动态发展趋势布局教育资源，扩大优质教育资源供给，提升各级各类教育质量，努力办好每一所学校，上好每一堂课，服务好每一位学习者。

1. 加强育儿指导和托育服务。健全"政府引导、家庭为主、多方参与"的3岁以下幼儿托育服务体系。完善家庭科学育儿服务网络，提升服务质量，为适龄幼儿家庭提供免费、有质量的育儿指导，引导家长形成科学育儿观念、掌握科学育儿方法。扩大托育服务资源供给，提供以普惠性为主的托育服务，构建托幼一体化体系，完善托育服务综合监管体系，鼓励社会力量举办满足多样化需求的托育机构，建设一批嵌入式、分布式社区托育点，5年内累计新增2万个托额。

2. 提升学前教育保教质量水平。发展普及普惠、安全优质、多元包容的学前教育公共服务体系。科学规划资源布局、创新办园体制机制，确保学前教育资源供给。开展教、养、医融合的科学保教，以常态化、过程性质量评价为重点，推进优质园创建工作，使全市公办一级幼儿园超过50%、公办示范性幼儿园超过10%。开展民办优质幼儿园创建工作。遵循幼儿身心发展规律，实行以游戏为主的基本教育活动。巩固幼小衔接成果，深化幼儿园与小学教育双向衔接，杜绝幼儿园"小学化"倾向。

3. 推进义务教育优质均衡发展。研制实施新一轮义务教育学校办学标准，提高教育资源配置标准，完善教育资源动态调整机制，推进优秀教育人才流动，促进基本公共教育服务均等化，推动义务教育城乡一体、优质均衡。充分利用高校、企业和社会资源等，面向未来探索新的学校形态。鼓励各区积极创建义务教育优质均衡发展区，力争各区全部通过国家县(区)域义务教育优质均衡发展督导评估认定。强化优质资源带动辐射作用，增强学校内生动力，打造一批示范性学区集团和新优质特色学校，实施新一轮城乡学校携手共进计划，持续推进公办初中强校工程。促进义务教育提质增效，深化义务教育课程教学改革，促进线上线下教育融合发展，加强教考一致的教育教学管理。持续推动创新创造教育发展，深化小学低年段主题综合活动课程建设，实施义务教育项目化学习三年行动计划，实施基于区域特色的学校综合课程创造力研究和实践项目。推进基于课程标准的教学与评价，小学实施分项等第评价，深化实施义务教育学业质量"绿色指标"评价改革，推动中考改革全面实施。进一步规范民办义务教育办学秩序，开展民办中小学特色学校和项目创建工作。

4. 深化普通高中育人方式改革。进一步提升普通高中学校校舍、教育装备、信息化、教师队伍、课程与

教学等建设水平。扩大优质普通高中学校和学位资源，高质量推进普通高中新课程新教材实施。深化课堂教学改革，加强学生生涯规划指导，提高学生自主选择能力，完善选课走班教学管理机制，探索基于情境、问题导向的互动式、启发式、探究式、体验式教学，加强课题研究、项目设计、研究性学习等跨学科综合性教学，鼓励学生参与社会实践、社区服务、研学旅行等综合实践活动。探索多样化、创新型人才培养路径，为不同潜质学生提供更多发展通道和空间。推进新一轮特色普通高中建设三年行动计划，促进普通高中特色多样发展。深化高考综合改革，优化高中学业水平考试制度，鼓励高校积极探索高中学生综合素质评价信息使用场景。开展普通高中学校教育教学质量综合评价，引导普通高中树立科学的教育质量观。

5. 推进特殊教育融合发展。进一步完善特殊教育设点布局，启动融合教育实验校建设，应设尽设特教资源教室，进一步健全以随班就读和特教班为主体、特教学校为骨干、送教上门为补充的特殊教育体系。促进基础教育、职业教育、高等教育等各学段特殊教育有效衔接。提升医教结合服务能级，拓展医教结合干预支持范围，建立“一生一档”动态跟踪机制。深化特殊教育课程教学改革，完善特殊教育课程支持体系，建立融合教育分层支持体系，改进特殊学生评价机制，切实推进融合教研，畅通课程与资源共享机制，提高教育教学有效性。强化条件保障，加强师资配备，推进学校无障碍环境建设，努力满足各类特殊学生的教育需求。

6. 推动高等教育高质量发展。稳步优化高等教育布局结构，引导高校专注内涵建设，实现高质量、特色化发展。适度扩大研究生培养规模，鼓励引导高校立足办学定位、面向社会需求培养高层次拔尖创新人才和高素质应用型人才。完善学科专业动态调整机制，加强基础学科、冷门“绝学”学科，以及集成电路、生物医药、人工智能等关键急需领域的学科专业布局，加快培育紧缺人才。加强城市公共安全相关学科布局和人才培养，为破解超大城市公共安全和管理难题提供智力支撑和人才保障。实施“强基激励计划”，探索基础学科和关键学科本硕博长学制培养模式，开辟拔尖创新人才脱颖而出的“绿色通道”。加快建设一流本科教育，加快打造一流研究生教育，持续完善科教融合和产教融合育人模式，分类推进学术学位与专业学位研究生培养模式改革，大力提升研究生培养质量。促进创新创业教育与专业教育深度融合，加强学生职业生涯发展教育和就业精准指导服务。加强以学生成长为中心的质量评价体系建设，健全预防和处置学术不端机制，完善研究生分流淘汰机制。深化高校分类评价改革，建立内部问责制度和社会公开机制，引导高校明确定位、错位发展。支持民办高校加强内涵建设，提升学校办学质量。

7. 优化职业教育类型定位。强化职业教育服务上海产业结构升级能力，深化产教融合、校企合作，培养更多高素质技术技能人才。完善上海现代职业教育体系，做精中职、做强高职、建设若干新型职业院校（五年一贯制），稳步发展职业本科教育，持续完善贯通培养模式，着力加强基于能力本位一体化的贯通课程、教材体系建设。深化职业教育教师教材教法“三教”改革，推动市级规划教材建设，鼓励校企合作开发工作手册式、活页式、融媒体教材，探索以学生为中心的教法创新。强化校企双元育人，健全激励企业参与人才培养的机制，根据专业特点及行业需求，推行现代学徒制、企业新型学徒制、订单式培养，发挥职教集团集聚资源的平台作用。健全职业学校人才培养质量督导评价制度，重点考察学校提升劳动者素质和技术技能水平的能力。深化职业教育办学体制改革，推动形成政府统筹管理、行业企业积极举办、社会深度参与的多元办学格局。

8. 促进市民终身学习和终身发展。进一步完善终身教育体系，增强服务市民终身学习和终身发展的能力。引导高校和职业院校加强继续教育与社会培训服务，提升高等学历继续教育办学水平和人才培养质量，探索在岗人员“双元制”继续教育模式。建设终身教育师资库和师资培训基地，制定实施终身教育师资队伍资质标准。提升高等教育自学考试管理服务水平。建立学习型城区监测制度，分层分类开展学习型组织建设和市民终身学习需求与能力监测。大力发展社区教育，丰富各类学习资源，创新社区教育载体，扩大社区教育服务规模。培育老年教育多元举办主体，加强老年教育基层社会学习点建设，扩大老年教育资源供给。完善学分银行制度，健全各级各类学习成果认证机制。加大推广个人终身学习账户应用，探索建立个人终身学习空间。全面加强新时代语言文字工作，加强重点人群语言能力培训，开展区域和行业语言文字规范化水平监测，推进城市语言服务资源建设。

（四）增强教育引领支撑功能，提升服务社会能级水平

高等教育是科技第一生产力、创新第一动力、人才第一资源的重要结合点，要充分发挥高校和职业院校在科技创新策源、文化传承创新、产业转型升级、区域协同发展和对外开放交流等方面的重要作用，更好地为改革开放和社会主义现代化建设服务。

1. 深化“双一流”建设。支持在沪部属高校“双一流”建设，发挥部属高校辐射引领作用。继续推进高水平地方高校建设，进一步落实和扩大办学自主权，重点打造若干具有世界影响力、特色鲜明的高水平高校和学科，提升地方高校整体实力和服务支撑能力。持续推进高峰高原学科建设，以学科领域为突破口，助力高峰学科攀峰能力提升，持续支持数学、物理、化学、生物等基础学科建设，促进学科交叉融合，拓展高原学科建设深度与广度，支持不同类型高校进一步聚焦发展主干学科、特色学科。

2. 持续提升高校创新策源能力。鼓励引导高校面向世界科技前沿、面向经济主战场、面向国家重大需求、面向人民生命健康，汇聚全球创新资源和要素，开展高水平基础研究和应用基础研究，实现原始创新突破。支持高校加快培育和建设国家重点实验室、重大科技基础设施、前沿科学中心等基础研究创新平台，积极参与国家实验室和张江综合性国家科学中心建设，鼓励高校发起和参与国际大科学计划和大科学工程。建设高水平协同创新中心，引导高校主动跨前一步，围绕集成电路、生物医药、人工智能等重点产业领域开展高质量的产学研协同创新，力争在共性关键技术、前沿引领技术、现代工程技术、颠覆性技术创新等方面取得重大突破。进一步推动高校技术转移机构专业化、职业化、国际化建设，提升专利运营能力和专利质量。促进大学科技园高质量发展，将其打造成为各类创新要素汇聚、融合、聚变的大平台，更好地服务区域发展和科技创新。加强中国特色新型高校智库建设，以科学咨询支撑科学决策，以科学决策引领科学发展。

3. 深化产教融合良性互动。落实国家产教融合型城市建设试点任务，实施产教融合创新工程，建立产教融合发展多部门协同推进机制，建设产教融合改革发展先导区。促进人才培养供给侧和产业需求侧深度对接，为增强产业核心竞争力、汇聚发展新动能提供支撑。构建教育与产业融合发展格局，结合区域功能、产业特点，探索职业教育与高等教育差别化发展路径，在自贸试验区临港新片区、长三角生态绿色一体化发展示范区等重点区域建设新型职业院校（五年一贯制），建设若干校企共建共享的产教融合实训基地。以需求为导向，不断优化职业教育与高等教育布局，完善人才培养结构动态调整机制，聚焦重点产业，打造一批产教融合型园区、院校和学科专业群。深化“引企入教”改革，鼓励以引企驻校、引校进企的方式建设“企业学区”和生产性实训基地，推行面向企业真实生产环境的人才培养模式。建立产教融合导向的教育质量评价制度，支持学校深度融入和服务区域产业发展。

4. 提高新城公共教育服务的能级和水平。按照独立的综合性节点城市定位，根据人口数量、结构和变化趋势，结合嘉定、青浦、松江、奉贤、南汇五个新城产业布局和区域优势，坚持高起点规划、高标准建设、高质量发展，进一步优化教育资源，构建体系完整、特色鲜明、功能齐全的教育发展格局，发挥教育在推动新城产教融合、职住平衡、吸引集聚人才等方面的重要作用。支持新城率先探索建设“未来学校”，在有条件的新城建设新型职业院校（五年一贯制）和高水平大学（校区）。充分利用高校、科研院所、大型企业及市属优质教育资源，推动新城学校高起点办学。优化教育多元供给，做好外籍人员子女学校、国际课程班及民办学校等设点布局，满足海外引进高端人才等不同群体多样化的教育需求。鼓励支持高校利用人才、科研等优势，支撑新城建设，促进新城与高校联动发展。

5. 建设区域教育协同发展新机制。充分发挥上海龙头带动作用，进一步完善长三角一体化发展教育

协同推进机制，建立配套政策联动制度，形成具有重要影响力的交流品牌、知名论坛和重大赛事。推动建立长三角区域教育现代化监测评价机制，提升区域教育整体水平和服务能力。探索形成长三角生态绿色一体化发展示范区教育高质量发展推进机制，布局建设一批有集中度、显示度的高品质教育服务品牌，建设长三角区域教育大数据中心，发挥示范区教育辐射带动作用。牵头探索长三角区域引领长江教育创新带新机制，形成互联互通和协同治理新格局。做好对口支援，继续开展组团式援助，与对口地区共建职业教育联盟，支持边疆地区国家通用语言文字教育资源建设，稳步扩大高校对口支援、定点结对范围。

6. 提升上海教育国际影响力。坚持扩大开放，引进世界一流大学和高水平职业院校来沪开展中外合作办学，鼓励开展中外教育机构学分互认、学历学位互认、办学标准互通，加强高水平中外人文交流研究中心建设。优化国际学生教育层次结构，保障和提高来华留学教育质量。鼓励更多学生赴海外交流学习和国际组织见习实习，提升学生的国际就业力和国际创业技能。推动高校深度参与国际学术科研合作，合作设立科教基地、创新基地，打造高端国际学术交流合作平台。鼓励职业院校建立海外教学基地，与企业赴海外联合办学，服务企业"走出去"战略。强化国际理解教育和国际素养培养，推进国际理解教育校本课程开发与实施，探索构建中外融合的"上海课程"，支持上海国际化基础教育发展和境外中文学校设立，支持和组织学生参与国际性艺术、体育赛事和展演，增强学生对多元文化的理解。贡献国际教育治理的中国智慧、上海方案，支持联合国教科文组织教师教育中心、国际戏剧协会等国际组织建设发展，吸引更多国际组织和机构落驻，参与提供更多国际教育公共产品。加强战略非通用语种人才培养力度，为国家"一带一路"复合型战略人才培养和储备提供保障。

（五）落实教育优先发展战略，提升综合保障水平

把教育优先发展作为推动党和国家各项事业发展的先手棋，在经济社会发展规划上优先安排教育、财政资金投入上优先保障教育、公共资源配置上优先满足教育和人力资源开发需要，进一步加大经费投入，强化基本建设保障，推进信息技术运用，为教育高质量发展奠定更为坚实的基础。

1. 全面落实经费投入保障。大力保障财政教育经费投入，确保落实"两个只增不减"。健全生均拨款制度及其调整机制，推动各级教育生均经费标准达到并保持全国城市领先水平，完善非义务教育培养成本分担机制。调整优化教育经费使用结构，完善地方教育附加使用结构比例，提高使用效益；完善教育一般性转移支付制度，加大基础教育资源统筹规划和建设力度，推动教育经费向薄弱地区和关键环节倾斜。深化高等教育经费投入机制改革，完善以基本办学经费和内涵建设经费为主的经常性经费投入机制，改进高校"双一流"建设等专项经费投入方式。扩大高校综合预算试点范围，建立经费使用"负面清单"，深化实施上海地方公办高校总会计师制度，扩大高校经费统筹使用权和自主权。提高教育经费使用效益，全面实施预算绩效管理，健全体现教育行业特点的绩效管理体系和激励约束机制。

2. 提升教育基本建设和综合保障水平。坚持根据发展趋势开展教育基本建设的原则，前瞻性规划和布局教育基本建设，建立教育基本建设标准动态调整机制，进一步完善和落实好各级各类学校建设标准。完善基础教育资源配置，聚焦入学入园矛盾突出区域和资源相对薄弱地区，优化全市基础教育设点布局。建立适应上海高等教育事业规模调整扩容、内涵发展、布局调整的校舍资源保障机制，有效保障高校基本办学条件，支持重点学科实验室等科研用房建设，进一步优化市属高校空间布局结构。实施市级财力支持民办高校实验实训中心建设项目，推动民办高校深度开展产教融合。建立健全市区协同的学校不动产登记"绿色通道"，完成校舍不动产权证确权补证工作。鼓励各区将体育、文化等公共服务设施建在高校内，探索学校文体设施建在社区，促进资源共享。推进美丽安全校园建设，完善现代化的学校后勤保障体系，提升校园基本公共服务能级。

3. 深入推进新技术赋能教育。推动教育数字化转型和广泛应用，使学习更有乐趣，使学生成长更快乐。着力建设教育数字基座，升级教育数据中心，完善教育数据标准体系，优化大规模智慧学习系统，提供

更多优质、泛在的数字化教育应用场景，为全市师生提供优质在线教育和个性化学习支持。提升师生信息素养，加强师生信息技术应用能力和信息思维培养，增强师生网络和信息安全意识。以新技术促进教育理念和教学模式变革，建设数字教材资源、研究型课程自适应学习平台，推进优质教育资源建设、开放与共享。构建基于5G等技术的“云—网—边—端”一体化基础环境，加快学校全面感知物联网基础设施配置，加强教育信息化的网络安全保障，推进智慧学校、智慧实验室建设，建设教育现代化动态监测网络、教育决策智能化支持系统。推进学校信息化应用统一解决方案，按照“政府定标准、搭平台，企业做产品、保运维，学校买服务、建资源”的模式，规划学校信息化基础应用平台。以新技术优化教育治理，推进教育管理和政务服务“一网通办”“一网统管”，以教育大数据应用提升管理决策水平，推动“智慧教育”成为上海智慧城市建设新亮点。

（六）加强教育统筹与活力激发，推进治理体系和治理能力现代化

坚持依法治教、依法治校，健全市级教育统筹机制，完善学校内部治理体系，强化简政放权、放管结合、优化服务，进一步向基层教育单位放权，赋予学校更大办学自主权，充分激发教育工作者教书育人、干事创业的潜力活力。

1. 深化政府部门依法治教。落实教育系统单位党政主要负责人履行推进法治建设第一责任人职责，将履职情况纳入年终述职范围。推动完善教育领域地方性法规体系，加快推进未成年人保护、民办教育、学前教育、校外教育、终身教育等地方立法工作，提高地方性法规之间的协同性。推进依法行政，完善公众参与、专家论证、风险评估、合法性审查和集体讨论等重大行政决策程序，健全教育重大决策责任追究制度。加强规范性文件管理，健全制定程序、完善评估机制、定期开展清理。完善教育执法和监督机制，加强教育综合治理和联合执法，依法查处违反教育法律法规、扰乱教育秩序、侵害合法权益的行为。完善师生权益保护救济制度，健全多元化的纠纷解决机制。完善教育信息公开制度，依法保障人民群众知情权。

2. 促进学校依法自主办学。深化教育领域“放管服”改革，落实和扩大各级各类学校办学自主权，充分激发广大校长、教师教书育人的积极性、创造性。完善教育行政部门权力清单和责任清单制度，健全学校办学自主权的制度保障。优化学校法人治理结构，构建系统完备的学校规章制度体系，健全以章程为统领的学校内部治理制度，创新章程实施保障机制。聚焦进一步激发中小学办学活力，探索建立符合上海实际的中小学管理制度，落实中小学办学主体地位，增强学校发展内生动力。完善行业企业广泛参与的现代职业学校制度，鼓励和支持职业教育学校依法开展校企合作。深化中国特色现代大学制度建设，增强高校自主发展能力。

3. 强化市级教育统筹力度。健全部市战略合作会商机制，形成有关部门和各区协同推进、各级各类教育协调发展的工作局面。健全完善以规划为引领，资源配置为支撑，监督评价为保障的教育统筹机制，形成社会多方参与和支持教育发展的良好生态。加强基础教育资源动态统筹，提升区域教育资源与入学需求的匹配度。优化高等教育招生规模和结构，更好地适应人民群众高品质生活需求和城市高质量发展需要。优化高等教育和职业教育资源布局结构，提升教育支撑服务人民城市建设、科技创新和产业转型升级的能力。

4. 深化教育督导体制机制改革。依法落实市、区两级教育督导机构设置与力量配备，完善市、区教育督导机构分工协作体系。全面落实教育督导法定职能，建立健全教育督导部门统一负责的教育评估监测机制。健全对市政府相关职能部门履行教育职责进行督导评估的制度、对区政府履行区域教育职责进行综合督政的制度。完善以学校自我评估为基础、内部与外部评估相结合的学校督导制度。建立区域教育发展状况和各级各类教育质量常态化评估监测制度。依法公开督政、督学、评估监测结果，强化教育督导结果应用，建立督导约谈和问责机制。

5. 支持和规范民办教育发展。深化非营利性和营利性民办教育分类管理改革，建立健全民办学校分

类管理制度体系和检查评估办法，完善差别化的政府扶持政策，探索支持基金会举办民办学校的相关办法，研究分类改革后非营利性民办学校免税资格认定机制。建立民办学校内涵发展、特色发展引导机制，持续提升民办学校办学质量。支持新设立高水平民办高校，支持符合条件的民办本科院校开展硕士点申报与建设。推进民办学校现代学校制度建设，提升民办教育治理水平。加强教育培训治理，促进校外培训机构规范发展，形成政府依法管理、行业规范自律、社会协同治理的培训市场综合治理格局。

6. 健全教育治理多元参与机制。按照科学民主、依法决策的要求，规范重大教育决策程序，健全多元参与的教育标准制定和评价实施机制。培育一流教育智库，鼓励各类社会组织参与教育研究、评估监测等。健全社会主体参与学校治理机制，完善理事会、校务委员会、家长委员会等制度，与社区加强互动、紧密协作，促进资源共建共享，形成家长、社区、用人单位、行业组织等共同参与的学校治理格局。健全教育类社会组织管理机制和管理制度，引导教育类社会组织依法规范开展业务活动，充分发挥其在引进社会资源、促进教育事业发展方面的积极作用。

7. 完善校园安全治理机制。深入推进平安校园建设，健全学校安全风险防控体系，形成学校安全管理制度健全、安防力量配备到位、物防技防设施先进、师生安全素养较高、保障机制完善的防控格局，让校园成为最阳光、最安全的地方。

表 3　上海教育“十四五”改革和发展重点项目

序号	重点项目	建设内容
1	教育评价改革项目	1. 深化党委政府履行教育工作职责评价，加强市级相关部门和各区政府履行教育职责评价，开展区域教育环境质量评估。 2. 改革各级各类学校评价，建立婴幼儿托育服务监测评价制度，完善学前教育质量评估监测和办园行为督导，完善义务教育阶段学业质量“绿色指标” 和义务教育学校督导，实施普通高中教育教学质量综合评价和督导制度，改革基于产教融合、工学结合的职业学校办学质量督导评估制度，深化高校分类评价改革。 3. 完善教师分类评价，改革教师科研成果评价。 4. 完善基于大数据的学生综合素质评价，探索创新人才早期培养机制，完善高校人才选拔培养机制。 5. 改革用人单位评价，营造不拘一格降人才的用人环境。
2	学生全面发展促进项目	1. 增强德育实效，深化思政课和课程思政、学科德育改革创新，实施文化育人行动和主题教育提质工程，深化网络思政创新计划。 2. 提升智育水平，培育基础教育学生面向未来的核心知识、必备技能和关键能力，促进职业教育校企协同育人，深化高等教育创新人才培养改革。 3. 提升体育素养，建立示范性学生体育素养发展、评价和保障体系，实施课程、师资、训练及赛事系统衔接的“一条龙”人才培养。 4. 提升艺术素养，构建上海现代化学校美育体系，制定实施新一轮文教结合行动计划。 5. 实施劳动教育课程改革、实践活动、资源供给、基地建设、支撑保障建设计划。
3	一流教师队伍建设项目	1. 实施师德师风建设工程，提升教师育德意识和育德能力。 2. 实施高素质专业化教师培育计划，支持高水平大学成立教育学院，支持市属师范学校建设上海学前教育学院。 3. 实施人才引领发展战略，推进高等教育人才揽蓄行动、基础教育人才攀升计划、职业教育人才振兴计划、民办高校“强师”工程和民办中小学优秀中青年教师团队建设计划。 4. 完善人才数字画像系统建设，强化大数据赋能精准引才。 5. 推进绩效工资制度改革，建立适应教育行业特点的薪酬制度和动态调整机制。
4	基础教育高品质发展促进项目	1. 探索建设若干所“未来学校”和基础学科拔尖人才早期培养的学科基地。 2. 优化基础教育学校发展格局，实施优质幼儿园创建工程，打造一批义务教育示范性学区集团和新优质特色学校，推动普通高中新课程新教材实施和特色普通高中建设，创建民办中小学特色校和民办优质园。 3. 深化基础教育教学改革，探索教养医结合的学前儿童科学保教，推动创新创造教育发展，推进线上线下教育融合发展，深化普通高中育人方式改革，深化中考改革和高考综合改革。

续表

序号	重点项目	建设内容
5	统筹推进"双一流"建设和创新策源能力提升项目	1. 深入落实国家"双一流"战略，打造若干所世界一流大学、一批世界一流的学科点和学科方向。 2. 持续推进高峰高原学科建设，优化高峰学科布局，提升高峰学科竞争优势，拓展高原学科建设深度与广度。 3. 深化高水平地方高校建设，增强高水平地方高校比较优势，扩大高水平高校建设和培育范围。 4. 实施高校创新策源能力提升计划，实现重大原始创新、关键核心技术突破。
6	高校一流创新人才培养项目	1. 实施一流本科、一流研究生专项计划，优化调整学科专业，加强课程教材建设，提升导师指导能力，健全多维分类的质量评价体系。实施民办高校办学质量提升计划。 2. 实施"强基激励计划"，培养一批基础学科和前沿交叉学科未来科学家。 3. 实施重大关键技术领域博士生培养专项，聚焦重大关键技术领域，开展高层次紧缺人才培养。
7	产教融合创新项目	1. 完善产教融合政策支撑和评价体系，探索建立信息服务平台。 2. 培育建设产教融合创新主体，建设1—2所具有示范意义的职业本科高校，建设若干新型职业院校（五年一贯制），培育一批产教融合型企业。 3. 打造产教融合人才培养创新平台，建设一批产教融合研究生联合培养基地和现代产业学院，建设若干市级产教融合生产实训中心。 4. 实施在岗人员继续教育推进项目，推进校企互动、工学互促的培养方式，建设工学结合专业课程，依托学分银行开展学习成果认定转换。
8	教育对外开放提质增效项目	1. 实施"校际牵手"交流工程，实施基础教育"交流培优校""示范特色校"计划、高等教育"伙伴合作校"计划以及港澳台"姊妹学校"等计划。 2. 实施国际组织引驻工程，加强若干专业性教育国际组织的建设和引进落驻。 3. 实施双向"国际办学"工程，吸引世界一流大学、高水平职业院校来沪办学，推动本市高校到"一带一路"沿线国家办学。 4. 实施"上海方案"供给工程，探索"上海课程"、共建海外中国国际学校。 5. 实施"语通天下"育才工程。开展战略性非通用语种人才特色培养计划、"一带一路"复合型战略人才培养计划。
9	信息技术赋能教育变革引领项目	1. 实施信息素养提升工程，提升师生信息素养和信息技术应用能力，建立信息素养培养及评价体系。 2. 深化新技术与大数据融合应用，推进线上线下融合教学，推进基于数据驱动的大规模因材施教，建设学科知识图谱，基于新技术开展教学场景设计。 3. 以新基建引领教育网络基础设施升级，建设可支撑大规模在线学习的信息化基础环境，开发适合多场景泛在学习的智能终端，加快智慧数字课堂改造。 4. 以建设校园物联网实现伴随式无感知数据采集，推进数字学校和信息化标杆学校建设。
10	教育资源布局调整与基本建设保障项目	1. 适应学龄人口变化趋势，优化基础教育资源配置。 2. 建立适应高等教育和职业教育事业规模发展、内涵建设、布局结构调整的校舍资源保障机制，重点实施一批科研实训、学生公寓等基本建设项目。 3. 实施嘉定、青浦、松江、奉贤、南汇五个新城专项建设，超前推进基础教育设点布局，优化职业教育、高等教育资源配置，扩大新城优质教育资源供给。 4. 开展美丽安全校园专项建设，完善校园技防系统，深化智能安防建设，推进生态文明校园建设。开展学校体育和艺术场馆、食堂和教室灯光提升工程。

四、组织领导和实施

党的领导是做好教育工作的根本保证，各级党委、政府要把落实教育优先发展作为重要职责，建立健全规划实施和监督评估机制，确保本规划制定的目标任务有效落地落实。

（一）加强党对教育工作的全面领导

1. 健全党对教育工作全面领导的体制机制。完善教育系统党的组织体系、制度体系、工作机制，强化统筹规划、政策指导、协调推进，落实各级政府及有关部门优先发展、重点发展教育的责任，抓好教育规划重要政策研究和重大任务落地。完善市、区两级党委教育工作领导小组议事决策机制，健全各区、各部门协同推进机制。坚持和完善高校党委领导下的校长负责制，健全中小学校和幼儿园党的领导体制，加强民办学校党的建设，牢牢把握社会主义办学方向。

2. 建设高素质专业化教育系统干部队伍。坚持党管干部原则，突出政治标准，落实好干部标准和新时代上海干部特质要求，牢固树立正确的选人用人导向，建设忠诚干净担当的教育系统干部队伍。拓宽选人用人视野，优化教育系统干部队伍知识结构，注重选拔任用政治过硬、历练扎实、表现突出的优秀年轻干部。坚持从严管理监督，加强党风廉政建设，健全党内监督机制，深化细化全面从严治党"四责协同"机制，营造风清气正的教育生态。

3. 提高基层党建工作质量。把政治建设摆在首位，不断强化高校院（系）、师生党支部以及中小学校、民办学校等各级各类学校党组织的政治功能，抓好办学治校的基本功，切实发挥战斗堡垒作用。巩固深化"不忘初心、牢记使命"主题教育成果，引领广大党员不忘立德树人初心，牢记为党育人、为国育才使命，更好地当先锋、做表率、作贡献。立足建党100周年新起点，持续实施党建质量提升工程，打造上海教育党建工作品牌。

（二）强化统筹联动机制

1. 加强教育市级统筹。进一步完善和健全市委教育工作领导小组统筹协调功能，强化教育改革发展市级统筹的顶层设计。加强各级党委政府部门之间及市、区政府之间协调联动，强化对教育改革发展的统筹协调，充分、有效凝聚支持教育改革发展的强大合力。

2. 完善信息联动机制。加强市、区之间及部门之间信息沟通，提高教育改革发展相关数据共享水平，增强各相关方面在教育改革发展决策特别是在事关学校布局、教育资源配置等重大决定中的及时响应能力，实现教育事业发展与人口、产业、城市建设等经济社会发展同频共振。

（三）健全规划实施机制

1. 推进规划实施。各区政府和有关部门、单位要结合落实《上海教育现代化2035》，把本规划确定的各项目标、任务落到实处。

2. 加强监督评估。建立规划中期评估和终期总结监测制度，对本规划实施情况开展跟踪监测和考核评价，即时反馈评估监测结果和改进建议。建立监督问责机制，将规划实施推进情况纳入地方政府绩效考核内容，定期开展督促检查，接受各级人大、政协监督。做好教育规划及相关信息公开，接受市民和社会监督。

3. 营造良好氛围。加强舆论宣传引导，大力弘扬尊师重教的社会风尚，积极宣传教育系统先进典型和模范事迹，弘扬教育发展正能量。建立健全公众参与机制，形成社会各界和广大群众共同关心、支持和推动教育高质量发展的良好局面。

中共上海市教育卫生工作委员会　上海市教育委员会关于印发《上海市安全美丽学校建设"十四五"规划》的通知

（沪教委保〔2021〕13号）

各高等学校，各区教育局，各委、局、控股（集团）公司：

现将《上海市安全美丽学校建设"十四五"规划》印发给你们，请结合实际认真贯彻执行。

附件：上海市安全美丽学校建设“十四五”规划

中共上海市教育卫生工作委员会
上海市教育委员会
2021年12月24日

附件

上海市安全美丽学校建设“十四五”规划

为贯彻落实总体国家安全观、习近平生态文明思想和习近平总书记关于教育的重要论述，有力支撑办好人民满意的教育，有效服务教育改革和发展，有序推动学校安全、后勤和生态环境现代化建设，有力推进管理育人、服务育人，不断满足师生日益增长的美好生活需要，依据《上海教育现代化2035》《上海市教育发展“十四五”规划》以及本市应急管理、节能环保等相关专项规划，制定本规划。

一、发展回顾和环境形势

（一）“十三五”发展回顾

“十三五”时期，对标上海教育改革和发展总体目标，立足安全托底、后勤支撑、低碳优先的原则，学校办学环境秩序持续向好，综合保障水平不断提高，生态文明实践稳步推进，依托“三全育人”综合改革试点区建设推进管理育人、服务育人，安全美丽学校各项指标总体完成情况较好，为上海教育现代化建设打下了坚实基础，营造了良好氛围。

安全学校治理体系日趋完善。学校安全工作与依法治校、依法治教相结合，逐步构建完善学校安全治理体系。针对学校监督管理工作实际，出台和修订一系列学校安全工作有关制度、规范和标准，推动学校安全保卫工作制度化建设。加强安全主体责任落实力度，形成校园安全三级责任制。着力构建校园风险隐患排查化解机制，试行第三方校园安全风险评估。加强校园安全事故处理规范化、制度化建设，拓宽校园安全责任风险覆盖面。推动校园安全生产工作体系化建设，编制学校安全生产三年行动方案。加大校园智慧安防建设力度，依托校园信息化建设，推进校园技防建设的物联网化，全面提升学校安全治理现代化水平。不断完善校园安全群防群治工作体系，支持和强化大学生校园安全志愿服务体系建设，构建市、校两级大学生平安志愿者队伍。持续开展大学生安全知识教育工作，连续多年举办大学生安全知识竞赛，推动大学生安全教育网络化，着力提升大学生安全文明素养。

学校后勤保障能级实现提升。按照“管办评”分离的原则，强化市级统筹能力，完善学校后勤监督管理和政策支撑体系，确保师生基本公共服务需求得到充分保障。按照分类管理、分类指导的原则，积极稳妥推进学校市场有序开放，鼓励和支持服务主体多元化，满足师生的个性化需求。坚持高质量发展主线，全面推进高校学生食堂、学生公寓“六T”标准化建设，后勤信息化场景应用更加普及，智慧校园与学生个性化需求融合度进一步提升，高校学生食堂运行长效机制建设持续推进，学校“保供稳价”体系更加完善和有效。高校“消费扶贫”与“农校对接”工作有效衔接，助力决战脱贫攻坚，为接续参与乡村振兴打下良好基础。坚持立德树人根本任务，推进后勤育人和劳动教育相衔接，建成一批后勤劳动教育课程、劳动教育实践基地和服务育人示范岗。

学校生态文明建设稳步推进。以习近平生态文明思想进校园为主线，推动学校生态文明教育体系不断完善，形成了“学生环保节”“青未来”等青少年生态文明教育品牌。立足“五位一体”总体布局，践行新发展理念，着力构建学校生态文明建设体系。坚持共建共治共享的发展思路，推动和完善青少年生态文明志愿服务体系，启动大学生生态文明志愿服务体系建设，有序开展中小学生生态文明志愿服务活动。大力推进学校绿色生活实践，开展绿色交通、绿色建筑、清洁能源专项建设。全面推进学校垃圾分类工作，制定高校垃圾分类标准和建设指南，组织开展高校垃圾分类专项测评，推动“定时定点投送”和“两网融合”工作，各级各类学校垃圾分类工作取得显著成效。全面推进教育系统反餐饮浪费工作，师生爱粮节粮意识稳步提升。深入开展校园河长制和节水型学校创建工作，形成各级各类学校参与水资源保护长效机制。加强学校节能环保基础能力建设，完成第三批重点用能单位能源审计工作，开展第一批中小学能源审计试点工作。全面提高和加强学校能耗监测工作，完成教育系统大型公共建筑分项计量和能耗统计体系建设。稳步推进校园绿化工作，全市花园单位中，学校所占比例达70%以上。

（二）“十四五”形势与挑战

“十四五”时期我国转向高质量发展新阶段，教育事业改革和发展内外部环境都发生深刻变化。面对新形势、新要求，需要不断增强支撑上海教育改革发展的能力，全面推动落实新发展理念，有效化解各类风险隐患。

总体国家安全观对学校安全工作提出新的、更高的要求。中国特色社会主义进入新时代，矛盾的复杂性、长期性和艰巨性更加凸显。总体国家安全观对学校安全治理体系、治理能力提出新要求，对学生安全教育的深度和广度提出更高要求，迫切需要从常识性安全知识传播向全面提升青少年安全文明素养转变。中央关于坚持底线思维，防范化解重大风险的战略部署对学校安全管理工作的主动性、前瞻性、有效性提出更高要求。社会治理体系调整对学校安全工作产生深远影响。全面依法治国对学校安全工作提出新任务，提升学校治理能力更加迫切。

师生日益增长的美好生活向往与不充分、不平衡的供给之间存在矛盾。上海教育进入全面实现现代化阶段，社会对教育的需求更加多元，对高水平教育的期待更加迫切，教育改革和发展的高质量目标更加凸显。面对新形势、新需求，传统后勤保障体系对新市场、新内涵的理解和准备并不充分，一些管理体制瓶颈和运行机制短板制约着后勤保障的高质量发展。受不同办学层次、办学体制和现有资金投入渠道、资产管理制度、人事用工机制等影响，在有效适应新变化，尤其是满足快速增长的个性化需求方面，学校之间的不平衡性更加突出。同时，数字化理解不到位、业态赋能不彻底等问题，也为高质量后勤供给带来较大的不确定性，造成学校后勤保障体系的韧性和适配性不足。

推进习近平生态文明思想在教育领域的贯彻落实更加迫切。生态文明建设是“五位一体”总体布局的重要内容，应贯穿教育改革和发展全过程、全领域。当前，学校生态文明建设缺乏统筹性、机制性和持续性。教育高质量发展和现代化建设面临日趋严格的碳达峰目标、碳中和机制的重大影响。青少年生态文明教育和实践的碎片化、阶段化明显，尚未形成与立德树人要求相一致、完全贯穿学校办学全过程的长效机制。学生生态文明素养缺乏科学、客观的评价体系。

二、发展思路和主要目标

（一）发展思路

坚持以师生为中心，服务教育现代化大局。统筹发展和安全，推进学校安全治理体系和治理能力现代化。为教育高质量发展提供优质保障，着力提高学校后勤工作的韧性和适配性。落实生态文明思想，推进学校绿色生活实践常态化。

（二）主要目标

坚持立德树人根本任务，突出管理育人，服务育人，深化“三圈三全十育人”思想政治教育体系，为建好“三全育人”综合改革示范区提供有力支撑。落实总体国家安全观，建设更高水平的安全校园，让师生安全感更有保障。满足师生日益增长的美好生活需要，推进后勤更高质量发展，让师生获得感成色更足。践行创新、协调、绿色、开放和共享的新发展理念，建设更高标准的绿色学校，让师生幸福感更持续。

（三）基本原则

坚持公益性。安全美丽学校建设涉及师生最切身的利益，相关改革和发展措施要顾及大多数师生的需求和意愿。要确保不突破公益性的底线，基本公共服务和困难学生的合理需求要得到充分保障。要整体提升学校公共服务能级，全面提升质量，确保师生普遍获益。

坚持法治化。安全美丽学校建设要全面体现依法治教、依法治校的原则，推动学校治理体系和治理能力现代化。教育行政部门依法履行监管责任，学校依规落实相应主体责任。按照“管办评”分离原则，发挥各方主体的作用。提升治理能力，推动监管手段和措施更加科学、精准、高效。

坚持系统性。安全美丽学校建设要对标教育现代化，加强全局性思考。加强顶层设计和总体规划，形成制度体系。充分发挥教育评价的导向作用，健全完善科学合理、符合新时代要求的评价制度和机制。优化管理服务、质量认证、设施设备、资金投入等软硬件现代化标准体系。

坚持数字化。安全美丽学校建设要积极适应未来教育发展新趋势，充分发挥新一代信息技术的支撑支持作用。发挥数字化作为最重要、最基本的管理手段和渠道载体的作用，推动校园管理和服务精细化、精准化和个性化。推进校园物联网实践，推动智慧校园的理念在学校全面落地和实践。

三、主要任务和实施路径

（一）立足总体国家安全观新格局新任务，建设更高水平的安全学校

坚持以总体国家安全观为统领，围绕平安上海建设总体目标，统筹发展和安全，树立底线思维，以共建共治共享为导向，把安全发展贯穿教育改革发展各领域和全过程，有效提高校园治理现代化水平，全面提升师生安全文明素养，防范和化解影响教育现代化进程的各种风险，努力打造安全校园建设“升级版”，使学校成为最阳光最安全的地方。

1. 创新完善学校安全治理体系。依托更高水平的平安中国、平安上海建设，坚持依法治教、依法治校原则，全面推进校园安全治理体系现代化。构建平安学校建设部门协同体系，综合应对校园各类风险挑战，形成各部门问题联治、信息互通、政策共商、工作联动的工作机制。建立健全学校安全责任体系，制定安全权力责任清单，全面落实各级各类学校安全主体责任和安全问责制度。坚持校园安全依法治理，制定和修订涉及学校安全的规划、政策、标准、指南等，推动重要领域地方立法，逐步建立和完善学校安全制度体系。结合深化新时代教育评价改革，拓展学校安全评价新机制，完善对师生安全感、满意度的测评方式，加快建立健全学校安全评价评估体系。依托《上海市促进多元化解矛盾纠纷条例》创新实践，加快建立校园多元化解矛盾纠纷机制。

2. 着力提升学校安全治理能力。推动学校依法治理与安全管理深度融合，提高学校安全管理法治化水平。开展学校安全法律顾问和第三方调解制度试点工作。以全要素智慧治理为牵引，实现对安全学校建设的全领域覆盖、全景式展示、全流程质控、全方位赋能，不断提高学校安全管理科学化、精细化、智能化水平。加快大整合、高共享、深应用的市级学校安全智能化管理和应急指挥平台建设，打造安全学校建设的“超级大脑”，加强对数据的整合、挖掘和分析利用，提升校园安全预测、预判、预警和应急指挥的准确性、及时性，实现由“经验决策”向“大数据决策”的根本转变。加快学校安全数字化建设，推动信息化建设和校园安全管理深度融合，全面提升学校安全智慧管理、智慧服务和安全教育水平。全面推动学校“网格化”管理，把网格作为学校安全工作基本单元，整合各种资源、各方力量、各类主体，探索“学生社区＋物业”工作新机制。

3. 建立防范化解重点领域风险长效机制。建立健全教育系统各类重大风险、突出隐患全周期治理体系，以关键领域为重点，形成矛盾风险动态排查、评估研判和防范化解工作机制。深入推进教育系统维护国家安全工作体系和能力建设。加强校园反恐怖工作制度化、体系化建设。建立健全涉校、涉教重点人员经常性心理服务疏导和预警干预机制。全面提升维护学校公共安全效能。会同公安等相关部门完善对重

点地区、突出问题的常态化打击整治机制。深入打击整治校园网络"黄赌毒"、校园猥亵、侵害未成年人等违法犯罪行为。加大对涉及师生的传销、电信网络诈骗、套路贷、高利贷等专项打击力度，加强警示教育，健全宣传教育、配合执法、法律服务和心理辅导衔接配套的综合治理和保障体系。

4. 完善学校安全共建共治共享制度体系。完善师生参与安全学校建设的组织形式和制度化渠道，创新互联网时代群众工作机制，广泛动员师生积极参与学校治理。完善学校平安志愿服务体系，推动学校平安志愿服务与上海青年志愿服务体系相衔接。加强大学生平安志愿者队伍专业化建设，健全大学生平安志愿者权益保障与救济机制。充分发挥社会协同和市场机制作用，培育和引导第三方公益性、服务性、互助性组织，提升专业化服务、规范化管理和社会化运作水平，积极参加标准制定、风险评估、隐患勘察、宣传教育、化解纠纷等工作，助力解决平安校园建设难题。

5. 加强学校安全生产和防灾减灾工作。加快完善学校安全生产责任和管理制度体系、隐患排查治理和风险防控体系。强化学校消防安全隐患常态化治理。对实验室和危险化学品加强管理，重点做好生物实验室安全专项治理工作。完善对校园快递、食品卫生、实验室安全等领域全流程、全环节、全要素规范管理。加强学校安全监管队伍专业化建设和从业人员能力建设，提升其职业安全技能，加强安全知识宣传普及。试点推进危险化学品安全生产责任保险。完善学校应急管理体系，加强应急物资保障标准体系建设，提高学校防灾、减灾、抗灾、救灾能力。

6. 全面提升师生安全文明素养。按照"全员、全面、全程"的要求，开展学生安全教育网络学习和标准化考试工作。开展安全教育精品课程、名师和示范校评选活动。推进安全教育学科融合，做好安全教育优质资源建设。推动安全教育常(通)识型、专业型(强制性)、研究型、技能型多层次、多角度开展安全教育。全面加强实验操作技术、个人防护、检测样本处置等方面的培训和考核，建立更加严格的安全准入制度，师生进入实验室前必须接受实验室安全培训并通过考核。完善应急方案，定期开展安全应急演练。组织开展安全管理人员专题培训。将安全教育课程逐步纳入相应专业的课程教学体系。全面开展国家安全教育，推进国家安全教育大中小一体化衔接。会同相关部门，发挥各主体作用，统筹推进各类针对师生和校园安全的主题宣传活动，促进安全宣传进校园体系化、制度化、常态化、整合化。

(二)根据社会主要矛盾的新特征新要求，构建更高质量的后勤保障体系

面对师生高品质生活追求和教育高质量发展态势，学校后勤保障必须主动捕捉和融入技术革新机遇，加快推进观念更新、模式变革和体系完善，提高供给的韧性和适配性，积极构建适应未来教育发展新趋势的更高质量后勤保障体系。

1. 建立面向学校的新型保障体系。推动学校后勤向现代服务业转换，用新技术、新业态和新服务方式改造传统后勤，引导传统业态向高品质和多样化升级。基础性需求要"提质"，在确保公益性的前提下，推动服务和产品迭代升级。个性化需求要"增量"，逐步提高新型需求的后勤供给能力和服务权重。利用校内校外两种资源，统筹校内校外两个市场，对接新零售、新基建，鼓励和支持各类市场主体参与服务供给，加快推动校园超市、物业、公共卫生、能源动力、场馆设施、校园绿化、快递终端、实验室管理等向专业化和价值链高端延伸。推进后勤服务标准化、质量化、品牌化建设。

2. 建立面向现代化的精细化治理体系。深化放管结合、优化服务改革，全面梳理学校管理权力责任清单，形成政府管、学校办、师生评的学校后勤运行机制。构建现代化学校后勤政策保障体系，对涉及公共服务和师生基本需求的后勤领域建立健全公益性政策配套机制。完善校园公共服务配置标准。完善家庭经济困难学生的托底保障机制。完善学生伙食价格平抑基金使用管理，形成学校"保供稳价"长效机制。

3. 统筹推进公共基础设施建设。对接教育资源布局调整与基本建设规划，构建系统完备、高效实用、智能绿色、安全可靠的后勤现代化基础设施体系。加快补齐保供稳价、基础管网、食品安全、生态环保、公共卫生、物资储备、防灾减灾等领域基础设施短板。围绕学生基本生活需求，推动完善校园公共服务配套

建设，结合5G校园建设，支持一批智能快递中心、新能源汽车充电系统、校园智慧服务综合体等新基建项目。推进绿色学校建设，鼓励实施一批校园光伏发电、垃圾分类“两网融合”、湿垃圾资源化处置、立体绿化等示范项目。依托本市建立停车难综合治理工作机制，创新机制方法，加强校内公共停车设施和智慧交通管理体系建设。

4. 加快推进新一代信息技术应用。加强后勤信息化、数字化建设的顶层设计，制定上海学校智慧后勤2.0方案。依托教育管理服务系统，打造学校后勤综合管理平台，提高后勤决策的大数据支撑力度。推动学校数字建设和后勤管理服务深度融合，提升后勤管理和服务等数字化智能化水平。充分发挥线上平台的及时性、便捷性、交互性优势，打造“校园指尖生活圈”，为师生提供个性化、多样性、精细化“订单式”服务。拓展数字技术应用场景，为师生提供更好更丰富的线上后勤服务产品和体验。

5. 建立长三角学校后勤现代化协调发展机制和长三角教育后勤协作机制。完善长三角高校后勤协同创新发展联盟运行机制。推动长三角学校后勤标准化和质量认证一体化建设。推动长三角教育后勤信息化协作机制建设，实现后勤资源共享和信息联动优化。支持成立长三角劳动教育示范基地。

6. 打造劳动教育的重要场景和实践载体。推动服务育人与劳动教育深度融合，把后勤作为劳动教育基础理论研究和实践探索的重要领域和载体。构建贯通一体、开放协同的劳动教育格局，将劳动教育纳入学校教育教学体系、人才培养体系和后勤保障体系，细化后勤领域劳动教育目标、内容、途径、方式、评价等，规范后勤劳动教育课程，创新校内劳动实践，发挥后勤的综合育人功能。开展丰富多样的后勤劳动教育实践活动，有目的、有计划地组织学生参加日常生活劳动、生产劳动和服务性劳动。鼓励后勤开放实践场所，搭建多样化劳动实践平台，注重引导学生参加公益劳动、志愿服务。

（三）落实新发展理念，建立更高标准的生态学校

落实习近平生态文明思想，将习近平生态文明思想和生态文明建设纳入学校教育教学活动安排，践行绿色生活，推进绿色学校建设，提高青少年生态文明素养。统筹考虑教育发展和师生生活需要，明确学校碳达峰的政策措施，在推动教育高质量发展中促进全面绿色转型。

1. 加强生态文明教育。将生态文明教育纳入国民教育体系，建立健全青少年生态文明教育的长效机制，培养青少年生态文明行为习惯。组织、鼓励和支持大中小学生参与课外生态环境保护实践活动，将环保课外实践内容纳入学生综合考评体系。充分发挥研学实践基地、生态环境宣传教育基地、生态环境科普基地等作用，为学生课外活动提供场所创造条件，完善多元化生态文明教育实践互动体系。完善生态环境保护学科建设，加大生态环境保护高层次人才培养力度，推进环境保护职业教育发展。完善青少年生态文明志愿服务体系和生态文明素养考核评价体系。加强学校生态文明教育队伍专业化建设。引导绿色环保企业、专家参与学校生态文明教育课程建设、科创、科普、劳动教育、社会实践和宣传等工作，建立多方共同参与学校生态文明教育的治理体系。支持“青未来”“学生生态环保节”等生态文明教育品牌建设。

2. 推动学校绿色生活实践。构建学校生活垃圾分类长效机制，优化生活垃圾分类设施和考评体系。推进餐厨废弃物资源化利用，推广学校餐厨废弃物源头减量和就地资源化处理。提高学校可再生资源回收利用率，鼓励和引导学生开展循环经济领域创新创业实践。支持学校二手书等二手物品循环使用体系建设。推进学校反对餐饮浪费长效机制建设，深入开展“光盘行动”，引导学生养成爱惜粮食、节约粮食的良好习惯，加强学生食堂精细化、标准化、集约化管理，降低食材损耗率。严格执行节能环保产品强制采购制度和强制淘汰制度，推进学校“减塑”行动。推进学校资产管理信息化建设，优化场所、设施、设备等资源配置和使用，推进资源共享和预约使用信息系统，提高资源利用率。优化校园整体规划和建筑设计布局，严格遵守土地规划，节约集约使用校内土地，合理开发利用学校地上、地下空间资源。推进校园土壤、水质和空气环境的监测和改善。配合做好污染防治工作。完善和组织实施重污染天气幼儿园、中小学停止户外活动和停课等应急措施。

3. 推广清洁可再生能源应用。以“互联网+”为抓手，探索多能互补的能源管理体系建设，推广太阳能光伏、光热等可再生能源，鼓励学校或集中连片学校开展“互联网+”分布式能源中心试点建设。探索试点校园风光互补、平改坡光伏建筑一体化建设。大力推广热泵技术，鼓励学校结合学生生活、教学实验和食堂运行等实际热水需求，因地制宜，积极实施地源、水源和空气源热泵项目，提高清洁可再生能源在学校能源消费总量中的比例。统筹优化学校资源和师生出行需求，加大新能源汽车在学校的推广应用规模，大力发展校园绿色交通。加快学校充电桩等配套基础设施建设。

4. 大力开展绿色建筑工程。提高学校新建建筑能效水平，推动学校落实工程建设绿色建筑标准，新建建筑要求按照绿色建筑一星级及以上标准建设。推进学校使用装配式建筑。推动学校建筑用能绿色化发展，新建政府投资公共建筑、大型公共建筑至少利用一种可再生能源。推广新建筑应用高性能节能门窗、遮阳等节能技术。结合老旧建筑修缮工作，推进学校既有建筑节能改造。推动学校建筑集中空调、照明等重点用能设施设备的节能改造。推进绿色数据中心试点建设，提升数据中心节能环保水平。严格落实学校建筑夏季、冬季空调温度设置标准。开展学校建筑能效对标研究和评价试点工作。推进大型建筑绿色运营模式试点建设，让师生感受绿色科技、绿色运营理念。面向学生食堂推广安装节能高效油烟净化设施和油水分离设施，保证油烟排放达标、油水回收与排放规范。加强校内建筑施工工地的扬尘污染控制，将扬尘、烟尘和挥发性有机物污染防治方案纳入施工企业相关合同和考核范围，创建绿色学校施工工地。加强校内道路扬尘污染控制，提高校园道路保洁率和保洁质量。推动学校建筑设备、机房等采取消声、隔振及减振措施，减少校园噪声及振动干扰。

5. 开展节水工作。推行校园河长制湖长制，强化校园水体环境治理，加强生活及实验室污水处理，实施雨污分流和老旧给排水设施更换工程。完善教师河长制和学生河长制，鼓励和支持师生参与河湖治理，保护校园水资源、防治水污染、改善水环境、修复水生态。推进节水型学校建设，推动学校用水定额管理。推动学校开展内部用水实时监管网络系统建设，切实把水耗纳入学校节能监管体系，持续降低供水管网漏损。鼓励学校采用合同节水管理模式实施节水技术改造，全面淘汰不符合节水标准的用水设备及产品，大力推广使用生活节水器具。推动各学校因地制宜拓展雨水、河道水等非常规水资源利用途径，鼓励学校开展水资源循环利用和雨水收集等建设工程。

6. 推进学校绿化建设。在学校建设和改造中，结合资源、气候、环境及文化等特点着力优化校园空间布局，合理规划各类公共绿地和绿植搭配，合理设置绿化用地，增加校园绿化面积，提升校园绿化美化、清洁化水平。因地制宜开展屋顶绿化和立体绿化，推进校园“公园化”试点工作。试点绿地低碳功能评估优化工程。推进校园生物多样性工作。

四、保障措施和组织实施

（一）健全规划实施机制

完善政策标准体系。按照依法治教、依法治校的原则，以确保公平为核心，针对安全美丽学校建设中的突出问题、共性问题，制定和完善相应的配套制度、标准，重点包括校园基本公共服务资源配置、公益性保障政策、校园安全监管、生态文明建设评估等内容。同时，以提升质量为核心，对标现代服务业要求，支持和鼓励相关行业组织和第三方机构完善现代化后勤服务标准体系。

优化监督评估。建立中期评估和终期总结监测制度，对本规划的实施情况开展跟踪监测和考核评价。按照“管办评”分离和“放管服”的要求，将有关规划内容实施情况纳入政府督导和信息公开范畴，推动主体责任落实。综合运用能源审计、合理用能评价、安全风险评估、满意度调查等手段，提升规划实施监督管理的精准性和实效性。

（二）鼓励体制机制创新

推动关键领域制度创新。结合新一轮教育人事制度改革，试点引入职业经理人和长聘制度，解决高端管理和技术人才不足的问题。发挥市场对资源配置的决定性作用，积极引入市场机制，发挥校企合作优势，鼓励合同能源管理、合同节水、公共服务设施建设PPP模式。支持校园安全引入第三方评估、隐患排查和矛盾调节机制。

推进多元共治体系。完善师生民主参与美丽平安学校的共建共治共享机制。加强智库建设，组建学校安全专家委员会、校园生态文明建设专家委员会，发挥专家对平安美丽学校建设的指导作用。积极培育第三方专业机构，发挥第三方在相关领域和环节的专业作用。

（三）加强新技术保障

加强数字化建设。根据城市数字化转型"整体性转变、全方位赋能、革命性重塑"的要求，按照"一网通办""一网通管""一网通建"的原则，将美丽平安学校建设与推进教育数字化转型相适应，逐步完善市级各相关信息系统的深度融合，推动信息化应用向数字化平台提升。发挥市级载体和大数据平台的作用，融入教育专题数据库建设，提高美丽平安学校建设管理的能级。

推进智慧管理和服务建设。依托智慧校园建设，通过5G等新基建建设和新技术应用，全面推动校园管理和服务的信息化、智能化，以需求为导向，完善各类场景应用，促进校园管理、服务和师生校园生活智慧融合。

（四）发挥载体支撑作用

优化市级改革和服务载体作用。发挥市级载体的管理、托底作用，支持相关骨干企业完善现代企业治理体系，确保服务教育的公共基本属性。加强协会的行业引领和专业作用，完善学校后勤协会法人治理结构，推动高校保卫学会向学校安全协会转型。优化行业智库的参谋助手和决策咨询作用，推动智慧后勤研究院的发展，做优"评"的重要职能，助力行业高质量发展。

加强长三角一体化建设。依托长三角一体化，提升各项工作的基础支撑和发展能级。有效巩固后勤联盟，优化长三角校园安全互动机制。发挥小长三角功能，推动生态文明教育和绿色学校建设一体化。

中共上海市教育卫生工作委员会　上海市教育委员会
关于印发《上海市学校德育"十四五"规划》的通知

（沪教委德〔2021〕38号）

各高等学校，各区教育局，各委、局、控股（集团）公司：

现将《上海市学校德育"十四五"规划》印发给你们，请结合实际认真贯彻执行。

附件：上海市学校德育"十四五"规划

中共上海市教育卫生工作委员会

上海市教育委员会

2021年12月7日

附件

上海市学校德育“十四五”规划

为贯彻落实习近平总书记关于教育的重要论述精神，落实立德树人根本任务，依据全国和上海市教育大会精神，根据中共中央办公厅、国务院办公厅《关于深化新时代学校思想政治理论课改革创新的若干意见》、教育部《关于加快构建高校思想政治工作体系的意见》《中小学德育工作指南》以及《上海市教育发展“十四五”规划》等要求，结合本市学校德育工作实际，制定本规划。

一、发展基础

（一）工作回顾

“十三五”期间，上海学校德育工作全面贯彻党中央决策部署和市委、市政府要求，全面融入上海总体实现教育现代化进程，持续推进机制建设，更加注重内涵发展，不断强化示范辐射，稳步提升队伍水平。德育工作体系基本形成。党对学校德育工作的全面领导持续加强，大中小学德育一体化的内容体系和工作体系初步形成，成为全国首批“三全育人”综合改革试点区，获评2所“三全育人”综合改革试点高校、8个“三全育人”综合改革试点院（系），形成“三圈三全十育人”的工作格局。思想政治教育课程体系建设引领全国。率先在本科高校开设“习近平新时代中国特色社会主义思想概论”课，率先开展以“中国系列”课程为特色的思政课选修课建设，率先开展高校课程思政和中小学学科德育改革探索并在全国推广，相关成果获得国家级教学成果奖一等奖。获评3个全国重点马克思主义学院，马克思主义理论学科学位点大幅增加。德育工作特色持续凸显。推动社会主义核心价值观、中华优秀传统文化“一区一品”“一校一品”建设，30个特色项目入选全国德育优秀案例。教育部在沪召开全国中小学德育工作会议，展示上海德育工作特色。心理健康教育“医教结合”工作机制进一步健全，易班建设已辐射全国1600余所高校。将中学生志愿服务、公益劳动、职业体验纳入综合素质评价体系，为全国中高考改革提供上海方案。德育队伍水平显著增强。学校德育队伍数量和结构持续优化，培训培养和激励机制进一步完善，形成了稳定优质的德育骨干队伍，涌现了一批“最美教师”“四有”好老师、“最美高校辅导员”等先进典型。依托“立德树人”人文社会科学重点研究基地、学科德育实训基地和协同创新中心，教师育德意识和能力明显增强，语文学科德育实训基地主持人于漪老师被授予“人民教育家”国家荣誉称号。高校思政课教师在高层次人才计划中取得重大突破。

（二）面临形势

“十四五”时期是我国开启全面建设社会主义现代化国家新征程、向第二个百年奋斗目标进军的第一个五年，我国已全面建成小康社会，历史性地解决了绝对贫困问题，抗疫斗争取得重大战略成果，这些都为学校德育工作提供了生动教材，创造了良好条件。与此同时，国际竞争态势深刻变化，世界科技日新月异，各种思潮交织激荡，这些都对学生成长环境、思想观念产生深刻影响，学校德育工作面临新挑战。面对新形势、新要求，上海学校德育工作还存在不平衡、不充分的问题。主要表现为：对标培养时代新人、培养中国特色社会主义事业建设者和接班人的要求，对学生思想、心理、行为等特征的研究和把握还不充分，德育工作针对性、亲和力和有效性有待加强；德育工作方式方法的创新性还不强，德育与智育、体育、美育、劳育的有机融合还不够；大中小幼德育一体化的运行机制还需要进一步优化；家庭、社会育人资源开发共享有待进一步深化，校外育人体系有待进一步健全；德育评价方式有待进一步完善。

二、总体要求

（一）指导思想

以习近平新时代中国特色社会主义思想为指导，全面贯彻党的教育方针，落实立德树人根本任务，以社会主义核心价值观为引领，以大中小幼一体化德育体系建设为抓手，深入推进习近平新时代中国特色社会主义思想进教材、进课堂、进学生头脑，全面建设“三全育人”综合改革示范区，推动上海学校德育工作守正创新、彰显特色，努力培养德智体美劳全面发展的社会主义建设者和接班人。

（二）工作目标

着眼于促进每一位学生的美德养成，坚持育人和育才相统一，努力培养明大德、守公德、严私德的时代新人。

具体要求：一是形成以习近平新时代中国特色社会主义思想为核心，以政治认同、家国情怀、道德修养、法治意识、文化素养为重点，各学段循序渐进、螺旋上升的德育内容序列；二是形成市、区、校三级联动和全社会多层次、多样化、高质量德育资源充分开放共享的体制机制；三是形成政府宏观管理和指导有效有度、学校和教师微观主体富有活力、社会和家庭全面深度参与的德育工作治理体系；四是形成一批德育综合改革的标志性成果。

三、重点任务

（一）“铸魂提质”思想政治理论课建设行动计划

1. 完善思政课课程体系建设。加强以习近平新时代中国特色社会主义思想为核心内容的课程群建设，落实《新时代学校思想政治理论课改革创新实施方案》，推动高校开设习近平新时代中国特色社会主义思想概论课，探索开设习近平新时代中国特色社会主义经济思想等若干专论课程、个论课程。指导中小学（中职）用好《习近平新时代中国特色社会主义思想学生读本》。重点围绕党史、新中国史、改革开放史、社会主义发展史，宪法法律，中华优秀传统文化等设定课程模块，开设系列选择性必修课程，实施“中国系列”品牌课程建设计划。实施“大思政课”建设行动，建设一批“善用大思政课”品牌项目。

2. 深化思政课教学改革。持续推进思政课教学改革试点项目，打造一批案例式、探究式、体验式、互动式、专题式、分众式等多样化的教学改革品牌。持续推进思政课教师集体大备课、教学大比武、教师大培训和示范大巡讲活动。深化思政课教学方式方法改革，重点推动人工智能等现代信息技术在思政课教学中的应用，建设一批思政课虚拟仿真实验室。创新思政课实践教学模式，打造“行走的课堂”品牌，建设家门口的社会实践研修基地，开展“信仰之路”主题实践教学。深化思政课教学质量评价改革，进一步完善过程评价、结果评价等多维度相结合的评价工作机制。

3. 推动思政课一体化建设。探索构建思政课一体化工作体系，建设上海大中小学思政课一体化建设指导委员会，培育若干大中小学思政课一体化建设示范区（教育集团）。推进思政课课程体系一体化建设，建立思政课课程建设研究中心，加强各学段思政课课程内容有机衔接的理论研究与实践探索。推动思政课教学体系一体化建设，建立一体化的教研平台和集体备课长效机制，定期举办大中小学思政课教学观摩展示活动。推进思政课师资培训体系一体化建设，建设大中小学思政课教师培训基地，研究制订培训方案，开发培训课程，开展一体化培训。

4. 深化马院和马学科建设。贯彻落实中共中央办公厅《关于加强新时代马克思主义学院建设的意见》精神，制定相关文件，优化马院建设布局，建设全国重点马院，实施上海市重点马院和特色马院建设计划。加强上海高校马克思主义理论高原高峰学科、智库、研究院建设，实施马克思主义学科群建设示范项目，推动马学科和马克思主义哲学、政治经济学、科学社会主义与国际共产主义运动、中共党史等相关学科联动发展。推进高校马院同城平台建设，实施公办高校和民办高校马院“大手牵小手”行动。实施马学科人才支持计划，培养马克思主义理论教学名师、拔尖人才等高层次人才。全面提升马克思主义理论专业人才培养质量，重点培养一批本硕博连读的马克思主义理论专业人才。强化马克思主义研究阵地建设，加强马克思主义理论研究宣传。建设高校中国共产党伟大建党精神研究中心，发挥理论研究、成果转化、学术交流、信息共享等功能，推动研究成果应用于思政教育教学实践。

（二）“德润课堂”课程思政和学科德育建设行动计划

1. 大力推进高校课程思政建设。结合不同专业的课程特点、思维方法和价值理念，研制高校课程思政教学指南。深化高校课程思政领航计划，培育一批上海市课程思政示范课程、教学名师、教学团队和教学研究示范中心，强化示范引领和资源共享。加强课程思政重点、难点、前瞻性问题研究，形成一批研究成果。成立上海高校课程思政建设联盟，加强专业指导和决策咨询，搭建课程思政交流研讨平台，定期交流、分享典型经验和优秀成果。对高校新上岗教师开展课程思政专题培训。

2. 聚力深化中小学学科德育。根据新课程方案、新课程标准和新教材，全面修订完成中小学学科德育教学指导意见。组织开展教师学科德育全员培训，深化中小学骨干教师学科德育实训基地建设，打造“百名学科德育名师”。推进课堂教学展示评优活动，形成千个有影响力和辐射力的学科德育特色课堂，建设学科德育精品课例资源库。开展“百个项目”研究实践行动，实施中等职业学校“匠心匠艺”优质课堂建设项目。完善学科德育协同研究机制，建立若干学科德育协同研究示范中心。坚持德育贯穿幼儿在园一日活动，坚持以游戏为基本形式，以情感教育和培养良好习惯为抓手，开展主题综合活动，注重潜移默化影响，并贯穿幼儿生活及各项活动之中。

（三）“知行合一”德育活动创新体验行动计划

1. 开展经常性主题教育活动。系统梳理学生成长阶段必经的重大主题教育活动，规范不同阶段、不同类型的主题教育目标，推进主题教育活动序列化、系列化。充分挖掘上海丰富的红色教育资源，围绕伟大建党精神、改革开放精神等主题，传承中国共产党人精神谱系，开发实施红色基因传承主题教育活动。以喜闻乐见的语言、生动鲜活的案例、新颖活泼的形式，持续打造“百年电影阳光行”“青春告白祖国”“新时代·中国说”等主题教育活动品牌，引导广大学生坚定听党话、跟党走。

2. 创新日常思想政治教育载体途径。打造书院制等“一站式”学生社区教育管理服务模式，开展“同场域、同频率、同成长”工作模式试点，推出一线工作法等系列研究成果。建设一批思想政治教育创新发展中心，培育一批高校思想政治教育、中小学班团队建设示范项目，持续推进“青年马克思主义者培养工程”。完善大学生社会实践长效机制，引导学生投身科教兴国、乡村振兴等国家战略。促进学生社团有序发展，发挥上海市大学生理论宣讲联盟作用，支持建设复旦大学“星火”党员志愿服务队、华东师范大学第二附属中学晨晖党章学习社团等学生社团。

3. 繁荣校园文化传承发展。深入开展中华优秀传统文化、革命文化和社会主义先进文化教育，将社会主义核心价值观融入校园文化活动，实现以文化人、以文育人。实施以党史为核心的“四史”宣传教育工程、红色文化普及工程、红色学府整理工程、先锋模范寻访工程、红色育人联盟工程，形成电影《陈望道》、上海高校红色往事系列丛书等文化成果。建设长三角地区学校文化育人联盟，开展海派文化传承与展示主题活动。开展文化根民族魂走红途“铸魂提质计划”。做精做强高雅艺术进校园、京昆戏曲进校园、军乐团进校园、“非遗”进校园、“相约经典”学生公益票、“璀璨星光”校园文化节等品牌项目。继续开展校园大师剧创编与巡演，建设校园实体书店，深挖学校校史校风、校歌校训、遗址遗迹、校园景观中的育人资源，打造校园文化新名片。开展“学生生态环保节”“大学生安全教育知识竞赛”等活动，建设“服务育人”“劳动育人”等示范项目。

（四）“科学适切”家庭教育指导行动计划

1. 优化家庭教育指导服务网络。加强与市文明办、市妇联、团市委等部门的协同联动，进一步推进市、区、校三级联动、线上线下相结合的家庭教育指导服务网络建设。建立健全家庭教育指导服务机制，办好上海家长学校，制定家长学校建设标准和工作规范，充分发挥家长学校在家庭教育指导服务方面的主阵地作用。开展上海市家庭教育示范校的创建与评估。出台区级家庭教育指导中心建设标准，遴选建设若干个区级家庭教育示范中心。开展社区家庭教育指导示范站点评估，完善家庭教育指导社会支持系统，引导鼓励多元社会主体参与家庭教育指导服务。建设网上家长学校和家庭教育指导服务平台。

2. 促进家庭教育指导专业化。出台《上海市0—18岁家庭教育指导大纲》，以问题和需求为导向，研制分学段、分主题的上海市学校家庭教育指导手册，建立家庭教育指导优质资源库，组建家庭教育讲师团，加强分层分类指导。指导各区、各校开发家庭教育指导系列课程，不断丰富指导服务内容和形式。构建家庭教育指导教师培训体系，推动家庭教育指导教研制度建设，形成若干个家庭教育指导名师工作室。探索家庭教育指导师制度。支持有条件的高校开展家庭教育理论研究，研制家庭教育专业人才培养方案。激励引导家长主动参与家庭教育活动，提高家庭教育能力。

（五）“开放协同”校内外育人共同体建设行动计划

1. 深化校外活动场所建设。丰富校外教育资源供给，打造全国校外教育改革创新先行示范区。建设红色资源类、自然生态类、职业体验类等学生社会实践基地联盟，发挥不同主题教育系列场所的育人效能。编制学生社会实践基地场馆标准和指南，明确不同类型场所服务规范，形成学生校外实践的统一标识，并开展统一宣传。推进普通高等学校、职业院校、社区学校、科创重点项目等育人资源向中小学生开放，建立“三公里社区校外教育活动圈”，推动实现学生社区实践指导站全覆盖。重点建设金山区青少年实践活动中心等一批重点校外实践基地，积极推进东方绿舟公共安全实训基地升级改造和研学营地改扩建，命名一批示范性社会实践基地，形成示范引领、整体协同、优势互补的多元矩阵实践教育基地体系，完善校外实践基地资源图谱。探索长三角研学实践教育基地资源共建共享，继续实施校外教育对口援建项目。

2. 打造校外综合实践活动品牌。推进“红色一课”实景课堂建设，利用中国农民丰收节、全国土地日、世界海洋日、世界环境日等教育契机，打造“我是未来劳动者”“智领成长”“社会大课堂全攻略”等项目品牌。继续扩大“进馆有益”中学生微论文征集活动、“行知上海·礼赞中国”中学生志愿服务及公益劳动风采展示等活动的影响力，提升活动内涵。加强长三角人文历史资源一体化探究及研学实践。健全课后服务机制，运用“请进校”“进场馆”等方式，促进校外公共资源菜单式服务更大发展。

3. 健全校外教育政策支撑体系。完善学生社会实践综合素质评价体系，优化初高中学生综合素质评价社会实践信息管理“易班博雅”平台，针对不同学段、不同主体和不同场域，规范过程记录、建立信誉等级制度。推进校外教育师资与场馆“教育专员”、团队培训及专业化建设，设立一批学生校外教育带头人工作室。建立上海市校外教育研究中心，成立上海市校外教育专家咨询委员会，每年推出校外教育工作计划和决策咨询项目。推进校外教育立法。构建任务导向和制度激励“双轮驱动”机制，通过购买服务、项目共建等方式，支持社会资源投入校外教育，推动建立学生研学实践教育行业标准，健全社会实践基地评估激励机制。

（六）“润心关爱”心理健康护航行动计划

1. 完善心理健康教育教学。开足开好心理健康教育课程。开展心理课程教学比赛，建设一批心理健康教育精品课程。组织“心理健康教育活动月”等活动，培育一批心理健康教育品牌活动项目。构建常态化专题网络资源推送机制，定期精准推送给家长和不同学生群体。引导学生安全合理使用电脑和终端设备，绿色上网、文明上网、安全上网，合力预防网络沉迷、游戏成瘾和电信诈骗。

2. 优化心理咨询（辅导）干预。发挥全市统一的心理健康服务热线作用，提高高校和区教育局心理健康服务热线的知晓率与服务效能。加强各区心理健康教育中心、大中小学心理咨询中心和辅导室建设，打造一批心理健康教育示范中心和示范校，满足学生咨询与求助需求。开展学生心理健康发展状况监测，定期对学生心理状况进行评估，建立完善在校学生心理健康档案。强化“学校、院系（年级）、班级、宿舍”工作网络的预警防控作用，对存在心理危机风险的学生做好个别化、精细化干预与支持。构建家校社协同机制，对家庭环境不利的学生提供有针对性的援助和关爱帮扶。实施医教结合项目，推动建立“学校—医院”对接机制，畅通心理危机和精神障碍学生医疗转介通道。

3. 开展学生生涯发展教育。完善覆盖大中小学生职业生涯发展的教育体系，深入开展以小学阶段生涯启蒙、初中阶段生涯探索、普通高中生涯规划、中等职业学校职业规划、大学阶段职业选择为重点的生涯发展教育。强化对毕业班学生的生涯发展指导。有效整合生涯测评、生涯专题课程、生涯实践活动等，加强生涯发展教育资源平台建设，打造系列生涯教育精品课程，组建市级中小学生涯教育联盟，建设中小学生涯教育基地校和大学生职业生涯发展教育工作室、校外实践基地，培育并推广生涯教育示范项目，充分发挥示范引领和辐射带动作用。

4. 建立中小学生全员导师制。建立学生人人有导师、教师人人是导师的制度体系，切实增强全体教师的育人意识和育人能力，优化师生关系和家校关系，减轻学生过重的学业负担、心理压力和家长的养育焦虑，打造“家—校—社”协同的学生全面发展支持网和身心健康守护网。开发面向区域、学校和教师的全员导师制系列指导手册及教师培训视频课程，为全员导师制实施提供资源保障。研发学生关爱系统。

（七）“数智赋能”网络思想政治教育行动计划

1. 完善网络思政工作体系。研制完善新时代网络育人制度文件。依托教育数字化转型，深化网络思政改革，不断创新拓展网络育人载体、平台，建立网络育人和宣传矩阵。推进网络育人专门队伍建设，实施网络育人名师培育支持项目，探索网络文化成果评价认证体系。进一步优化易班建设体制机制，深入实施易班推广行动计划。编制学生网络素养指南，将网络安全意识、网络文明规范等融入学校教育教学。

2. 加强网络思政内容供给。设立专项课题，加强对新时代网络思政和网络文化建设规律的研究把握。打造更多主题鲜明、富有吸引力、适于传播的网络育人产品。办好“上海大学生网络文化节”“网络教育优秀作品推选展示活动”“大学生网络校园歌会”“校园大师剧音视频节目”等网络育人品牌活动。结合国家重要时间节点，开发系列网络思政融媒体产品，建好网络思政在线课程，强化校园文化优秀成果的数字化转化，形成网络思政资源库。

（八）“德能并进”德育队伍建设行动计划

1. 优化队伍培训体系。对标“政治强、情怀深、思维新、视野广、自律严、人格正”的要求，构建形成全覆盖、高质量的培训体系，编制分类培训大纲，开发优质培训课程，创新培训方式，实施“学分银行”管理。建设思政课教师、心理健康教育教师、高校辅导员、中小学班主任等培训基地。完善学校心理咨询师培训培养制度。实施高校思想政治教育和中小学德育管理者能力提升项目。对中小学教师开展学科德育专题培训，对高校教师开展课程思政专题培训，提升全体教师的育德意识和能力，引导教师“成为大先生，做学生为学、为事、为人的示范”。

2. 搭建多元发展平台。持续加强思政课教师、心理健康教育教师、高校辅导员等名师工作室和中小学班主任带头人工作室的内涵建设，探索具有上海特色的德育名师培养模式，培育一批在全市乃至全国具有影响力的德育领军人物。支持优秀德育骨干教师在职攻读马克思主义理论等学科博士、硕士学位。开展高校辅导员队伍建设月、中小学班主任队伍建设周等活动，组织高校辅导员素质能力大赛、心理健康教育教师基本功大赛，举办上海市、长三角中小学班主任基本功大赛，开展中小学思政课教师“时事课堂”展示评优活动，为培养优秀德育人才搭建平台。

3. 加大成长激励支持。研制新时代思政课教师、辅导员、班主任队伍建设制度文件，在优化配置与严格准入的基础上，完善德育队伍项目支持、评优评先、岗位津贴等激励机制。加大重要人才项目对思政课教师、心理健康教育教师、高校辅导员、中小学班主任等的支持力度。开展辅导员年度人物、十佳百优班主任等推选宣传活动。加大市哲学社会科学规划课题、教育规划课题等对德育队伍的支持力度。

四、组织保障

（一）加强组织领导

依托市委教育工作领导小组和高校思政工作领导小组，统筹协调宣传、文化、体育、科技、卫生、公安、财政等部门，工会、共青团、妇联等群团组织，形成党政齐抓共管、有关部门各负其责、社会协同配合的工作格局。各区教育部门和大中小学要推进“一把手”领导负责制，完善德育工作机制，在发展规划、人才引进、公共资源使用等方面给予优先保障。

（二）加大经费投入

各高等学校、区教育局、中小学校要将德育工作经费纳入预算，保障德育工作有效开展，满足德育事业发展的需要。加强对经费的使用管理，加强德育专项经费投入的绩效评价，提高经费使用效益。多渠道筹措德育经费，鼓励社会资源共同支持德育工作科学发展。严格落实大中小学思政教师专项岗位津贴，将其纳入绩效工资管理。

（三）注重评价考核

探索学生思想道德素养评价，通过信息化等手段，探索学生、家长、教师以及社区等参与评价的有效方式，客观记录学生品行日常表现和突出表现，特别是践行社会主义核心价值观情况，将其作为学生综合素质评价的重要内容。研制上海学校德育工作质量评价指标体系，推出学校和区域思政工作质量发展指数。加强德育工作督导检查，将德育工作作为党政领导班子考核评估的重要指标，纳入学校办学质量评价、精神文明建设考核体系。

（四）营造良好氛围

强化宣传引导，及时总结宣传德育工作优秀经验，持续开展大学生年度人物、美德少年等优秀学生典型评选表彰宣传。加强学风校风和师德师风建设，营造良好的育人氛围。探索建立校外教育荣誉体系，选树一批先进典型和成功案例。加强德育智库建设，打造一批名著、名刊、名论坛。

中共上海市教育卫生工作委员会　上海市教育委员会
关于印发《上海市学校劳动教育“十四五”规划》的通知

（沪教委德〔2021〕39号）

各高等学校，各区教育局，各委、局、控股(集团)公司：

现将《上海市学校劳动教育“十四五”规划》印发给你们，请结合实际认真贯彻执行。

附件：上海市学校劳动教育“十四五”规划

中共上海市教育卫生工作委员会
上海市教育委员会
2021年12月28日

附件

上海市学校劳动教育“十四五”规划

为全面贯彻落实党的教育方针，加强上海学校劳动教育工作，根据《中共中央国务院关于全面加强新时代大中小学劳动教育的意见》《教育部关于印发〈大中小学劳动教育指导纲要（试行）〉的通知》《中共上海市委　上海市人民政府关于全面加强新时代大中小学劳动教育的实施意见》和《上海市教育发展“十四五”规划》等，结合本市学校劳动教育实际，制定本规划。

一、工作基础与形势要求

（一）工作基础

上海高度重视学校劳动教育，持续探索劳动教育的内容、途径和方式。开设劳动技术课程，编写课程标准和教材，纳入中小学必修课程，并在学科德育和课程思政改革创新中开展劳动观念和劳动精神教育；坚持高中全覆盖开展农村劳动实践近40年，组织中学生参加职业体验、志愿服务、公益劳动等活动，开展形式多样的大学生社会实践。建设劳动技术教育中心，依托市青少年学生校外活动联席会议制度，通过市区共建、政府购买服务等方式，建立一批学生社会实践基地。探索劳动教育评价，纳入中高考改革学生综合素质评价体系。

（二）形势要求

新的形势和发展阶段对劳动教育提出了更高要求。对标新时代党的教育方针，劳动教育要围绕马克思主义劳动观，树立劳动最光荣、劳动最崇高、劳动最伟大、劳动最美丽的观念，更好实现树德、增智、强体、育美的综合育人价值。对标上海建设教育综合改革示范区及人民群众对高质量教育的追求，劳动教育要立足学生发展需求、瞄准短板瓶颈，变革教育方式，注重增强劳动意识、提高劳动技能，提升学生综合素养和把握未来的能力。对标新一轮科技革命、产业转型及人口发展趋势，劳动教育要聚焦新技术、新产业、新业态，依托教育领域数字化转型，促进教育理念和教学模式变革，深化产教融合，探索适应未来发展的载体和形态。上海学校劳动教育还存在一些不足和短板：学校劳动教育体制机制和工作体系有待完善，全社会支持劳动教育的工作格局需要进一步健全；大中小学劳动教育课程体系有待完善，所有课程的劳动教育元素需要进一步挖掘；劳动实践活动的内容和形式需要进一步丰富；劳动文化特色品牌需要进一步打造；契合上海发展特点的劳动实践基地需要进一步建设；劳动教育师资队伍专业化能力和人才储备需要进一步优化。

二、总体思路

（一）指导思想

以习近平新时代中国特色社会主义思想为指导，落实立德树人根本任务，坚持五育并举、五育融合，深入实施上海市《关于全面加强新时代大中小学劳动教育的实施意见》，持续全面推进大中小学劳动教育改革创新，建设适应教育现代化要求的劳动教育体系。提升学生劳动素养，引导学生树立劳动观念，培育劳动精神，形成劳动习惯，在劳动中激发创新创造力，培养担当民族复兴大任的时代新人，培养德智体美劳全面发展的社会主义建设者和接班人。

（二）总体目标

以日常生活劳动、生产劳动和服务性劳动为劳动教育主要内容，形成集必修课程、特色课程等为一体的劳动教育课程体系，完善集学校、家庭、社会为一体的劳动实践活动体系，打造集成果展示、榜样示范、品牌辐射等为一体的劳动教育文化体系，建设集综合、多元、共享为一体的劳动教育基地体系，健全集专兼结合、德技兼修为一体的劳动教育师资体系，构建贯通一体、开放协同、评价科学、保障有力的劳动教育工作格局，引导学生辛勤劳动、诚实劳动、创造性劳动。

三、主要任务和举措

（一）“多元并举”劳动教育课程建设行动计划

1. 加强劳动教育必修课程建设。实施中小学劳动教育必修课程建设行动，编制劳动实践指导手册，完善学农劳动实践课程、志愿服务、公益劳动课程等。推动职业院校以实习实训课为主要载体开展劳动教育，开设围绕劳动精神、劳模和工匠精神方面的专题必修课程。开展高校劳动教育必修课程建设试点，推动普通高等学校全覆盖将劳动教育纳入人才培养方案，制定劳动课程实施与考核方案。加强大学生的职业生涯发展教育和就业指导工作，切实转变毕业生不合理的就业观念。

2. 创新劳动教育特色课程建设。支持普通高校和职业院校开发一批形式新颖、内容适切的实践体验性劳动教育选修课程。引导劳动教育基地开发适合大中小学生的劳动实践课程。打造50门示范课程和200门特色课程，形成区校有特色、基地有品牌的生动局面。挖掘各类课程的劳动教育价值，研制中小学课程劳动育人指南，引导中小学思政课、语文、历史、自然、地理等学科，强化勤俭、奋斗、创新、奉献等劳动精神培育。推动职业院校将劳动教育全面融入公共基础课，强化马克思主义劳动观、劳动安全、劳动法规教育。开展高校课程劳动育人改革试点，推动人才培养模式改革，结合学科、专业特点有机融入劳动教育内容。

（二）"知行合一"劳动实践磨砺行动计划

1. 规范校内劳动实践。开展校内劳动时间保障行动，实施上海市中小学幼儿园劳动任务单，保证中小学生每周参与校内劳动。实施校内劳动内容规范行动，遴选推广学校劳动实践特色项目，推动学校立足校内后勤服务保障领域，设计劳动教育岗位和活动。引导学生开展校园美化净化、教室寝室保洁、助研助管助教、勤工助学等劳动实践。组织大学生积极参与大学科技园的科技创新、成果转化等活动，开展创造性劳动实践活动。

2. 强化家庭劳动实践。开展家庭教育指导行动，依托上海家长学校等平台，开设家庭劳动教育系列讲座，加强家庭教育指导，引导家长树立正确的孩子成长观和成才观，当好孩子劳动教育的"第一任教师"。实施学生生活技能养成行动，开展"今天我当家"亲子生活技能学习、展示、交流活动和"跟着父母去上班"职业体验活动，创新家庭劳动实践内容和形式，引导家长"手把手"教会孩子每年学会1—2项生活技能，发挥家庭在劳动教育中的基础作用。

3. 丰富校外劳动实践。开展"我是未来劳动者"系列校外综合实践活动。学校要统筹利用各方资源，组织学生深入城乡社区、福利院和公共场所等开展公益劳动和志愿服务。鼓励学生深入田间、工厂等，参加力所能及的生产劳动和服务性劳动，兼顾使用新知识、新技术、新工艺、新方法的劳动。坚持组织高二年级学生开展农村劳动实践活动，鼓励初中和小学开展农业劳动体验和亲子活动。定期开展学生走进国企、走进"老字号"等系列活动，体验创意、创新、创造等劳动过程。

（三）"精神涵育"劳动文化培育行动计划

1. 组织劳动教育宣传活动。将每年五月第二周设为全市"学生劳动教育宣传周"，定期开展大中小学"劳动创造美好生活"系列活动。推动各级各类学校结合实际情况和学生需求设立校园劳动周和劳动日。组织劳动能手评选、劳动发明比赛、劳动微作品创作等活动，让学生能设计、会动手、爱劳动。开展劳动教育成果展示活动，集中展示劳动教育特色课程、校内外劳动教育实践成果，营造良好的劳动教育氛围。

2. 推动先模人物进校园。持续开展劳动模范、大国工匠、科学家等先模人物进校园活动，引导广大学生崇敬先进、弘扬先进、争当先进，弘扬劳模精神、工匠精神和科学家精神。组建市级先模人物讲师团，深入挖掘劳模、大国工匠、科学家、三八红旗手等先模人物事迹，遴选具有强烈社会责任感和奉献精神的先模人物，建立先模人物讲师团数据库。开展先模人物伴成长系列活动，组织学生整理编纂先模人物口述史，讲述先模人物的成才故事和亲身经历，用先模人物的伟大品格引导学生、启迪学生、鼓舞学生。

3. 打造劳动文化产品。将劳动教育有机融入校园文化建设，结合植树节、学雷锋纪念日、五一劳动节、农民丰收节、志愿者日等重要节假日，广泛开展劳动主题教育活动。开展劳动文创打造推广，充分挖掘学校校史文化和建筑等载体所蕴含的劳动教育元素，开发一批特色劳动文创产品，开设劳动文化讲堂，培育劳动光荣、创造伟大的校园劳动文化。开展校园劳动文化特色品牌项目评选活动，推动学校创新校园劳动文化建设，发挥示范引领作用。

4. 弘扬垃圾分类新时尚。把垃圾分类作为学生劳动教育的重要内容，结合新时代校园爱国卫生运动，深入开展垃圾分类宣传教育，强化垃圾分类意识，普及垃圾分类知识，注重生活能力和良好卫生习惯培养。组织垃圾分类系列主题教育活动，开展知识竞赛、文化作品征集等活动，开展垃圾分类达人评选，把垃圾分类情况作为寝室评比、校园文化建设、温馨教室建设等重要指标，教育引导学生养成垃圾分类的良好习惯。组建学生垃圾分类志愿者队伍，开展主题宣讲、示范指导等志愿服务活动。深入开展学校爱粮节粮、减塑限塑等专项工作。

（四）"整合共享"劳动实践基地打造计划

1. 建设综合性劳动实践场所。由政府投资、企业和社会多方参与，重点支持金山青少年劳动教育中心营地等2—3个布局合理、功能完备、安全便捷的市级综合性劳动教育实践基地，开展涵盖农业劳作、加工制造、服务体验、创新实验的系统化劳动实践。鼓励支持有条件的区建设若干区级综合性劳动实践基地。全面升级赋能区劳动技术教育中心，改进设施设备，发挥其在区域劳动教育课程教学改革、师资培养培训、学生劳动实践等方面的服务与引领作用。

2. 拓展社会劳动实践基地。遴选上海市学生劳动教育基地，完善劳动实践基地管理机制，编制社会劳动实践基地资源图谱。充分整合农场、企业、职业院校、科研院所、社区街道等资源，建设都市农业、先进制造、现代服务、文化创意等系列劳动实践基地，满足学生多样化劳动实践需求。重视劳动文化传承创新，用好"老字号"和"非遗"、手工艺传习基地，建立一批"双创"与职业体验基地。探索长三角劳动教育实践基地共建长效机制，挂牌一批长三角优质劳动教育实践基地，推动长三角劳动实践资源共建共享。

3. 加强学校劳动实践场所建设。开发校内劳动实践空间，建好配齐劳动技术实践教室、实训基地，鼓励有条件的学校因地制宜建设种植园，加强劳动实践场所、设施安全防护。充分利用学校教室操场、食堂宿舍、图书室、学生园区、环境绿化等资源，给学生劳动实践提供充足空间和岗位。推动学校共享实践基地建设，整合普通高校、职业院校、社区学院（校）的实训实验等劳动教育实践资源，向校外学生开放共享，形成长效机制。

（五）"兼容聚力"劳动教育师资队伍提升行动计划

1. 加强专兼职师资配备。加强中小学劳动教育和各区劳技教育中心专任教师配备，建强劳动教育教研员队伍。推动高校配备一定数量复合型、实践型劳动教育教师。发挥普通高校、职业院校教师的专业优势，指导和参与中小学劳动教育。建立劳动教育教师特聘制度，在中小学分批设立100个劳模工作室、100个技能大师工作室及一批荣誉教师岗位，聘任各条战线优秀人物、各行各业专业人士和能工巧匠担任劳动教育兼职教师。

2. 提升教师队伍能力。依托高校和相关单位建设若干培训基地，根据教师和劳动教育特点开发培训课程，重点提升教师的理论讲授、训练带教、实践指导能力。开展劳动育人培训，在已有的各类师资培训体系中增加劳动教育培训内容，引导教师挖掘各门课程中的劳动教育资源。实施劳动教育储备人才项目，支持有条件的高校开设劳动教育相关专业，培养劳动教育方向的专业学位研究生，加强劳动教育专任教师储备。

3. 强化队伍成长激励。完善劳动教育专任教师职称评聘等专业发展保障措施。完善体现劳动教育教师岗位特点的评价标准，突出劳动实践指导和育人实效的导向，拓宽实践成果认定范畴，劳动教育教师组织校外劳动实践活动的时间要折算成工作量。建设劳动教育名师团队，建设50个示范教学团队，设立若干劳动教育名师基地，发挥引领辐射和模范带动作用。

（六）“创新引领”劳动教育支撑保障行动计划

1. 开展学生劳动素养评价。建立学生劳动素养评价研究基地，研究制定学生劳动素养评价指标和评价办法，全面客观评价学生劳动素养。探索构建中小学贯通的劳动教育监测评价体系，客观记录学生参与学校、家庭和校外劳动实践情况，对学生参与劳动实践的完成度、效果评价、成绩评定等所有流程和环节实行信息化管理，纳入学生综合素质评价体系。把劳动素养作为大学生综合素质评价的一项重要指标，在各类评奖评选、考核选拔中予以考虑。

2. 加强劳动教育安全保障。建立劳动实践场所及劳动活动风险评估、隐患发现及消除工作制度和机制，形成责任明晰、部门协同的事故预防、处置体系。健全劳动实践活动风险防控预案，科学评估学生劳动实践活动中的安全风险。加强师生劳动安全教育，制作安全教育课程，帮助师生提高安全意识，规范劳动实践活动，掌握风险防范、应急处置等知识技能。

3. 推动劳动教育数字化转型。建立劳动教育云平台，整合全市劳动教育的优质资源，集成若干门优质在线课程，实现教学资源高效利用。探索劳动教育虚拟教学，利用大数据、人工智能、虚拟仿真等技术，培育若干数字化劳动教育体验中心。联合网络社交平台，开发符合学生年龄特点、接受意趣的劳动教育系列融媒体产品。

4. 加强劳动教育研究。加强劳动教育理论创新，推进劳动教育研究管理和成果培育，推出一批有影响力的研究成果。支持教师积极申报上海市教育科学研究项目，开展劳动教育研究。支持有条件的区和高中开展劳动教育个性化学程与学分制评价研究。举办劳动教育研讨会，促进跨学校、跨区域劳动教育经验交流。组建长三角劳动教育联盟，举办长三角劳动教育论坛，通过主题沙龙、圆桌讨论等形式开展专题交流，促进长三角地区劳动教育一体化发展。

四、组织保障

（一）加强组织领导

加强对上海学校劳动教育的统筹协调，增强劳动教育工作合力。组建市大中小学劳动教育指导委员会，加强对各学段劳动教育的分类指导。成立上海学校劳动教育中心，建设集教师教研培训、工作研究指导等功能于一体的劳动教育管理服务机构。学校党组织书记、校长作为劳动教育第一责任人，加强对本校劳动教育的组织领导。

（二）加强经费保障

将劳动教育工作经费纳入财政预算，保障劳动教育课程改革、教学实施、场所建设、教师培训等劳动教育工作需要。加强学校劳动教育设施标准化建设，建立学校劳动教育器材、耗材补充机制。多渠道筹措经费，鼓励社会资源共同支持推动劳动教育。

（三）强化督导评估

各区教育部门、各高校及相关单位把劳动教育规划作为本地区、本单位“十四五”规划的重要组成部分。教育督导部门将各区和有关部门保障劳动教育情况纳入区政府履行教育职责综合督政，将学校实施劳动教育情况纳入基础教育学校发展性督导评估和高校分类评价。市、区两级教育部门开展劳动教育质量评估监测检查，为改进劳动教育质量和管理水平提供科学依据。

（四）注重宣传引导

加大对各区、各校劳动教育先进经验、典型案例、优秀成果的宣传推广力度，评选上海学校劳动教育示范区，遴选特色学校、示范基地、试点项目以及先进个人，通过主流媒体及易班、学习强国等平台进行专题宣传和展示，形成引领和辐射效应。开设市级学校劳动教育公众号。各区、各校积极利用网络新媒体平台开展宣传，交流工作经验、营造浓厚氛围。

上海市教育委员会关于印发《上海市高中阶段学校招生录取改革实施办法》的通知

（沪教委规〔2021〕2号）

各区教育局，各有关直属事业单位：

为深化本市考试招生综合改革，根据《上海市深化新时代教育评价改革实施方案》（沪委发〔2021〕4号）、《上海市人民政府办公厅关于本市新时代推进普通高中育人方式改革的实施意见》（沪府办〔2021〕4号）、《教育部关于进一步推进高中阶段学校考试招生制度改革的指导意见》（教基二〔2016〕4号）等文件精神，并与《上海市进一步推进高中阶段学校考试招生制度改革实施意见》（沪教委规〔2018〕3号）相配套，市教委制定了《上海市高中阶段学校招生录取改革实施办法》，现印发给你们，请认真贯彻执行。

上海市教育委员会

2021年3月11日

上海市高中阶段学校招生录取改革实施办法

为贯彻落实《上海市深化新时代教育评价改革实施方案》（沪委发〔2021〕4号）、《上海市人民政府办公厅关于本市新时代推进普通高中育人方式改革的实施意见》（沪府办〔2021〕4号）、《教育部关于进一步推进高中阶段学校考试招生制度改革的指导意见》（教基二〔2016〕4号）等文件精神，与《上海市进一步推进高中阶段学校考试招生制度改革实施意见》（沪教委规〔2018〕3号）相配套，进一步落实本市中考改革背景下的高中阶段学校招生录取改革工作，特制定本办法。

一、总体要求

（一）指导思想。坚持以习近平新时代中国特色社会主义思想为指导，全面贯彻党的教育方针，落实立德树人根本任务。以重点任务和关键环节改革为主要抓手，系统推进本市高中阶段学校招生录取改革工作，培养担当民族复兴大任的时代新人，培养德智体美劳全面发展的社会主义建设者和接班人。

（二）基本原则。坚持立德树人，发挥招生录取改革的正面导向作用，引导树立科学育人观、评价观、选才观。坚持科学有效，建立健全多元综合评价录取体系，提高人才选拔的科学性、专业性、客观性。坚持统筹兼顾，针对不同对象、不同学段、不同学校特点，系统设计招生类别和录取机制，统筹推进义务教育阶段与高中阶段学校招生改革。

（三）改革目标。经过一段时间的实践，基本建成具有上海特点、体现新时代教育评价改革精神，以初中学业水平考试为依据，结合初中学生综合素质评价的高中阶段学校招生录取制度。整合完善高中阶段学校招生录取办法，健全程序规范、保障有力、双向选择的招生录取管理机制。进一步深化教育综合评价改革，促进学生全面发展，注重能力培养，破除唯分数论；进一步促进义务教育阶段学校优质均衡，兼顾各类型初中学校的发展机会公平;进一步促进高中阶段学校特色多样发展,深化高中育人方式改革。

二、主要内容

2022年起,本市高中阶段学校招生录取工作分为自主招生录取、名额分配综合评价录取和统一招生录取三种类型。

(一)自主招生录取

1. 市实验性示范性高中、市特色普通高中自主招生录取

市实验性示范性高中和市特色普通高中的自主招生计划,面向全市范围内有创新潜质、学科专长、体育或艺术特长的初中毕业生。

招生学校采用综合评价的方式,按招生计划1∶1进行择优预录取。预录取考生计分科目总成绩(含政策加分,下同)达到当年度相应最低控制分数线方可被正式录取。

市实验性示范性高中、市特色普通高中自主招生计划数合计不超过全市普通高中招生计划总数的6%,其中优秀体育学生、艺术骨干学生自主招生计划合计不低于该类自主招生计划的15%。试点"探索建立拔尖创新人才培养基地"项目的普通高中学校和市特色普通高中的自主招生计划相较于当年度其他市实验性示范性高中自主招生计划占比可适当增加。

各招生学校制定自主招生计划,并报所属教育行政部门同意后,经市教育行政部门协调统筹后下达。各招生学校根据自身办学水平和特色,确定综合评价内容,规范并公开自主招生办法、考查程序和录取结果。

2. 中职校自主招生录取

中职校自主招生录取,主要招收技能水平高、职业倾向明显,有意愿接受职业教育培养的学生。

中职校自主招生包括中本教育贯通培养模式、五年一贯制培养模式、中高职教育贯通培养模式、中职校提前招生(需面试或测试的专业)等类别,各类别可同时兼报。

各中职招生学校制定自主招生计划,经市教育行政部门协调统筹后下达。

(二)名额分配综合评价录取

市实验性示范性高中的名额分配综合评价录取(以下简称"名额分配")具体包括两类:名额分配到区招生录取、名额分配到校招生录取。名额分配招生计划占市实验性示范性高中招生总计划的50%—65%。考生可以填报1个名额分配到区招生志愿和1个名额分配到校招生志愿。

招考机构根据考生志愿、初中学业水平考试计分科目总成绩(含政策加分,下同)进行排序,对达到"名额分配综合评价录取"相应最低控制分数线的考生,按招生计划1∶2的比例从高分到低分依次投档。招生学校结合投档考生综合素质评价信息进行综合考查(满分50分,具体办法另行颁布)。招考机构将考生计分科目总成绩和综合考查成绩合成总分。其中,名额分配到区招生录取,以区为单位,依据总分排序按计划录取;名额分配到校招生录取,以初中学校为单位,依据总分排序按计划录取。

具备获得名额分配到校计划资格的学校须为不选择生源的初中学校;填报名额分配到校招生志愿的此类学校考生,须为其所毕业学校的在籍在读满三年的应届初三学生。不选择生源的初中学校由所在区教育行政部门认定,并报市教育行政部门备案。考生资格由毕业学校认定,并报所在区教育行政部门同意备案。

1. 委属市实验性示范性高中名额分配

委属各市实验性示范性高中名额分配招生计划占其招生计划总数的65%,原则上以各区当年度中招报名人数占全市中招报名人数的比例为测算依据分配到各区,分配到各区的计划中须有不低于20%的比例以均衡、随机为原则分配到不选择生源的初中学校。

招生计划由各招生学校根据办学条件和实际招生情况进行编制上报,市教育行政部门结合各区教育

资源分布、人口流动等情况协调统筹后下达。

2. 区属市实验性示范性高中名额分配

区属市实验性示范性高中的名额分配招生计划占其招生计划总数的50%—65%，其中，分配到区招生计划约占本校名额分配招生计划的30%，分配到校招生计划约占本校名额分配招生计划的70%。

区属市实验性示范性高中的名额分配到区招生计划的90%—95%分配到外区，原则上以各区当年度中招报名人数占全市中招报名人数的比例为测算依据进行分配；其余5%—10%分配到本区。

各区属市实验性示范性高中的名额分配到校招生计划，原则上以所属区内各所不选择生源初中学校中招报名人数占本区该类学校中招报名总人数的比例为测算依据，分配到本区每所不选择生源的初中学校，实现名额分配全覆盖。

招生计划由各招生学校根据学校办学条件和实际招生情况进行编制并上报所属区教育行政部门同意后，经市教育行政部门与各区教育行政部门协调统筹后下达。

（三）统一招生录取

统一招生录取包括两类：普通高中统一招生录取、中职校统一招生录取。考生可填报15个统一招生录取志愿和1个征求志愿。

招生计划由各招生学校根据学校办学条件和实际招生情况进行编制，并上报所属教育行政部门同意后，经市教育行政部门与各区教育行政部门协调统筹后下达。

招考机构根据考生志愿、计分科目总成绩依次投档录取。

三、组织实施

（一）落实改革责任。各级教育行政部门、各级招考机构、各招生学校，要高度重视，加强组织领导，把高中阶段学校招生录取改革作为深化本市教育评价改革的重要抓手，作为落实本市中考改革的重要任务。按照市、区两级教育行政部门的管理职责组织实施。市教育行政部门负责全市高中阶段学校招生录取工作的统筹管理，负责对各区招生计划编制工作进行指导和协调。各区教育行政部门要根据本区经济社会发展需求、教育资源分布以及人口流动等实际情况，结合示范性学区或集团创建、初中强校工程、新优质学校建设等工作，制定本区招生录取工作方案，科学编制本区招生计划，落实本区名额分配工作；指导区内的相关高中制定自主招生及学校综合考查方案，并做好相关方案的公示工作，组织实施本区所属高中阶段学校的招生录取工作，进一步促进义务教育阶段学校优质均衡发展，进一步激发高中阶段学校办学活力。

（二）加强监督管理。依托市、区两级招生录取信息系统，进一步规范招生录取管理。深入实施招生“阳光工程”，健全招生政策、招生计划、招生办法等信息公开和公示制度。建立责任追究制度，严肃查处综合素质评价、考试招生中存在的违规行为，并严格进行责任追究，及时公布处理结果。充分发挥社会舆论监督作用，共同维护考试招生秩序，保证公平公正。

（三）做好宣传引导。各相关单位要认真做好改革政策的宣传解读工作，及时回应学生、家长和社会关切，为推进本市高中阶段学校招生录取改革营造良好氛围。

四、有关说明

（一）本办法适用对象为自2022年起参加本市高中阶段学校招生录取的考生。

（二）市实验性示范性高中的分校或校区，原则上按照区属市实验性示范性高中招生录取政策执行。

（三）本市高中阶段学校招生录取工作具体安排以及经市教育行政部门同意的其他招生录取方式，以年度招生文件的形式公布。

本办法自2021年9月1日起施行。

上海市教育委员会关于印发《上海市普通高中学业水平考试实施办法》的通知

（沪教委规〔2021〕3号）

各区教育局，各高等学校：

为全面贯彻落实习近平新时代中国特色社会主义思想和党的十九大精神，全面贯彻党的教育方针，深化考试招生综合改革，根据《中共中央　国务院关于深化新时代教育评价改革总体方案》（中发〔2020〕19号）、《国务院关于深化考试招生制度改革的实施意见》（国发〔2014〕35号）、《国务院办公厅关于新时代推进普通高中育人方式改革的指导意见》（国办发〔2019〕29号）、《教育部关于普通高中学业水平考试的实施意见》（教基二〔2014〕10号）、《上海市深化新时代教育评价改革实施方案》（沪委发〔2021〕4号）、《上海市人民政府印发〈关于进一步深化本市高考综合改革试点工作的若干意见〉的通知》（沪府发〔2018〕14号）和《上海市人民政府办公厅关于本市新时代推进普通高中育人方式改革的实施意见》（沪府办〔2021〕4号）等文件精神，结合本市普通高中新课程新教材实施要求，市教委修订了《上海市普通高中学业水平考试实施办法》，现印发给你们，请认真贯彻执行。

上海市教育委员会

2021年8月31日

上海市普通高中学业水平考试实施办法

为适应本市普通高中育人方式改革、普通高中新课程新教材实施和高校考试招生综合改革的需要，根据《中共中央　国务院关于深化新时代教育评价改革总体方案》（中发〔2020〕19号）、《国务院关于深化考试招生制度改革的实施意见》（国发〔2014〕35号）、《国务院办公厅关于新时代推进普通高中育人方式改革的指导意见》（国办发〔2019〕29号）、《教育部关于普通高中学业水平考试的实施意见》（教基二〔2014〕10号）、《上海市深化新时代教育评价改革实施方案》（沪委发〔2021〕4号）、《上海市深化高等学校考试招生综合改革实施方案》（沪府发〔2014〕57号）、《上海市人民政府印发〈关于进一步深化本市高考综合改革试点工作的若干意见〉的通知》（沪府发〔2018〕14号）和《上海市人民政府办公厅关于本市新时代推进普通高中育人方式改革的实施意见》（沪府办〔2021〕4号）等文件精神，结合上海教育实际，特制订本办法。

一、指导思想与原则

以习近平新时代中国特色社会主义思想为指导，全面贯彻党的教育方针，落实立德树人根本任务，遵循教育规律，系统推进教育评价改革。坚持素质教育导向，实行全面考核，促进学生按国家规定学好每一门课程，实现全面发展。坚持分类考查，增加学生的选择性，促进学生发展学科兴趣和个性特长。坚持深化高中课程改革，促进高中教育特色多样发展。坚持统筹兼顾，与高校考试招生、高中学生综合素质评价等改革一并整体设计，促进高中和高校进一步提高人才培养和选拔水平。

二、考试科目与类别

高中学业水平考试科目包括语文、数学、外语、思想政治、历史、地理、物理、化学、生物学、信息技术、通用技术、体育与健康和艺术（或音乐、美术）。

高中学业水平考试包括合格性考试和等级性考试两类。语文、数学、外语、信息技术、通用技术、体育与健康和艺术（或音乐、美术）科目只设合格性考试，思想政治、历史、地理、物理、化学、生物学科目分设合格性考试和等级性考试。

三、考试内容与方式

（一）合格性考试

各科目合格性考试内容限定在普通中小学各学科课程标准规定的普通高中必修课程内容范围内。

语文、数学、外语科目合格性考试采用笔试方式，时间均为90分钟；其中，外语科目笔试不含听力，另设听说测试（采用人机对话方式），时间为30分钟。思想政治、历史、地理、物理、化学、生物学科目合格性考试采用笔试方式，时间均为60分钟；其中，物理、化学和生物学科目合格性考试另设操作技能测试，时间均为15分钟。信息技术科目合格性考试采用上机考试方式，时间为60分钟。

通用技术、体育与健康和艺术（或音乐、美术）科目不统一组织合格性考试，由学校依据相关学科课程标准要求，以学生平时表现为依据，综合评定合格性考试成绩。

（二）等级性考试

思想政治、历史、地理、物理、化学、生物学科目等级性考试内容限定在普通中小学各学科课程标准规定的普通高中必修课程和选择性必修课程内容范围内。各科目等级性考试均采用笔试方式，时间均为60分钟。

各科目合格性考试和等级性考试的命题应紧密联系社会实际与学生生活经验，在全面考核学生基础知识和基本技能的基础上，加强情境设计，注重试题综合性、开放性、应用性、探究性，重视考查学生通过学科学习逐步形成的正确价值观、必备品格和关键能力。逐步探索高中学业水平考试题库建设和机考方式，为标准化考试积累经验。具体要求另行发文。

四、考试组织与实施

（一）考试对象

本市普通高中在籍学生均须参加各科目合格性考试，具有本市普通高中学籍的外籍学生可自愿参加。其他考生（包括高中阶段其他学校在校学生，年满18周岁的社会人员，取得初中毕业或结业证书的社会人员，下同）也可自愿报名参加思想政治、历史、地理、物理、化学、生物学、信息技术科目的合格性考试。

合格性考试成绩合格的考生方可报考相应科目的等级性考试。考生可根据高校招生要求和自身兴趣特长，在6门等级性考试科目中自主选择3门参加考试。

（二）报名方式

参加考试的本市普通高中在籍学生基本信息由本市基础教育学生信息系统提供，学生通过其学籍所在高中学校集体报名。

参加考试的其他考生按要求自行网上报名。

考生报名后须在规定时间到指定现场进行确认。

（三）考试费用

考生参加高中学业水平考试的费用由教育经费安排。

（四）考试组织

语文、数学、外语（含听说测试）、信息技术科目合格性考试，思想政治、历史、地理、物理、化学、生物学科目的合格性考试及等级性考试由上海市教育考试院组织统一命题、统一考试、统一网上评卷。物理、化学、生物学科目操作技能测试由上海市教育考试院统一命题、统一制定评分标准，高中学校在统一时间段组织实施、现场评定成绩。

（五）考试安排

各科目高中学业水平考试分散在高中三年中，在相应课程结束后进行，随教随考随清。各高中学校根据本校实际科学合理开设课程，考生根据本市统一规定选择报考。高中学业水平考试各科目考试安排如下：

年级	开考科目	考试类别	考试时间
高一	信息技术	合格性考试	第二学期末
高二	思想政治、历史、物理、化学、地理、生物学、信息技术	合格性考试	第二学期末
高三	语文、数学、外语	合格性考试	第一学期末
	思想政治、历史、物理、化学、地理、生物学	合格性考试(仅供尚未取得合格成绩的考生参加)	第一学期末
	思想政治、历史、物理、化学、地理、生物学	等级性考试	第二学期
	思想政治、历史、物理、化学、地理、生物学、信息技术	合格性考试(仅供尚未取得合格成绩的考生参加)	第二学期末

通用技术、体育与健康和艺术（或音乐、美术）科目由学校根据高中课程实施方案要求，在相应课程结束后综合评定合格性考试成绩。

（六）考试管理要求

高中学业水平考试笔试科目考试及外语听说测试全部安排在标准化考点内进行。按照国家教育考试的标准和要求，规范考场设置和实施程序。加强安全保密，建立健全诚信机制，严肃考风考纪，对考试作弊等违规行为，严格按照《国家教育考试违规处理办法》（中华人民共和国教育部令第 33 号）等有关规定进行处理。

五、考试成绩与应用

（一）成绩呈现方式

合格性考试成绩分合格、不合格两类。语文、数学、外语、思想政治、历史、地理、物理、化学、生物学和信息技术科目合格分数线以考试分数的标准分值划定。思想政治、历史、地理、物理、化学、生物学、信息技术科目合格性考试成绩不合格的高中在籍学生，在校就读期间可再次参加该科目合格性考试。其他科目合格性考试成绩不合格的学生由所在高中学校组织补考。

等级性考试成绩以等级呈现，按获得该次考试有效成绩的考生（即缺考或未得分的考生除外）总数的相应比例划分等级，位次由高到低分为 A+、A、B+、B、B−、C+、C、C−、D+、D、E 共五等 11 级。其中 A+约占 5%，A、B+、B、B−、C+、C、C−、D+各约占 10%，D、E 共约占 15%，E 为考试有效成绩低于标准分值或约占 5%。

（二）成绩认定

已获得本市普通高中学业水平考试科目合格成绩的，可认定为该科目合格性考试成绩，但不能认定为该科目等级性考试成绩。由外省市转学进入本市普通高中就读的学生，若已参加过外省市省级教育考试机构统一组织的高中学业水平考试，可申请本市高中学业水平考试相应科目的合格性考试成绩认定，其他考生参照执行。具体认定办法另行通知。

（三）考试成绩应用

1. 高中毕业。合格性考试各科目成绩合格，是本市普通高中学生毕业的必要条件。高中学校根据本市普通高中学籍管理相关规定，分别准予学生毕业、结业或肄业。

2. 高中课程管理与质量评价。高中学业水平考试成绩将作为高中学校课程管理和高中教学质量监测的重要参考依据。市和区教育行政部门应加强对高中学业水平考试结果的研究与分析、教学反馈与指导，不断提高教育教学质量。

3. 高校招生录取。高中学业水平考试成绩是高考报名与高校招生录取的依据之一。本市应届高三学生通过思想政治、历史、地理、物理、化学、生物学、信息技术科目合格性考试，才能按要求报名参加普通高等学校春季招生考试(以下简称“春考”)；考生通过思想政治、历史、地理、物理、化学、生物学6门科目中至少3门科目的合格性考试，才能按要求报名参加普通高等学校招生秋季统一考试(以下简称“秋季高考”)。等级性考试成绩折算成相应分数计入秋季高考总成绩，作为高校招生录取的依据之一。其中，A+为满分70分，E计40分；相邻两级之间的分差均为3分。高中在籍学生因休学、留级等原因导致高中修习年限延长，其高中在读期间取得的合格性考试成绩有效，并要在毕业当年参加等级性考试。

六、有关说明

(一) 本办法自2021学年的高一年级起执行。2022年、2023年毕业的高三学生仍沿用原考试安排。高中学业水平考试的具体组织实施以上海市教育委员会转发上海市教育考试院的年度文件为准。

(二) 参加春考或秋季高考的高中在籍学生可用春考或秋季高考语文、数学、外语成绩替代相应科目的合格性考试成绩(以合格/不合格呈现)，可不参加这些科目的合格性考试。

(三) 考生报名参加高考时，其选定的3门科目等级性考试均只能参加一次，且不可更换考试科目。等级性考试成绩当年有效。

(四) 相关科目等级性考试缺考的考生，如已报名参加当年高考，以0分计入高考总分；如未报名参加当年高考，则不计成绩。考生参加相关科目等级性考试，但未取得有效成绩的，以0分计入高考总分。

(五) 已预报名参加高考但尚未取得合格性考试合格成绩的其他考生，可参加高考当年第一学期末的思想政治、历史、物理、化学、地理、生物学科目合格性考试。

(六) 2022年高二第二学期末起举行的地理、生物学普通高中学业水平考试合格性考试，2023年高三第二学期起举行的地理、生物学普通高中学业水平考试等级性考试，均使用教育部颁布的普通高中课程标准进行命题。各相关学科命题要求以年度文件形式对外公布。

本办法自2021年9月1日起施行。

上海市教育委员会关于加强中小学生课外读物进校园管理工作的通知

(沪教委规〔2021〕4号)

各区教育局、各有关直属事业单位：

教育部印发了《关于中小学生课外读物进校园管理办法的通知》(以下简称《管理办法》)，旨在丰富学生阅读内容，拓展阅读活动，规范课外读物进校园管理，防止问题读物进入中小学校园(含幼儿园)，充分发挥课外读物育人功能。为贯彻落实《管理办法》，现结合本市实际，就有关具体要求通知如下。

一、总体目标

充分认识课外读物进校园管理的重要意义，认真贯彻落实《管理办法》要求，不断提升学校图书馆（幼儿阅读室）服务教育教学能级，规范进校园课外读物管理程序，建立健全长效机制，确保进校园课外读物质量，丰富拓展教育资源，为学生健康成长奠基。

二、工作原则

一是把握方向，守住底线。课外读物推荐和选用工作要坚持方向性、全面性、适宜性、多样性和适度性原则，进校园课外读物必须符合主题鲜明、内容积极、可读性强、启智增慧的基本标准。对于违反《出版管理条例》规定或存在《管理办法》中所列举的十二条“负面清单”情形的课外读物，一律不予推荐和选用。

二是疏堵结合，分类管理。把控课外读物进校园的主要渠道，明确要求和流程，实行分类管理。各类进校园的课外读物须按照“凡进必审”“凡荐必审”的原则，建立和完善课外读物进校园管理制度。

三是加强研究，创新机制。对于中小学生课外读物进校园管理工作，需要加强研究、创新机制，要积极探索应用信息技术手段建立进校园课外读物数据库，实现相关信息备案、管理、检索和分析等功能，提高管理效率。要组建专业力量加强风险防范、专项清理等管理模式研究。

三、重点任务

（一）加强图书馆建设，发挥主渠道作用

1. 增量提质馆藏图书，满足学生课外阅读需求

作为课外读物进校园最主要渠道，学校图书馆（幼儿阅读室）要充分发挥主阵地作用，依据各级教育行政部门批准推荐的课外读物指导目录，结合学校教育教学需要，切实做好学生课外阅读需求调研。鼓励学科教师、图书馆专业人员、学生和家长代表等多方推荐，积极扩充馆藏图书数量，确保提升馆藏图书品质，充分满足学生阅读需求。

2. 建设图书馆课程，丰富学生阅读活动

重视学生阅读素养和学习能力的培育与提升，加大学校图书馆（幼儿阅读室）课程建设力度。定期开展新生入馆教育和图书馆利用教育，组织全校教师共同开发与学科教学融合的图书馆课程。组织开展名师导读、读书沙龙、新书推荐等分享交流活动。

3. 有序引进数字资源，探索有效管理办法

在充分保证学生身心健康的基础上，根据学段特点，结合馆藏特色，有序引进数字出版产品，并按照来源和利用方法，分别制定相应的管理制度，做好信息化时代新媒介阅读指导。对数字出版产品的内容、形态按相关管理要求认真遴选、审核，积极探索行之有效的数字出版产品进校园管理办法。

4. 加大图书馆建设力度，提升服务能级

学校要根据图书馆建设相关标准，加大空间改造、资源配置和信息化环境建设力度，提升图书馆服务能级。积极参加学校图书馆（幼儿阅读室）评估活动，争创示范图书馆。以评促建，进一步提升图书馆品质，使学校图书馆（幼儿阅读室）成为学校教育资源的“配送中心”和学生自主学习的“文献中心”，力争把学校图书馆办成学生最喜欢的学习空间。

5. 收集阅读信息，挖掘数据价值

有条件的学校图书馆（幼儿阅读室），应尝试利用数据分析和智能技术，在日常工作中及时收集学生借阅图书的相关数据，尝试从不同维度开展数据分析研究，不断优化图书馆管理和个性化服务模式，同时为新进图书遴选、馆藏图书管理和图书馆课程开发等积累数据，提供精准服务。

6. 加强队伍建设，服务教育教学改革

学校要进一步落实中小学图书馆专业人员资格准入规定，建立与完善中小学图书馆专业人员招聘、岗

位聘用、培训进修、绩效考核等管理制度。

（二）梳理课外读物来源，规范进校园渠道

1. 严格遴选各类捐赠读物。受捐赠课外读物进校园，学校要按照《管理办法》加强审核，并报区教育局备案。

2. 有效管理各类读书活动。学校对各级各类需要在校园内使用课外读物的活动都要审核方案，按照《管理办法》对相关书目进行把关。

3. 建立教师荐书管理制度。教师因教育教学需要推荐学生阅读的课外读物书目，应由教师所在组室负责人认可，并按照《管理办法》审核，报学校备案。

4. 探索建立学生读物自治管理制度。学校应将学生自带课外读物进校园的管理要求纳入校纪校规以及年级和班级公约等制度规范，并开展多种形式的教育和引导，探索建立学生自带读物进校园自治管理制度。

（三）完善细化管理规定，建立健全工作机制

1. 规范课外读物推荐和选用流程。进校园课外读物原则上由学校（幼儿园）每学年推荐一次，也可根据学校教育教学需要适当增加推荐次数。严格按照《管理办法》规定的初选、评议、确认、备案等环节推荐。可由学校管理人员、学科教师、图书馆专业人员、学生和家长代表组成初选目录推荐小组，共同参与课外读物进校园管理。对选自各级教育行政部门批准的课外读物推荐目录，重点评议适宜性；对其他渠道推荐的课外读物要全面把关，提出评议意见。

2. 建立进校园课外读物的自查清理机制。按照学校课外读物进校园管理制度，定期对进校园课外读物进行专项清理。并且以学校、年级、班级等为单位，有效探索进校园课外读物自查机制，提升学生阅读品味，促进学生健康成长。

3. 建立课外读物进校园应急机制。充分做好预案，防范进校园课外读物管理中可能存在的风险，筑牢问题读物进校园“防火墙”，守住进校园课外读物质量底线。规范做好进校园课外读物的卫生工作，对捐赠等规范渠道进校园的图书做好必要的消毒工作。发现问题读物应及时予以有效处置，消除不良影响。

四、保障措施

（一）强化组织领导，明确责任主体

明确课外读物进校园管理主体责任，建立和完善市、区、校指导与监管机制。

1. 市教委负责对中小学生课外读物进校园工作的全面指导与管理，建设市级培训课程和配套资源，组织课外读物进校园管理市级专题培训，开展专项督查等工作。

2. 各区教育局进一步加强对中小学图书馆和课外读物进校园管理的领导，建立健全相应工作机制。各区教育行政部门应全面把握本区域课外读物进校园情况，负责课外读物进校园的监督检查。全面组织区级培训，提升相关人员遴选、审核课外读物的能力。建立进校园课外读物推荐工作报备制度，定期对进校园课外读物的推荐情况开展抽查，将相关管理纳入学校绩效考核指标。

3. 学校是进校园课外读物推荐责任主体，党政要齐抓共管。学校要成立由学校主要领导负责，学校管理部门、学科组和图书馆等相关负责人等共同组成的课外读物管理工作组，负责本校所有课外读物的遴选、审核工作。学校应向师生和家长主动公开进校园课外读物推荐目录，并将课外读物进校园管理要求写进校纪校规，严格执行。教师对学校推荐的书目负有导读责任。

（二）加大投入保障，规范采购流程

各区教育局应进一步完善学校图书经费的保障机制，不断强化对中小学图书馆文献资源建设的经费保障。指导学校用好图书经费，确保进校园图书资源的质量。建立、完善和落实图书采购的配备机制和采

购责任机制，切实做到“供货渠道正规，图书来源可靠，采购流程规范，切实保证质量”，切实提升学校图书馆（幼儿阅读室）服务教育教学能级，促进学生全面发展。

（三）严格问责制度，开展市区督导

对于课外读物进校园工作管理监督不力、校园推荐图书存在质量问题、在校园内销售课外读物、强制或变相强制学生购买图书等行为要严肃查处、问责整改。各级教育督导部门要将课外读物进校园工作纳入督导范围，从国家和本市有关规定出发，督导相关要求全面落实的情况，以及课外读物发挥育人实效的情况。

（四）加强协同治理，营造良好氛围

发挥家长在学生课外阅读中的积极作用，形成家校协同育人合力。鼓励专业机构研究进校园课外读物分级标准，帮助学校有针对性地向学生推荐适宜的课外读物。探索建立课外读物协同共治模式，协同政府出版管理部门关口前移，把好政治方向和价值导向，管好出版源头，确保正式出版物质量。加强市区两级中小学图书馆工作委员会的指导和协调功能，协同相关部门营造良好的读书氛围，推动书香校园建设。

上海市教育委员会

2021年6月10日

上海市教育委员会关于印发《上海市中等职业学校学生综合素质评价实施办法》的通知

（沪教委规〔2021〕5号）

各区教育局，有关委、局、控股（集团）公司，各高等学校：

为贯彻落实《深化新时代教育评价改革总体方案》（中发〔2020〕19号）、《国家职业教育改革实施方案》（国发〔2019〕4号）、《上海市深化新时代教育评价改革实施方案》（沪委发〔2021〕4号），根据《国务院关于深化考试招生制度改革的实施意见》（国发〔2014〕35号）、《上海市深化高等学校考试招生综合改革实施方案》（沪府发〔2014〕57号）和《上海市人民政府印发〈关于进一步深化本市高考综合改革试点工作的若干意见〉的通知》（沪府发〔2018〕14号）等文件的要求，在原文件的基础上，市教委研究制定了《上海市中等职业学校学生综合素质评价实施办法》，现印发给你们，请认真贯彻执行。

上海市教育委员会

2021年7月1日

上海市中等职业学校学生综合素质评价实施办法

为贯彻落实《深化新时代教育评价改革总体方案》（中发〔2020〕19号）、《国家职业教育改革实施方案》

(国发〔2019〕4号)、《上海市深化新时代教育评价改革实施方案》(沪委发〔2021〕4号),根据《国务院关于深化考试招生制度改革的实施意见》(国发〔2014〕35号)、《上海市深化高等学校考试招生综合改革实施方案》(沪府发〔2014〕57号)和《上海市人民政府印发〈关于进一步深化本市高考综合改革试点工作的若干意见〉的通知》(沪府发〔2018〕14号)等文件的要求,结合上海中等职业教育发展实际,特制定本办法。

一、指导思想

以习近平新时代中国特色社会主义思想为指导,坚持立德树人,以社会主义核心价值观为统领,遵循学生身心发展规律和教育规律,突出职业教育类型特征,整体反映学生德智体美劳全面发展及个性特长情况,对接上海市深化新时代教育评价改革的新任务、新要求,切实促进每一个学生的终身发展,为中等职业学校高质量育人、高等院校科学招生和用人单位按需录人提供有价值的参考依据,进一步推动职业教育学生综合评价和高等院校人才选拔模式的转变。

二、基本原则

1. 客观记录,全面评价。以事实为依据,对学生成长过程中的主要经历和典型事例作客观记录和写实性描述,真实反映学生德智体美劳全面发展情况和个性特长。

2. 德技并修,体现特色。坚持德技并修、育训结合、工学结合、书证融通,遵循技术技能人才成长规律,注重职业技能、职业规范、职业素养、职业精神的综合评价和合理引导,体现职业教育类型特点。

3. 五育并举,多样成才。注重学生全面发展,探索增值评价,利用信息技术开展学生学习情况全过程纵向评价、德智体美劳全要素横向评价,关注学生发展状况和优势特长,引导学生积极主动发展,促进个性化成长与多样成才。

4. 健全制度,强化监督。严格规范综合素质评价程序,强化有效监督,健全综合素质评价的审核制度、信息确认制度、信誉等级制度、公示和举报投诉制度,确保评价公开、公平、公正。

三、记录和评价内容

1. 道德与公民素养。主要反映学生在践行社会主义核心价值观、弘扬中华优秀传统文化、革命文化和社会主义先进文化等方面的情况,包括爱党爱国、理想信念、诚实守信、仁爱友善、责任义务、遵纪守法、职业道德等。重点记录学生遵守日常行为规范,参与党团等德育活动、国防民防等情况。

2. 技能与学习素养。主要反映学生的学业成绩和专业技能情况,包括学生的学习兴趣、态度和方法,各门课程知识和技能掌握情况,运用知识解决问题的能力,以及专业技能水平等方面的情况。重点记录学生学业水平考试成绩、公共基础课和专业课相关课程及实习(实训)成绩,各级各类技能竞赛活动、创新创业活动等情况。

3. 运动与身心健康。主要反映学生的身心健康和特长项目,包括学生的健康生活方式、体育锻炼习惯、身体机能、运动技能等。重点记录学生体育素养测评结果、学生《国家学生体质健康标准》测试结果、体育特长项目、体育比赛项目等情况。

4. 审美与艺术素养。主要反映学生对艺术的审美感受、理解、鉴赏和表现的能力,包括学生欣赏美、表现美的能力以及艺术素质。重点记录学生对艺术的欣赏与表现能力、参加艺术比赛项目、艺术特长项目、参加学生艺术团队等情况。

5. 劳动与职业素养。主要反映学生的劳动认知、劳动态度和劳动能力,包括学生对劳动意义、劳动价值、劳动安全、劳动法律法规等相关知识的掌握情况,胜任日常劳动和生产劳动的基本能力,以及职业素养、职业精神等方面的情况。重点记录日常生活劳动、生产劳动、服务性劳动(志愿服务和公益劳动)参与和表现等情况。

四、记录方法与程序

基于上海市学生综合素质评价信息管理系统(以下简称"信息管理系统"),以中等职业学校为记录主体，采用客观数据导入、学校统一录入并提交实证材料相结合的方式，客观记录学生的学习成长经历。

1. 写实记录。教师要指导学生客观记录集中反映综合素质主要内容的具体活动，收集相关事实材料，及时填写各学期《上海市中等职业学校学生成长记录册》。学校在信息管理系统内统一录入学生自我介绍、党团等德育活动、先进个人荣誉称号、违纪违规、公共基础课程学习成绩、专业课程学习成绩、学生在校个性表现、创新作品、学生自评、教师总评和学校特色指标等内容。学生基本信息、学业水平考试成绩、《国家学生体质健康标准》测试综合得分等内容采用客观数据导入的方式。

2. 整理遴选。每学期末，教师指导学生整理、遴选具有代表性的重要活动记录和典型事实材料，以及有关证明材料；学生要在整理遴选材料的基础上撰写自我介绍和全面自评，教师依据学生表现情况撰写教师总评。

3. 公示确认。由学校统一录入的内容(除涉及个人隐私的信息外)及相关实证材料在录入信息管理系统之前必须于每学期末在教室、公示栏、校园网等显著位置公示。相关部门和社会机构需要事先确认即将导入信息管理系统的信息与数据，确保记录客观真实。

4. 录入系统。由学校统一录入的内容经过公示后进入信息管理系统，其他客观数据经相关部门确认后统一导入信息管理系统，学生每学期对录入系统的信息进行网上确认。如有异议，可以向学校提出更正申请。

5. 增值评价。信息管理系统根据过程性评价记录内容，形成学生综合素质评价图示，自动生成并导出学生综合素质评价画像，显现学生各方面发展情况及增值评价。

6. 形成档案。学生的综合素质评价档案以《上海市中等职业学校学生综合素质纪实报告》(样表见附件)的方式呈现。最后一学期，信息管理系统自动生成纪实报告，经学生确认后在本校公示。公示无异议后，由学生本人签字，再经班主任和校长签字以及学校盖章后存档，并供高等院校招生和用人单位录用参考使用。

五、评价结果的运用

1. 落实五育并举，引导学生积极主动发展。通过综合素质评价，推进学校育人途径多元化，评价方式多样化。有助于学生开展自我评价并进行自我调整和自我管理，促进教师开展学生成长过程指导和生涯发展辅导，帮助学生确定个人发展目标，实现全面而有个性地发展。

2. 推动学校评价改革，实现高质量发展。综合素质评价结果将作为中等职业学校专业评估、学校评估等方面的参考和依据，作为全面推进学校评价改革的抓手，引导中等职业学校不断提升办学水平和人才培养质量，激发中职学校高质量发展的内在动力。

3. 作为高等院校招录的重要参考，推动高招制度改革。将综合素质评价作为本市部分普通高校专科层次依法自主招生的重要参考，同时稳步推进综合素质评价信息在高等院校招生等环节的使用，体现职业教育的类型特征。相关高校应在招生章程中明确综合素质评价的具体使用办法并提前公布，规范、公开使用情况。

4. 作为用人单位招录的重要参考，促进人才供需匹配。综合素质评价信息作为中等职业学校推荐就业、用人单位招聘和录用等环节的重要参考，提升职业教育人才培养和市场需求的匹配度。

六、组织与保障

1. 明确组织管理制度。实行市、学校主管单位和学校三级管理制度，共同负责、协调、落实综合素质评价的组织、实施和管理。成立上海市中等职业学校学生综合素质评价工作领导小组。市教委建立统一的学生综合素质评价数据库。

2. 坚持常态化实施。综合素质评价由学校组织实施。学校要建立健全学生成长记录规章制度，明确本校综合素质评价的具体要求。要注重在日常教育教学活动中，指导学生及时收集整理有关材料，避免集中突击。

3. 建立信息确认制度。提供综合素质评价信息的各相关社会机构应具备相应资质，录入信息管理系统的比赛项目和荣誉称号等应符合国家和本市的相关规定；学校、社会机构、学校主管单位和市级相关部门负责确认各自录入信息管理系统的信息与数据。

4. 建立信誉等级制度。对综合素质评价涉及的学校、社会机构等主体，由教育主管部门评定信誉等级。信誉等级评定采用等级下调的方式，一年评定一次。下调信誉等级的学校和社会机构将受到内部通报，连续两年被下调信誉等级的学校校长将依纪依规处理。

5. 建立公示与举报投诉制度。学校需要在全校公示综合素质评价的具体实施办法；学校统一录入信息管理系统的学生信息（除涉及个人隐私的信息外）都要公示；各高等院校要制定综合素质评价信息的使用办法并提前在网上公布。

对公示的综合素质评价内容，学生可以向所在学校、学校主管单位和市教委逐级举报投诉。高等院校在招生过程中发现不实信息可向市教委举报投诉。针对学校和社会机构的举报投诉一经查实，将采取下调信誉等级等措施给予严肃处理。针对学生个人的举报投诉一经查实，将按照相关文件规定给予严肃处理。

本办法自 2021 年 9 月 1 日起施行，适用于 2021 学年起新入学的学生，有效期 5 年。

附件：上海市中等职业学校学生综合素质纪实报告（样表）（略）

上海市教育委员会关于印发《上海市中等职业学校学生学业水平评价实施办法》的通知

（沪教委规〔2021〕7 号）

各区教育局，有关委、局、控股（集团）公司，各高等学校：

为全面贯彻落实习近平新时代中国特色社会主义思想和党的十九大精神，全面贯彻党的教育方针，深化考试招生综合改革，根据《深化新时代教育评价改革总体方案》（中发〔2020〕19 号）、《国家职业教育改革实施方案》（国发〔2019〕4 号）、《国务院关于深化考试招生制度改革的实施意见》（国发〔2014〕35 号）、《上海市深化新时代教育评价改革实施方案》（沪委发〔2021〕4 号）、《上海市深化高等学校考试招生综合改革实施方案》（沪府发〔2014〕57 号）和《上海市人民政府〈关于进一步深化本市高考综合改革试点工作的若干意见〉的通知》（沪府发〔2018〕14 号）的要求，市教委研究制定《上海市中等职业学校学生学业水平评价实施办法》，现印发给你们，请认真贯彻执行。

附件：上海市中等职业学校学生学业水平评价实施办法

上海市教育委员会

2021 年 7 月 29 日

附件

上海市中等职业学校学生学业水平评价实施办法

为适应本市深化中等职业学校课程改革和高校考试招生综合改革的需要，根据《深化新时代教育评价改革总体方案》(中发〔2020〕19号)、《国家职业教育改革实施方案》(国发〔2019〕4号)、《国务院关于深化考试招生制度改革的实施意见》(国发〔2014〕35号)、《上海市深化新时代教育评价改革实施方案》(沪委发〔2021〕4号)、《上海市深化高等学校考试招生综合改革实施方案》(沪府发〔2014〕57号)和《关于进一步深化本市高考综合改革试点工作的若干意见》(沪府发〔2018〕14号)的相关要求和精神，结合上海实际，特制订本办法。

一、指导思想与原则

坚持立德树人，培养德智体美劳全面发展的社会主义建设者和接班人；坚持类型特征，实施文化素质和职业技能全面评价，促进学生全面发展；坚持遵循技术技能人才培养规律，实施分层考核，增加学生的选择性，促进学生个性发展；坚持学校评价与社会评价相结合，实现评价主体多元、评价方式多样；坚持职业教育课程改革与高校考试招生综合改革配套推进，满足学生就业、升学不同发展需求；坚持稳步实施中等职业学校学生综合素质评价改革，逐步完善职业教育评价制度，增强职业教育适应性。

二、评价内容与方式

(一) 专业技能学习成果记录

主要反映学生在校期间专业知识与技能的学习水平及相关职业素养养成情况。

引入社会评价，重点记录学生在校学习期间获得的与专业技能学习相关的职业资格证书、职业技能等级证书、技能竞赛获奖证书及其他证书等。包括职业资格证书、职业技能等级证书的证书名称、级别、颁证单位、颁证日期、证书编号，各级各类竞赛的项目名称、级别、主办单位、获奖等级、获奖日期等相关信息。记录形式如下表：

职业资格证书	证书名称	级别	颁证单位	颁证日期	证书编号
职业技能等级证书					
各级各类竞赛	项目名称	级别	主办单位	获奖等级	获奖日期
其他					

(二) 中等职业学校学生学业水平考试

1. 考试科目

考试科目包括语文、数学、英语和信息技术，均为学生必考。其中，根据教育部颁布的《职业教育专业目录(2021年)》，中等职业教育电子与信息大类专业学生可申请免考信息技术。

2. 考试形式

(1) 语文、数学2门科目，采用书面笔试方式。

(2) 英语科目分设书面笔试(含听力测试)和口语测试。口语测试另行单独组织,采用人机对话方式。

(3) 信息技术科目采用上机考试方式。

3. 命题依据

语文、数学、英语和信息技术 4 门科目考试以教育行政部门颁发的相应公共基础课程标准为命题依据。考试命题应强调基础,突出能力,注重相关知识与技能在生活和职场中的应用。

4. 考试时间与成绩评定

(1) 语文、数学 2 门科目考试时间均为 100 分钟,满分各为 100 分。

(2) 英语科目考试时间为 100 分钟,满分为 100 分。其中笔试时间为 90 分钟,笔试满分为 90 分,口语测试时间为 10 分钟,满分为 10 分。

(3) 语文、数学和英语 3 门科目考试成绩以等级呈现,其评定办法为:根据学生相应科目的得分,按获得考试有效成绩的考生(即缺考或未得分的考生除外)总数的相应比例划分等级,位次由高到低分为 A+、A、B+、B、B−、C+、C、C−、D+、D、E,共五等 11 级。其中 A+约占 5%,A、B+、B、B−、C+、C、C−、D+各约占 10%,D、E 共约 15%,E 为卷面有效成绩低于标准分值或约占 5%。

(4) 信息技术科目考试时间为 60 分钟,满分为 100 分。考试成绩分“合格”与“不合格”两档,60 分及以上(含 60 分)为“合格”,60 分以下为“不合格”。

中职在读期间取得的学业水平考试成绩在学生毕业当年有效。

三、评价组织与实施

学业水平评价对象为具有本市全日制中等职业学校学籍的学生。

(一) 专业技能学习成果记录

由学生学籍所在学校负责收集和验证相关证书等档案材料,对学生的专业技能学习成果进行记录,并每学期按要求在学生综合素质评价信息管理系统中如实填写。

(二) 中等职业学校学生学业水平考试

1. 考试报名

本市全日制中等职业学校学籍的学生(不含中高职贯通、五年一贯制、中本贯通、外招、成人中专等学生),在完成相关课程学习后,均须参加语文、数学、英语和信息技术(电子与信息大类专业学生可免考信息技术)4 门科目学业水平考试。参加考试学生的基本信息由本市中等职业学校学生信息系统统一提供,学生通过其学籍所在学校集体报名。

每位学生原则上仅有 1 次报考机会。因非自身原因缺考者,经申请并确认后,可参加下一年的学业水平考试。

2. 考试费用

学生参加考试的费用均在教育经费中统筹安排。

3. 考试组织

所有科目考试均由市教育考试院组织统一报名、统一命题、统一考试、统一网上评卷和统一成绩评定。

4. 考试时间安排

各科目考试一般在学生入学后 3 个学期内完成,具体考试时间安排如下:

年级	考试科目	考试类别	考试时间
二年级	语文、数学 英语	必考	第一学期末
二年级	信息技术	必考(电子与信息大类专业学生可免考)	第一学期末

5. 考试管理要求

语文、数学、英语和信息技术4门科目考试应按照国家教育考试的标准和要求，规范考场设置和实施程序。加强安全保密，建立健全诚信机制，严肃考风考纪，对考试作弊等违规行为，参照《国家教育考试违规处理办法》(中华人民共和国教育部令第33号)等有关规定进行处理。

四、评价结果应用

（一）作为学生综合素质评价的组成部分

学业水平评价是衡量中等职业学校学生达到国家规定相关学习要求的重要评价手段，其评价结果是学校对学生综合素质评价的重要组成部分。

（二）作为评价和改进学校教学工作的重要依据

学业水平评价是检验中等职业学校教学质量的重要方式，其评价结果既是评估学校教学工作的重要依据，也是学校深化课改、改进教学的重要依据。

（三）作为用人单位录用和高等学校招生的重要参考

中等职业学校学生学业水平考试成绩是高校招生录取的依据之一。

上海市部分普通高校专科层次依法自主招生中，使用中等职业学校学生学业水平语文、数学、英语3门科目等级进行折算。每门科目的等级以市教育考试院组织的考试成绩为准。其中，A+为满分70分，E计40分，相邻两级之间的分差均为3分。

学业水平能够客观反映中等职业学校学生文化素养和专业技能水平，其评价结果是用人单位录用员工的重要参考。

上述成绩仅在学生毕业当年就业与升学时使用。

五、有关说明

（一）本办法自2021学年起对新入学的学生开始试行，2020学年入学的四年制学生也同时执行。

（二）因休学、留级等原因转入的学生，同期参加学业水平评价。

（三）语文、数学和英语3门科目等级为E的学生，信息技术科目成绩为不合格的学生，由所在学校自行组织补考。

（四）学业水平考试的具体组织实施以上海市教育委员会转发上海市教育考试院的相关文件为准。

本文件自2021年9月1日起施行，有效期5年。原实施办法(沪教委职〔2015〕34号)同步废止。

上海市教育委员会关于印发《上海市中等职业学校专业设置管理实施细则》的通知

（沪教委规〔2021〕8号）

各区教育局，各有关委、局、控股(集团)公司：

为贯彻落实《国家职业教育改革实施方案》《职业教育提质培优行动计划(2020—2023年)》，根据《教育部办公厅关于印发中等职业学校专业设置管理办法(试行)的通知》(教职成厅〔2010〕9号)要求，市教委制定了《上海市中等职业学校专业设置管理实施细则》，现印发给你们，请按照执行。

附件：1. 上海市中等职业学校专业设置管理实施细则

2. 上海市中等职业学校新设专业和专业（技能）方向备案表（略）

3. 上海市中等职业学校专业和专业（技能）方向停办备案表（略）

上海市教育委员会

2021 年 10 月 10 日

附件 1

上海市中等职业学校专业设置管理实施细则

第一章　总　　则

第一条　为进一步规范和完善本市中等职业学校专业设置的管理体制、运行机制和相关制度，强化专业设置的目标管理、过程管理和质量管理，形成由学校依法自主设置、行业企业积极参与、评估机构提供服务、行政部门进行宏观规划与监控指导的专业设置质量保障体系，促进人才培养质量和办学水平的提高，依据《教育部办公厅关于印发〈中等职业学校专业设置管理办法（试行）〉的通知》有关规定，制定本细则。

第二条　中等职业学校专业设置，要以习近平新时代中国特色社会主义思想为指导，全面贯彻落实党的教育方针，落实立德树人根本任务，坚持面向市场、服务发展、促进就业的办学方向，适应上海社会主义现代化国际大都市建设对技术技能人才和高素质劳动者的需求，主动对接上海经济社会发展特别是产业发展战略，优化职业教育专业布局，引导学校加强区域有需求、行业有地位、国内有影响的专业（群）建设。适应建设“五个中心”和社会主义现代化国际大都市的需要，适应加快现代服务业和先进制造业发展、形成现代服务业与先进制造业相互支撑、相互带动的产业发展格局的需要，适应区域经济和各行业对生产服务一线知识型、发展型技能人才培养的需要，适应学生职业生涯发展和终身学习的需要。

第三条　鼓励中等职业学校设置符合国家需要、本市重点产业、新兴产业和区域支柱产业、特色产业的发展需求以及其他符合当前和今后发展需要的专业。

第四条　中等职业学校专业设置应以教育部颁发的《职业教育专业目录（2021 年）》（以下简称：教育部目录）和上海市教育委员会印发的《上海市中等职业学校专业教学标准》（以下简称：上海市标准）为基本依据，自主设置教育部目录和上海市标准以内的专业和专业（技能）方向（以下简称：目录内专业）。确需设置教育部目录和上海市标准以外的专业和专业（技能）方向（以下简称：目录外专业），须在严格论证的基础上，经上海市教育委员会备案后试办。

第五条　中等职业学校要在专业布局和结构调整优化工作的基础上，结合学校办学优势，重点建设和设置与学校办学特色相一致的专业，并结合区域产业结构变化情况，适时调整和停办不适应的专业，形成科学合理的专业布局，避免盲目设置和重复建设。

第六条　中等职业学校新设专业和专业（技能）方向实行每年总量控制。国家级重点中等职业学校，每学年新设专业和专业（技能）方向一般不超过 3 个，其中新设专业不超过 2 个；其他中等职业学校，每学年新设专业和专业（技能）方向一般不超过 2 个，其中新设专业不超过 1 个。学校应根据市场需求、学校发展规划和实际办学条件，合理控制本校专业总量。学校专业群数量一般不超过 4 个，严格控制突破现有专业群设置新专业。

第七条　中等职业学校设置目录外专业，备案后，首次招生人数控制在 1 个教学班。

第二章 设 置 条 件

第八条 中等职业学校设置专业应具备以下基本条件：

（一）培养的人才有明确的岗位（工种）需求，且现有中等职业学校的专业不能满足。

（二）符合学校定位和发展规划及学校专业布局和结构调整优化方案，能有效支撑学校的专业群建设，提高现有教育资源的利用率和整体效益，有利于学校专业特色、专业优势、专业品牌更加凸显。

（三）依据国家和上海市有关文件规定，制订符合专业培养目标的完整人才培养方案和相关教学文件。

（四）具备专业必需的保障经费和校舍、仪器设备、实习实训场所（包括校企合作单位），以及图书资料、数字化教学资源等基本办学条件。

（五）配备完成开设专业教学任务所需的教师队伍、教学辅助人员和相关行业、企业兼职专业教师；每个专业一般要配备具有高级专业技术职务的专任专业课教师；行业、企业兼职教师应保持相对稳定。

（六）有较为完善的专业教学质量管理监控体制、运行机制和基本制度。

第三章 设 置 程 序

第九条 中等职业学校设置专业应根据以下要求：

（一）组织力量对相关行业、企业和就业市场进行调研，做好人才需求的分析和预测，并形成《专业人才需求分析和预测调研报告》。

（二）进行专业设置可行性分析，并形成《专业设置可行性分析报告》。

（三）根据教育部和本市教育部门有关规定，制订符合专业培养目标的完整的人才培养方案和相关教学文件。按照有关规定，新设专业和人才培养方案等教学文件应经学校党组织会议审议通过。

（四）校长应根据本《细则》规定，严格审查拟设置专业和专业（技能）方向的所有备案材料，对新设专业和专业（技能）方向作出教学质量承诺，并经学校主管部门同意。

（五）中等职业学校开设医药卫生、公安司法、教育类等国家控制专业，应经相关行业主管部门严格审查办学资质。开设“安全保卫服务”“幼儿保育”专业以及“护理”“药剂”“中医”“医学检验”等医药卫生类相关专业，应当符合相关行业主管部门规定的相关条件。

（六）开展专业设置论证。中等职业学校设置目录内专业，可委托上海市教育评估院组织相关专家，或由学校聘请相关行业、企业、教学和课程专家进行论证。中等职业学校设置目录外专业，需按照教育部目录专业简介的规范要求，提供500—800字的专业简介，并由上海市教育评估院组织相关专家进行论证。

第十条 中等职业学校设置专业需准备以下材料：

（一）书面上报材料

1. 上海市中等职业学校新设专业和专业（技能）方向备案表；

2. 新设专业和专业（技能）方向教学质量承诺书。

（二）上网登录材料

1. 专业人才需求分析和预测调研报告；

2. 学校发展规划（应包含专业建设规划）；

3. 专业设置可行性分析报告；

4. 专业人才培养方案；

5. 专业师资队伍一览表；

6. 专业设置专家论证意见（目录外专业需提供专业简介）。

第十一条 拟新设专业和专业（技能）方向的学校，按以下时间节点完成网上备案的相关工作：

（一）每年9月，登录上海市教育评估院网站上的“上海市中等职业学校新设专业网上备案系统”，进行预备案。

（二）每年9月底，参加上海市教育评估院组织召开的“上海市中等职业学校新设专业网上备案年度培训会”，并按培训会要求，修改、完善本《细则》第十条规定的材料。

（三）每年10—12月，将本《细则》第十条规定的书面材料递交到上海市教育评估院，将上网登录材料正式登录到“上海市中等职业学校新设专业网上备案系统”，按照要求完成论证修改工作。

第十二条　次年1月，上海市教育评估院统计汇总专业和专业（技能）方向设置网上备案结果，报上海市教育委员会。

第十三条　次年3月，上海市教育委员会向教育部上报本市年度新设《〈中等职业学校专业目录〉外专业报表》和《〈中等职业学校专业目录〉外专业简介》。

第十四条　中等职业学校应根据本市、区域经济社会发展、职业岗位和就业市场需求变化，及时对已开设专业的专业内涵、专业教学内容等进行调整。

第十五条　为准确掌握本市专业布局结构调整情况，每年11月底前，需将次年开始停办的专业和专业（技能）方向及时报上海市教育委员会备案，填写《上海市中等职业学校专业和专业（技能）方向停办备案表》（简称《停办备案表》），《停办备案表》由上海市教育评估院代收。停办未备案的学校，将减少学校新设专业数量。

第四章　指导与检查

第十六条　机构与职责

（一）上海市教育委员会建立由行业企业及其主管部门、教研机构、教育评估机构、学校和教育行政部门等方面的专家组成的上海市中等职业学校专业建设指导委员会，负责专业设置的管理与规范、专业布局的规划与调整、专业教学质量的指导与监控、专业品牌的建设与推进。专业建设指导委员会办公室设在上海市教育评估院。

（二）上海市教育评估院为学校提供专业设置信息咨询服务，负责专业设置网上备案系统维护、专业调整更新的有关事务性工作，接受上海市教育委员会、学校主管部门和学校的委托对专业设置进行论证、对专业教学质量进行检查评估。

（三）学校主管部门根据社会经济发展和人才需求，对所属学校的专业设置和建设进行统筹与调控。

（四）学校在主管部门统筹领导下，建立由行业企业及其主管部门、教育教学、职教研究和课程理论等多方面专家组成的学校专业设置评议委员会，依据本《细则》，定期研究和规划学校专业设置与调整工作，并承担提高专业教学质量的责任。

第十七条　评估与指导

（一）上海市教育委员会委托上海市教育评估院组织专家对本市中等职业学校专业和专业（技能）方向设置、教学质量及学生就业等方面进行论证、检查和评估。对学校设置目录外专业，在其试办第2年期间，检查评估其设置科学性、可行性及教学质量等；对学校设置目录内专业，在其有第一届毕业生时，抽查评估其教学质量。

（二）根据检查评估结果，对办学条件不达标、教学管理混乱、教学质量低下、就业率过低的专业，教育行政部门和学校主管部门应要求学校限期整改，整改后仍达不到要求的，暂停该专业招生资格，并减少下一年度学校新设专业总量。

（三）根据检查评估结果，对学校备案专业招生情况进行监控，适时公布专业设置后招生情况，凡新设专业当年没有开班的，相应减少其下一年度新设专业总量。凡3年制专业连续3年或4年制专业连续4年未招生，须按照新设专业要求，重新备案。

第五章　附　　则

第十八条　本实施细则适用于本市全日制普通中等职业学校。中外合作办学机构和中外合作办学项目按照相关规定执行。

第十九条　本实施细则自2021年10月11日起施行，有效期5年。

上海市教育委员会关于印发《上海市中小学生校外培训服务类别鉴定指引》的通知

（沪教委规〔2021〕9号）

各区教育局：

为贯彻落实国家和本市“双减”工作要求，指导校外培训机构准确区分学科类和非学科类培训服务，并为相关职能部门提供管理参考，防范假借非学科类培训项目实际开展学科类培训服务等逃避监管的行为，切实减轻义务教育阶段学生校外培训负担，根据《教育部办公厅关于进一步明确义务教育阶段校外培训学科类和非学科类范围的通知》等文件精神，特制定《上海市中小学生校外培训服务类别鉴定指引》。现印发给你们，请遵照执行。

上海市教育委员会

2021年10月14日

上海市中小学生校外培训服务类别鉴定指引

一、适用范围

国家机构以外的组织或者个人利用非国家财政性经费，在本市行政区域内，举办面向中小学生实施学科类或者非学科类培训服务的机构（以下简称“培训机构”），适用本指引。

面向3至6岁学龄前儿童实施培训服务的机构，参照执行。

二、鉴定原则

对培训服务类别进行鉴定，遵循如下原则：

（一）合规性原则：鉴定工作必须严格遵守国家相关法律法规与政策文件规定，优先服务于中小学生健康成长，切实减轻中小学生作业负担和校外培训负担，防范假借非学科类培训项目实际开展学科类培训服务等逃避监管的行为。

（二）独立性原则：提供鉴定服务的专家与专业机构在开展鉴定工作时，不受外界干扰，保证鉴定工作的真实性、客观性和公正性。

（三）专业性原则：综合发挥专家在教育理论、法律法规等方面的专业作用，科学甄别培训服务类别、准确识别超前超标学科类培训现象，为分类管理提供依据。

三、鉴定指标

根据《教育部办公厅关于进一步明确义务教育阶段校外培训学科类和非学科类范围的通知》《教育部办公厅关于印发义务教育六科超标超前培训负面清单（试行）的通知》、基础教育阶段国家课程方案和课程标准、《中小学综合实践活动课程指导纲要》等政策文件的规定，制定《上海市中小学生校外培训服务类别鉴定指标》（见附件），据此对校外培训服务的类别进行鉴定。

四、机构自律

培训机构应当落实主体责任，对其实施的培训服务类别进行审查判断，判断标准可以参照《上海市中小学生校外培训服务类别鉴定指标》。培训机构无法自主判断所开展培训服务类别的，可以聘请专家进行评估与指导。

培训机构应当主动按照学科类或者非学科类的相关管理要求，规范开展培训活动，切实避免对外宣传与实际培训服务类别不一致的情况。

鼓励培训机构对学科类与非学科类培训服务进行优化，在符合国家法律法规要求的基础上，探索以体验式、探究式、项目式、综合性学习为主要方式，以操作性、实践性、创造性等活动为主要过程，以综合素质与核心素养的发展为评价重点，培养学生兴趣爱好、创新精神和实践能力，促进学生全面而有个性的发展。

五、专家鉴定

相关职能部门在各类检查等工作中无法准确判断培训服务类别的，可以组织专家组或者委托专业机构进行鉴定。专家鉴定报告作为相关职能部门的工作参考，据此作出的行政决定相关责任由职能部门承担。

专家鉴定由3位及以上专家共同实施；鉴定审查的方式包括书面审查、实地查看、课堂观察、员工与学员及其家长访谈等，具体方式根据实际工作需求确定；鉴定审查的内容包括培训服务的对象、目标、内容、进度安排、实施方式、评价方式、所使用的教学资源或者培训材料等；形成的鉴定报告需明确“学科类”或者“非学科类”的鉴定结果，并注明参与鉴定的专家姓名及其专业职务。

相关职能部门及其工作人员、鉴定专家等人员，应当对培训机构提供的信息依法做好保管工作，未经同意不得披露培训机构的商业秘密、未披露信息或者保密商务信息，法律另有规定或者涉及国家安全、重大社会公共利益的除外。

六、专家资质

参加鉴定的专家，包括具有学科、课程、教研等多方面专业水平的教育专家和了解行政管理规范的法律专家。相关专家应当符合以下条件：

（一）政治立场坚定，正确理解党的教育方针；

（二）遵纪守法，有良好的品行、社会形象和师德师风；

（三）能够准确理解相关政策法规，熟悉课程方案和相关的学科课程标准及教材，具有副高级以上专业技术职称；

（四）未在待鉴定培训机构中任职或者兼职；

（五）未在专家鉴定工作中出现玩忽职守、滥用职权、营私舞弊或者其他妨碍鉴定结果公正性的行为。受委托组织实施专家鉴定工作的专业机构，参照本项要求执行。

附件：上海市中小学生校外培训服务类别鉴定指标

附件

上海市中小学生校外培训服务类别鉴定指标

对中小学生校外培训服务类别进行鉴定，应当根据培训服务的实际情况，重点基于以下指标进行审查鉴定，凡是符合指标特征之一的，判定为学科类培训：

（一）培训目的：旨在服务学生学科类升学考试科目的学习，提高考试分数，属于应试导向。

（二）培训内容：聚焦道德与法治、语文、历史、地理、数学、外语（英语、日语、俄语）、物理、化学、生物等国家课程标准或相关教材规定的知识。

（三）培训方式：以上述学科试题或者知识点的讲解、重复读写练习等为主要方式，以预习、授课和作业辅导等为主要过程，以教师讲授示范、学生听课等为主要形式。

（四）评价方式：以纸笔考试、多次测验为主要评价方式，以分数作为学习结果的主要报告方式。

上海市教育委员会关于印发《上海市普通高等学校教材管理实施细则》的通知

（沪教委规〔2021〕13号）

各高等学校、研究生培养单位：

为贯彻党中央、国务院关于加强和改进新形势下大中小学教材建设的意见，落实《普通高等学校教材管理办法》，建立健全本市大中小学教材管理制度，切实提高教材建设水平，市教委研究制定了《上海市普通高等学校教材管理实施细则》，经上海市教材委员会全体会议审议通过，现印发给你们，请认真贯彻执行。

附件：上海市普通高等学校教材管理实施细则

上海市教育委员会

2021年12月24日

附件

上海市普通高等学校教材管理实施细则

第一章　总　　则

第一条　为贯彻党中央、国务院关于加强和改进新形势下大中小学教材建设的意见，全面加强党的领导，落实国家事权，加强本市普通高等学校（以下简称"高校"）教材管理，打造精品教材，切实提高教材建设水平，根据《普通高等学校教材管理办法》，结合本市实际，制定本细则。

第二条　本细则所称高校教材是指供本市普通高等学校使用的教学用书、作为教材内容组成部分的教学材料（如教材的配套音视频资源、图册等）。

第三条　本市高校教材必须体现党和国家意志。坚持马克思主义指导地位，体现马克思主义中国化要求，体现中国和中华民族风格，体现党和国家对教育的基本要求，体现国家和民族基本价值观，体现人类文化知识积累和创新成果。全面贯彻党的教育方针，落实立德树人根本任务，扎根中国大地，站稳中国立场，充分体现社会主义核心价值观，加强爱国主义、集体主义、社会主义教育，引导学生坚定道路自信、理论自信、制度自信、文化自信，成为担当中华民族复兴大任的时代新人。

本市高校教材建设应符合国家和区域发展的总体要求，主动服务国家发展大局，支撑上海发展战略，体现高校学科优势与特色，为提升本市高等教育质量、实现教育现代化目标，将上海建设成为具有世界影响力的社会主义现代化国际大都市提供有力支撑。

第二章　管 理 职 责

第四条　上海市教材委员会指导和统筹全市高校教材工作。

第五条　市级教育行政部门落实国家和本市关于高校教材建设和管理的政策，明确教材管理的专门机构和人员，建立健全教材管理相应工作机制，加强对本市高校教材工作的检查监督。

第六条　高校履行教材建设与管理主体责任。高校党委对本校教材工作负总责，落实高校立德树人根本任务，把牢教材的意识形态和价值观取向，推进高校教材建设。

高校落实国家和本市教材建设的相关政策，成立教材工作领导机构，明确专门工作部门，负责教材规划、编写、审核、选用等工作。高校应健全校内教材管理制度，结合本校实际确定教材规划、编写、审核、选用等工作的责任分工及工作流程。

第三章　教 材 规 划

第七条　市级教育行政部门根据全国高等教育教材建设的相关规划要求，结合本市实际，组织制定体现区域学科优势与特色的教材规划。

第八条　高校应按照国家和本市高等教育教材建设规划要求，结合本校人才培养目标和学科优势，制定本校教材建设规划。

一般高校以选用教材为主，综合实力较强、有条件的高校要将编写教材作为规划的重要内容。

第四章　教 材 编 写

第九条　本市高校教材编写应依据国家、本市及本校教材建设规划以及学科专业或课程教学标准，服务高等教育教学改革和人才培养。本市高校教材编写应符合以下要求：

（一）以马克思列宁主义、毛泽东思想、邓小平理论、"三个代表"重要思想、科学发展观、习近平新时代中国特色社会主义思想为指导，有机融入中华优秀传统文化、革命传统、法治意识和国家安全、民族团结以及生态文明教育，努力构建中国特色、融通中外的概念范畴、理论范式和话语体系，防范错误政治观点和思潮的影响，引导学生树立正确的世界观、人生观和价值观，努力成为德智体美劳全面发展的社会主义建设者和接班人。

（二）坚持理论联系实际，充分反映中国特色社会主义实践，反映相关学科教学和科研最新进展，反映经济社会和科技发展对人才培养提出的新要求，全面准确阐述学科专业的基本理论、基础知识、基本方法和学术体系。选文篇目内容积极向上、导向正确，选文作者历史评价正面，有良好的社会形象。

（三）遵循教育教学规律和人才培养规律，能够满足教学需要。结构严谨、逻辑性强、体系完备，能反映教学内容的内在联系、发展规律及学科专业特有的思维方式。体现创新性和学科特色，富有启发性，有利于激发学生学习兴趣及创新潜能。

（四）编排科学合理，符合学术规范。遵守知识产权保护等国家法律、行政法规，不得有民族、地域、性别、职业、年龄歧视等内容，严禁植入商业广告或变相商业广告。

（五）扎根中国大地，紧贴上海经济社会发展需求，紧跟学术前沿，体现上海学科发展水平，推动国家及区域创新。

第十条　高校教材编写人员应经所在单位党组织审核同意，由所在单位公示。编写人员应符合以下条件：

（一）政治立场坚定，拥护中国共产党的领导，认同中国特色社会主义，坚定“四个自信”，自觉践行社会主义核心价值观，具有正确的世界观、人生观、价值观，坚持正确的国家观、民族观、历史观、文化观、宗教观，没有违背党的理论和路线方针政策的言行。

（二）学术功底扎实，学术水平高，学风严谨，一般应具有高级专业技术职务。熟悉高等教育教学实际，了解人才培养规律。了解教材编写工作，文字表达能力强。有丰富的教学、科研经验，新兴学科、紧缺专业可适当放宽要求。

（三）遵纪守法，有良好的思想品德、社会形象和师德师风。

（四）有足够时间和精力从事教材编写修订工作。

第十一条　高校教材编写实行主编负责制。主编主持编写工作并负责统稿，对教材总体质量负责，参编人员对所编写内容负责。专家学者个人编写的教材，由编写者对教材质量负全责。主编除符合本细则第十条规定外，还需符合以下条件：

（一）坚持正确的学术导向，政治敏锐性强，能够辨别并抵制各种错误政治观点和思潮，自觉运用中国特色话语体系。

（二）具有高级专业技术职务，在本学科有深入研究和较高造诣，或是全国知名专家、学术领军人物，在相关教材或学科教学方面取得有影响的研究成果，熟悉教材编写工作，有丰富的教材编写经验。

第十二条　高校应当重视本校教材编写工作，加强与出版机构的协作，参与优秀教材选题遴选。“双一流”建设高校与高水平大学应发挥学科优势，组织编写教材，提升我国教材的原创性，打造精品教材，扩大我国学术的国际影响力。哲学社会科学教材编写可以研究借鉴国际认可度高的经典教材、前沿教材，注重批判性吸收，加强创造性转化；自然科学类教材编写可以采取灵活开放机制，鼓励高水平专家学者独立主编或组建团队编写教材。

高校教材须及时修订，根据党的理论创新成果、科学技术最新突破、学术研究最新进展等，充实新的内容。建立高校教材周期修订制度，原则上按学制周期修订。及时淘汰内容陈旧、缺乏特色或难以修订的教材。

第十三条　高校要加强教材编写队伍建设，建立高校教材建设专家库，支持全国知名专家、学术领军人物、学术水平高且教学经验丰富的学科带头人、教学名师、优秀教师参加教材编写工作。

鼓励高校学科专业教学指导委员会积极参与国家统编教材建设，发挥在跨校、跨区域联合编写教材中的作用。

第十四条　鼓励高校跨校、跨区域联合编写教材。跨校、跨区域联合编写教材应明确主体责任高校。

第五章　教材审核

第十五条　本市高校教材实行分级分类审核，坚持凡编必审。

市级教材审核机构负责对高校思政课地方选修课教材等市级规划教材进行审核。

高校审核本校组织编写的教材。专家学者个人编写的教材由出版机构或所在单位组织专家审核。

教材出版部门成立专门政治把关机构，建强工作队伍和专家队伍，在所编修教材正式送审前，以外聘专家为主，进行专题自查，把好政治关。

第十六条　教材审核应对照本细则第三条、第九条的具体要求进行全面审核，严把政治关、学术关，提升教材质量。政治把关要重点审核教材的政治方向和价值导向，学术把关要重点审核教材内容的科学性、先进性和适用性。

政治立场、政治方向、政治标准要有机融入教材内容，不能简单化、“两张皮”；政治上有错误的教材不能通过；选文篇目内容消极、导向不正确的，选文作者历史评价或社会形象负面、有重大争议的，必须更换；教材编写人员政治立场、价值观和品德作风有问题的，必须更换。

严格执行重大选题备案制度。

第十七条　高校教材实行编审分离制度，遵循回避原则。审核人员应包括相关学科专业领域专家和一线教师等。高校组织教材审核时，应有一定比例的校外专家参加。

审核人员须符合本细则第十条要求，具有较高的政策理论水平、较强的政治敏锐性和政治鉴别力，客观公正，作风严谨，经所在单位党组织审核同意。充分发挥高校学科专业教学指导委员会、专业学会、行业组织专家的作用。

第十八条　高校教材审核采用个人审读与会议审核相结合的方式，经过集体充分讨论，形成书面审核意见，得出审核结论。审核结论分“通过”“重新送审”和“不予通过”三种。

除统编教材外，教材审核实行盲审制度。具体审核程序由负责组织审核的机构制定。自然科学类教材可适当简化审核流程。

第六章　教材选用

第十九条　高校是教材选用工作主体，学校教材工作领导机构负责本校教材选用工作，制定教材选用管理办法，明确各类教材选用标准和程序。

高校成立教材选用机构，具体承担教材选用工作，马克思主义理论和思想政治教育方面的专家须占有一定的比例。充分发挥学校有关职能部门和院（系）在教材选用中的重要作用，结合本校实际，明确各类教材选用标准和程序。

第二十条　高校教材选用应遵循以下原则：

（一）凡选必审。选用教材必须经过审核。

（二）质量第一。优先选用国家和省级规划教材、精品教材及获得省部级以上奖励的优秀教材。

（三）适宜教学。符合本校人才培养方案、教学计划和教学大纲要求，符合教学规律和认知规律，便于课堂教学，有利于激发学生学习兴趣。

（四）公平公正。实事求是，客观公正，严肃选用纪律和程序，严禁违规操作。

政治立场和价值导向有问题的，内容陈旧、低水平重复、简单拼凑的教材，不得选用。

第二十一条　高校教材选用坚持集体决策。高校根据本校实际明确专家审读规则，召开审核会议，集体讨论决定。

选用结果实行公示和备案制度。教材选用结果在本校进行公示，公示无异议后报学校教材工作领导机构审批并备案，纳入本校教材选用目录。高校党委重点对哲学社会科学教材的选用进行政治把关。

第二十二条　市级教育行政部门做好马克思主义理论研究和建设工程教材选用保障，开展马克思主义理论研究和建设工程骨干教师市级培训，指导高校做好相关任课教师的校内培训工作。

第七章　支 持 保 障

第二十三条　统筹利用本市现有政策和资金渠道支持高校教材建设，重点支持服务国家及区域经济社会发展战略需求的教材以及紧缺、薄弱领域的教材建设。

高校和其他教材编写、出版单位应加大经费投入，保障教材编写、审核、选用、研究和队伍建设、信息化建设等工作。

第二十四条　市级教育行政部门把教材建设作为高校学科专业建设、教学质量、人才培养的重要内容，纳入高校学科专业评估、教育教学质量评估、“双一流”建设、高校分类评价等工作的重要考核指标，纳入高校党建和思想政治工作考核评估体系。

第二十五条　建立市、校两级优秀教材编写激励保障机制，支持吸引优秀人才编写教材，着力打造精品教材。

承担马克思主义理论研究和建设工程重点教材编写修订任务，主编和核心编者视同承担国家级科研课题；承担国家规划专业核心课程教材编写修订任务，主编和核心编者视同承担省部级科研课题，享受相应政策待遇，作为参评“长江学者奖励计划”“万人计划”等国家重大人才工程的重要成果。审核专家根据工作实际贡献和发挥的作用参照以上标准执行。

市级教育行政部门根据国家教材奖励的相关要求，建立本市高校教材奖励机制，组织开展市级优秀教材奖励工作，对育人效果显著、易教利学、师生评价高的优秀教材进行奖励，推动精品教材建设和使用。获国家或本市教材奖励的主编和核心编者，享受相应政策待遇，纳入本市市级高层次人才计划系列的参评条件。

承担或被评定为国家级规划教材，或获国家高校教材奖励的相关教材，主编和核心编者视同承担省部级及以上科研课题，享受相应政策待遇，纳入本市市级高层次人才计划系列的参评条件。

教材编审工作纳入参编人员所在单位工作量考核，作为职务评聘、评优评先、岗位晋升的重要指标。

第二十六条　在上海市教材委员会的指导和统筹下，根据重大专题编写审核、教材出版发行管理、舆论宣传引导、经费支持保障、表彰奖励等需要，建立工作协调机制，由市级教育行政部门牵头，协调有关主管部门，共同做好本市高校教材建设的管理和保障工作。

第二十七条　市级教育行政部门推进高校教材信息化建设，提升高校教材编写、审核、选用、管理等相关工作信息化水平。

第二十八条　市级教育行政部门推进高校教材数字化建设，引导和鼓励高校适应信息技术与教育教学深度融合的需要，满足互联网时代学习特性需求，建设信息技术与教育教学深度融合、多种介质综合运用、表现力丰富的新形态教材。

第八章　检 查 监 督

第二十九条　推进建立市、校两级高校教材监测反馈机制，充分发挥一线师生、教材编写单位和专业机构等在教材使用跟踪、分析、评估中的作用，依据使用反馈意见，及时更新教材内容，淘汰质量不符合要求的教材。

第三十条　市级教育行政部门负责对高校教材工作开展检查监督，相关工作纳入教育督导考评体系。对于检查监督工作中所发现的问题，相关责任单位或责任人应当及时整改，违反法律法规和其他规定的，依法追究法律责任。

高校要完善教材质量监控和评价机制，加强对本校教材工作的检查监督。

第三十一条　本市出版管理部门负责教材出版、印刷、发行工作的监督管理，健全质量管理体系，加强检验检测，确保教材编印质量，指导教材定价。

第九章 附 则

第三十二条 高校应根据《普通高等学校教材管理办法》和本细则制定学校教材管理办法。作为教材使用的讲义、教案和教参以及数字教材参照本细则管理。

第三十三条 高校选用境外教材的管理，按照国家及本市有关政策执行。高等职业院校教材的管理，按照《上海市职业院校教材管理实施细则》执行。

第三十四条 本细则自 2022 年 2 月 1 日起施行，此前的相关规章制度，与本细则有关规定不一致的，以本细则为准。

本细则由上海市教育委员会负责解释。

上海市教育委员会关于印发《上海市职业院校教材管理实施细则》的通知

（沪教委规〔2021〕14 号）

各有关高等学校，各区教育局，各有关委、局、控股（集团）公司：

为贯彻党中央、国务院关于加强和改进新形势下大中小学教材建设的意见，落实《职业院校教材管理办法》，建立健全本市大中小学教材管理制度，切实提高教材建设水平，市教委研究制定了《上海市职业院校教材管理实施细则》，经上海市教材委员会全体会议审议通过，现印发给你们，请认真贯彻执行。

附件：上海市职业院校教材管理实施细则

上海市教育委员会

2021 年 12 月 24 日

附件

上海市职业院校教材管理实施细则

第一章 总 则

第一条 为贯彻党中央、国务院关于加强和改进新形势下大中小学教材建设的意见，规范和加强本市职业院校教材管理，切实提高地方特色教材、行业适用教材、校本专业教材水平，依据教育部《职业院校教材管理办法》，结合本市实际，制定本细则。

第二条 本细则所称职业院校教材是指供本市中等职业学校和高等职业学校课堂和实习实训使用的教学用书，以及作为教材内容组成部分的教学材料（如教材的配套音视频资源、图册等）。

第三条 本市职业院校教材必须体现党和国家意志。坚持马克思主义指导地位，体现马克思主义中国化要求，体现中国和中华民族风格，体现党和国家对教育的基本要求，体现国家和民族基本价值观，体现人类文化知识积累和创新成果。

全面贯彻党的教育方针，落实立德树人根本任务，扎根中国大地，站稳中国立场，充分体现社会主义核心价值观，加强爱国主义、集体主义、社会主义教育，引导学生坚定道路自信、理论自信、制度自信、文化自信，成为担当中华民族复兴大任的时代新人。

第四条　本市职业院校教材主要由国家统编教材、国家规划教材、市级规划教材以及包含院校自编教材在内的其他教材组成。

（一）国家统编教材是指由国家统一编写、统一审核、统一使用的教材。

（二）国家规划教材是指由国务院教育行政部门规划、国家职业院校教材审核机构审核，并经国务院教育行政部门批准后，纳入国家规划教材目录的教材。

（三）市级规划教材是指由市级教育行政部门根据本市产业发展需求与技术技能人才培养需要进行规划，由市级教育行政部门组建的职业院校教材审核机构审核，并经市级教育行政部门批准后，纳入市级规划教材目录的教材。

（四）在国家和市级规划教材目录之外，职业院校根据本校的人才培养特色组织编写的院校自编教材，以及其他编写单位根据人才培养需求组织编写的相关教材，经专业机构或专家团队审核，可纳入市职业院校教材信息库。

第二章　管 理 职 责

第五条　在上海市教材委员会指导和统筹下，本市职业院校教材实行市级教育行政部门、学校主管单位和学校分级管理，市级教育行政部门牵头负责，有关部门、行业、学校和企业多方参与。

第六条　市级教育行政部门在职业院校教材管理中履行以下职责：

（一）在本市范围内落实国家关于职业院校教材管理的相关政策。

（二）根据本市产业发展需求与技术技能人才培养需要，制订市级教材建设规划。

（三）制定本市职业院校教材管理制度，开展职业院校教材宏观管理。

（四）指导、监督本市职业院校主管单位和学校课程教材工作。

（五）协调本市职业院校教材管理的其他相关事务。

第七条　市级教育行政部门应当协调、统筹有关部门、行业组织、职业院校等资源和专业力量，支持、参与本市职业院校的教材建设工作。

第八条　学校主管单位在职业教育教材管理中履行下列职责：

（一）指导所属职业院校健全教材管理制度，接受职业院校教材管理制度备案，并对其执行情况进行监督检查。

（二）对所属职业院校教材选用使用情况进行备案与核查。

（三）接受所属职业院校自编教材立项备案，委托专业机构或专家团队对立项自编教材进行审核。

（四）市级教育行政部门设定其他涉及教材管理的职责。

第九条　本市职业院校党委（党组织）对本校教材工作负总责，确保学校在教材管理中履行下列职责：

（一）严格执行国家和本市关于职业院校教材管理的政策规定。

（二）健全本校的教材管理制度，选好用好教材。

（三）根据本校人才培养和教学实际需要，可制定完善本校自编教材计划，补充编写反映自身专业特色的教材。

第十条　本市出版管理、市场监督管理等有关部门依据各自职责分工，做好教材管理有关工作，加强对教材出版资质的管理，依法严厉打击教材盗版盗印，规范职业院校教材定价和发行工作。

本市有关部门、教科研机构、行业组织和行业职业教育教学指导机构，在市级教育行政部门统筹下，参与教材规划、编写指导和审核、评价等方面工作，协调本行业领域的资源和专业人才支持教材建设，鼓励职业院校和企业“双元”合作开发教材。

第三章 教 材 规 划

第十一条 市级教育行政部门围绕上海重点发展的战略新兴产业、先进制造业以及民生紧缺行业等发展需求，结合职业教育高质量发展要求，建立健全教材规划机制，组织规划体现区域特色的公共选修课程教材以及国家规划教材以外的专业课程教材。

第十二条 市教材规划要坚持正确导向，面向需求、有机衔接，在落实共性要求的前提下，促进特色发展，适应新时代技术技能人才培养的新要求，服务经济社会发展、产业转型升级、技术技能积累和文化传承创新。

第十三条 市级教育行政部门要充分研究国家统编教材和国家规划教材目录，听取职业院校的意见，联合有关部门、教科研机构、行业组织和行业职业教育教学指导机构等进行论证，明确市级规划教材的种类、编写要求等，定期向社会发布市级规划教材建设目录。

第四章 教 材 编 写

第十四条 教材编写应当依据职业院校教材规划、国家教学标准、职业标准（规范）以及上海市相关专业教学标准，服务学生成才成长和就业创业。教材编写应符合以下要求：

（一）以马克思列宁主义、毛泽东思想、邓小平理论、“三个代表”重要思想、科学发展观、习近平新时代中国特色社会主义思想为指导，有机融入中华优秀传统文化、革命传统、法治意识和国家安全、民族团结以及生态文明教育，体现上海优秀地方特色文化，弘扬劳动光荣、技能宝贵、创造伟大的时代风尚，弘扬精益求精的专业精神、职业精神、工匠精神和劳模精神，防范错误政治观点和思潮的影响，引导学生树立正确的世界观、人生观和价值观。

（二）内容科学先进、针对性强，积极向上、导向正确。公共基础选修课程教材要体现学科特点，突出职业教育特色。专业课程教材注重发挥行业企业、教科研机构和学校的作用，开发和编写体现新知识、新技术、新工艺、新方法及具有上海传统工艺、传统技术特色的教材，更好地对接产业发展。

（三）符合技术技能人才成长规律和学生认知特点，对接国际先进职业教育理念，适应人才培养模式创新和优化课程体系的需要，专业课程教材突出理论和实践相统一，强调实践性。适应项目学习、案例学习、模块化学习等不同学习方式要求，注重以真实生产项目、典型工作任务、案例等为载体组织教学单元。

（四）与时俱进，对接本市产业发展需求，服务战略性新兴产业、先进制造业和民生领域的专业布局，建设一批校企“双元”合作开发的新型活页式、工作手册式新形态教材。服务现代职业教育体系构建，建设面向长学制人才培养的贯通教材。

（五）编排科学合理、梯度明晰，图、文、表并茂，生动活泼，形式新颖。名称、名词、术语等符合国家有关技术质量标准和规范。鼓励开发满足在线学习需要的数字教材。

（六）符合知识产权保护等国家法律、行政法规，不得有民族、地域、性别、职业、年龄歧视等内容，严禁商业广告或变相商业广告。

第十五条 职业院校教材实行单位编写制。编写单位负责组织编写团队，审核编写人员条件，对教材编写修订工作给予协调和保障。

市级规划教材由市级教育行政部门组织符合以下条件的学校、教科研机构、企业、出版机构等编写：

（一）在中华人民共和国境内登记注册、具有独立法人资格、在相关领域有代表性的学校、教科研机构、企业、出版机构等，单位法定代表人须具有中华人民共和国国籍。

（二）有熟悉相关学科专业教材编写工作的专业团队，能组织行业、企业和教育领域高水平专业人才参与教材编写。

（三）有对教材持续进行培训、指导、回访等跟踪服务和研究的专业团队，有常态化质量监控机制，能够为修订完善教材提供稳定支持。

（四）有相应的经费保障条件与其他硬件支持条件，能保证正常的编写工作。

（五）牵头承担市级规划教材编写任务的单位，原则上应为市级及以上示范性（骨干、高水平）职业院校或重点职业院校、在市级及以上技能竞赛中成绩突出的职业院校、承担市级及以上重点建设项目的职业院校和普通高校、行业领先企业、教科研机构、出版机构等。编写单位为出版机构的，原则上应为教育、科技类或行业出版机构，具备专业编辑力量和较强的选题组稿能力。

院校自编教材由本市职业院校组织编写。

第十六条　市级规划教材、院校自编教材编写人员应经所在单位党组织审核同意，并由编写单位集中向社会公示。编写人员应符合以下条件：

（一）政治立场坚定，拥护中国共产党的领导，认同中国特色社会主义，坚定“四个自信”，自觉践行社会主义核心价值观，具有正确的世界观、人生观、价值观，坚持正确的国家观、民族观、历史观、文化观、宗教观，没有违背党的理论和路线方针政策的言行。

（二）熟悉职业教育教学规律和学生身心发展特点，对本学科专业有比较深入的研究，熟悉行业企业发展与用人要求。有丰富的教学、教科研或企业工作经验，一般应具有中级及以上专业技术职务（技术资格），新兴行业、行业紧缺技术人才、能工巧匠可适当放宽要求。

（三）遵纪守法，有良好的思想品德、社会形象和师德师风。

（四）有足够时间和精力从事教材编写修订工作。

编写人员不能同时作为同一课程不同版本教材主编。

第十七条　教材编写实行主编负责制。主编主要负责教材整体设计，把握教材编写进度，对教材编写质量负总责。主编须符合本细则第十六条规定外，还需符合以下条件：

（一）坚持正确的学术导向，政治敏锐性强，能够辨别并自觉抵制各种错误政治观点和思潮。

（二）在本学科专业有深入研究、较高的造诣，或是全国知名专家、学术领军人物，有在相关教材或教学方面取得有影响的研究成果，熟悉相关行业发展前沿知识与技术，有丰富的教材编写经验。一般应具有高级专业技术职务，新兴专业、行业紧缺技术人才、能工巧匠可适当放宽要求。

（三）有较高的文字水平，熟悉教材语言风格，能够熟练运用中国特色的话语体系。

审核通过后的教材原则上不更换主编，如有特殊情况，编写单位应报相应的主管部门批准。

第十八条　教材编写团队应具有合理的人员结构，包含相关学科或专业领域专家、教科研人员、一线教师、行业企业技术人员和能工巧匠等。

第十九条　教材编写过程中应通过多种方式征求各方面特别是一线师生和企业意见。

第二十条　职业院校教材投入使用后，应根据本市经济社会和产业升级新动态及时进行修订、完善，一般按学制周期修订。市级规划教材修订由市级教育行政部门统一组织实施。院校自编教材修订由编写单位自行组织实施。

第五章　教 材 审 核

第二十一条　职业院校教材实行分级分类审核，坚持凡编必审。

市级规划教材由市级教材审核机构负责审核，其中意识形态属性较强的教材还应送市级党委宣传部门进行把关。

院校自编教材由教材编写单位相关主管单位委托熟悉职业教育和产业人才培养需求的专业机构或专家团队进行审核认定。

第二十二条 教材出版部门成立专门政治把关机构，建强工作队伍和专家队伍，在所编修教材正式送审前，以外聘专家为主，进行专题自查，把好政治关。

第二十三条 职业院校教材审核人员应包括相关学科专业领域专家、教科研专家、一线教师、行业企业专家等。审核专家应符合本细则第十六条(一)(二)(三)，第十七条(一)(三)规定的条件，具有较高的政策理论水平，客观公正，作风严谨，并经所在单位党组织审核同意。

职业院校教材实行编审分离制度，遵循回避原则。

第二十四条 市级规划教材审核一般按照专家个人审读、集体审核环节开展，重点审核全套教材的编写思路、框架结构及章节内容。应在专家个人审读的基础上，经集体充分讨论形成审核结论。审核结论分"通过""重新送审"和"不予通过"三种。具体审核程序由市级教材审核机构制定。

市级规划教材中的实用技能类教材可适当简化审核流程。

院校自编教材参照市级规划教材审核程序实施审核。

第二十五条 职业院校教材审核实行盲审制度。

第二十六条 市级规划教材通过审核，经市级教育行政部门批准后，纳入市级规划教材目录，由市级教育行政部门定期公开发布。经审核通过的教材，未经市级教育行政部门同意，不得更改。

市级教育行政部门依托国家职业院校教材信息库，完善本市职业院校教材信息库。国家和市级规划教材自动进入信息库。院校自编教材等非规划教材按程序审核通过后，纳入信息库。

第六章 教材出版与发行

第二十七条 经审核通过的市级规划教材和院校自编教材可委托具备相应资质，且符合以下条件的出版单位组织出版：

(一) 对应所出版的教材，有不少于3名具有相关学科专业背景和中级以上职业资格的在编专职编辑人员。

(二) 具备教材使用培训、回访服务等可持续的专业服务能力。

(三) 具有与教材出版相适应的资金和经营规模。

(四) 最近5年内未受到出版主管部门的处罚，无其他违法违纪违规行为。

第二十八条 列入市级规划教材目录的教材，应注明"上海市""规划教材"等字样。

第二十九条 承担本市职业院校教材发行的机构应取得相应的资质，根据出版发行相关管理规定，最近5年内未受到出版主管部门处罚，无其他违法违纪违规行为。

第七章 教材选用与使用

第三十条 市级教育行政部门负责管理本市职业院校教材选用使用工作。

第三十一条 各职业院校要制定公开、规范、科学的教材选用管理办法，组建学校教材选用委员会，具体负责教材的选用工作，并对选用结果进行公示。

第三十二条 学校教材选用委员会成员应包括一线教师、行业企业专家、教科研人员、教学管理人员等，马克思主义理论和思想政治教育方面的专家须占有一定的比例。成员应在本人所在单位进行公示。

教材编写、出版、发行等与教材选用有利益关系的人员，不得担任学校教材选用委员会成员。

第三十三条　职业院校教材选用应遵循以下工作要求：

（一）中等职业学校思想政治、语文、历史三科，必须使用国家统编教材。高等职业学校必须使用国家统编的思想政治理论课教材、马克思主义理论研究和建设工程重点教材。

（二）中等职业学校其他公共基础必修课程教材须在国务院教育行政部门发布的国家规划教材目录中选用。职业院校专业核心课程教材和高等职业学校公共基础课程教材原则上从国家和市级教育行政部门发布的规划教材目录中选用。公共基础选修课程教材和国家规划教材以外的专业课程教材优先从市级教育行政部门发布的规划教材目录中选用。

（三）国家和市级规划目录中没有的教材，可在市职业院校教材信息库中选用。

（四）不得以岗位培训教材取代专业课程教材。

（五）选用的教材必须是通过审核的版本，擅自更改内容的教材不得选用，未按照规定程序取得审核认定意见的教材不得选用。

（六）不得选用盗版、盗印教材。

选用境外教材，按照国家和本市有关政策执行。

第三十四条　职业院校应严格遵照选用结果使用教材。

第三十五条　教材选用实行备案制度。职业院校教材选用结果每学年统一报市级教育行政部门备案。市级教育行政部门每学年将本地区职业院校教材选用情况报国务院教育行政部门备案。

第八章　教材服务与保障

第三十六条　统筹利用现有政策和资金渠道支持职业院校教材建设。市级教育行政部门重点支持市级规划教材建设以及服务市场紧缺、薄弱领域需求的教材建设。教材编写、出版单位应加大投入，提升教材质量，打造精品教材。鼓励社会资金支持教材建设。

第三十七条　承担国家统编教材编写修订任务，主编和核心编者视同承担国家级科研课题；承担国家规划公共基础必修课和专业核心课教材以及市级规划教材编写修订任务，主编和核心编者视同承担省部级科研课题，享受相应政策待遇。审核专家根据工作实际贡献和发挥的作用参照以上标准执行。对承担国家和市级规划教材编审任务的人员，所在单位应充分保证其工作时间，将编审任务纳入工作量计算，并在评优评先、职称评定、职务（岗位）晋升方面予以倾斜。

第三十八条　建立健全行业企业参与教材建设的机制，发挥职业教育集团、教学指导委员会、技能大师工作室、高技能人才基地、产教融合型企业等平台作用，完善院校与企业合作开发、教师与能工巧匠共同参与的校企“双元”合作的教材建设模式。

第三十九条　市级教育行政部门根据国家教材奖励的相关要求，建立本市职业院校教材奖励机制，对育人效果显著、易教利学、师生评价高的优秀教材进行奖励，加强优质教材推广和示范。

第四十条　市级教育行政部门健全完善职业院校教材信息发布和服务渠道，及时发布教材编写、出版、选用及评价信息。完善教材服务网络，定期开展教材展示，加强教材统计分析、社会调查、基础文献、案例集成等专题数据库的建设和应用。发挥高校、科研院所功能，加强职业院校教材管理与建设研究。

第九章　教材评价与监督

第四十一条　市级教育行政部门加强对教材选用的跟踪调查，组织专家对教材选用工作进行评价、对教材质量进行抽查。职业院校定期进行教材使用情况调查和分析，并形成教材使用情况报告报主管单位备案。

第四十二条　市级教育行政部门、主管单位对职业院校教材管理工作进行监督检查，将教材工作纳入教育督导评价重要内容，纳入职业院校评价、项目遴选、重点专业建设和教学质量评估等考核指标体系。

第四十三条　市教育、出版管理、市场监督管理等部门依据职责对教材编写、审核、出版、发行、选用等环节中存在违规行为的单位和人员实行负面清单制度，通报有关机构和学校。对存在违规情况的有关责任人，视情节严重程度和所造成的影响，依照有关规定给予相应处分。涉嫌犯罪的，依法追究刑事责任。编写者出现违法违纪情形的，必须及时更换。

第四十四条　存在下列情形之一的，相应教材停止使用，视情节轻重和所造成的影响，由上级或同级主管部门给予通报批评、责令停止违规行为，并由主管部门按规定对相关责任人给予相应处分。对情节严重的单位和个人列入负面清单；涉嫌违法犯罪的，依法追究法律责任。

（一）教材内容政治方向、价值导向存在问题。

（二）教材内容出现严重的科学性错误。

（三）教材所含链接内容存在问题，产生严重后果。

（四）盗版盗印教材。

（五）违规编写出版国家统编教材及其他公共基础必修课程教材。

（六）用不正当手段严重影响教材审核、选用工作。

（七）未按规定程序选用，选用未经审核或审核未通过的教材。

（八）在教材中擅自使用国家、市级规划教材标识，或使用可能误导职业院校教材选用的相似标识及表述，如标注主体或范围不明确的“规划教材”“示范教材”等字样，或擅自标注“全国”“国家”“上海市”等字样。

（九）其他造成严重后果的违法违纪违规行为。

第十章　附　　则

第四十五条　作为教材使用的讲义、教案和教参以及数字教材参照本细则管理。

第四十六条　本细则自2022年2月1日起施行。本市其他职业院校教材管理制度，凡与本细则有关规定不一致的，以本细则为准。

本细则由上海市教育委员会负责解释。

上海市教育委员会关于印发《上海市中小学教材管理实施细则》的通知

（沪教委规〔2021〕16号）

各区教育局：

为贯彻党中央、国务院关于加强和改进新形势下大中小学教材建设的意见，落实《中小学教材管理办法》，建立健全本市大中小学教材管理制度，切实提高教材建设水平，市教委制定了《上海市中小学教材管理实施细则》，经上海市教材委员会全体会议审议通过，现印发给你们，请认真贯彻执行。

上海市教育委员会

2021年12月27日

附件

上海市中小学教材管理实施细则

第一章 总　　则

第一条　为贯彻党中央、国务院关于加强和改进新形势下大中小学教材建设的意见，规范和加强本市中小学教材管理，打造精品教材，切实提高教材建设水平，根据教育部《中小学教材管理办法》，结合本市实际，制定本细则。

第二条　本细则所称中小学教材是指根据国家课程方案编写的、供义务教育学校和普通高中学校使用的教学用书（主要包括教科书、教学资料、教师用书等），以及作为教材内容组成部分的教学材料（主要包括教材配套的音视频、图册和活动手册、练习部分等）。

校本课程教材纳入教材管理范围。

第三条　中小学教材必须体现党和国家意志。坚持马克思主义指导地位，体现马克思主义中国化要求，体现中国和中华民族风格，体现党和国家对教育的基本要求，体现国家和民族基本价值观，体现人类文化知识积累和创新成果。

全面贯彻党的教育方针，落实立德树人根本任务，扎根中国大地，站稳中国立场，充分体现社会主义核心价值观，加强爱国主义、集体主义、社会主义教育，引导学生坚定道路自信、理论自信、制度自信、文化自信，成为担当中华民族复兴大任的时代新人。

第四条　市级教育行政部门在严格执行国家课程方案和学科课程标准，全面落实国家教材整体规划的基础上，合理规划地方课程教材，严格管理校本课程教材，重视教材质量，突出教材特色。

第五条　依据国家中小学教材审定制度，地方课程教材和校本课程教材，未经审定不得出版、选用。

第二章 管 理 职 责

第六条　中小学教材实行国家、市、区和学校分级管理的原则。

第七条　在上海市教材委员会指导和统筹下，市级教育行政部门牵头负责本市中小学教材管理，指导监督各区和学校课程教材管理工作。组织好国家课程教材的选用、使用工作，确保全面有效实施。负责地方课程教材规划、开发、审核和管理工作，以及校本课程教材审核工作。组织开展教学指导、骨干培训、监测反馈等工作，会同有关部门加强教材编写、审核、出版、管理、研究队伍建设，并建立相应的工作机制。

第八条　区级教育行政部门负责所辖区域内中小学课程教材的管理，组织做好国家课程教材、地方课程教材的选用和使用工作，确保全面有效实施。指导学校开展校本课程建设，做好校本课程教材的审读备案工作。

第九条　学校要严格执行国家和市、区关于教材管理的政策规定，健全内部管理制度，选好用好国家和地方课程教材。结合学生学习需要，科学合理规划、建设校本课程。校本课程要立足学校特色教学资源，以多种呈现方式服务学生个性化学习需求，原则上不编写出版教材，确需编写出版的，应符合本市教材建设规划要求，须报所在区级教育行政部门审读备案，区级教育行政部门审读备案通过后，须报市级教材审核机构按照国家和本市有关规定进行严格审核。

第三章 编 写 修 订

第十条　经国务院教育行政部门授权本市编修的教材，要依据国家课程教材建设规划、中小学课程方案和课程标准等编写修订。本市地方课程教材依据本市教材建设规划和编写方案，立足本市人才培养需要，充分利用好本市特有经济社会资源编写修订。

教材编写修订应符合以下要求：

（一）以马克思列宁主义、毛泽东思想、邓小平理论、“三个代表”重要思想、科学发展观、习近平新时代中国特色社会主义思想为指导，有机融入中华优秀传统文化、革命文化、社会主义先进文化、法治意识和国防教育、民族团结以及生态文明教育、生命安全与健康教育，努力构建中国特色、融通中外的概念范畴、理论范式和话语体系，防范错误政治观点和思潮的影响，引导学生树立正确的世界观、人生观和价值观，努力成为德智体美劳全面发展的社会主义建设者和接班人。

（二）体现科学性和时代性，既相对稳定，又与时俱进。以培养核心素养为导向，准确阐述本学科基本概念、基本知识和基本方法，内容选择科学适当，符合课程标准规定的知识类别、覆盖广度、难易程度等，及时反映经济社会发展新变化、科学技术进步新成果。

（三）着眼于学生全面发展，围绕核心素养，遵循学生成长规律，适应不同年龄阶段学生的认知特征，紧密联系学生思想、学习、生活实际，将知识、能力、情感、价值观的培养有机结合，充分体现教育教学改革的先进理念。

（四）注重教材的系统性，结构设计合理，不同学段内容衔接贯通，各学科内容协调配合。选文篇目内容积极向上、导向正确，选文作者历史评价正面，有良好的社会形象。语言文字规范，插图质量高，图文配合得当，可读性强。

（五）符合知识产权保护等国家法律、行政法规，不得有民族、种族、地域、性别、职业、年龄、疾病（残疾）歧视等内容，不得有商业广告或变相商业广告。

（六）要把课程德育要求落到实处，充分发挥课程教材育人功能，一体化设计课程德育内容。

第十一条　国务院教育行政部门授权本市编修的教材和市级教育行政部门组织编写的地方课程教材，由市级教育行政部门统筹组织具备相应资质和条件的单位编写。各区组织编写的地方课程教材和各校组织编写的校本课程教材，由各区和各校统筹组织具备相应资质和条件的单位编写。

编写单位负责组建编写团队，审核编写人员资质并进行社会公示，对教材编写修订工作给予协调和保障。编写单位应当具备以下条件：

（一）在中华人民共和国境内登记注册、具有独立法人资格、与教育相关的单位或组织。单位法定代表人须具有中华人民共和国国籍。

（二）有熟悉相关教材编写工作的专业团队。国家课程教材编写单位应具有中小学教材编写经验。

（三）有课程、教材、教学等方面的研究基础，原则上应承担、组织或参与过国家级或省部级教育科学研究课题，研究成果有较大社会影响。

（四）有对教材持续进行使用培训、指导、回访等跟踪服务和研究的专业团队，有常态化质量监控机制，能够为修订完善教材提供持续、有力支持。

（五）有保证正常编写工作的经费及其他保障条件。

第十二条　教材编写人员应经所在单位党组织审核同意，并由编写单位集中向社会公示。编写人员应符合以下条件：

（一）政治立场坚定，拥护中国共产党的领导，认同中国特色社会主义，坚定“四个自信”，自觉践行社会主义核心价值观，具有正确的世界观、人生观、价值观，坚持正确的国家观、民族观、历史观、文化观、宗教观，没有违背党的理论和路线方针政策的言行。

（二）准确理解和把握课程方案、学科课程标准，熟悉中小学教育教学规律和学生身心发展特点，对本学科有比较深入的研究，熟悉教材编写的一般规律和编写业务，文字表达能力强。有丰富的教学或教科研经验。一般应具有高级专业技术职务。

（三）遵纪守法，有良好的思想品德、社会形象和师德师风。

（四）有足够时间和精力从事教材编写修订工作。

编写人员不能同时参与同一学科不同版本教材编写。

第十三条　教材编写实行主编负责制。一套教材原则上设一位主编，特殊情况可设两位主编。主编主要负责组织编制教材编写大纲、统稿和定稿，对教材编写质量负总责。主编除须符合本细则第十二条规定外，还需符合以下条件：

（一）坚持正确的学术导向，政治敏锐性强，能够辨别并抵制各种错误政治观点和思潮，自觉运用中国特色话语体系。

（二）具有高级专业技术职务，在本学科领域有深入研究、较高造诣和学术威望，或是全国知名专家、学术领军人物，在课程教材或相关学科教学方面取得有影响的研究成果，有丰富的教材编写经验。

审定后的教材原则上不更换主编，如有特殊情况，须报负责组织教材审核的教育行政部门批准。

第十四条　教材编写团队一般应由本学科领域教学专家、学科专家、教研人员、中小学一线教师等组成，各类编写人员应保持合理结构和相对稳定，每册核心编写人员原则上不超过 8 人。

意识形态属性较强的教材编写团队中，应有在马克思主义理论、中华优秀传统文化、革命文化、社会主义先进文化等其他相关学科方面有较高造诣的专家。

鼓励国内高校和科研机构的知名专家、学术领军人物与中小学优秀教师共同编写教材。

第十五条　教材实行周期修订制度，一般按学制周期修订。出现以下情形，应及时修订：

（一）课程标准发生变化。

（二）中央明确提出重要思想理论、重大战略部署进教材的要求。

（三）经济、社会、科技等领域发生重大变化、取得重要成果，经国家权威部门认可的、改变现有认知的重要学术成果发布。

（四）发现教材内容有错误、不适宜或出现较大争议。

鼓励编写单位在教材使用过程中不断完善教材。修订后的教材须按相应程序送审。未按有关要求修订和送审的，不得使用。

第四章　教 材 审 核

第十六条　教材完成编写修订后，须按规定进行审核。

教材出版部门成立专门政治把关机构，建强工作队伍和专家队伍，在所编修教材正式送审前，以外聘专家为主，进行专题自查，把好政治关。

第十七条　国务院教育行政部门授权本市编修的教材，由市级教材审核机构负责审读，并送市级党委宣传部门进行初步审核把关，通过后送国家教材委员会专家委员会进行审核。

本市地方课程教材，由市级教材审核机构负责审核，其中意识形态属性较强的教材送市级党委宣传部门牵头进行政治把关。

校本课程教材由区级教育行政部门根据本细则进一步完善本区中小学校本课程教材审核及管理要求，明确区级专门机构负责进行审读备案，其中意识形态属性较强的教材送区级党委宣传部门牵头进行政治把关。通过区审读备案的校本课程教材，送市级教材审核机构进行审核。

第十八条　教材审核和审读机构应由相关学科专家、课程专家、教研专家、一线教师等组成。审核人员须符合本细则第十二条（一）（二）（三），第十三条（一）规定的条件，具有较高的政策理论水平，客观公正，作风严谨，并经所在单位党组织审核同意。

实行教材编审分离制度，遵循回避原则。

第十九条　教材编写单位根据国务院教育行政部门、市级教育行政部门的公告或有关要求送审教材。

对编写单位和人员不符合本细则规定条件或存在其他不符合送审要求情形的教材，不予受理。

第二十条　由本市负责审核的教材，教材审核应依据教材规划、课程方案和课程标准，对照以上第三条、第十条的具体要求进行全面审核，严把政治关、科学关、适宜关。

实行政治审核，重点审核教材的政治方向和价值导向，政治立场、政治方向、政治标准要有机融入教材内容，不能简单化、“两张皮”；政治上有错误的教材不能通过。选文篇目内容消极、导向不正确的，选文作者历史评价或社会形象负面的、有重大争议的，必须重新编写或者更换。实行专业审核，重点审核教材的学科知识内容及其对学生的适宜度。实行综合审核，重点审核教材的内部结构、跨学段衔接和相关学科横向配合。实行专项审核，协调市级相关部门审核教材涉及的专门领域内容。实行对比审核，审核修订后教材的新增和删减内容。

严格执行重大选题备案制度。

教材审核实行盲审制度。

第二十一条　新编教材和根据课程标准变化修订的教材，需要由本市审核，审核一般分初审和复审两个阶段。

初审重点审核全套教材的编写思路、框架结构及章节内容。复审重点审核教材根据初审意见、试教试用以及一线教师审读反馈意见进行修改的情况。

初审和复审阶段均分为个人审读、学科组审议和综合组审核。个人审读由专家个人对教材进行独立审读并提出审读意见；学科组审议采用集体审议方式，对专家个人审读意见逐条审议，在达成共识的基础上形成学科组审议意见和初步审核结论；综合组审核采用集体审核方式，充分讨论学科组审议意见，对教材整体质量集体把关，形成审核结论。

第二十二条　新编教材和根据课程标准变化修订的教材，需要由本市审核的，教材送初审时须提交编写单位、主编及编写人员的基本情况、送审报告（编写依据、课程标准、素材来源等）、出版部门对送审教材的政治把关结论、定型成品教材、教材使用跟踪计划等。

教材初审通过后，须进行试教试用，并选聘一线优秀教师进行审读，在教学环节对教材进行全面检验。试教试用的范围、方式等由市级教育行政部门规定，原则上应覆盖不同教育发展水平的区域和学校。编写单位应根据试教试用情况和一线教师审读意见对教材进行修改完善。

教材送复审时须提交根据初审意见、试教试用情况以及一线教师审读反馈意见进行修改的情况。

第二十三条　对新编教材和根据课程标准变化修订教材的审核，审核结论分“通过”“重新送审”和“不予通过”三种。具体审核程序、形式等由负责组织审核的机构制定。

第二十四条　审读要求参照上述审核要求执行。

其他需本市审核的教材，审核要求根据工作需要参照执行。

第二十五条　审核通过的本市地方课程教材和校本课程教材，由市级教育行政部门履行行政审定程序。地方课程教材审定后列入本市中小学教学用书目录。校本课程教材审定通过后在本校使用。审定后的教材不得擅自修改。

第五章　出版发行

第二十六条　教材经审定后方可出版、发行，其中纳入《上海市中小学教学用书目录》的审定通过教材，还须经发稿程序方可出版、发行。教材出版、发行单位必须取得国家出版主管部门批准的教材出版、发行资质。教材出版单位要严格按照审定通过的出版稿印刷，并向相关教育行政部门备案。

第二十七条　教材出版单位要严格规范编辑、审稿、校对制度，保证教材编校质量。教材出版和印制应执行国家标准，实施“绿色印刷”，确保印制质量。教材定价应严格遵守“保本微利”原则。教材发行应确保“课前到书、人手一册”。

第二十八条　教材出版发行不得夹带任何商业广告或变相商业广告，不得搭售教辅材料或其他商品。教材修订后，未经市级教育行政部门同意，原库存教材一律不得使用。教材出版、发行单位间要建立工作对接机制。

第六章　选用使用

第二十九条　市级教育行政部门负责本市中小学教材选用使用工作的统筹管理，领导和监督中小学教材选用工作。教材选用应遵循公开、公平、公正的原则，保证选用过程规范、有序，确保选出适合本地区中小学使用的优质教材。

第三十条　中小学教材选用单位由市级教育行政部门根据本市实际情况确定。教材选用单位应当根据有关规定组建由多方代表参与的教材选用委员会，具体负责教材的选用工作。市级教育行政部门可以根据教材选用实际需要，成立市级学科指导专家组，综合学科发展需要、区域特点向选用单位组建的教材选用委员会提出选用建议。

教材出版、发行人员以及与所选教材有利益关系的教材编写人员，不得担任教材选用委员会成员。

第三十一条　教材选用委员会分学科组提出初选意见，选用委员会结合学科组初选意见、市级学科专家指导组选用建议，在充分讨论的基础上，决定选用结果，会议讨论情况和选用结果要记录在案。

国家课程教材必须在国务院教育行政部门公布的中小学教学用书目录中选用，本市地方课程教材必须在市级教育行政部门公布的本市中小学教学用书目录中选用。教材选用结果须在选用单位网站上公示。市级教育行政部门应在选用工作完成后30个工作日内，将本市中小学教材选用结果报国务院教育行政部门备案。

选用的教材必须是经教育行政部门审定的版本，擅自更改内容的教材不得选用。

教材使用应严格遵照选用结果。不得以地方课程教材、校本课程教材等替代国家课程教材。义务教育学校不得使用境外教材。普通高中选用境外教材，须按照国家有关政策执行。

第三十二条　教材一经选用应当保持相对稳定。如需更换教材版本，应由教材选用单位委托专业机构征求使用地区学校教师、学生及家长意见，形成评估报告，并向市级教育行政部门提出书面申请。经市级教育行政部门同意后，教材选用单位组织教材选用委员会按程序选用其他版本教材。原则上从起始年级开始更换使用新版本教材。

教材选用（包括重新选用）不得影响教学秩序，应确保课前到书。

第三十三条　市级教育行政部门应建立教材选用、使用监测机制，对教材选用使用进行跟踪调查，定期对教材的使用情况进行评估并通报结果。

教材编写、出版单位须建立教材使用跟踪机制，通过多种途径和方式收集教材使用意见，形成教材使用跟踪报告，在教材进行修订审核时作为必备的送审材料。

教材编写、出版单位应加大教材使用培训力度。

第三十四条　加强各类专题教育教材和读本进校园的管理。中央明确部署单独编写教材或读本的，由国务院教育行政部门统一组织安排落实，按教材选用使用政策执行。国家其他部门以及本市提出的专题教育内容，以融入国家、本市地方课程教材为主，原则上不另设课程，不统一组织编写和选用专题教育教材或读本。确需编写和选用，面向本市部分区域的，由市级教育行政部门审核备案；面向全市的，由市级教育行政部门组织审核，并报教育部备案。审核备案通过后均列入《上海市中小学教学用书目录》。

严格控制本市地方课程教材、校本课程教材和各级各类读本数量，对数量过多、质量不高的教材和读本，由市级教育行政部门组织有关部门及时进行清理。原则上本市地方课程教材不跨省使用、校本课程教材不得跨校使用。

第七章 保障机制

第三十五条 统筹利用现有政策和资金渠道支持教材编写、审核、选用使用及跟踪评价等工作。对教材工作薄弱领域加大政策和财政经费支持力度。教材编写、出版单位应加大投入，提升教材质量，打造精品教材。鼓励社会资金支持教材建设。

第三十六条 承担国家统编教材编写修订任务，主编和核心编者视同承担国家级科研课题；承担国家课程非统编教材及本市地方课程教材编写修订任务，主编和核心编者视同承担省部级科研课题，享受相应政策待遇。审核专家根据工作实际贡献和发挥的作用参照以上标准执行。编审人员所在单位应充分保证其工作时间，将编审任务纳入工作量计算，作为业绩考核、职务评聘的依据。

市级教育行政部门根据国家教材奖励的相关要求，建立本市中小学教材奖励机制，对育人效果显著、易教利学、师生评价高的优秀教材进行奖励，加强优质教材推广和示范。

第三十七条 市、区两级教育行政部门应加强教材管理信息化建设，建立教材信息管理平台和数据库，提高教材管理和服务效率。

第八章 检查监督

第三十八条 在教材审核、选用过程中，相关单位和个人应履职尽责，严格执行相关规定。任何单位和个人不得违反规定干预教材审核和选用。

第三十九条 教材管理工作接受相关部门、教师、学生、家长及社会监督。本市教材管理工作接受国务院教育行政部门检查督导。市、区两级教育行政管理部门对本区域内的教材使用进行检查监督。

第四十条 存在下列情形之一的，教材应退出使用，不再列入教学用书目录。

（一）教材内容的政治方向和价值导向存在问题。

（二）教材内容出现严重的科学性错误。

（三）教材内容植入商业广告或变相商业广告。

（四）用不正当手段影响教材审核、选用等工作。

（五）发生教材应退出使用的其他情况。

第四十一条 违反本细则，出现以下行为之一的，视情节轻重和所造成的影响，由上级或同级教育行政部门给予通报批评、责令停止违规行为，并由主管部门或所在单位按规定对相关责任人给予相应处分。对情节严重的单位和个人列入负面清单；涉嫌犯罪的，依法追究刑事责任：

（一）存在第四十条情形。

（二）使用未经审定通过的教材。

（三）违反教材编写修订有关规定，擅自改动审定后的教材内容。不按要求聘请主编、组建编写队伍，存在挂名主编、不符合条件人员参与教材编写等现象。

（四）编写单位违反教材审核有关规定，不按要求、程序和标准送审。

（五）用地方课程教材或其他教材代替国家课程教材，以及其他严重影响教学秩序的情形。

（六）违规编写使用专题教育教材、读本。

（七）侵犯知识产权。

（八）其他违法违规行为。

违反本细则第十二条、第十三条有关规定的教材编写人员，取消编写资格。

第九章　附　　则

第四十二条　数字教材等新形态教材，托幼园所选用使用的教学资料等，根据国家及本市有关规定，参照教材进行管理。

第四十三条　本细则自2022年2月1日起施行。本市其他现行中小学教材管理办法，凡与本细则有关规定不一致的，以本细则为准。

本细则由上海市教育委员会负责解释。

上海市教育委员会关于印发《上海市民办高校政府督导专员工作办法（试行）》的通知

（沪教委民〔2021〕17号）

各民办高等学校：

为贯彻落实《中华人民共和国民办教育促进法》《中华人民共和国民办教育促进法实施条例》《民办高等学校办学管理若干规定》（教育部令第25号）和《中共中央办公厅印发〈关于加强民办学校党的建设工作的意见（试行）〉的通知》（中办发〔2016〕78号）等法律法规和文件要求，进一步支持和保障民办高校政府督导专员工作，加强民办高校规范管理，促进本市民办高等教育健康、有序、高质量发展，市教委研究制定了《上海市民办高校政府督导专员工作办法（试行）》，现印发给你们，请认真贯彻执行。

上海市教育委员会

2021年11月2日

上海市民办高校政府督导专员工作办法（试行）

第一条　制定依据

为贯彻落实《中华人民共和国民办教育促进法》《中华人民共和国民办教育促进法实施条例》《民办高等学校办学管理若干规定》（教育部令第25号）和《中共中央办公厅印发〈关于加强民办学校党的建设工作的意见（试行）〉的通知》（中办发〔2016〕78号）要求，进一步支持和保障民办高校政府督导专员工作，加强民办高校规范管理，促进本市民办高等教育健康、有序、高质量发展，特制定本办法。

第二条　适用对象

本办法适用于市教委派驻本市各民办高校的政府督导专员和市教委聘任的民办高校专项政府督导专员，以下统称“政府督导专员”。

第三条　岗位职权

依据《民办高等学校办学管理若干规定》，结合本市民办高校管理实际，政府督导专员行使下列职权：

（一）监督学校贯彻执行有关法律、法规、政策的情况。

（二）监督、引导学校办学方向、办学行为和办学质量，监督学校执行国家课程方案，规范选用使用教材以及依法依规组织招生考试等方面的情况。

（三）参加学校发展规划、人事安排、财产财务管理、基本建设、招生考试、收退费等重大事项的研究，监督学校重要改革、重大资金资产动向、政府扶持资金使用、安全稳定等方面的情况。

（四）监督学校依法参加民办高校年度检查、上海高校分类评价或其他专项督导检查、落实问题整改的情况。

（五）向委派机关报告学校办学情况，提出意见建议。

（六）有关党政部门规定的其他职责。

第四条　任职条件

政府督导专员应当拥护宪法确定的基本原则，具有较强的贯彻国家法律、法规和政策的能力，并同时符合下列条件：

1. 具有较高的政治素质，坚持正确政治方向，全面贯彻党的教育方针。

2. 具有副高级以上专业技术职称或副处级以上职级职务，熟悉高等教育管理工作和民办高校情况。

3. 身心健康，年龄原则上不超过70岁。

第五条　聘任程序

市教委是政府督导专员的委派机关，根据民办高校管理工作需要选派政府督导专员并颁发聘书。

（一）派驻各民办高校的政府督导专员由民办高校党组织书记兼任，如遇党组织换届，由新任党组织书记接任政府督导专员，由市教委换发聘书。

（二）专项政府督导专员由市教委根据专项工作需要选聘相关专家担任。

第六条　工作任期

督导专员的工作期限原则上为5年，委派机关可根据工作需要续聘。

第七条　工作方式

政府督导专员根据职权，对民办高校依法实施督导。

（一）参与研究讨论。党组织书记兼任政府督导专员应按规定参加或列席学校决策机构会议或其他专题会议，参与学校重大事项讨论。

（二）开展座谈访谈。通过召开师生座谈会、个别访谈、听课、听取汇报等方式听取意见建议，深入了解学校情况。

（三）查阅调取资料。政府督导专员根据工作需要，有权查阅和调取民办高校相关资料；经市教委同意，可调取本市民办高校管理系统、民办高校财务监管系统等相关数据。

（四）设置督导信箱。民办高校应设置政府督导专员信箱，受理师生的建议与意见，并作出妥善处理。

（五）开展专项调研。政府督导专员可根据工作需要或问题线索，开展专项调研。

（六）及时反映问题。政府督导专员发现民办高校出现可能影响办学秩序和办学稳定的问题或其他重大事项，应及时向市教委反映。

第八条 支持保障

（一）各民办高校董（理）事会、监事会、行政机构及其他相关部门应支持配合政府督导专员工作。

1. 如实向政府督导专员提供相关信息及资料。

2. 按时通知政府督导专员出席学校决策机构会议或其他专题会议。

3. 及时主动向政府督导专员汇报可能影响学校办学秩序和办学稳定的问题或其他重大事项。

4. 根据督导专员提出的意见和建议依法落实整改。

5. 为政府督导专员开展工作提供必要的条件保障。

（二）市教委应为政府督导专员工作提供支持和保障。

1. 建立政府督导专员信息沟通机制，每学期组织一次研讨交流，了解督导工作开展情况，布置有关工作，开展工作交流，协调解决督导工作存在的困难和问题。

2. 完善政府督导专员信息共享制度，根据工作需要，向政府督导专员开放民办教育管理系统、民办高校财务监管系统等管理平台，为政府督导专员调取必要的信息资料提供便利；及时向政府督导专员通报民办高校监管中发现的问题。

3. 组织开展政府督导专员工作培训，每年组织一次政府督导专员专题培训，传达民办教育及相关领域法律法规和重要文件精神。

4. 在民办教育专项经费中安排政府督导专员工作经费，为政府督导专员开展督导、调研、研讨交流等提供经费保障。

第九条 工作考核

市教委每年组织开展一次政府督导专员年度专项述职，听取政府督导专员的书面或会议述职，对政府督导专员工作给予评价。

上海市教育委员会关于印发《上海市教育委员会现行有效行政规范性文件目录》的通知

（沪教委法〔2021〕15号）

各高等学校，各区教育局，市教委各直属单位：

根据《上海市行政规范性文件管理规定》（沪府令17号）要求，经清理，截至2020年12月31日，市教委共有继续有效的市教委行政规范性文件71件，现将有关目录予以发布，请遵照执行。

附件：上海市教育委员会现行有效行政规范性文件目录（截至2020年12月31日）

上海市教育委员会

2021年6月30日

附件

上海市教育委员会现行有效行政规范性文件目录

（截至2020年12月31日）

序号	文件名称	文　号
1	上海市教育委员会、上海市人事局、上海市财政局关于印发《上海市特级教师评选管理暂行办法》的通知	沪教委人〔1997〕71号
2	上海市教育委员会关于印发《上海市〈教师资格条例〉实施细则》的通知	沪教委人〔2001〕40号
3	上海市教育委员会、上海市人事局关于印发《关于"上海市教育功臣"评选工作的暂行规定（试行）》的通知	沪教委人〔2002〕24号
4	上海市教育委员会、上海市物价局、上海市财政局关于上海市中等职业学校实行学分制收费的通知	沪教委财〔2005〕15号
5	上海市教育委员会关于印发《上海市特级教师标准（试行）》的通知	沪教委人〔2005〕28号
6	上海市教育委员会、上海市物价局、上海市财政局关于上海市高等学校试行学分制收费办法的通知	沪教委财〔2005〕49号
7	上海市教育委员会、上海市物价局、上海市财政局关于进一步规范本市高校教育收费管理有关问题的通知	沪教委财〔2007〕38号
8	上海市教育委员会关于中小学、幼儿园卫生保健人员的专业职务系列有关规定的通知	沪教委人〔2008〕56号
9	上海市教育委员会关于上海市技工学校教师高级职务评聘工作的实施意见	沪教委人〔2008〕69号
10	上海市教育委员会关于特殊学校、工读学校、早期教育中心教师评聘中学高级教师职务工作补充规定的通知	沪教委人〔2009〕13号
11	上海市教育委员会、上海市财政局关于印发《上海市中小学校学生伤害事故专项资金管理办法》的通知	沪教委财〔2011〕72号
12	上海市教育委员会关于印发《上海市高校学生海外学习、实习项目管理办法》的通知	沪教委外〔2011〕130号
13	中共上海市教育卫生工作委员会、上海市教育委员会关于上海高校辅导员培训工作的实施意见	沪教委德〔2015〕13号
14	上海市教育委员会关于明确本市各专门学校收生区域的指导意见	沪教委青〔2015〕14号
15	上海市教育委员会关于印发《上海市学校艺术教育工作规程实施意见》的通知	沪教委体〔2015〕27号
16	上海市教育委员会关于非师范毕业生和本市师范毕业生到中小学任教有关待遇处理意见的通知	沪教委人〔2015〕32号
17	上海市教育委员会关于本市义务教育阶段实行五四学制的通知	沪教委基〔2015〕35号
18	上海市教育委员会关于进一步加强以招收进城务工人员随迁子女为主的民办小学管理的意见	沪教委基〔2015〕61号
19	上海市教育委员会关于印发《上海市外国留学生政府奖学金申请办法》的通知	沪教委外〔2015〕77号
20	上海市教育委员会关于印发《关于贯彻落实教育部〈严禁中小学校和在职中小学教师有偿补课的规定〉的实施办法》的通知	沪教委人〔2015〕85号
21	上海市教育委员会关于印发《上海市以招收进城务工人员随迁子女为主的民办小学财务与资产管理若干问题的意见》的通知	沪教委财〔2015〕88号
22	上海市教育委员会印发《关于进一步规范本市中小学校接受捐赠的规定》的通知	沪教委财〔2015〕92号
23	上海市教育委员会、上海市人民政府侨务办公室关于华侨子女回国接收义务教育有关事项的通知	沪教委港澳台〔2016〕2号

续表

序号	文件名称	文 号
24	上海市教育委员会、上海市公安局关于印发《上海市工读教育规程》的通知	沪教委青〔2016〕8 号
25	上海市教育委员会关于切实规范中小学课程教学工作深入实施素质教育的若干意见	沪教委基〔2016〕30 号
26	上海市教育委员会关于印发《上海市中等职业学校专业设置管理实施细则》的通知	沪教委职〔2016〕40 号
27	上海市教育委员会关于印发《上海市普通高等学校本科专业设置管理实施细则》的通知	沪教委规〔2017〕1 号
28	上海市教育委员会　上海市财政局关于实行本市义务教育阶段教科书免费提供工作的通知	沪教委规〔2017〕2 号
29	上海市教育委员会关于印发《上海市中小学学生学籍管理办法》的通知	沪教委规〔2017〕3 号
30	上海市教育委员会关于印发《上海市中等职业学校学生学籍管理实施办法》的通知	沪教委规〔2018〕2 号
31	上海市教育委员会关于印发《上海市进一步推进高中阶段学校考试招生制度改革实施意见》的通知	沪教委规〔2018〕3 号
32	上海市教育委员会　上海市人力资源和社会保障局关于印发《上海市中小学高级教师评审条件》的通知	沪教委规〔2018〕4 号
33	上海市教育委员会　上海市住房和城乡建设管理委员会　上海市环境保护局　上海市质量和技术监督局关于加强本市基础教育学校塑胶场地建设管理工作的通知	沪教委规〔2018〕5 号
34	上海市教育委员会关于印发《上海市普通高中学业水平考试实施办法》的通知	沪教委规〔2018〕6 号
35	上海市教育委员会关于印发《上海市普通高中学生综合素质评价实施办法》的通知	沪教委规〔2018〕7 号
36	上海市教育委员会关于印发《上海市初中学业水平考试实施办法》的通知	沪教委规〔2019〕2 号
37	上海市教育委员会关于印发《上海市初中学生综合素质评价实施办法》的通知	沪教委规〔2019〕3 号
38	上海市教育委员会关于印发《上海市初中毕业升学体育考试工作实施方案》的通知	沪教委规〔2019〕4 号
39	上海市教育委员会关于做好本市普通高等学校学生转学工作的意见	沪教委规〔2019〕5 号
40	上海市教育委员会　上海市体育局　上海市财政局　上海市精神文明建设委员会办公室关于印发《上海市学校体育场馆向社会开放导则》的通知	沪教委规〔2019〕6 号
41	上海市教育委员会等四部门关于印发《上海市家庭经济困难学生认定工作实施意见》的通知	沪教委规〔2019〕7 号
42	上海市教育委员会　上海市精神文明建设委员会办公室　共青团上海市委员会关于印发《上海市初中学生社会实践管理工作实施办法》的通知	沪教委规〔2019〕8 号
43	上海市教育委员会关于印发加强本市义务教育学校作业管理相关措施的通知	沪教委规〔2019〕9 号
44	上海市教育委员会等九部门关于印发《本市落实义务教育阶段学生减负增效工作实施意见》的通知	沪教委规〔2019〕10 号
45	上海市教育委员会　上海市文化和旅游局　上海市人力资源和社会保障局　上海市财政局　上海市发展和改革委员会　上海市文教结合工作协调小组办公室关于印发《上海市中小学艺术工作管理办法》的通知	沪教委规〔2019〕11 号
46	上海市教育委员会　上海市体育局　上海市人力资源和社会保障局　上海市财政局　上海市发展和改革委员会关于印发《上海市中小学体育工作管理办法》的通知	沪教委规〔2019〕12 号
47	上海市教育委员会等七部门关于印发《上海市校外线上培训备案细则》的通知	沪教委规〔2020〕1 号
48	上海市教育委员会　上海市财政局　上海市退役军人事务局　上海市人民政府征兵办公室关于印发《上海市普通高等学校学生资助资金管理实施办法》的通知	沪教委规〔2020〕2 号
49	上海市教育委员会等 8 部门关于全力防控疫情支持民办托幼机构平稳健康发展的通知	沪教委规〔2020〕3 号
50	上海市教育委员会　上海市财政局　上海市民政局上海市残疾人联合会关于印发《上海市中小学幼儿园学生资助资金管理实施办法》的通知	沪教委规〔2020〕4 号

续表

序号	文件名称	文 号
51	上海市教育委员会等9部门关于临时调整民办培训机构学习保障资金缴存比例的通知	沪教委规〔2020〕5号
52	上海市教育委员会关于延长《关于本市义务教育阶段实行五四学制的通知》有效期的通知	沪教委规〔2020〕6号
53	上海市教育委员会关于延长《上海市教育委员会关于明确本市各专门学校收生区域的指导意见》有效期的通知	沪教委规〔2020〕7号
54	上海市教育委员会关于延长《上海市教育委员会关于印发〈上海市学校艺术教育工作规程实施意见〉的通知》有效期的通知	沪教委规〔2020〕8号
55	中共上海市教育卫生工作委员会　上海市教育委员会关于延长《中共上海市教育卫生工作委员会　上海市教育委员会关于上海高校辅导员培训工作的实施意见》有效期的通知	沪教委规〔2020〕9号
56	上海市教育委员会关于延长《上海市〈教师资格条例〉实施细则》有效期的通知	沪教委规〔2020〕10号
57	上海市教育委员会关于延长《上海市教育委员会关于中小学、幼儿园卫生保健人员的专业职务系列有关规定的通知》有效期的通知	沪教委规〔2020〕11号
58	上海市教育委员会关于延长《上海市教育委员会关于特殊学校、工读学校、早期教育中心教师评聘中学高级教师职务工作补充规定的通知》有效期的通知	沪教委规〔2020〕12号
59	上海市教育委员会关于延长《上海市教育委员会关于非师范毕业生和本市师范毕业生到中小学任教有关待遇处理意见的通知》有效期的通知	沪教委规〔2020〕13号
60	上海市教育委员会关于印发《上海高校教师师德失范行为处理指导意见》《上海市中小学幼儿园教师违反职业道德行为处理的意见》的通知	沪教委人〔2020〕14号
61	上海市教育委员会　上海市物价局　上海市财政局关于延长《上海市教育委员会　上海市物价局　上海市财政局关于上海市中等职业学校实行学分制收费的通知》有效期的通知	沪教委规〔2020〕15号
62	上海市教育委员会　上海市物价局　上海市财政局关于延长《上海市教育委员会　上海市物价局　上海市财政局关于上海市高等学校试行学分制收费办法的通知》有效期的通知	沪教委规〔2020〕16号
63	上海市教育委员会　上海市物价局　上海市财政局关于延长《上海市教育委员会　上海市物价局　上海市财政局关于进一步规范本市高校教育收费管理有关问题的通知》有效期的通知	沪教委规〔2020〕17号
64	上海市教育委员会　上海市人力资源和社会保障局　上海市住房和城乡建设管理委员会　上海市消防救援总队关于做好自学考试助学机构、文化教育培训机构、职业技能培训机构消防安全管理工作的通知	沪教委规〔2020〕18号
65	上海市教育委员会关于延长《关于进一步规范本市中小学校接受捐赠的规定》有效期的通知	沪教委规〔2020〕19号
66	上海市教育委员会关于延长《上海市以招收进城务工人员随迁子女为主的民办小学财务与资产管理若干问题的意见》有效期的通知	沪教委规〔2020〕20号
67	上海市教育委员会关于加强上海学校心理健康教育的意见	沪教委规〔2020〕21号
68	上海市教育委员会关于延长《关于进一步加强本市以招收进城务工人员随迁子女为主的民办小学管理的意见》有效期的通知	沪教委规〔2020〕22号
69	上海市教育委员会关于延长《上海市外国留学生政府奖学金申请办法》有效期的通知	沪教委规〔2020〕24号
70	上海市教育委员会关于延长《关于贯彻落实教育部〈严禁中小学校和在职中小学教师有偿补课的规定〉的实施办法》有效期的通知	沪教委规〔2020〕27号
71	上海市教育委员会关于印发《上海市教育行政处罚裁量基准适用规定》和《上海市教育委员会关于教育行政处罚的裁量基准(2020年版)》的通知	沪教委规〔2020〕26号

上海市教育委员会关于印发《上海市教育系统开展法治宣传教育的第八个五年规划（2021—2025年）》的通知

（沪教委法〔2021〕33号）

各高等学校，各区教育局，各有关委、局、控股（集团）公司，各直属单位：

为深入学习贯彻习近平法治思想，进一步提升本市教育系统普法工作质量和水平，根据教育部《全国教育系统开展法治宣传教育的第八个五年规划（2021—2025年）》和市委宣传部、市司法局《关于在本市开展法治宣传教育的第八个五年规划（2021—2025年）》等工作要求，我委研究制定了《上海市教育系统开展法治宣传教育的第八个五年规划（2021—2025年）》，现予印发。请结合实际，认真贯彻落实。

附件：上海市教育系统开展法治宣传教育的第八个五年规划（2021—2025年）

上海市教育委员会

2021年12月22日

附件

上海市教育系统开展法治宣传教育的第八个五年规划（2021—2025年）

为深入学习贯彻习近平法治思想，进一步提升教育普法工作质量和水平，服务上海“十四五”时期教育事业发展，根据教育部《全国教育系统开展法治宣传教育的第八个五年规划（2021—2025年）》和市委宣传部、市司法局《关于在本市开展法治宣传教育的第八个五年规划（2021—2025年）》等工作要求，结合本市教育系统实际，制定本规划。

一、总体要求

（一）指导思想

坚持以习近平新时代中国特色社会主义思想为指导，深入贯彻党的十九大和十九届二中、三中、四中、五中、六中全会精神，认真落实习近平法治思想、习近平总书记关于教育的重要论述，增强“四个意识”，坚定“四个自信”，做到“两个维护”。全面贯彻党的教育方针，落实立德树人根本任务，围绕上海“十四五”时期教育事业发展目标，准确把握新发展阶段普法规律，坚持以社会主义核心价值观教育为主线，以宪法教育为核心，以民法典教育为重点，结合党史、新中国史、改革开放史和社会主义发展史学习教育，结合加强爱国主义、集体主义、社会主义教育，深入开展法治宣传教育，不断增强普法的针对性和实效性，持续提升教育系统广大干部师生的法治素养，为基本实现教育治理体系和治理能力现代化、全面建设社会主义现代化国家奠定坚实基础。

（二）工作原则

坚持党的全面领导，围绕中心服务大局。牢牢把握党的领导是社会主义法治的根本保证，落实党中央关于加强法治宣传教育的工作部署，始终保持正确的政治导向和舆论方向；围绕党和国家的中心工作开展教育普法，落实国家和本市法治宣传教育工作的各项任务，服务本市教育事业改革发展，营造良好的法治环境。

坚持以人为本，分类指导突出重点。树立以人为本的普法工作导向，针对青少年学生、教职员工以及教育行政机关工作人员各自的群体特点和普法重点需求，分类实施、统筹推进法治宣传教育，科学设计、合理安排法治教育的内容与形式，增强法治教育的针对性和实效性。

坚持普治并举，多元协同创新发展。法治宣传教育要与依法治理有机融合，与依法行政、依法治校、人才培养工作共同推进，深度融入法治实践，引导教育系统广大干部师生养成自觉守法、遇事找法、解决问题靠法的思维习惯和行为方式。统筹整合社会各类法治教育资源，注重智慧普法科技赋能，推动完善多元协同、创新发展的大普法格局。

（三）主要目标

到2025年，教育系统法治意识进一步增强，教育系统干部师生对法律法规的知晓度、法治精神的认同度、法治实践的参与度进一步提升。法治教师教学能力显著提高，法治实践教育成效凸显，智慧普法科技赋能深入推进，教育系统法治宣传教育的针对性和实效性不断增强。基本形成社会多方共同参与的法治教育协同体系，持续提升依法治理效能，全面依法治教、依法治校和依法办学取得新进展，教育系统法治宣传教育的质量和水平迈上新台阶。

二、主要任务

（一）坚持以习近平法治思想为引领，全面加强社会主义法治文化建设

深入学习贯彻习近平法治思想。学习宣传习近平法治思想的重大意义、丰富内涵、精神实质和实践要求，推动习近平法治思想贯穿于教育系统法治宣传教育的全过程和各方面，引导广大干部师生坚定不移走中国特色社会主义法治道路。

深入学习宣传宪法。重点宣传宪法规定的社会主义制度是中华人民共和国的根本制度，中国共产党领导是中国特色社会主义最本质的特征、是中国特色社会主义制度的最大优势，宣传公民的基本权利和基本义务，阐释好“中国之治”的制度基础，阐释好新时代依宪治国、依宪执政的内涵和意义，阐释好中国特色社会主义宪法精神。

深入学习宣传民法典等与人民群众切身利益密切相关的法律法规。重点宣传以民法典为重点的中国特色社会主义法律体系，宣传民法典中国特色社会主义性质、基本原则、基本要求和新规定、新概念、新精神。宣传刑法、刑事诉讼法、行政处罚法等国家基本法律，宣传总体国家安全观和相关法律法规，宣传公共卫生安全、科学技术普及、优化营商环境、食品药品安全、生态文明建设、知识产权保护、税务、防止家庭暴力等与人民群众切身利益密切相关的法律法规规章，使广大干部师生进一步养成自觉守法的意识，形成遇事找法的习惯，提升解决问题靠法的意识和能力。

深入学习宣传与推动教育高质量发展的法律法规。重点宣传教育法、职业教育法、民办教育促进法及其实施条例、国家通用语言文字法、未成年人保护法、预防未成年人犯罪法、家庭教育促进法等法律法规。宣传本市高等教育、职业教育、民办教育、学前教育、终身教育和托育服务等领域新制定、修订的地方性法规、规章，推动本市教育高质量发展，提升本市教育系统依法治理的能力和水平。

深入学习宣传党内法规。重点宣传党章、准则和条例等，将党内法规宣传与国家法律宣传有机协调衔接，重点阐释新时代党的建设总要求，阐释党内法规的重要意义和主要内容。将学习掌握党内法规作为合格党员的基本要求，列入党组织“三会一课”内容，更好地引导教育系统广大党员懂法纪、明规矩，知敬畏、存戒惧，不断提高政治判断力、政治领悟力、政治执行力。

（二）科学设计分类实施法治宣传教育，切实提升干部师生法治观念和法律素养

推进教育系统精准普法。分层次、分类别设计普法的目标、内容和方法途径，探索开展菜单式普法。

注重运用新技术分析不同人群的法治需求，提高普法内容的适用性和实效性。细化完善普法的工作标准和操作规范，试点开展普法成效测评。加强案例普法，推进教育系统行政复议人员、行政执法人员、公职律师等以案释法。

继续把加强青少年学生法治教育作为法治宣传教育工作的“重中之重”。科学规划、系统安排各学龄段法治教育的内容与要求，创新青少年法治教育内容和形式，分类教育、突出重点。结合安全、禁毒、国防、防灾减灾救灾以及防范学生欺凌、网络诈骗、人身侵害和人口拐卖等内容开展日常宣传教育，培养学生法治观念，强化规则意识，倡导契约精神，弘扬公序良俗，实践法治的育人功能。将法治教育纳入中小学课后服务范围，推进青少年法治实践教育走深走实。

分类设计、系统提升教职工法治素养。大力提升学校管理者运用法治思维治理学校的能力和水平，健全符合法治精神和依法治校规定的学校治理体系。充分认识教师群体作为学生教育法治宣传工作第一线工作者的重要地位，全面提升教师的法治素养和解决学生突发事件的能力，切实提高教师依法执教水平。

持续推进教育部门法治教育走向深入。根据依法治国整体战略及建设法治政府的任务部署，深入学习宣传依法行政及依法治教理念，凝聚思想共识，健全行政决策程序，规范行政执法行为，强化行政监督和问责，积极推进政策法规的有效实施，坚持在法治轨道上推进本市教育治理体系和治理能力现代化。

（三）深度融入教育系统依法治理，为加快教育现代化营造良好法治环境

推动普法与依法治教紧密结合，进一步提升教育系统运用法治思维和法治方式推动教育改革发展的能力。将普法融入教育立法过程，通过征求意见、基层调研等方式，引导公众主动参与立法、了解立法。认真落实“谁执法谁普法”“谁管理谁普法”，健全责任机制，明确普法内容。推动各级各类学校健全依法治理制度体系，将普法融入学校教育教学与日常管理，体现在学生守则、教学规则、行为规范和其他管理制度中，不断提升依法治校能力。建立健全对学生日常行为的考察评价与奖惩机制，在学生综合素质评价中加大对学生遵纪守法意识和行为的考查。加强大中小学生违法犯罪预防、学校未成年人保护、教师职业道德、教育惩戒实施、安全管理、依法治理“校闹”、推进依法治校等相关规章制度的学习宣传，规范和保障学校、教师依法履行职责，更好地维护校园教育教学秩序。

三、重点举措

（一）习近平法治思想引领计划

将学习贯彻习近平法治思想作为重要政治任务，把习近平法治思想作为教育部门党委（党组）理论中心组学习、领导班子集体学习的重要内容，每年专题学习不少于1次。把习近平法治思想作为教育系统干部、教师等教育培训的重点课程。推动习近平法治思想融入学校教育，纳入青少年法治宣传活动，纳入高校法治理论学科体系、教学体系，支持有条件的高校面向学生开设习近平法治思想公共选修课，加强习近平法治思想相关理论的研究和阐释。充分利用网站、电视台、报刊、“两微一端”等多种渠道，加大习近平法治思想宣传解读力度，着力营造学习宣传贯彻习近平法治思想的良好氛围。

（二）教育部门法治素养提升计划

充分发挥领导干部的“关键少数”示范引领作用，将宪法、民法典、党内法规等内容纳入教育部门领导班子年度学习规划，把法治素养和依法履职情况作为干部考核评价的重要内容。建立健全领导干部应知应会法律清单制度，分级分类明确干部履职应当学习掌握的法治内容。推进现场或通过网络旁听法庭庭审，提高领导干部运用法治思维和法治方式解决问题的能力。推动落实本市各级教育行政部门“谁执法谁普法”的普法责任制清单，加大公务员法治培训力度，市教育行政部门依托行政执法人员培训、新进公务员培训等工作集中开展公务员法治培训；各区每年安排不少于5课时，用于开展本区公务员法治专题培训。

（三）学校教职员工法治能力提升计划

研究制定学校主要负责同志应知应会的法律法规、规章制度等知识要点，持续开展学校主要负责同志

法治专题培训。推动各区、各校将法治素养和依法治校能力作为学校主要负责同志任职和工作考核的重要内容。鼓励学校引进专业法律人才，通过定期培训、挂职锻炼、委托培养等多种方式，不断提升学校管理人员的法治素养。加强法治课(含道德与法治课、思想政治课等，下同)专业教师队伍建设，推动学校配备与课程设置相当的法治课专业教师。鼓励支持师范院校法学院(系)培养更多更专业的法治教育师资后备力量，推动高等院校在师范、法学专业培养方案中增加法学、教育学原理等相关内容。加大教师法治教育培训力度，5年内对所有法治课教师完成一次轮训，开展中小学教师全员法治培训，各区确保每位中小学教师每年接受不少于5课时的法治教育培训。完善法治课教师选拔和激励机制，在岗位聘用、专业发展和职称晋升等方面予以倾斜支持，加大法治教育专项研究力度和对教学成果的支持奖励力度。建立健全法治课教学观摩、集体备课等教师研修机制。

(四)课堂法治教育水平提升计划

全面落实《青少年法治教育大纲》，充分发挥法治教育在立德树人过程中的重要作用，继续落实学校教育主阵地、课堂教学主渠道地位，落实国家相关课程方案和学科课程标准，确保学校开足开齐开好法治课，打造一批法治课精品在线课程。推广启发式、互动式、探究式教学方式，加大情景模拟、案例教学等方法应用，加强教学行为指导和规范，着力提升课堂教学实效。充分挖掘各学科教学内容的法治内涵，结合学生年龄特点和日常实际将规则、纪律、秩序、诚信、团结合作、冲突解决等法治内容融入教育教学之中，建立健全完整的青少年法治教育体系。根据国家部署，适当增加法治知识在中考、高考中的占比。加强高等学校法律基础课程建设，加强和完善法治教育质量监测和评价。

(五)普法品牌活动成效提升计划

落实教育部关于“学宪法　讲宪法”国家级品牌活动的整体部署，在全市范围内积极推进“学宪法　讲宪法”系列活动，开展“宪法晨读”“宪法演讲”“宪法志愿者”等特色活动。在青少年学生成人仪式、毕业仪式等活动中设置礼敬宪法环节，引导学生利用假期、社会实践活动等契机学习宪法、参与法治实践活动，推动宪法学习制度化、常态化。持续开展“新沪杯”中学生宪法法律知识竞赛、“尚法杯”上海市学生法治辩论赛和青少年宪法法治书画作品征集等本市普法品牌活动。适时开展“民法典进校园”等其他专项普法品牌活动。创新活动方式，通过歌曲、舞蹈、模拟法庭、情景剧展演、志愿活动、应急演练等多种形式推进校园法治文化建设，普及法治知识，弘扬法治精神，不断增强普法品牌活动的吸引力和感染力，推动普法品牌活动全覆盖、见实效，着力营造教育系统良好法治文化。

(六)法治实践资源支持保障计划

将法治实践教育作为中小学综合实践活动的重要内容，加大安全教育馆、宪法教育馆等青少年法治教育实践基地建设，完善组织保障机制，将青少年法治教育实践基地纳入社会实践大课堂活动场所，确保学生每年法治实践教育不少于2课时。鼓励有条件的区建设青少年法治资源教室或学习空间。试点开展网络法治实践教育。

(七)新媒体法治宣传教育创新计划

推进“互联网+普法”，推动构建立体化法治宣传教育体系，探索建立面向教育系统行政执法人员、校长、教师等群体的在线学法资源平台。创新普法内容形式，运用大数据、云计算、人工智能等新技术，推动普法内容供给侧结构性改革。逐步建立法治教育教学资源支持系统，提供相关视听资料和参考案例。

(八)法治教育协同发展计划

健全协同工作机制，深入挖掘社会法治资源。加强与人大、人民法院、人民检察院、公安机关、司法机关等部门的联系合作，形成合力，共同推进青少年学生的法治教育。落实本市《关于加强本市中小学校法治副校长工作的若干意见》，完善法治副校长工作机制，研究制定法治副校长普法工作手册，有针对性、有计划性地开展未成年人保护、预防未成年人犯罪和防范校园欺凌、性侵害等相关方面法治教育。探索推进大中小学法治教育一体化，发挥高校在青少年法治教育中的作用，推进高校开展青少年法治教育中心建设，服务法治教育决策咨询、理论研究和实践探索。推进教育公益普法，将普法作为大学生社会实践、志愿者服务等重要内容。配合推进社区和家庭青少年法治教育，推动构建学校、家庭、社会共同参与的法治教育协同发展新格局。

四、组织保障

（一）加强组织领导

教育行政部门和各级各类学校要进一步提高政治站位，从党和国家事业发展全局出发，把做好教育系统普法工作作为贯彻落实习近平法治思想的一项重要具体举措，切实增强责任意识，将普法工作摆到全局工作的重要位置，加强法治工作领导班子建设和队伍建设，协调解决实际问题，扎实推进法治宣传教育。

（二）健全工作机制

教育行政部门和各级各类学校要制定普法工作方案，健全普法工作机制，充实加强普法工作力量，指定专门机构或者人员负责教育普法工作。坚持重视法治素养和法治能力的用人导向，严格依法依规决策，不断提高运用法治思维和法治方式深化改革、推动发展、化解矛盾、维护稳定、应对风险的能力，认真落实“谁执法谁普法”的普法责任机制，明确普法重点内容。

（三）强化经费保障

教育行政部门和各级各类学校要将法治宣传教育工作经费纳入单位年度预算，切实予以保障，确保法治教育培训、教育教学研究、法治宣传活动等顺利开展。将法治宣传教育列入政府购买服务指导性目录，加强对社会力量参与教育系统法治宣传教育的指导和管理，完善政府购买、社会投入、公益赞助等相结合的普法机制。

（四）优化考评机制

教育行政部门和各级各类学校要将法治宣传教育纳入政府履行教育职责评价、教育督导评估和综合绩效考核等重要范围，把依法履职能力作为干部考核考评的重要内容。鼓励引导社会力量参与法治教育的第三方评价，为改进教育普法工作提供决策依据。健全法治宣传教育激励机制，重视表彰优秀法治课教师，重视推选法治课教师先进典型，及时总结宣传推广法治课教师或者教学的先进经验和典型案例。

上海市教育委员会关于印发《上海市基础教育发展“十四五”规划》的通知

（沪教委基〔2021〕56 号）

各区教育局、各有关直属单位：

现将《上海市基础教育发展“十四五”规划》印发给你们，请结合实际，认真贯彻执行。

附件：上海市基础教育发展“十四五”规划

上海市教育委员会

2021 年 12 月 31 日

附件

上海市基础教育发展“十四五”规划

为深入贯彻党的十九大和十九届二中、三中、四中、五中、六中全会精神，全面落实习近平总书记关于教育的重要论述，加强党对教育工作的全面领导，全面贯彻党的教育方针，发挥基础教育在人才培养中的基础性和先导性作用，进一步提升基础教育优质均衡发展水平，促进学生全面而有个性发展，建设高质量教育体系，办好人民满意的教育，根据《中国教育现代化2035》《上海教育现代化2035》《上海市教育发展“十四五”规划》，制定本规划。

一、“十三五”时期上海基础教育发展回顾

“十三五”时期，在市委、市政府的正确领导下，上海基础教育全面落实既定目标任务。始终贯彻党的教育方针，落实立德树人根本任务，践行“为了每一个学生的终身发展”核心理念。积极回应城市发展需求，针对上海城市功能定位及人口布局变化，加强顶层谋划，推进战略性攻坚项目建设。深化教育综合改革，聚焦教育中的重点、难点问题集中攻关，形成可复制、可推广的经验。聚焦优质均衡发展，抓住课程、教学、评价、师资等关键环节，促进内涵发展，不断提升基础教育质量，为上海率先总体实现教育现代化奠定重要基础。

（一）落实立德树人根本任务，“五育并举”取得新突破

出台《关于深化新时代学校思想政治理论课改革创新的实施意见》，推进新时代学校思想政治理论课改革创新，基本形成大中小幼德育内容一体化、学校家庭社会教育一体化的德育实施体系。推进初高中学生综合素质评价社会实践体系建设，扩大社会教育资源供给。建立上海市青少年科学研究院、上海市青少年科学创新实践工作站、上海创客教育联盟、人工智能教育共同体四大创新教育体制，开展上海国际青少年科技博览会等活动，拓展青少年科创成果和科普的展示及传播渠道。搭建各学段衔接有序的“一条龙”学校体育工作体系，实施大中小一体化的体育课程改革，出台体育中考改革方案，建立学生体育素养评价指标体系，开展测评工作。部市签署学校美育改革发展备忘录，出台《全面加强和改进学校美育工作的实施意见》《上海市中小学艺术工作管理办法》，完成“五大”学生艺术团及联盟设点布局，设立7个中小学文化名师工作室。55所中小学(职)校被教育部命名为“全国中华优秀文化传承校”。出台《关于进一步加强家庭教育工作的实施意见》《关于加强中小学生涯教育的指导意见》《关于加强上海学校心理健康的意见》和《关于全面加强新时代大中小学劳动教育的实施意见》，加强家庭教育、中小学生涯教育和中小学劳动教育。

（二）促进城乡教育一体化发展，家门口学校呈现新面貌

义务教育各项普及指标均达到或超过国家标准，全市符合条件的适龄儿童义务教育入学率保持在99.9%以上。制定促进本市城乡义务教育一体化的实施意见，全面落实义务教育学校建设“五项标准”，学校办学条件得到改善。推动学区化集团化办学向紧密型发展，学区化集团化办学覆盖80%以上的义务教育学校。促进新优质学校集群发展，覆盖25%的义务教育公办学校。完成第一轮城乡学校携手共进计划，实施百所公办初中强校工程，不断扩充优质教育资源。

（三）推动高中育人方式变革，高中特色发展形成新局面

出台《上海市普通高中课程实施方案》，全面做好新课程、新教材的专项教研、教师培训、教学指导支持、教育装备配置、考试评价研究指导等工作。推进高中非统编教材部分配套资源编修与复核工作。继续推动本市特色普通高中创建工作，制定并实施相关行动计划，命名一批特色普通高中。落实本市推进普通高中学校建设的实施意见，进一步改善学校校舍条件、提升学校教育装备水平、探索大规模因材施教、强化

高水平师资保障、深化教育教学改革。

（四）完善特殊教育公共服务体系，融合教育实现新成效

实施特殊教育三年行动计划，推进特殊教育向学前教育和高中教育延伸。符合条件的适龄残疾儿童义务教育阶段入学率达到99.8%。增设聋人普通高中，每区开设特殊中职校（班），高中阶段残疾学生入学率提升至70.5%。深入推进医教结合，各类残疾学生全员全程评估机制初步建立。深化课程教学改革，各学段特殊教育课程体系基本形成。普通学校特教专职教师配备率超过50%，巡回指导教师人数配备显著增加，随班就读学校资源教室配备率达到77.2%，融合教育课程支持水平进一步提升。

（五）推进考试招生和评价改革，教育评价显现新样态

落实国家统一要求，实施公民同招、民办超额摇号的义务教育招生制度。实施“绿色指标”综合评价，推进义务教育教学质量评价改革。落实新中考相关要求，出台《上海市进一步推进高中阶段学校考试招生制度改革实施意见》及《上海市初中学业水平考试实施办法》《上海市初中学生综合素质评价实施办法》，改革普通高中招生办法。稳步推行选课走班，系统开展生涯教育，有序推进中学生社会实践、志愿服务、公益劳动，学生综合素质得到提升。率先实施高等学校考试招生制度改革，基本形成了分类考试、综合评价、多元录取、程序透明的高等学校考试招生模式。

（六）持续深化课程教学改革，教育资源供给取得新进展

持续开展学校课程领导力行动研究和实践，不断提升学校课程规划能力、创造性落实课程方案能力和课程更新与评估能力。深入推进基于课程标准的教学与评价改革实践，编制完成各学科段教学基本要求。推进学习基础素养研究的实践转化，开发学习基础素养评价体系和工具。深化小学主题式综合活动课程实践，实施义务教育项目化学习三年行动计划，取得阶段性成果。加强基于区域特色的综合课程创造力研究和实践，试点建设一批特色课程资源，探索学生创造力培养的有效路径和策略。深入落实国家统编三科教材使用工作，完成高中非统编教材编制工作，推进义务教育非统编教材编制机制研究。启动研制学校跨学科学习指南，研究跨学科学习活动的实施与评价。建设“空中课堂”优质资源，试验大规模在线教学，有效保障居家学习顺利进行，促进线下线上融合发展。

（七）加强教育基础能力建设，服务保障水平迈上新台阶

全面加强师德师风建设，出台并实施《新时代上海市中小学幼儿园教师职业行为十项准则》和相关处理办法，加强市、区两级教师专业发展学校建设，实施第四期“双名工程”，出台中小学教师“1+5”专项能力培育计划，优化公办中小学教师编制配置标准，建立正高级教师职称评聘制度，提高教师待遇和地位，完善内部考核体系。加快建立市、区、校三级教育数据中心、上海教育资源中心、上海教育认证中心和基础教育管理决策平台、基础教育教学平台，统一数据标准及规范和身份认证，启动构建上海教育云和相关准入机制。开展教育信息化应用标杆校创建工作。小学数学教材走进英国小学，中英数学教师交流项目助力人文交流，持续参与经济合作与发展组织（OECD）开展的国际学生评估项目（PISA）、教师教学国际调查项目（TALIS），推动联合国教科文组织（UNESCO）教师教育中心落户上海。学校办学条件明显提升，小学、初中、高中学位数分别增加5.75、4.38、1.01万个，小学、初中、高中生均校舍面积分别增幅6.71%、7.03%、7.05%。建设上海市学校安全管理中心，通过视频监控系统，集成全市16个区3900余所学校（包括教学点）的3.7万余路视频监控信息，对接率达87.03%。

（八）深化基础教育放管服改革，教育治理能力得到新提高

深化基础教育行政审批制度改革，建立行政权力和行政责任目录管理制度以及行政权力事项动态清单机制。开展并完成三批依法治校示范校和标准校评估认定工作。形成督政、督学和评估监测“三位一体”的教育督导体系，完成对区政府依法履行教育职责的年度自评公报和第三轮综合督政。积极推动本市“全国义务教育优质均衡发展区”督导评估工作。开展小学“基于课程标准的教学与评价”落实情况、初中

强校工程实施情况、义务教育阶段民办学校招生情况、中小学生心理健康防护工作等专项督导，系统总结市实验性示范性高中发展性督导工作，完成“全国中小学校责任督学挂牌督导创新区”评估验收工作。规范义务教育阶段民办学校办学秩序。

与此同时，对标党中央、国务院和市委、市政府的部署要求，对标上海基础教育发展的远景目标，对标市民群众对优质均衡、个性多元基础教育的迫切期待，上海基础教育领域还面临一些亟待突破的瓶颈难题。培养担当民族复兴大任、德智体美劳全面发展的时代新人，迫切要求补齐教育短板，进一步加强体育、美育、劳动教育，增强学生适应未来发展的能力与素养。发展让人民群众满意的高品质教育，迫切需要进一步激发学校办学活力，完善高水平教师队伍建设体制机制，加速推进新技术应用。适应国家战略对创新人才培养需要，亟需提高学生创新素养与实践能力，加强创新人才早期培养。加快构建新空间新格局，教育资源配置需优化升级。

二、“十四五”规划总体战略

“十四五”时期是上海迈向更高水平更高质量教育现代化的关键五年，上海基础教育要准确识变、稳妥应变、科学求变，适应新发展、直面新挑战、抢抓新机遇。加快构建新发展格局为上海基础教育发展提供新平台，全力优化战略布局，更好引领长三角区域基础教育协同发展，努力形成开放融合发展新局面。建设人民城市为上海基础教育发展提供新环境，深入践行“人民城市人民建，人民城市为人民”重要理念，全面提升超大城市治理现代化水平，着力提升基本公共教育服务水平、办人民满意的教育。深化教育综合改革国家试点为上海基础教育发展提供新优势，充分利用综合改革国家示范区和基础教育综合改革国家实验区机遇，全面提升教育质量，继续当好教育改革开放排头兵、创新发展先行者。充分吸纳先进教育改革发展理论和经验，为谋划新一轮基础教育时代方位和关键任务提供新借鉴。加速应用新技术为教育创新变革提供新动能，全面推进城市数字化转型，促进新技术与教育教学和教育管理深度融合，形成引领全国的超大城市数字治理新模式。

（一）指导思想

以习近平新时代中国特色社会主义思想为指导，深入贯彻党的十九大和十九届二中、三中、四中、五中、六中全会精神，全面落实习近平总书记关于教育的重要论述和全国教育大会精神，加强党对教育工作的全面领导，全面贯彻党的教育方针，坚持为党育人、为国育才，以推动更高水平、更高质量教育现代化为总体目标，以基础教育综合改革实验区建设为抓手，坚持五育融合，落实立德树人根本任务，发挥学校主阵地作用，进一步减轻义务教育阶段学生作业负担和校外培训负担，聚焦基础教育质量全面提升，加快推进高质量教育体系建设。以深化课程教学改革为战略重点，坚持创新创造教育，系统推动教育评价改革，打造“优质均衡、协调发展、创新创造”的高品质基础教育，培养具有理想信念、志向追求、创造能力、世界视野、德智体美劳全面发展的新时代青少年，为成就每一位学生奠定基础，让每一个家庭感受到上海教育的温度，提升基础教育对人民城市建设的贡献度。

（二）基本思路

坚持优质均衡。聚焦内涵发展，全面提升教育教学质量，办好每一所学校，缩小城乡、校际差距，努力满足人民群众不断增长的优质教育需求。

坚持协调发展。促进公办与民办、普教与职教、家庭与学校、线上与线下教育协调发展，形成良好教育生态，为教育发展注入新动能。

坚持创新创造。遵循教育教学规律、人才成长规律，激发教师和学生的创造潜能，创新教育教学与学校管理，着力培养学生创新创造能力。

（三）发展目标

到2025年，向更高水平、更高质量的教育现代化迈出坚实一步，事业发展和人力资源开发主要指标接近全球城市先进水平，打造具有上海特色和世界影响力的社会主义现代化国际大都市基础教育。

——服务学生全面而有个性发展的教育体系更趋完善。以学生为中心，形成德智体美劳五育融合育人体系，学习者个性化教育需求得到较好满足。学生综合素养和关键能力显著增强。

——促进教育高质量发展的公共服务水平稳步提高。义务教育优质均衡、高中教育优质特色、特殊教育融合发展的新格局基本形成。城乡一体化发展水平显著提升。

——优质教育服务供给日益扩大。建设一批示范性学区集团和新优质特色学校。探索建设若干所体现新理念、应用新技术、促进新学习的“未来学校”。教育数字化转型深入推进，新技术与课程教学的深度融合初显成效。

——基础教育治理体系更加完善。深化教育“放管服”改革，加快现代学校制度建设，落实中小学校办学主体地位，形成社会家庭支持参与教育的氛围，创设良好教育生态。

——教育影响辐射能力显著增强。浦东教育对社会主义现代化建设引领区的支撑能力稳步提高，五个新城和南北转型地区基础教育品质显著提升。在长三角、全国辐射引领作用持续加强，国际影响力持续扩大。

“十四五”上海基础教育发展主要指标

指标		2020 年	2025 年
1	九年义务教育巩固率	99.9%	保持高水平
	义务教育优质均衡区比例	—	全国领先
	紧密型学区集团比例	—	40%左右
2	高中阶段毛入学率	99.0%	保持高水平
3	残疾儿童义务教育阶段入学率	99.8%	保持高水平
	残疾青少年高中阶段教育入学率	70.5%	75%左右
	融合教育安置学生数占所有特殊教育学生数的比例	—	60%
4	中小学生进入爱国主义教育基地学习全覆盖	—	100%
	中小学生体育素养水平指数	80.2	82 左右
	中小学生体质健康合格率	97.2%	保持高水平
	中小学生近视率	57%	<50%
	中小学校拥有 3 个以上艺术特色项目学校比例	40%	50%
	中学生志愿服务和公益劳动达标率	—	95%
	中小学心理健康教育达标校覆盖率	—	100%
	中小学校具有 1 个以上创新实验室的学校比例	—	100%
5	特色普通高中学校数	12	25 所左右
	新课程新教材（“双新”）示范区、示范校和项目区、项目校任务完成率	—	100%
	生态文明建设示范学校	—	25%以上
	绿色学校（中小学）	—	70%以上
6	义务教育阶段研究生学历专任教师占比	—	不低于 20%
	高中阶段研究生学历专任教师占比	—	不低于 40%

注：残疾儿童义务教育阶段入学率、残疾青少年高中阶段教育入学率、高中阶段毛入学率以符合条件的常住人口作为统计口径。

三、主要任务

（一）坚持社会主义办学方向，构建高品质的融合育人体系

坚持五育并举、融合育人，将立德树人根本任务贯穿于教育教学各环节，建立学校与家庭、社会协同育人生态，培养担当民族复兴大任的时代新人。

1. 突出德育实效。深化“三全育人”综合改革，坚持用习近平新时代中国特色社会主义思想铸魂育人，大力推进习近平新时代中国特色社会主义思想进教材、进课堂、进头脑。深入推进大中小幼一体化德育体系建设，加强党史学习教育和“四史”宣传教育，强化爱国主义教育、社会主义核心价值观和中华优秀传统文化教育，铸牢中华民族共同体意识。深化思政课改革创新，升级优化思政课教师平台，培育若干大中小学思政课一体化建设示范区（教育集团）。推进学科德育建设，在各学科教育教学中进一步加强德育内容，提升课程育人实效。推行中小学全员导师制，构建学生生涯教育与指导体系。实施家庭教育指导行动计划和校内外育人共同体建设计划，拓展实践性教学资源，实施红色基因文化育人行动和主题教育规范提质工程。加强中小学生生态文明教育。

2. 提升智育水平。聚焦提升学习素养，夯实终身发展基础。高质量落实国家课程教学改革要求，深化推进课程和教学改革，完善学校课程方案，协同推动各学段课程贯通融合，强化学生必备品格与关键能力培养。优化课堂教学方式，倡导探究式、情境化、互动性教学，开展真实情境下问题解决能力培养的教学实践，探索因材施教的有效路径和深度学习的实践模式。充分利用优质资源，不断提升学生创新创造能力。加强科创教育，着力培养学生科学思维、工程思维、设计思维。深化学校管理制度改革，为教师创造更多创新空间，提供更多创造工具，打造更多服务平台。

3. 加强体育健康教育。深化体育课程改革，小学阶段全面实施每天1节体育课，鼓励初、高中逐步增加体育课时，中小学普遍开设7种以上体育项目，促进学生掌握至少2项运动技能。健全优秀体育学生培养体系，完善中小学体育“一条龙”人才培养机制，推动各学段间培养有序衔接，健全青少年专业体育赛制，加强各级学生体育运动队建设。推动校园足球改革发展，促进奥林匹克教育、冰雪运动及中华传统体育项目等进校园。强化学校体育师资队伍建设，全面推进兼职体育教师制度。全面实施学生体育素养测评工作，创建全国青少年体育素养评价试验区。强化儿童青少年近视综合防控，降低儿童青少年新发近视率。

4. 提高美育水平。深化上海艺术教育课程改革，构筑传统文化、现代艺术、创意设计协调发展的美育课程群。鼓励学校注重艺术特色发展，持续推动创建“一校多品”和“艺术特色学校”。统筹布局学校艺术教育项目，完善中小学艺术教育“一条龙”人才培养机制。优化艺术赛事展演活动体系，搭建高水平青少年艺术实践平台，持续推进学校艺术团及联盟品牌建设。促进高雅艺术进校园，持续建设中华优秀传统文化传承学校和基地。完善艺术兼职教师队伍建设，加强中小学校艺术总辅导员队伍建设。积极探索学生艺术素养评价机制，培养学生1—2项艺术爱好和特长。

5. 强化劳动教育。推进劳动教育课程改革，实施中小学劳动教育必修课程建设行动，修订中小学劳技课课程标准和教材，建设实践导向、理论支撑、五育融合的劳动教育课程。创新校内劳动实践，实施“上海市中小学幼儿园劳动任务单”制度。落实中学生每学年20课时的志愿服务和公益劳动要求。积极引导学生参与家务劳动，实施学生生活技能养成行动。开展多样化社会劳动实践，建设若干综合性劳动教育实践基地，全面升级赋能区劳动技术教育中心。持续开展劳动模范、大国工匠、科学家等先进人物进校园活动，推广劳动教育典型，开展劳动技能和成果展示、劳动竞赛等活动。

6. 优化心理健康教育和服务。开足开好心理健康教育课程，配齐配强专职心理教师，实施心理健康护航行动计划。加强区心理中心和学校心理辅导室建设，健全学生心理危机预警机制，研发心理危机预警指标，构建学生关爱系统。教育引导学生绿色上网、文明上网，合力预防学生游戏成瘾和手机依赖。

（二）适应市域空间新格局，提升基础教育资源配置能级

持续优化基础教育资源配置，补齐教育资源配置短板，扩大优质教育资源供给，完善基础教育资源动态调整长效机制，满足基础教育高质量发展需要。

1. 加强学校布局调整与建设。适应人口政策调整，动态优化校舍资源规划。推进《上海市基础教育“十四五”基本建设规划》项目落地。确保义务教育学位主要由公办学校和政府购买服务方式提供。加强公建配套学校建设，落实公建配套学校建设要求。完善特殊教育设点布局，按需增设、合理布局特殊教育学校（班）。

2. 提高教育资源配置标准。出台并实施新一轮义务教育学校“五项标准”，优化学校基础环境、普通教室、专用教室、学科实验室、科技人文创新实验室、安全体验室、图书馆和开展随班就读的普通学校资源教室、心理辅导室等建设，加强校园无障碍环境建设。落实普通高中学校建设实施意见。多措并举提升义务教育学校生均体育运动场馆、生均教学及辅助用房、音美教室配置面积。推进中小学生综合性主题式跨学科综合实验和实践活动场所建设。

3. 完善教育资源动态调整机制。实施以常住人口为基数、兼顾人口结构的教育资源配置制度。完善基础教育学校人员配备和编制管理机制。建立全市基础教育资源监测与研究平台，加强监测与预警，开展重大资源配置项目追踪评估及政策调适。解决基础教育学校不动产权证权属不清等历史遗留问题，提升市基础教育单位不动产权证拥有率。

4. 拓展浦东新区教育资源。大力推动浦东新区教育综合改革示范区建设，强化市级资源统筹与规划布局，推动义务教育阶段学区化、集团化办学全覆盖，支持浦东新区率先推进紧密型学区集团建设，加大优质资源导入力度，重点加强临港新片区教育资源配置，支持优质教育集团在临港新片区开办分校或合作办学，为浦东新区打造社会主义现代化建设引领区提供强有力的教育支撑。

5. 提高五个新城和南北转型地区教育公共服务能级和水平。对接嘉定、青浦、松江、奉贤、南汇 5 个新城以及金山、宝山 2 个南北转型地区未来产业发展布局需求，推动义务教育优质均衡发展，增加普通高中优质资源供给。提高学校建设和资源配置标准，完善教育资源动态调整机制，提升新城和南北转型地区公共教育服务能级。

（三）推进基础教育高质量发展，持续建设家门口的好学校

深入推进义务教育城乡一体优质均衡发展，办好每一所家门口的学校，让市民享受公平且优质的义务教育。深化普通高中育人方式改革，全面提高普通高中教育质量，构建适应新时代发展要求的普通高中分层与分类相结合的特色多样优质发展格局。

1. 推进义务教育优质均衡发展。加强市区联动，加大对跨区优质教育资源的统筹力度，推动各区抬高底部，不断提升区际、校际义务教育优质均衡水平。持续探索超大型城市义务教育结构调整、布局优化、优质均衡发展新路径，力争在“十四五”期间，实现本市所有区通过国家县（区）域义务教育优质均衡发展督导评估认定。

2. 办好每一所家门口的学校。实施新一轮城乡学校携手共进计划，健全城乡义务教育联动发展机制。加强紧密型学区集团建设，全面提升成员校教学质量，打造一批示范性学区集团。大力建设“新优质学校”，开展“新优质学校”成长认证，形成学校可持续发展机制。实施新一轮公办初中强校工程，进一步提升初中整体办学水平。加强九年一贯制学校建设。推动公办、民办学校协调发展，促进公办学校提质增效，支持民办学特色发展。

3. 加强普通高中特色多样优质发展。深化普通高中育人方式改革，出台并实施《关于本市新时代推进普通高中育人方式改革的实施意见》。落实《上海市教育委员会等十部门关于推进普通高中学校建设的实施意见》，全面提高普通高中学校的建设质量，优化市实验性示范性高中、郊区优质高中资源布局，提升高

中办学水平。实施新一轮特色普通高中建设行动计划，培育市特色普通高中。规范高中国际课程管理，加强普职融合教育和学生发展指导。

4. 切实强化学校教育主阵地作用。全面贯彻国家“双减”要求，切实落实市委办公厅、市政府办公厅印发的《关于进一步减轻义务教育阶段学生作业负担和校外培训负担的实施意见》。出台并落实高质量校本作业体系设计与实施指南，提高作业设计质量，构建校本化作业体系，发挥作业的育人功能。出台义务教育课后服务工作指南，完善课后服务支持体系，扩大课后服务资源供给，提高课后服务质量。全面落实学科教学基本要求，学校建立教学管理规程，引导教师在精准分析教情学情基础上优化教学方式，充分用好在线优质资源，健全学有困难学生学业帮扶制度。研究和推广有效的学校管理方式，加强对学生睡眠、手机使用、体质健康等领域的科学管理，不断提升学校管理现代化水平，促进学生身心健康发展。

（四）探索建立新时代特殊教育体系，促进特殊教育优质融合发展

进一步优化资源配置、健全培养机制，探索建立“有教无类、全纳兼顾、因材施教、普特融合”的新时代上海特殊教育体系，支持每一个具有特殊教育需求的学生激发潜能实现更好发展。

1. 探索建立新时代上海特殊教育体系。探索将特殊教育的对象从残障学生拓展至全体有特殊需求的学生。建立以融合教育为主导、特教学校为骨干、送教上门为补充的十五年贯通特殊教育体系和以学校教育为主体、课外教育为补充的拔尖创新人才早期识别培养体系。进一步强化区域特殊教育资源布局，建设各级各类特殊教育指导中心和片区式融合教育资源中心。

2. 为残疾学生提供优质教育。强化融合教育导向，优先采取普通学校随班就读或特教班的方式保障适龄残疾儿童就读。完善特殊教育课程体系和课程资源共建共享机制，建立个性化的教学与评价方式。进一步提升特殊教育医教结合服务能级，建立“一人一案”动态跟踪机制和残疾学生综合素质评价制度，确保学生教育及转介服务的针对性和有效性。着力提升普通学校专职特教教师专业能力，将特殊教育通识培训课程纳入教师职后培训体系，提升全体教师特殊教育能力。

3. 健全拔尖创新人才早期培养模式。深化拔尖创新人才发展规律和培养规律研究，完善拔尖创新人才早期识别与培养机制。加强数学、物理、化学、生命科学、信息技术等市级学科基地建设。进一步融通课外校外资源，为学有潜力的学生提供更多创新实践机会。打造与高水平高校、科研院所合作办学的未来科创学校，服务上海人才战略和产业发展。

（五）高质量实施课程教学改革，加快推进育人方式变革

持续深化基础教育“双新”课程改革，扭转片面应试教育倾向，切实提高育人水平。提高课程管理水平，加强创新创造教育，培养能满足社会主义国际化大都市建设需求的大批创新创造人才。

1. 高质量落实国家课程。开齐、开足、开好国家课程，确保国家基础教育课程方案和课程标准高质量落实。组织编写义务教育国家课程非统编教材。优化中小学校学习空间与资源环境配置标准，强化教研指导和研训体系建设，完善市、区、校三级课程改革协同推进机制。加强新课程新教材实施示范区、示范校和项目区、项目校创建，提高“双新”校本化实施水平。

2. 深入变革学与教方式。以核心素养培育为导向，深化因材施教，促进学与教方式变革。推进小学低年级主题式综合活动课程建设与实施，积极开展基于学科和跨学科的课程综合化教学，探索基于单元和真实情境问题解决的教学设计，推进项目化学习、研究（探究）性学习等学习方式常态化实施，引导学生积极参与社会实践、志愿服务（公益劳动）、职业体验、安全实训等综合实践活动。

3. 全面推进创新创造教育。加强创造教育研究，运用脑科学、心理学、学习科学的前沿研究成果，优化创新创造教育实施方式。推进义务教育项目化学习行动计划、基于区域特色的学校综合课程创造力研究和实践项目，研制学校综合课程建设指南，持续推动区域、学校构建创新创造教育的区本、校本综合课程体系和实施策略。

4. 提高课程教学管理水平。聚焦中小学校长的价值引领力提升，以课程领导力为抓手，激发学校课程实施创造力，健全学校课程教学全过程质量管理体系和自我监控机制。以各学科教学基本要求为指南，全面落实教学基本规程，提高教学管理规范化水平。严格落实“教练考一致”的教学与评价管理要求。

（六）树立科学的教育质量观，系统推进基础教育评价体系建设

深化新时代教育评价改革，树立科学的教育质量导向，全面改进结果评价、强化过程评价、探索增值评价、健全综合评价，构建上海基础教育小学、初中、高中纵向衔接，学生、区域、学校全面覆盖，教学、考试、招生一体联动的立体评价体系。

1. 健全基础教育质量评价体系。加强国家义务教育质量监测结果的运用。以“绿色指标”引领基础教育评价改革，优化学生、学校和区域教育质量评价。压减义务教育考试次数，规范考试命题，完善学习过程评价，实施考试等级评价，合理运用考试结果。优化升级义务教育“绿色指标”评价体系，完善评价指标，提升评价技术，注重评价结果的有效应用。落实中学生综合素质评价。实施普通高中教育教学质量综合评价。开展区域基础教育环境质量监测，推动区域教育生态持续优化。

2. 深化考试招生制度改革。完善义务教育学校招生制度，严格落实国家和本市义务教育招生政策。进一步推进高中阶段学校考试招生制度改革，加快考试命题改革，实施市实验性示范性高中名额分配综合评价录取，逐步扩大名额分配比例。持续深化高考综合改革，优化高中学业水平考试设置，促进高中育人方式改革与高校招生相衔接。加强初高中学生综合素质评价结果在高中阶段学校和高等学校招生录取环节中的运用。

（七）加强教师队伍培养，加快提升中小学教师专业化水平

全面深化新时代基础教育教师队伍建设改革，打造一支能够胜任党和国家人才培养要求、师德师风高尚、专业能力过硬、适应技术革新和时代发展需要的一流基础教育校长队伍和教师队伍，用优秀人才培养更优秀的未来人才。

1. 加强新时代师德师风长效机制建设。深入落实中小学校领导体制改革要求，加强中小学党支部和党员队伍建设，选优配强教师党支部书记，强化党员教师“双培养”机制。以情感教育引领“四有”好老师队伍建设，持续加强全体教师的理想信念教育和中华优秀传统文化、革命文化、社会主义先进文化教育，提升教师育德意识和育德能力。进一步健全师德考核制度，在教师入职、绩效考核、职称（职务）评聘、岗位聘任和奖励表彰等方面，将师德师风作为首要要求。积极树立优秀师德师风模范教师典型，弘扬尊师重教的社会风尚。

2. 培养一大批教育家型校长和学校教育管理领军人才。树立“一个好校长就是一所好学校”理念，培育选优配强中小学、幼儿园校（园）长。依托市、区两级基础教育干训体系，重点培养中小学校长和学校后备干部的办学规划能力、“双新”课程改革的领导力和教学变革能力、教师队伍的建设能力和学校教育教学综合治理能力。优化校长选拔、聘任、考核、激励、流动和研训机制，加强中小学校教育管理领军人才的培养和储备，努力建设一支教育家型的校长队伍，用优秀校长培育更多优秀教师、激发更大办学活力、造就更多优质学校。

3. 打造更加专业化的教师队伍。实施“双名工程”基础教育人才攀升计划，切实提升全体教师高质量落实“双新”课程改革的能力，聚焦学科与跨学科教学设计能力、作业命题与教学评价能力、信息技术应用能力、学生发展指导能力和创新创造人才的培养等能力，推动适应基础教育改革的教师专项能力建设，努力培养一大批专家型教师和有影响力的教育名家。

4. 加强新时代教研队伍建设。开展教研政策制度研究，优化教研员队伍结构，建立并完善兼职教研员制度，进一步明确教研员工作职责和专业标准，加强教研员培训培养，支持和引导教研员大胆探索，创新和完善新时代教研工作方式，主动深入研究新时代基础教育改革发展新任务、新挑战和新要求，不断提升教

研员专业能力，提升教师教学水平和学生学业水平，推动教育质量全面提高。

5. 优化教师专业发展的体制与机制。加大研究生层次教师培养，健全基础教育教师准入制度，持续推进见习教师规范化培训、“双证”注册制和见习教师教育硕士专业学位教育衔接培养，建立基础教育改革需求与高校师范类专业设置的联动机制。创新基础教育教师在职培养培训机制，切实发挥市、区、校三级教育科研与教研体系对教师专业发展的指导与服务功能，推进完善校本实施、研训一体的教师专业发展模式。实施民办中小学中青年优秀教师团队发展计划。加强长三角地区校长和教师队伍交流和培训，支持各级各类学校开展教师教育的国际交流与合作。

6. 完善中小学教师管理制度。加大区域内教师编制统筹力度，健全动态调配机制。优化教师评价体系，深化中小学教师职称制度改革，科学设置、合理优化中小学岗位结构比例，畅通教师职业发展通道，加强职业生涯发展规划指导、人文关怀和身心健康促进服务。完善教师交流轮岗制度，加大专任教师跨校流动力度。优化教师收入分配和绩效考核制度，形成充分体现教师劳动价值、激发教师活力的绩效激励机制。鼓励民办中小学提升教师收入水平、建立年金制度，提高民办教师退休待遇。

（八）推进教育更高水平开放，增强基础教育国际影响力

坚持教育服务国家重大战略，加快和扩大新时代教育对外开放，借鉴全球教育改革和发展的先进教育理念，引进国际优质教育资源，传播上海基础教育典型经验，持续扩大上海基础教育的地区和国际影响力。

1. 服务国家重大战略。推动上海基础教育更好服务长三角一体化发展等国家重大战略，引导本市中小学与长三角地区学校形成优质教育资源集群或集团联盟，加强长三角地区基础教育的优质资源共建共享。积极响应“一带一路”倡议，鼓励本市优质学校赴“一带一路”国家开办中小学。加强关键语种人才培养力度。推动与香港特别行政区、澳门特别行政区及台湾地区的基础教育交流合作。

2. 加强国际交流与合作。深化上海基础教育与国外高水平学校和机构的交流合作，鼓励本市中小学与世界各地优质学校建立关系，支持中小学生参加国际性科技、艺术、体育赛事或展演活动。依托国家中外高级别人文交流机制平台和教育国际合作项目，对外交流本土教育资源和经验。有效发挥联合国教科文组织教师教育中心功能，以小学数学教材向外推广为基础，推动其他优质课程教材和教学方式的国际推广，持续扩大上海基础教育国际影响力。借鉴国际教育评估项目理念和技术，深化新时代基础教育评价改革。深化高中国际课程试点工作，推进高中国际课程本土化实施。

（九）着力推进信息技术应用，加快促进教育数字化转型

对标国家和上海推进教育信息化的行动目标和要求，加快构建“人人皆学、处处能学、时时可学”的基础教育信息化体系，进一步推动信息技术与基础教育全过程深度融合，助力实现依托信息技术实施大规模“因材施教”的教育现代化。

1. 构建泛在智能学习环境。实施基础教育学校信息化基础环境提升工程，构建基于5G技术的“云—网—边—端”一体化基础环境和“数字基座”，推进数字校园建设，建设一批信息化应用标杆校和典型应用场景，优化支持泛在学与教的教育环境建设和资源建设，构建教育现代化动态监测和决策支持系统，加强教育信息化的网络安全保障。

2. 全方位探索智能教育新模式。推动数字技术赋能教育教学，持续开展大规模“因材施教”探索实践，强化“空中课堂”课程资源开发利用。加强数字教材项目的建设和应用，构建数字教材共建共享新体系。优化“名师面对面”栏目建设，开发基于核心素养培育的作业练习和评价资源库，完善优质高中慕课平台、研究型课程自适应学习平台建设，打造引导自适应学习、线上线下相融合的学习系统。启动义务教育教学数字化转型工作，丰富数字化应用场景，进一步促进义务教育优质均衡发展。

3. 全面提升教育管理服务信息化水平。升级完善基础教育信息化系统和平台，强化市、区、校利用信息技术提高教育管理效率和治理能力的应用实践，以教育信息化促进教育管理便捷化、智能化。积极探索

智能技术在学生发展和教育评价改革中的促进和支持作用，推进初中物理、化学实验操作考试信息化系统的研究与应用。

（十）完善基础教育治理体系，全面提升教育治理效能

聚焦激发区域教育改革发展和学校办学活力，突出依法治教，完善政府宏观管理、中小学校自主办学、社会广泛参与的多元治理格局，构建与教育现代化发展相适应的基础教育现代化治理体系。

1. 推进基础教育领域法治建设。健全基础教育法治体系，进一步推进依法治校，推进《上海市校外实践教育促进条例》等立法，指导中小学修订完善学校章程，开展全国依法治校示范校创建活动。落实未成年人学校保护规定、中小学教育惩戒规则。加强宪法和国家法律宣传教育，提升区域和学校领导干部法治素养，培养全体师生尊法、学法、守法、用法的法治意识，依法建立中小学矛盾纠纷协调解决机制。

2. 深化教育督导体制机制改革。推动各区依法落实教育督导机构设置、全面履行教育督导机构法定职能，构建市、区两级分工协作的高效督导工作体系。出台第四轮对区政府依法履行教育职责评价实施意见，推动各级政府切实履行教育事业发展主体责任。进一步配强督学队伍，统筹开展责任督学主题性督导，推进政策落地落实。完善中小学发展性督导评估体系，推动各区健全常态化、具有区域特征的发展性督导机制。加强国家义务教育质量监测结果的分析与应用，完善区域和中小学教育质量评估监测体系，提升教育质量动态监测和科学评价水平。

3. 激发区域和中小学校办学活力。落实中小学办学主体地位，保障学校办学自主权，增强学校办学内生动力，提升办学支持保障能力，健全办学管理机制，充分激发广大校长教师教书育人的积极性创造性。规范义务教育阶段民办学校发展，持续开展民办中小学特色校（项目）创建工作。加强分级授权、分层管理和分类评估，推动区域教育综合改革，优化区域教育生态，激发区域教育活力。

4. 完善多元共治的长效机制。强化学校与家庭、社区间协作，加强“三位一体”的督导监管，共同保障青少年身心健康发展。强化校外教育单位指导、管理、协调及服务职能，提升校外教育单位资源整合与服务供给能力。发挥街镇社区、校外教育机构以及区域内相关企事业单位和家委会等作用，形成全社会合力育人的新格局。

5. 提升学校安全风险防控水平。深化学校安全风险防控体系建设，强化中小学意识形态领域风险管理，完善区域和学校安全中心，优化学校安防设施建设，健全学校及周边安全隐患的排查和风险管控机制。加强市、区教育部门与民政部门、未保部门的协同联动，不断完善未成年人学校保护机制。深化预防青少年犯罪工作，强化专门学校建设和专门教育。构建中小学生欺凌综合治理体系，实施预防校园欺凌三年专项行动计划。

6. 构建更高质量的后勤保障体系。统筹推进学校基础管网、新生活需求、食品安全、生态环保、公共卫生、物资储备、防灾减灾等领域的后勤基础设施建设。完善校园基本公共服务配置标准，推进学校餐饮长效机制建设管理，推动标准化菜谱和标准化食堂建设。提升后勤管理和服务等数字化智能化水平。建立长三角学校后勤现代化协调发展机制，推动长三角学校后勤标准化和质量认证一体化建设。鼓励后勤开放实践场所，搭建多样化劳动实践平台，把后勤作为劳动教育基础理论研究和实践探索的重要领域和载体。

四、保障措施

（一）加强党的全面领导

全面加强基础教育阶段学校党的建设，建立中小学校党组织领导的校长负责制，充分发挥基层党组织作用。强化党建带团建、队建，推进党、团、队一体化建设。落实全面从严治党要求，营造风清气正的教育生态。建设高素质专业化教育系统干部队伍，突出政治标准，完善教育系统领导干部培养、选任和考核评价机制。

（二）建立健全保障制度

坚持教育优先发展战略，依法落实各级政府教育支出责任，健全保障财政教育投入持续稳定增长的长效机制，一般公共预算教育支出逐年只增不减，按在校学生人数平均的一般公共预算教育支出逐年只增不减。健全生均拨款制度和动态调整机制，生均投入满足基础教育高质量发展需求。完善基础教育经费统筹机制，探索强化绩效导向的经费分配和管理制度，建立健全学校内部财务管理和审计制度。

（三）完善推进落实机制

加大市级统筹，建立和完善市区联动、多部门协作机制。各区、各部门、各级各类学校要从实际出发，把规划作为项目审批和安排资金的重要依据。完善规划实施的监测评估与考核机制，适时开展第三方评估。

（四）加强舆论宣传引导

加强科学育人观念、科学质量观的宣传，加强典型案例、典型学校和优秀教师的宣传，推广先进的办学理念、治理方式和教育教学方法。创新宣传方式，采用学生和家长喜闻乐见的宣传方式，提高宣传的实际效果，形成全社会关心、支持和主动参与基础教育改革和发展的良好氛围。

附件：上海市基础教育发展“十四五”规划重大改革项目一览表

附件

上海市基础教育发展“十四五”规划重大改革项目一览表

序号	重大改革任务	实施内容
1	新时代五育融合的立德树人项目	加强以习近平新时代中国特色社会主义思想为核心内容的课程群建设，深化思政课教学和学科德育改革，推进思政课一体化建设。实施思政课教师教学能力提升专项计划。建设市、区家庭教育指导中心和社区家庭教育指导示范站点。建设一批重点校外实践基地，打造全国校外教育改革创新先行示范区。推进国家普通高中新课程新教材实施示范区和示范校创建，及本市普通高中新课程新教材实施研究与实践项目区和项目校建设。创建全国青少年体育素养评价试验区。研制中小学劳动育人指南。
2	中小学生学习发展指导与身心健康促进项目	优化全社会参与基础教育改革发展的协同机制。全面推进中小学全员导师制。构建“家—校—社”一体协同的教育责任体系与育人合力。建立基于社区和学区的学生健康安全防护协同机制。
3	拔尖创新人才早期培养项目	在全市重点打造培养基础学科拔尖创新人才的学科基地。打造与高水平高校、科研院所合作办学的未来科创学校，服务上海人才战略和产业发展。
4	深化课程改革打造创新创造教育特色项目	全面实施普通高中新课程、新教材，构建完善的教师培训、教研指导、经验共享和资源保障体系。做好义务教育新课程新教材实施准备。推进小学主题式综合实践课程和项目化学习深入实施，深化全市中小学“因材施教”课堂教学改革和育人方式改革。加强区域、学校创新创造教育研究与实践，切实提升中小学生创新素养，打造上海创新创造教育品牌。
5	基础教育评价改革推进项目	建立和完善学生道德素养、学习素养、体育素养、艺术素养、劳动素养、安全素养测评与结果应用方式。建立综合素质评价智慧服务平台。强化初中和高中阶段学生综合素质评价结果运用。健全义务教育学业质量评价“绿色指标”。构建实施普通高中学校教育教学质量综合评价制度。开展区域基础教育环境质量监测。
6	义务教育优质均衡发展项目	推进各区全面创建国家“义务教育优质均衡发展区”。开展市示范性学区集团创建。持续推进公办初中强校工程。推进新优质特色学校建设。实施新一轮义务教育学校建设新“五项标准”，持续实施城乡学校携手共进计划。
7	基础教育数字化转型项目	加强数字教材的建设和应用，构建数字教材丰富优质共享共建新体系。积极探索智能技术赋能教学，探索智能化课堂教学新范式，开展数据驱动的大规模因材施教。启动义务教育教学数字化转型工作，建设数字化应用场景。提高师生信息素养。

续表

序号	重大改革任务	实施内容
8	创新型教师人才队伍建设项目	实施“双名工程”基础教育人才攀升计划，培养校长和教师领军人才。提高中小学教师学历水平。完善教师培训培养体系，提升教师专业能力和素养。优化教师评价体系，完善教师专业晋升制度。
9	完善基础教育治理激发办学活力项目	深化中小学“放管服”改革。优化家庭教育指导和家校合作机制。研制并颁布《中小学工作条例》，落实中小学校办学自主权。加强分级授权、分层管理和分类评估，推动区域教育综合改革，优化区域教育生态，激发区域教育活力。
10	浦东新区以及五个新城、南北转型地区基础教育能级提升项目	完善人口规模、结构预测分析联动机制，提高浦东新区以及五个新城、南北转型地区学校建设和资源配置标准。扩大优质教育资源和创新资源配置方式。强化新城地区基础教育教师培养、培训体系建设。

上海市教育委员会关于印发《关于推进本市老年教育数字化发展的意见》的通知

（沪教委终〔2021〕8 号）

各区教育局、有关单位：

经研究，现将《关于推进本市老年教育数字化发展的意见》印发给你们，请认真贯彻执行。

附件：关于推进本市老年教育数字化发展的意见

上海市教育委员会

2021 年 4 月 18 日

附件

关于推进本市老年教育数字化发展的意见

为加快推进教育现代化，办好人民满意的老年教育，推动本市老年教育高质量发展，根据中共中央、国务院《国家积极应对人口老龄化中长期规划》（中发〔2019〕25 号），国务院办公厅《关于切实解决老年人运用智能技术困难的实施方案》（国办发〔2020〕45 号），上海市委、市政府《上海教育现代化 2035》（沪委发〔2019〕5 号）和《关于全面推进上海城市数字化转型的意见》（沪委发〔2020〕35 号）以及上海市教委《上海市教育信息化 2.0 行动计划（2018—2022）》（沪教委信息〔2018〕28 号）等文件要求，全面提升老年人数字素养和数字化学习能力，大力提高老年教育数字化服务水平，现提出如下意见。

一、指导思想

以习近平新时代中国特色社会主义思想为指导，深入贯彻党的十九大和十九届二中、三中、四中、五中全会精神，积极应对本市人口老龄化的发展趋势，抓住城市数字化转型的发展机遇，聚焦互联网时代老年群体智能学习的迫切需求，切实解决老年人在运用智能技术方面遇到的困难，大力推进本市老年教育数字化发展，让老年人更好地共享数字化发展成果，拥有更多获得感、幸福感和安全感。

二、主要目标

构建覆盖全市的老年教育数字化服务网络，提升老年人数字素养，帮助老年人跨越“数字鸿沟”。实施“双百双千”计划，深化和推进数字赋能老年教育，开拓老年人智慧学习应用场景，创造包容、普惠、友好的老年数字生活新图景，进一步形成与上海打造具有世界影响力的国际数字之都相匹配的老年教育数字化发展新格局。

到2025年，建设100个老年智慧学习场景，鼓励全市老年教育机构依托特色课程创建各类数字化、智能化学习场景，打造数字化学习新范式；创建100个老年智慧学习品牌，围绕老年人日常生活中涉及的高频事项，创新智能技术支撑的学习方式、学习内容、学习体验等，形成老年智慧学习新品牌；开展1000名助老智慧学习骨干教师培训，组织专家定期开展专项培训，培养骨干力量推进智慧教育实践，为老年教育数字化发展注入新动力；推进1000个助学团队培育，组建“社区志愿助学团”“老年互助团”“亲友互助团”等形式灵活、类型多样的助学团队，引领智慧助老新风尚。

三、工作原则

1. 以人为本，服务发展。面向老龄化社会和数字化时代的需要，从老年群体的基本需求和根本利益出发，遵循老年教育规律，构建以学习者为中心、以数字技术为动力的老年教育新生态，帮助老年人主动融入智慧城市。

2. 泛在可选，融合创新。促进新技术与老年教育的深度融合，实现老年教育资源的泛在可选，创设优质便捷的学习环境。推进教育治理方式变革，加快形成现代老年教育治理模式，推进服务精准化和决策科学化。

3. 资源共享，协同共进。加强部门合作、区域协调，引导各方主体参与老年教育数字化建设。进一步加大老年教育信息化资源相互开放、资源共享力度，搭建协作发展与创新平台，实现数字化资源优势互补和有序流动。

四、主要任务

1. 创设老年人数字学习的友好环境

宣传普及智能技术提升老年人生活质量的理念，引导老年人树立数字时代的思维模式，通过体验学习、模拟应用、经验交流、互助帮扶等形式，引导老年人了解新事物、体验新科技，帮助老年人熟练应对各种智能生活场景，积极融入数字生活。切实解决老年人运用智能技术困难，充分发挥本市各级老年学习网络的作用，在各老年教育机构开设智能技术应用课程或组织老年人就近开展培训；依托“金色学堂”，通过数字电视渠道送教入户；打造“市民空中课堂”——智能技术短期学习训练营，普及智能手机等设备的操作方法和网络基本常识。加强网络安全教育，增强老年人的网络防骗意识。

2. 打造各类老年人智慧学习场景

鼓励全市老年教育机构以社区（老年）优质校建设为契机，加强学校数字化建设，为实现各项公共服务“数字无障碍”创造条件。各老年教育机构应依托自身特色课程，运用5G、大数据、人工智能（AI）等新技术，融合移动学习、社交化学习、游戏化学习、碎片化学习等多种学习形态，构建虚拟与现实融合的互动体验式学习场景，为老年人创建出行、就医、消费等各类数字化生活模拟应用场景，推动课程、内容和方式与学习时空的变革。依托市民终身学习体验基地、人文行走、社会学习点等优质学习资源，打造在线体验、场馆云游、AR/VR人文行走等特色学习场景。鼓励各老年教育机构依据数据驱动，保障办学质量，提升服务品质；构建老年学习者数字画像，深入分析学习需求，为老年人提供个性化学习服务。

3. 开拓多维立体学习新空间

重构传统学习方式，开拓无边界学习空间。全市老年教育机构要打破单一的线下教学模式，在课程教学中融入智慧学习元素，利用在线教学平台、智慧教学辅助工具等各种数字化手段，构建线上线下有机融合的“双通道”课程体系。建设面向老年人的终身学习“云应用”系统和支持服务体系，发展老年慕课、云视课堂、“金色学堂”等在线学习空间。利用网络直播、短视频等新技术媒介，提供手机、平板、电脑、电视等多终端的学习渠道，创造无处不在的多维数字学习空间。完善老年人终身学习账户认证体系，打通老年学习卡、学分银行账户、“随申码”等身份认证方式，拓展“随申码”在老年人智慧学习中的应用场景。各市、区级学习平台要提升安全等级，强化学习数据安全管理，根据信息化安全的要求加强学习者个人隐私数据保护，确保老年人个人学习账户的安全使用。

4. 扩大优质数字化学习资源供给

推进面向老年人群的数字化学习资源建设，扩大老年教育教学资源的有效供给，形成政府主导、多方参与、成果共享的数字化学习资源建设机制，为老年人群提供适切、丰富、优质的数字化学习资源，打造泛在的数字老年教育公共服务新生态。提高数字化学习资源质量，定期开展老年人数字化学习需求调研和动态分析，打造老年教育数字化学习产品。根据兴趣爱好的差异，建设艺术、文化、健康、生活等类型多样的数字化学习资源，不断丰富学习内容，拓展知识边界；根据学习阶段的差异，开发阶梯式课程，形成分层课程模式；根据学习方式的差异，开发微课、慕课、云视课堂、网络直播课等不同形式的学习资源，为不同学习场景提供丰富多样的学习内容。

5. 提升老年教育师资队伍信息化应用能力

各级各类老年教育教学和管理人员要充分认识到信息技术应用能力是新时代高素质教师的核心素养，主动提升适应未来学习形态的教学能力，将数字技术在教学中的应用纳入个人职业发展规划，成为打造智能化学习环境的重要参与者、推动者。要积极掌握智能教学工具，利用智能化工具和系统解决老年教育教学和管理问题，探索人工智能等新技术与日常教学的融合，推进教师智能助手的研究开发和教学应用，促进人工智能环境下的人技协同课堂探索，实现老年教育教学创新。

6. 提高老年教育数字化治理水平

充分发挥数字技术的支撑作用，以上海老年教育信息化管理平台的功能建设、场景应用、服务推广为核心，各级各类老年教育机构要做好平台使用、数据汇集和融合工作，满足对报名管理、教务管理、师资管理及配送、档案数据管理、学习团队管理、大数据管理等方面的数字化需求，建设分层、有序、实用的老年教育数字化治理系统，实现全市老年教育“一网通办”。加快与上海市大数据中心的对接，全面实现个人身份数据、教育用户数据和其他应用场景的数据归集、共享与利用，掌握各类教学机构的运行负荷状况、全市资源分配状况以及学习者的各种学习活动发生情况，为教育资源的整体规划及调配提供依据，提升老年教育决策支持能力。

7. 构建老年智慧学习共建共享新格局

凝聚社会各方力量，鼓励各级各类企事业单位、社会团体、公益组织等共同参与老年教育数字化建设，推动数字化学习资源、智能化学习应用、信息化学习环境等方面的共建共享。以市级信息化教育平台为依托，通过技术对接，升级各类资源整合和技术服务效能，实现资源效益最大化。加强区域协同发展，创新区域资源利用模式，加快长三角地区各类数字化学习资源的合作共建及智能化学习空间的开放共享，促进长三角老年教育数字化建设联动和一体化发展。

五、保障措施

1. 加强组织领导，健全工作机制

各市级老年大学、高校老年大学和各区教育主管部门应高度关注老年教育数字化发展趋势，统筹规划，整体推进，将此项工作作为新一轮老年教育发展的重要抓手，明确年度工作任务，制定工作目标和绩效指标，组织专人负责落实。建立健全各项工作制度和资源保障机制，确保老年教育在数字化转型过程中的可持续发展。健全学习调研机制，持续开展老年人智慧学习专项调研，掌握老年人智能技术应用能力和动态学习需求；健全共建共享机制，各区、各部门广泛发动社会各方力量，形成各类老年教育数字化资源共建共享新格局。

2. 注重内涵提升，提高工作水平

依托高校及教育研究机构的专业力量，加强面向老年人的数字化课程制作标准和绩效指标等方面的研究，为数字化资源的高质量建设提供基础保障和发展动力。将信息技术培训纳入"十四五"期间本市老年教育专兼职教师培训内容，面向老年教育专兼职教师开展分类、分层、分主题的专业培训，保障老年教育教学和管理人员的信息化教学能力得到全面提升。将老年学校数字化建设纳入社区(老年)学校优质校创建工作，不断增强老年学校数字化基础设施设备配置，确保教学场所无线网络覆盖并接入互联网，配备与办学规模相适应的教学、办公电脑和数字终端，以及与本市老年人智慧学习支持服务相适应的各类智能设备。

3. 加强宣传引导，营造学习氛围

加大宣传力度，将推动老年教育数字化学习作为宣传重点，通过各类媒体开展正面宣传，挖掘工作新突破、新特点、新成效，梳理先进典型、先进经验、先进事迹，为推进老年教育数字化发展营造良好的政策环境和舆论氛围。积极组织开展各类交流与分享活动，搭建公众参与的平台，调动各方面主动性、积极性和创造性，营造社会各界共同关心、支持和参与老年教育数字化发展的良好氛围。

上海市教育委员会等十三部门关于印发《关于加强和改进新时代上海未成年人校外教育的意见》的通知

(沪教委德〔2021〕9号)

各区教育局、各区区委宣传部、各区精神文明办、各区发展改革委、各区经济信息化委、各区科委、各区财政局、各区人力资源社会保障局、各区农业农村委、各区文化旅游局、市国资委各监管企业、各区体育局、各团区委，各有关市、区校外联成员单位：

经市政府常务会议研究决定，现将《关于加强和改进新时代上海未成年人校外教育的意见》印发给你们，请认真贯彻执行。

附件：关于加强和改进新时代上海未成年人校外教育的意见

上海市教育委员会　中共上海市委宣传部　上海市精神文明建设委员会办公室
上海市发展和改革委员会　上海市经济和信息化委员会　上海市科学技术委员会
上海市财政局　上海市人力资源和社会保障局　上海市农业农村委员会
上海市文化和旅游局　上海市国有资产监督管理委员会　上海市体育局
共青团上海市委员会
2021年4月27日

附件

关于加强和改进新时代上海未成年人校外教育的意见

未成年人校外教育是指利用校外各类场所等资源提升学生综合素质的公益性教育活动，是促进未成年人德智体美劳全面发展的重要途径。近年来，本市全面深化教育综合改革，坚持“开门办教育”理念，不断完善校外教育体系。为落实立德树人根本任务，进一步发挥校外教育在未成年人全面培养体系中的作用，破解制约校外教育发展的瓶颈短板，加强和改进新时代上海未成年人校外教育工作，现提出如下意见。

一、加强和改进校外教育的总体要求

1. 发展目标。以习近平新时代中国特色社会主义思想为指导，全面贯彻党的教育方针，增强校外教育的时代性、创新性和科学性。构建校内外合力育人共同体，推动校外教育提质扩容、创新发展，完善组织规范化、内容序列化、形式多样化、运行科学化、资源社会化、评价精准化的高水平校外教育体系，建成全国校外教育改革创新的先行区和示范区。促进社会教育和学校教育相互贯通，课堂教学与实践体验有效互动，满足未成年人全面而有个性发展的需要，培养学生的爱国情怀、社会责任感、创新精神和实践能力，造就德智体美劳全面发展的社会主义建设者和接班人。

2. 基本原则。坚持育人为本。把握正确的育人导向，推进德智体美劳五育融合，发展素质教育，促进综合素质全面提升。坚持实践主导。推进未成年人在实践体验和创新探索中培养兴趣和特长，发展个性和能力，努力做到以行促知、知行合一。坚持公益普惠。面向全体未成年人，完善校外教育公共服务体系，提供普惠性、多层次、可选择的优质校外教育资源。坚持开放协同。发挥教育综合改革牵引作用，以体制机制创新推进各学段衔接、家校社联动、校内外协作、线上线下融通，营造良好的校外教育生态。

二、提升校外教育的育人内涵

3. 拓展深化校外教育内容。贯彻落实《新时代公民道德建设实施纲要》《新时代爱国主义教育实施纲要》，推动理想信念教育常态化制度化，全面推进习近平新时代中国特色社会主义思想进校外教育体系，弘扬社会主义核心价值观和中华优秀传统文化，开展党史、新中国史、改革开放史、社会主义发展史教育，加强爱国主义、集体主义、社会主义教育，强化国家安全教育和国防教育、法治教育、生态文明教育和生命教育。广泛开展多种形式的社会实践、科学探究、实验操作，培养学生创新精神和实践能力，提升人文和科学素养。积极开展足球、田径、游泳、乒乓球、武术、冰雪等体育活动，帮助每位学生掌握2至3项体育技能，养成终身锻炼习惯。培养学生在音乐、美术、书法、舞蹈、戏剧、戏曲、影视等方面的鉴赏能力和艺术素养，推进非遗传承，增强学生审美修养。引导学生体认日常生活劳动、生产劳动和服务性劳动，掌握一定的劳动技能，养成劳动习惯，弘扬劳动精神。（市教委、市精神文明办、市科委、市农业农村委、市文化旅游局、市体育局及有关市校外联成员单位按照职责分工负责）

4. 落实校外实践活动课程。统筹安排、精心设计校外实践活动课程，严格执行中小学课程方案规定的有关要求，把研学实践教育纳入学校教育教学计划。注重思政课及其他课程与校外资源的衔接，精心组织探究性、服务性、体验性教育实践活动，促进学生转变学习方式，提高解决实际问题的能力。学校要积极协调社区、校外活动场所等资源，做好课后服务工作。校外活动场所要主动对接学校需求，建设相应的实践课程。支持研学实践教育营地、基地间互联互通，资源共享，建设精品课程和线路。鼓励校外活动场所面向困境、残疾、认知障碍和行为偏差等未成年人特殊群体，开展有针对性的校外教育活动。（市教委、市精神文明办、市科委、团市委及有关市校外联成员单位按照职责分工负责）

5. 打造校外教育活动品牌。用好校外教育场所资源，让收藏在博物馆里的文物、陈列在广阔大地上的遗产、书写在古籍里的文字都活起来。挖掘传统节日、重要节庆日、重大赛事、纪念日等蕴含的育人资源，精心做好“我是未来劳动者”“明日科技之星”“中华优秀传统文化主题月”等校外实践活动，开展红领巾争章活动。鼓励各学校、各基地场馆形成“一校一品”“一馆一品”，培育一批内涵深刻、形式生动、组织规范的活动品牌，发挥引领示范效应。（市教委、市科委、市文化旅游局、团市委及有关市校外联成员单位按照职责分工负责）

三、加快校外教育场所体系化建设

6. 优化校外教育场所布局。加强市、区青少年活动中心、学校少年宫、少科站、研学实践教育营（基）地建设，就近就便开放共享中小学文化体育等活动资源。建设若干个市级综合性劳动教育实践基地，形成市、区、街道（乡镇）、学校立体化劳动实践基地网络。积极开发新时代文明实践中心（分中心、站）、社区志愿服务中心、社区文化活动中心、社区学院（学校）、学生社区实践指导站等资源，建立“三公里社区校外教育活动圈”。编制学生社会实践基地场馆标准和指南，针对不同学段特点，从资源开发、项目设计、岗位需求、学生服务等方面，明确不同类型场所服务规范，形成未成年人校外实践的统一标识和统一宣传。支持推进长三角及长江教育创新带研学实践教育资源共建共享，继续做好喀什等校外教育援建项目。（市教委、市精神文明办、市发展改革委、市农业农村委、市文化旅游局、市国资委、市体育局、团市委及有关市校外联成员单位按照职责分工负责）

7. 建设校外主题教育系列场所。提升爱国主义教育基地育人水平，进一步发挥革命遗址、旧址、纪念馆、陈列馆、烈士纪念设施等资源的校外教育功能。建设国家安全教育和国防教育系列场所，力争在全国发挥辐射引领作用。建立改革开放成就教育系列场所，用好浦东高水平改革开发开放平台。丰富人文艺术体育教育系列场所文化育人内涵，开发博物馆、美术馆、图书馆、体育场馆、展览馆等资源，挖掘海派文化、江南文化资源。提高科普场所育人质量，强化科技馆、自然博物馆、大科学基础设施、重点实验室等科普教育功能。开发拓展“一江一河”岸线、长三角生态绿色一体化发展示范区等自然生态教育资源。（市教委、市委宣传部、市发展改革委、市科委、市农业农村委、市文化旅游局、市体育局及有关校外联成员单位按照职责分工负责）

8. 推进更多场所向未成年人开放。各级各类文博单位要进一步提升活动质量和吸引力，发挥骨干和示范作用。高等学校、科研院所、中等职业学校、社区学院（学校）等单位，要按照“应开尽开”原则，向未成年人有序开放图书馆、实验室、实训中心、校史馆等教育资源。国家机关、事业单位、群团组织要结合实际向未成年人积极开放教育活动资源。鼓励和支持社会组织、企业和公民个人承担社会责任，开放活动场所，举办公益性校外教育活动。鼓励和引导校外培训机构参与校外教育，对依法依规培养学生兴趣爱好、提升学生综合素质并承担公益责任的教育培训活动，予以指导和支持。（市教委、市精神文明办、市发展改革委、市文化旅游局、团市委及有关市校外联成员单位按照职责分工负责）

9. 推进在线资源平台建设。坚持以信息化引领校外教育育人方式变革，加快信息技术在校外教育活动、管理、评价中的广泛运用。注重校外教育数据采集和管理，积极与本市学生综合素质评价系统对接。开发优质网络教育资源，建设一批虚拟仿真实验室、云游博物馆、云游美术馆等沉浸式体验平台。开发个性化、体验式在线优质课程和实景课堂，丰富校外教育网络资源。（市教委、市经济信息化委、市文化旅游局及有关市校外联成员单位按照职责分工负责）

四、优化校外教育队伍的结构和素质

10. 配齐优化校外教育工作队伍。建设一支热爱校外教育事业、具有校外教育专业能力的专兼职师资队伍。动态调整公办校外教育机构专职教师的编制，保证专职校外教育教师数量、结构、素质与校外教育发展需求相适应。各级各类学校应鼓励和支持本校教师通过互派、挂职、志愿服务等多种形式，参与或指导公益性校外教育活动，鼓励有资质的专业人员参与学校教学和教研活动。校外活动场所要设置具有教育管理功能的部门，配备“教育专员”，落实具体责任人。加强校外辅导员队伍建设，鼓励各行各业专业人才、志愿者、“五老”(老干部、老战士、老专家、老教师、老模范)队伍等参与指导校外教育活动。(市教委、市精神文明办、市人力资源社会保障局、市文化旅游局、团市委及有关市校外联成员单位按照职责分工负责)

11. 健全校外教育师资培养体系。定期开展校外教育师资培训,着力提升教师师德修养、专业知识和岗位技能。依托区教育学院和青少年活动中心等,提升中小学教师开展校外实践的意识和能力。提高校外教育队伍研究能力,设立校外教育研究课题。推动在相关高校设置“校外教育”专业方向的硕士学位教育。完善专职校外教育教师职务职称评聘制度。设立一批未成年人校外教育带头人工作室,充分发挥引领示范和带教作用。(市教委、市人力资源社会保障局及有关市校外联成员单位按照职责分工负责)

五、加强保障机制建设

12. 加强组织领导。坚持党的领导,形成政府主导、教育部门和各职能部门协同推进,全社会广泛参与的工作格局。坚持依法治理,健全校外教育制度体系,探索校外教育地方立法。各级政府要切实把校外教育工作纳入经济社会发展规划,在组织管理、资源供给上优先保障。市、区两级青少年学生校外活动联席会议要发挥好政策研究、活动开展、培训表彰等统筹协调职能。深化校外教育领域“放管服”改革,激发学校和校外活动场所的活力。(市校外联各成员单位按照职责分工负责)

13. 加强评估督导。要定期组织或委托社会专业机构,对校外教育活动绩效和诚信记录开展评估。市、区两级督导部门要将校外教育的实施情况纳入督政督学事项,督导结果须向社会公布。督导和评估的结果,作为对相关单位及其领导干部考核、评优评奖的重要参考。将校外教育工作纳入精神文明创建工作及校外教育相关评优体系。在学生综合素质评价体系中进一步强化对学生参与校外实践成效的评价。(市教委、市精神文明办及有关市校外联成员单位按照职责分工负责)

14. 加强活动保障。加强对各类校外教育活动的规范管理,探索建立政府、学校、社会共同参与的多元化活动保障机制。学校要开展好校外教育活动,落实各项安全措施。积极安排好学生研学实践所需运力,提供出行便利,严格执行学生票价优惠政策。推动政府指导价的场馆、景区实施门票减免政策,进一步推动本市各类文博场馆等资源向全市师生免费开放。推动将校外活动纳入校方责任险范围,鼓励保险企业开发有针对性的产品,对投保费用实施优惠措施。(市教委、市发展改革委、市财政局、市文化旅游局、团市委及有关市校外联成员单位按照职责分工负责)

15. 强化风险防范。建立健全校外教育活动安全风险评估和防范机制。加强监管,对承接校外教育活动特别是研学实践相关机构及从业人员的资质进行严格认定,做好交通、食宿、消防、治安以及活动项目的安全保障和场所周边环境的整治。各级各类学校和校外活动场所要严格按照有关规定,落实内部治安保卫工作责任,选择具备资质和条件的单位承接未成年人校外活动任务。加强对未成年人的安全教育,提升自我保护和安全防范能力。(市教委、市文化旅游局及有关市校外联成员单位按照职责分工负责)

16. 完善多元投入。建立健全财政经费、社会投资和社会捐赠等共同支持的校外教育经费保障体系。各级政府要统筹使用财政经费,用好中央专项彩票公益金,开发优质课程、开展学生活动、建设校外活动场所;用好用足财政和税收政策,通过购买服务、项目共建等方式,支持社会资源投入校外教育。有关部门要充分保障校外教育工作人员相关待遇。(市教委、市精神文明办、市发展改革委、市财政局、市人力资源社会保障局及有关市校外联成员单位按照职责分工负责)

17. 营造良好氛围。学校要积极落实各项教育政策,保障未成年人参加校外教育实践的时间。建立上海市校外教育研究中心,成立上海校外教育专家咨询委员会。探索建立校外教育荣誉体系,大力宣传校外教育的好做法好经验,选树一批先进典型和成功案例,遴选一批示范性研学实践教育精品课程和线路,为校外教育事业发展营造良好的社会氛围。(市教委、市委宣传部、市精神文明办、市人力资源社会保障局及有关市校外联成员单位按照职责分工负责)

教育统计

Educational Statistics

上海市各级普通学校基本情况

单位：万人

指　　标	学校数（所）	毕业生数	招生数	在校学生数	教职工数	#专任教师
总　计	**3453**	**70.22**	**82.72**	**299.85**	**33.42**	**23.27**
研究生	**49**	**5.61**	**7.79**	**23.33**		
高等学校	28	5.54	7.71	23.11		
科研机构	21	0.07	0.07	0.22		
普通高等学校	**64**	**13.57**	**15.25**	**54.87**	**8.39**	**4.87**
本科院校	40	10.27	11.48	43.55	7.61	4.34
高职（专科）学校	24	3.29	3.76	11.32	0.79	0.52
普通中等学校	**958**	**17.15**	**23.01**	**75.83**	**9.38**	**7.36**
普通中学	867	14.53	20.24	67.20	8.20	6.54
高　中		5.17	6.05	17.45		1.94
初　中		9.36	14.19	49.75		4.60
职业中学	23	0.81	0.85	2.65	0.36	0.28
高　中	23	0.81	0.85	2.65	0.36	0.28
初　中						
中等专业学校	50	1.49	1.61	5.03	0.70	0.47
附设中职班	（3）	0.00	0.10	0.22		
技工学校	6	0.30	0.28	0.87	0.08	0.05
专门学校	12	0.03	0.03	0.08	0.04	0.02
小　学	**680**	**14.89**	**18.77**	**89.28**	**7.01**	**6.33**
特殊教育	**31**	**0.09**	**0.10**	**0.53**	**0.18**	**0.16**
幼儿园	**1699**	**18.92**	**17.81**	**56.01**	**8.46**	**4.55**

注：1. 表中幼儿园招生数指当年入园幼儿数。
2. 2014学年起，中科院、煤炭院所属科研机构不纳入上海市研究生培养机构统计。
3. 表中研究生包含2021年招收的非全日制学生。
4. 普通高中包括完全中学、高级中学、十二年一贯制学校，普通初中包含初级中学、九年一贯制学校。
5. 括号内数字为普通高校开展研究生教育的学校数，已包含在普通高校校数中。
6. 本科院校在校生数包含本科和专科在校生数。
7. 2021年起，职业中学、中等专业学校、技工学校各项学生数按学校类型统计。

上海市各级成人学校基本情况

单位：万人

指　　标	学校数（所）	毕业生数	招生数	在校学生数	教职工数	#专任教师
总　计	**574**	**94.39**	**11.73**	**114.09**	**1.08**	**0.59**
成人高等学校	**12**	**4.28**	**4.64**	**13.63**	**0.12**	**0.06**
独立设置成人高校	12	0.19	0.24	0.73	0.12	0.06
广播电视大学	1				0.04	0.01
职工高等学校	10	0.19	0.24	0.73	0.09	0.04
管理干部学院	1					
普通高校举办	（54）	4.10	4.40	12.90		
函授部	7	0.11	0.13	0.35		
业　余	47	3.99	4.26	12.55		
成人脱产班						
成人网络本、专科		**4.63**	**6.05**	**14.60**		
成人中、初等学校	**8**	**0.59**	**1.04**	**2.11**	**0.02**	**0.01**
成人中等专业学校	8	0.59	1.04	2.11	0.02	0.01
成人中学						
成人小学						
职业技术培训机构	**548**	**84.89**		**83.74**	**0.94**	**0.53**

注：1. 表中成人中学、职业技术培训机构在校学生指累计注册数，毕业生数指累计结业数。
2. 普通高校举办的函授、业余、脱产班学校数是指举办这类教育的学校点数，括号内是点数之和。

研究生教育基本情况

单位：人

指　　标	合　计	中央部委所属	教育部所　属	其他部委所属	地方所属	教育部门	其他部门
毕业生数	**56088**	**34081**	**33672**	**409**	**22007**	**21716**	**291**
攻读硕士学位	49549	28672	28276	396	20877	20610	267
攻读博士学位	6539	5409	5396	13	1130	1106	24
招生数	**77879**	**47900**	**47444**	**456**	**29979**	**29612**	**367**
攻读硕士学位	65908	38029	37589	440	27879	27560	319
攻读博士学位	11971	9871	9855	16	2100	2052	48
在校学生数	**233268**	**148942**	**147681**	**1261**	**84326**	**83184**	**1142**
攻读硕士学位	186298	110016	108836	1180	76282	75359	923
攻读博士学位	46970	38926	38845	81	8044	7825	219
预计毕业生数	**86046**	**55712**	**55239**	**473**	**30334**	**29903**	**431**
攻读硕士学位	69866	43496	43037	459	26370	26063	307
攻读博士学位	16180	12216	12202	14	3964	3840	124

注：表中研究生包括非全日制学生。

研究生分学科学生数

单位：人

指　　标	毕业生数	招生数	在校学生数	预计毕业生数
总　计	**56088**	**77879**	**233268**	**86046**
女　生	30354	39558	117543	43586
学术型学位	28001	37351	121208	40801
专业学位	28087	40528	112060	45245
哲　学	287	386	1297	515
经济学	4015	5075	12753	5545
法　学	4980	5834	17249	6883
教育学	3367	3642	11467	5414
文　学	3349	3916	11528	4215
历史学	421	501	1695	734
理　学	3997	6729	20990	6195
工　学	18174	27106	81050	26593
农　学	633	887	2609	893
医　学	4619	6293	19557	6202
管理学	10388	15225	46339	20560
艺术学	1858	2259	6708	2297
交叉学科	0	26	26	0

注：2021 年开始增加了交叉学科分类；表中研究生包含非全日制学生。

普通本专科教育基本情况

单位:人

指　　标	学校数（所）	本专科学生数								教职工数	# 专任教师
		毕业生数	# 本科	招生数	# 本科	在校生	# 本科	预计毕业生	# 本科		
总　计	**64**	**135655**	**92227**	**152453**	**104296**	**548733**	**406856**	**156313**	**105924**	**83911**	**48692**
部　属	10	28645	25627	30807	27721	122386	113633	31573	28416	36691	17176
市　属	54	107010	66600	121646	76575	426347	293223	124740	77508	47220	31516
民　办	19	32617	13244	39405	18731	129979	62564	40532	16628	8905	6274
中外合作办	1	168	168	248	248	935	935	190	190	653	261
综合大学	4	15704	15704	16911	16911	70862	70862	18188	18188	29002	12531
理工院校	25	51988	32432	58668	35675	208180	142374	61356	38300	23505	15812
农业院校	2	3941	2817	4619	3028	16400	12122	4346	3009	1717	1095
医药院校	2	3895	2202	4236	3267	15604	12451	4529	3138	2237	1368
师范院校	2	8362	8362	8750	8750	35293	35293	9086	9086	7349	4405
语文院校	3	4336	1476	3906	1495	14680	5962	4949	1468	2087	1321
财经院校	17	36069	20972	42235	26129	143882	92295	41869	23827	12214	8512
政法院校	3	6304	5346	7608	5824	24739	22955	6756	5825	2641	1883
体育院校	1	1053	946	1218	1148	4513	4253	1172	1063	829	540
艺术院校	5	4003	1970	4302	2069	14580	8289	4062	2020	2330	1225

注:2018年开始,增加举办者类型为中外合作办的统计数据。

普通本科、职业本科分学科学生数

单位:人

指　　标	毕业生数	招生数	在校学生数	预计毕业生数
总　计	**92227**	**104296**	**406856**	**105924**
哲　学	153	397	880	156
经济学	9998	9358	38821	10403
法　学	5652	5918	24110	6198
教育学	2258	2958	11116	2731
文　学	9329	10303	39170	10244
历史学	226	568	1698	287
理　学	5250	6385	24690	6135
工　学	30510	34949	139928	37262
农　学	466	647	2411	565
医　学	3932	5303	20924	4867
管理学	17104	17148	68119	18447
艺术学	7349	9595	33951	8591
职业本科	0	767	1038	38

注:2020年开始,增加了职业本科的分类。

普通高等职业教育专科分专业学生数

单位：人

指　　标	毕业生数	招生数	在校学生数	预计毕业生数
总　计	**43428**	**48157**	**141877**	**50389**
农林牧渔大类	929	1064	2860	1035
资源环境与安全大类	263	291	890	328
能源动力与材料大类				
土木建筑大类	2578	2764	8135	2995
水利大类				
装备制造大类	3581	4467	12555	4282
生物与化工大类	156	215	481	143
轻工纺织大类	381	415	1225	423
食品药品与粮食大类	629	665	1885	696
交通运输大类	4959	4729	13667	5037
电子信息大类	4695	6327	18171	6001
医药卫生大类	4164	3959	12376	4375
财经商贸大类	7072	6786	21729	7999
旅游大类	2286	2183	6924	2666
文化艺术大类	4377	4512	14233	4935
新闻传播大类	1546	1822	5217	1676
教育与体育大类	4185	5408	17487	6098
公安与司法大类	1132	2018	2520	1160
公共管理与服务大类	495	532	1522	540

普通高等教育学校专任教师基本情况

单位：人

指　　标	专任教师数	正高级	副高级	中　级	初　级	未定职称
总　计	**48692**	**9762**	**15908**	**18337**	**3085**	**1600**
学　历						
研究生	42844	9290	14018	15707	2447	1382
博　士	29003	8796	11150	8485	108	464
硕　士	13841	494	2868	7222	2339	918
本　科	5696	457	1861	2571	610	197
专科及以下	152	15	29	59	28	21
年　龄						
29 岁及以下	2989	11	18	747	1418	795
30—34 岁	7542	242	959	4773	1073	495
35—39 岁	8836	703	3081	4552	335	165
40—44 岁	9802	1538	4014	4043	144	63
45—49 岁	7468	1825	3252	2297	60	34
50—54 岁	5307	1818	2279	1169	27	14
55—59 岁	5099	2511	1909	643	17	19
60—64 岁	1076	755	235	71	6	9
65 岁及以上	573	359	161	42	5	6

普通本科高校分学科专任教师数

单位：人

指　标	专任教师数	正高级	副高级	中　级	初　级	未定职称
总　计	**43001**	**9508**	**14699**	**15764**	**2001**	**1029**
哲　学	1206	242	333	476	89	66
经济学	2429	474	864	980	52	59
法　学	3683	611	1024	1490	357	201
教育学	3132	351	963	1344	380	94
文　学	5650	739	1657	2884	260	110
历史学	571	195	178	181	8	9
理　学	5130	1859	1958	1192	51	70
工　学	12273	3354	4712	3824	212	171
农　学	269	78	107	56	6	22
医　学	2577	646	877	841	149	64
管理学	3433	634	1234	1333	143	89
艺术学	2648	325	792	1163	294	74

注：2021年开始，本表统计数据不包含职业高校专任教师。

职业高校分领域专任教师数

单位：人

指　标	专任教师数	正高级	副高级	中　级	初　级	未定职称
总　计	**5691**	**254**	**1209**	**2573**	**1084**	**571**
农林牧渔大类	89	2	21	42	18	6
资源环境与安全大类	58	1	10	30	9	8
能源动力与材料大类	18	2	6	8	1	1
土木建筑大类	238	20	77	94	34	13
水利大类						
装备制造大类	302	16	81	109	64	32
生物与化工大类	34	3	7	15	7	2
轻工纺织大类	32	2	10	19	1	0
食品药品与粮食大类	67	5	9	31	22	0
交通运输大类	480	9	90	228	141	12
电子信息大类	566	30	142	252	85	57
医药卫生大类	258	15	54	102	68	19
财经商贸大类	547	23	114	262	82	66
旅游大类	234	9	51	97	39	38
文化艺术大类	1028	58	209	476	196	89
新闻传播大类	118	11	17	43	29	18
教育与体育大类	1476	42	279	691	260	204
公安与司法大类	22	1	5	9	6	1
公共管理与服务大类	124	5	27	65	22	5

注：2021年开始，本表统计数据为职业本专科学校。

中等职业学校基本情况

单位:人

指　标	总　计	普通中专	职业高中	技工学校	成人中专	附设中职班
机构数合计(所)	**87**	**50**	**23**	**6**	**8**	
中央部委属	2	1		1		
地方所属	81	48	22	4	7	
教育部门	49	24	22	1	2	
非教育部门	32	24		3	5	
民办	3	1		1	1	
中外合作办	1		1			
教职工数(人)	**11667**	**7012**	**3644**	**830**	**181**	
中央部委属	220	99		121		
市　　属	11256	6866	3593	625	172	
民　　办	140	47		84	9	
中外合作办	51		51			
专任教师数(人)	**8051**	**4659**	**2718**	**505**	**88**	**81**
中央部委属	111	33		78		
市　　属	7768	4601	2673	347	87	60
民　　办	127	25		80	1	21
中外合作办	45		45			

注:1. 2018 年开始,增加举办者类型为中外合作办的统计数据。
　2. 2021 年开始,增加办学类型为附设中职班的统计数据。

中等职业学校分专业学生数

单位:人

指　标	毕业生数	招生数	在校学生数	预计毕业生
总　计	**31894**	**38730**	**108907**	**33274**
＃全日制	29357	31686	97914	29384
中央部委属	479	400	1255	387
市　属	30177	36129	103651	32079
民　办	930	1834	3100	494
中外合作办	308	367	901	314
农林牧渔大类	493	624	1640	459
资源环境与安全大类	386	476	1632	527
能源动力与材料大类	237	30	778	259
土木建筑大类	1607	1698	5189	1618
水利大类				
装备制造大类	6444	5953	19102	5902
生物与化工大类	346	323	1167	274
轻工纺织大类	287	354	1106	344
食品药品与粮食大类	711	1013	3047	969
交通运输大类	3554	3433	10155	3275
电子与信息大类	3243	4411	12879	3279
医药卫生大类	1333	2825	5231	1133
财经商贸大类	4471	5073	14623	4882
旅游大类	2370	2303	6977	2234
文化艺术大类	1749	2238	7316	1929
新闻传播大类	521	753	2073	631
教育与体育大类	2341	2734	7957	2348
公安与司法大类				
公共管理与服务大类	1801	4489	8035	3211

注:1. 2018 年开始,增加举办者类型为中外合作办的统计数据。
　2. 本表按学校类型统计,数据包含成人中等职业教育学生数。

中等专业学校分学科专任教师数

单位：人

指　　标	合　计	正高级	副高级	中　级	初　级	未定职级
总　计	**8051**	**54**	**1738**	**3998**	**1962**	**299**
专业课	8051	54	1738	3998	1962	299
农林牧渔大类	51	1	24	15	9	2
资源环境与安全大类	76		13	41	19	3
能源动力与材料大类	35	1	3	23	8	
土木建筑大类	189	3	55	88	42	1
水利大类	18		6	11	1	
装备制造大类	808	7	182	351	206	62
生物与化工大类	97		33	53	7	4
轻工纺织大类	68		20	28	17	3
食品药品与粮食大类	37	1	11	16	9	
交通运输大类	420		64	232	119	5
电子与信息大类	701	3	159	350	177	12
医药卫生大类	283		75	150	54	4
财经商贸大类	816	4	191	421	179	21
旅游大类	250	1	56	118	68	7
文化艺术大类	1172	9	246	529	341	47
新闻传播大类	26		7	8	8	3
教育与体育大类	2851	24	565	1485	658	119
公安与司法大类						
公共管理与服务大类	153		28	79	40	6
#实习指导课	393	1	60	183	117	32

中学校数、班数、学生数、教职工数

指　　标	全　市	教育部门	其他部门	民　办	中外合作办
学校数(所)	**867**	**736**		**130**	**1**
完全中学	88	65		23	
高级中学	143	130		12	1
初级中学	375	345		30	
九年一贯制学校	230	189		41	
十二年一贯制学校	31	7		24	
班数(班)	**19156**	**16301**	**26**	**2811**	**18**
初　中	14268	11960	13	2295	
高　中	4888	4341	13	516	18
在校学生数(人)	**672004**	**577665**	**534**	**93286**	**519**
初　中	497550	419059	234	78257	
高　中	174454	158606	300	15029	519
招生数(人)	**202367**	**176501**	**115**	**25576**	**175**
初　中	141905	121611		20294	
高　中	60462	54890	115	5282	175
毕业生数(人)	**145264**	**124519**	**179**	**20398**	**168**
初　中	93572	76886	120	16566	
高　中	51692	47633	59	3832	168
教职工数(人)	**81960**	**68781**		**13064**	**115**
专任教师数	65443	56604		8759	80

注：2018年开始，增加举办者类型为中外合作办的统计数据。

中学专任教师学历情况

指　　标	总　计	研究生	本　科	专　科	高　中	高中以下
初中(人)	**46052**	**9285**	**36530**	**236**	**1**	**0**
所占比重(%)	100	20.16	79.32	0.51		
高中(人)	**19391**	**6064**	**13326**	**1**	**0**	**0**
所占比重(%)	100	31.27	68.72	0.01		

中学专任教师职称情况

指　　标	总　计	正高级	副高级	中　级	助理级	员　级	未定职级
初中(人)	**46052**	**36**	**5517**	**22048**	**14996**	**322**	**3133**
所占比重(%)	100	0.08	11.98	47.88	32.56	0.70	6.80
高中(人)	**19391**	**172**	**5451**	**8169**	**4142**	**118**	**1339**
所占比重(%)	100	0.89	28.11	42.13	21.36	0.61	6.91

中学专任教师年龄情况

指　　标	专任教师数	29 岁及以下	30—39 岁	40—49 岁	50—59 岁	60 岁及以上
初中(人)	**46052**	**9755**	**14133**	**13999**	**8051**	**114**
所占比重(%)	100	21.18	30.69	30.40	17.48	0.25
高中(人)	**19391**	**3343**	**5379**	**6664**	**3928**	**77**
所占比重(%)	100	17.24	27.74	34.37	20.26	0.40

中学占地和校舍建筑面积数

单位:万平方米

指　　标	全　市	城　区	镇　区	乡　村
学校占地面积	2702.12	2131.16	441.16	129.80
#运动场地面积	796.83	643.40	121.07	32.36
校舍建筑面积	1722.01	1459.98	198.24	63.78

分区高中分年级在校生情况

单位:人

指　　标	毕业生数	招生数	高中在校生	一年级	二年级	三年级
全市合计	**51692**	**60462**	**174454**	**60998**	**59824**	**53632**
黄浦区	3079	3289	9713	3308	3332	3073
徐汇区	3732	4263	12444	4303	4321	3820
长宁区	1401	1605	4631	1630	1589	1412
静安区	3340	3920	11222	3958	3971	3293
普陀区	2394	2925	8202	2953	2817	2432
虹口区	1995	2236	6478	2262	2242	1974
杨浦区	3475	3894	11404	3939	3891	3574
闵行区	4428	5626	15688	5646	5472	4570
宝山区	3366	3891	11171	3919	3804	3448
嘉定区	2457	3009	8603	3051	2881	2671
浦东新区	11575	14407	40830	14492	13990	12348
金山区	2347	2153	6789	2212	2354	2223
松江区	2739	3430	9939	3461	3456	3022
青浦区	1921	2078	6237	2092	2115	2030
奉贤区	2105	2173	6522	2191	2161	2170
崇明区	1338	1563	4581	1581	1428	1572

分区初中分年级在校生情况

单位:人

指　标	毕业生数	招生数	初中在校生	一年级	二年级	三年级	四年级
全市合计	**93572**	**141905**	**497550**	**142113**	**126890**	**119033**	**109514**
黄浦区	2980	4195	15857	4200	4016	3986	3655
徐汇区	5879	8741	31645	8757	8128	7715	7045
长宁区	2707	3773	14036	3782	3626	3425	3203
静安区	5303	7028	26944	7033	6890	6831	6190
普陀区	4481	6908	24964	6931	6476	6171	5386
虹口区	3269	4250	16143	4268	3972	4163	3740
杨浦区	4752	7151	25416	7162	6645	6236	5373
闵行区	9377	17112	58060	17131	15165	13593	12171
宝山区	7073	11186	38967	11205	9926	9403	8433
嘉定区	5413	8387	28352	8407	7267	6675	6003
浦东新区	22336	34273	118308	34287	29793	27767	26461
金山区	3781	4530	16777	4543	4096	4038	4100
松江区	6090	10165	33256	10190	8648	7571	6847
青浦区	3836	5446	18662	5447	4668	4450	4097
奉贤区	3779	5906	19164	5911	4845	4325	4083
崇明区	2516	2854	10999	2859	2729	2684	2727

分区中学基本情况

单位:人

指　标	学校数(所)	完全中学	高级中学	初级中学	九　年一贯制学　校	十二年一贯制学　校	初高中学生数	教职工数	#专任教师	初　中	高　中
全市合计	**867**	**88**	**143**	**375**	**230**	**31**	**672004**	**81960**	**65443**	**46052**	**19391**
黄浦区	33	6	9	14	3	1	25570	3493	2795	1613	1182
徐汇区	42	11	8	18	4	1	44089	5045	4181	2553	1628
长宁区	26	4	4	14	2	2	18667	2850	2027	1388	639
静安区	51	12	9	23	7	0	38166	5199	3947	2560	1387
普陀区	51	8	5	12	23	3	33166	4435	3585	2532	1053
虹口区	35	5	8	17	5	0	22621	3274	2867	1777	1090
杨浦区	50	3	11	25	8	3	36820	4323	3804	2423	1381
闵行区	83	6	15	33	26	3	73748	8430	6449	4843	1606
宝山区	77	6	8	28	34	1	50138	5067	4487	3458	1029
嘉定区	48	0	8	22	16	2	36955	4081	3372	2516	856
浦东新区	172	19	28	85	32	8	159138	16291	13887	10182	3705
金山区	37	3	7	20	5	2	23566	3432	2613	1796	817
松江区	49	2	6	12	28	1	43195	6146	4046	3024	1022
青浦区	35	1	5	17	9	3	24899	3308	2647	1937	710
奉贤区	48	0	7	18	22	1	25686	3230	2801	2113	688
崇明区	30	2	5	17	6	0	15580	3356	1935	1337	598

实验性示范性中学

指　　标	总　计	市实验性示范性	区实验性示范性
学校数(所)	**148**	**63**	**85**
班数(个)	**4595**	**1979**	**2616**
初　中	918	124	794
高　中	3677	1855	1822
毕业生数(人)	**47845**	**22169**	**25676**
初　中	6977	1016	5961
高　中	40868	21153	19715
招生数(人)	**55131**	**24231**	**30900**
初　中	8788	1242	7546
高　中	46343	22989	23354
在校学生数(人)	**167739**	**72478**	**95261**
初　中	33056	4561	28495
高　中	134683	67917	66766
预计毕业生数(人)	**49870**	**23072**	**26798**
初　中	7767	1076	6691
高　中	42103	21996	20107
教职工数(人)	**21659**	**10239**	**11420**
其中:专任教师	17884	8327	9557
初　中	2896	431	2465
高　中	14988	7896	7092
学校占地面积(万平方米)	**753.10**	**456.84**	**296.26**
校舍建筑面积(万平方米)	**527.23**	**318.88**	**208.35**

小学校数、班数、学生数、教职工数

指　　标	全　市	教育部门	其他部门	民　办	中外合作办
学校数(所)	**680**	**612**		**68**	
班数(班)	**23899**	**20813**		**3086**	
学生数(人)	**892789**	**788998**		**103791**	
一年级	187861	166986		20875	
二年级	187848	166037		21811	
三年级	183228	161265		21963	
四年级	178695	158032		20663	
五年级	155157	136678		18479	
教职工数(人)	**70057**	**62099**		**7958**	
# 专任教师数	63336	56148		7188	

注:2018 年开始,增加举办者类型为中外合作办的统计数据。

小学专任教师年龄职称情况

单位:人

指　标	专任教师	29岁及以下	30—39岁	40—49岁	50—59岁	60岁及以上
总　计	**63336**	**16146**	**18808**	**17166**	**11168**	**48**
正高级	33	0	0	18	14	1
副高级	2137	0	181	1193	755	8
中　级	28507	353	6971	11960	9196	27
助理级	26374	11829	9930	3567	1041	7
员　级	1003	457	384	110	52	0
未定职级	5282	3507	1342	318	110	5

小学专任教师学历情况

指　标	合　计	本科及以上	专　科	高　中	高中以下
专任教师(人)	**63336**	**56311**	**6851**	**174**	
所占比重(%)	100	88.91	10.82	0.27	

小学占地和校舍建筑面积数

单位:万平方米

指　标	学校占地面积	运动场地面积	校舍建筑面积
全　市	**1104.35**	**427.97**	**678.99**
城　区	891.02	355.93	576.73
镇　区	169.93	58.52	85.03
乡　村	43.40	13.52	17.23

分区小学基本情况

单位:人

指　标	学校数(所)	毕业生数	招生数	在校学生数	一年级	二年级	三年级	四年级	五年级	教职工数	#专任教师
全市合计	**680**	**148862**	**187739**	**892789**	**187861**	**187848**	**183228**	**178695**	**155157**	**70057**	**63336**
黄浦区	27	3845	4548	22591	4553	4875	4532	4625	4006	2240	1933
徐汇区	44	8551	10672	49974	10676	10392	10030	9988	8888	3681	3218
长宁区	23	4181	4576	22900	4582	4615	4694	4768	4241	1965	1674
静安区	44	6573	7531	37831	7532	7962	7620	7866	6851	3578	2942
普陀区	25	7375	8872	43639	8875	9104	8791	8981	7888	3529	3331
虹口区	34	4231	4898	23994	4899	4959	4862	4859	4415	2271	2113
杨浦区	43	7185	9202	43509	9204	9269	8848	8630	7558	3512	3393
闵行区	63	18309	22381	107106	22387	22479	21931	21647	18662	7627	6881
宝山区	69	12279	15693	75920	15711	15877	15888	15206	13238	5812	5584
嘉定区	41	8610	13276	58837	13282	13103	12043	11173	9236	4072	3666
浦东新区	134	37406	45472	217367	45486	45503	44690	43561	38127	15255	14584
金山区	23	4466	5692	27431	5698	5606	5697	5635	4795	2415	2053
松江区	38	11160	15584	72203	15604	15276	15095	14380	11848	5719	4852
青浦区	28	5443	8826	37700	8833	8243	7741	6926	5957	3140	2774
奉贤区	23	6299	7798	36573	7805	7571	7521	7270	6406	2782	2663
崇明区	21	2949	2718	15214	2734	3014	3245	3180	3041	2459	1675

幼儿园基本情况

指　　标	全　市	教育部门	集体办	其他部门	民　办	中外合作办
独立幼儿园(所)	1699	1010	2	23	662	2
班数(个)	20895	14649	54	223	5947	22
幼儿数(人)	560059	407687	1270	4877	145814	411
教职工数(人)	84565	57646	161	1181	25470	107
专任教师数	45520	33522	87	530	11334	47

注:2018 年开始,增加举办者类型为中外合作办的统计数据。

幼儿园园长、专任教师学历情况

指　　标	合　计	本科及以上	专　科	高　中	高中以下	合计中:接受过专业教育
园长(人)	1987	1773	207	7		1869
所占比重(%)	100	89.23	10.42	0.35		94.06
专任教师(人)	45520	37498	7586	429	7	42829
所占比重(%)	100	82.38	16.67	0.94		94.08

幼儿园专任教师职称情况

指　　标	正高级	副高级	中　级	助理级	员　级	未定职级
专任教师(人)	10	395	12876	17512	1954	12773
所占比重(%)	0.02	0.86	28.28	38.47	4.29	28.06

分区托儿所基本情况

指　　标	独立设置托儿所(所)	班数(个)	托儿数(人)	教职工数(人)	#教养员
全市合计	**36**	**95**	**1470**	**469**	**265**
黄浦区	1	2	28	10	6
徐汇区	2	8	201	32	25
长宁区					
静安区	3	8	112	40	24
普陀区					
虹口区	14	42	620	202	117
杨浦区	2	7	90	35	13
闵行区					
宝山区					
嘉定区					
浦东新区					
金山区					
松江区	14	28	419	150	80
青浦区					
奉贤区					
崇明区					

分区幼儿园基本情况

单位：人

指　　标	园数（所）	入　园幼儿数	离　园幼儿数	在　园幼儿数	教职工数	# 专任教师	占地面积万平方米	校舍面积万平方米
全市合计	**1699**	**178087**	**189248**	**560059**	**84565**	**45520**	**1033.82**	**749.44**
黄浦区	43	3376	3854	10553	1371	881	9.25	11.97
徐汇区	100	7296	8063	24207	4694	2006	39.40	27.28
长宁区	40	3899	4384	12459	2252	1201	26.23	17.46
静安区	88	6615	7125	21128	3330	1987	29.24	26.00
普陀区	83	8125	9419	25359	4398	2111	39.21	31.41
虹口区	53	3504	4292	12014	2038	1110	18.86	14.62
杨浦区	87	7770	8852	25069	3026	1995	34.36	26.86
闵行区	196	21515	23496	65657	11433	5521	128.72	90.42
宝山区	173	16131	18811	53508	7108	3869	98.48	72.00
嘉定区	105	13913	13691	42913	6268	3254	77.47	55.36
浦东新区	325	42442	44888	135130	18151	10716	263.08	189.52
金山区	48	5545	5435	17835	2879	1548	45.65	27.24
松江区	153	16316	16414	51045	7910	4219	84.48	64.13
青浦区	94	10287	9163	29008	4254	2389	55.93	38.58
奉贤区	74	8697	8576	25401	3615	1877	50.60	34.89
崇明区	37	2656	2785	8773	1838	836	32.85	21.70

特殊教育学校基本情况

单位：人

指　　标	学校数(所)	班数(个)	学生数	教职工数	# 专任教师
总　计	**31**	**594**	**9044**	**1845**	**1584**
视力残疾		21	171		
听力残疾		44	420		
言语残疾		1	24		
肢体残疾		1	172		
智力残疾		464	7554		
精神残疾		3	192		
多重残疾		60	511		
盲人学校	1	21	123	104	59
聋哑学校	4	42	289	210	162
培智学校	22	324	3038	1314	1022
其他学校	4	74	776	217	198
小学附设特教班		8	64		12
中学附设特教班		7	36		7
其他附设特教班		118	991		124
小学随班就读			1260		
中学随班就读			2427		
小学送教上门			25		
中学送教上门			15		

注：1. 其他学校指对两类以上残疾人进行教育的学校。
　　2. 随班就读和送教上门学生是普通中、小学学生的其中数，不计入独立的特教校班数据中。

专门学校基本情况

单位:人

指　　标	学校数(所)	班数(个)	学生数	教职工数	#专任教师
全市合计	**12**	**70**	**797**	**360**	**271**
黄浦区	1	0	0	3	3
徐汇区	1	3	13	26	18
长宁区	1	0	0	9	6
静安区	1	0	0	1	0
普陀区	1	2	3	21	17
虹口区	1	4	22	30	27
杨浦区	1	4	11	23	19
闵行区	1	7	21	32	20
宝山区	1	7	65	29	27
嘉定区	1	2	50	29	22
浦东新区	1	29	496	94	89
金山区					
松江区					
青浦区					
奉贤区					
崇明区	1	12	116	63	23

职业技术培训机构基本情况

单位:万人次

指　　标	学校数(所)	教学班(点)(个)	结业生数	注册学生数	教职工数(人)	#专任教师	聘请校外教师(人)
总　计	**548**	**25693**	**84.89**	**83.74**	**9440**	**5278**	**4011**
职工技术培训学校	**21**	**917**	**13.05**	**13.58**	**1064**	**864**	**360**
教育部门办和集体办	10	802	12.53	12.81	934	786	288
其他部门办	2	41	0.10	0.10	39	36	12
民　办	9	74	0.42	0.68	91	42	60
中外合作办							
农村技术培训学校	**92**	**3642**	**32.30**	**27.92**	**859**	**620**	**1734**
教育部门办和集体办	82	3113	25.77	21.36	798	607	1467
县　办	66	2286	12.51	8.26	696	523	1267
乡　办	16	827	13.26	13.10	102	84	200
村　办							
其他部门办	10	529	6.53	6.56	61	13	267
民　办							
中外合作办							
其他培训机构	**435**	**21134**	**39.54**	**42.24**	**7517**	**3794**	**1917**
教育部门办和集体办	19	1163	7.40	11.04	1308	1148	276
其他部门办	22	995	8.56	8.83	196	82	386
民　办	394	18976	23.57	22.37	6013	2564	1255
中外合作办							

注:1. 表中结业生数、注册学生数均指一学年内的累计数。
2. 2018 年开始,增加举办者类型为中外合作办的统计数据。

成人本、专科分形式学生数

单位：人

指标	毕业生数	#本科	招生数	#本科	在校生数	#本科	预计毕业生数	#本科
总计	**42847**	**31291**	**46377**	**31000**	**136322**	**97210**	**52649**	**35609**
函授	1056	749	1334	1017	3467	2607	1153	754
业余	41659	30542	44977	29983	132469	94603	51176	34855
脱产	132	0	66	0	386	0	320	0

注：含普通高校举办的成人本专科及独立设置的成人高校学生。

网络本、专科学生数

单位：人

指标	毕业生数	#本科	招生数	#本科	在校生数	#本科
总计	**46266**	**19238**	**60516**	**32850**	**146043**	**76023**
成人生	46266	19238	60516	32850	146043	76023

独立设置的成人高等学校专任教师学历情况

单位：人

指标	总计	正高级	副高级	中级	初级	未定职称
专任教师数	**561**	**15**	**137**	**310**	**74**	**25**
博士	52	9	23	16	0	4
硕士	246	4	43	145	36	18
本科	262	2	71	149	37	3
专科及以下	1	0	0	0	1	0

成人本科分学科学生数

单位：人

指标	毕业生数	招生数	在校生数	预计毕业生数
总计	**31291**	**31000**	**97210**	**35609**
哲学	0	0	0	0
经济学	1610	1269	5348	2043
法学	492	391	1078	482
教育学	491	717	2091	772
文学	1349	1500	4652	1511
历史学	0	0	0	0
理学	229	255	811	349
工学	4208	4712	13649	5342
农学	74	100	188	79
医学	4933	3102	12122	4624
管理学	17183	18321	53950	19154
艺术学	722	633	3321	1253

成人专科分学科学生数

单位：人

指　　标	毕业生数	招生数	在校生数	预计毕业生数
总　计	**11556**	**15377**	**39112**	**17040**
农林牧渔大类	59	12	137	74
资源环境与安全大类	0	0	8	8
能源动力与材料大类	6	24	61	16
土木建筑大类	92	510	912	240
水利大类	0	0	0	0
装备制造大类	408	440	1114	327
生物与化工大类	0	0	0	0
轻工纺织大类	2	0	8	7
食品药品与粮食大类	2	36	42	5
交通运输大类	437	246	927	387
电子信息大类	129	390	923	285
医药卫生大类	331	146	489	201
财经商贸大类	7806	11652	27839	11800
旅游大类	224	86	715	609
文化艺术大类	530	542	1889	902
新闻传播大类	2	10	76	66
教育与体育大类	484	587	1811	852
公安与司法大类	0	0	0	0
公共管理与服务大类	1044	696	2161	1261

历年研究生基本情况

单位：人

年　份	合　　计			普通高等学校			科　研　单　位		
	招生数	在读生数	毕业生数	招生数	在读生数	毕业生数	招生数	在读生数	毕业生数
2002	19211	48896	7926	17848	45713	7481	1363	3183	445
2003	22524	59090	10079	20767	55092	9501	1757	3998	578
2004	25334	69437	13469	23545	64747	12788	1789	4690	681
2005	27692	78728	16741	25845	73557	15857	1847	5171	884
2006	30099	86906	19931	28250	81487	18833	1849	5419	1098
2007	30610	91763	23926	28748	86177	22691	1862	5586	1235
2008	32142	95498	25753	30195	89778	24431	1947	5720	1322
2009	37425	103492	28291	35418	97639	26949	2007	5853	1342
2010	38643	111717	28207	36619	105711	26843	2024	6006	1364
2011	40080	119017	30816	37971	112902	29431	2109	6115	1385
2012	44229	127014	34606	41899	120503	33189	2330	6511	1417
2013	46223	134799	35669	43659	127803	34148	2564	6996	1521
2014	43930	133554	36572	43353	131806	36013	577	1748	559
2015	46005	138287	37868	45400	136539	37289	605	1748	579
2016	49079	144987	39733	48488	143248	39212	591	1739	521
2017	59519	161046	40982	58906	159261	40425	613	1785	557
2018	63628	178790	43084	63010	176984	42499	618	1806	585
2019	67488	196266	46040	66751	194242	45467	737	2024	573
2020	74989	215936	52202	74235	213794	51587	754	2142	615
2021	77879	233268	56088	77141	231074	55427	738	2194	661

历年普通高等学校基本情况

单位：万人

年　份	学校(所)	毕业生数	招生数	在校学生	教职工数	#专任教师
2002	50	5.52	10.92	33.16	6.18	2.29
2003	57	7.12	12.03	37.85	6.31	2.44
2004	59	8.86	13.06	41.57	6.83	2.87
2005	60	10.34	13.18	44.26	7.09	3.18
2006	60	11.05	14.04	46.63	7.17	3.39
2007	60	11.85	14.46	48.49	7.18	3.55
2008	61	12.21	14.58	50.29	7.31	3.69
2009	66	12.69	14.35	51.28	7.45	3.81
2010	66	13.37	14.46	51.57	7.42	3.92
2011	66	13.90	14.11	51.13	7.41	3.96
2012	67	13.98	13.67	50.66	7.33	4.01
2013	68	13.38	14.09	50.48	7.34	4.03
2014	68	13.24	14.19	50.66	7.34	4.06
2015	67	12.87	14.07	51.16	7.36	4.16
2016	64	13.26	14.27	51.47	7.34	4.23
2017	64	13.42	14.28	51.49	7.39	4.35
2018	64	13.25	14.34	51.78	7.51	4.46
2019	64	13.17	14.83	52.66	7.72	4.63
2020	63	13.56	15.32	54.07	7.90	4.77
2021	64	13.57	15.25	54.87	8.39	4.87

历年普通中学基本情况

单位：万人

年　份	学校(所)	毕业生数	招生数	在校学生	教职工数	#专任教师
2002	857	26.40	26.02	78.97	7.63	5.07
2003	844	25.77	23.04	75.47	7.60	5.08
2004	822	25.68	21.81	82.78	7.54	5.13
2005	807	25.39	20.90	77.02	7.46	5.12
2006	794	22.24	17.84	71.17	7.33	5.14
2007	786	21.23	16.72	65.60	7.11	5.13
2008	774	20.09	16.63	61.77	6.89	5.03
2009	762	17.03	16.50	60.37	6.76	5.05
2010	755	16.13	16.33	59.44	6.73	5.07
2011	754	15.48	16.84	59.17	7.53	5.11
2012	760	14.91	17.00	59.04	7.58	5.18
2013	762	14.68	17.34	59.35	6.82	5.26
2014	768	14.32	16.51	58.42	6.95	5.41
2015	790	14.55	16.87	57.05	7.96	6.43
2016	801	14.37	17.83	57.11	8.11	6.57
2017	818	14.12	17.38	57.06	7.36	5.72
2018	833	13.62	18.51	59.07	7.54	5.94
2019	842	13.82	18.71	61.04	7.72	6.17
2020	850	14.83	19.45	63.45	7.97	6.37
2021	867	14.53	20.24	67.20	8.20	6.54

历年小学基本情况

单位:万人

年 份	学校(所)	毕业生数	招生数	在校学生	教职工数	#专任教师
2002	751	15.76	10.11	67.24	5.62	4.06
2003	686	12.87	10.05	64.83	5.34	3.88
2004	648	10.97	10.55	53.74	5.07	3.75
2005	640	10.93	10.36	53.5	4.94	3.74
2006	626	10.85	10.87	53.37	4.86	3.75
2007	615	10.55	11.00	53.33	4.84	3.85
2008	672	10.44	12.39	59.06	5.10	4.10
2009	751	11.36	13.86	67.1245	5.48	4.43
2010	766	12.44	15.05	70.16	5.58	4.52
2011	764	13.09	16.94	73.11	4.82	4.63
2012	761	12.95	17.23	76.04	4.89	4.81
2013	759	13.45	18.10	79.25	5.81	4.98
2014	757	13.12	16.34	80.30	5.96	5.15
2015	764	13.79	15.58	79.87	6.03	5.23
2016	753	14.69	16.08	78.97	5.11	4.34
2017	741	14.31	16.37	78.49	6.29	5.47
2018	721	15.03	18.25	80.02	6.44	5.68
2019	698	14.54	18.44	82.63	6.62	5.95
2020	684	14.23	18.77	86.10	6.81	6.15
2021	680	14.89	18.77	89.28	7.01	6.33

历年幼儿园基本情况

单位:万人

年 份	独立幼儿园(所)	幼儿数	教职工数	#专任教师
2002	1001	24.21	2.42	1.46
2003	1014	25.22	2.47	1.49
2004	1017	26.58	2.56	1.55
2005	1035	28.70	2.79	1.70
2006	1057	29.98	3.04	1.88
2007	1058	31.32	3.19	2.02
2008	1058	32.88	3.36	2.17
2009	1111	35.38	3.60	2.36
2010	1252	40.03	4.09	2.67
2011	1337	44.42	4.58	2.92
2012	1401	48.06	4.90	3.13
2013	1446	50.10	5.10	3.29
2014	1462	50.29	5.34	3.49
2015	1510	53.59	5.62	3.66
2016	1553	55.65	5.89	3.83
2017	1591	57.27	6.66	4.01
2018	1627	57.14	7.06	4.14
2019	1670	57.13	7.87	4.32
2020	1678	57.15	8.08	4.40
2021	1699	56.01	8.46	4.55

历年中等技术学校基本情况

单位:万人

年 份	学校(所)	毕业生数	招生数	在校学生	教职工数	#专任教师
2002	81	2.94	3.93	12.65	1.18	0.50
2003	83	3.39	4.34	13.69	1.19	0.53
2004	82	3.08	3.87	14.05	1.12	0.53
2005	81	3.39	3.33	13.67	1.09	0.53
2006	81	3.52	3.47	13.70	1.06	0.52
2007	76	3.86	3.23	12.81	1.00	0.51
2008	73	3.71	3.24	12.08	0.97	0.51
2009	70	3.39	2.98	11.50	0.94	0.49
2010	65	3.34	2.99	10.91	0.91	0.50
2011	64	3.14	2.78	10.22	0.89	0.50
2012	61	2.77	2.76	9.88	0.85	0.48
2013	55	2.76	2.51	9.23	0.82	0.48
2014	54	3.55	2.25	7.74	0.80	0.48
2015	51	2.49	2.22	7.24	0.78	0.48
2016	50	2.27	2.02	6.77	0.76	0.48
2017	50	2.14	1.90	6.31	0.74	0.47
2018	50	2.07	1.80	5.98	0.72	0.47
2019	50	1.95	1.83	5.70	0.70	0.47
2020	50	1.87	2.23	6.03	0.69	0.46
2021	50	1.49	1.61	5.03	0.70	0.47

历年特殊教育学校基本情况

单位:人

年 份	学校(所)	毕业生数	招生数	在校学生	教职工数	#专任教师
2002	32	639	641	5529	1653	987
2003	31	767	692	5463	1629	985
2004	29	809	650	5358	1597	978
2005	28	853	692	5238	1598	1002
2006	28	869	675	5043	1614	1047
2007	28	886	741	5043	1603	1092
2008	29	828	752	5131	1612	1115
2009	29	901	758	5044	1594	1121
2010	29	918	776	5036	1596	1143
2011	29	907	732	4927	1577	1158
2012	29	876	783	4885	1580	1177
2013	29	813	602	4724	1588	1207
2014	29	844	621	4603	1587	1228
2015	29	754	529	4334	1590	1239
2016	29	755	521	4226	1588	1248
2017	30	840	734	4330	1623	1268
2018	30	717	640	4378	1641	1286
2019	31	721	848	4817	1752	1385
2020	31	717	862	5020	1768	1415
2021	31	626	626	5317	1845	1584

历年成人高等学校基本情况

单位:万人

年　份	学校(所)	毕业生数	招生数	在校学生	教职工数	#专任教师
2002	30	3.08	6.73	17.09	0.49	0.22
2003	27	4.24	7.22	19.80	0.45	0.21
2004	22	6.08	11.64	26.67	0.36	0.18
2005	21	7.68	9.32	22.45	0.32	0.15
2006	21	1.50	6.78	19.46	0.31	0.16
2007	21	5.20	7.26	20.68	0.30	0.15
2008	18	5.69	7.25	21.38	0.24	0.13
2009	18	5.97	6.94	21.33	0.23	0.13
2010	17	6.88	6.54	19.86	0.20	0.11
2011	17	6.06	5.79	18.86	0.19	0.10
2012	16	5.66	5.85	18.37	0.17	0.09
2013	15	5.40	5.44	17.46	0.16	0.09
2014	14	5.16	5.24	16.84	0.15	0.08
2015	14	4.97	4.79	15.80	0.15	0.08
2016	14	4.90	4.16	14.39	0.15	0.08
2017	14	4.72	4.55	13.46	0.14	0.07
2018	14	4.62	4.56	12.86	0.14	0.07
2019	14	4.01	4.57	12.81	0.13	0.07
2020	14	3.97	5.14	13.67	0.12	0.06
2021	12	4.28	4.64	13.63	0.12	0.06

普通高等学校基本情况一览表(一)

单位:人

指　　标	研究生在校生数			普　通　本　专　科							
	全日制	专业学位	非全日制	毕业生	#本科	招　生	#本科	在校生	#本科	预计毕业生	#本科
总　计		**69907**	**42024**	**135655**	**92227**	**152453**	**104296**	**548733**	**406856**	**156313**	**105924**
部委属高校	**112118**	**41900**	**35772**	**28645**	**25627**	**30807**	**27721**	**122386**	**113633**	**31573**	**28416**
复旦大学	25263	9904	6941	3249	3249	3553	3553	15044	15044	3749	3749
上海交通大学	25701	9445	7169	3816	3816	4335	4335	17460	17460	4142	4142
同济大学	18584	6249	8372	4015	4015	4301	4301	18514	18514	4522	4522
华东理工大学	11507	4490	2166	3812	3812	4136	4136	16607	16607	4134	4134
东华大学	7856	3052	803	3279	3279	3559	3559	14422	14422	3903	3903
华东师范大学	13859	4297	6609	3458	3458	3668	3668	14928	14928	3721	3721
上海外国语大学	4071	1688	496	1476	1476	1495	1495	5962	5962	1468	1468
上海财经大学	5199	2697	3085	1949	1949	1987	1987	8055	8055	2160	2160
上海海关学院	78	78	131	573	573	687	687	2641	2641	617	617
上海民航职业技术学院				3018		3086		8753		3157	
市属院校	**76932**	**28007**	**6252**	**107010**	**66600**	**121646**	**76575**	**426347**	**293223**	**124740**	**77508**

续表

指标	研究生在校生数			普通本专科							
	全日制	专业学位	非全日制	毕业生	#本科	招生	#本科	在校生	#本科	预计毕业生	#本科
本科院校	**76932**	**28007**	**6252**	**77081**	**66600**	**87105**	**76575**	**321892**	**293223**	**88553**	**77508**
上海大学	16124	4617	2135	4624	4624	4722	4722	19844	19844	5775	5775
上海理工大学	9339	3932	365	3712	3712	4070	4070	16507	16507	4407	4407
上海海事大学	6771	2787	1191	3881	3881	3937	3937	16033	16033	4258	4258
上海海洋大学	4772	1517	163	2817	2817	3028	3028	12122	12122	3009	3009
上海中医药大学	3583	1646		848	791	904	843	3959	3761	1083	1011
上海师范大学	8626	3226	438	4904	4904	5082	5082	20365	20365	5365	5365
上海对外经贸大学	3321	1871	275	2128	2128	2270	2270	9031	9031	2311	2311
华东政法大学	4812	1567	865	2830	2830	2927	2927	11585	11585	3010	3010
上海工程技术大学	4385	1019		4361	4075	4990	4372	19272	17898	5288	5014
上海电力大学	3246	1351	293	2323	2323	2609	2609	10826	10826	3034	3034
上海应用技术大学	2745	1120	45	3927	3721	4194	4019	16441	16040	4397	4251
上海科技大学	3081			332	332	430	430	1709	1709	467	467
上海纽约大学				168	168	248	248	935	935	190	190
上海第二工业大学	480	480		3283	2539	3517	2840	12806	10681	3661	2808
上海健康医学院				3047	1411	3332	2424	11645	8690	3446	2127
上海体育学院	2085	571	296	1053	946	1218	1148	4513	4253	1172	1063
上海音乐学院	893	519	106	399	399	448	448	1909	1909	448	448
上海戏剧学院	721	433	80	461	461	508	508	1992	1992	496	496
上海立信会计金融学院	260	260		4742	4682	4421	4383	17337	17212	4494	4442
上海电机学院	774	774		2976	2378	3228	2694	12088	10382	3502	2706
上海政法学院	914	317		2366	2366	2399	2399	9676	9676	2517	2517
上海商学院				2011	1718	2199	1945	8091	7514	2135	1873
上海公安学院				1108	150	2282	498	3478	1694	1229	298
上海杉达学院				4047	3667	4331	3889	15724	14568	4837	4420
上海建桥学院				5014	4250	6496	5789	22454	20027	6165	5214
上海兴伟学院				6	6	47	47	179	179	39	39
上海视觉艺术学院				1110	1110	1113	1113	4388	4388	1076	1076
上海立达学院				2449		3743	1860	9958	3500	2874	290
上海外国语大学贤达经济人文学院				2005	2005	2552	2552	8709	8709	2462	2462
上海师范大学天华学院				2206	2206	2714	2714	10155	10155	3089	3089
上海中侨职业技术大学				1943		3146	767	8161	1038	2317	38
专科院校				**2628**		**3221**		**9391**		**3001**	
上海旅游高等专科学校				1014		1243		3698		1253	
上海出版印刷高等专科学校				1614		1978		5693		1748	
高职学院				**27301**		**31320**		**95064**		**33186**	
上海行健职业学院				1355		1442		4106		1422	
上海城建职业学院				3467		3877		10681		3888	
上海交通职业技术学院				1555		1828		4660		1665	
上海海事职业技术学院				129		99		451		214	

续表

指标	研究生在校生数			普通本专科							
	全日制	专业学位	非全日制	毕业生	#本科	招生	#本科	在校生	#本科	预计毕业生	#本科
上海电子信息职业技术学院				3062		3797		11104		3965	
上海工艺美术职业学院				1330		1449		4182		1352	
上海科学技术职业学院				1435		1815		5189		1668	
上海农林职业技术学院				1124		1591		4278		1337	
上海南湖职业技术学院						159		159			
上海工会管理职业学院				7				3		2	
上海东海职业技术学院				1931		2346		7148		2447	
上海工商职业技术学院				1656		2254		6771		2428	
上海震旦职业学院				1353		1495		6289		2185	
上海民远职业技术学院				323		398		1113		307	
上海思博职业技术学院				2138		2050		7185		2558	
上海济光职业技术学院				1786		2096		6739		2254	
上海工商外国语职业学院				2853		2411		8715		3479	
上海邦德职业技术学院				1094		1429		4182		1325	
上海电影艺术职业学院				703		784		2109		690	
上海欧华职业技术学院											
上海中华职业技术学院											

普通高等学校基本情况一览表(二)

单位:人

指标	成人本专科在校生	#本科	教职工数	专任教师数	正副高	研究生学历	占地面积(万平方米)		校舍面积(万平方米)	
							学校产权	非产权独用	学校产权	非产权独用
总计	**128983**	**97210**	**83911**	**48692**	**25670**	**42844**	**3755.87**	**281.64**	**2440.52**	**228.90**
部委属高校	**34113**	**33566**	**36691**	**17176**	**12287**	**16404**	**1501.67**	**17.79**	**1122.01**	**24.78**
复旦大学	5369	5369	7300	2840	2334	2727	243.72		233.01	7.72
上海交通大学	3066	3066	10217	3512	2605	3418	328.37		223.70	
同济大学	6424	6292	5634	2792	2141	2620	255.87		183.74	16.30
华东理工大学	11865	11865	3106	1871	1197	1803	168.99		96.99	
东华大学	946	923	2318	1470	981	1390	125.46		81.61	
华东师范大学	92	88	4346	2336	1869	2234	171.68	17.79	149.01	0.75
上海外国语大学	2393	2193	1501	844	412	835	73.37		43.48	
上海财经大学	3770	3770	1544	999	610	980	54.19		62.36	
上海海关学院			287	162	66	144	31.22		12.60	
上海民航职业技术学院	188		438	350	72	253	48.79		35.50	
市属院校	**94870**	**63644**	**47220**	**31516**	**13383**	**26440**	**2254.20**	**263.85**	**1318.51**	**204.12**

续表

指标	成人本专科在校生	#本科	教职工数	专任教师数	正副高	研究生学历	占地面积（万平方米）学校产权	占地面积（万平方米）非产权独用	校舍面积（万平方米）学校产权	校舍面积（万平方米）非产权独用
本科院校	**85761**	**63644**	**39803**	**26622**	**12126**	**23475**	**1886.92**	**112.19**	**1150.48**	**98.83**
上海大学	19912	13936	5851	3387	1825	3167	180.40		139.18	0.85
上海理工大学	4927	4869	2619	1990	897	1853	66.14	0.22	69.46	0.61
上海海事大学	3151	2989	1951	1293	548	1231	137.92	0.19	67.85	1.99
上海海洋大学	4254	4151	1344	938	495	855	135.74		48.62	
上海中医药大学	2466	2459	1398	773	411	705	36.44		33.39	2.13
上海师范大学	6860	6468	3003	2069	1133	1957	134.77		80.45	
上海对外经贸大学	276	272	1099	802	411	770	66.88	1.34	32.37	1.72
华东政法大学	1268	1268	1356	991	493	921	75.43		35.80	0.66
上海工程技术大学	3925	2929	1983	1553	627	1398	92.84		58.13	
上海电力大学	1645	1584	1188	790	416	705	75.13		42.65	
上海应用技术大学	8620	5866	1743	1228	576	1082	92.95		60.91	0.92
上海科技大学			962	360	330	356	73.77	0.31	70.50	1.70
上海纽约大学			653	261	126	259		0.86		8.07
上海第二工业大学	6859	2976	1129	838	346	686	41.03	5.80	25.87	7.06
上海健康医学院	1181	1181	839	595	157	478	38.27	16.20	26.09	13.37
上海体育学院	616	438	829	540	305	440	47.13		30.26	
上海音乐学院	244	244	588	337	191	247	6.67	1.73	19.80	3.40
上海戏剧学院	1072	1072	767	327	153	208	21.82		23.80	0.59
上海立信会计金融学院	5536	4352	1678	1246	452	1048	70.56	46.27	46.89	9.07
上海电机学院	5673	2589	1038	855	329	817	78.56		37.30	
上海政法学院	176	176	834	687	235	623	52.03	10.77	22.35	
上海商学院	1659	598	855	581	224	446	20.73	9.85	17.64	10.71
上海公安学院			451	205	34	109	42.49		6.94	5.37
上海杉达学院	921	758	1114	760	328	656	53.81		33.41	3.52
上海建桥学院	4091	2469	1517	1176	423	904	53.26		42.40	
上海兴伟学院			38	18	1	13	14.53	8.57	4.65	5.43
上海视觉艺术学院			344	174	50	135	49.21	2.28	14.67	4.13
上海立达学院	10		655	507	175	340	33.78		25.42	
上海外国语大学贤达经济人文学院			712	391	125	352	33.29	1.93	7.50	7.27
上海师范大学天华学院			696	503	176	425	25.16	5.87	10.17	10.26
上海中侨职业技术大学	419		569	447	134	289	36.16		16.01	
专科院校	**178**		**738**	**437**	**119**	**347**	**19.26**	**27.60**	**15.18**	**14.92**
上海旅游高等专科学校	31		288	182	46	158	0.92	20.61	0.81	7.99
上海出版印刷高等专科学校	147		450	255	73	189	18.34	6.98	14.36	6.94
高职学院	**8931**		**6679**	**4457**	**1138**	**2618**	**348.02**	**124.06**	**152.85**	**90.38**
上海行健职业学院	538		222	175	36	126	5.61	4.24	8.67	2.14
上海城建职业学院	1248		797	565	175	339	22.06	27.21	6.01	15.74
上海交通职业技术学院	119		352	276	56	134	3.87	22.48	2.74	10.06
上海海事职业技术学院	6		99	64	22	19	5.50		8.05	0.07
上海电子信息职业技术学院	691		721	418	89	288	27.04	8.49	15.24	6.63

续表

指标	成人本专科在校生	#本科	教职工数	专任教师数	正副高	研究生学历	占地面积（万平方米）		校舍面积（万平方米）	
							学校产权	非产权独用	学校产权	非产权独用
上海工艺美术职业学院	81		447	250	90	115	15.49	0.45	8.26	1.33
上海科学技术职业学院			283	195	62	100	23.44		16.36	
上海农林职业技术学院			373	157	31	122	26.74	11.90	2.51	9.17
上海南湖职业技术学院	43		125	80	29	37	77.49	0.65	5.81	6.01
上海工会管理职业学院							27.21		10.80	
上海东海职业技术学院	1034		496	290	94	144	12.66		12.81	
上海工商职业技术学院	550		467	344	69	196	13.87	8.57	11.77	5.41
上海震旦职业学院	2020		445	320	92	202	10.41	2.04	9.56	3.51
上海民远职业技术学院			66	43	6	31		10.67		6.24
上海思博职业技术学院	965		424	302	92	171	33.19		3.62	11.43
上海济光职业技术学院			349	235	44	114	11.25		10.14	
上海工商外国语职业学院	1312		586	477	97	321	19.88	0.69	15.64	4.18
上海邦德职业技术学院	324		243	129	26	69	5.13		4.84	0.57
上海电影艺术职业学院			184	137	28	90	7.18	26.68		7.88
上海欧华职业技术学院										
上海中华职业技术学院										

成人高校基本情况一览表

单位：人

指标	学生情况				教职工数	#专任教师数			占地面积（平方米）		校舍面积（平方米）	
	毕业生	招生	在校生	预计毕业生			正高	副高	学校产权	非产权独用	学校产权	非产权独用
总计	**1873**	**2422**	**7339**	**4350**	**1203**	**561**	**15**	**137**	**228943**	**17448**	**286645**	**38496**
上海科技管理干部学院	100	35	116	50	151	16	3	4	16606		19760.34	
上海市黄浦区业余大学	84	169	704	535	90	64		16	15125		30272	
上海市徐汇区业余大学	78	234	992	503	94	58		17	10327		9911.99	
上海市长宁区业余大学	160	428	2296	1868	83	63	1	14	23581		35732	
上海市静安区业余大学	304	224	525	301	100	82		8	38613.8	2306	47630	2992
上海市普陀区业余大学	123	511	820	309	88	61	1	15	13137		14723.91	
上海市杨浦区业余大学	186	251	795	544	59	36		9	24629.2		21132.94	
上海市宝山区业余大学	86	27	104	77	80	41	1	10	25529		28912.08	
上海纺织工业职工大学	535	295	511	15	73	13		2		15142		27062.82
上海医药职工大学	217	248	476	148	35	13		1	5491		15972.67	
上海开放大学					350	114	9	41	55904		62596.72	8441
上海青年管理干部学院												

实验性示范性高中名单

单位:所

地 区	市实验性示范性高中		区实验性示范性高中	
	校数	校 名	校数	校 名
全市合计	**63**		**85**	
黄浦区	7	光明中学	4	五爱高级中学
		卢湾高级中学		第八中学
		向明中学		第十中学
		上外附属大境中学		储能中学
		大同中学		
		敬业中学		
		格致中学		
徐汇区	5	市二中学	5	徐汇中学
		南洋中学		第四中学
		南洋模范中学		中国中学
		上海中学		五十四中学
		位育中学		西南位育
长宁区	3	市三女中	4	华师大附属天山学校
		延安中学		建青实验学校
		复旦中学		华东政法附中
				仙霞中学
静安区	7	华东模范中学	9	市一中学
		市西中学		同济附属七一中学
		育才中学		民立中学
		市北中学		上戏附属高中
		市六十中学		风华中学
		新中中学		彭浦中学
		回民中学		久隆模范中学
				闸北第八中学
				田家炳中学
普陀区	3	宜川中学	5	同济二附中
		曹杨二中		甘泉外国语
		晋元中学		曹杨中学
				长征中学
				桐柏中学
虹口区	4	北郊中学	5	北虹中学
		上外附中		澄衷中学
		华师大一附中		继光中学
		复兴中学		虹口中学
				鲁迅中学
杨浦区	5	杨浦中学	9	市东中学
		控江中学		上理工附中
		复旦附中		中原中学

续表

地　　区	市实验性示范性高中		区实验性示范性高中	
	校数	校　　名	校数	校　　名
		同济一附中		财大附中
		交大附中		少云中学
				同济中学
				复旦实验中学
				民星中学
				体院附属中学
闵行区	4	闵行中学	5	莘庄中学
		七宝中学		文来中学
		上师大附中闵行分校		田园中学
		交大附中闵行分校		上外闵行外国语中学
				华理附属闵行科技中学
宝山区	3	吴淞中学	5	罗店中学
		行知中学		宝山中学
		上大附中		通河中学
				顾村中学
				行知实验中学
嘉定区	2	嘉定一中	3	上师大附属嘉定高中
		交大附中嘉定分校		嘉定二中
				安亭中学
浦东新区	11	洋泾中学	18	华师大附属东昌中学
		实验学校		上南中学
		进才中学		高桥中学
		建平中学		杨思中学
		华师大二附中		三林中学
		南汇中学		华师大附属周浦中学
		川沙中学		新场中学
		浦东复旦附中分校		海洋大学附属大团中学
		上海中学东校		浦东中学
		上外附属浦东外国语学校		陆行中学
		上师大附中		香山中学
				建平世纪中学
				新川中学
				海事大学附属北蔡中学
				高行中学
				南汇一中
				交大附属浦东实验高中
				文建中学
金山区	2	华师大三附中	4	上师大二附中
		金山中学		张堰中学

续表

地区	市实验性示范性高中		区实验性示范性高中	
	校数	校名	校数	校名
				华师大附属枫泾中学
				亭林中学
松江区	2	松江一中	2	上师大附属外国语中学
		松江二中		华师大松江实验中学
青浦区	3	青浦中学	1	青浦一中
		朱家角中学		
		复旦附属青浦分校		
奉贤区	1	奉贤中学	2	致远中学
				曙光中学
崇明区	1	崇明中学	4	扬子中学
				民本中学
				城桥中学
				堡镇中学

实验性示范性中学基本情况

指标	总计	市实验性示范性	区实验性示范性
学校数(所)	**148**	**63**	**85**
班数(个)	**4595**	**1979**	**2616**
初中	918	124	794
高中	3677	1855	1822
毕业生数	**47845**	**22169**	**25676**
初中	6977	1016	5961
高中	40868	21153	19715
招生数	**55131**	**24231**	**30900**
初中	8788	1242	7546
高中	46343	22989	23354
在校学生数	**167739**	**72478**	**95261**
初中	33056	4561	28495
高中	134683	67917	66766
预计毕业生数	**49870**	**23072**	**26798**
初中	7767	1076	6691
高中	42103	21996	20107
教职工数	**21659**	**10239**	**11420**
其中:专任教师	17884	8327	9557
初中	2896	431	2465
高中	14988	7896	7092
学校占地面积(万平方米)	**753.10**	**456.84**	**296.26**
校舍建筑面积(万平方米)	**527.23**	**318.88**	**208.35**

民办小学名单

单位:所

地 区	校数	校 名	
全市合计	**68**		
黄浦区			
徐汇区	4	爱菊小学	世界外国语小学
		逸夫小学	盛大花园小学
长宁区	2	新世纪小学	东展小学
静安区	4	上外静安外国语小学	童园(实验)小学
		扬波外国语小学	彭浦实验小学
普陀区	1	金洲小学	
虹口区	4	四中心实验小学	宏星小学
		丽英小学	上外附属外国语小学
杨浦区	2	打一外国语小学	阳浦小学
闵行区	16	双江小学	七宝外国语小学
		振兴小学	华星小学
		银星学校	华博利星行小学
		华虹小学	弘梅小学
		育苗小学	马桥小学
		浦江文汇学校	文博小学
		浦江文馨学校	塘湾小学
		弘梅第二小学	文河小学
宝山区	9	罗希小学	申华小学
		山海小学	杨行小学
		杨东小学	惠民小学
		肖泾小学	顾教小学
		益钢小学	
嘉定区	4	桃苑小学	沪宁小学
		杨林小学	天宇小学
浦东新区	5	浦东外国语小学	福山正达外国语小学
		新金童小学	筑桥实验小学
		常青藤小学	
金山区			
松江区	17	九干路小学	薛家小学
		古松三村小学	北干山小学
		辰塔路小学	联庄小学
		打铁桥村小学	南门村小学
		陈春小学	众兴小学
		马汤村小学	永悦小学
		花桥村小学	向阳小学
		世泽小学	昆港小学
		新叶小学	
青浦区			
奉贤区			
崇明区			

民办中学名单

单位:所

地 区	校数	校 名	
全市合计	130		
黄浦区	5	明珠中学	永昌学校(九)
		立达中学	康德双语实验学校(十二)
		震旦外国语中学	
徐汇区	7	西南高级中学	世界外国语中学
		西南模范中学	位育中学
		华育中学	南模中学
		西南位育中学	
长宁区	3	包玉刚实验学校(九)	新虹桥中学
		新世纪中学	
静安区	5	上外静安外国语中学	田家炳中学
		风范中学	扬波中学
		新和中学	
普陀区	6	兰田中学	华师大附属进华中学
		培佳双语学校(十二)	桐柏中学
		新黄浦实验学校(九)	托马斯实验学校(十二)
虹口区	5	迅行中学	新华初级中学
		新北郊初级中学	新复兴初级中学
		上外第一实验学校	
杨浦区	9	沪东外国语学校(九)	杨浦实验学校
		控江中学附属学校(十二)	兰生复旦中学
		同济大学附属存志学校	同济大学实验学校(九)
		杨浦凯慧初级中学	上实剑桥外国语中学
		上外附属双语学校(十二)	
闵行区	20	文绮中学	星河湾双语学校(十二)
		万源城协和双语学校(九)	协和双语高级中学
		协和双语尚音学校(九)	协和双语教科学校
		复旦万科实验学校(九)	上师初级中学
		博世凯外国语学校(九)	上宝中学
		上外闵行外国语初级中学	文来中学
		燎原双语学校(九)	美高双语学校(九)
		万科双语学校(九)	燎原双语高级中学
		华东师大二附中紫竹双语学校(九)	德闳学校(十二)
		诺德安达双语学校(十二)	协和双语学校(九)
宝山区	10	和衷中学	锦秋学校(九)
		行知二中实验学校(九)	交华中学

续表

地区	校数	校名	
		建峰职业技术学院附属高中	行中中学
		华远学校(九)	同洲模范学校(十二)
		华二宝山实验学校(九)	宝山世界外国语学校(九)
嘉定区	8	远东学校(十二)	怀少学校(九)
		嘉一联合中学	华二初级中学
		桃李园实验学校(九)	斌心学校(九)
		华师大附属双语学校(十二)	世界外国语学校(九)
浦东新区	27	东方外国语学校(十二)	工商外国语职业学院附属中学
		进才外国语中学	平和学校(十二)
		东方阶梯双语学校(九)	丰华高级中学
		金苹果学校(十二)	洋泾外国语学校
		上科大附属民办学校(九)	更新学校(九)
		育辛高级中学	新竹园中学
		尚德实验学校(十二)	浦东交中初级中学
		福山正达外国语学校(九)	未来科技学校(九)
		民远高级中学	光华中学
		中芯学校(十二)	沪港学校(九)
		上师大附属第二外国语学校(十二)	建平远翔学校
		协和双语学校(九)	华二浦东实验学校
		万科学校(九)	惠立学校(九)
		宏文学校(九)	
金山区	7	金盟学校(九)	枫叶国际学校
		交大南洋中学	永昌中学
		世界外国语学校(十二)	金山剑桥实验中学
		杭州湾双语学校(十二)	
松江区	7	西外外国语学校(十二)	九峰实验学校
		包玉刚实验高中	茸一中学
		赫德双语学校(九)	领科双语学校
		尚文武术专业学校(九)	
青浦区	6	宋庆龄学校(十二)	世界外国语学校(九)
		复旦五浦汇实验学校(九)	平和双语学校(九)
		协和双语学校(十二)	兰生复旦学院(十二)
奉贤区	3	帕丁顿双语学校(十二)	临港外国语学校(九)
		美达菲双语高中	
崇明区	2	新纪元双语学校(九)	
		民一中学	

上海市国际学校名单

学 校 名 称	地 址
上海美国外籍人员子女学校	闵行区金丰路258号
上海日本人外籍人员子女学校	闵行区虹梅路3185号
上海耀中外籍人员子女学校	长宁区水城路11—15号
上海虹桥德国外籍人员子女学校	青浦区高光路350号
上海英国外籍人员子女学校	浦东新区军民公路2888号
上海协和国际外籍人员子女学校	浦东新区金桥明月路999号
上海新加坡外籍人员子女学校	闵行区朱建路301号
上海长宁国际学校	长宁区虹桥路1161弄18号、20号、21号
上海德威外籍人员子女学校	浦东新区蓝桉路266号
上海李文斯顿美国外籍人员子女学校	长宁区甘溪路580号
上海韩国外籍人员子女学校	闵行区华漕镇联友路355号
上海西华外籍人员子女学校	青浦区徐泾镇联民路555号
上海法国外籍人员子女学校(青浦)	青浦区高光路350号
上海虹桥国际外籍人员子女学校	长宁区伊犁南路218号
上海不列颠英国学校	长宁区古北路1988号
上海惠灵顿外籍人员子女学校	浦东新区耀龙路1500号
上海泰宁外籍人员子女幼儿园	徐汇区复兴西路43号
上海美丘外籍人员子女幼儿园	闵行区虹许路788号名都城22号
上海奥伊斯嘉外籍人员子女幼儿园	长宁区天山西路445弄16号
上海恩吉尔外籍人员子女幼儿园	长宁区天山路820弄32号
上海东进外籍人员子女幼儿园	长宁区天山路820弄32号
上海中学国际部	徐汇区上中路400号
上海市进才中学国际部	浦东新区峨山路26号
上海外国语大学附属外国语学校国际部	虹口区中山北一路295号
华东师范大学第二附属中学国际部	浦东新区晨晖路555号
宋庆龄幼儿园国际部	长宁区虹梅路3908号
复旦大学附属中学国际部	杨浦区国权路325号
上海市实验学校国际部	浦东新区东明路300号
上海宋庆龄学校国际部	青浦区赵巷业辉路2号
东进上海日本人补习中心	浦东新区花木路902号
上海骏台日本人补习中心	长宁区延安西路2633号B308室
上海日本人教育补习中心	长宁区荣华东道118号5层503室
上海飞翔日本人补习中心	长宁区荣华东道96号维多利亚商务楼504—505室
上海青海韩国人补习中心	长宁区水城南路37号万科广场北楼705室
上海哈罗外籍人员子女学校	浦东新区高西路588号(近张扬北路洲海路)
上海杨浦法国外籍人员子女学校	杨浦区江湾城路788号
上海杨浦德国外籍人员子女学校	杨浦区江湾城路758号
上海市民办中芯学校	浦东新区青桐路169号

上海市老年教育机构情况

指 标 名 称	合 计	市	区、县	街道、乡、镇	居、村委
老年学校教育	—	—	—	—	—
老年大学	—	—	—	—	—
数量(个)	69	4	65	—	—
学员人数(人)	247223	28684	218539	—	—
老年学校	—	—	—	—	—
数量(个)	220	—	—	220	—
学员人数(人)	396714	—	—	396714	—
老年教学点	—	—	—	—	—
数量(个)	6167	—	218	216	5733
学员人数(人)	453642	—	135001	8716	309925
老年远程教育	—	—	—	—	—
集体收视点(个)	5727	—	—	—	5727
集体收视人数(人)	183425	—	—	—	183425
老年社会教育	—	—	—	—	—
学习团队数	—	—	—	—	—
数量(个)	20716	157	649	9965	9945
参加人数(人)	531550	3594	24044	250337	253575
群众性教育活动	—	—	—	—	—
次数(次)	89110	152	989	16784	71185
参加人次(人次)	3471622	14405	127624	914452	2415141

索　引
Index

索　引

说明：①本索引的主题词索引及人名索引采用主题分析索引方法，按主题词及人名首字的汉语拼音字母顺序排列。串文图片索引按页码先后顺序排列。②索引名称后的数字表示内容所在的页码，数字后面的 a、b 表示内容所在版面的左、右区域。③在上海的单位和在上海发生的事件名称前的“上海”两字一般均予省略。高校名称一般用全称。

主题词索引

F

G

H

J

K

L

M

N

P

Q

R

S

T

W

X

Y

人名索引

串文图片索引

《2022 上海教育年鉴》编纂人员

总 编 审:蒋　红

副总编审:沙　军　郑秀敏

《上海教育年鉴》编辑部:刘　捷　孙金磊

供稿单位组稿人:(以姓氏笔画为序)

万翰杰　马宏亮　王　盼　王洁雨　王晓红　毛　杰　邓　宇　平　婧　叶金梅　史志明　白前永
朱玉飞　庄黎丽　刘　兰　刘会娟　刘红菊　刘季婷　刘　建　刘海琳　许　凌　许　诺　李月华
李　杨　李　莉　李　娜　吴永丽　吴怀莉　吴魏青　汪　悦　宋莉莉　宋　娟　宋　爽　宋偲蕾
张　林　张　菲　张毅婷　陆　丹　陆祎琳　陆　洲　陆新琰　陆　薇　陈东滨　陈浩淼　武　婕
范春燕　罗茜雅　季　嘉　季慧琴　岳　强　金舒莺　周益斌　郑贺春　单　君　单驹超　赵小瑾
赵　洋　胡萌萌　胡崇仪　钟小茵　俞晓菁　施家仓　姜传松　姚奇彬　聂爱玲　聂韶晶　徐文忠
徐沫扬　徐波清　徐春霞　高　哲　高　瑄　郭　莉　黄　华　曹佳凤　曹桂馥　曹婷婷　曹燕华
章玲苓　梁　艳　隋　宁　葛春晖　董松其　韩松儒　童子益　赖黎明　虞　兰　廖文文　戴　泓

供稿单位审稿人:(以姓氏笔画为序)

丁树哲　于　杨　马　强　王玉林　王晓波　王雪梅　王嘉璇　牛培源　方乐莺　叶　华　叶福林
史成宇　史佳华　包玉全　冯　冰　年文韬　朱瑞庭　朱燕玲　仲立新　刘文星　刘　丽　刘　彬
许晓茵　许瑛瑛　孙真荣　李兆鹏　李　旺　李　梅　杨　东　吴　江　吴志新　吴秋耘　邱　钢
邱　翔　余　娟　应雅泳　张　红　张　凯　张　莉　张　搏　张锦华　陈　龙　陈宇卿　陈国兰
陈莉丽　陈敬良　茅卉弦　欧阳君　周　英　周晓舟　周益斌　郑　楷　宗　弘　郝秀芳　俞光虹
费　明　姚赟勤　秦立卿　秦晓沂　贾亮亭　夏雅敏　顾文业　钱　波　徐　畅　徐　咏　徐　辉
徐　斌　徐德民　徐燕雯　凌长臣　高兰兰　高　琳　郭伟钧　郭飒飒　黄亚钧　黄　群　曹士勋
章甘群　梁晓峰　董美意　董雪静　傅建辉　滑智平　谢苗苗　蔡樱华

特邀审稿人:(以姓氏笔画为序)

王正华　江　岚　钟　智　宣念蜀　顾剑华　郭天和　盛　懿　蒋侯玲

主要摄影作者:(以姓氏笔画为序)

叶辰亮　朱水苗　李立基　顾　超

英文翻译:江　岚

图书在版编目(CIP)数据

2022 上海教育年鉴/上海市教育委员会编. —上海:
上海人民出版社,2023
ISBN 978-7-208-18122-9

Ⅰ. ①2… Ⅱ. ①上… Ⅲ. ①教育工作-上海-
2022-年鉴 Ⅳ. ①G527.51-54

中国国家版本馆 CIP 数据核字(2023)第 018289 号

责任编辑 罗 俊 宫兴林
特邀编辑 余鸿源
封面设计 张志全工作室
彩页设计 陈 哲

2022 上海教育年鉴
上海市教育委员会 编

出　版	上海人民出版社 (201101 上海市闵行区号景路 159 弄 C 座)
发　行	上海人民出版社发行中心
印　刷	浙江新华数码印务有限公司
开　本	890×1240 1/16
印　张	32.5
插　页	13
字　数	801,000
版　次	2023 年 3 月第 1 版
印　次	2023 年 3 月第 1 次印刷

ISBN 978-7-208-18122-9/G·2139
定　价 200.00 元